南京审计大学法学一级学科研究成果

国家社科基金项目

"宋代行政责任追究制度研究"（05BZS008）成果

宋代行政责任追究制度研究

RESEARCH ON THE ADMINISTRATIVE ACCOUNTABILITY SYSTEM IN SONG DYNASTY

肖建新 著

北京大学出版社
PEKING UNIVERSITY PRESS

图书在版编目(CIP)数据

宋代行政责任追究制度研究 / 肖建新著. —北京:北京大学出版社,2022.12
 ISBN 978-7-301-33675-5

Ⅰ.①宋… Ⅱ.①肖… Ⅲ.①行政管理—责任制—研究—中国—宋代 Ⅳ.①D691.22

中国版本图书馆 CIP 数据核字(2022)第 253466 号

书　　名	宋代行政责任追究制度研究 SONGDAI XINGZHENG ZEREN ZHUIJIU ZHIDU YANJIU
著作责任者	肖建新　著
责任编辑	陆建华　陆飞雁
标准书号	ISBN 978-7-301-33675-5
出版发行	北京大学出版社
地　　址	北京市海淀区成府路 205 号　100871
网　　址	http://www.pup.cn　http://www.yandayuanzhao.com
电子信箱	yandayuanzhao@163.com
新浪微博	@北京大学出版社　@北大出版社燕大元照法律图书
电　　话	邮购部 010-62752015　发行部 010-62750672 编辑部 010-62117788
印　刷　者	三河市北燕印装有限公司
经　销　者	新华书店
	650 毫米×980 毫米　16 开本　29.75 印张　454 千字 2022 年 12 月第 1 版　2022 年 12 月第 1 次印刷
定　　价	98.00 元

未经许可,不得以任何方式复制或抄袭本书之部分或全部内容。
版权所有,侵权必究
举报电话: 010-62752024　电子信箱: fd@pup.pku.edu.cn
图书如有印装质量问题,请与出版部联系,电话: 010-62756370

前　言

　　我国的政治制度史,从来是史学家感兴趣的研究领域,也是根据时代需要不断诠释的话题。难怪流传至今的基本史籍,大多包含了极为丰富的政治制度史内容。二十多年前,有幸从工作岗位重返校园读研究生,对宋代政治尤其监察制度有所偏好,从此围绕宋代的监察、审计、考课以及法制思考问题,写些文章,以致后来硕士、博士论文都从宋代官吏监督和管理切入。21世纪初,有些问题一直萦绕脑海,百思不得其解,古代的考课、审计、监察等制度就是为了促使官吏履行职责,提高效率,奖勤罚懒,应该是很好的制度,可是,贪赃枉法、失职渎职始终史不绝书,历朝历代都为之伤透脑筋、无可奈何！其中,既因好的制度没有好的官吏执行,又因制度本身缺乏内部体制支撑。当然,我们可以用时代、阶级局限的理由加以解释,但无法破解制度和体制的深层原因。于是,进一步思考制度实施的内部机制和动力,似乎觉得官吏的权力与责任之间缺少应有的平衡,权力太大,责任不足,违法失职常常没有得到及时制止,追究和惩罚的效果也不理想。不过,宋代行政责任追究制度是客观存在的,较以往朝代要丰富许多,再加上问责制度、责任追究成为当前热议的问题,一些相关制度也陆续颁布。因此,在2005年,以"宋代行政责任追究制度研究"为题申报了国家社科基金项目,获得了批准。

　　在构建此课题以及初期研究时,多从宏观层面思考和探讨,但也对基本问题进行研究,取得了近二十万字的初步成果。后来,面临两个比较棘手的难题,一是资料分散,本课题相关资料不像礼志、职官、科举、食货、兵志之类史料集中,并且涉及宋代政治、经济、军事、文化领域,范围广泛,史料分散的程度和问题驾驭的难度,都超过想象和经验,要想搞清宋代行政责任追究制度,就需要对宋史总体上有几分把握,研究的工作量自然可想而知。二是宏观与微观、整体与部分研究的结合和调整,在进行基础性研究之后,需要从具体的行政领域责任,如官吏选任、农桑水利、财政税收、财物管理,以及军事、教育、宗教、外交等方面的行政责任,进行专题的深入研究。为此,本课题的研究,既要完成课题预设的基本任务,又要在研究过程中不断调整、充实、拓展内容,从而延长了结题交卷的时间,常常为此忐忑不安。不巧的是,在最后整合和完善阶段,本想补充和加工得更丰富和精致一些,而年迈的双亲在两三年之前,长期患病,情况非常严重,不得不经常穿梭于皖苏之间,耗去不少时间和精力,有些问题如古今行政责任制度的厘析融通、制度演变与运作实态,以及史料和内容的扩充等都需要假以时日,进一步完善,或深入探究。此外,成稿有先后,或技术原因,注释、排版等格式不尽一致,这次尽量调整统一,但仍可能会有所疏漏。

在本课题的完成过程中,主持人承担总体设计和内容调整以及大部分章节撰写的任务,同时,郭志安、宫超、李永卉、邢宇峰、朱正胜等完成部分章节的初稿,最后由主持人补充、修订而成。此外,宫超、鲍丙刚、李相楠、曹秀杰、牛楠等校对文稿。在此,对课题参与者致以衷心感谢!同时,更要特别感谢各级领导以及有关专家的关心、支持!

课题主持人
2011 年 10 月 28 日

目 录

引 言 … 1

第一章　学术回顾与反思 … 9
第一节　20世纪80年代以前的相关研究 … 10
第二节　20世纪80年代以后的相关研究 … 13
第三节　我国港台地区及海外的相关研究 … 22
第四节　近三四十年来相关研究的评析 … 24

第二章　行政责任与宋代行政责任追究 … 31
第一节　行政和行政责任追究 … 31
第二节　宋代以前的行政责任 … 40
第三节　宋代的行政责任追究 … 48
第四节　宋代的行政责任主体 … 55
第五节　宋代的行政责任类型 … 58

第三章　宋代行政责任追究的方法 … 61
第一节　行政责任追究的方法 … 61
第二节　宋代的法律与责任追究方法 … 65
第三节　宋代行政责任追究的方法 … 69
第四节　宋代行政责任追究方法评析 … 107

第四章　宋代科举责任追究 … 119
第一节　准备保障 … 120
第二节　判卷录取 … 126

第三节　发解举解　　129
　　第四节　科举担保　　134
　　第五节　受贿贪赃　　143

第五章　宋代举官责任追究　　149
　　第一节　举官责任的形成　　151
　　第二节　追究的基本原则　　160
　　第三节　追究制度的考评　　171

第六章　宋代农桑水利责任追究　　180
　　第一节　劝勉农桑　　181
　　第二节　农田管理　　189
　　第三节　农村救济　　207
　　第四节　水利河政　　220

第七章　宋代财税征管责任追究　　240
　　第一节　农业税收　　244
　　第二节　商业税收　　266
　　第三节　专营税收　　278

第八章　宋代财物藏运支出责任追究　　306
　　第一节　财物管藏　　306
　　第二节　财物运输　　322
　　第三节　财政支出　　329

第九章　宋代军队后勤责任追究　　339
　　第一节　宋代军队的后勤管理　　339
　　第二节　军需粮草　　343
　　第三节　军事装备　　351
　　第四节　军费赏给　　365
　　第五节　宋代军队后勤责任追究的特点　　375

第十章 宋代文化、外交责任追究 383
第一节 太学教育 383
第二节 佛教事务 395
第三节 对外交往 407

第十一章 宋代司法行政相关责任的追究 420
第一节 司法与行政责任 421
第二节 狱政管理 428
第三节 社会治安 439
第四节 行政监察 444

结　语 451
后　记 465

引　言

　　以现代行政学的观念来考察和衡量,行政责任、行政法学等都起源于近代西方,有人认为,行政责任发端于英国政府对议会所负的政治责任,行政法学则是法国大革命之后形成的;而我国进入近代要比西方晚了几百年,行政责任、行政法、行政法学等的产生则更迟,至清末引进西方法律制度,进行法制改革后才逐渐出现。① 虽然这些现代行政学意义上的内容在我国出现很迟,但是并不能说明我国古代没有行政、行政法乃至行政责任追究。尽管古代与现代的行政,在产生的时代、发展的阶段性及其阶级性上有着很大的、甚至是本质的差别,但就其本身而言,基本属性和内容还是相类相通的,这与社会形态的差异又有很大的不同。

　　事实上,就一般意义上而言,行政、行政法及行政责任是随着人类从野蛮走向文明,进入阶级社会而逐步产生和形成的,并且与所谓"社会主人"的出现有着直接的关系。马克思主义认为,"社会为了维护共同的利益,最初通过简单的分工建立了一些特殊的机关。但是,随着时间的推移,这些机关——为首的是国家政权——为了追求自己的特殊利益,从社会的公仆变成了社会的主人"②。这些"社会主人"实际上主要是获得了"和人民大众分离的公共权力"③后的官吏,"官吏既然掌握着公共权力和征税权,他们就作为社会机关而凌驾于社会之

---

① 参见张国庆主编:《行政管理学概论》,北京大学出版社1990年版,第419页;陈新民:《中国行政法学原理》,中国政法大学出版社2002年版,第1页。
② 《马克思恩格斯选集》第3卷《法兰西内战》(恩格斯写的1891年导言),人民出版社2012年版,第54页。
③ 《马克思恩格斯选集》第4卷《家庭、私有制和国家的起源》,人民出版社2012年版,第132页。

上……他们作为同社会相异化的力量的代表，必须用特别的法律来取得尊敬，凭借这种法律，他们享有了特殊和神圣不可侵犯的地位"①。这也就形成了行政的机构和主体。同时，由于"主人"的地位和权利的"神圣不可侵犯"又必然导致权力的膨胀，乃至腐败，因而出现了分权制约的政治理论和措施。当然，马克思主义是赞同分权的，尤其是巴黎公社的分权原则，在《关于现代国家的著作的计划草稿》中明确指出，"权力的分开。立法权力和执行权力"②。其实，分权的思想和理论是西方政治史上的重要内容。古希腊的亚里士多德可谓是权力制衡理论的鼻祖，他强调议事、行政、审判三权的分立和制约，使整个政体成为一个"健全的机构"③。至近代约翰·李尔本（行政与立法、中央与地方等）、洛克（立法、行政、外交权）、孟德斯鸠（立法、行政、司法）完善了三权分立、分权制衡的理论，尤其孟德斯鸠指出："一切有权力的人都容易滥用权力，这是万古不易的一条经验。""从事物的本质来说，要防止滥用权力，就必须以权力约束权力。"否则，就好像古代意大利共和国，"一切权力合而为一，虽然没有专制君主的外观，但人们却时时感到君主专制的存在"④。当然，在他看来，最好的权力制约形式也就是三权分立，即所谓"不分三权，就是专制"。分权不只是权力的分开和分立，不只是以权制权，同时还规定了权力和义务，也就是一旦获得权力必须履行义务，否则，将会承担责任。尽管历史上权力与义务、职责与责任的关系非常复杂，各个时期彼此的强弱也有不同的表现，但是，它们密不可分，统一于政权和行政之中，并且一开始就通过习惯或成文法规定下来，只要有政权、权力的存在，必然就有责任和追究。这是不可否认的行政、权力形成发展的规律和历史。

我国古代缺乏西方三权分立理论产生的条件和土壤，也没有出现西方意义上的三权分立的政治，走了一条东方集权专制的政治路

---

① 《马克思恩格斯选集》第 4 卷《家庭、私有制和国家的起源》，人民出版社 2012 年版，第 188 页。
② 《马克思恩格斯全集》第 42 卷《关于现代国家的著作的计划草稿》，人民出版社 1956 年版，第 238 页。
③ 〔古希腊〕亚里士多德：《政治学》，吴寿彭译，商务印书馆 1965 年版，第 215 页。
④ 〔法〕孟德斯鸠：《论法的精神》（上册），张雁深译，商务印书馆 1961 年版，第 184、186 页。

线,但行政权和权力的发展又必须遵循一般的规律,分权、制约、责任、追究,尤其是责任追究,都是客观存在的,只是具有古代中国特色,而不具备近现代西方意义罢了。这在我国古典文献中早已有相关记载,"《政典》,夏后为政之典籍,若周官六卿之治典"①。《政典》是古代的政治文献,六卿的治世依据,当属我国最早的行政法典,说明古代行政一开始就设官分治。此外,当时的行政或与行政相关的法律还有不少,"太宰虽同为六卿,而其掌建邦之六典,则一曰《治典》,二曰《教典》,三曰《礼典》,四曰《政典》,五曰《刑典》,六曰《事典》,六典无不掌也"②。后来历史上著名的行政法典《唐六典》之名就是据此而来的。当然,古代诸法合一,以刑为主,也即行政、刑法及其责任不分(法典和法律结构上的诸法合一尤为显明),行政法律多带有刑事法律的色彩,甚至一些行政责任是通过刑法典规定下来的,如《尚书》中《舜典》有"鞭作官刑,扑作教刑,金作赎刑"的内容,《吕刑》有"五过之疵:惟官,惟反,惟内,惟货,惟来,其罪惟均,其审克之"的规定,当然,其中也有明显带行政法色彩的内容,如《舜典》曰:"三载考绩,三考黜陟幽明。"这是古代行政法的风格和特色。又如《孟子》讲西周时诸侯的定期朝觐,也就是诸侯要接受考核,否则,"一不朝,则贬其爵;再不朝,则削其地;三不朝,则六师移之"③。无论是考绩,还是朝觐,都是我国早期官吏管理和考核的形式,而其中的黜降、贬削,则是对行政责任的追究,或者是最初的行政责任追究的方法。同时,行政责任的追究还与我国古代审计、监察、司法等的形成密切相关,具有同源生发的关系。

中国古代行政责任追究制度在夏商西周处于逐步形成之中,至春秋、秦汉已具制度规模,又经魏晋南北朝的曲折和补充,到隋唐就较为成熟了,尤以《唐六典》的颁布为其标志。人们常说,宋承唐制,大体而言,此说法并无大错,但在一系列具体的制度上,宋代与唐代的制度又有很大差别和变化,在行政责任追究制度上更是如此。这也许是所谓"唐宋变革"的组成部分。

宋代行政责任追究及其制度确有许多变化及发展。其一,从循名

---

① (唐)孔颖达等:《尚书》上《孔氏传尚书》卷3《胤征》,中华书局1998年版,第28页。
② 林之奇:《尚书全解》卷36《周书》,山东友谊书社1992年版,第2046页。
③ 朱熹:《四书章句集注》,中华书局2011年版,第321页。

责实来说,责任和追究在宋代行政中得到较广泛的运用。责任追究是现代行政中常用的一个概念,而在古代很少作为一个完整的概念来使用,检索历史文献和典籍,至清代末年才见如下记载,宣统二年(1910年)吏部奏《釐定翰林院各官办法折》称:"衙门不负行政责任。"[①]责任和追究,在古代则分开使用,宋代以前多以"责"字表达,宋代"责任""追究"二词开始大量出现,并且被广泛地运用于行政、司法实践之中,出现在法律文献和历史资料上,这也许是行政责任追究制度历史发展的一个标志性事实。同时,也必须看到,"责任""追究"二词尚未合二为一,还不是严格意义上的行政责任追究,也没有作为相关行政责任追究的法律法规及实践中的专用词语,多以具体的责任追究方法来表达,如一般为大家所熟悉的罚俸、罚金、殿罚、降官、落职之类。其二,宋代行政责任追究的相关法律法规有很大的发展。宋代虽然没有与在法制史、政治史上极其著名的《唐六典》相媲美的行政法典,但也有专门的行政法典及丰富的行政法律史料,《吏部条法》当为专门的行政法典,《庆元条法事类》的行政法律内容极为丰富。此外,《宋刑统》《元丰官制》《宋大诏令集》《名公书判清明集》以及《宋会要辑稿》《文献通考》等都有相关的敕令格式,并有专门的行政责任追究方面的规定,这是以往任何朝代都无法比拟的。其三,宋代行政责任追究的方法丰富并呈现出一定的层次和体系,成熟的程度也超过了以往时代。宋代行政责任追究的方法主要有:①编管,②羁管,③安置,④居住,⑤除名,⑥勒停,⑦冲替(差替、放罢),⑧追官,⑨落职(夺职),⑩降差遣,⑪追官告,⑫罚俸,⑬罚直,⑭赎铜、罚金,⑮展磨勘,⑯降名次,这些是较为正规和稳定的方法。这些方法可分成三种不同的类型,第一类是以限制人身自由为特性的责任形式,如:①编管,②羁管,③安置,④居住;第二类是以剥夺或黜降官职和爵位为主要内容的责任形式,如:⑤除名,⑥勒停,⑦冲替(差替、放罢),⑧追官,⑨落职(夺职),⑩降差遣,⑪追官告,⑮展磨勘,⑯降名次;第三类是以经济处罚为主的责任形式,如:⑫罚俸,⑬罚直,⑭赎铜、罚金。可见,宋代行政责任追究的方法是多种多样的,有一般或基本的行政责任形式,还有

---

① (清)刘锦藻:《皇朝续文献通考》卷128《翰林院》,续修四库全书本第817册,上海古籍出版社2003年版,第417页。

特殊或混合的行政性的刑罚形式,共同构成了行政责任追究方法的体系。在这一体系中有轻重之分,也有对象的差别,总的来说都是围绕官爵及其利益展开的,属于惩罚性的责任形式。其四,基于宋代行政责任追究制度的发展,相关史料也就非常丰富,主要有四类资料:一是法律法规性的基础史料,如《宋刑统》《庆元条法事类》《吏部条法》等;二是政典制度性的基本史料,如《宋会要辑稿》《文献通考》《玉海》《建炎以来朝野杂记》等;三是反映制度与实施的基本史料,如《宋史》《续资治通鉴长编》《建炎以来系年要录》等;四是辅助性、补充性的史料,如文集、笔记、方志等,涉及面十分广泛。相关史料的丰富,既是宋代行政责任追究制度发展的结果和反映,也是对此展开专门研究的基础条件,否则,将是无稽之谈、无米之炊。

为此,20世纪初特别是近几十年以来的宋代行政责任追究制度研究,在宋史、通史、专门史以及政治、行政、管理学领域都取得了一些成果。其中有两类关系相对密切、相关内容较多的成果值得特别关注:一是宋代官吏管理制度方面的著作,如邓小南的《宋代文官选任制度诸层面》(河北教育出版社1993年版)、苗书梅的《宋代官员选任和管理制度》(河南大学出版社1996年版)、龚延明编著的《宋代官制辞典》(中华书局1997年版)等;二是宋代政治制度专门史及中国政治制度通史著作,如贾玉英的《宋代监察制度》(河南大学出版社1996年版)、刁忠民的《宋代台谏制度研究》(巴蜀书社1999年版)、虞云国的《宋代台谏制度研究》(上海社会科学院出版社2001年版),以及白钢主编的《中国政治制度史》(天津人民出版社、新西兰霍兰德出版有限公司1991年版)、张晋藩总主编的《中国法制通史》(法律出版社1999年版)、巩富文的《中国古代法官责任制度研究》(西北大学出版社2002年版)等。就其学术研究的历程而言,主要相关成果是在20世纪80年代之后取得的,起初出现了一些厚实创新的论文,后来又出现了一批系统详细的论著。这些成果本身的质量都很高,有的甚至具有划时代意义,但是不得不说,这些都不是行政责任追究制度史的专门研究成果,或者从总体上讲,宋代行政责任追究制度专门系统的研究成果迄今尚未出现。

之所以如此,可能有三个主要原因:第一,行政责任追究制度在古代是一种方法性的制度(以追究方法表达追究制度),不是某一行政领域或种类性的制度,故在《宋刑统》《庆元条法事类》《吏部条法》和《文献通考》《宋会要辑稿》等法典政书中不单独属于某一门类或事类,在《宋史》等史书中也无专门的类目,自然也就不会引起人们的特别注意,没有进行整体和系统的叙述,一般只在论述各种具体制度和行政时提及。第二,这一方法性的制度,在行政的诸多领域都得到运用,各种史料都有记载,涉及面广,散状分布,无疑增加了对这种方法性制度综合考察和系统论证的难度,只有经过归纳推演、解构建构等复杂而艰难的探索才能获得知识性、规律性的系统认知,进而整体把握宋代的行政责任追究制度。第三,我国行政责任追究制度建设及其理论研究都是在20世纪80年代以后逐渐形成的,1989年颁布《中华人民共和国行政诉讼法》、1996年颁布《中华人民共和国行政处罚法》,行政责任追究逐步有了系统的法律规定,并为全国上下所关注,也就在此前后,政治学、行政学、管理学领域才对行政责任追究作较为专门的研究,20世纪90年代以后,以行政责任或行政法律责任为题的论著也慢慢地多了起来,如任志宽等的《行政法律责任概论》(人民出版社1990年版)、荣仕星的《论领导者责任》(人民出版社2004年版)、王成栋的《政府责任论》(中国政法大学出版社1999年版)、李凤鸣等的《经济责任审计》(北京大学出版社2001年版)、沈开举等的《行政责任研究》(郑州大学出版社2004年版)、杨解君主编的《行政责任问题研究》(北京大学出版社2005年版)等。与此同时,史学领域也做出一些反应,如前文所列举的一些关于宋代官吏选任及政治、法制、监察等都有著作论及,但所占篇幅不大。因而,一个新兴的学科或研究领域,必须有社会需求的推动,必须得到相关学科领域理论的滋养,才能成长起来。

这种选题涉及广泛、资料分散、基础薄弱、已有成果很少的状况,说明宋代行政责任追究制度要么是一座有待探采的宝藏,要么是一处无足称道的废墟;但丰富的资料、研究的态势和现实的呼唤,又证实和增加了研究这一难题的意义和价值。这可以从以下几方面得到证明:从资料的收集、内容的整合、体系的构建以及方法的综合上看,都反映了对这一问题的研究具有一定的原创性、开拓性、独特性,在此基础上可能逐步形成宋代行政责任追究制度研究的领域或方向;从传统的政治史和制度史研究领域讲,通过责任视角,探寻宋代的政治制度以及机制问题,并由此获得新发现、新成果,无疑能够推进政治史和制度史的研究;从学术研究和学科发展的相互关联性来说,这是一个学科交叉性的选题,一方面,必须借助于史学以外学科,如政治学、行政学、管理学的理论和方法进行研究,另一方面,本研究所获得的理论方法上的进展,又必然会丰富我国政治学、管理学和行政学的内容,以及增强自身研究领域的体系和特色;从学术与现实的关系看,这既是一个历史问题,又是一个具有现实借鉴意义的选题,对今天的政治、行政、人事制度改革,特别是现代行政责任追究制度或问责制度的建设具有专门而有益的历史参考意义。

当然,这种具有一定难度和价值的选题,需要花更大的气力,进行复杂而艰苦的整合研究,尤其是方法的选择和运用直接关系到研究的顺利和成功与否。为此,首先仍然要采用被后现代史学所批评的"要像它实际上所发生的那样"[1]构建过去的传统史学的方法,并以此作为基础和基本的研究方法,钩考、勾勒宋代行政责任追究制度,揭示其基本内容和演变过程;其次,要借鉴或运用政治学的方法,分析行政责任追究制度与宋代政治的关系,考察责任追究与集权政治之间的关系,以及借鉴和运用管理学、行政学的方法,探讨行政责任追究制度在宋代专制集权体制中的地位和作用。总之,坚持以马克思列宁主义的政治学说和国家学说为指导,立足于历史学,运用政治学、管理学和行政学的基本理论和方法,进行方法上的综合和整合,从行政责任追究的角度,广泛地钩沉史料、发现史料,准确地解读、运用史料,对宋代行政责任追究制度的基本问题和内容,做全方位、多视角地系统研究,揭示其本质和规律,演绎其发展史,逐步形成具有一定学科交叉性的研究领域或方向——宋代行政责任追究制度研究,也为中国行政责任追究制度史的建立奠定基础。

宋代行政责任追究制度研究的基本问题包括宋代行政责任追究的相关研究、基本史料、历史演变以及责任追究的主体、方法、程序等;基本类型和内容包括官吏选任行政责任、农桑行政责任、财税行政责任、财物管理行政责任、军事行政责任、司法行政责任、文化行政责任、

---

[1] 〔美〕格奥尔格·伊格尔斯:《二十世纪的历史学——从科学的客观性到后现代的挑战》,何兆武译,山东大学出版社2006年版,第12页。

外交行政责任等。而其中的选任责任,既是一种专门责任,又是一种普遍责任;既是行政责任追究制度中的专门问题,又是一个基本问题,处于行政责任追究制度的基础性地位,故也可以作为宋代行政责任追究制度研究中的基础性问题来对待。本选题是在长期从事宋代监察、审计及法制等研究过程中逐渐形成的,历经反复摸索,以及肯定、否定、肯定的过程。迄今已对宋代行政责任追究制度史料做了广泛的收集整理和理论方法的准备,并对基本内容做了整体性思考和构建,在研究过程中既有内容方面的调整,又有结构方面的完善,初步完成了本课题设想的研究目标和任务。

第一章 学术回顾与反思

任何学术研究都是对已有研究的继承和对未知问题的探索,没有继承就不可能发现问题,没有探索也不可能有所创新;而继承在学术研究中处于基础性地位,也就是从学术理论上讲,任何研究都是在前人成果的基础上进行的,任何创新都离不开学术继承。因而,重视学术研究的继承,重视已经取得的成果,不仅是现代学术的规范,而且是学术研究之所以成为科学之所在。这一点日益为学术研究者广泛认同,忽视或无视学术继承的情况越来越少。

根据行政学的基本原理和行政发展史,自从远古政权和政治形成之时,行政及行政责任随之产生,也就有了最早的行政责任追究规定和实践(本书第二章将有所论述)。当然,行政法律和责任追究制度的形成和完善是一个长期的过程,至唐宋时期,尤其是宋代行政责任的法律和追究的内容已经相当丰富,成为政治制度和体制的重要组成部分。为此,我们也就完全可以将宋代行政责任追究制度作为政治史、行政史、制度史,或者作为一个交叉领域或专门对象展开研究。

尽管我国史学传统具有一贯重视政治史和制度史研究的特点,但对政体和体制的研究,尤其行政责任追究制度的研究又显得相对薄弱。行政责任追究制度史的研究需要以行政学的原理和方法为指导,才能取得具有一定突破意义的成果,也与一般史学研究有所区别。行政学起源于近代西方资本主义国家,我国行政研究则是在受到西方行政学的影响后,直至20世纪80年代才逐步形成的。其中,行政责任追究问题到20世纪90年代才引起人们的重视。这与我国加强法制建设,强调依法行政,强化责任意识,建立和完善行政责任追究制度或问责制度的时代环境和历史背景直接相关。随着行政责任制度或问责制度的初步建立,人们对行政责任追究制度的理论研究重视起来,侧重于现代理论和实务方面的探讨,至于历史上的行政责任追究制度,虽有所关注或述及,但专门和直接的研究很少,更没有形成系统的理论和成果。通过检索近几十年的人文社科研究成果发现,以"宋代""行政责任追究"关键词为题,或者以行政责任追究理论为指导探讨宋代行政责任追究制度的论著极为少见。所以,近年来多种宋史研究成果的综述,几乎没有专项的总结和评论。[①] 虽然缺乏对宋代行政责任追究制度专题的研究及其专门的学术总结,但相关和间接研究的成果还是有的,这是本课题研究的背景或基础。为此,较为系统地回顾和总结宋代行政责任追究制度的相关研究,对于新兴的研究领域或方向显得尤为重要。

第一节 20世纪80年代以前的相关研究

宋代行政责任追究制度的研究,因其对象和方法上的特殊性,历史上的史学著作或史料没有专门的分类叙述,但又保存了大量的资料,有些还比较集中。宋史的研究早在宋代就已经开始,并出现了一批叙述和研究宋代历史的著作,也是今天宋史研究的最基本史料,例如:《续资治通鉴长编》《建炎以来系年要录》《建炎以来朝野杂记》《三朝北盟会编》,以及《文献通考》《玉海》等。此后,元明清各代都有大量的宋史研究成果,《宋史》的续修就是著名例子。当代宋史学者胡昭曦先生对此有过概括性的描述,"自元末的周以立,到明代的严嵩、王洙、柯维骐、王惟俭、钱士升、汤显祖,到清代的陈黄中、顾炎武、朱彝尊、全祖望、杭世骏、邵晋涵、章学诚、陆心源,到民国时期的刘咸炘,以及到新中国成立以后的上海师范大学古籍研究所,都有重修宋

---

① 参见相关研究综述,宋晞:《民国以来的中国史学论集》,中国台北"国史馆"印行1999年版;黄宽重:《海峡两岸宋史研究动向》,载《历史研究》1993年第3期;王曾瑜:《宋史研究的回顾与展望》,载《历史研究》1997年第4期;张其凡:《二十世纪中国宋史研究的回顾》,载《两宋历史文化概论》,广东人民出版社2002年版;李华瑞:《建国以来的宋史研究》,载《中国史研究》2005年S1期;包伟民主编:《宋代制度史研究百年》,商务印书馆2004年版;朱瑞熙、程郁:《宋史研究》,福建人民出版社2006年版等。另与本课题研究密切相关的综述有白钢:《二十世纪的中国政治制度史研究》,载《历史研究》1996年第6期。

史的打算。但多数未能实现,有几部成书之作均为学者认为很不理想,只有个别书如《宋史翼》可稍补《宋史》之阙"①。这种宋史研究成果无疑是传统史学理论和方法的结晶。在这些宋史研究成果中,无论是纪传体《宋史》,还是编年体《续资治通鉴长编》,都保存了一些宋代行政责任追究制度的资料,集中在铨选、考课、考核、监察之类内容的记载上,但没有专门系统的叙述,更没有理论和方法上的创构。

宋史研究真正具有现代意义的学科应该是在20世纪形成和发展的。在20世纪里,宋史研究历经艰难曲折,一般分为两个阶段,或者三个、四个阶段②,而其中宋代政治制度史研究历程与此相类似但又有差异,朱瑞熙先生将其分为四个阶段:20世纪初20年的开创,20年代至40年代的奠基,50年代至70年代的内陆(大陆)地区的研究停滞和我国港台地区的研究持续发展,70年代晚期以后的正常发展。③ 无论是宋史研究,还是宋代政治制度史研究,20世纪50年代初和70年代晚期是两个重要的分界期,前者是我国内陆(大陆)地区社会性质以及学术研究属性的交变时期,而后者是社会、学术和宋史研究飞跃发展的开始,宋史研究步入正轨。

在20世纪前80年中,由于前五十年我国社会的战乱和动荡以及后三十年的内陆(大陆)地区政治环境,尽管一些宋史研究者采用西方的或马克思主义的史学理论和方法研究宋代政治史,五六十年代大陆宋史研究也一度有过发展,但是由于时代的特性和环境,宋代政治史的研究大多集中在皇权、变法等政治问题上,以及王安石、岳飞等政治人物上,宋代制度史的研究相当薄弱。而在政治制度研究中又主要集中在诸如科举、铨选、教育、兵制等内容上,或者说主要是分类叙述和

---

① 胡昭曦:《宋朝社会与中华文明》,载《中华文化论坛》1998年第4期。
② 20世纪的宋史研究分期,学界有多种看法,宋晞先生的四分法:清末至北伐前夕、北伐完成至抗战初期、抗战时期、1950年以后,他又在此基础上将前三者作为第一阶段,后者作为第二阶段;王德毅、王曾瑜、黄宽重、张其凡等先生也以1949年为界分为两个时期;朱瑞熙先生将其分为清末、中华民国和中华人民共和国三个阶段。参见宋晞:《民国以来的中国史学论集》,中国台北"国史馆"印行1999年版;黄宽重:《海峡两岸宋史研究动向》,载《历史研究》1993年第3期;王曾瑜《宋史研究的回顾与展望》,载《历史研究》1997年第4期;张其凡《二十世纪中国宋史研究的回顾》,载《两宋历史文化概论》,广东人民出版社2002年版;朱瑞熙、程郁:《宋史研究》,福建人民出版社2006年版。
③ 参见朱瑞熙、程郁:《宋史研究》,福建人民出版社2006年版,第116页。

概括正史职官志所列制度上。

当然,在这七八十年中,前五十年的政治制度研究成果,也有一些零星的涉及宋代行政责任追究制度的相关成果,主要分布在职官制度研究领域。一般认为,1903年梁启超在《新民丛报》(46—48合本)上发表的《宋官制最善》一文,是20世纪宋代官制或政治制度研究的开篇。该文列举的宋代官制五善之一"以差易官",讲到了任官问题,与行政责任有一点关联。而最早对宋代责任追究有稍多涉及的专门论著,可能是曾资生1945年发表的《宋辽金元的考核制度概况》(《东方杂志》1945年41卷12期)和《宋代荐举制度的运用与精神》(《东方杂志》1945年41卷24期),虽然主要谈官吏的考核和荐举,但与责任有一定的关系。

后三十年的历史及宋代政治制度研究都不景气,五六十年代我国内陆(大陆)地区历史研究聚集在"五朵金花"①上;六七十年代的"文革"浩劫,学术研究几乎停止,只取得极少量学术性的成果,如漆侠先生的《宋朝的"差遣"和"通判"的职责和性质怎样区别?》(《历史教学》1954年第10期),当然,更没有行政责任追究的专论。而港台地区宋史研究则有所发展,取得不少成果,其中有的还与行政责任追究存在关系,如:方豪的《宋史》(台北中华文化出版事业委员会1954年版)第一册第三章"宋代之官制",齐伯骥的《宋代政教史》(台北中华书局1971版)第三章"官吏铨选制"叙述了官吏的选拔、考核制度,陈秀夔的《中国财政史》(台北商务印书馆1973年版)第三章"宋代审计制度"叙述了对官吏的监察和审计,杨树藩的《中国文官制度史》(三民书局1976年版)也对铨选制度有所论述。

总体而言,20世纪前七八十年涉及宋代行政责任追究制度研究的成果数量极少,更没有以现代行政、司法、监察、审计、考试等学科理论和方法为指导作分类深入的仔细研究,因而宋代行政责任追究制度的专门研究并没有出现。

---

① "五朵金花"指中国历史分期、封建土地所有制、农民战争、资本主义萌芽、汉民族形成五个方面的史学研究。

第二节 20世纪80年代以后的相关研究

20世纪70年代后期,随着"四人帮"的倒台,宣告了"文化大革命"的结束,我国步入了拨乱反正的历史时期,史学研究也迎来了明媚的春天,这是20世纪我国几大历史转折时期之一。随着政治的稳定与经济的恢复,学术也步入正轨,趋向繁荣,但70年代后期各个领域还都处在拨乱反正之中,到了80年代以后学术才迎来真正的繁荣,史学也是如此。史学研究主要沿着各类问题的细化和深入方向发展,而这种进展又直接引发或者涉及新问题。宋代行政责任追究制度的相关研究成果也是在这种背景下取得的,因而它又涉及宋史和专门史的多个研究领域,其中,政治、法律、监察、审计、考课等方面的研究较多。这类相关成果的数量和出现频率都超过以往任何时期,这也预示着一个新的研究方向即将诞生。现将三十多年来的相关成果分类述评如下:

一、宋代行政、监督、法律制度方面的相关著作

1. 宋代行政管理方面的相关著作

20世纪80年代以来,断代宋史修撰取得较大进展,但数量并不太多,如周宝珠等主编的《简明宋史》(人民出版社1985年版)、陈振的《宋史》(上海人民出版社2003年版)、张其凡撰写的《宋代史》(澳亚周刊出版有限公司2004年版)等。在这些成果中,政治制度的叙述也在逐步完善和丰富,之后出版的著作还简要介绍了磨勘、考课制度,也涉及行政责任问题,但所占篇幅较小,只就制度谈制度,尚未从责任追究角度来论述。

在近三十多年的宋史研究中,有一个值得注意的现象,即断代宋史的著述较少,而宋代专门史研究成果较多。宋代行政制度方面的研究就是如此,其中官吏管理制度的著作涵括一些行政责任追究内容,如邓小南的《宋代文官选任制度诸层面》(河北教育出版社1993年版)、苗书梅的《宋代官员选任和管理制度》(河南大学出版社1996年版)、龚延明编著的《宋代官制辞典》(中华书局1997年版)等。《宋代

文官选任制度诸层面》是一部较早系统论述文官选任制度的著作,全书多个章节中述及责任,尤其在有关机构、考课和磨勘的章节中更多提及。这在以前的成果中是很少见到的。《宋代官员选任和管理制度》则是较全面探讨官吏的选任和管理的著作,其中第三章第三节"荐举保任制度"、第四章第一节"考课制度"、第二节"磨勘制度"、第四节"黜降制度"等多有论及行政责任问题,是较多涉论责任的著作。《宋代官制辞典》是一部专业词典,也是一部富有学术含量的著作。该书正文前的"宋代官制总论"实为一部浓缩的专著论纲,其中第四部分"官吏的管理制度"扼要论述了选官、磨勘、考课等问题,正文第一部分职官和第二部分术语、典故提供了大量责任追究主体和方法的条目,而且许多词条引录书证,勾勒演变,参考价值很大。

2. 宋代监督、法律制度方面的相关著作

20世纪80年代以来,宋代监察、监督、法制研究发展很快,成果较多。监察往往是针对行政主体履行行政职责而展开的,而行政或司法主体既享有权力,也要承担相应的责任。为此,监察史等的研究必然要涉及行政责任追究问题。监察方面的主要著作有:贾玉英的《宋代监察制度》(河南大学出版社1996年版)、刁忠民的《宋代台谏制度研究》(巴蜀书社1999年版)、虞云国的《宋代台谏制度研究》(上海社会科学院出版社2001年版)、方宝璋的《宋代财经监督研究》(中国审计出版社2001年版)等。这些著作各有特点,又对行政责任有所论及,《宋代监察制度》较为全面地论述中央至地方监察制度,涉及官吏多种违法违规行为及其处罚;《宋代台谏制度研究》甚为深入,在论述事权时涉论行政和监察主体的责任;《宋代台谏制度研究》侧重制度的运作,并对台谏官的黜陟和奖惩有专论;《宋代财经监督研究》则研究财政领域的监督,尤其对财政税收的责任有所论述。

宋代法制研究涉及责任问题的著作,主要有王云海主编的《宋代司法制度》(河南大学出版社1992年版)、郭东旭的《宋代法制研究》(河北大学出版社1997年版)、郭东旭的《宋朝法律史论》(河北大学出版社2001年版)、戴建国的《宋代法制初探》(黑龙江人民出版社2000年版)、薛梅卿等主编的《两宋法制通论》(法律出版社2002年版)、屈超立的《宋代地方政府民事审判职能研究》(巴蜀书社2003年版)等。这些著作多从法制的角度论述行政责任或司法行政责任,是一种部门责任研究的成果。当然,各书又各有侧重和特色,《宋代司法制度》第十章"论述司法监察制度及法官的责任",《宋代法制研究》第二章"宋代的行政法"和《宋朝法律史论》的"宋代财政监督法述论"则从行政法角度论及责任,而《宋代法制初探》在刑罚篇、制度篇则对刑罚和司法责任有所论述,《宋代地方政府民事审判职能研究》则更侧重司法责任,也即地方政府官员如果在审判中不依法办案,将会受到法律的惩治。当然,以现代行政学和行政法学来考量,司法责任与行政责任是有明显区别的,但在古代行政司法合一的体制下,古代司法责任又有一定的行政处罚和行政责任的色彩或内容。

此外,有一些宋代专门史著作也有相关论述,如汪圣铎的《两宋财政史》(中华书局1995年版)第五章第三节系统地论述财政官吏的选任、考课、奖惩等,汪圣铎的《两宋货币史》(社会科学文献出版社2003版)第三章论述钱监管理责任,后者是一种更专门的责任;曹家齐的《宋代交通管理制度研究》(河南大学出版社2002年版)第二章第四节中的文书传递程限与相关奖惩;王菱菱的《宋代矿冶业研究》(河北大学出版社2005年版)第十章中的矿冶业中的奖惩制度。还有一些著作在论述官吏限制或禁约性制度时也涉及责任问题,如苗春德主编的《宋代教育》(河南大学出版社1992年版)第二章中的"宋代科举考试的防弊措施",游彪的《宋代荫补制度研究》(中国社会科学出版社2001年版)第十三章中的"荫补官员的禁约"等,还有的著作从文化史、制度文化史角度有所论及,如杨渭生等的《两宋文化史研究》(杭州大学出版社1998年版)第五章第四节"官员行政人事管理制度"就讲到考课、荐举等问题。这些成果都具有很重要的参考价值。

二、宋代行政、监督、法制制度方面的相关论文

在宋代政治制度的研究中,考课、磨勘、法制、监察等方面的内容,与行政责任关系最为紧密,行政责任甚至是其中的组成部分。在上述有关著作成果的介绍中已经看出了这一点。当然,在这些著作出版之前,部分相关成果也以论文形式较早地刊布,内容浓缩而精粹。

1. 考课、磨勘方面的相关论文

考课、磨勘是宋代铨选制度的重要内容,也是选拔、任用、考核、奖惩官吏的重要措施。考课是定期考核官吏政绩,磨勘是在考课基础上

的改官,都要根据其完成职责的状况来决定,都有一个奖惩的问题,其中处罚也就是责任追究。这一时期,较早提及官吏磨勘和责任问题的可能是关履权的《宋代的科举、恩荫、磨勘与官僚政治》(载关履权:《两宋史论》,中州书画社1983年版)。不久,邓小南发表了《宋代考课法的实行》(《自修大学》1984年第3期)、《北宋文官考课制度考述》(《社会科学战线》1986年第3期)、《北宋文官磨勘制度初探》(《历史研究》1986年第6期)等重要论文,对考课、磨勘作了较为专门全面的探讨,论及官吏在行政执法过程中产生的责任,但对考课和磨勘者的主体责任论述很少。此外,曾小华的《宋代磨勘制度研究》(杭州大学历史系宋史研究室编:《宋史研究集刊》,浙江古籍出版社1986年版)、《略论宋朝磨勘制度的特点及其社会原因》(《浙江学刊》1990年第2期)、《宋朝考课制度述略》(《中共浙江省委党校学报》1987年第2期)等,对磨勘、考课,尤其是磨勘作了深度研究,可资行政责任追究研究之参考。

同时,还有学者以一定现代行政学理念来解读宋代考课、磨勘,探讨奖惩官员、考核政绩问题,朱瑞熙的《宋朝官员行政奖惩制度》(《上海师范大学学报》1997年第2期)叙述了奖惩的名目和方式,即考课、磨勘的奖惩名目和方式,其中惩罚问题与责任追究问题颇为接近。方宝璋的《宋代对官吏经济政绩的考核》(《福建师范大学学报》1992年第3期)则从财政、税收方面,即主要是考课制度中田赋税收方面,阐述对官吏的监督和处罚。

还有学者从宏观的选任官吏角度,或者从考课、磨勘的一些具体措施和方法来探讨的,如金圆的《宋代州县守令的考核制度》(《宋史研究论文集》,浙江人民出版社1987年版),曾小华的《宋朝的辟举法》(杭州大学历史系宋史研究室编:《宋史研究集刊》,浙江古籍出版社1986年版)、曾小华的《宋代荐举制度初探》(《中国史研究》1989年第2期),苗书梅的《宋代黜降官叙复之法》(《河北大学学报》1990年第3期)、《宋代官员考试任用法初论》(《史学月刊》1992年第2期)、《宋代官员黜降法初探》(邓广铭等主编:《宋史研究论文集》,河南大学出版社1993年版),邓小南的《宋代辟举初探》(邓广铭等主编:《中日宋史研讨会中方论文选编》,河北大学出版社1991年版),这些论文总体论述了荐举的方式、黜降类型,并涉及责任等内容。而苗书梅的

《宋代任官制度中的荐举保任法》(《河南师范大学学报》1996年第5期)、顾宏义等的《两宋州县学官及其任用考核制度》(《洛阳师范学院学报》2001年第4期),则更为具体地论述了铨选程序中担保责任和具体行政主体责任,研究较为专门深入,有关责任方面的内容也要多一些。

2. 官吏管理方面的相关论文

上述考课、磨勘是较为专门的行政管理制度,而具体来说,官吏管理涉及面很广泛,内容也非常丰富。总体论述宋代官吏管理的论文,如陈建中的《宋代用人制度述略》(《淮阴师专学报》1985年第3期)、龚延明的《宋代官吏的管理制度》(《历史研究》1991年第6期)、秦闻一的《宋以前官吏任期制度述论》(《许昌师专学报》1997年S1期)、江晓敏的《宋代中央政府对地方官员的任用、管理与监察》(《南开学报》1994年第1期)、屈超立的《宋代地方行政管理制度改革简论》(《西南民族大学学报》人文社会科学版2004年第11期)等;也有论述较为具体的管理措施的,如朱瑞熙的《宋代官员公费用餐制度概述》(《上海师范大学学报》1999年第4、9期)、《宋代官员礼品馈赠管理制度》(《学术月刊》2001年第2期)等,这些论文都涉及行政违规违法的处罚,也即责任追究。

在官吏的管理中,较为集中反映责任追究的则是抑制和惩治官吏的腐败,也即人们常说的反腐败,这方面的成果如汪圣铎的《宋朝如何抑制官员贪赃的几个问题》(《西南师范大学学报》1994年第2期),梁凤荣的《论北宋前期治吏惩贪的特点》(《史学月刊》1996年第5期),谭学书的《宋王朝反腐败简论》(《社会科学》1996年第4期),贺达、邱书林的《宋代官员外贸走私腐败探析》(《河北师范大学学报》2000年第4期),刘风琴的《宋初惩治贪官管窥》(《党风与廉政》2001年第3期),魏殿金的《宋代适用于犯罪官员的资格刑》(《烟台师范学院学报》2002年第3期),等等。当然,这些论文所讲的责任,既有行政责任,也有刑事责任,还有的是行政附带刑事或民事责任的追究,但都是对官吏的强制性管理,都属于责任追究的范围。

3. 监察审计方面的相关论文

宋代监察、审计在20世纪80年代以后取得了很大进展,论文数量较多,尤为注重监察制度的演变以及运作,如肖建新的《论宋朝的弹劾制度》(《河北学刊》1996年第2期)、《宋代审计三论》(《史学月刊》2002年第1期)、《宋代的监察机制》(《安徽史学》2006年第2期)、李俊清的《宋代对政府官员的法律监督》(《中国行政管理》1998年第3期)、方宝璋的《略论宋代财经监督机制》(《福建师范大学学报》2000年第2期)、冯锦的《北宋司法监察制度述论》(《湖北大学学报》2000年第4期)等。这些论文主要论述监察和审计,同时又涉及官吏的行政责任问题,如对官吏违法违规的弹劾,官吏经济责任的发生,以及审计、监察主体的责任等都有所论及。

此外,还有一些论文研究官吏的管理和监督机构,如金圆的《宋代监司监察地方官吏摭谈》(《上海师范大学学报》1982年第3期)、《宋代监司制度述论》(《上海师范大学学报》1994年第3期),曹大宽的《宋代审计司、审计院考析》(《审计研究》1987年第4期),施伟、肖建新的《宋朝审官院演变考述》(《安徽师大学报》1995年第4期),肖建新的《论宋朝审官院之演变》(《中国史研究》1997年第1期)、《宋朝审计机构的演变》(《中国史研究》2000年第2期),等等,这些论文虽侧重于机构和官吏职责的论述,但其中包含了追究官吏责任前提的研究,为追究主体的研究打下了基础。

4. 司法行政责任研究的相关论文

司法责任是司法过程中司法主体承担的法律责任,往往以刑事责任为主,一般为独立的责任形式,但也包括司法行政责任,后者则是行政责任的组成部分。这方面的研究成果较多,除了前述提及的数部法制史研究著作多有专章论述外,还有一些专门论文,有的对司法主体和审判责任进行研究,如季怀银的《宋代法官责任制度初探》(《中州学刊》1993年第1期),郑颖慧、谢志强的《略论宋代法官审判活动之法律责任》(《保定师范专科学校学报》2005年第1期);有的对审判具体时限责任进行研究,如季怀银的《宋代司法审判中的限期督催制度》(《史学月刊》1991年第2期);还有的在整体研究司法监督时对责任进行叙述,如殷啸虎的《北宋前期司法监督制度考察》(《中国史研究》1991年第2期)等。这种责任追究虽然有多重性以及司法、行政责任的交叉性,但是由于法制研究的进步和法学理论的支撑,此类研究比前述相关的行政责任研究要成熟得多,较为专门、系统,已成为法制史研究的一个组成部分。

三、政治、法制和行政通史方面的相关著作

20世纪80年代以后,政治制度通史的著述发展很快,分为两种类型:一是普通政治制度史,也即综合性的通史,包含多种政治制度;二是专门政治制度通史,主要论述某种政治制度(当然,专门史可以是分类的,也可以是断代的,这里讲的是前者)。在综合和分类专门史中,宋代部分往往占有较大篇幅,并且一般都要论及宋代行政责任问题,尤其是多卷本的分类通史,叙述的分量更大,并且风格有异,各有千秋。

(1)在普通政治制度史中,左言东的《中国政治制度史》(浙江古籍出版社1986年版)和张晋藩、王超的《中国政治制度史》(中国政法大学出版社1987年版)是两部较早的著作,都在宋代部分叙述了官吏的考课、磨勘以及监察和司法制度等,也都提到了官吏行政中的责任问题,只是非常简约,但较以往著作是一个进步。此后,又有几部政治制度通史问世,如罗辉映主编的《中国古代政治制度史》(四川大学出版社1988年版)、韦庆元主编的《中国政治制度史》(中国人民大学出版社1989年版)等,以编纂为主,简明扼要,责任问题所述也不多。20世纪90年代后,政治制度研究的视角和内容发生一些变化,如白钢主编的《中国政治制度史》(天津人民出版社、新西兰霍兰德出版有限公司1991年版)和《中国政治制度通史》(人民出版社1996年版),他说:"除个别著作着力于元首制度、决策体制和政体运行机制的探索,并取得了突破性进展外,多数讲义教材的内容与结构,没有摆脱官制史的窠臼,且史实失误之处颇多。"①而白钢主编的著作确实克服了此类不足,多有创新,已呈现出从体制、机制上考察行政责任追究的端倪,主要在监察、人事、司法制度中论及,这与传统史学研究大相异趣,令人耳目一新。

(2)在专门或专项政治制度通史中,这一时期较早的成果,如肖永清主编的《中国法制史简编》(山西人民出版社1981年版)、张晋藩主编的《中国法制史》(群众出版社1982年版)等;篇幅较大的成果有,张晋藩总主编的《中国法制通史》(法律出版社1999年版)、漆侠

---

① 白钢:《二十世纪的中国政治制度史研究》,载《历史研究》1996年第6期。

的《中国经济通史》(经济日报出版社 1999 年版)、李金华主编的《中国审计史》(中国时代经济出版社 2004 年版)等;内容与责任追究较为接近的有,王汉昌主编的《中国古代人事制度》(劳动人事出版社 1986 年版)、许树安的《古代的选士任官制度与社会》(天津人民出版社 1988 年版)、周继中主编的《中国行政监察》(江西人民出版社 1989 年版)、王建学主编的《中国行政管理史》(辽宁人民出版社 1989 年版)、李铁的《中国文官制度》(中国政法大学出版社 1989 年版)、蒲坚的《中国古代行政立法》(北京大学出版社 1990 年版)、张晋藩等的《中国行政法史》(中国政法大学出版社 1991 年版)、单远慕等编著的《中国廉政史》(中州古籍出版社 1991 年版)、邱永明的《中国监察制度史》(华东师范大学出版社 1992 年版)、陈茂同的《中国历代选官制度》(华东师范大学出版社 1994 年版)、巩富文的《中国古代法官责任制度研究》(西北大学出版社 2002 年版)。可见,在专门史的诸多研究领域都取得了很大成就,有的还具有填补空白的意义,而法制史成果为多,并且该学科最为成熟。这些成果,一般从立法、司法、行政、人事、监察、审计等专门角度述及行政责任追究问题,实际上也能为宋代行政责任追究制度作进一步的分类研究打下基础。

四、政治、行政和法制通史方面的相关论文

这一时期通史性的相关论文也有一些,行政监察和司法责任方面的较多。前者如于波的《浅议我国古代的行政监察制度》(《行政论坛》2001 年第 1 期)、刘轶等的《中国古代官员任期经济责任审计制度的嬗变及其启示》(《理论月刊》2001 年第 2 期)、王宏彬的《我国古代行政监察制度的历史嬗变》(《黑龙江社会科学》2002 年第 3 期)、赵秀玲的《论中国古代县级行政监察制度》(《徐州师范大学学报》2002 年第 3 期)、韩俊远等的《中国古代行政权力的制约与监督机制》(《南都学坛》2004 年第 3 期)等;后者如马建文的《我国古代的错案追究制度》(《中国监察》1998 年第 5 期)、郑秦的《论中国古代行政》(《行政法学研究》1994 年第 1 期)、巩富文的《中国古代法官责任制度的基本特征》(《学习与探索》1994 年第 2 期)、巩富文的《中国古代法官违法行刑的责任制度》(《政治论坛》1995 年第 2 期)、荣晓宏的《析我国古代的刑事责任根据思想》(《山东法学》1995 年第 2 期)、王广彬的《中

国古代司法官责任制度探究》(《政治论坛》1998 年第 5 期)、巩富文的《中国古代法官责任制度的基本内容与现实借鉴》(《中国法学》2002 年第 4 期)、李晓燕等的《我国古代司法官责任制度的历史演变》(《理论探索》2003 年第 3 期)、李晓燕等的《论中国古代司法官责任制度的特征和思想基础》(《山西高等学校社会科学学报》2003 年第 5 期)、李麒的《中国古代司法官责任制度探析》(《兰州大学学报》2003 年第 6 期)等。这些论文,对监察、司法的责任和追究作了论述,其中对宋代的专门论述分量明显不足,而在所论的法律责任中刑事责任占了很大比例。

五、政治学、管理学和行政学等相关研究

最近二三十年,政治学、管理学和行政学发展很快,取得的成果非常多。这些成果虽然以整个古代作为宏论对象,很少直接详细论及宋代的行政责任追究问题,但是或多或少有所涉及。其中一些重要成果是与本课题关联性较大是值得我们注意的,如李凤鸣等的《经济责任审计》(北京大学出版社 2001 年版)、沈开举等的《行政责任追究研究》(郑州大学出版社 2004 年版)、杨解君主编的《行政责任问题研究》(北京大学出版社 2005 年版)、任志宽等的《行政法律责任概论》(人民出版社 1990 年版)、荣仕星的《论领导者责任》(人民出版社 2004 年版)、王成栋的《政府责任论》(中国政法大学出版社 1999 年版)、胡建淼主编的《行政违法问题探究》(法律出版社 2000 年版)、冯军的《刑事责任论》(法律出版社 1996 年版)、郭明瑞等的《民事责任论》(中国社会科学出版社 1991 年版)等。

此外,还有一些重要的政治学、管理学和行政学方面的著作,如王沪宁主编的《政治的逻辑:马克思主义政治学原理》(上海人民出版社 1994 年版)、周三多等编著的《管理学:原理与方法》(复旦大学出版社 2003 年版)、夏书章主编的《行政管理学》(中山大学出版社 1991 年版)、张文显主编的《法理学》(法律出版社 1997 年版)、熊文钊的《现代行政法原理》(法律出版社 2000 年版)等。

这些著作有的涉及宋代行政,仅有只言片语,有的甚至只是概言古代行政,没有具体分析,但对本课题研究都具有参考价值,尤其是在建构本选题的理论、框架上意义重大,如《行政法律责任概论》指出古代行政责任突出刑事法律责任,行政法律责任与刑事法律责任的区分也不明显,《现代行政法原理》对行政责任的范畴、构成、内容和形式的专业性论述,《行政责任问题研究》对责任的阐释,诸如此类的认识对我们进行宋代行政责任追究的研究都是有很大帮助的,因为本选题是一个具有一定学科交叉性的论题,没有现成的理论体系,需要借助这些相邻相关学科的研究成果创构独立的研究领域或方向。

需要指出的是,在上述20世纪80年代以后的相关研究成果中,最为直接的相关研究成果应是宋代行政、监督、法律制度方面的有关著作和论文。而最近几年,也即大约2005年本课题启动以后,宋代行政制度尤其官吏管理制度研究又有了一定的进展,主要表现在两个方面:一方面,继续沿着监督、考核、惩治的传统研究路径往前深入,出现一批专题论文,如陈骏程的《宋代官员惩治研究》(2006年暨南大学博士论文),对官吏的贪赃枉法以及失职、渎职进行了系统研究,分析了惩治的方式、特点、不足等,此外还有刘双的《宋代惩治官吏贪赃对策述论》(《中州学刊》2007年第2期)、丁建军的《宋徽宗朝的官员考核述论》(《河北大学学报》2010年第5期)、贾芳芳的《宋代地方官员的考课制度及其弊端》(《德州学院学报》2010年第3期)等,从总体或是部分论述了官吏的政绩或效率,都或多或少涉及官吏责任或责任追究。另一方面,则是突破一般监督、惩治的研究视角,从官吏职责以及责任的角度作专门研究,已有一些成果面世,如:肖建新的《宋代的科举责任追究》(《文史哲》2009年第5期)、肖建新等的《浅析宋代的科举担保与责任追究》(《法学杂志》2009年第5期)、邢宇峰等的《宋代太学教育管理的责任追究》(《安徽师范大学学报》2009年第5期)、宫超的《宋代军需粮草的管理及其责任追究制度》(《安庆师范学院学报》2010年第2期)等,这些论文应是探讨科举、教育、军事等领域官吏行政责任追究的专门之作,但也为本课题的研究作了铺垫。当然,真正系统深入地研究宋代行政责任追究制度,还有大量的工作需要去做。

第三节 我国港台地区及海外的相关研究

20世纪六七十年代以后,我国港台地区学术环境比较稳定,学术成果也较多,在全国宋史学术研究的总量中我国港台地区占有较大的比例。其中,政治制度研究方面的著作也不少,如徐道邻的《中国法制史论集》(台北志文出版社 1975 年版)、杨树藩的《宋代中央政治制度》(台北商务印书馆 1977 年版)、梁天锡的《宋枢密院制度》(台北黎明文化事业股份有限公司 1981 年版)、邓嗣禹的《中国考试制度史》(台北学生书局 1982 年版)、孙文良的《中国官制史》(台北文津出版社 1993 年版)、林瑞翰的《宋代政治史》(台北正中书局 1989 年版)、张复华的《北宋中期以后之官制改革》(台北文史哲出版社 1982 年版)、陈学霖的《宋史论集》(东大图书股份有限公司 1993 年版)、苏基朗的《唐宋法制史研究》(香港中文大学出版社 1995 年版)等。此外,还有一批论文,如金中枢的《北宋的科举制度研究》[《宋史研究集》第 11—18 辑,(台北)台湾编译馆中华丛书编审委员会 1958 年版]、梁天锡的《北宋台谏制度之转变》[《宋史研究集》第 9 辑,(台北)台湾编译馆中华丛书编审委员会 1979—1987 年版]等。① 这些著作所论宋代职官、科举、考试、任官、监察都与宋代行政责任有一定的联系,有的著作在具体论述中也谈到责任,并且深受西方史学理论和方法的影响。当然,也有著作的题目及其研究方法看起来很现代,如陈文德的《北宋危机管理:一个问题公司的经营对策剖析》(岳麓书社 2000 年版),似乎要对责任作一番考究,实际上具体论及的职官和政治制度还是比较传统的,涉及的行政责任追究制度研究甚少。

　　国外的宋史研究,遍及日、美、韩、英、法等国,而以日本、美国学者居多,尤其日本学者的宋史研究著称于国际。② 日本近几十年的宋代政治制度史研究成就也是令人瞩目的。其中最著名的当是梅原郁的《宋代官僚制度研究》(株式会社图书印刷同朋舍 1985 年版),对宋代

---

① 龚延明、张其凡等先生,在总结 20 世纪宋史研究时,都对我国港台地区及国外政治制度研究有过概述,参见张其凡:《二十世纪下半叶港台地区的宋史研究》,载张其凡:《两宋历史文化概论》,广东人民出版社 2002 年版;龚延明:《宋代官制总论》,载龚延明:《宋代官制辞典》,中华书局 1997 年版。

② 日本学者对宋史研究成果有过收集整理和总结,参见〔日〕加藤昌等:《日本宋史研究文献目录》,载《宋代文化研究》2000 年年刊。特别是〔日〕平田茂树:《日本宋代政治史研究的现状与课题》,载《史学月刊》2006 年第 6 期,对日本学者近几十年的宋代政治史研究作了总结,叙述研究成果,指出存在问题和发展方向,具有启发意义。

官制沿革、文武官阶、差遣、馆职、恩荫、胥吏等专题展开系统的研究,有不少突破。周藤吉之的《宋代史研究》(东洋文库1969年版)也有关于政治制度方面的论述。而古垣光一、村上嘉宾、荒木敏一、中岛敏、周藤吉之、佐富伯等都对政治制度有专门的研究。① 因此,日本宋史学者关于政治制度史的研究能为宋代行政责任追究制度的研究提供较多的参考。

美国近几十年在宋史研究领域,有一批学者很活跃,如研究社会史的郝若贝、研究文化史的刘子健、研究思想史的包弼德、研究家族妇女史的柏文莉、研究宋代江西抚州士人的韩明诗、研究宋代科举制度的贾志扬以及研究宋代儒学和思想的陈荣捷、包弼德、田浩、韩森等。包伟民曾对美国近二十年的宋史研究总结出两个特点:"一是注意从社会科学其他领域引进新的研究方法,关注基层社会史与后现代思潮;二是既重视范式的归纳在研究中的作用,又注意对旧范式的批判与扬弃。"② 而对宋代官制或政治制度史的研究相对薄弱一些,这方面的专著论文较少,涉及官制和责任时也是从文化思想角度展开的,直接一点的成果如杨联陞的《中国制度史研究》(彭刚、程钢译,江苏人民出版社1998年版)、贾志扬的《宋代科举》(台北东大图书股份公司1995年版)等。此外,还有一些宋代政治和思想史研究的重要成果也值得参考,如刘子健的《两宋史研究汇编》(台北联经出版事业公司1987年版)、包弼德的《斯文:唐宋思想的转型》(刘宁译,江苏人民出版社2001年版)、田浩的《宋代思想史论》(社会科学文献出版社2003年版)、余英时的《朱熹的历史世界:宋代士大夫政治文化的研究》(三联书店2004年版)等。

第四节 近三四十年来相关研究的评析

由上可见,关于宋代行政责任追究制度的相关研究成果,主要是

---

① 参见龚延明:《宋代官制总论》,载龚延明:《宋代官制辞典》,中华书局1997年版,第4—5页。

② 包伟民:《近二十年来的美国宋史研究》,载《光明日报》2000年11月3日。

在20世纪七八十年代以后的三四十年里取得的,分布在宋史、中国政治制度史等研究领域,政治学、行政学、管理学等领域也有所涉及,研究队伍包括我国大陆的宋史、法制史,以及政治学、行政学、管理学研究者,还有我国港台地区及日本、美国、韩国等相关领域的学者。就其研究的历程和内容等看,主要呈现如下特点:

第一,从学术史的发展历程看,宋代行政责任追究制度的相关研究主要是在20世纪80年代之后逐步出现的。在20世纪的宋史和中国政治制度史的研究中,官制、监察、法制方面已经成为较成熟的研究领域,形成一定的理论和方法,并出现一批重要的成果,这一点在前面提到的多种20世纪宋史或政治制度史研究的学术研究综述和总结中得到充分的证实。20世纪七八十年代之前的官制、监察、法制研究,大多在论述官吏职责、机构职能以及规章制度时涉及行政或司法责任,但多为一笔带过,没有从追究责任和专项制度角度加以探讨。这种叙述的状态可能与我国古代这方面制度的存在形态和行政职能交错粗犷有关,各项制度缺乏进一步的细分细化,古代几乎没有以责任命名的法令法规,而在传统史书的"志"部分,关于行政责任追究主要是在职官、刑法、食货,以及选举下的铨法、保任、考课、磨勘等门类中加以叙述。尽管20世纪七八十年代前的相关研究很薄弱,甚至连这一问题研究雏形的程度也够不上,但这种多领域的涉论恰恰为此后的相关研究作了学术积累和铺垫,20世纪80年代以后所取得的相关研究成果说明了这一点。20世纪80年代以后,这类相关成果分布于历史、行政、政治、管理学,以及法制史、监察史等多个学科或领域,但最为集中的,还是在中国宋代政治制度史及法制史研究领域,取得了具有学科研究意义的相关成果,或者说在这些研究成果的基础上,有可能打破传统制度史研究的界限,打通传统制度史的范围,从而整合成新的研究领域。而20世纪80年代之后的相关研究成果逐步增多,出现了部分专门研究成果,除了有20世纪七八十年代前的积累,还在于政治的稳定,经济的发展,学术的繁荣,特别是现实的行政管理制度和政治文明的进步,例如责任追究制度或问责制度的制定和实施,促使学术界对历史上相类似制度的思考,这是一种正常的学术文化现象。因而,在20世纪80年代中后期,宋史研究领域出现一批研究宋代考课、磨勘、科举、监察制度方面的论文或著作,论述官吏和机构的职责时,叙述这些官吏、机构的主体职责,论及责任,但多以官吏的奖惩语言表达出来。不论研究者是有意识的,还是下意识的,这无疑是朝专门性研究发展的信息。到20世纪90年代之后,在这些成果的基础上,又出现了一批这方面的学术专著,内容更为具体和丰富,特别是有些著作结合行政学的理论方法,作了有一定深度的阐述,呈现出学术研究的递进。同时,在法制史研究领域,更是成就不菲,出现一批论述法官或司法责任的论作,或者在宋代政治制度史、法制史专著中,辟有专章加以论述。这些是直接研究责任问题的,有的是专论,有的是专著,有的是专章,这在以往的一般宋史或通史著作中是没有的。显然,就责任问题研究的程度和深度而言,法史领域相关研究的成熟程度当在其他领域的相关研究之上。此外,一些行政学研究论著,在论述行政责任追究制度时,作了辨章学术、考镜源流式的扼要探讨,对史学领域的责任追究、责任制度研究很有启发意义。从上述20世纪80年代以后相关研究的历程来看,我们基本上可以说,宋代行政责任追究制度的相关研究获得了前所未有的发展,成果较多,涉及面广,相关专门研究正在形成之中,或者以后有可能将20世纪80年代之后的二三十年,视为这一方面专门问题研究的形成期或雏形期。

第二,从研究队伍及其采用的研究方法看,以史学研究者和史学方法为主,并有其他相关学科研究者参与,擅长以各自学科理论阐释历史上的责任追究制度。研究者的身份很重要,对研究内容的选择、研究方法的使用、研究成果的形式,都会产生一定的影响。因而对这支队伍所属学科和领域作进一步具体分析,则会发现各类研究群体及其成果的特点和长处。从学科研究者来看,涉及史学、法史,以及行政学、政治学、管理学等多个学科的学者。当然,以前两者为主,而史学研究者最多,其中又以研究宋代制度史、法制史,以及中国法制、制度通史的研究者为主。很明显,史学与法史研究者的学术风格有较大的差别,前者基本上走的还是传统史学的路子,注重史料,善于考辨,叙述力求详细准确,出现一批厚重充实的论文著作。这些著作主要是将原来一些大的制度具体化,作分门别类的研究,逐步拓展新的研究领域。而有的在方法上有所创新,特别是20世纪90年代以后,有些著作吸收了政治学和行政学等理论,从行政决策、运作等角度论述制度,也就把责任问题置于政治、行政环境中,初步动态地揭示其功能和作用,呈现出学术的进展和新意。这种尝试还是初步的,需要不断完善,使之成为本研究领域的有机组成部分。法史研究者(这里主要指法学出身的法史研究者)以及其他领域的研究者,他们熟悉或精通法学、行政、管理等学科理论,与史学研究者的学术背景和知识结构有很大的差异,偏重研究法制本身以及司法行政法律责任问题,并且从法理和行政学原理角度做深入的剖析,获得了令人耳目一新的结论。这对史学出身的研究者来说往往有一定难度,但很有启发意义。

  参与或涉及研究宋代行政责任追究制度的学者,分布较为广泛,包括中国以及日本、美国、韩国等国学者。当然,无论是人数还是成果上,研究的主体应该在中国,这也是中国学者的历史使命。本课题研究的基本对象和内容是我国古代历史的组成部分,运用的基本方法还是历史学的方法。同时,又由于论述的对象和内容属于行政法律制度,他们自然也会借助于行政学、法学的原理和方法去解释问题,呈现出交叉学科研究的特性,这在各区域研究群体的相关成果中有所反映,也是本课题研究的特点。而由于各区域学者的学术背景和环境的差异,又导致了在研究方式和方法上的差异。作为研究主体的我国大陆学者,尽管内部有历史学和法学不同的学科背景,也有南北学者的差异,但总的来说,还是继承发扬了我国传统史学直书考实的传统,论及宋代的行政责任追究制度时,首先是作为历史来研究和著述的,这一点在我国大陆史学出身的学者身上表现得最为突出。而我国港台地区学者虽然也继承了祖国的史学传统,并且在史学的功力上也有不俗的表现,但由于得西方研究风气之先,不断引进西方的理论和方法,自如地嫁接和运用,因此在遣词造句和制度分析上都与我国大陆学者有所不同,形成不同的看法。至于日本、美国的学者,则由于国度、制度的差异,在研究方法和叙述方法上与我国学者都有较大的区别。日本学者深受中国历史文化的影响,并且非常熟悉中国历史文化研究的方法。同时,又因从明治维新以后,西学的影响已经远远超过了中国文化的影响,所以他们更易采用西方的价值观念来研究历史问题,创构了诸如"唐宋变革"之类的学说。当然,又由于受到中国文化的长期影响,史学研究者的朴实风格,与中国学者如出一辙。美国学者,主要是所谓美国汉学者,更是采用西方的理论和方法来研究历史,并且十分活跃,呈现多元,其中多以文化解读的方式来研究历史,近年来的美国史学作品更是如此,一些华裔美国学者的史学著作在国内影响还是比较大的。国外宋代行政责任追究制度相关研究的成果,日本的要多些,美国的则要少些,总数上讲不是太多,关联性也要弱些。总之,国外与国内研究方法的差异是值得我们重视的。

第三,再具体一点,从研究成果的风格看,各个不同的研究群体获得的成果也具有不同的特色。

基于以上考察可以看出,20世纪80年代之后,宋代行政责任追究的相关研究总体呈趋向渐强的发展态势,成果数量和质量都有不同程度的提高,在20世纪80年代出现了一批高质量的论文,20世纪90年代又出现了一批系统详细的论著。这些成果总体来讲,不论是中国的,还是外国的,大多属于史学研究领域的成果,这一判断估计还是比较接近事实的。成果特色往往是与所采用的方法密切相关的。在宋代行政责任追究相关研究的发展历程中,由于各个国家和地区的学者的学术环境以及学术背景不同,从而导致他们采取不同的研究方法和思路,形成各具特色风格的学术论著。具体而言,主要有四类成果:国内有三类,国外有一类。国内的三类是指中国大陆史学研究者、法学研究者以及中国港台地区学者的相关研究成果,国外的一类则是指日、美等国学者的相关研究成果。首先,国内史学研究,主要是宋史研究的相关成果,无论是论文还是著作,整体而言,材料充实、论证简洁,不作过多的思辨阐发,也是我国目前史学作品的一般特征,而有关责任的论述虽所占篇幅不是太大,但同样体现了这一风格。当然,也有少部分论文或著作涉论责任的内容要多一些,甚至在某些论文或章节中较为集中。其次,国内法学及其他学科学者的相关成果,虽所言不多,但擅长运用法学、法理以及行政、管理学的理论方法论述责任问题,法史领域的相关成果多些,其他领域的成果少些,而前者的研究最为成熟,也具有一定的代表性,尤其对相关法律法规的阐述详细深入,并对其法制层面的运作也有独到的分析,从而揭示法理性的合理内核,具有较强的现实借鉴性。再次,我国港台地区学者的相关论著,在走中国传统史学路子的同时,尤其能吸收西方的史学理念和方法,形成中西合璧式的成果,既有传统史学的优长,又有现代史学的风尚,是值得我国大陆学者学习的。又次,国外学者的相关成果,由于大多采用的是现代西方史学的理念和方法,并有多种西方思潮的元素,因而论述中国政治制度史则以文化史的形态出现,甚至更多的是对文化哲学的探寻,与我国传统史学大相异趣,多给人一种春风扑面、耳目一新之感。

当然,国内外研究的差别也不是绝对的,我国大陆和港台地区的成果就有共通之处,甚至日本学者的相关成果也带有中国特色,而我国大陆学者也不断地批判和学习西方史学,在方式方法上进行与国际接轨的尝试。这里所述的差异性,重要的是为了认识这一领域已取得相关成果的本质,也是为更好地把握其发展的趋势。

迄今为止,关于宋代行政责任追究制度的研究,法史领域在法官、司法责任的研究上取得了较为成熟的成果,但还不是纯粹意义上的行政责任追究制度研究;而史学领域的相关研究取得了一些成果,不过专门系统的论著很少。为此,从整体上讲,宋代行政责任追究制度作为一个专门的问题研究尚处在形成时期。尽管我们根据现有的相关研究,能够总结出如上特点,但这些成果本身不可避免地存在一些不足。国内史学领域的相关研究沿着史学传统路子走下去,大方向是对的,否则就不是史学,但也有一个改革和发展的问题,尤其对一个交叉学科的问题研究,更应充分吸收密切关联学科的理论方法,目前很小一部分成果在方法上有所创新,而绝大部分成果还停留在传统的史学载记水平上。国内法史领域相关成果的情况则要好些,其中可能主要得益于法学的发展及其学科知识结构,但法史学者研究的毕竟是历史,还得从历史出发,以史料说话,遵循史学研究的一般规律和规则,这恰恰是这一领域相关研究的薄弱之处。不过,近年有法律出身的攻读史学硕士或博士研究生,也有史学出身的攻读法史硕士或博士研究生,这样一来,也许十多年后历史学与法学交叉问题的研究将有新的改观。我国港台地区史学,尤其是香港地区史学日益受到现代经济和文明的冲击,衰弱之势比其他地区蔓延得要快,故相关成果较少,又由于受西方思潮影响,有些成果则有名实不符的问题,传统史学未能得到很好发展,有的又过分地讲究义理和文化的追寻。国外学者相关研究的成果数量不是太多,更侧重于思想和方法的创新,走得也许是西方后现代史学的路子,尽管有些问题看得比较深远,但反而把简单问题复杂化,搞得很玄虚,丢失了史学的基本功能。为此,各区域相关成果各有特色,各有长短,并且往往相互关联,关键是如何取长补短,融会贯通。

随着我国学术的繁荣和社会的进步,宋代以及中国古代的行政责任追究制度已逐步受到学术界和社会有关方面的关注,而且相关研究出现深入发展的态势。在这种情况下,我们既要认识各类相关成果的特色和长处,更要清醒地看到其中的不足,立足于史学,融通历史、法学、行政、管理、政治诸学科的理论和方法,打通学科和内容的壁垒,加强学科间的密切合作,不断调整思路,完善内容,从而使研究健康顺利地进行下去。

第二章 行政责任与宋代行政责任追究

第一节 行政和行政责任追究

一、"行政"内涵的古今沟通

在史学研究中,尤其与其他学科进行交叉研究时,最令人感到棘手的是基本概念的古今差异以及如何融通。为此,在正式探讨宋代行政责任追究制度之前,有必要先对行政和行政责任等基本概念有个较为准确和基本的学术认知。进而试图使这些核心概念与历史研究的专门问题得以沟通,最后整合而成古代行政责任追究制度研究的有机组成部分,形成特殊的概念系统和语言范式。这种思考和探索,可能既非现代的,也非古代的,而是现代对古代的审视和概括,也就是说,概念的形式是现代或古代的,而概念的内容则是古代的,只是以现代与古代关联和沟通之后的概念"行政""行政责任追究"等,揭示古代行政责任追究制度的本质。这如同我国法制史一样,古代有法制,但古代使用更多的概念是刑、律、法,或敕、令、格、式等,但以法制概括之,经过20世纪百年的孕育和发展,法制史在今日已成为史学和法学中最成熟的研究领域之一。这种探索对新兴研究领域或方向的形成可能显得尤为重要(史学的传统问题研究无须做这种艰辛的探索),关系到研究内容的框架体系的建构,乃至立论和论证的成立与否。

行政一词的起源很早,英语"Administration"源出拉丁文"Administrare",意思是"事务的执行","公共事务的管理"①,可见,西方很早就比较正规地从行政学的角度对其予以界定。我国古籍也有行政的记载,"为民父母,行政不免于率兽而食人,恶在其为民父母也?"②"制礼以行政"③,"召公、周公二相行政,号曰'共和'"④。这些材料讲的则是具体的行政行为,都与政治、政权、管理密切相关。这样看来,在原本意思上中西方在概念的确指上有所差别,而所指对象并没有太大的区别。今天所说的行政,恰恰是在两者基础上丰富发展而来的,包括以下两项相近的基本意思:一是国家权力的行使,包括各种组织管理活动;二是机关、事业团体等的内部管理工作,也是国家权力的一个组成部分。⑤ 当然,这与行政学上的严格表述还是有差别的。行政学是近代以来逐步形成的学科,历史不太长,一些基本问题尚未取得共识,就对行政的概念而言,迄今仍是众说纷纭⑥,例如,西方大陆法系国家某些学者在"三权分立"理论基础上提出的"行政说",德国学者耶林纳克(Walter Jellinek)在所著的《行政法》中认为,"行政是包含立法、司法以外的一切国家作用";英美法系国家某些学者主张"国家意志"说,古德诺(Frank J. Goodnow)在所著的《政治与行政》中说,"在一切政治制度中,只有两种基本的功能,即国家意志的表现和国家意志的执行。前者谓之为政治,后者谓之行政"。而我国目前行政管理学界也存在分歧,如"行政管理说""治理与执行说"等,不过,以马克思的"行政是国家的组织活动"理论为指导而阐发的观点和理念占有重要地位。⑦ 所以,目前对行政的认识,有学者指出,"目前实行的是

---

① 参见李秋高:《弹劾制度要素论纲》,载《求索》2007年第6期;《牛津高阶双解词典(第4版)》,商务印书馆1997年版,第18页。
② (宋)朱熹:《四书章句集注·孟子集注·梁惠王上》,中华书局2011年版,第191页。
③ 《大戴礼记》卷11,第74《小辨》,方向东译注,江苏人民出版社2019年版,第351页。
④ (汉)司马迁:《史记》卷4《周本纪》,中华书局1959年版,第144页。
⑤ 参见《辞海》(缩印本),上海辞书出版社1983年版,第897页。
⑥ 参见熊文钊:《现代行政法原理》,法律出版社2000年版,第3—22页。
⑦ 罗豪才等认为:"行政是指国家行政机关和其他公共行政组织对国家与公共事务的决策、组织、管理和调控。"(参见罗豪才等主编:《行政法学》,北京大学出版社2006年版,第2页。)

多元标准"①,也就是用多种标准解读行政。当然,这是立足于近现代行政事实研究以后得出的结论。这不仅是标准的多元,也是行政多元造成的。

其实,不管人们对行政怎样解读,不论界定有什么区别,都有相通之处,都缺少不了国家行政主体及其依法组织管理国家社会事务的基本要件,以及行政诸说的共通和抽象的本质成分。为此,我们在借鉴现代行政观念研究古代行政以及行政责任时,可能要特别注意行政的组织管理的基本功能。在历史上,不管有无行政学,不论有无行政法,行政总是随阶级、国家、政权、政治出现而出现,并逐步发展完善起来的。的确,行政是有其历史的,与此密切相关的行政法也是有历史的。值得指出的是,在我国历史上,行政和行政法是我国政治史的重要组成部分,而以纪录政治为主的纪传、编年、政典、法制等基本史料,所反映的考课、铨选、考试、监察、司法,以及民族、宗教、外事等方面的行政法制较为完整、系统,如唐代就出现了我国第一部系统的行政法典《唐六典》,使古代行政法不断发展并走向成熟。宋代又制定了《庆元条法事类》《吏部条法》等重要法律,在突出官吏的行政管理的同时,对行政及其责任追究作出了具体详细的规定。这为我们研究行政史、行政法制史以及行政责任追究制度提供了极为丰富的资料,也使本选题的研究成为可能。当然,古代与现代的行政是有区别的,前者可能侧重于官吏的管理,后者侧重于国家的治理。也许正因如此,我们可以把宋代以及古代的行政责任称为官吏的行政责任,这对我们探讨宋代及古代的行政责任追究是比较重要的。

二、行政责任的异说和借鉴

我们应当看到,在行政过程中所产生的行政责任问题,是行政制度必须规范的重要内容。行政学虽然是近代以后产生的,但是行政早已存在,同样的道理,责任也随行政的出现而产生,责任追究及相关制度与行政的历史一样悠久,并与现代行政责任追究制度也有一定的关联和相通之处。为此,我们在研究古代行政责任追究时,除了对行政要有基本的认识外,还应对现代行政责任追究制度有所认识,从中找

---

① 熊文钊:《现代行政法原理》,法律出版社2000年版,第4—6页。

到研究宋代以及古代行政责任追究的视角和方法,从而确立宋代及古代行政责任追究制度研究的领域。这是新兴学科形成过程中的逆向探索的学术拓展,或者是学科交叉之后的新结晶。这可能是学科形成的规律性路径。

如果说行政学在西方是近代学问,那么在我国可能就是现代学问。20世纪70年代之后,随着行政法的建设,行政责任问题逐渐为人们关注,特别是1990年施行的《行政诉讼法》和1995年施行的《国家赔偿法》,以及1997年施行的《行政监察法》,使得行政责任制度逐步建立,也促进了行政责任追究制度的研究。因此,行政责任研究的现实迫切性也许要超过以往任何时候,相关的初步研究也为行政责任追究制度的建立提供了理论依据。学术界对行政责任追究有一种看法:

> 行政责任的追究,是在行政责任确定的条件下(包括责任主体、责任事实、责任依据等),依据一定的法律原则和规定,对损害性行政行为的责任主体予以一定的行政或法律惩处,并根据情况使之承担赔偿责任的制度。这种制度是整个行政责任制度的基本的和重要的环节之一,是行政责任制度的归宿,正是这种制度使行政责任最终确立。[①]

而就现行法规而言,1990年施行的《行政诉讼法》中侵权赔偿责任一章第六十七条规定,"公民、法人或者其他组织的合法权益受到行政机关或者行政机关工作人员作出的具体行政行为侵犯造成损害的,有权请求赔偿"。第六十八条规定,"行政机关或者行政机关工作人员作出的具体行政行为侵犯公民、法人或者其他组织的合法权益造成损害的,由该行政机关或者该行政机关工作人员所在的行政机关负责赔偿"。2001年4月施行的《国务院关于特大安全事故行政责任追究的规定》对具体的行政机关工作人员作出行政以及刑事责任的追究,第2条规定,"地方人民政府主要领导人和政府有关部门正职负责人对下列特大安全事故的防范、发生,依照法律、行政法规和本规定的规定有失职、渎职情形或者负有领导责任的,依照本规定给予行政处分;构成玩忽职守罪或者其他罪的,依法追究刑事责任"。这些具体的

---

① 张国庆主编:《行政管理学概论》,北京大学出版社1990年版,第442页。

责任的追究在法律或法规上应该是比较明确的。而在学术研究上,与行政一样,对行政责任存在很大的分歧,这又直接影响本研究对象和范围的确立,现作粗浅地评述。

一般认为,行政责任是行政、刑事、民事三大法律责任之一。现代行政学和法学意义上的行政责任起源于近代西方社会,可能在三大责任中形成得最晚,这是政治学、行政学和管理学以及政治制度、政治文明发展到一定程度的产物。如有人认为:"行政责任最早发端于英国政府对议会所负的政治责任。"①"行政责任是人类社会政治法律思想和制度发展史上间接民主阶段的历史产物,是'主权在民'及'权力分立'原则的必然要求。""行政责任又是近代国家责任政治的产物,是国家行政管理制度的重要组成部分。"②这种行政责任又往往集中在国家和公务员的行政法律责任上,正如学者所指出的:"有一些资产阶级学者,侧重从国家法律责任的意义上提出和研究行政法律责任制度,把行政法律责任的范围仅限于国家和国家公务人员的行政法律责任,甚至仅限于行政赔偿责任。故行政法律责任,又被资产阶级行政法学者称作'政府责任''政府侵权责任''国王责任''联邦责任''国家责任''国家赔偿责任''公共责任'等。"③这也就是说,在行政责任观念和制度形成的初期,实际上人们把行政责任聚焦在行政主体上。

19世纪末20世纪初,随着管理学、行政学的形成和完善,行政责任追究的理论日益丰富起来,对行政责任追究的理解和分析也逐渐深入、专门,如F.J.古德诺的《政治与行政》是近代政治学、行政学上的一部经典著作,他指出:"整个英国政府向议会负责,而议会又向人民负责","政府负有责任这个特点,使得整个政治体制成了责任体制"。当然,他所讲的还是政府责任问题,是针对英国的传统和现实而言的。但他没有停留于此,而是进一步指出,英国"这种政府体制不像美国的政府体制那样要求政党",而美国的政府体制,"似乎比英国的能保证更大的民主责任"。最后,他针对美国政治的现实,又把美国政治体制和责任落脚在党魁、政党上。在他看来:"如果政府体制是民治性

---

① 张国庆主编:《行政管理学概论》,北京大学出版社1990年版,第419页。
② 张国庆主编:《行政管理学概论》,北京大学出版社1990年版,第412页。
③ 任志宽等:《行政法律责任概论》,人民出版社1990年版,第5页。

的,政党就应该向人民负责,美国的政党没有做到这一点,结果就使得美国的政党领袖很难顺从人民的控制。"之所以把政党责任看得如此重要,主要立足于"政党是政府的具有重大意义的政治机构定会得到全面而公开的承认"①的政治文化背景而言的。

就我国而言,具有现代意义的行政责任的观念和制度,发轫于近代,这与所谓的"西学东渐"是分不开的。在近代中国,西方政治学、行政学传入的过程中,无论是早期放眼看世界的魏源、林则徐、龚自珍,还是后来洋务派的郑观应、马建忠,维新派的康有为、梁启超,乃至资产阶级革命派的孙中山等,都对西学包括科学技术和政治学说作出积极反应。特别是至清末变法时,颁布的《厘定官制谕》(1906年)以及单行行政法规,都有行政责任的规定。② 民主革命的先驱孙中山先生的五权学说,其中行政、监察、考试权就包含较为丰富的行政责任思想,某些思想还为后来的国民政府的法律法规所吸收,也为北洋军阀政府所损减。③ 我国真正理性地对待并逐步建立行政责任追究制度是很晚的事。我国近代的行政责任观念固然对现代行政学、行政责任产生了一定影响,但我国真正探讨行政责任问题,更多的是在现代西方行政学的基础上进行适当的改造,大约是从20世纪七八十年代开始的,至今也只不过有三四十年的历史。在这些中外行政责任观念中,无论是政府、政党,还是机构、官吏的责任,或以此为主的责任,都对确定古代行政责任和责任主体有参考意义。

三、责任主体与官吏责任

如果说我国现代行政学尚不够完善,那么,关于行政责任,学术分歧也较大,特别是关于责任主体,或通俗意义上的责任的承担者,就存

---

① 〔美〕F.J.古德诺:《政治与行政》,王元译、杨百揆校,华夏出版社1987年版,第82、83、106、128页。

② 参见曾宪义主编:《中国法制史》,北京大学出版社、高等教育出版社2000年版,第239—275页。

③ 参见张晋藩主编:《中国法制史》,高等教育出版社2003年版,第316—358页。此外,在我国近代行政法史上,《中华民国临时约法》提及行政诉讼,北洋政府制定的《行政诉讼条例》《行政诉讼法》等都是重要史实。当然,这些法律与行政责任相关或规定了行政责任。参见张树义:《行政法与行政诉讼法》,高等教育出版社2002年版,第28页。

在不同观点,主要有以下三种观点。①

第一种观点是行政责任是行政主体的责任。

这是政治学和行政管理学历史上早期的看法,也是我国现代行政学形成初期的主流观点。这在我国早期的行政学教科书上是比较流行的观点,如"行政责任是行政主体及其执行公务人员违反法定职责和义务的责任"②。行政责任由行政主体,也即由政府、官员(公务员)来承担。这是基于对行政与立法、司法的分权,以及行政与刑事、民事责任区分的认识提出的,核心是对行政权力的监督控制,也即以西方的控权理论为基础。而"控权论"产生于近代英国,针对15—17世纪都铎王朝和斯图亚特王朝的专制和残暴提出的,后来成为20世纪美国行政学的理论基础之一。③ 我国行政学、政治学界借鉴这一理论作为行政主体责任的理论基础,也许是事出有因的。我国既有专制集权传统的影响,又有行政权强大和膨胀的现实,甚至行政权凌驾于立法权、司法权之上,权力滥用和腐败的现象还比较突出,以此理论来研究对权力的制约,对行政主体和官员的监督管理应该是有道理的。当然,这一观点在行政学的学理上是有缺陷的,也就是忽视了行政相对人的权利、义务、作用,主体范围是有局限性的。这也促使人们以更广阔的视野思考行政主体和责任追究。

第二种观点是行政责任是行政主体与行政相对人的责任。

就行政过程而言,行政绝不是行政主体单方面的事情,而是与行政对象,也即行政相对人密切相关的,并且是有机合作的过程,脱离后者或缺少后者是不可想象,也是无法行政的。为此,又有学者提出,"行政责任主体包括行政主体和行政相对人……行政责任不仅包括与行政职权和行政职责紧密联系的行政主体的法律责任,而且还包括行政相对人的法律责任"④。这是从行政过程和参与者双方的角度进行行政归责和责任追究,也改变并提高了行政相对人的身份,将其置于

---

① 参见沈开举等:《行政责任研究》,郑州大学出版社2004年版,第17—24页。
② 王连昌主编:《行政法学》,中国政法大学出版社1994年版,第325页。
③ 参见王名扬:《英国行政法》,中国政法大学出版社1987年版,第4—5页;王名扬:《美国行政法》,中国政法大学出版社1995年版,第62—68页。
④ 罗豪才等主编:《行政法学》,北京大学出版社2006年版,第333页。

主体性地位,是基于行政"平衡"理论提出来的。① 在行政过程中,不可否认行政主体居于优势地位,而相对人处于弱势地位,二者权利和义务并不是对等的,而现代行政责任追究既是对行政主体,也是对相对人的权利、义务的保护和制约,达到二者权利与义务的平衡。所以,这种平衡理论实质上是植根于天赋人权、人人平等,以及权力制约和权责相应的观念而建立的,将行政相对人也置于主体性地位上,显然比基于"控权论"的行政主体责任要全面一些,有利于权力的平稳制约,社会的和谐发展,行政的双方也比较容易接受。这也是目前比较流行的观点。然而,这种以"平衡"理论建构的行政责任,又不可避免地存在自身的内在矛盾,行政责任的"行政"本来要求只有具备行政主体资格者才能行政并承担责任,它有一系列的构成要件,最为基本的是:"须是国家行政机关或行政公务人员的行政行为","没有行政行为不产生行政责任,即非国家(政府)活动不产生行政责任,只有当行政官员以国家的名义实施行政管理、执行职务时,才发生行政责任问题"②。而行政相对人的主体性,只是从人权、人本及其行为的主体性而言,与行政主体绝不是一回事,否则,把不同权责的社会角色放在这同一概念体系中,必然造成概念和逻辑上的混乱,甚至在实践中反而会忽视最为需要强调和关注的行政主体的责任问题。

第三种观点是行政责任是行政相对人的责任。

这种观点把行政责任归咎于行政相对人,而把行政主体,或拥有行政权力的主体排除在行政责任之外。③ 这显然是强调行政的管理属性,尤其适应目前的行政处罚法中行政相对人的责任追究,实际上也就是把行政相对人作为管理的对象来对待,没有注意行政相对人的权利和义务的统一,甚至忽视其权利的保护和救济。这种观点,也许与"管理论"有关,或以此为理论基础,从行政管理出发,建构行政主体与行政相对人的命令与服从关系,突出行政效率,却忽视了公平,特别是行政相对人的权利和救济,这与现代行政的公平、民主,以及讲究效率

---

① 参见罗豪才等:《现代行政法的理论基础——论行政机关与相对一方的权利义务平衡》,载《中国法学》1993年第1期。
② 张国庆主编:《行政管理学概论》,北京大学出版社1990年版,第434页。
③ 参见王连昌主编:《行政法学》,中国政法大学出版社1994年版,第325页。

兼顾公平的理念是不相适应的,甚至也没有顾及行政责任的历史演变。因而,这种观点在行政学史上也只是昙花一现。

以上三种观点都是现代行政责任理念,各有其长处和不足。总的来说,第一种"行政主体责任"的观点源远流长,直到今天还有一定的影响,第二种"行政主体和行政相对人的行政责任"的观点较为完整、全面,现在也较为流行,而第三种"行政相对人的行政责任"的观点则存在明显的不足,也就没有什么生气了。本书目的不在研究这些观点的优劣,而是通过这些理论述评,找到适合本课题研究的工具,并对宋代行政责任追究加以界定。在这三种观点中,第二种观点是根据传统行政责任理论并且在现代行政实践和观念的基础上建构起来的,第三种观点问题太多,这两种观点都不太适用于中国古代行政责任的研究。而第一种行政主体责任的观点尽管存在强调控权、忽视行政对象及相对人的地位和作用的缺陷,但这恰恰是这种理论和制度形成的必经过程,也更与古代行政及行政责任制度相近。同时,从主体角度探讨古代行政责任追究制度,除了与上述第一种"行政主体责任"观点一致外,还获得行政法学上行政主体观念的支持,"行政主体虽然只是行政法主体的一种,但它是行政法主体中最重要的一种"[①]。因而,本书从行政主体角度探讨古代行政,从主体责任角度研究行政责任追究,这也很有意思,以今天的视角和学科知识来观察该学科及其研究对象的历史,以学科的原初含义来对待该学科的前历史似乎更为切合实际。

因此,本书所借鉴的是行政管理、行政控制和主体责任等理论和方法,把行政主体责任落实在官吏的身上(后面还有探讨)。明确了这一点,对历史上的责任追究就比较容易把握了。我们在研究历史上的行政责任追究制度时,所采用的行政、行政责任概念可能是原初或简单的含义,从现代行政学的科学性来讲,可能是不准确的,也可能是不

[①] 姜明安主编:《行政法与行政诉讼法》,北京大学出版社、高等教育出版社2005年版,第111页。该书明确了行政主体和行政法主体两个概念,将两者区别开来,行政主体只是行政法主体的一种,而后者包括行政主体、行政相对人等。为此,行政法主体概念的确立以及行政主体的界定,避免了行政主体与行政相对人规定在同一个行政主体范畴内的交叉和缠绕。这可能是近年行政法学研究深入的结果。同时,这种定位对古代行政责任的研究,尤其是古代责任主体的确定有重要的参考意义。

科学的,但是相对于其历史而言,又是较为接近实际的,是相对科学和准确的。这符合探讨历史上行政责任追究制度的实际,由此切入也许能发现新的问题,提出新的看法,获得时代的借鉴意义。其实,这一研究态度,在以往研究政治、经济以及教育、外交等历史时大多如此。尽管现代意义的经济、政治、教育、外交等与古代这方面相近的概念相近,既有融通之处,又有差异,而行政责任追究更为专门,差异性大一些。即使如此,历史与现实的差异,并不影响对某一方面历史的专门研究。

第二节 宋代以前的行政责任

根据上面的论述,尽管现代意义上的行政学及行政责任是从近代开始逐步形成的,我国现行的行政责任制度和研究也只有几十年的历史,但是,我国自从进入阶级社会,国家和政权建立以后,设立机构和官吏,也就出现了行政,而作为行政主体的机构和官吏等的职责和责任也随之产生。也就是说,在行政过程中如果没能有效地履行职责,违反法律和法规,将会受到行政处罚或处分(对此,这两个概念,在古代似乎无法以现代行政法学的观念加以准确区分),承担行政以及刑事、民事责任。为此,行政学是现代学问,而行政、责任则古已有之。宋代以前的文献就有不少关于责任、追究的记载,行政责任追究是有其演变历史的。

在现实语境中,责任有两个基本的含义:一是应该做的事,也就是职责;二是没有做好应做的事,则会受到责罚或承担不利的法律后果。在这两项基本含义中,前者属于日常生活中的语言表述,后者则接近行政法律意义上的责任概念,但都与行政责任追究有关,并且很早已经出现。

责任一词由古代"责"字发展而来,并且比现代责任的含义丰富得多,包括责求、谴责、督责、责任、责罚、债务、债契等意思[①],而其中的责

---

① 参见《辞海》(缩印本),上海辞书出版社1990年版,第1375页;《辞源》,商务印书馆1983年版,第2951页。

任和责罚二意与行政责任追究密切相关。

具有一般责职、义务含义的"责"如:

> 若尔三王是有丕子之责于天,以旦代某之身。①
> 卫诗,《凯风》之末章也,七子自责任过之辞。②
> 禹则以谓辅弼之责。③

这种责职、义务的含义或者主体责任意识,都与责罚密切相关,实际上是责罚的前提。如果不去履行责职,尽到义务,便会受到处罚。如,汉代孝文帝时,"大将军灌婴为太尉,上问勃(周勃)天下一岁决狱钱谷出入几何?谢不知,甚愧之。上以问平(陈平),平曰:'陛下即问决狱责廷尉,问钱谷责治粟内史'"④。其中,廷尉的责任具有司法责任的性质,而治粟内史的责任则为财政责任,没有履行司法、财政的职责,必然会受到相应的惩罚,故责具有责以任或任以责的内涵,主要属于行政责任的范畴,只是仅侧重于职责本身。

而"责"还有明显的责罚、处罚的含义,与责任追究相近或相通。

> 责小过以大恶,安能服人?⑤
> 科,课也,课其不如法者,罪责之也。⑥

---

① (宋)林之奇:《尚书》卷26,文渊阁四库全书本第55册,台湾商务印书馆股份有限公司1986年版,第504页。司马迁:《史记》卷33《鲁周世家》,中华书局1959年版,第1516、1517页。作"若尔三王是有负子之责于天,以旦代王发之身。"注曰:"《集解》孔安国曰,'太子之责,谓疾不可救也。不可救于天,则当以旦代之。死生有命,不可请代,圣人叙臣子之心以垂世教。'《索隐·尚书》,负为丕,今此为'负'者,谓三王负上天之责,故我当代之。郑玄曰'丕'读曰'负'。"

② 戴德:《大戴礼记》卷4,文渊阁四库全书本第128册,台湾商务印书馆股份有限公司1986年版,第445页。

③ 林之奇:《大戴礼记》卷6,文渊阁四库全书本第55册,台湾商务印书馆股份有限公司1986年版,第118页。

④ 荀悦:《前汉纪》卷7《孝文》,文渊阁四库全书本第303册,台湾商务印书馆股份有限公司1986年版,第257页。

⑤ (汉)王充:《论衡校注》卷9《问孔篇》,文渊阁四库全书本第862册,台湾商务印书馆股份有限公司1986年版,第112页。

⑥ (汉)刘熙:《释名》卷6《释典艺》,文渊阁四库全书本第221册,台湾商务印书馆股份有限公司1986年版,第413页。

> 不讥丧娶者,不待贬责而自明也。①

这些材料里的责,涉及责罚的原因、目的,以及责任主体等,但落实在责罚上,就是追究责任。需要指出的是,我国古代行政、司法往往合一或交叉,刑法、行政法等诸法合一,也就导致行政与刑事法律责任的绞缠,责任含义也兼而有之。同时,在唐宋之前的责任多以"责"字出现,而"责任"作为一词来用的很少,至于前举的"七子自责任过之辞",其中"自责任过"只是一个联合词,责与任是分开的,责任不是一个独立的词。

当然,责、责任本身应当包含了追究的含义,而追究一词在唐宋以前很难见到,至于责任追究,更是近代以后的语言。

语言文字的产生往往滞后于语言文字表达对象的发生。我国古老的文字从商代甲骨文算起,只有三四千年的历史,如从大汶口文字符号计算也只有五六千年的历史,因而,从历史上流传至今的"责任",语言史料往往不能反映出古代责任追究的全部历史,尤其是起源时期。其实,早在古典文明跨入阶级、国家门槛之时,责任追究也随之而来。如尧舜禹时期,舜为了自己逃避天下之责并庇父免罚,"窃负而逃"②;禹父鲧治理洪水,以堵被杀;禹会盟会稽,"禹朝诸侯之君会稽之上,防风之君后至而禹斩之"③。这些传说,反映了人类步入文明阶梯和阶级社会形成之初的政治斗争,并已经包含行政和刑事责罚的成分,实为行政责任追究的渊薮。夏朝已有《夏典》,至商朝,汤制《汤刑》之外,还有《官刑》,"先王之书汤之《官刑》有之,曰:'其恒舞于宫,是谓巫风'"④。于是,处以罚丝,直至罢黜。西周时诸侯要定期朝觐述职,接受考核和奖惩,这是诸侯的义务和责任。否则,"一不朝,则

---

① (晋)杜预注、(唐)陆德明音义、孔颖达疏:《春秋左传注疏》卷21,文渊阁四库全书本第143册,台湾商务印书馆股份有限公司1986年版,第455页。
② 《孟子·尽心上》:"舜视弃天下,犹弃敝蹝也。窃负而逃,遵海滨而处,终身欣然,乐而忘天下。"(朱熹:《四书章句集注·孟子集注·尽心上》,中华书局2011年版,第337页。)
③ 《韩非子》卷5《饰邪》,(清)王先慎集解,姜俊俊校点,上海古籍出版社2015年版,第148—149页。
④ 《墨子》卷8《非乐》上,(清)毕沅校注,吴旭民校点,上海古籍出版社2014年版,第140页。

贬其爵;再不朝,则削其地;三不朝,则六师移之"①。百官也要接受监督,大宰之职是,"三岁则大计群吏之治而诛赏之"。而宰夫,"凡失财用、物辟名者,以官刑诏冢宰而诛之。其足用、长财、善物者,赏之"②。这种监督也是古代早期的审计,而审计的结果之一——处罚,也是行政责任追究。又如法官在司法中,"惟官、惟反、惟内、惟货、惟来",犯此"五过之疵",徇私舞弊、出入人罪③,则被处以相应处罚,将会承担刑事、行政法律责任。

而至周朝后期,即春秋战国时期,政治、经济发生了巨大变化,在法制领域制定公布了一批成文法,行政责任追究法制逐步形成。春秋时楚文王"作仆区之法"④,荆庄王制定"茅门之法"⑤,惩治隐匿、窝藏、警卫失职等违法行为,晋文公制定"被庐之法"、执政赵宣子制定"常法"(又名夷搜法)、修订刑书,其中"治旧洿,本秩礼,续常职,出滞淹"等方面的规定⑥,就包括行政责任追究,郑国大夫子产制"竹刑"也有相关司法行政责任的内容。到战国时期,魏相李悝主持编撰《法经》,这是我国第一部较为系统、完整的成文法典,由《盗法》《贼法》《囚法》《捕法》《杂法》《具法》组成。其中,"其轻狡、越城、博戏、借假不廉、淫侈、逾制以为《杂律》一篇"⑦。《杂律》包括许多行政及责任的规定。秦国商鞅变法更是历史上一次著名的法制改革,内容极为丰富,其中废除世卿世禄制,实行军功爵位制,废除分封制,建立郡县制,都属于行政性法律,尤其他主持制定的《垦草令》《开阡陌令》《军爵令》《分户令》,具有较为专门的行政责任方面的内容。这些成文法

---

① (宋)朱熹:《四书章句集注·孟子集注·告之下》,中华书局2011年版,第321页。
② 《周礼·天官冢宰》,徐正英等译注,中华书局2014年版,第47、65页。
③ 参见(唐)孔颖达等:《尚书》上《孔氏尚书》卷12《吕刑》,中华书局1998年版,第113页。
④ (晋)杜预注、(唐)陆德明音义,孔颖达疏:《春秋左传注疏》卷44,昭公七年(公元前535年),文渊阁四库全书本第144册,台湾商务印书馆股份有限公司1986年版,第317页。
⑤ 《韩非子》卷13《外储说右上》,王先慎集解,姜俊俊校点,上海古籍出版社2015年版,第394页。
⑥ 参见(晋)杜预注、(唐)陆德明音义,孔颖达疏:《春秋左传注疏》卷18,文公六年(公元前631年),文渊阁四库全书本第143册,台湾商务印书馆股份有限公司1986年版,第399页。
⑦ (唐)房玄龄等:《晋书》卷30《刑法志》,中华书局1974年版,第922页。

的制定和公布,促进法制的改革和建设,以及行政制度的建立和行政责任追究制度的形成。

同时,春秋战国时期的行政责任追究制度初步形成的重要表现是行政责任追究思想的萌芽。儒家孔孟强调德治仁政,孔子说"为政以德"①,孟子说"以德服人"②,推行"圣王之道",从而建立贵贱有序的社会,这表面上好像是道德诉求,但实际上是为政的基本准则和要求。否则,一旦不德,成了小人,就要承担相应的责任。道家老庄,老子强调"我无为,人自化"③,鄙视赏罚、礼法,庄子更视之为"教之末""治之末"④,道家的无为而治的玄说,反对的只是所谓有为或过度有为,只是与儒家治世、责任的方式不同而已,申明了潜在性的有为治世的责任意识。墨家从兼爱出发强调"尚贤",也就是为官要有为贤的义务,否则要承担相应的责任。墨子说:"古者圣王甚尊尚贤而任使能,不党父兄,不偏贵富,不嬖颜色。贤者举而上之,富而贵之,以为官长;不肖者抑而废之,贫而贱之,以为徒役。"⑤法家思想在当时最具入世精神,最有实践性,管仲、子产、李悝、商鞅、韩非等人的思想被许多诸侯国转化为具体的法律制度,他们在重法治、重刑罚、公布法律的背后,更加强调行政官吏的行政法律责任。商鞅认为,不执行政令,履行责务者,必须严惩不贷:"自卿相、将军以至大夫、庶人,有不从王令,犯国禁,乱上制者,罪死不赦。"⑥韩非则认为"赏罚"二柄是君主统治天下百姓的利器,"法者,宪令著于官府,刑罚必于民心,赏存乎慎法,而罚加乎奸令者也"⑦。也就是说,只有通过赏罚,即责任追究,才能提高君主的权威,实现专制集权的统治。这些责任思想有一定的差异,儒墨从积极的仁爱出发,道家从自然的和谐出发,法家从严格的惩治出发,形成不同的责任意识,但大多一开始就与我国专制集权统治

---

① (宋)朱熹:《四书章句集注·论语集注》,中华书局 2011 年版,第 55 页。
② (宋)朱熹:《四书章句集注·孟子集注·公孙丑上》,中华书局 2011 年版,第 219 页。
③ 朱谦之:《老子校释》,中华书局 1984 年版,第 232 页。
④ 《庄子集解》卷 4《天道》,王先谦集解,上海书店出版社 1986 年版,第 83 页。
⑤ 《墨子》卷 2《尚贤中》,毕沅校注,吴旭民校点,上海古籍出版社 2014 年版,第 29 页。
⑥ 蒋礼鸿:《商君书锥指》卷 4《赏刑》,中华书局 1986 年版,第 100 页。
⑦ 《韩非子》卷 17《定法》,王先慎集解,姜俊俊校点,上海古籍出版社 2015 年版,第 481 页。

思想的形成联系在一起,对后世的行政责任追究制度以及专制集权统治都有本质而长久的影响。

由此可见,我国古代行政责任追究制度和思想起源并初步形成于先秦时期。在这一过程中,古代行政责任追究的起源与夏商周时期行政、考课、审计、司法、监察、职官等法制法规的形成密切相关,并且是其中的一个重要组成部分,奠定了古代行政责任追究制度内容的基本格局。

秦汉是古代行政责任追究制度逐步完善的重要时期。秦朝是在战国时期秦国的基础上建立的,而秦国又是在商鞅变法之后强大起来的。所以,秦朝的政治和政权建设具有鲜明的法家法治的特色。在专制集权政体建立的过程中,尤为重视法律、法制建设,形成了律、令、式、课、程、廷行事、法律解释构成的法律体系。在这一体系中,律的刑事法律特色鲜明,其他门类则以行政性法律居多,而行政及责任追究法律又分布于各种法律形式之中。在睡虎地出土的秦简,涉及行政和责任追究的法律就有二十多种,如《置吏律》《傅律》《田律》《军爵律》《捕盗律》《封诊式》等,包括行政事务、户籍赋役,以及经济、军事、司法行政等方面的内容。这些专门的法律确立了这些领域的行政责任,并且有的规定还较为具体,如《置吏律》规定了任官责任,"所不当除而敢先见事,及相听以遣之,以律论之"[①]。又如,"(废)任法官者为吏,赀二甲"[②]。汉代政治法律思想历经由黄老而孔孟的转变,逐步确立正统的德刑纲常法律思想以及儒家章句律学,这与秦朝的法律思想有较大的差别,但就法律内容和形式而言,汉代法制又对秦朝法制多有继承,主要形式也滤化为律、令、科、比四种基本形式,而行政责任追究的法律除了援用秦朝《置吏律》《效律》《传食律》等外,还制定有关法制,与秦代一样分布于各种形式之中,较为集中和重要的是《上计律》《左官律》《附益律》《尚方律》等[③],涉及的行政责任范围非常广泛。汉代行政责任追究制度的发展是汉代政治制度完善的结果,尤其

---

① 睡虎地秦墓竹简整理小组编:《睡虎地秦墓竹简·置吏律》,文物出版社1990年版,第56页。

② 睡虎地秦墓竹简整理小组编:《睡虎地秦墓竹简·秦律杂抄》,文物出版社1990年版,第79页。

③ 参见江必新:《行政法制的基本类型》,北京大学出版社2005年版,第32—38页。

与官吏的选任、考课、监察制度联系密切,相关法律法规也更为具体、专门。汉代选任官吏主要采取察举、征辟形式,主持官吏承担相应的回避、举荐责任,如汉哀帝时,"会司隶奏业(杜业)为太常选举不实,业坐免官"①,汉成帝时王勋,"坐选举不以实,免"②。此类记载在有关汉代的史书上还有不少。考课也就是考功,考核政绩,汉代十分重视,统治者认为:"凡南面之大务,莫急于知贤;知贤之近途,莫急于考功。""大人不考功,则子孙惰而家破穷;官长不考功,则吏怠傲而奸宄兴;帝王不考功,则直贤抑而诈伪胜,故《书》曰:'三载考绩,黜陟幽明。'盖所以昭贤愚而劝能否也。"③汉代主要通过上计方式进行考课,对于业绩差的,轻者申诫,重则罢黜,乃至追究刑事责任。汉代设立监察机构、制定监察法规、建立管理制度,从而形成比较系统的监察制度。④而监察的重点是对官吏的行政监督,尤其制定的《监御史九条》《刺史六条》是我国早期的监察法规,许多条目是针对官吏的行政而设立的,从而使监察过程中的责任追究有法可依。《刺史六条》在监察史以及行政责任追究制度史上具有特别重要的意义,顾炎武称之为"刺史六条为百代不易之良法。"⑤

三国魏晋南北朝是个政治分裂和社会动荡的时期,但各种政治法律制度处在秦汉向隋唐过渡的调整和整合过程中,各种机构、职官,以及具体的法制条文和原则都在演变之中,并逐步形成新的形式和内容,成为隋唐政治制度的直接渊源。当然,从总体上讲,虽然这一时期政治制度宏观建设不足,但微观成就较多,具体职官、法制等方面的创获不少。这一时期各政权,除修订一般法典外,还修订政典和行政法律,如南朝的《齐典》《梁典》《皇典》,北朝的《九命典》《六官典》,都是有一定价值的,只可惜这些法律文献在今天已经无法见到了。这一时

---

① (汉)班固:《汉书》卷60《杜周传》附《杜业传》,中华书局1962年版,第2682页。
② (宋)王钦若等:《册府元龟》卷638《谬滥》,文渊阁四库全书本第913册,台湾商务印书馆股份有限公司1986年版,第410页。
③ (汉)王符:《潜夫论笺校正》卷2《考绩》,马世年译注,中华书局1985年版,第77、78页。
④ 参见邱永明:《中国监察制度史》,华东师范大学出版社1992年版,第136—140页。
⑤ (清)顾炎武:《日知录》卷9《部刺史》,周苏平等点注,甘肃民族出版社1997年版,第444页。

第二章 行政责任与宋代行政责任追究

期监察法规发展也很快,内容具体、丰富,如三国魏的《六条诏书》①,晋朝的中正《六条举淹滞》②以及《能否十条》《察长吏八条》《五条律察郡》《察二千石长吏四条》③,北周的《诏制九条》④,这些监察法律直接为行政责任追究提供法律依据。这一时期法制思想和原则的儒家化,又直接影响了行政责任追究的方式和程度,如曹魏《新律》将"八议"(议亲、议故、议贤、议能、议功、议贵、议勤、议宾)写入法典,并为后代继承,成为一条重要的法律原则,"《周礼》以八辟丽邦法,附刑罚,即八议也。自魏、晋、宋、齐、梁、陈、后魏、北齐、后周及隋皆载于律"⑤;西晋开始以官职抵罪,如"除名比三岁刑"⑥,至南朝《陈律》加以系统化;西晋《泰始律》确立"准五服以制罪"的量刑原则等。此外,这一时期的政治体制也发生变化,由秦汉三公九卿制向隋唐三省六部制转变,御史台走向独立,考课机构比部的出现,都促进了行政责任追究制度的发展。所以,三国魏晋南北朝行政法制的发展以及各种微观具体的制度创建,最终为隋唐行政责任追究制度的成熟奠定了基础。

隋唐时期,尤其唐代,是古代法制的成熟时期,法律的基本形式——律、令、格、式最终定型下来,正如唐高宗所说,"律令格式,天下通规"⑦。并且制定了我国历史上著名的刑法典《唐律疏义》(《永徽律疏》)和行政法典《唐六典》。⑧ 而《唐律疏义》的《职制律》和《唐六典》

---

① 参见(晋)陈寿:《三国志·魏书》卷15《贾逵传》,中华书局1971年版,第482页。
② 参见(唐)房玄龄等:《晋书》卷3《武帝本纪》,中华书局1974年版,第50页。
③ 参见邱永明:《中国监察制度史》,华东师范大学出版社1992年版,第141—207页。
④ 参见(唐)令狐德棻等:《周书》卷7《宣帝本纪》,中华书局1971年版,第116页。
⑤ (唐)李林甫等:《唐六典》卷6,陈仲夫点校,中华书局1992年版,第187页。
⑥ (宋)李昉:《太平御览》卷651《刑法部·除名》,文渊阁四库全书本第898册,台湾商务印书馆股份有限公司1986年版,第845页。
⑦ (后晋)刘昫:《旧唐书》卷50《刑法志》,中华书局1975年版,第2142页。
⑧ 法史界对《唐六典》编纂和颁布的认识,意见基本一致,而对于是否实施存在分歧,但就其内容来说,这部法典包含并反映了唐代行政法以及行政责任追究制度的基本内容和发展状况则是没有异议的,如著名的唐代考课"四善二十七最"就记录在这部法典上。故有的学者认为,"《唐六典》是以《周礼》为体例,以国家机关与职官为纲目,抄摘在行《令》《式》中有关国家机关组织编制的内容为基本内容,以显示有唐一代制度盛况为目的的一部官修典籍"。参见钱大群:《唐律与唐代法律体系研究》,南京大学出版社1996年版,第134页。

又构建了唐代行政法规的框架,再辅以令、格、式等方面的具体的行政法规,如《武德令》《贞观令》《开元令》《武德格》《贞观格》《开元格》《武德式》《贞观式》《开元式》,以及著名的《留司格》《散颁格》"四善二十七最考课法"等,从而形成内容丰富、体系完备的行政法体系,行政责任追究的法规体系也建立起来了。此外,监察、考课法律制度及其机构的日趋成熟,如《巡察六条》《风俗廉察二十八法》的制定以及御史台院制度的健全、十道巡按的创建等,都充实、丰富了行政责任追究制度。因此,唐代行政责任追究制度在行政法律法规方面达到前所未有的发达程度,一派盛唐气象,为后世社会树立了楷模。特别值得强调的是,《唐律疏义》《唐六典》等完整地流传下来,为探讨唐代及比较前后朝代的法制变化提供了具体而准确的法律史料,故唐代既是行政法制划时代的时期,也是研究材料和根据发生巨大转变的阶段。

第三节 宋代的行政责任追究

唐代"安史之乱"以后,历经藩镇割据,五代十国战乱,国家陷入分裂动荡状态,政治制度也进入复杂多变、缺少体系规模的时期。宋代,结束了五代十国的分裂局面,建立中央集权,存在三百余年,但并没有完全统一全国,与辽、金、西夏等对峙,加上各地起义此起彼伏,外患内忧,没有再现汉唐的强盛。即使如此,宋代的政治制度和体制仍在激烈的内外矛盾中建构、调整和演变,行政责任追究制度进入一个变化时期,并且获得前所未有的发展。

我们获得如此认识,与宋代行政责任追究制度史料的日益丰富密切相关。宋代行政责任追究制度的史料主要包括法律法规性的、政典制度性的、纪传编年类的和其他相关史料。这些类型的史料具有各自的特点和价值。宋代虽然没有像唐代一样出现一部行政与刑事分离的《唐六典》,但是立法成果较多,《宋史》卷二〇四《艺文志三·刑法类》收录宋代法律、法学典籍和著作等221部,绝大多数是敕令格式,而流传下来的法律典籍和文献,较以往任何朝代都要丰富,如《宋刑统》《庆元条法事类》《吏部条法》《元丰官志》,以及《名公书判清明集》《洗冤集录》等,成为研究宋代行政责任追究制度最为基本的法律性史料。同时,还有大量的典章制度方面的史料,包括政书和类书,如《宋会要辑稿》《文献通考》《建炎以来朝野杂记》《宋朝事实》《玉海》等,为研究宋代行政责任追究制度提供了较为集中而专门的基础性史料。此外,《宋史》《续资治通鉴长编》《建炎以来系年要录》《三朝北盟会编》等纪传体、编年体史料,保存了丰富的相关法律法规,以及大量的行政责任追究的事实,对宋代行政责任追究制度研究有很高的价值。除了上述法制、政典及纪传编年等宋史研究史料外,还有一些文集、笔记、方志等可用的史料,起到补充和辅助的作用。总之,上述四类史料,形成了金字塔形的资料分布状态,也即专门史料数量较少,所含的有效成分较多,而其他相关史料的数量逐渐增多,所含的有效成分较少。这符合专门问题研究资料分布的常态,也为正常的学术研究奠定了基础。这些丰富的史料充分地反映了宋代行政责任追究制度的发展。

在宋代史籍上,责任、追究的记载突然增多,这是以往朝代不可比拟的。这种语言词汇上的信息与宋代行政责任追究制度的发展程度究竟有多大的关联性,暂且不论,但是这一现象已足以引起我们的研究兴趣。责任和追究的基本含义沿袭前代而来,文明的传承也由此可见一斑,但是宋代的组词形式、含义确指、运用领域等方面都有自身的特色。

宋代的"责"字含义与前代相近,宋人解释《尚书》时说:"文诰之命,威让之辞,岂有不尽,苗安得以是而责舜哉?"①这里的"责",显然具有责备、责任的含义。也有责与任关联起来使用的,而含义偏重职责、责任,如"微子任诸侯之责,任大责重"②。而责与任连用作为一个完整的词的情况到宋代已较为常见,如吴缜《新唐书纠谬》自序说,"盖修书之初,其失有八:一曰责任不专"③。这属于一般责任的含义,还有更为直接运用在政治和行政方面的,如:

---

① 林之奇:《尚书全解》卷4《大禹谟》,山东友谊书社1992年版,第263—264页。
② 陈经:《陈氏尚书详解》卷28,文渊阁四库全书本第59册,台湾商务印书馆股份有限公司1986年版,第271页。
③ 吴缜:《〈新唐书纠谬〉原序》,文渊阁四库全书本第276册,台湾商务印书馆股份有限公司1986年版,第620页。

> 大臣责任至重,惟道有以孚信君心,然后能大其仁德于天下。①

这种责任具有职责和任务的含义,并侧重于政治和行政主体责任的完成,也就与追究联系在一起了。这类倾向于职责、责任的用法,在宋代逐渐普遍。庆历八年(1048年)二月,御史中丞鱼周询说:"所谓今之阙失者,陛下聪睿高出前古,然圣虑所未至,臣下所难言者,惟责任不专、用人猜疑为大也。"②元祐六年(1091年),御史中丞郑雍说:"风宪之地,责任宜专。若台属多由他荐,恐非责任之本意。"③前者讲的是一般大臣的职责,后者说的是台谏的职责,都是属于行政过程中的责任问题,已与现代行政责任的意思比较相近了。这种责任作为一个完整的词汇,并且直指或代表行政职责的语词现象在以往朝代是很少见到的。

如果进一步考察下去,则会发现,这种责任直接与行政和政绩相关联,并有追究责任的含义。

> 《周礼》为官三百六十,而官各有长,如宫正为在宫者之长,酒正为掌酒者之长,其贤否、功劳、殿最,皆责任其长焉。④

这里尤为强调行政长官的责任,根据贤否、功劳来考核其政绩,确定其殿最。而有的记载,以及具有法律性质的诏令,直接把责任与惩罚结合起来,如元丰八年(1085年)的诏书说:

> 昨先帝以诸路监司责任不轻,朝廷当加考核,其烦急掊克与旷弛不职者,当有所惩。⑤

这种由"烦急掊克与旷弛不职"引起的责任,与惩罚结合在一起,是比较严格意义上的行政责任。而宋人又把责任视为统治者值得

---

① 张浚:《紫岩易传》卷4,文渊阁四库全书本第10册,台湾商务印书馆股份有限公司1986年版,第126页。
② 李焘:《续资治通鉴长编》卷163,上海师范大学古籍整理研究所、华东师范大学古籍整理研究所点校,中华书局2004年版,第3933页。
③ (元)脱脱等:《宋史》卷160《选举志》,中华书局1977年版,第3749页。
④ (宋)陈经:《陈氏尚书详解》卷46,文渊阁四库全书本第59册,台湾商务印书馆股份有限公司1986年版,第429页。
⑤ (宋)李焘:《续资治通鉴长编》卷354,上海师范大学古籍整理研究所、华东师范大学古籍整理研究所点校,中华书局2004年版,第8477页。

注意的问题,并将此与立志、求贤并列为政的三件重要事项,具有一定的理性自觉,如程珦《上英宗应诏论水灾》所说:"臣以为所尤先者有三焉,请为陛下陈之:一曰立志,二曰责任,三曰求贤。"①或者直接说:"治道在于立志、责任、求贤。"②也就是将责任提高到治道高度来认识,已经超越了一般方法措施层面的认识,有一定的理性自觉。正因如此,宋代这类以责任为主题的奏议还有不少,甚至题目中就有"责任"二字,如陈次升的《谠论集》卷一《上神宗论转运使选用责任考课三法状》《宋朝诸臣奏议》卷十三所载欧阳修《上仁宗乞力拒浮议,终责任范仲淹等》,又如郑獬的《郧溪集》卷十三《论责任有司劄子》、卷十七《责任论》等。更为重要的是宋代诏令中类似的表述还有很多:

> 今幕府州县之职官,字民为政,俸禄尚薄,责任尤重,宜稍优异,以旌劝之。③
> 可令县镇城寨关堡官衔内,并带兼管勾给地牧马事,佐官同管勾,庶几人人知所责任。④

因此,"责任"一词作为官吏的政治和行政职责、义务已成为一种共识,并被广泛运用,既记录于一般史书文集中,也记载在法令政书之中,这从侧面反映出宋代行政责任追究制度发展的信息。

"追究"一词在宋代以前很少使用,唐代《唐律疏义》《通典》之类法典政书曾出现过。

> 诸以赦前事相告言者,以其罪罪之。官司受而为理者,以故入人罪论。至死者,各加役流……若事须追究者,不用此律。⑤

这种"追究"有追查原因、追究责任的含义,且侧重于追查,对象是刑事责任人。到了宋代,"追究"的使用如"责任"一样多了起来,且行

---

① (宋)赵汝愚:《宋朝诸臣奏议》卷41,北京大学中国中古史研究中心校点整理,上海古籍出版社1999年版,第421页。
② (宋)程颐:《二程文集》卷6,文渊阁四库全书本第1345册,台湾商务印书馆股份有限公司1986年版,第632页。
③ 《宋大诏令集》卷178《增幕职州县官俸见缗诏》,中华书局1962年版,第640页。
④ 《宋大诏令集》卷181《县镇官衔内带兼管给地牧马等御笔》,中华书局1962年版,第655页。
⑤ (唐)长孙无忌:《唐律疏议》卷24《斗讼》,刘俊文点校,中华书局1983年版。

政、法制领域较为集中,在法律制度中使用的不少。虽然"追究"的使用频率比"责任"低,但在现存的宋代法律文献中使用"追究"还是比较多的。

  诸应讯囚者,必先以情审察辞理,反复参验,犹未能决,事须讯问者立案,同判然后拷讯,违者杖六十……若赃状露验,理不可疑,虽不承引,即据状断之。若事已经赦,虽须追究,并不合拷。注云,谓会赦移乡及除免之类。①

  诸税租应开阁减免除放而不为开阁减免除放,或令人代输及非逃亡户绝而不追究欠人理纳,致户长、手力代输者(逃田税役辄勒邻保代输同),各杖一百(一时指挥放免诸色窠名钱物,而官司辄复催理者,准此),计所纳,赃重者坐赃论。②

  照得彭四初状所诉彭五四等闲争事,初无甚计利害,纵便是实,不过杖以下,本保戒约足矣,本保追究足矣,何至便牒巡检。③

这几则法律文献资料反映的是追究刑事、民事、行政责任人(或行政相对人)的责任事实,兼有追究责任的含义。在其他宋代史料中,此类记载更多,含义也相似,如"臣愚谓自今监司、郡守弹奏属吏而以赃滥闻者,必追究证验的实而后奏上"④。又如"凡已往之费,不可追究,未然之费,所宜会也"⑤。这些属于司法、行政活动,并且与行政责任追究相关。还有的记载,行政责任追究的含义非常明确,如"朝廷但知惊骇增兵聚粮,其致寇之人既不追究,而守边之臣亦无谴责,如此而望戎狄宾服,疆场无虞,是犹添薪扇火而求汤之不沸也"⑥。也就是

---

① (宋)窦仪等:《宋刑统》卷29,吴翊如点校,中华书局1984年版,第474—475页。
② (宋)谢深甫:《庆元条法事类》卷47《赋役门》,戴建国点校,黑龙江人民出版社2002年版,第629页。
③ 《名公书判清明集》卷1,中国社会科学院历史研究所宋辽金元史研究室点校,中华书局1987年版,第27页。
④ (宋)杜范:《清献集》卷10《吏部侍郎已见第二札》,文渊阁四库全书本第1175册,台湾商务印书馆股份有限公司1986年版,第692页。
⑤ (宋)赵汝愚:《宋朝诸臣奏议》卷103陈瓘《上徽宗进国用须知》,北京大学中国中古史研究中心校点整理,上海古籍出版社1999年版,第1110页。
⑥ (宋)司马光:《传家集》卷35《言北边上殿札子》,文渊阁四库全书本第1094册,台湾商务印书馆股份有限公司1986年版,第336页。

说,不追究责任,也无法解决"戎狄"和"疆场"的问题。这应该是比较典型的军事行政责任追究。在宋代,"追究"使用的频率可能比"责任"低,行政责任的专指性可能要弱一些,但是在法律文献或行政实践中的运用确有不少,并且更接近责任追究的本意。

由此可见,宋代"责任""追究"二词的大量出现,已是一个不争的事实,并且运用到了行政司法实践之中,出现在法律文献和资料上,这应该是行政责任追究制度发展的一种标志性反映,具有重要的历史意义。正如"审计"一词在宋代的运用一样,反映了宋代审计制度发展的程度。当然,我们还必须清醒地看到,这是宋代行政责任追究制度发展的一个侧面,并不能完全说明问题,因为"责任""追究"二词尚未合一,还不是严格意义上的行政责任追究,这些名称更没有规范地、广泛地运用到法律法规和行政实践中去,而在行政责任追究过程中,真正大量使用的,还是责任追究的具体方式,如罚俸、罚金、殿罚、降官、罢职之类。所以,我们又不能仅仅从名称上说明问题①,还得从宋代行政责任追究制度本身去解释。

在政治制度的演变史上,盛唐的成熟和辉煌往往掩盖了宋代的变化和进步,但宋代政治制度的进化又是毫无疑问的,行政责任追究制度取得了很大的发展,并且具有划时代意义,或者说是我国古代社会后期政治制度转型或变化起始的一种反映。当然,这种发展既是在历代演变基础上获得的,又反映了宋代法律法规的建设和相关行政制度的进步。在法律史上,宋代的法律基本形式已由唐朝的律、令、格、式演变为敕、令、格、式。其中,敕是重要的法律形式,而编敕又是宋代最为频繁和重要的立法活动,数量很大,"一司、一路、一州、一县又别有敕"②。宋代编敕的成败得失姑且不论,而就其内容和属性来说,主要是惩罚性的规定,包括刑事、行政性的惩罚、处罚,并与官吏的行政及其结果直接联系在一起,这就使得宋代的行政法制建设成果,至少从

---

① 宋代一些政治制度的发展水平确与职官名称关联,如宋代审官院、审刑院、审计院的出现,反映了宋代治官、司法和审计的发展,至少反映了重要的变化。从循名质实角度讲,应该是有道理的,但又不能估计过高,还是应该从本身的内容去说明因缘。参见拙文《论宋朝审官院之演变》(《中国史研究》1997年第1期);《宋朝审计机构的演变》(《中国史研究》2000年第2期);《宋代审计三论》(《史学月刊》2002年第1期)。

② (元)脱脱等:《宋史》卷199《刑法志》,中华书局1977年版,第4962页。

立法数量上讲是前所未有的。宋代的《宋刑统》《庆元条法事类》等在法史上的地位可能比不上《唐律疏义》《唐六典》，但是宋代法典形式和内容的变化则促进了行政法制和行政责任追究制度的发展，《宋刑统》中《职制律》《户婚律》《厩库律》《擅兴律》《捕亡律》的行政责任追究的内容固然非常丰富，而《庆元条法事类》更是按照行政门类加以编纂的，分为职制、选举、文书、榷禁、财用、赋役、农桑、公吏、道释、刑狱、当赎、服制、蛮夷、畜产、杂门等类，建构了宋代行政责任追究制度的框架。此外，丰富的令、格、式的补充，完善了行政责任追究制度的法律体系。

在此需要特别指出的是，宋代与行政责任追究制度密切相关的铨选、考课、磨勘、审计、监察方面的制度都取得了长足的进步[1]，尤其是考课、监察法制的快速发展，比如修订《长定格》《循资格》，编纂《贡举敕式》《审官院编敕》《铨曹格敕》等，再如考核州县官的四善三最（或四最），考核监司的七事或十七事[2]，都是非常具体的行政法规，落实在对官吏的奖惩和责任追究上。当然，这种奖惩或追究不能因个人喜怒爱憎所致，而是根据"其功""其罪"而作出的一种制度规定，从而实现政治目标和行政目的，正如宗泽所云："有赏有罚，惟平惟一"，"断之至公，以慰天下之望"[3]。

总之，宋代的行政责任追究制度，无论是从责任、追究的循名责实上，还是从行政法律法规的建设上，都超过了以往朝代，并且《宋刑统》《庆元条法事类》《吏部条法》《元丰官制》《宋大诏令集》《名公书判清明集》以及《宋会要辑稿》《文献通考》等有关部分中留下了相对专门集中的资料，可供我们从制度角度展开研究。所以，从制度资料层面讲，宋代行政责任追究由分散趋向集中、一般趋向专门，这一点在《吏

---

[1] 近十多年，这方面的成果非常丰富，如邓小南的《宋代文官选任制度诸层面》、贾玉英的《宋代监察制度》、虞云国的《宋代台谏制度研究》、刁忠民的《宋代台谏制度研究》及巩富文的《中国古代法官责任制度研究》等。这些成果各有侧重地对相关的机构、职官、职责和地位等作了较为深入、系统的阐述，并对相关的责任和处罚也都简要论及。

[2] 参见《宋会要辑稿》职官10之20，刘琳等校点，上海古籍出版社2014年版，第3289—3290页；(宋)谢深甫：《庆元条法事类》卷5《职别门》，戴建国点校，黑龙江人民出版社2002年版，第68—76页。

[3] (宋)宗泽：《宗泽集》卷1《条画四事札子》，浙江古籍出版社1984年版，第2页。

部条法》《庆元条法事类》等中表现得尤为突出。

第四节 宋代的行政责任主体

据上所论,宋代已把追究责任作为一种治世之道或政治措施,并且在法律法规及行政过程中,责任、追究的名与实基本上能够统一起来。这反映了古代行政责任追究制度经过长期的演变和发展,到宋代已经达到了较高的水平。行政责任是行政过程中产生的法律责任,责任承担者或责任主体往往是各级官吏。这是由古代阶级社会和国家性质所决定的。在"朕即国家""君权天授"的古代社会,建立的是专制集权的政治体制,统治者根据等级授权的原则,自上而下拥有政治和行政的权力,从而使政权机器运行起来。因而,在古代,包括宋代,法制法规确定了各级官吏的职权,使之获得相应的行政权力,成为真正的行政主体。故在《宋史》《宋会要辑稿》《文献通考》等中的职官部分,我们以往一般是作为机构、职官、职责来看待的,实际上其规定了各类行政官吏的权力、地位、义务,且将他们置于行政主体的地位。古代行政的基本事实是官吏拥有行政的权力,而百姓只有执行的义务,这是以官治民、官民对立社会的基本的政治状态。所以,在研究古代行政时,把责任主体定位为拥有行政权力的官吏是比较合适的,并且与现代行政学和行政法学上的行政法主体有相通之处,这由此也许能够抓住古代行政及责任的本质。当然,古代行政主体的内涵和外延与现代行政主体又是有很大区别的。

为了保证政权的顺利运作,一方面,必须保障各级官吏和机构拥有相应的权力,有能力行政,保证政令畅通,实现政治的目的,这在权力社会和官本位社会显得尤为必要;另一方面,又要求他们在拥有权力的同时,必须承担相应的法律义务,履行职责,保证行政权力运行在授权和法律规范之内,受到监督和制约,而逃避义务,玩忽职守,则必然受到相应的责任追究。这也就是古代社会权力与责任的统一。即使在行政过程中,百姓也可能因举报而获得奖励,或因逃税辟役而受到处罚,被追究责任。这与现代行政学上的行政相对人的奖惩相似,但其毕竟处于被统治的地位,并未获得授权,与拥有行政权力的主体的奖惩有本质差异,至多称之为行政相对人履行义务时所承担的法律责任。因而古代行政责任主体定位应该是拥有行政权力的行政主体,也即官吏,这是比较符合历史实际的,在宋代尤为突出。

的确,宋人在述及行政时,往往是与官吏及其责任联系在一起的,如强调位居风宪的台谏官"责任宜专"①,又有大臣上奏选用、责任、考课转运使三法。② 其实,宋代行政主体远远不止是台谏、监司,还有全体大臣或臣僚。咸平二年(999年)朱台符的上奏就有一定的代表性。

> 请重农积谷,任将选兵,慎择守令,考课黜陟,轻徭节用,均赋慎刑,责任大臣,与图治道。③

这表明,各种具体行政只有通过"责任大臣"才能完成,并且以此实现所谓治道。所以,后来宋神宗即位时,韩维讲得更清楚:"百执事各有职位,当责任。若代之行事,最为失体。"④各级官吏因其职位而具有主体资格,因其责任而行政,否则,"代之行事",使之失去主体资格,也就无法行政,行政运作必然出现问题。这种将行政主体、责任主体定位为官吏的看法,不止是一种认识,也是法律规定。在宋代的《宋刑统·职制律》《庆元条法事类》《吏部条法》等法典,以及具体的选举、考课、磨勘法律中,明确了官吏的职责,确立了官吏的主体地位,也规定了相应责任以及责任追究。当然,君主也是行政主体,并且是主体的核心,应该是有职责和责任的,如孔子在《论语·为政》开篇就指出"为政以德",将君主的主体责任置于极高的道德层面。而西方意大利文艺复兴时期的马基雅维利在《君王论》中,用专章讨论君王的军事责任,君王"只应该从事战争、军事制度和纪律以及军事训练方面的研究"⑤。在君权神授之下,君主作为天子,拥有统治天下的绝对权力,却没有责任,更无法追究天子的责任。若要追究,只有苍天在上,天人感应,上天垂象,发出"天诫"。即使在现实行政中,台谏官等

---

① (元)脱脱等:《宋史》卷160《选举志》,中华书局1977年版,第3749页。
② (元)脱脱等:《宋史》卷292《孙抃传》,中华书局1977年版,第9777页。
③ (元)脱脱等:《宋史》卷306《朱台符传》,中华书局1977年版,第10103页。
④ (元)脱脱等:《宋史》卷315《韩维传》,中华书局1977年版,第10306页。
⑤ 〔意〕马基雅维利:《君王论》,徐继业译,光明日报出版社2001年版,第96页。

也可以上奏谏诤,而承担责任与否,又要靠君主的开明和自觉了。故本书不探讨天子的责任问题。

此外,追究主体当然是行政主体,也是有责任的,也要承担追究的责任。有可能因没有履行追究的职责而被追究。宋代行政责任追究主体是由各级机构的官长以及专门机构如监司、御史台、铨司等专职机构的官吏组成。宋代行政责任追究主体是基于这些机构和职官的发展而发展的,并且在此基础上行政责任追究的制度更为发达。这与宋代官吏选拔和任用法律制度直接相关,对此将在后面的官吏选任责任中有所论述。他们追究责任的权力,也同其他权力一样,源自君权,经逐级授权而获得。同时,他们也因获得权力而产生义务,承担责任。只有这二者的统一,追究责任者才能具有主体资格。这两方面内容的统一,与现代行政学上的行政责任追究主体资格的含义比较接近,既然获得授权,就要承担法律后果;只有获得行政授权,才能履行行政责任追究的职责。

所以,行政责任追究主体的资格,古今应是相通的。从追究主体与对象的关系来看,宋代既有上级对下级的追究,也有长官对下属的追究,还有诸如考课、磨勘、监察、司法等专门机构和官吏的追究。而在官本位社会,总体上还是表现为以官吏追究官吏,在专制集权之下,最后的追究权还是回归授权的源点,即君主。这也许是宋代以及古代行政责任追究的基本内容和本质。为此,在研究宋代以及古代行政责任追究制度时,把行政主体、行政责任主体及行政责任追究主体都统一为获得行政授权的官吏是比较合适的,这与现代行政和行政学上有关概念是有区别的。这是由社会性质差别和不同性质的行政所决定的。同时,在目前古代行政学以及行政法学尚未建立或健全,以及行政责任追究制度研究有待开创的情况下,我们也就不得不先从官吏切入,探讨行政责任追究制度的历史。虽然以官吏作为行政主体、责任主体或追究主体,可能不够准确,但应该说已经触及行政责任追究制度的主要内容,并且这对把握我国古代社会的行政责任主体也是有积极和普遍意义的。当然,这方面的研究需要一个较长的研究历程来逐步完善。

第五节　宋代的行政责任类型

从现代行政的发展趋势来看,行政分工日益细化,行政的类型也非常丰富。我们可以纵向考察行政,如有学者从行政的本质和演变来分类行政,认为:"从行政法产生以来,就一般情况而言,大抵经历了从'以法行政'到'依法行政'再到'法治行政'三个不断发展的阶段"①,这实际上也是从宏观视野和法制的实施历程来划分行政的发展阶段。同时,还可以横向考察行政,也就是从行政机关的组织管理活动的角度展开,一般包括:"国防行政、外交行政、民政行政、公安行政、司法行政、教育行政、科技行政、文化行政、卫生行政、体育行政以及国民经济方面大量的组织管理活动。"②这是行政和行政学长期逐步发展的结果,也是现代行政和行政学发展的标志。目前行政学界对教育行政、文化行政和司法行政等展开专门深入的探讨,都有专论和专著。为了便于在行政类型的基础上研究宋代的行政责任追究制度,我们则从后一视角展开探讨。

在古代行政中,"政谓法教也"③,"政者,法度之事也"④,而且,政又与礼乐刑密切关联,"礼乐刑政,四达而不悖,则王道成矣"⑤。王道的实现,也就是行政的过程,古代的行政具体有整体性的和综合性的。这是与近代、现代行政最大的区别之处,也就不可能具有现代意义的分类行政。但是,古代行政又并不完全处在混沌状态,而是根据实际的行政主体或内容分成不同类型,如我国现存最早的一部行政法典《唐六典》主要是按照行政机构和职官的行政职责来编纂的,也即以行

---

①　江必新:《行政法的基本类型》,北京大学出版社2005年版,第18—19页。
②　《辞海》(缩印本),上海辞书出版社1990年版,第897页。
③　(魏)何晏等:《论语集解义疏》卷1,文渊阁四库全书本第195册,台湾商务印书馆股份有限公司1986年版,第348页。
④　(宋)朱熹:《朱子全书》第7册《论语精义》卷1下,朱杰人等主编,上海古籍出版社2002年版,第66页。
⑤　(宋)朱熹:《朱子全书》第7册《论语精义》卷1下,朱杰人等主编,上海古籍出版社2002年版,第67页。

政机构来分类表述行政。而至宋代,具有行政法典性质的《吏部条法》,既受《宋刑统》编纂体例的影响,又与综合性的法典《庆元条法事类》相近。如果说《庆元条法事类》是按照政事的门类,如职制、选举、文书、榷禁、财用、库务、赋役、农桑、道释、公吏、刑狱、当赎、服制、蛮夷、畜产、杂门等编纂的,而《吏部条法》则与《宋刑统》《庆元条法事类》中的职制律或职制门的性质相近,按照官吏和机构的职事,尤其是按照行政管理和官吏管理的具体内容安排的,如差注、奏辟、考任、宫观岳庙、印纸、荐举、关升、改官、磨勘等。因此,宋代的《庆元条法事类》,尤其是《吏部条法》,不仅仅是依据机构的职事分类,而是结合机构、据政事来分类的,这显然要比《唐六典》的分类具体得多,也便于各级职能部门和官吏的操作。其中,《庆元条法事类》侧重于政事,《吏部条法》侧重于官事,前者重官吏管理,后者重管理官吏,都是基于行政内容来分类行政的,并规定相应的行政职责和责任方式,初步呈现出官吏选任、财税、农桑、财物管理、司法、军事、宗教等类型的行政。就这种行政及行政法律上的分类而言,宋代确实超越了以《唐六典》为标志的唐代,更超过以往任何朝代。当然,需要指出的是,在宋代法典或法律文献中,行政责任的规定是相对集中的,尤其集中在敕这一法律形式中,而在《宋会要辑稿》《文献通考》《宋史》等政典、史书中,由于体裁的需要,又分别置于多个门类之中。因此,我们只有结合宋代的法典与有关史料以及行政实践,才能弄清不同类型行政责任追究制度的内容和特点。

基于宋代行政以及行政法律制度的发展,重新整合有关行政责任追究的法律,并兼顾行政实践,则宋代主要有如下行政责任的追究:官吏选任行政责任、财税行政责任、农桑行政责任、财物管理行政责任、司法行政责任、军事行政责任、教育行政责任、宗教行政责任、外交行政责任等。这些方面的行政责任与现代行政类型及其责任较为相似。所以,我们在研究宋代以及古代的行政责任制度时,借鉴现代的行政学理论和方法应该是可以的,并非牵强附会,史学与行政学、行政法学的结合是可以获得新知的。著名史学家刘子健在谈及宋代行政研究时也说过:"行政的研究需要史学和行政学的配合。现代的行政学是结合政治学、社会学、人类学这些基本社会学而应用到公共机构与团体这范围的一种专科。有些地方和中国以往儒家的理论和史家的看法合。而有许多地方是比较古今中外,更广泛,而又更深入的分析。把中国史学和行政学配合起来,彼此都有新的启发。"①这一见解对我们研究宋代行政责任追究制度,无疑很有启发意义。

---

① 刘子健:《两宋史研究汇编》,台北联经出版事业公司1987年版,第95页。

第三章 宋代行政责任追究的方法

第一节 行政责任追究的方法

据上所论,宋代行政法律、制度以及责任内涵,都得到了前所未有的发展,而行政责任追究的方法也出现了从未有过的繁富,并且人们在涉论古代行政、监察、考课、磨勘、司法等方面责任时,往往是从具体的责任追究方法来阐述的,甚至以方法来表示行政责任的追究。也可以说,追究方法是古代行政责任追究制度中的重要内容或核心问题,并且是人们在论述相关问题时关心和着墨较多的地方。但是,迄今人们对宋代的行政责任追究方法到底有哪些,其体系和本质又是什么,都没有作出全面的回答,更没有以现代行政责任追究的理念加以剖析。尽管古代与现代行政责任的背景、内涵不同,追究方法必然有根本性的差异。但是,为便于深入分析,先简单介绍一下现代行政责任追究的方法,也许可以从中获得参照和启迪。

现代行政责任追究立足于法制和法治,依据主体资格和责任的确定来追究责任,以具体的处罚或处分的方法实现行政责任。行政责任追究方法,在我国法律法规上有明确的表述形式,如《中华人民共和国行政处罚法》第八条规定:"行政处罚的种类:(一)警告;(二)罚款;(三)没收违法所得、没收非法财物;(四)责令停产停业;(五)暂扣或者吊销许可证、暂扣或者吊销执照;(六)行政拘留;(七)法律、行政法规规定的其他行政处罚。"除此以外,学术界大多基于法律规定而形成不同的学理上的表述方式。一般从行政行为的补救角度概括,叫作"行政法律责任的形式",具体方法为:(一)通报批评;(二)赔礼道歉,承认错误;(三)恢复名誉,清除影响;(四)返还权益;(五)恢复原状;(六)停止违法;(七)履行职责;(八)撤销违法行政行为;(九)纠正不当行政行为;(十)行政赔偿。① 也有从行政主体角度表述的:"行政执法人员的行政法律责任承担方式有:通报批评、批评教育;赔礼道歉、承认错误;退赔、恢复原状;停止违法行为;经济处罚;赔偿损失;行政处分;罢免等责任形式。"② 还有从行为与后果关联程度的角度对责任作大的分类:"行政机关工作人员承担行政法律责任时,往往既要承担惩戒性的行政法律责任,也要承担补救性的行政法律责任。"具体讲就是:(一)通报批评,批评教育;(二)赔礼道歉,承认错误;(三)退赔,恢复原状;(四)停止违法行为;(五)经济处罚;(六)赔偿损失;(七)行政处分;(八)罢免。③ 还有的,则更明确地从学理上把惩罚性和补救性的行政责任形式具体地区分开来。

>惩罚性行政责任主要有三种形式:第一,是通报批评;第二,是行政处分;第三,是行政处罚。
>
>补救性行政法责任形式较多,主要有"承认错误,赔礼道歉;恢复名誉,消除影响,履行职务;撤销违法;纠正不当;返还权益;恢复原状;行政赔偿"。补救性行政法责任适用行政人。④

这种从学理上对行政责任方法较为细腻的表述形式,对研究宋代及古代行政责任追究制度具有一定的借鉴意义。此外,还有从行政司法过程和主体角度来确定行政或司法责任,如有人认为中国古代法官责任制度包括案件受理、捕押人犯、证据采用、案件审理、案件判决、判决执行等方面的责任。⑤ 这种责任方式的分类,对责任主体和责任属性的确定不够明确,即行政与司法主体,行政与刑事、民事责任的区分不够清晰,但这种分类方法在中国古代行政司法合一的背景下探讨官吏的行政法律责任是有一定的参考价值的。

---

① 参见刘小康编:《公共行政学基础》,华文出版社2003年版,第219—220页。
② 郑传坤、青维富:《行政执法责任制理论与实践及对策研究》,中国法制出版社2003年版,第87页。
③ 参见任志宽等:《行政法律责任概论》,人民出版社1991年版,第108—110页。
④ 熊文钊:《现代行政法原理》,法律出版社2000年版,第548页。
⑤ 参见巩富文:《中国古代法官责任制度研究》,西北大学出版社2002年版,第15—25页。

第三章 宋代行政责任追究的方法

　　以上行政责任方法的类型,按照法制与学理划分,它们之间的区别较大。而就学理内部的分类而言,责任方法的分类应该说是大同小异,主要是在行政主体和责任的分类上存在一些差别,但不是根本性的区别。总体来看,责任的形式是依据责任的程度和性质确定的,其中行政处分和行政处罚属于惩罚性的责任形式,前者主要是对行政主体轻微违法或违纪的处分,后者主要是对一般违法但未构成犯罪的行政制裁,虽然这两种行政责任形式,尤其行政处罚并不等于行政责任形式的全部①,但又是最为重要和严厉的责任形式。行政处分包括警告、记过、记大过、降级、撤职、开除,而行政处罚则包括自由罚(人身自由的处罚)、财产罚(财产利益处罚)、行为罚(限制或剥夺行为的权利、资格)和荣誉罚(伴生性的处罚)。②

　　这对我们从学理上分析宋代责任方式是有一定意义的,其中行政处分、处罚理论的参考意义较大。不过,在探讨行政主体尤其是古代官吏行政、行政责任时,则更多是采用具体责任形式来表达的,故有的学者把我国古代追究官吏责任或行政责任追究的方法概括为夺禄、罚俸、追田、贬降、停职、削阶、除免、追告等。③ 这与现代行政法学中的行政处分较为接近。当然,也有学者认为这类形式的追究,属于违法犯罪官吏的资格刑,可作为五刑的补充。

　　　　宋代承唐律之制又有损益,针对官员这一特殊社会身份的犯罪者,设置了多种资格刑,以补充"五刑"。其刑罚有除名、免官、免所居官、展磨勘、降名次、勒停、冲替、差替、追官、降官等。④

---

① 参见沈开举等:《行政责任研究》,郑州大学出版社2004年版,第192页。
② 参见陈新民:《中国行政法学原理》,中国政法大学出版社2002年版,第112、209—213页。
③ 如唐代刺史在被考课时,"凡考第等级为上中以上者提升,中中以上者增加秩俸,中中以下者分别降秩、夺禄、罚俸、贬职、免官"。参见朱华:《唐代刺史考课制度初探》,载《四川师范学院学报》1999年第4期。
④ 魏殿金:《宋代适用于犯罪官员的资格刑》,载《烟台师范学院学报(哲学社会科学版)》2002年第3期。该文将这些处罚皆作为刑罚来对待。事实上,其中大部分处罚方式,就其性质而言,应该属于行政责任形式,如在法史研究的有关论著中,有的就把除名等作为行政责任方法来对待的,"行政上的处分。官吏犯赃,唐宋元明清各代的基本原则是'官除名,吏罢役'"。(叶孝信等主编:《中国法律史研究》,学林出版社2003年版,第5页。)

这实际上是从传统法律诸法合一、以刑为主,以及古代犯罪与犯法不分的法制和司法特点来判断的。若对一个违法或犯罪的行政主体,在处以刑罚的同时又作出行政处罚或处分,就此而言,可以初步认为,行政处罚即责任追究具有刑事的附刑或从刑的特性,也可以说是刑事附带行政责任。其实,我国古代行政责任方法非常复杂,与现代行政责任方法差别很大,不能完全视为五刑的补充,因为这些方法是在宋代、乃至古代行政及其管理中最为常见的内容,并且在以权力和官僚为本的社会,又往往把行政处罚交织在刑罚之中,较一般的笞、杖等刑罚的社会影响要大,并且要严重得多,故而这些方式应该是行政责任追究的最基本方法,不能简单视作五刑的补充。

还有学者把这类方式,特别是宋代黜降官员的方法,当作行政和官吏管理中的问题来对待,如苗书梅先生所言:

> 宋代黜降官员的级别名目繁多,除死刑之外,有刺配、除名勒停、编管羁管、责授散官安置或责令居住于某处,责授监当,提举宫观岳庙或分司居住,降级使用,以及特勒停、冲替、差替、直替、放罢、追降官资、落职等等,轻者罚铜而已。①

这固然是宋代黜降官吏的主要方法,其中许多是追究官吏行政责任的方式,但降黜处罚的不只是官职,还包括刑事、经济处罚。这些黜降方式到底哪些属于行政责任的方法,则要根据具体情况来决定,至于某些刑事处罚或明显的刑事责任是要与行政处罚或行政责任方法区别开来的,而有些刑事责任方法又是可以作为行政责任追究的补充形式来对待的。还有学者从官员奖惩制度,特别是考课制度角度来揭示行政责任追究方法的,如朱瑞熙先生指出:

> 宋理宗时,《吏部条法》"差注门"列举了"较量"官员"功状"和"过犯"的"通用格"……"通用格"也把过犯划分为四十分至四分七等,每等给予不同的处罚。如过犯达四十分者,追官(追回官衔)、降官、落职(撤销所带馆职或贴职的职名),或者虽不追官,但特勒停(勒令停职);达三十分者,冲替(撤销差遣)或者降为监当官。

---

① 苗书梅:《宋代黜降官叙复之法》,载《河北大学学报》1990年第3期。

……

宋朝官员在行政上的处分,还有落职、降官、降职、责授(直指某一低阶或散官责授之)、安置、送某州居住、羁管、编管、勒停、除名勒停、除籍等。①

显然,这些行政处分方法无疑是行政责任追究的方法。这是考课或添差官吏管理制度的重要内容和措施,主要是在定期考核和任命官吏时一种评判官吏的方式而已,不是行政管理和官吏责任方法的全部所在,也不是行政过程中及时的责任追究,而责任追究的内容与之相比更为丰富,并且与监察制度是密切联系在一起的。所以,我们应该全面地看待宋代以及古代的行政责任追究方法问题,无论是作为行政管理的手段或处分方法,还是在具体行政过程中形成的直接责任方式,都属于行政责任的方式。同时,行政责任又与刑事、民事责任及其方法密切相关,关系较为复杂,这要根据具体的内容和相邻的法律关系来判断何种责任方法占据主导地位,有时是刑事附带行政的责任追究方法,而有时又是行政附带刑事的责任追究方法。在此,必须先对宋代行政责任追究方法的法律规定和法律内涵作一番考察,才能把握其本质和特性。

第二节 宋代的法律与责任追究方法

宋代行政法律制度,尤其是行政责任追究制度的发展与宋代法律形式的变化密切相关,而宋代行政责任追究方法的发展和完善更是与法制的进步,尤其与敕的发展是分不开的。在法制史上,现存的宋代法典或法律虽然没有唐代的《唐律疏义》《唐六典》等那么著名,但数量则超过唐代及以前任何时代,并且像《宋刑统》《庆元条法事类》《吏部条法》等较前代的法制都有很大的发展,尤其是其中行政方面的法律规定,显然要比著名的《唐六典》内容更为丰富、具体,更有可操作性。此外,还有一大批对宋代行政和法制史都很重要的专门法律,如《吏部

---

① 朱瑞熙:《宋朝官员行政奖惩制度》,载《上海师范大学学报》1997年第2期。

七司敕令格式》①就是专门行政性法律,《宋史·艺文志·刑法类》载有宋代各种敕令格式三四十部,可见宋代立法,尤其行政立法数量之多。

宋代的法律形式,在宋初基本沿袭唐代的律令格式,而后在此基础上逐步发展为敕令格式,《宋刑统》《庆元条法事类》一般是按照律(敕)令格式次序来编修的。律(敕)令格式既是宋代法律的主要形式,也是四种不同类型法律的组合。《唐六典》曾对律令格式有过界定:

> 凡律以正刑定罪,令以设范立制,格以禁违正邪,式以轨物程事。②

宋人对此作了进一步的解释:

> 唐之刑书有四,曰:律、令、格、式。令者,尊卑贵贱之等数,国家之制度也;格者,百官有司之所常行之事也;式者,其所常守之法也。凡邦国之政,必从事于此三者。其有所违及人之为恶而入于罪戾者,一断以律。③

而宋代的法律基本形式由律、令、格、式发展为敕、令、格、式,主要表明宋代敕的地位逐渐代替唐代律的地位,并不表示废除了律,如《宋刑统》占首要地位的法律形式还是律,并且构成了法典的主体内容。律严谨规范,但又有局限,故《宋史》曰:"神宗以律不足以周事情,凡律所不载者一断以敕,乃更其目曰敕、令、格、式,而律恒存乎敕之外。"④宋代对敕令格式的解释和规定是:

> 法令之书,其别有四,敕、令、格、式是也。神宗圣训曰,"禁于未然之谓敕;禁于已然之谓令;设于此以待彼之至,谓之格;设于此使彼效之,谓之式。"凡入笞杖徒流死,自例以下至断狱十有二门,丽刑名轻重者,皆为敕;自品官以下至断狱三十五门,约束

---

① 参见(元)脱脱等:《宋史》卷158《选举志》,中华书局1977年版,第3713页。《吏部七司敕令格式》应是《吏部条法》的基础之一。
② (唐)李林甫等:《唐六典》卷6,陈仲夫点校,中华书局1992年版,第185页。
③ (宋)欧阳修等:《新唐书》卷56《刑法志》,中华书局1975年版,第1407页。
④ (元)脱脱等:《宋史》卷199《刑法志》,中华书局1977年版,第4963—4964页。

禁止者,皆为令;命官庶人之等,倍全分厘之给,有等级高下者,皆为格;表奏、帐籍、关牒、符檄之类,有体制模楷者,皆为式。《元丰编敕》用此,后来虽数有修定,然大体悉循用之。①

其中,无论是神宗圣训,还是洪迈的总结,都分别指出了四者的特点,敕从已然、刑名、令从未然、约束、格从原则、等级、式从效法、模式等方面加以界定,既接近法理的本质,也便于人们理解。由上可见,宋人的解释较唐人要具体且明确一些,这四种法律形式有各自的功能和作用,存在较大的差异,敕主要是刑、民、行政等处罚性规定,令主要是行政秩序限制性和要求性的法制,格主要是部门性和标准性的单行法规,式主要是机构和官吏的具体办事细则,特别是公文程序。它们各有其作用,又相互配合,从而构成法律的体系。

在这一法律体系中,敕本来是指皇帝就特定的人和事临时发布的命令,"圣旨、箚子、批状,中书颁降者悉名曰敕"②,经过编敕机构的整理、删定和分类汇编起来,便成为稳定、普遍的法律,在宋代法律中占有极其重要的地位。宋初建隆四年(963年)窦仪等在编定《宋刑统》时就编纂了《新编敕》,后来,甚至还"令县邑门楼,皆曰'敕书楼'。淳化二年六月癸未,诏曰:'近降制敕,决遣颇多,或有厘革刑名,申明制度,多所散失,无以讲求,论报逾期,有伤和气。自今州府监县应所受诏敕,并藏敕书楼,咸著于籍,受代批书、印纸、历子,违者论罪'"③。还成立固定的编敕机构——敕令所,"逮天圣编敕,始有详定编敕所,别命官领之"④。

---

① (宋)洪迈:《容斋三笔》卷16《敕令格式》,上海古籍出版社1996年版,第600页。(明)陶宗仪《说郛》卷19下与此同。而《宋史》卷199,中华书局1977年版,第4964页,"禁于已然之谓敕,令禁于未然之谓"。《宋会要辑稿》刑法1之12,刘琳等校点,上海古籍出版社2014年版,第8223页,"设于此而逆彼之至曰格,设于此而使彼效之曰式,禁其未然谓之令,治其已然谓之敕"。李焘的《续资治通鉴长编》卷344(第8254页)、卷447(第10753页)与《说郛》卷27下都相近:"禁于已然之谓敕,禁于未然之谓令"。律或敕都是针对已经发生的违法犯罪而作出的处罚规定,故中华书局本《宋史》已改。
② (宋)李焘:《续资治通鉴长编》卷286,上海师范大学古籍整理研究所、华东师范大学古籍整理研究所点校,中华书局2004年版,第6995页。
③ (宋)王栐:《燕翼诒谋录》卷4,诚刚点校,中华书局1981年版,第40—41页。
④ (宋)李心传:《建炎以来朝野杂记》乙集卷5《炎兴以来敕局废置》,徐规点校,中华书局2000年版,第592页。

宋代几乎每个皇帝都有编敕活动①,尤其是神宗为了变法的需要提高了敕的地位,即所谓"凡律所不载者一断以敕"②。宋代敕的形成和地位直接决定宋代行政责任追究制度的发展。

宋代敕的地位提高,编敕频繁,是宋代法制发展变化的重要表现。敕与律相比较,编订灵活,数量很多,内容丰富,但就其实质而言又是一样的,主要是用来"正刑定罪",或"丽刑名轻重者"。③ 这看起来是刑罚的内容,当属于刑事法律,但又是行政法律,因为诸法合一、以刑为主是我国古代法律的一个特点,在刑律、刑法、刑统的名义下包含了刑事、行政、民事方面的法律规定,而敕(类似于以往的律)也包括了行政责任追究制度的法律内容。所谓律的正刑或敕的丽刑,同样看起来是刑罚,实际上也包括行政处罚和追究责任,以及具体的追究方法,十分重视行政过程的违法犯罪追究。同时,反过来也从中看出行政责任追究的本意,因违法违规的行政而承担相应的不利法律后果,受到行政处分或处罚以及刑事惩罚。而令、格、式可以作为敕的补充,也可对行政责任作出有关规定,但由于这些法律形式作为法律行为规范性和模范性的规定,即如何、怎样去做,或者达到什么样的结果等,至于没有按照要求去做,或者没有达到目标,其中承担的不利法律后果,包括行政责任由敕来规定,令、格、式的法律形式是无法作为直接追究法律责任的依据的。这样,只有敕才与行政责任追究存在内在的一致性,并决定行政责任追究的方式和程度,其他法律形式只能对行政责任追究的方式起到补充性规定的作用。《宋刑统》和《庆元条法事类》等法典中的敕应该主要是对法律责任和追究方法的规定,或者说,行政责任和方法又集中保存于各种法典和法律,以及各类史料的敕之中。

---

① 参见孔学等:《宋代全国性综合编敕纂修考》,载《河南大学学报》1998年第4期。
② (元)脱脱等:《宋史》卷199《刑法志》,中华书局1977年版,第4963页。
③ 宋代编敕的基本属性应是刑法性,但是,元丰改制之前又具有综合性,有学者认为:"北宋前、中期的编敕,乃是全部常法和成制的一种综合性的变通形式。"参见戴建国:《宋代编敕初探》,载《宋代法制初探》,黑龙江人民出版社2000年版,第16页。

第三节　宋代行政责任追究的方法

宋代法律与前代一样,有行政方面的法律制度,也有责任追究方面的法律法规,并且宋代的行政责任追究制度的史料甚为丰富,但宋代法律编纂的基本特征还是诸法合一,没有严格意义上的行政部门法,更没有行政责任追究的专门法。所以,宋代的法律法制以及史料虽有丰富的责任追究内容,包括最为基本的内容——追究方法的记录,但毕竟不是由专门法律法规表述的,缺乏系统性和完整性,需要我们对责任追究进行全面的清理,弄清宋代行政责任追究的方法及其体系和特点等问题。

北宋初的《宋刑统》为宋代的基本法典①,而南宋的《庆元条法事类》实际上又是宋代法律的总结。所以,这两部基本法典能够反映宋代法律的基本内容。同时,也规定了行政责任的基本内容以及行政责任的方式。

《宋刑统》所载除名、免官、左降官、责授正官员等处罚,虽形式上是行政上的处罚,但实质上又多具有刑事处罚的附刑或刑罚的替代刑的性质,如"以官当徒除名免官免所居官"条,这是在刑罚和公私罪基础上对法律责任的确定,"【答曰】凡称除名、官当,不论本犯轻重,从例除免,不计徒年。罪不至免官而特除名者,止论正犯免官之法,当徒官尽不在其中"②。《宋刑统》多沿袭前代法律,尤其是在《唐律疏义》的基础上编订而成的,即所谓"《刑统》,皆汉唐旧文,法家之五经也。"③。所以有关追究方法也是继承前代尤其唐代的,如"【准】唐元和

---

① 沈家本的《沈寄簃先生遗书·律令考六》曰:"刑统为有宋一代之法制,其后虽用编敕之时多,而终以《刑统》为本。"法史界对《宋刑统》的实施存在分歧,而从宋代考试官吏时使用《宋刑统》,《宋刑统》的一些原则和方法及内容为其他法律所吸收或精神相一致等方面考虑,可以说《宋刑统》未见废除,至于在司法实践中,直接援引《宋刑统》来审刑断狱的似乎很少。当然,这种状况与宋代编敕的发展和敕的地位密切相关。参见薛梅卿:《宋刑统研究》,法律出版社1997年版,第135—152页。
② (宋)窦仪等:《宋刑统》,吴翊如点校,中华书局1984年版,第26、37页。
③ (宋)赵彦卫:《云麓漫钞》卷4,傅根清点校,中华书局1996年版,第57页。

十二年九月十二日敕节文,自今以后左降官及责授正员官等,宜并从到任后经五考满,许量移。考满后,州府具元贬事由及到州县月日,申刑部勘责者。其贬降日授正员官,或无责词是责授正员官者,并请至五考满。如本犯十恶及指斥乘舆、妖言不顺、假托休□□逆缘累及犯赃合处绞刑,及除名、加役流等,(囚)[因]而贬者,奏听进止。其余赃犯,是徒流以下罪(囚)[因]而贬降者,请同余贬官例处分。仍请编入格条,永为例程"①。《庆元条法事类》与《宋刑统》相似,刑事处罚与行政处罚交织在一起,或者以刑事处罚代替行政处罚,但又由于这是一部按照"公事",也即政事编的法典,在记载刑事责任方式的同时,又记录了大量行政责任的方式。值得注意的是,"公事"的行政和刑事属性并非决定相应责任的承担方式,承担方式的类型则是由法律具体规定的,而行政责任的方式丰富多彩,如卷十《职制门七·同职犯罪敕·断狱敕》规定:"诸主典(系书人同),与当职官共犯公罪,而当职官特旨降罚者,降一资(特旨差者,仍还旧役);差替、冲替者,并勒停;勒停者,千里编管(官员冲替、勒停者,仍永不收叙,以上并谓为首。或与当职官同等坐罪者,其鞫狱、检法,提点刑狱司详覆大辟,不当,主典虽为从亦同)。本罪虽会恩或已断放,而当职官后有特旨停替,并准此。"②这虽是同职犯罪的司法责任,但其中就有行政处罚的规定。又如:"诸内侍官,乞提领外朝官职事,干预朝政者,流二千里,量轻重取旨编置。其转归吏部内侍(寻医、侍养、随侍、随行指教、丁忧、服阕之类同),辄往边守及有上文违犯者,除名勒停。"③其中,"干预朝政"一般是行政责任,而承担责任方式,有刑事的,也有行政的。

宋代其他史料也记载了责任追究的方式,有的还比较集中,如《宋朝事实》所载建隆元年(960年)的诏书,"应贬降责授及勒停等官,并与恩泽"④。又如《宋会要辑稿·选举》所载乾道三年(1167年)十

---

① (宋)窦仪等:《宋刑统》,吴翊如点校,中华书局1984年版,第48页。
② (宋)谢深甫:《庆元条法事类》卷10《职制门》,戴建国点校,黑龙江人民出版社2002年版,第173—174页。
③ (宋)谢深甫:《庆元条法事类》卷4《职制门》,戴建国点校,黑龙江人民出版社2002年版,第41页。
④ (宋)李攸:《宋朝事实》卷2,商务印书馆1936年版,第19页;参见《宋会要辑稿》职官76之1,刘琳等校点,上海古籍出版社2014年版,第5097页。

一月大礼赦文曰:"应命官下班祗应、副尉,因罪特旨及依法合该展期或展年磨勘、降资、殿降名次、展年参选、罚短使之类,并特与放免。"①再如《续资治通鉴长编》所载,元丰四年(1081年)十月,"诏:承事郎、大理寺丞王援,朝奉郎、集贤校理、大理少卿朱明之,承务郎王防各追一官勒停,明之落职;前权漳州军事判官练亨甫除名勒停,编管均州;知谏院舒亶、大理卿崔台符、少卿杨汲各罚铜二十斤;通直郎、集贤校理蔡京落职"②。元符三年(1100年)正月,"责诊视大行皇帝医官秦玠、孔元、耿愚等,并除名、勒停、编管、夺官、罚金有差"③。还有大臣也以具体的责任追究方法进行奏劾,如邹浩奏劾所谓元祐人,要求对他们处以勒停、降官、降官及降差遣、远小监当、罢知州与宫观、送吏部与合入差遣、罚铜。④ 因此,宋代法制及一般史料都记录了丰富的责任追究的方式。

宋代还有两部重要的史籍较为集中地记载责任追究方法:一是宋代专门的行政法律《吏部条法》,如《差注门一·尚书侍郎左右选通用格》按照政绩得分校量功过,予以奖惩,其中,惩罚也就是行政责任的追究,次序以所得负分多少和处罚程度由重到轻来排列,这与《宋刑统》和《续资治通鉴长编》所反映的次序相似,负分40分者,追官、降官、落职不追官、特降、勒停;负分30分者,替事理重,降监当;负分20分者,冲替事理稍重,降远小处;负分10分者,私罪杖已下、公罪徒、冲替事理轻,差替及非时放罢(以理去官者非),降远小处;负分8分者,公罪杖,且与短使、未得与差遣;负分6分者,公罪笞,罚短使;负分4分者,一犯罚俸直(再犯,理公罪笞)。而在《磨勘门·文武臣通用·尚书考功令》规定了磨勘与责任方法的关系:"诸命官陈乞磨勘,服色年限内曾因罪编羁管勒停责授散官追官或居住,若除名后虽已改正过名,而无理元断月日之文,其以前被罪年月并不许收使。"另外,《尚书

---

① 《宋会要辑稿》选举25之28,刘琳等校点,上海古籍出版社2014年版,第5746页。
② (宋)李焘:《续资治通鉴长编》卷317,上海师范大学古籍整理研究所、华东师范大学古籍整理研究所点校,中华书局2004年版,第7665页。
③ (宋)李焘:《续资治通鉴长编》卷520,上海师范大学古籍整理研究所、华东师范大学古籍整理研究所点校,中华书局2004年版,第12374页。
④ 参见(宋)李焘:《续资治通鉴长编》卷513,上海师范大学古籍整理研究所、华东师范大学古籍整理研究所点校,中华书局2004年版,第12196—12199页。

考功格》还规定了具体的展磨勘。这些应该是宋代最基本的责任追究方法,也是最原始的法典记载。二是南宋赵升的《朝野类要》,概括的官吏"降免"十五事①,多与责任追究相关,甚至有的就是追究方法。这十五事包括:遭章、弹奏、合台、按劾、降授、责授、听敕、南行、剥麻、居住、安置、勒停、量移、逐便、叙复。其中,从降授至勒停等形式,基本上是属于追究责任的形式,并按照一般的行政责任过程和由轻至重来排序的,只不过与规范的法律术语有些出入。此外,"量移、逐便"等与原初的责罚有所区别,属于减轻责罚的形式,但没有免除责任。"量移:该恩原敕,则量移近里州军。""逐便:既量移,如又该恩,则放令逐便。"②也就是说,责任主体仍然处在承担责任的状态之中,只是与原来责罚程度相比有所减轻而已,但仍是行政责任的补充形式。

因此,为了便于对宋代行政责任追究方法获得总体印象,将上述内容制成如下表1:

表1 宋代主要典籍所载行政责任方法的名称表

典 籍	追究方法(列举)	备 注
《宋刑统》	除名、免官、左降官及责授正员官。	
《庆元条法事类》	差替、冲替、勒停、编管(官员冲替、勒停者,仍永不收叙)。	
《吏部条法》	负40分者:追官、降官、落职不追官、特降、勒停;负30分者:替事理重,降监当;负20分者:冲替事理稍重,降远小处;负10分者:私罪杖已下、公罪徒、冲替事理轻,差替及非时放罢(以理去官者非),降远小处;负8分者:公罪杖,且与短使、未得与差遣;负6分者:公罪笞、罚短使;负4分者:一犯罚俸直(再犯,理公罪笞)。	又如《吏部条法·磨勘门·文武臣通用·尚书考功令》:编羁管,勒停,责授散官,追官或居住。
《宋会要辑稿》	展期或展年磨勘,降资,殿降名次,展年参选,罚短使。	

---

① 参见(宋)赵升:《朝野类要》卷5,王瑞来点校,中华书局2007年版,第98—100页。
② (宋)赵升:《朝野类要》卷5,王瑞来点校,中华书局2007年版,第100页。

(续表)

典　籍	追究方法(列举)	备　注
《续资治通鉴长编》	追一官、落职、除名、勒停、编管、罚铜；除名、勒停、编管、夺官、罚金有差。	
《朝野类要》	降授、责授、听敕、南行、剥麻、居住、安置、勒停。	

在上表所列的追究方法中,《吏部条法》差除过程中的追究方法相对全面和系统一些,但由于其他文献的性质及其内容的差异,且不是专门的行政责任追究的法律法规,因而表述有所不同,所述内容也未必是完整的。综合起来,宋代行政责任追究的主要方法有:编管、羁管、安置、除名、勒停、官当、追官、降官、夺官、冲替、特降、降授、责授、降名次、展磨勘、罚金、罚俸、罚直等。下面基于法律的规定,分别论述这些责任方法。当然,这属于法律上责任方法的表述形式。

1. 编管

编管是将犯罪或违法的官吏置籍管制,也是宋代严厉的行政责罚形式之一。这种处罚往往与除名、勒停联动,并且追毁出身以来文字。"编管以上,则必除名勒停,谓无官也。故曰'追毁出身以来文字'。"[1]这主要是针对官吏犯罪或者重大法律责任而设置的处罚方法,但《宋刑统》没有规定。自从太祖乾德以后,"命官犯罪当配隶者,多于外州编管,或隶牙校"[2]。编管逐步成为宋代普遍实行的行政责任措施。如神宗元丰时,"诏:都大提举修护澶濮州堤岸、东头供奉官张惠追毁出身以来文字,除名勒停,编管黄州"[3]。张惠由于治河失误,小吴埽河决,而同时承担除名、勒停、编管的行政责罚。有时又作为特殊时期的责任方法,徽宗宣和四年(1122年),"诏:'朝散郎宋昭上书狂妄,除名、勒停,编管海州。'初,师行即诏妄议北事者即罚无赦,执政廷臣,时

---

[1] (宋)赵升:《朝野类要》卷5,王瑞来点校,中华书局2007年版,第100页。
[2] (宋)李焘:《续资治通鉴长编》卷8,上海师范大学古籍整理研究所、华东师范大学古籍整理研究所点校,中华书局2004年版,第189页。
[3] (宋)李焘:《续资治通鉴长编》卷316,上海师范大学古籍整理研究所、华东师范大学古籍整理研究所点校,中华书局2004年版,第7651页。

无一言,独昭上书言其事,遂坐之"①。南宋初的情况也基本如此,"王绍除名、勒停,送容州编管"②。而在南宋的《庆元条法事类》中,则对行政、司法等领域各种原因导致的编管都作出了明确的法律界定。

这种责任方式也是刑罚的一种替代刑,与刑罚中的流刑——作为死刑的替代刑,或加役流有一些相似,如前所述的以编管替代配隶。由于受到较强的人身控制,就具有一定的刑罚特性,有人就认为这是刑罚的形式。据史载,宋代一些官吏因贪赃而被判死刑的,或犯重罪而判重刑的③,则以编管替代,如绍兴三十一年(1161年),"王权可特贷命,除名、勒停,永不收叙,琼州编管"④。尽管编管具有一定的刑罚特性,但是,编管是行政与刑事处罚的变通,而流刑是刑罚内部的调整和替代;编管虽无明确的途程和服役的规定,但处罚的程度并不亚于甚至超过流刑。这从《庆元条法事类》上《私钱博易》的赏格可以发现这一点,"告获博易私钱规利者:杖罪,钱五十贯;徒罪,钱七十贯;流罪,钱一百贯;编管,钱一百二十贯;配,钱一百五十贯"⑤。可见,编管的严重程度处在流配之间。编管虽无劳役之苦,但被放逐外州,也有远近之别,并且受到严厉的管制,活动范围和人身自由都受到严格限制,每旬或每月向官府报到、汇报,即"编管人每旬赴长吏厅呈身"或"月赴长吏厅呈验"⑥,还要有担保人,并且自己承担生活费用,只有在无以为继之时,才能得到官府的救济,如南宋淳熙三年(1176年)十一月的敕(赦)曰:"编管、羁管人如无保识人,锁闭厢房,别无口食,其间饥饿疾病死亡。自今编管、羁管人,无保识者,本州日支米二升、钱二十文赡养,如有疾病,即时差人医治,无致死亡。"⑦这与流刑、配刑

---

① (宋)陈均:《九朝编年备要》卷29,文渊阁四库全书本第328册,台湾商务印书馆股份有限公司1986年版,第792页。
② (宋)徐梦莘:《三朝北盟会编》卷106,上海古籍出版社2008年版,第776页。
③ 参见苗书梅:《宋代官员选任和管理制度》,河南大学出版社1996年版,第473页。
④ (宋)徐梦莘:《三朝北盟会编》卷240,上海古籍出版社2008年版,第1725页。
⑤ 谢深甫:《庆元条法事类》卷29《権禁门》,戴建国点校,黑龙江人民出版社2002年版,第424页。
⑥ (宋)李焘:《续资治通鉴长编》卷507,上海师范大学古籍整理研究所、华东师范大学古籍整理研究所点校,中华书局2004年版,第12086页;李心传:《建炎以来系年要录》卷164,胡坤点校,中华书局2013年版,第3213页。
⑦ 《宋会要辑稿》刑法4之54,刘琳等校点,上海古籍出版社2014年版,第8475页。

在内容和属性上有较大区别。当然,对于一个违法犯罪的官吏有可能要承担不同部门法责任,即刑事或行政责任,也可能承担部门法内的不同形式的责任。这一点在下面论述的责任方法上将会有所反映。

2. 羁管

羁管在《宋刑统》中未见规定,并且在宋代史料中的记录比编管明显少些,但羁管在北宋就早已实行,如真宗天禧二年(1018年)七月,"在降官羁管十年以上者,放还"①。可见,受责罚的时间不算短,甚至比徒刑还长了许多。此与编管一样,与除名、勒停等联动或关联处罚,应是最严厉的行政责任方法之一,也属于刑罚的替代形式之一,两宋都有使用。如:邹浩"元符元年召对,除右正言。明年除名、勒停、羁管新州"②。南宋高宗绍兴二十五年(1155年)十二月,诏:"勒停前右朝散大夫、直徽猷阁、大宁监羁管人王良存……并放令逐便。"③宁宗嘉定二年(1209年)十一月,"沔州统制张林等谋作乱,事觉,贷死除名,广南羁管"④。羁管有时还规定一定的道里,如所谓"送五百里外羁管"⑤。此外,还与被编管、安置,甚至编配者一样,接受所在机构的管理,熙宁八年(1075年)十月,诏曰:"编管羁管人等,在京委所属官司,诸路委转运使副使判官、提点刑狱以分定州军。"⑥也要遵守一定的限制性规定,"诸责降安置及编配、羁管人,所在州常切检察,无令出城及走失。仍每季具姓名申尚书省"。"诸编管、羁管人月赴长吏厅呈验,元系品官若妇人元有官品封邑者,所居厢止具见管状申。"⑦为此,羁管在限制人身自由、生活空间上,与刑罚中的流刑、

---

① (宋)李焘:《续资治通鉴长编》卷92,上海师范大学古籍整理研究所、华东师范大学古籍整理研究所点校,中华书局2004年版,第2119页。
② (宋)朱子:《宋名臣言行录》后集卷13,文渊阁四库全书全本第449册,台湾商务印书馆股份有限公司1986年版,第279页。
③ (宋)李心传:《建炎以来系年要录》卷170,胡坤点校,中华书局2013年版,第3235页。
④ (元)脱脱等:《宋史》卷39《宁宗本纪》,中华书局1977年版,第754页。
⑤ (元)脱脱等:《宋史》卷392《赵汝愚传》,中华书局1977年版,第11989页。
⑥ (宋)李焘:《续资治通鉴长编》卷269,上海师范大学古籍整理研究所、华东师范大学古籍整理研究所点校,中华书局2004年版,第6608页。
⑦ (宋)谢深甫:《庆元条法事类》卷15《刑狱门》,戴建国点校,黑龙江人民出版社2002年版,第782页。

刺配有相似之处。

羁管与编管相仿,具有替代配流刑的功能和特性,但并不完全等同于刑罚,处罚的程度比配流刑要轻一点,故宋代法律说:"诸配流、编管、羁管、移乡人。"①可见,羁管与编管仅次于配流刑,而"适用范围较小,主要用于处置宗室有罪人和少数被认为罪情严重的官员"②。当然,除了犯罪,还有许多被处置的官员是由于严重违法。虽然他们的人身自由受到较大限制,但又与被处刑事处罚的囚徒不同。从法令本身讲,对他们是不许囚禁的,如高宗绍兴二十三年(1153年)四月,"诏诸州编管、羁管人,遵旧法,长吏月一验视,不许囚禁"③。这个诏书是针对当时编管、羁管人被囚禁而下的,《宋史全文》上有更完整的记载:"夏四月辛巳,诏诸州编管、羁管人,闻比来囚禁锁闭,甚于配隶,可令遵守成宪。"④可见,在宋代司法、行政实践中,羁管者有时被囚禁,这种情况甚至很严重,但这不是法律法规的本意,也不可断言宋代羁管"以囚禁为主"⑤。

总之,编管、羁管是宋代最严厉的行政责任追究方法之一,主要是从时间、地点、空间上限制人身自由,严格控制人身权,类似于今天行政处罚中的人身自由罚,但又不是身体和劳力上的处罚,一般也不属于对严重危害社会秩序和公共利益的惩罚,故与刺配、流配、配隶等刑罚是有所区别的。这种区别可能不只是在处罚形式上,如无须像刺配或配隶那样刺面、服役,还可能是行政与刑事部门法上的差别。所以,法律责任形式的程度与部门法属性是两个不同概念,也就是说,刑事处罚未必都重于行政处罚,或行政处罚未必都轻于刑事处罚。而编管、羁管十分相近,但在史籍记载上,编管明显多于羁管,可能使用也较为普遍。此外,在适用对象上,编管官吏的身份也可能比羁管官吏

---

① (宋)谢深甫:《庆元条法事类》卷11《职制门》,戴建国点校,黑龙江人民出版社,2002年版第213页。
② 苗书梅:《宋代官员选任和管理制度》,河南大学出版社1996年版,第473页。
③ (元)脱脱等:《宋史》卷31《高宗本纪》,中华书局1977年版,第577页。
④ 《宋史全文》卷22上,文渊阁四库全书本第331册,台湾商务印书馆股份有限公司1986年版,第164页。
⑤ 苗书梅:《宋代官员选任和管理制度》,河南大学出版社1996年版,第473页,认为,"凡羁管皆除名,以囚禁为主"。前者正确,后者值得商榷。

的身份要高一些。

3. 安置

在《宋刑统》《庆元条法事类》中有安置一词,多指一般的安置、措置,并不是行政法上的处罚。作为一种处罚形式,安置是指限制居住地。在唐代,安置具有明显的行政处罚的意思,高宗永隆元年(680年),"冬十月壬寅,苏州刺史曹王明封零陵郡王,于黔州安置,坐附庶人贤也"①。宋代承继了这种处罚形式,"安置、居住之属,书法如仪凤元年郇王素节袁州安置"②。并在行政责任追究中广泛采用,太祖开宝四年(971年),"四月丙寅朔,前左监门卫将军赵玭诉宰相赵普,坐诬毁大臣,汝州安置"③。这类记载在宋代史料中俯首即是。

这一责任方式类似流放,"大率曰流曰放,若今之安置、居住"④,较之编管、羁管要轻一些,"安置之责。若又重,则羁管、编管"⑤,但对其人身自由也有一定的限制。徽宗崇宁元年(1102年)十二月诏规定,安置人与应责降、编管、羁管人一样,"令所在州军依元符令,常觉察,不得放出城"⑥。但是,又与编管、羁管、除名处罚有所区别,受安置期间仍保留一定的政治身份,如范仲淹说:"臣某言臣先蒙责授武安军节度副使,永州安置,准告责授昭州别驾,贺州安置。"⑦朱熹说:"旧法:贬责人若是庶官,亦须带别驾或司马,无有带阶官者。今吕子约却是带阶官安置。"⑧这可能与处罚对象原来的政治身份较高有关,"考之典故,安置待宰执、侍从,居住待庶官……或者以安置为窜谪之极典

---

① (后晋)刘昫:《旧唐书》卷5《高宗本纪》,中华书局1975年版,第107页。
② (宋)陈均:《九朝编年备要·凡例》,文渊阁四库全书本第328册,台湾商务印书馆股份有限公司1986年版,第9页。
③ (元)脱脱等:《宋史》卷2《太祖本纪》,中华书局1977年版,第32页。
④ (宋)真德秀:《大学衍义》卷25,文渊阁四库全书本第704册,台湾商务印书馆股份有限公司1986年版,第738页。
⑤ (宋)赵升:《朝野类要》卷5,王瑞来点校,中华书局2007年版,第100页。
⑥ 徐乾学:《资治通鉴后编》卷95,文渊阁四库全书本第343册,台湾商务印书馆股份有限公司1986年版,第743—744页。参见谢深甫:《庆元条法事类》卷75《刑狱门》,戴建国点校,黑龙江人民出版社2002年版,第782页。
⑦ 范祖禹:《范太史集》卷6《贺州谢表》,文渊阁四库全书本第1100册,台湾商务印书馆股份有限公司1986年版,第140页。
⑧ (宋)黎靖德编:《朱子语类》卷128《法制》,王星贤点校,中华书局1986年版,第3078页。

又非也"①。当然,也与犯罪违法的程度和性质相关。安置是宋代一种较为普遍的行政责任追究的方法,与编管、羁管等一样限制人身自由,但又保留一定的政治身份,如带别驾之类,主要是处罚宰执、侍从官的。

4. 居住

居住也是一种限制性的处分,受地方机构管理,不得随意外移,受追究的官吏几乎没有实职,但有一定的活动自由,在限制程度上一般要比安置宽松一些,故史书载:"被责者,凡云送甚州居住,则轻于安置也。"②这一责罚方法常与安置相配合,安置主要处罚宰执、侍从,而居住主要处罚"庶官",即一般官吏,也就是法典上所说的,"诸宫观、岳庙差遣当直人(谓在外居住者)"③。这一追究方法虽在法典中规定较少(《吏部条法》中相对多一点),但在宋代诏令和行政处罚中还是很多的,适用对象较为广泛,宋代史料中所载被处罚居住的个案更是不胜枚举。

居住处罚的对象,即所谓"庶官"或"诸宫观、岳庙差遣当直人",他们往往是经过除名、勒停、别驾、落职、追降、分司等处罚之后又被处以居住,革职赋闲,但还带有一定的闲职虚名,如仁宗天圣二年(1024年)九月,"知兖州、工部侍郎李应机为将作监,分司南京,徐州居住"④。哲宗元祐元年(1086年)六月,"吕惠卿落职,分司南京,苏州居住"⑤。"崇宁元年闰六月,蔡京为公(邹浩)伪疏,责公衡州别驾,永州安置。二年正月,除名勒停,昭州居住"⑥。高宗建炎元年(1127年)八月己酉,耿南仲"责授散官,建昌军居住"⑦。十一月,"银青光禄

---

① (宋)张端义:《贵耳集》卷上,文渊阁四库全书本第865册,台湾商务印书馆股份有限公司1986年版,第428页。
② (宋)赵升:《朝野类要》卷5,王瑞来点校,中华书局2007年版,第100页。
③ (宋)谢深甫:《庆元条法事类》卷11《职制门》,戴建国点校,黑龙江人民出版社2002年版,第198页。
④ (宋)李焘:《续资治通鉴长编》卷102,上海师范大学古籍整理研究所、华东师范大学古籍整理研究所点校,中华书局2004年版,第2367页。
⑤ (元)脱脱等:《宋史》卷17《哲宗本纪》,中华书局1977年版,第322页。
⑥ (宋)高斯得:《耻堂存稿》卷5《跋邹道乡甘泉铭》,文渊阁四库全书本第1182册,台湾商务印书馆股份有限公司1986年版,第81页。
⑦ (宋)熊克:《中兴小纪》卷2,顾吉辰等点校,福建人民出版社1985年版,第18页。

大夫、提举杭州洞霄宫李纲鄂州居住"①。他们除了有一定的自由外,其中落职宫观,分司北京、南京、西京等官,还居闲职,领取俸禄,即所谓"旧制有三京分司之官,乃退闲之禄也"②。这种居住处罚形式,在宋代政治变革和动荡时期使用尤多,缓解官僚内部的矛盾,但又在一定程度上加重宋代的冗官、冗费问题。

5. 除名

编管、羁管、安置、居住,表面上是对责任主体作生活空间作出的限制,实际上是对其生存、生活的自然权利的剥夺或削减,是一种对基本人权的惩罚。而宋代的编管、羁管,又往往要与除名、勒停结合,或者说编管时必须除名、勒停,故在宋代法典中,常常是除名、勒停、编管联称,除名是作为编管等从罚而存在的,属于官阶、爵位的处置。当然,除名、勒停与编管一样又都要追毁出身以来文字。③ 总之,除名是一种政治身份和权力的处罚,与前述的编管等人身自由处罚有较大的差别,但又具有行政、刑事责任的二重性,一般情况下,方式是行政的,罪名是刑事的。

除名的具体做法是,在官籍除去名字,削去官爵,夺去官位爵禄,也就与普通百姓几乎无异,还要课税服役,六年之后才能再被任用。这也是宋代法典《宋刑统·名例律》规定的,"诸除名者,官爵悉除,课役从本色。六载之后听叙,依出身法。若本犯不至免官而特除名者,叙法同免官例"。具体内容是:"【答曰】凡称除名、官当,不论本犯轻重,从例除免,不计徒年。罪不至免官而特除名者,止论正犯免官之法,当徒官尽不在其中。"④可见,其中特除名与除名又有差别,特除名程度要轻一点。《庆元条法事类》卷六《职制门三·断狱令》及卷七十六《当赎门·追当·断狱令》载,"诸除名者,出身补授以来文书皆毁",也就是销毁身份和权力的证明,这是比较严厉的,与羁管、编管处罚的程度接近,较之多一点活动自由。同时,这实质上是宋代刑罚

---

① (宋)李心传:《建炎以来系年要录》卷10,胡坤点校,中华书局2013年版,第269页。
② (宋)赵升:《朝野类要》卷5,王瑞来点校,中华书局2007年版,第101页。
③ 参见(宋)赵升:《朝野类要》卷5,王瑞来点校,中华书局2007年版,第100页。
④ (宋)窦仪等:《宋刑统》卷2《以官徒除名免官免所居官》,吴翊如点校,中华书局1984年版,第36、37页。

原则官当的具体化,"诸除名者,比徒三年"①。即除名的处罚可以代替三年的徒刑。对官吏行政过程中的违法犯罪行为,以行政处罚代替刑事处罚,通俗地说,以官爵来抵罪,这是官吏特权和官本位社会的鲜活表现。除名又适用于较为严重的犯罪,甚至作为犯"常赦所不免"之类罪的缓刑或替代罚。"其常赦所不免者,依常律。注云,常赦所不免者,谓虽会赦犹处死及流,若除名、免所居官及移乡者。"②如太宗时曹翰"私市兵器,所为多不法","诏遣御史滕中正乘传鞠之,狱具,当弃市,上贷其罪,削官爵,流锢登州。"③曹翰被削爵后,又被流放登州。除名除常与勒停、编管联用外,还以永不收叙予以强化。崇宁元年(1102年)十月,"臣寮言:'任伯雨、陈次升其恶不在瓘、夬之下。哲庙升遐之初,曾布遣子纡、婿吴则礼往来阎守懃、裴彦臣之家,密传信息,张庭坚力诋瑶华为非辜,而器邹浩之直。'诏任伯雨、张庭坚并除名、勒停、编管,纡、则礼并勒停,永不收叙,次升灵仙观、亳州居住"④。

此外,除名还与刑罚中的配流相结合,"故纵赃四十九匹以下,与盗者罪同,不合除免。满五十匹加役流,除名、配流如法。一百匹绞"⑤。这种配套的处罚,已经超过以上责任的处罚程度,并且性质也发生了转变,具有刑罚的特性,或者成为配流的从罚,作为刑罚的补充。

6. 勒停

通俗地说,勒停就是勒令停职,主要是革除官吏的官职,只有在叙复之后才能重新获得官位和职权,但也有被处勒停后永不录用的,如在宋初太平兴国二年(977年)四月,"殿中丞刘珝勒停,仍永不录用,坐知剑州有盗官物者,珝募人告获,上言乞赏告者。朝廷以珝不用

---

① (宋)窦仪等:《宋刑统》卷3《诬告比徒》,吴翊如点校,中华书局1984年版,第42页。
② (宋)窦仪等:《宋刑统》卷30《官司出入人罪》,吴翊如点校,中华书局1984年版,第490页。
③ (元)脱脱等:《宋史》卷260《曹翰传》,中华书局1977年版,第9015页。
④ 《宋史全文》卷14,文渊阁四库全书本第330册,台湾商务印书馆股份有限公司1986年版,第529—530页。
⑤ (宋)窦仪等:《宋刑统》卷15《库藏搜检偷盗》,吴翊如点校,中华书局1984年版,第243页。

心捕贼,擅立赏募人,故有是命"①。在宋代法典上也有相关的规定:"诸责降分司官,及犯赃罪勒停未复旧差遣人,不许封赠";"诸公人勒停已叙用者,不许再叙(谓已经降等叙,不许再叙元职)";"《叙用家状》:准《叙格》应投状追官勒停人(如已经叙用者,即称未复。旧官人叙用状准此)姓名(已有官者具官)";"诸书手于税租簿帐为欺弊,及吏人磨勘、覆磨隐漏失勒停者,永不收叙。"②所以,勒停虽位于编管、除名之后,但还是很严厉的。这种勒停并附罚"永不收叙"的,可能与宋人一般所讲的"废终身"较为接近,例如:"欧阳文忠公庆历中为谏官……论参知政事王举正不才,及宰臣晏殊、贾昌朝举馆职凌景阳娶富人女,夏有章有赃,魏庭坚踰滥,三人皆废终身。如此之类极多,大忤权贵,遂除修起居注、知制诰。"③欧阳修论奏凌景阳、夏有章、魏庭坚之后,"三人皆废终身",在仕途上是没有东山再起的希望了,与"永不收叙"没有太大的区别。至于欧阳修由谏官改任修起居注、知制诰,则是与权臣矛盾的结果,似与责任无关。

如果勒停与除名都附加"永不收叙",那么,二者并无太大的差别。但一般而言,勒停与除名比较,程度相对要轻一点,勒停未必除名,而除名必须勒停。④ 这与前述的各种责任形式一样,是官吏因违法犯罪而被处行政性质的处罚,正如宋初御史台所言,"大凡命官犯罪,多有特旨,或勒停,或令厘务,赃私重者,即有配隶"⑤。当然,古代往往对违法与犯罪的区分不是很严格,甚至不区分,两者都会导致行政、刑事责任。以勒停的形式承担责任,有时是政治矛盾和政治斗争的结果,因此属于行政责任的承担方法。

勒停一方面可以作为单一的处罚方式,另一方面,既可以作为较重惩罚的前奏,如与除名一样,是编管以上处罚的前提,即上面所指出

---

① (宋)李焘:《续资治通鉴长编》卷18,上海师范大学古籍整理研究所、华东师范大学古籍整理研究所点校,中华书局2004年版,第403页。
② (宋)谢深甫:《庆元条法事类》卷12、13《职制门》、卷48《赋役门》,戴建国点校,黑龙江人民出版社2002年版,第253、279、280、653页。
③ (宋)王铚:《默记》卷下,朱杰人点校,中华书局1981年版,第39页。
④ 参见龚延明:《宋代官制辞典》,中华书局1997年版,第654页。
⑤ (宋)李焘:《续资治通鉴长编》卷8,上海师范大学古籍整理研究所、华东师范大学古籍整理研究所点校,中华书局2004年版,第189—190页。

的,"编管以上,则必除名勒停"①,又可以作为较轻处罚之后的续罚,如或在削秩或在追官或在落职或在分司等之后进行,但其中的关系又很复杂,"断某罪,追若干任官勒停(不追官或特勒停免追官,或降官不勒停,亦同)"②。在宋代基本史料上,这种类型的责任形式的个案记载非常多。如落职后勒停,乾兴元年(1022年)七月,"降丁谓子太常丞、直集贤院珙为太子中允,落职,监郢州税;珝、玘、斌各追一官,并勒停随父"③。又如,宣和五年(1123年)十月,"臣僚言:'徽猷阁待制蔡絛私撰文一编,目为《西清诗话》,其论议专以苏轼、黄庭坚为本。'奉圣旨,蔡絛特落职勒停"④。再如追官后勒停,"张谔判司农寺,吏人盗用公使库钱,事发,下开封府鞫劾,久之未决。谔阴以柬祷知府陈绎,俾勿支蔓,绎遂灭裂其事。上颇闻之,遂令移狱穷治,尽得谔请求之迹,狱具,落谔直舍人院,追夺两官,勒停,落绎翰林学士,降授秘书监知滁州"⑤。有的还在被处刑罚之后再被勒停,如崇宁官吏沮坏钞法,"吏人杖一百,决讫勒停"⑥。而杖刑似乎要轻于勒停,如宋代规定:"诸州县公吏因监司巡历点检辄逃避者,杖一百,因追呼整会事节者,加一等,并勒停,永不收叙。"⑦这也再次表明,刑事、行政责任责罚的轻与重,不在于部门法律责罚的差别,而在于具体承担责罚形式的差异。

7. 冲替(差替、放罢)

冲替也就是撤销差遣的实职,较勒停的处罚稍轻,二者并述时,常云:"勒停者、冲替者",而与勒停有相似之处,并有降官降爵或者殿选

---

① (宋)赵升:《朝野类要》卷5,王瑞来点校,中华书局2007年版,第100页。
② (宋)谢深甫:《庆元条法事类》卷13《职制门》,戴建国点校,黑龙江人民出版社2002年版,第281页。
③ (宋)李焘:《续资治通鉴长编》卷99,上海师范大学古籍整理研究所、华东师范大学古籍整理研究所点校,中华书局2004年版,第2291页。
④ (宋)吴曾:《能改斋漫录》卷12《蔡絛西清诗话》,上海古籍出版社1960年版,第368页。
⑤ (宋)魏泰:《东轩笔录》卷6,李裕民点校,中华书局1983年版,第70页。
⑥ (宋)慕容彦逢:《摛文堂集》卷6《淮东提刑章绛降两官送吏部与远小处监当制》,文渊阁四库全书本第1123册,台湾商务印书馆股份有限公司1986年版,第365页。
⑦ (宋)谢深甫:《庆元条法事类》卷7《职制门》,戴建国点校,黑龙江人民出版社2002年版,第116页。

第三章　宋代行政责任追究的方法　83

的内容。如仁宗嘉祐时期对考试官失误的处罚:"旧条合殿选者与免殿选,选人该冲替者实殿一选,京朝官勒停者与冲替,冲替者与监当,监当者与远处差遣。"①又如徽宗崇宁时期淮东提刑章綡实施钞法有误,降两官送吏部与远小处监当。② 这是宋代行政处罚内部的变通方式,由重而取轻。其中,冲替较监当为重,而监当作为一种贬谪的形式,在宋人看来相对轻些,即所谓:"旧制,朝臣、监司因事谪官,多为监当,虽在贬所,犹以前任举官,言者以为无以示贬抑之意。天禧元年五月壬戌,始制因罪监当,不得举官充知县,朝臣不得举本州幕职官。前朝贬谪虽重,叙用亦骤,未闻其黜免而置之闲地也。王安石一时私意,贻害无穷,罪不胜诛,国犹为其所误,而况士大夫乎。"③从中可见监当的责罚轻重有所变化,这又会影响到冲替与监当变换后的责罚程度。

　　冲替与勒停的原因相似,往往由行政不力所致,如太平兴国六年(981年)三月,"诏曰:峡路转运使言,知渝州路宪、知开州郄士尧、知达州张元等弛慢不治,并已冲替"④。但是,被冲替的又不是立即撤职,而是要等到权差官到任才离任,大中祥符四年(1011年)八月,"诏外任官负罪冲替及别与差遣者,诏到,所在权差官代之,即使离任"⑤。这种责任方式有时也可称作差替,但并不完全一样,可能比冲替还要轻一些,有的主要是由于客观条件而不是主观原因而受到的责罚,如熙宁七年(1074年)六月诏曰:"应按察官体量大小使臣老疾、谬懦、不职之类,不经核实冲替、差替者,候到三班院引赴枢密院覆验。"⑥而有的受到差替的责罚,则是一般性官吏管理的结果,如乾兴元年(1022

---

①　(宋)李焘:《续资治通鉴长编》191,上海师范大学古籍整理研究所、华东师范大学古籍整理研究所点校,中华书局2004年版,第4624页。
②　参见(宋)慕容彦逢:《摛文堂集》卷6《淮东提刑章綡降两官送吏部与远小处监当制》,文渊阁四库全书本第1123册,台湾商务印书馆股份有限公司1986年版,第428页。
③　(宋)王枺:《燕翼诒谋录》卷2,诚刚点校,中华书局1981年版,第12页。
④　(宋)李焘:《续资治通鉴长编》卷22,上海师范大学古籍整理研究所、华东师范大学古籍整理研究所点校,中华书局2004年版,第490页。
⑤　(宋)李焘:《续资治通鉴长编》卷76,上海师范大学古籍整理研究所、华东师范大学古籍整理研究所点校,中华书局2004年版,第1732页。
⑥　(宋)李焘:《续资治通鉴长编》卷254,上海师范大学古籍整理研究所、华东师范大学古籍整理研究所点校,中华书局2004年版,第6209页。

年)十二月,诏:"今后司天监五官正不得依京朝官例差监库务。见监当者,候满日差替。"①后者是一般的官吏任免形式。

冲替在《续资治通鉴长编》以及北宋史料中所载甚多,很可能主要在北宋实行,而至南宋,相近的责任方式可能是放罢,在《建炎以来系年要录》中,放罢的记录明显多于冲替,而且一般在落职、降官、追官之后被放罢。当然,需要指出的是,放罢在北宋已有,既具有一般停止的含义,与行政处罚无关,如苏辙言:"臣窃见州、县役钱,所在例有积年余剩,今年夏料虽已放罢,旧余剩钱犹足支数年。"②又有属于任免非撤职,与冲替一样具有管理官吏的功能,如嘉祐八年(1063年)十二月,诏审官院:"应京朝官有亲戚妨碍合回避……及一年以上者,除祖孙及期已上亲依此对移外,其它亲戚即候成资放罢。"③这是一种回避法规上的放罢。可见,北宋、南宋的放罢有较大差别,南宋的放罢与北宋的冲替相当。

冲替,对官吏日后的仕途以及子孙有一定的影响,天禧二年(1018年)八月,"诏流内铨,选人有累犯罪因冲替而献文求试者,不得进内"④。皇祐五年(1053年)九月,"诏内殿承制、崇班有被按劾,或昏耄,或病不能莅事,冲替而求致仕者,更不录用子孙,诸司副使则比旧减一等推恩"⑤。而冲替的确认和施行,由尚书省来完成,元丰五年(1082年)五月,"诏应定冲替官事理轻重,并归尚书省"⑥。

8. 追官

追官的官,当指北宋前期的官、职、差遣中的官,即确定俸禄的寄

---

① 《宋会要辑稿》职官 31 之 2,刘琳等校点,上海古籍出版社 2014 年版,第 3802 页。
② (宋)李焘:《续资治通鉴长编》卷 367,上海师范大学古籍整理研究所、华东师范大学古籍整理研究所点校,中华书局 2004 年版,第 8832 页。
③ (宋)李焘:《续资治通鉴长编》卷 199,上海师范大学古籍整理研究所、华东师范大学古籍整理研究所点校,中华书局 2004 年版,第 4840 页。
④ (宋)李焘:《续资治通鉴长编》卷 92,上海师范大学古籍整理研究所、华东师范大学古籍整理研究所点校,中华书局 2004 年版,第 2122 页。
⑤ (宋)李焘:《续资治通鉴长编》卷 175,上海师范大学古籍整理研究所、华东师范大学古籍整理研究所点校,中华书局 2004 年版,第 4231—4232 页。
⑥ (宋)李焘:《续资治通鉴长编》卷 326,上海师范大学古籍整理研究所、华东师范大学古籍整理研究所点校,中华书局 2004 年版,第 7844 页。

禄官,"官以寓禄秩、叙位著,职以待文学之选,而别为差遣以治内外之事"①。北宋中期元丰改制时"以官易阶",此后的官也即阶官。"追官"为宋代《庆元条法事类》和《吏部条法》等法律正规使用的一个词,可是在宋人较为集中叙述降免或责任的《朝野类要》中却没有"追官"一词,而用的是比较接近的降授和责授等,"降授:降官者,系衔首带此二字。开禧征伐之际,尝有权免军官带此之官"。"责授:责者,不限降几官之数,径指低阶责授之。"②目前,学者们对此有一些看法,朱瑞熙先生认为,追官指"追回官衔",降授、责授指"直指某一低阶或散官责授之",这些前文已提到;龚延明先生在解释降授和责授时,继承和发展了《朝野类要》的说法,"降授,因过犯而降官、降资、降差遣等级的,官衔系衔首带'降授'或'降充'二字,以示惩罚"。"责授重于降授,不限于降一官、二官,由高阶径往低阶降阶、降官。官衔系衔首带'责授'二字"③;而苗书梅先生说的要具体些,"追官,又称降官、免官、免所居官或夺官等,因选人依资递迁,所以常称降资。宋代黜降法中,追降官资常常与编管、安置、责令居住、勒停、冲替、放罢等处罚手段合用,也有只追降官资者"④。这些看法各有侧重,但基本都指向宋代特殊的官、职、差遣制度中官吏的官职爵位的降低,然而,实质上指向的是俸禄,即"今之官,裁用以定俸入尔,而不亲职事"⑤。追官的本质在于减降俸禄,与前述编管、羁管、除名的彻底罢免官、职、差遣有很大的区别,也与安置、居住、勒停、冲替较严厉的解除实职有一定的区别。但又往往与上述责罚密切相关,在上述责罚之前追官,则"追官"处在上述责任形式的从罚地位。当然,也可以作为独立的处罚形式,单独作追官的处罚。

我们还是回到宋代法典中,《宋刑统》关于权留养亲和量移问题,引用了唐律,使用的是"左降官"一词,"【准】唐乾元元年二月五日敕节文,其左降官非反逆缘坐及犯恶逆、名教、枉法赃,如有亲年八

---

① (元)脱脱等:《宋史》卷161《职官志》,中华书局1977年版,第3768页。
② (宋)赵升:《朝野类要》卷5,王瑞来点校,中华书局2007年版,第99页。
③ 龚延明:《宋代官制辞典》,中华书局1997年版,第653—654页。
④ 苗书梅:《宋代官员选任和管理制度》,河南大学出版社1996年版,第480页。
⑤ (宋)李焘:《续资治通鉴长编》卷110,上海师范大学古籍整理研究所、华东师范大学古籍整理研究所点校,中华书局2004年版,第2564页。

十以上及疾疹患在床枕,不堪扶侍,更无兄弟□□□□终养。其流移人等亦准此限"。"【准】唐元和十二年九月十二日敕节文,自今以后,左降官及责授正员官等,宜并从到任后经五考满,许量移。"①前者讲的是左降官在一定条件下的权留养亲,后者说的是左降官的减轻处罚,即量移。当然,北宋前期所降的官衔与唐代的实官应该是有区别的。《庆元条法事类·当赎门》上有官当(官当既是刑罚原则,也是行政责任的具体方式)、免官、免所居官等内容,并作了具体规定:"诸应以官当者,追见任,次历任高官;免者,免见任并历任内一高官;免所居官者,止免见任。其带职者,以所带职别为一官(谓任见学士,待制,修撰,直阁,带御器械,阁门舍人,宣赞舍人,阁门祗侯,入内内侍两省都知、副都知、押班),或以官或以职,奏裁。"②《吏部条法·差除门》则在《尚书侍郎左右选通用格·校量功过》中,将过犯达到一定程度(即负分达40者),再根据具体情况分别予以"追官、降官、落职不追官、特降、勒停"等不同类型的责罚,其中,追官、降官都属于追回或降低官衔官阶的处罚。因此,官当、免官、免所居官或夺官是相近的处罚,在程度和形式上可能又有一些细微的差别,而具体追降的官爵阶数和类型也有差异,有夺降数阶者,也有所谓"二官皆免"的,二官"谓职事官、散官、卫官为一官,勋官为一官"③。

追官不只是剥夺或减少官吏的俸禄,而且影响到官吏的政治生命和政治待遇。有的夺官后改差遣,哲宗时,"今舜民一言不当,便夺官改差遣"④。但也有降授后依旧差遣,南宋绍兴时知濠州,"刘光时阶官、遥郡上各降一官,特降授武显大夫,吉州刺史,差遣如故"⑤。而严

---

① (宋)窦仪等:《宋刑统》卷3《犯流徒罪》,吴翊如点校,中华书局,1984年版第48页。
② (宋)谢深甫:《庆元条法事类》卷76《当赎门》,戴建国点校,黑龙江人民出版社2002年版,第812—813页。
③ (宋)沈括:《梦溪笔谈》卷11《官政一》,侯真平校点,岳麓书社1998年版,第94—95页;窦仪:《宋刑统》卷2《以官当徒除名免官免所居室》,吴翊如点校,中华书局1984年版,第26页。
④ (宋)赵汝愚:《宋朝诸臣奏议》卷54《上哲宗论张舜民罢言职》,北京大学中国中古史研究中心校点整理,上海古籍出版社1999年版,第593页。
⑤ 《宋会要辑稿》职官70之51,刘琳等校点,上海古籍出版社2014年版,第4944页。

重一点则夺官归田,如北宋王安国"坐郑侠事,夺官归田里"①,又如吕正献,"绍圣间党事追贬,正献亦夺官,元符中复官。"②南宋岳飞"大忤用事者,夺官归田里"③。更有甚者,太宗时刘廷让擅离屯所,"太宗怒,下御史问状,削夺官爵,流商州"④。还在刑事处罚的议请减赎特权上因此受到限制,"诸品官及除、免、官当未叙者,犯五流各依律"⑤。在荐举和被荐举上也受到限制,"诸特责降官,臣僚不得荐官举,其经赦应牵复者,职事修举,许监司或长吏保奏"⑥。如此等等。追官对官吏仕途、特权和权力都产生了影响,也就是因其权力而承担责任,付出代价,而这种责任方法又强化了官本位、权本位的观念,从而陷入古代官僚体制的恶性循环之中。

9. 落职、夺职

所谓落职之职,在宋代指馆职和帖职,"以待文学之选"⑦。这是宋代的一种加官,也是荣誉性的职称。虽然落职或夺职在现存宋代法典中所载不多,如落职在《庆元条法事类·荐举令》上虽有提及,却没有太多的明确规定,而在一般宋代史料上的记载又很多,是宋代一种普通的行政责任追究方法。官吏落职多由行政不当所致,包括具体言行、党争,可谓宦海莫测,如仁宗景祐三年(1036 年)五月,"天章阁待制范仲淹坐讥刺大臣,落职知饶州。集贤校理余靖、馆阁校勘尹洙、欧阳修并落职补外"⑧。又如高宗绍兴二年(1132 年)八月,"秦桧罢。给

---

① (元)马端临:《文献通考》卷 235《经籍考》,上海师范大学古籍研究所、华东师范大学古籍研究所点校,中华书局 2011 年版,第 6424 页。
② (宋)李幼武:《宋名臣言行录》别集上卷 7,文渊阁四库全书本第 449 册,台湾商务印书馆股份有限公司 1986 年版,第 433 页。
③ (宋)李幼武:《宋名臣言行录》别集下卷 8,文渊阁四库全书本第 449 册,台湾商务印书馆股份有限公司 1986 年版,第 492 页。
④ (宋)王称:《东都事略》卷 20,文渊阁四库全书本第 382 册,台湾商务印书馆股份有限公司 1986 年版,第 149 页。
⑤ (宋)谢深甫:《庆元条法事类》卷 76《当赎门》,戴建国点校,黑龙江人民出版社 2002 年版,第 811 页。
⑥ (宋)谢深甫:《庆元条法事类》卷 14《选举门》,戴建国点校,黑龙江人民出版社 2002 年版,第 292 页。
⑦ (元)脱脱等:《宋史》卷 161《职官志》,中华书局 1977 年版,第 3768 页。
⑧ (元)脱脱等:《宋史》卷 10《仁宗本纪》,中华书局 1977 年版,第 201 页。

事中程瑀等坐论驳朱胜非,疑其党桧,并落职主宫观"①。甚至,人品德性也成为落职的理由之一,如邓绾落职制曰:"操心颇僻,赋性奸回,论事荐人不循分守。"②这一点与宋代选任官吏的要求和标准相一致。这种落职的责任形式也与其他方法结合,如上述落职后的知州、补外、主宫观等。而其他相关的责罚与其责任的大小、性质和政治环境密切相关,并且形式多样,表现为落职之后居住、罢祠、降官、赎金、勒停等,如,"(吴)曦诛,诏(程松)落职,降三官,筠州居住,再除顺昌军节度副使,澧州安置。又责果州团练副使,宾州安置"③。尽管从责任的过程看,落职在前,其他责罚在后,似乎处在主要责任方式的地位,但有时其实质上是一种从罚,如:"奉圣旨,蔡絛特落职勒停"④,显然责任的重心在勒停。

至于夺职,与落职基本相同,如哲宗绍圣时,范纯粹"以元祐党人,夺职知均州"⑤。又如,理宗绍定六年(1233年)十二月,"诏袁韶夺职罢祠禄"⑥。可见,他们在被夺职之后,有知州,也有罢祠禄。当然,落职或夺职之后,过了一定时限是可以再叙复职的,如仁宗康定元年(1040年)十二月,陕西河北河东制置青白盐副使王文思"在延州,擅入西界讨贼,坐夺职。至是,韩琦奏复之"⑦。而有时夺职是不可叙复的,尤其是"追夺职名",如南宋绍兴八年(1138年)四月,"龙图阁待制邓襄追夺职名。先是,有诏襄弟直龙图阁齐、直徽猷阁高并夺职,而御史中丞常同论襄以父洵仁秉政而叨侍从,如郑修年等之比。诏落职。同又言,'如此则是襄本当得职名,因臣僚论列降黜,将来却有可复之理。'乃改为追夺焉"⑧。因而,总体来说,夺职与落职在缘

---

① (元)脱脱等:《宋史》卷27《高宗本纪》,中华书局1977年版,第500页。
② 曾慥:《类说》卷17《邓绾落职》,文渊阁四库全书本第873册,台湾商务印书馆股份有限公司1986年版,第300页。
③ (元)脱脱等:《宋史》卷396《程松传》,中华书局1977年版,第12078页。
④ 吴曾:《能改斋漫录》卷12《蔡絛西清诗话》,上海古籍出版社1960年版,第368页。
⑤ (元)脱脱等:《宋史》卷314《范纯粹传》,中华书局1977年版,第10281页。
⑥ (元)脱脱等:《宋史》卷41《理宗本纪》,中华书局1977年版,第799页。
⑦ (宋)李焘:《续资治通鉴长编》卷129,上海师范大学古籍整理研究所、华东师范大学古籍整理研究所点校,中华书局2004年版,第3062页。
⑧ (宋)李心传:《建炎以来系年要录》卷119,胡坤点校,中华书局2013年版,第2213页。

由、性质和续罚上都非常接近,而在特殊情况下的"追夺"的处罚程度相对重一点。

10. 降差遣

在宋代官、职、差遣的职官体系中,差遣是实际履行的职务,即"别为差遣以治内外之事"①。降差遣也就是对官吏当时的实际职位和权力的剥夺。在追究官吏责任时,降差遣既可以与追官、落职相配合,也可能与罚金、罚俸等相结合,如太宗时,"定监买官亏额自一厘以上罚俸、降差遣之制"②。还有可能与考课时的展磨勘相联系,如仁宗时叶清臣就将考核转运使副的课绩分为六等,最后的"下下者与展磨勘及降差遣"③。当然,也有被单独降差遣的,如真宗时"景德中诏岁满四经书罚者,审官院以闻,量其轻重殿降差遣"④。这种降差遣往往通过降低差遣的实职,以及添差监当、通判等形式实现。神宗元丰四年(1081年)十二月,"内藏库使、忠州刺史彭孙护粮草为贼钞劫,不能御敌,致军食乏,贷死为东头供奉官、熙河路准备差使,寻添差金州监当,令泾原路差人监伴前去"⑤。彭孙由于没有尽到护送军事物资的责任,因而被降低实职,添差监当。又如,高建炎时"秘书郎、兼实录院检校官、兼权中书门下省检正诸房公事郑时中添差通判广德军"⑥,他是由于招权纳贿、交际奸邪、泄露时政而被降低官职、添差通判的。故有学者认为,"在宋代,责降官多授予添差监当等差遣"⑦。当然,宋代添差监当是降差遣的一种形式,而降差遣又只是行政责任追究以及黜降官吏的一种方法。

由于官位不同,降差遣的前提,也即责任前提或追究前提也有所

---

① (元)脱脱等:《宋史》卷161《职官志》,中华书局1977年版,第3768页。
② (元)脱脱等:《宋史》卷183《食货志》,中华书局1977年版,第4480页。
③ (宋)李焘:《续资治通鉴长编》卷166,上海师范大学古籍整理研究所、华东师范大学古籍整理研究所点校,中华书局2004年版,第3984页。
④ (宋)李焘:《续资治通鉴长编》卷81,上海师范大学古籍整理研究所、华东师范大学古籍整理研究所点校,中华书局2004年版,第1856页。
⑤ (宋)李焘:《续资治通鉴长编》卷321,上海师范大学古籍整理研究所、华东师范大学古籍整理研究所点校,中华书局2004年版,第7744页。
⑥ (宋)李心传:《建炎以来系年要录》卷168,胡坤点校,中华书局2013年版,第3195页。
⑦ 李勇先:《宋代添差官制度研究》,天地出版社2000年版,第38页。

区别,如转运使"将一任内本道诸处场务所收课利与租额递年都大比较",每亏"一分已上降差遣"①,而知州知县亏空课利场务的比例与转运使有所不同,如康定元年(1040年)六月,诏曰:"天下州县课利场务,十分亏……二分降差遣。"②显然,前者亏损课利一分,而后者却有二分,但两者同样被降差遣。这种责罚前提的不同,可能与官位高低、管辖范围大小有一定的关系,既有权力庇护的成分,也有其管理中权力与责任的合理对应关系的成分。

可见,这种降差遣与其他责任方法一样,也是由失职、渎职或违法犯罪所致。即使没有及时处罚,事后也会追究。明道元年(1032年)七月,"上封者言:'外任官有贪污不公,而监司不即按劾,乃奏见体量者。其后事败,因免从坐之责,而贪污者或得善代以去。请自今但曾经监司体量,替日,并降差遣。'从之。"③并且,降差遣对官吏的仕途也有直接影响,或者说成为其他责罚的原因或前提,如在磨勘中,景祐元年(1034年)正月,"中书言:'京朝官在职事者,并三周年许磨勘……其因事替移及尝降差遣者,并须四周年。'从之"④可见,京朝官磨勘时因降差遣而延长一年,即展磨勘一年。又如在考课时,延迟改官的时间可能更长一些,天禧元年(1017年)二月,"审官院请非时冲替,及因罪谴监当未满一任;及在任降差遣人,其见任官虽及三年,或经考课不改官者,更不勘会。诏应非时冲替、降差遣人,见任官及年限而未考课,或考课而不迁,其后又及二年,非赃滥者,悉许考较以闻"⑤。

这种追究除了一般职能机构如审官院等操作外,与降官、降职等一样,中书发挥了重要作用。熙宁七年(1074年)十二月,"中书检会

---

① (宋)李焘:《续资治通鉴长编》卷127,上海师范大学古籍整理研究所、华东师范大学古籍整理研究所点校,中华书局2004年版,第3011页。
② (宋)王栐:《燕翼诒谋录》卷5,诚刚点校,中华书局1981年版,第47页。
③ (宋)李焘:《续资治通鉴长编》卷111,上海师范大学古籍整理研究所、华东师范大学古籍整理研究所点校,中华书局2004年版,第2584页。
④ (宋)李焘:《续资治通鉴长编》卷114,上海师范大学古籍整理研究所、华东师范大学古籍整理研究所点校,中华书局2004年版,第2661页。
⑤ (宋)李焘:《续资治通鉴长编》卷89,上海师范大学古籍整理研究所、华东师范大学古籍整理研究所点校,中华书局2004年版,第2042页。

降官、降职、降差遣人取裁"①。次年十二月,"中书言,'刑房删立职司资序以上,及带馆职人降差遣者,欲令每任取旨。'从之"②。

就其本质而言,降差遣是宋代特殊职官体制下的一种实际行政权力的减降,有的从中央降至地方,有的从大州降到小州、从近地降到远地,以至添差不厘务或宫观闲职,降差遣应是涉及官、职、差三种责罚中最重的一种,这三种责罚由重到轻的次序,当为降差遣、追官、落职。降差遣对官吏的打击很大,如真宗时期,"王禹偁为知制诰,坐事谪守黄州,谢上表有'宣室鬼神之问,岂望生还;茂陵封禅之书,唯期身后'之语"③。

此外,有的降实职、知外州的形式,与降差遣相似,但背景原因又很复杂,与一般的行政责任有较大区别,例如:"陈了翁在徽祖朝名重一时,为右司员外郎。曾文肃敬之,欲引以附己,屡荐于上,使人谕意,以将大用……了翁退,即录所上文肃书及《日录辩》、《国用须知》,以状申三省,曰:'昨诣尚书省投书,蒙中书相公面谕其详,谓瓘所论为元祐浅见单闻之说,兼言天下未尝乏才,虽有十书,布亦不动。瓘不达大体,触忤大臣,除具申御史台乞赐弹劾外,伏乞敷奏,早行窜黜。'遂出知泰州。"④这种由于政见分歧而由中央出知外州的情况,似乎受到了行政责罚,但未必承担了行政责任,应与一般的行政责任区别开来。

11. 追官告

追官、降官又常与追告联系在一起,当是前两种责任追究的附属形式。官告,也即告、告身、告命等,是官吏资格的身份凭证,包括阶官、职事官及封赠、加勋等内容。早在唐代就非常重视告命,如洪迈说:"唐人重告命,故颜鲁公自书告身,今犹有存者。"⑤内外职事官,有

---

① (宋)李焘:《续资治通鉴长编》卷258,上海师范大学古籍整理研究所、华东师范大学古籍整理研究所点校,中华书局2004年版,第6298页。
② (宋)李焘:《续资治通鉴长编》卷271,上海师范大学古籍整理研究所、华东师范大学古籍整理研究所点校,中华书局2004年版,第6652页。
③ (宋)魏泰:《东轩笔录》卷1,李裕民点校,中华书局1983年版,第7页。
④ (宋)岳珂:《桯史》卷14《陈了翁家始末》,吴企明点校,中华书局1981年版,第158页。
⑤ (宋)洪迈:《容斋随笔》卷3《唐人告命》,上海古籍出版社1996年版,第43页。

官品的,在除授时才颁给告身。① 宋代官告的运用极为广泛,有专门的管理职官和机构,"祖宗时知制诰六员,故朝廷除授,虽京官磨勘,选人改秩,奏荐门客、恩科助教,率皆命词"②,并在尚书省吏部设立官告院,"掌吏、兵、勋、封官告,以给妃嫔、王公、文武品官、内外命妇及封赠者,各以本司告身印印之,"官告式样则因官位高低而有区别,分为十二等。③ 各等的主要差别在于角轴,"告命自九品而上,角轴二等,以大小别之"④。官告一般要通过中书给事中颁给,否则就不符合规制,如刘挚所说,"臣近见安焘、范纯仁告命不由给事中,直付所司,臣以谓朝廷之大失政也"⑤。另外,官告还要经过门下书读,如王岩叟说,"又告命不由门下书读,无以正法度,无以持纪纲,无以救群臣,所系甚大,至今未蒙省纳施行"⑥。可见,颁官告是一件非常严肃的事情,这也反映出官告的重要地位。

追告也就是追还、追毁官告。这种处罚对官吏来说是非常严厉的,同时也是为了整饬官僚队伍,宋人极为重视。如哲宗元祐四年(1089年)二月,宝文阁直学士、新除刑部尚书谢景温知郓州,右正言刘安世言:"惟陛下谨守成宪,防微杜渐,追还景温告命,依例毁抹,所贵名实稍正,纪纲不紊。"⑦又如,徽宗崇宁元年(1102年)九月,"诏元符三年、建中靖国元年责降臣僚已经牵复者,其元责告命并缴纳尚书省"⑧。这种责罚不只是针对官吏,也适用于嫔妃,只要是获得告命的,南宋时,"宪圣后见二才人(李氏、王氏),每感愤,孝宗即追告命,许自便"⑨。告命与官位是联系在一起的,追告也就常与追官相配

---

① 参见(宋)李焘:《续资治通鉴长编》卷325,上海师范大学古籍整理研究所、华东师范大学古籍整理研究所点校,中华书局2004年版,第7826页。
② (宋)洪迈:《容斋随笔》卷6《告命失故事》,上海古籍出版社1996年版,第686页。
③ 参见(元)脱脱等:《宋史》卷163《职官志》,中华书局1977年版,第3841、3842页。
④ (宋)罗大经:《鹤林玉露》丙编卷2,王瑞来点校,中华书局1983年版。
⑤ (宋)赵汝愚:《宋朝诸臣奏议》卷56,北京大学中国中古史研究中心校点整理,上海古籍出版社1999年版,第626页。
⑥ (宋)赵汝愚:《宋朝诸臣奏议》卷57,北京大学中国中古史研究中心校点整理,上海古籍出版社1999年版,第629页。
⑦ (宋)李焘:《续资治通鉴长编》卷422,上海师范大学古籍整理研究所、华东师范大学古籍整理研究所点校,中华书局2004年版,第10210页。
⑧ (元)脱脱等:《宋史》卷19《徽宗本纪》,中华书局1977年版,第365页。
⑨ (元)脱脱等:《宋史》卷243《后妃传》,中华书局1977年版,第8650页。

套,否则就不正常了,如"朱文炳元系奉议郎,虽准指挥追三官,元不曾被受省札及追官告命"①,于是有人提出异议。这样,追告也就有追官之意。当然,历史上追官的记载远远多于追告。

此外,告命的内容有升降之分,降职的告命本身具有追官责降的性质,与升官的告命是有区别的。如北宋苏轼在《到惠州谢表》和《到昌化军谢表》中说,他都是奉告命而落职官的,并先后被安置惠州、昌化军。② 宋代也有人将某些告命看作追降官职,绍兴九年(1139年)七月,"特进、知泉州赵鼎言,'昨准告命落节度使,自惟罪状昭著,揆之礼法,赤族犹为轻典,止从贬秩,益不自安。伏望罢知泉州,投之散地,庶几澡雪淬励,以副陛下庇护再生之赐。'诏答不许"③。赵鼎所提官告显然是责降性的官告,属于责任方法的组成部分,告命是有黜与陟之分的,因而有时所降为黜告,就有处罚的意思,与一般任官或升官的降告有别。

12. 罚俸

前述的追、降、免、夺官,是以官资为单位全减或降级的责罚,表面上责罚的是官资,实质上减少或去除的是俸禄,因为官、职、差遣中的官,主要是用来寓俸禄的,一般不是实际的官职(当然其中也不完全排除有一点实际的事权)。并且具有较长的时效,只有在叙复之后才有所变化,官爵和俸禄才有所恢复或增加,可以说这是一种间接的罚俸方式。而宋代还有直接的罚俸或罚俸值的责任形式,不与官爵直接挂钩,并且是一次性的处罚,与追官造成的一段时间内俸禄减少是有很大区别的。

罚俸是一种相对较轻的行政责罚,宋代《庆元条法事类》上有许多具体的规定。罚俸的数量标准,以半月为一个等级,并且没有官荫减等的优待,即"诸罚俸者,以半月;罚直者,以十直为一等,不在官荫减等之例"④。而不同品级的具体罚俸数量又是不同的,"罚俸,每月,

---

① (宋)李曾伯:《可斋杂稿》续稿后卷8《奏乞叙复朱制参元官事·贴黄》,文渊阁四库全书本第1179册,台湾商务印书馆股份有限公司1986年版,第738页。
② 参见苏轼:《苏轼文集》卷24,孔凡礼点校,中华书局1986年版,第706、707页。
③ (宋)李心传:《建炎以来系年要录》卷130,胡坤点校,中华书局2013年版,第2445页。
④ (宋)谢深甫:《庆元条法事类》卷76《当赎门》,戴建国点校,黑龙江人民出版社2002年版,第817页。

一品,八贯;二品,六贯五百文;三品,五贯;四品,三贯五百文;五品,三贯;六品,二贯;七品,一贯七百文;八品,一贯三百文;九品,一贯五十文"①。这一规定在北宋宋敏求的《春明退朝录》卷下和南宋初期江少虞的《事实类苑》卷二十七都有记载,只是二品为六贯,七品为一贯七百五十有异外,其他完全一样,也就是说北宋已经实行了这一规定。同时,就其内容来看,各品级的罚俸数量是固定的,而品级之间的数量差别很大,如果两经罚俸,则相当于犯一次笞刑,"诸罚俸、罚直应理遗阙者,两经罚俸或罚直,比一犯笞"②。

罚俸涉及行政的各个方面,如"诸批书印纸不圆,致降名次,及违条式致行会问者,吏人杖八十,职级减二等,签书官罚俸一月"③。其中签书官没有仔细检查批书印纸及依法会问,致使官吏降名次和违规行政,被罚俸一月。此外,签书官在"诸命官陈乞奏荐、致仕""诸命官陈乞封赠""诸命官陈乞叙复""诸命官陈乞封赠、叙复"等中,如果行政程序缺失或行为不当同样被"罚俸一月"④。至于其他官吏也有被罚俸的规定,并且有具体的罚俸标准,如在禁榷、场务的规定中:"诸巡捕官失觉察本界内停藏(谓经日者)货易私茶、盐而被他人捕获,二百斤罚俸一月,每二百斤加一等,至三月止,追索印纸批书,""诸巡捕官透漏私有矾者,百斤罚俸一月,每百斤加一等,至三月止,一千五百斤差替";"诸纳毕他处官物不于次帐收附者,元纳专典及州吏人杖七十,当职官罚俸一月","诸课利场务年终比较租额(监专公人管两务以上,若州县镇寨当职官,各随所部场务,并通比),亏二厘,酒匠(栏头之类同)笞五十,专副减一等,并听赎,满五厘各加一等,监官罚俸半月,每一分又各加一等,至三分五厘止";"诸州《夏秋税管额帐》(《刺帐》《单状》并《纳单帐》同),违限三十日,吏人杖六十,当职官罚俸

---

① (宋)谢深甫:《庆元条法事类》卷76《当赎门》,戴建国点校,黑龙江人民出版社2002年版,第819页。
② (宋)谢深甫:《庆元条法事类》卷74《刑狱门》,戴建国点校,黑龙江人民出版社2002年版,第771页。
③ (宋)谢深甫:《庆元条法事类》卷6《职制门》,戴建国点校,黑龙江人民出版社2002年版,第80页。
④ (宋)谢深甫:《庆元条法事类》卷12《职制门》、卷13《职制门》、卷17《文书门》,戴建国点校,黑龙江人民出版社2002年版,第228、251、277、367页。

一月,通判、知州半月,满六十日,各加一等。"①这类规定在《庆元条法事类》等法律中还有不少。

此外,宋代其他史料中也有许多罚俸的记载和事例,有因违礼仪而被罚俸的,如太宗淳化二年(991年),御史台言:"御史出台为省职及在京厘务者,请依旧仪,违者罚俸一月。"②有因犯法而被罚俸的,元丰五年(1082年)二月,"诏兴州防御使仲骍罚俸一季,坐非理燔灼人面也"③。有因朝参请假被罚俸的,元符元年(1098年)五月,权刑部言:"请诸处赴朝参宗室,如有疾病请朝假……若月内请过三日者,亦报所属,差使臣押医看验。每半年一次比较。二十日已上,取诫励。三十日已上,罚俸半月。四十日已上,罚俸一月。五十日已上,取旨责罚。"④有谬举官吏被罚俸的,绍兴十四年(1144年)十月,左奉议郎焦惟正知复州返回后言:"欲乞日后鞫正犯赃明甚者,于上项诏书,仿皇朝旧制,于所举官量坐谬举之罪。如事发日,量远近立限,许令举官申陈免罪,止坐罚俸。"⑤特别需要指出的是,宋代关于监买、征税的罚俸规定非常详细,至道二年(996年),"是年,定监买官亏额自一厘以上罚俸、降差遣之制"⑥。其中康定年间的规定甚为详细,康定元年(1040年)五月,三司使公事郑戬言:"宜循汉、唐故事,行考课法,欲乞应诸道转运使副,今后得替到京,别差近上臣僚与审官院同共磨勘,将一任内本道诸处场务所收课利与租额递年都大比较,除岁有凶荒别敕权阁不比外,其余悉取大数为十分,每亏五厘以下罚两月俸,一分已下罚三月俸,一分已上降差遣;若增及一分已上,亦别与升陟。"六月,"诏三司:'天下州县课利场务,自今逐处总计,大数十分亏五厘以下,其知州、通判、幕职、知县各罚一月俸;一分以下,两月俸;二分以上,降差

---

① (宋)谢深甫:《庆元条法事类》卷28《禁榷门》、卷32《财用门》卷48《赋役门》,戴建国点校,黑龙江人民出版社2002年版,第387、510、511、642页。
② (元)脱脱等:《宋史》卷153《舆服志》,中华书局1977年版,第3570页。
③ (宋)李焘:《续资治通鉴长编》卷323,上海师范大学古籍整理研究所、华东师范大学古籍整理研究所点校,中华书局2004年版,第7784页。
④ (宋)李焘:《续资治通鉴长编》卷498,上海师范大学古籍整理研究所、华东师范大学古籍整理研究所点校,中华书局2004年版,第11860、11861页。
⑤ (宋)李心传:《建炎以来系年要录》卷152,胡坤点校,中华书局2013年版,第2878页。
⑥ (元)脱脱等:《宋史》卷183《食货志》,中华书局1977年版,第4480页。

遣。其增二分以上,升陟之'"①。后者可能即为《燕翼诒谋录》所载六月壬子的诏书,"天下州县课利场务,十分亏五厘以下,知州、通判、县令罚俸一月;一分以下,两月;二分降差遣。增二分,升陟差遣"②。因此,罚俸虽是一种较轻的处罚,但又是一种普遍的行政责任方式,往往在大臣奏请之下,都能落到实处。

13. 罚直

罚直(值)与罚俸相近,也是一种由行政责任导致的一次性经济处罚,二者有一些共同之处,如两经责罚"比一犯笞",又如"不在官荫减等之例",再如交纳时限据赎罪的性质而定,只有在"身死或限内未输而遇恩者,并免"③。但是,计量单位不同,"诸罚俸者,以半月;罚直者,以十直为一等",即前者以每半月的俸禄为一个等级,常云罚多少月、季、年的俸禄,后者则以直为单位,并以直为一个等级,每直的具体数量为"二百文足"④。更为重要是,罚直较罚俸的行政责任和严厉程度可能要轻一些,与另一种责罚的方法赎铜相似,"内外百司吏属,有公罪之轻者,皆罚直入官。每一直即二百文足,如赎铜之例"⑤。宋代罚直的记载较罚俸要少一些,但也是一种较为常见的责任形式,各个时期都有。如北宋乾德二年(964年)二月,"翰林学士窦仪等,上《新定四时参选条件》:'诸州印发春季选人文解,自千里至五千里外,分定日限为五等,各发离本处,及京百司文解,并以五月十五日前到省,余季准此。若州府违限及解状内欠少事件,不依程序,本判官罚直,录事参军、本曹官殿选'"⑥。也就是说,州府在发解选人时,如果在时限、内容和程序上没有依法行政,那么,"本判官罚直,录事参军、本曹官殿选",其中判官予以经济处罚,而录事参军、本曹官则处以殿选,他们的

---

① (宋)李焘:《续资治通鉴长编》卷127,上海师范大学古籍整理研究所、华东师范大学古籍整理研究所点校,中华书局2004年版,第3011、3022页。

② (宋)王栐:《燕翼诒谋录》卷5,诚刚点校,中华书局1981年版,第47页。

③ (宋)谢深甫:《庆元条法事类》卷74《刑狱门》、卷76《当赎门》,戴建国点校,黑龙江人民出版社2002年版,第771、817、812页。

④ (宋)谢深甫:《庆元条法事类》卷76《当赎门》,戴建国点校,黑龙江人民出版社2002年版,第817、819页。

⑤ (宋)赵升:《朝野类要》卷4,王瑞来点校,中华书局2007年版,第82页。

⑥ (宋)李焘:《续资治通鉴长编》卷5,上海师范大学古籍整理研究所、华东师范大学古籍整理研究所点校,中华书局2004年版,第121—122页。

责任是有轻重之别的。又就罚直本身而言,因官吏责任大小也有多少之别,如大中祥符四年(1011年)九月,"汾阴赦书,诸路催欠司向来五日一次科责,自今令季限比较区断,其官吏亦别议定从宽条制。辛巳,三司定三分以上,催欠官、知州、通判罚直之差凡二等,三分以下并免"①。催欠官、知州、通判罚直在催欠或理欠时,为二等罚直,而在三分以下则皆免予处罚。南宋《庆元条法事类》的考课式也把罚直记录在案,以便于对官吏的考核,"准条断笞、杖若干,如有赎铜、罚直食钱,亦开斤直钱数,系公、私、赃罪刑名(若会恩亦声说),已于某年月日断遣讫(如有故未决,亦声说)"②。当然,罚直也有缺陷,一是责罚过度,"今之士大夫又有专务科罚者,公吏有过则令罚直若干,人户论诉理曲合与断罪,乃以修造为名,各罚钱入官若干,不知此钱果归何地耶"③。二是以罚代刑,"论旧都省无杖,省吏有罪,大付棘寺,次不过罚直,人情难傅重议,是三尺法终不行于省吏也。小人何所忌惮,始置杖都省以诘小过,奸吏少戢,而省吏侧目思报矣"④。前者,加重责任者的经济负担,并可能使那些本应入官也即入国库的钱被经手官吏中饱私囊;后者,则会使部分官吏逃避法律制裁,无所忌惮。

14. 赎铜、罚金

上述的罚俸、罚直是宋代赎罚制度的重要内容,《庆元条法事类》就有赎罚的敕令格等,而赎罚制度还包括赎、罚金或铜。赎可能比罚起源还早,《尚书·舜典》上就有"金作赎刑",但两者都要以一定的财物为表现形式,是一种刑罚。从法制和法理上讲,赎与罚两者还是有区别的,赎金(铜)是一种交纳财物的替代刑,而罚金(铜)则是一种财产实刑,如在秦朝时赎、罚就有所区别,"赎耐""赎黥""赎死"等,以钱财或劳役来赎免刑罚,但是不能免去罪名,不是独立的刑种;而罚则是

---

① (宋)李焘:《续资治通鉴长编》卷76,上海师范大学古籍整理研究所、华东师范大学古籍整理研究所点校,中华书局2004年版,第1734、1735页。四库全书本作"催欠官、知州、通判罚直之差凡三等"。

② (宋)谢深甫:《庆元条法事类》卷6《职别门》,戴建国点校,黑龙江人民出版社2002年版,第91页。

③ (宋)胡太初:《昼帘绪论》第9篇《理财》,文渊阁四库全书本第602册,台湾商务印书馆股份有限公司1986年版,第719页。

④ (宋)薛季宣:《浪语集》卷33《先大夫行状》,文渊阁四库全书本第1159册,台湾商务印书馆股份有限公司1986年版,第535页。

"赀甲""赀戍""赀徭"等,是一种独立的财产刑。至宋代,也有人意识到两者的区别,南宋初高宗时期,"大理寺丞李颖士面对,论州县断狱蔽讼,赎金之弊,变成罚金,多至数百缗,人为破产,愿诏监司廉察按劾"①。赎金与罚金的区别在于,前者是一种替代处罚,后者是一种本然处罚。但都在行政责任追究中被广泛运用,也是官吏的一种法律特权,如:天圣三年(1025年)八月,"贬泾原路都钤辖、左骐骥使、惠州团练使、入内副都知周文质为右率府率,衡州安置,泾原路部署王谦、钤辖史崇信并免劾差替;知渭州马洵美罚铜三十斤,徙别州。先是,遣太常博士张仲宣、右侍禁阁门祗侯丁保衡就陕州鞠文质等,狱具,有司断文质当徒二年半,公罪当减赎铜四十斤,特命宥责之"②。《庆元条法事类·罚赎》虽规定了赎铜、罚金的具体数量和事由,以及"赎铜,每斤一百二十文足",但是并没有把责罚的属性区别开来,也许两者的区别在缩小。所以在宋代法制中,赎与罚又紧密联系在一起,成为一个整体的概念,大中祥符五年(1012年),"诏士曾预南省试者,犯公罪听赎罚。令礼部取前后诏令经久可行者,编为条制"③。但是,二者仍存在区别,赎铜、赎金与罚铜、罚金是不完全相同的。刑罚上的"赎铜",在《宋刑统》中有系统的规定,对研究行政责任追究时的赎罚有参照意义,列表 2 如下:

表 2　宋代五刑与赎铜的对应关系

五刑	赎铜
笞刑五	一十,赎铜一斤;二十,赎铜二斤;三十,赎铜三斤;四十,赎铜四斤;五十,赎铜五斤。
杖刑五	六十,赎铜六斤;七十,赎铜七斤;八十,赎铜八斤;九十,赎铜九斤;一百,赎铜十斤。
徒刑五	一年,赎铜二十斤;一年半,赎铜三十斤;二年,赎铜四十斤;二年半,赎铜五十斤;三年,赎铜六十斤。

---

① (宋)李心传:《建炎以来系年要录》卷 150,胡坤点校,中华书局 2013 年版,第 2830 页。
② (宋)李焘:《续资治通鉴长编》卷 103,上海师范大学古籍整理研究所、华东师范大学古籍整理研究所点校,中华书局 2004 年版,第 2387—2388 页。
③ (元)脱脱等:《宋史》155《选举志》,中华书局 1977 年版,第 3610 页。

(续表)

五刑	赎铜
流刑三	二千里,赎铜八十斤;二千五百里,赎铜九十斤;三千里,赎铜一百斤。
死刑二	绞、斩,赎铜一百二十斤。

这是宋代法典《宋刑统·名例律》的重要组成部分。就赎铜的性质而言,是刑罚中的替代刑,也就是犯五刑罪名者以赎铜方式承担刑事责任,与古代赎刑或赎金的含义完全一致,而与行政责任中的赎铜又是有所区别的。后者主要是行政责任追究过程中独立的处罚形式,大中祥符元年(1008年)十二月,"复州防御使、驸马都尉柴宗庆遇恩,自康州移复州,不告谢,为有司所举,以违制论,当赎铜三十斤,有诏末减,罚两月俸"①。熙宁七年(1074年),诏曰:"役钱千别纳头子五钱,凡修官舍、作什器,夫力辇运之类,皆许取以供费;不给,以情轻赎铜钱足之。"②柴宗庆移州"不告谢",收纳头子钱不足,都属于行政不当或未尽行政义务导致的行政责罚,与刑事犯罪判刑后的赎铜是有区别的,不是刑罚中的五刑替代刑。

赎铜,在宋代又叫作赎金,可能是受古训"金作赎刑"的影响所致。当然,赎铜也是古代赎金的一种重要形式,二者性质上是一致的,如:"真宗遣御史台推勘官储拱劾铉(姚铉),得实,贬连州文学。映坐召人取告铉状,当赎金,帝特贷之。"③景德四年(1007年)九月,"诏遣殿直、阁门祇侯袁瑀致祭,瑀至夏州,遗忘抚问辞,且发言轻易。及还,坐落职、赎金十斤"④。熙宁九年(1076年),"殿试进士。初,覆考官陈泽等考上一甲文卷失当,赎金有差"⑤。可见,赎铜或赎金仍然是宋代刑罚的替代刑,也是行政责任追究的方法。

---

① (宋)李焘:《续资治通鉴长编》卷70,上海师范大学古籍整理研究所、华东师范大学古籍整理研究所点校,中华书局2004年版,第1582页。
② (元)脱脱等:《宋史》卷177《食货志》,中华书局1977年版,第4306页。
③ (元)脱脱等:《宋史》305《薛映传》,中华书局1977年版,第10090页。
④ (宋)李焘:《续资治通鉴长编》卷66,上海师范大学古籍整理研究所、华东师范大学古籍整理研究所点校,中华书局2004年版,第1490页。
⑤ 马端临:《文献通考》卷31《选举考》,上海师范大学古籍研究所、华东师范大学古籍研究所点校,中华书局2011年版,第911页。

如果说赎铜、赎金具有刑事、行政处罚的二重性,那么,罚铜、罚金则更多地具有行政责罚的属性,并且涉及各个行政领域,如,大中祥符五年(1012年)六月,"审刑院言:'断知绵州李说坐报上不以实,罚铜十斤'"①。天圣五年(1027年)三月,"龙图阁待制韩亿、崇仪副使田承说各罚铜三十斤,以奉使契丹而不相善也"②。庆历八年(1048年)四月,"降卫州团练使、知澶州王德基为四方馆使、荣州刺史,西上阁门使、知保州王中庸为引进副使,殿中侍御史刘元瑜罚铜三十斤,并坐尝举张得一也"③。神宗即位初录囚,"御史中丞王陶、侍御史吴申、吕景以过毁大臣,陶出陈州,申、景各罚铜二十斤"④。罚铜,也称作罚金,元丰八年(1085年)四月,"水部员外郎王谔非职言事,坐罚金"⑤。哲宗绍圣初,"吴居厚除户部尚书,(沈)铢论其使京东时聚敛,诏具实状,不能对,罚金"⑥。"司农寺请鬻祠庙,每区若干钱。张文定留守南京,而以其事闻于神宗,大骇之,即批其奏曰:'慢神黩礼,无甚于此,'诏天下速罢之,司农官罚金。"⑦这些罚金同样是由于言事、聚敛,以及鬻祠庙等行政责任引起的。

在赎罚这一责任形式中,赎罚常与公罪、轻罪、官品等联系在一起。早在太平兴国五年(980年)闰三月,"命有司定品官赎罚之令"⑧,从总体上规定了赎罚制度。后来又有具体的规定,如科举时,大中祥符五年(1012年),"诏士曾预南省试者,犯公罪听赎罚"⑨。又如熙宁三年(1070年),"中书上刑名未安者五……其四,令州县考

---

① (宋)李焘:《续资治通鉴长编》卷78,上海师范大学古籍整理研究所、华东师范大学古籍整理研究所点校,中华书局2004年版,第1773页。
② (宋)李焘:《续资治通鉴长编》卷105,上海师范大学古籍整理研究所、华东师范大学古籍整理研究所点校,中华书局2004年版,第2438页。
③ (宋)李焘:《续资治通鉴长编》卷164,上海师范大学古籍整理研究所、华东师范大学古籍整理研究所点校,中华书局2004年版,第3949页。
④ (元)脱脱等:《宋史》卷14《神宗本纪》,中华书局1977年版,第265页。
⑤ (元)脱脱等:《宋史》卷17《哲宗本纪》,中华书局1977年版,第319页。
⑥ (元)脱脱等:《宋史》卷354《沈铢传》,中华书局1977年版,第11157页。
⑦ (宋)王巩:《闻见近录》,文渊阁四库全书本第1037册,台湾商务印书馆股份有限公司1986年版,第209页。
⑧ (宋)李焘:《续资治通鉴长编》卷21,上海师范大学古籍整理研究所、华东师范大学古籍整理研究所点校,中华书局2004年版,第475页。
⑨ (元)脱脱等:《宋史》卷155《选举志》,中华书局1977年版,第3610页。

察士民,有能孝悌力田为众所知者,给帖付身。偶有犯令,情轻可恕者,特议赎罚;其不悛者,科决"①。再如刘安世所奏,"臣伏见两浙监司及苏州昆山县官吏以畏惮之威,奉法不谨,朝廷体量得实,并以断遣,轻者赎金,重者冲替,检准编敕节文,冲替比徒一年"②。可见,这是一种对轻度违法犯罪的处罚,也是一种较轻的行政责任追究的形式。

赎罚在整个责任体系中,既可以作为一种独立的责罚方式,又可以作为组合的责罚方式之一。元丰二年(1079年)二月,"诏知南剑州万公仪追一官,免勒停。通判黄子春、知邵武军周约、签判李上僕,各罚铜二十斤,差替。其余巡检、巡茶盐、县令、尉,追官、勒停、罚铜、冲替者凡二十九人"③。大多数情况下,赎罚与其他责罚方法结合,构成组合责罚,如熙宁六年(1073年)七月,"审刑院、大理寺言:夔州权管威棹指挥都头、北班殿侍杜信减克军粮,盗官营材,当杖脊降配,诏以信昭宪皇后兄之曾孙,特赎铜勒停,编管汝州"④。可见,赎铜与勒停、编管结合在一起。此外,还与其他责罚形式如殿罚结合,天禧三年(1019年)正月,"诸路贡举人郭稹等四千三百人见于崇政殿。时稹冒緦丧赴举,为同辈所讼,上命典谒诘之。稹即引咎,付御史台劾问,殿三举,同保人并赎金殿一举"⑤。当然,像杜信这样的皇亲国戚因其特殊的身份,由杖脊降配改为赎铜勒停,编管汝州,而郭稹的同保人赎金殿一举,都通过赎铜来减轻或代替其他责任形式。但是,赎铜又可以用于加重处罚,如绍圣四年(1097年)四月,"刑部言:太仆寺主簿李撰,知皇太后行幸,辄于御路东行马,合罚铜九斤。诏特罚铜三十

---

① (元)脱脱等:《宋史》卷201《刑法志》,中华书局1977年版,第5007、5008页。
② (宋)刘安世:《尽言集》卷5,文渊阁四库全书本第427册,台湾商务印书馆股份有限公司1986年版,第236页。
③ (宋)李焘:《续资治通鉴长编》卷296,上海师范大学古籍整理研究所、华东师范大学古籍整理研究所点校,中华书局2004年版,第7205、7206页。
④ (宋)李焘:《续资治通鉴长编》卷246,上海师范大学古籍整理研究所、华东师范大学古籍整理研究所点校,中华书局2004年版,第5984、5085页。
⑤ (宋)李焘:《续资治通鉴长编》卷93,上海师范大学古籍整理研究所、华东师范大学古籍整理研究所点校,中华书局2004年版,第2135页。

斤,冲替"①。所罚数量很大,是一种重罚,相当于徒刑一年半,这可能是由于直接危害到皇权的缘故。有时罚铜的数量看起来不是很大,但仍为重罚,如元符二年(1099年)四月,"前知保州、西上阁门使副张赴罚铜十斤,展三年磨勘,以不觉察妇人阿刘等出入北界故也"②。这10斤的数字已与刑罚中杖一百相当,为杖刑中最高刑,而其原因也只不过是行政不力,失察妇人出境。

赎罚不论是加重,还是减轻处罚,总的来说是一种类似官当的官吏特权,予以官吏特殊的庇护。熙宁八年(1075年)正月,"诏大理寺丞景思谊免勒停,赎铜四十斤,不为例。思谊坐知春州失入人死,当赎铜三十斤、勒停,上以思谊两兄皆战没,母老无兼侍故也"③。景思谊因司法不当应赎铜并勒停,但因两兄战死和母老无侍而增加赎铜数量免去勒停。显然,这是对官吏的优待,也是官吏的特权,即所谓"今夫天子之子弟,卿大夫与其子弟,皆天子之所优异者。有罪而使与氓隶并笞而偕戮,则大臣无耻,而朝廷轻,故有赎焉。以全其肌肤而励其节操,故赎金者,朝廷之体也,所以自尊也,非与其有罪也"④。然而,违法赎罚及其泛滥也会产生新的问题,成为某些官吏谋取利益的手段,以致如前述大理寺丞李颖所奏"赎金之弊,变成罚金,多至数百缗,人为破产"⑤。这已背离了其原来的宗旨,成为官僚和专制体制无法克服的弊端。

15. 展磨勘

"磨勘"一词在唐代已经出现,用于官吏考核、实物收支的审查等,"武德、贞观以来,历朝配享功臣及安金藏等,宜委中书门下各搜访本房主祭子孙,第其勋荫,量其人才,各与叙用,其有进状叙陈者,委所

---

① (宋)李焘:《续资治通鉴长编》卷486,上海师范大学古籍整理研究所、华东师范大学古籍整理研究所点校,中华书局2004年版,第11538页。
② (宋)李焘:《续资治通鉴长编》卷509,上海师范大学古籍整理研究所、华东师范大学古籍整理研究所点校,中华书局2004年版,第12123页。
③ (宋)李焘:《续资治通鉴长编》卷259,上海师范大学古籍整理研究所、华东师范大学古籍整理研究所点校,中华书局2004年版,第6325页。
④ (宋)苏洵:《嘉祐集》卷5《议法》,文渊阁四库全书本第1104册,台湾商务印书馆股份有限公司1986年版,第873页。
⑤ (宋)李心传:《建炎以来系年要录》卷150,胡坤点校,中华书局2013年版,第2830页。

司磨勘"①。"今年季夏税钱及青苗钱,每贯量放三百文,其斛斗量放一半,仍委京兆尹差官仔细磨勘。"②这既是一种考核官吏的具体手段,又是一个黜陟官吏的依据,但尚未形成一种完整而独立的考核制度。至宋代,将磨勘对象的任期、政绩、举主等与官阶升降直接联系起来,发展成为一种正常性的官吏管理制度。而展磨勘只是磨勘制度中处罚或责罚官吏的一种方法,主要是延长磨勘的时间,推迟官阶的迁转,与追官、落职、勒停等罢免实际官职有较大的区别。

展磨勘是与减磨勘相对应的,是磨勘奖惩方式的其中一方面内容,也是一种行政责罚的方法。元丰七年(1084年)四月,诏:"开封府界三路提举教阅保甲官并本司勾当公事官、指使,每再遣官教阅,通比三等:武艺及五分,与减磨勘三年;六分,减四年;七分,迁一官。以上每加一分,更减一年,至十分取旨。如止及三分,展磨勘二年;二分,展三年;一分以下,降一官。"③大观三年(1109年),"弓箭社人依《保甲法》、《政和保甲格》较最优劣,县令各减展磨勘年有差"④。宣和元年(1119年),"高阳关路安抚使吴玠奉手诏招填诸路禁军阙额,以十分为率,招及四分以下递展磨勘年,七分以上递减磨勘年"⑤。可见,在保甲武艺教阅、招填禁军等方面的减磨勘与展磨勘,或者说奖与惩的制度是对应设置的,是相互配合的普遍责任方法。

不同的制度及其不同层面各有侧重,对减、展磨勘予以特殊的规定,其中惩罚性的展磨勘往往又有单独的规定,《庆元条法事类》中展磨勘的规定就比较典型,如在官吏"之官违限"上,如违限不赴任,又不依限申报尚书吏部的,"若故为隐漏,展磨勘二年"⑥,而在经济考核上则更为详细,"诸巡捕官透漏私茶、盐……五百斤展磨勘二年"⑦。"诸

---

① (宋)宋敏求:《唐大诏令集》卷5《改元天复赦》,商务印书馆1959版,第32页。
② (宋)宋敏求:《唐大诏令集》卷130《平党项德音》,商务印书馆1959版,第710页。
③ (宋)李焘:《续资治通鉴长编》卷345,上海师范大学古籍整理研究所、华东师范大学古籍整理研究所点校,中华书局2004年版,第8272页。
④ (元)脱脱等:《宋史》卷190《兵志》,中华书局1977年版,第4728页。
⑤ (元)脱脱等:《宋史》卷193《兵志》,中华书局1977年版,第4806页。
⑥ (宋)谢深甫:《庆元条法事类》卷5《职制门》,戴建国点校,黑龙江人民出版社2002年版,第52页。
⑦ (宋)谢深甫:《庆元条法事类》卷28《榷禁门》,戴建国点校,黑龙江人民出版社2002年版,第387页。

巡捕官任内透漏铜出界及失觉察私置炉烹炼或卖买不入官,以捕得斤数折除外,五十斤展磨勘半年。"①"诸巡检、县尉、都监,任内失觉察钚销及磨错、翦凿钱取铜以求利(或私造铜器),或私造铜器(谓以任内失觉察,除亲获或他人获已断数互相比折外,计其余数理),一斤以上展磨勘半年,十斤以上展磨勘一年,五十斤以上展磨勘二年,奏裁。"②"诸州通判每季收支经总制无额钱物隐落失陷(谓应分拨而不分拨,应收而不收之类),不满一分展磨勘一年,一分以上展磨勘二年,一分五厘以上展磨勘三年,二分以上展磨勘四年"③,"诸掌应在司官任内开破,不及七分降一年名次,不及六分展磨勘一年(幕职官殿一年参选),不及五分展磨勘二年(幕职官殿一年参选,仍降半年名次)"④。可见,在经济管理中,官吏"透漏私茶""透漏铜出界及失觉察私置炉烹炼或卖买不入官""失觉察钚销及磨错、翦凿钱取铜以求利""每季收支经总制无额钱物隐落失陷""任内开破不及"等都要受到展磨勘的处罚,实际上承担的是经济或财政责任。

在实施过程中,展磨勘可以作为独立的责任方式,责任主体可能因责任大小不同而承担不同时长的展磨勘,如熙宁十年(1077年)正月,"诏权发遣京东东路转运判官、太子中舍李察展磨勘四年;权京西南路提点刑狱、殿中丞张复礼,知鱼台县李众各展二年……坐检计保明开邓艾口新河不当也"⑤。后来,元符元年(1098年),"雄州榷场输布不如样,监司通判贬秩、展磨勘年有差"⑥。又如上述的"之官违限","若故为隐漏,展磨勘二年,吏人依三犯法"⑦。同时,展磨勘又不

---

① (宋)谢深甫:《庆元条法事类》卷28《榷禁门》,戴建国点校,黑龙江人民出版社2002年版,第401页。

② (宋)谢深甫:《庆元条法事类》29卷《榷禁门》,戴建国点校,黑龙江人民出版社2002年版,第423、424页。

③ (宋)谢深甫:《庆元条法事类》卷30《财用门》,戴建国点校,黑龙江人民出版社,2002年版,第466页。

④ (宋)谢深甫:《庆元条法事类》卷31《财用门》,戴建国点校,黑龙江人民出版社2002年版,第492页。

⑤ (宋)李焘:《续资治通鉴长编》卷280,上海师范大学古籍整理研究所、华东师范大学古籍整理研究所点校,中华书局2004年版,第6852页。

⑥ (元)脱脱等:《宋史》卷175《食货志》,中华书局1977年版,第4234页。

⑦ (宋)谢深甫:《庆元条法事类》卷5《职制门》,戴建国点校,黑龙江人民出版社2002年版,第52页。

是单一的责任方式,往往与勒停、降资、降名次、罚殿等方式配合使用。元丰五年(1082年)四月,"权管勾泾原路转运判官兼同管勾经制熙河路边防财用、承议郎胡宗哲降授承事郎,权发遣同经制熙河路边防财用事、通直郎马申降授承务郎,展磨勘八年。坐阙军粮饷也"①。与前述多种责任方法一样,展磨勘既是整个责任方式的一种形式,又是其责任方法体系的有机组成部分,故而表现出既有独立性又有联系性的特色,这也是其他责任方式的共性,反映出宋代行政责任追究制度内部关联紧密。

16. 降名次

名次在宋代行政制度中,可以是科举的,也可以是官吏参选、差遣的名次。这里指的是后者,名次的升降,如同考课的殿最和磨勘的减展,并以月、季、年等时间为升降的单位,降名次既可以作为一种独立的行政责罚方式,也可以是考课、磨勘的一种后续责罚。在《庆元条法事类》中有许多关于降名次的规定,如前述"诸掌应在司官任内开破,不及七分降一年名次"②。又如:"诸请给,粮、审院失点检致误支钱物者,各杖八十,累及五百贯,杖一百,命官降半年名次,吏人勒停;一千贯以上,命官降一年名次,吏人仍永不收叙。"③"诸县丞任满,任内种植林木亏三分,降半年名次,五分降一年,八分降一资(承务郎以上,展二年磨勘)。"④这些规定涉及钱物开破、支出及政绩大小等,是对官吏政绩考核之后的一种处罚。

这种降名次涉及面极为广泛,除上所列举的外,再如因损亏盐税而降名次,熙宁九年(1076年)九月,"知池州郑雍、通判海州李清臣等十四人,降考、降名次各有差。以三司上比较诸路熙宁五年盐税增亏

---

① (宋)李焘:《续资治通鉴长编》卷325,上海师范大学古籍整理研究所、华东师范大学古籍整理研究所点校,中华书局2004年版,第7819、7820页。
② (宋)谢深甫:《庆元条法事类》卷31《财用门》,戴建国点校,黑龙江人民出版社2002年版,第492页。
③ (宋)谢深甫:《庆元条法事类》卷37《库务门》,戴建国点校,黑龙江人民出版社2002年版,第599页。
④ (宋)谢深甫:《庆元条法事类》卷49《农桑门》,戴建国点校,黑龙江人民出版社2002年版,第685页。

故也"①。有因捕盗不力而降名次的,元祐六年(1091年)闰八月,"刑部言,'强盗发,而所临官司不觉察,致事发他处,或监司举劾者,候得替,以任内曾觉察,功过相除外,每火降名次一月,至三季止。捕盗官降名次外,五火杖六十,十火或凶恶五火者,仍奏裁'"②。当然,如果捕盗招安得力,也会迅速升迁,特别是南宋初期,"建炎后俚语有见当时之事者。如'仕途捷径无过贼,上将奇谋只是招'又云'欲得官,杀人放火受招安;欲得富,赶著行在卖酒醋'"③。还有因增辟田畴不力而降名次的,隆兴元年(1163年),"命湖南、北路应守令增辟田畴,自一千顷以下转磨勘有差,亏者展磨勘、降名次"④。绍兴五年(1135年)五月,"户部奏,诸路残破州县,守令劝民垦田及抛荒殿最格,其法:垦田增及一分,郡守升三季名次,累及九分迁一官;亏及一分,降三季名次,九分镌一官。县令差减之"⑤。此外,在官吏降差遣时,无等可降时,降名次则作为变通的责罚形式,"《元祐编敕》:官员赴任,违限满一年……候到吏部,并降一等差遣;无等可降者,降一年名次,仍与远小处"⑥。降名次又与其他责任形式一样能够获得赦免,绍熙五年(1194年)九月,明堂赦文曰:"应命官下班祗应、副尉,因罪特旨及依法合该展期或展年磨勘,监当展任、降资、殿降名次、展年参选、罚短使,并特与放免"⑦,后来,多次颁布此诏。为此,我们可以说,降名次是较追官责罚程度轻,与展磨勘接近的一种责任形式,适用范围非常广泛。

但是,降名次与追官、展磨勘又有所区别,它主要是指延长官吏参选、差遣的时间,如北宋"尚书右仆射蔡京等言……旧制宗室袒免亲参

---

① (宋)李焘:《续资治通鉴长编》卷277,上海师范大学古籍整理研究所、华东师范大学古籍整理研究所点校,中华书局2004年版,第6786页。

② (宋)李焘:《续资治通鉴长编》卷465,上海师范大学古籍整理研究所、华东师范大学古籍整理研究所点校,中华书局2004年版,第11097页。

③ (宋)庄绰:《鸡肋篇》卷中,萧鲁阳点校,中华书局,1983年版,第67页。

④ (元)脱脱等:《宋史》卷160《选举志》,中华书局1977年版,第3764页。

⑤ (宋)李心传:《建炎以来系年要录》卷89,胡坤点校,中华书局2013年版,第1722页。

⑥ (宋)李焘:《续资治通鉴长编》卷427,上海师范大学古籍整理研究所、华东师范大学古籍整理研究所点校,中华书局2004年版,第10334页。

⑦ 《宋会要辑稿》职官15之27,刘琳等校点,上海古籍出版社2014年版,第3422页。

选,常许不拘名次陈乞指名差遣;非袒免亲初选依条添差外,更不拘名次陈乞指名差遣一次。以后每到部,与升一年名次陈乞"①。蔡京所讲的就是宗室参选与名次的关系以及宗室参选、差遣的升名次特权。崇宁五年(1106年)十一月,吏部尚书虞策奏请,"检准节文,愿补满前任者,到任三十日内申……欲自今后出违上件日限,并只降名次,违十日,降一月,违一月已上,降一季。其补满前任及曾用恩赏改任收使指挥,自依旧诏"②。这里讲的是官吏选任时的降名次问题。南宋绍兴元年(1131年),吏部侍郎李正民针对当时官吏差遣"半年不到任,即行使阙"的吏部申明提出批评,认为"今来半年之限既以蹙迫,况有降名次等罚,实恐难久。欲乞止依旧法施行"③。李正民所讲的也是差遣到任与降名次之间的关系。因此,降名次是选任、差遣中对官吏行政责任的追究,与展磨勘等责任方式并存。

第四节　宋代行政责任追究方法评析

一、宋代行政责任追究方法的类型和体系

我国古代行政责任追究的方法,至宋代已经有很大的发展,凸现出一定的层次和体系,成熟程度也超过了以往时代。宋代的责任方法极为丰富,上面所述就有:①编管;②羁管;③安置④;④居住;⑤除名;⑥勒停;⑦冲替(差替、放罢);⑧追官;⑨落职(夺职);⑩降差遣;⑪追

---

① (宋)李攸:《宋朝事实》卷8《徽宗朝增神宗教养选举法》,文渊阁四库全书本第608册,台湾商务印书馆股份有限公司1986年版,第99—100页。
② 《宋会要辑稿》选举24之15,刘琳等校点,上海古籍出版社2014年版,第5707页。
③ 《宋会要辑稿》职官8之12,刘琳等校点,上海古籍出版社2014年版,第3238页。
④ 安置时,也借助量移、逐便的方式实施,而量移、逐便在刺配、编管、羁管等中也有适用,量移的界定,参见龚延明:《宋代官制辞典》,中华书局1997年版,第654页;逐便,参见脱脱等:《宋史》卷189《兵志志》,中华书局1977年版,第4641—4642页。大中祥符五年(1012年)诏:"广南东西、荆湖南北、福建、江南、京西等七路诸州、府、军、监见管杂犯配隶军人等,各差使臣一人,驰驿往逐处与转运使、副或提点臣僚、知州、通判、铃辖、都监、监押同共简选,就近体量人数,分配侧近州军本城收管。如年老病患,委实久远不任医治充役者,放令逐便。"赵升:《朝野类要》,王瑞来点校,中华书局2007年版,第100页,卷五曰:"既量移,如又该恩,则放令逐便。"

官告;⑫罚俸;⑬罚直;⑭赎铜(罚金);⑮展磨勘;⑯降名次。这些较为正规和稳定的方法,如果再加上某些阶段或时期实施的、某些名实相近相异的、同名又实际可细分的方法,如责授正员官、罚短使等,则宋代行政责任追究的方法更为丰富和充实。这些方法形式多样又多有关联,相互之间的关系甚为复杂,但若作全面整体考察,则会发现这些方法的构成有一定的层次性。下面从学理上对这些方法从类型和体系上作出分析。

就上述所列举的16种责任方法而言,实际上分为三种类型:

第一类是以限制人身自由为特性的方法,如:①编管;②羁管;③安置;④居住;等等。这类方法强制被责罚者移居异地,限定其生活在特定区域,接受官府的监督管理,剥夺政治权利,限制人身自由,从而实现行政责任的追究。当然,这类责任形式在移居远近、自由程度上是有差异的,基本上责任大小与责罚程度相一致,并且责任主体一般不同时承担某一类型的两种或两种以上的责任方式,尤其是第一类责任方法。但是,有可能在承担某一类某一责任方式时,又往往承担另一类责任方式,如在除名、勒停等后被编管、羁管等,这表明在行政责任方式体系中,不同类型之间的责任方式是相互配合的。在此必须要指出,这一类行政责任方式与刑事责任中的徒、流、刺配等在道理、区域及人生限制上都有相似之处,也可以起到相互补充的作用,正因如此,也就很容易造成人们认识上的混淆。其实,二者之间还是有差别的,分属于不同部门法的责任方式,后面将有涉论。

第二类是以剥夺或黜降官职和爵位为主要内容的责任形式,如:⑤除名;⑥勒停;⑦冲替(差替、放罢);⑧追官;⑨落职(夺职);⑩降差遣;⑪追官告;⑮展磨勘;⑯降名次。这类责任方式在行政责任中最为丰富,又可分为三种不同程度的责任形式,一是撤职和剥夺实权,直接影响仕途发展,如除名、勒停、追官告;二是降低官爵,或者说降级使用,如追官、落职、降差遣;三是延长或推迟升官晋爵时间,如展磨勘、降名次。在这类责任方式中,这三种责任方式的程度也明显呈现梯级分布,便于行政责任的追究。在实际操作中,这类责任方式不仅可以与前一类以剥夺政治权利、限制人身自由为特征的责任方式相配合,而且可以与后一类以经济处罚为特征的方式配合运用。这类责任形式,表面上是官爵的剥夺或降低,实际上是对为官权力和政治自由的剥蚀,也是对官爵之俸禄以及由权力带来的经济利益的减降。我国历史上,难怪执政和当权者对头上的乌纱帽都看得那么重要,对以降官或罢官为核心的处罚形式那么胆战心惊,这已成为古代官僚文化的一个组成部分。因此,降罢官爵可谓是古代行政管理的利器。官员既怕挨批受整,更怕没有帽子和位置,在权力本位和官本位的时代,降罢官爵的责任形式也许比刑事责任形式还有效。

第三类主要是以经济处罚为主的责任形式,如:⑫罚俸;⑬罚直;⑭赎铜(罚金)。如上所说,剥夺为官的权力以及直接黜降官爵的方式,表面上是政治权力和地位的责罚,而实际上削夺了官爵附属的俸禄以及由权位带来的经济利益。官爵实质上是政治权力和经济利益的混合体,而第三类责任形式只是相对独立的经济责罚方法。在责任追究中,责任主体承担这类责任时,有可能仅单独适用本类责任方法中的一种,也有可能同时适用前两类中的责任方法。尽管历史上关于经济性质的责罚记载不少,有时处罚的数额甚至很大,但实施的效果未必如意。因为,官吏受罚的成本很低,而为官的收益很大,只要"留得青山在,不怕没柴烧",或者说,只要"留得官位在,不怕没钱贪",今天被罚去的,明天就能捞回来,贪官污吏也就横行起来,这是专制官僚制度无法跳出的贪赃与惩贪轮回的怪圈。不过,这种经济责罚的方式,还是能够起到一定的警戒作用的,有时与前述责任方式结合起来,效果可能更好些。总体上讲,上述各类责任方式既有区别又有联系,有的还直接结合,从而形成一个较为紧密的责任方式体系。

在这一责任体系中,各种责任方式有轻重之分,实施的具体对象也有不同,总的来说,都是围绕官爵及其利益展开的,属于惩罚性的责任形式。这与现代行政责任形式中对行政主体的"行政处分"方式类似[1],"责任行政的规定和追究意味着处罚,意味着对不负责任行使权力者进行权力和利益的剥夺,而这种剥夺是建立在公民权利本位基础之上的"[2]。当然,古代责任追究不可能"建立在公民权利本位基础之

---

[1] 现代行政处分包括警告、记过、记大过、降级、降职、撤职、开除留用察看和开除,参见熊文钊:《现代行政法原理》,法律出版社2000年版,第572页。

[2] 郑传坤、青维富:《行政执法责任制理论与实践及对策研究》,中国法制出版社2003年版,第18页。

上",但惩罚性的责任形式能起到一定的补救和警戒的作用,只是缺少了积极而专门的补救性的责任形式,这也许是古今行政责任形式和方法的最大区别。而现代行政责任形式包括惩罚性和补救性两种。① 宋代以及古代行政责任方法侧重于对行政主体的惩罚,主要是行政官吏,至于行政机构只有职责而无责任,机构的责任则是由行政官吏来承担的。此外,现代行政责任方式既重视对行政主体的惩罚,又重视对行政对象的救济,并且行政机构也有相应的责任。宋代以及古代主要由官吏承担惩罚性责任的方式,是官本位社会和专制社会的必然要求,而现代行政主体的机构和官员都要承担惩罚性和救济性责任,是法制社会以及行政主体和行政对象地位变化的结果。

二、宋代行政责任方法的轻重次序与取向

宋代行政责任方式的排列次序,不像刑事责任方式五刑的排列,在《宋刑统》开篇有系统而完整的规定,但综合性法典《庆元条法事类》和行政性法典《吏部条法》,以及《续资治通鉴长编》《朝野类要》等史籍都有记载,有的较为集中并有一定规律性,排列的次序基本上由重至轻,这在《吏部条法》中表现最为突出。在《差注门一·尚书侍郎左右选通用格》中,校量功过时由高分到低分排列,相应的责罚也是由重到轻,而在《磨勘门·尚书考功格》中,展磨勘由第一等 4 年到第十六等 1 季排列。当然,也不尽如此,《朝野类要》叙述次序为:降授、责授、听敕、南行、剥麻、居住、安置、勒停等,其他一些史料,也有交叉的,这些史料的记载较正规的法律典籍的表述可能要随意一些,但总体上讲,以由重到轻排列为主,具有取重的趋向。这一定程度上反映了宋代行政责任追究的惩罚性价值取向。

在法制史上,五刑排列次序有过历史的转变。在魏晋时期,封建五刑形成之时,五刑由重到轻排列(死、流、徒、鞭、杖),而至唐宋法制发达以后,五刑排列改为由轻至重(笞、杖、徒、流、死),一般认为具有

---

① 现代惩罚性行政责任主要有三种形式:通报批评,行政处分,行政处罚。补救性责任方式包括:承认错误,赔礼道歉;恢复名誉,消除影响;履行职务,撤销违法;纠正不当;返还权益;恢复原状;行政赔偿。参见熊文钊:《现代行政法原理》,法律出版社 2000 年版,第548—549 页。

从轻处罚取向,为法制文明和进步的一个标志。宋代的刑罚除五刑,还作了许多变通,如折杖、刺配、凌迟刑以及许多法外用刑等,有的名为轻刑实为重刑,有的名实皆为重刑。宋代法制编纂取得了很大进步,而法制文明的进展甚为艰难,对于官吏的一般犯罪也许是从轻的取向,而对严重危害专制政权和统治秩序的,无论是百姓,还是官吏,都予以重惩,也即取向于重。这主要是由法律的阶级性以及宋代复杂而激烈的阶段矛盾所决定的。行政责任追究方法由重至轻的排列,表明宋代对特殊违法犯罪主体,尤其各级违法官吏处罚的重视,责罚的加强。这与宋初的政治环境及其严惩赃吏的做法倒有些吻合①,如《宋史·刑法志》所云:"时郡县吏承五季之习,黩货厉民,故尤严贪墨之罪。"宋太祖时规定贪赃官吏不适用请、减、赎、官当之法,宋太宗还规定因贪赃被责罚的虽赦不得叙用。即使宋真宗后很少将贪官处以死刑,但后来还是规定,贪官不许堂除及差遣亲民官,而罪至徒以上则不再叙用。如李心传所云:"自祖宗开基,首严赃吏之禁,重者辄弃市。真宗以后,稍从宽贷,然亦终身不用。建炎二年春,高宗复诏赃罪明白者,不许堂除及亲民差遣,犯枉法、自盗,罪至死者,籍其赀。四年秋,诏自今犯赃免死者,杖脊流配。"②其实,宋代行政责罚形式排列先重后轻,甚至运用刑事责任方式追究行政责任,也主要是针对严重失职、渎职,危害政权机关运作和统治秩序的违法行为,这就与宋代刑事责任中轻刑名义下的重刑含义和本质应该是一致的。不过,责任主体毕竟是统治者,宋代又予以各级官吏多种政治、经济特权,包括使用请、减、赎、官当等特殊形式来免予直接处罚或行政责任。特别要指出的是,宋代很重视读书人以及由学而仕的官吏,如宋太祖所说,"作宰相须是读书人","自是大重儒臣"③,并且在所谓"与士大夫共天下"的理念以及"不杀士大夫"的祖训下④,宋代"待遇士大夫甚厚,皆前代

---

① 参见(清)赵翼:《廿二史札记校正》卷24《宋初严惩赃吏》,王树民校证,中华书局1984年版,第525—527页。
② (宋)李心传:《建炎以来朝野杂记》甲集卷6《建炎至嘉泰申严赃吏之禁》,徐规点校,中华书局2000年版,第147页。
③ (宋)李心传:《旧闻证误》卷1,崔文印点校,中华书局1981年版,第2页。
④ 王夫之也说:"自太祖勒不杀士大夫之誓以诏子孙,终宋之世,文臣无欧刀之辟。"(《宋论》,舒士彦点校,中华书局1964年版,第6页。)

所无",甚至以此作为"家法"来对待的①,也就是往往对各级官吏违法犯罪,尤其对专制制度和统治危害不大的行政违法又网开一面,从轻处罚。甚至允许一定程度的贪赃以及非法侵占土地财产,认为这是为国守财。这就导致对官吏士大夫行政责任追究的法外开恩和庇护,竟然有人还认为,"国家治赃吏,至有决杖者,或以为太峻"②。为此,由重到轻的排序反映了统治者对责任追究的重视,同时,又由于时代和阶级的局限性,在责任制度的设计上以从轻的原则和方法来予以调和,从而使行政责任追究制度精致起来,并体现出我国儒家传统政治思想的中庸性和自洽性。总体上讲,宋代行政责任方式的发展趋向加重,但同时因责任的对象和性质不同,加重还是从轻则因官因事而不同。这是值得注意的。

三、行政责任方法与刑事责任方式的配合

从现代法理上讲,行政责任和刑事责任都是公法责任,在法律责任体系中占有极其重要的地位,二者关系非常密切,既有相同之处也有相异之处。在责任法定、追究主体和不得转让上有相近、相同之处,而在适用条件、责任作用、权力归属、承受主体、连带责任和实现形式上又有区别。③ 而历史上的刑事和行政责任是无法用现代法理来规范的,但现代法理对其又有一定的参考意义。宋代的行政、刑事责任方式的确获得了前所未有的发展,行政责任方式前已述之,而刑事责任,无论是法定的五刑、折杖、刺配的完善,还是非法定的夷族、活钉、断手足、具五刑、腰斩、磔刑等酷刑的实施④,行政责任与刑事责任的方式同时发展和变化,使得二者的分野和差别日益清晰。尽管如此,在古代包括宋代的法制理论和实践中还有不少含糊或混同的地方。这在我国古代诸法合一、行政司法合一的法律和司法背景下,刑事责任与行政责任的关系更为密切而复杂,要把二者彻底分离清楚确实是一件不太容易的事情,也是令后人对古代行政责任与刑事责任迷惑的

---

① 参见(宋)王栐:《燕翼诒谋录》卷5,诚刚点校,中华书局1981年版,第46页。
② (宋)方勺:《泊宅编》卷7,许沛藻等点校,中华书局1983年版,第38页。
③ 参见沈开举等:《行政责任研究》,郑州大学出版社2004年版,第69—71页。
④ 参见张晋藩、郭成伟主编:《中国法制通史》(第五卷《宋》),法律出版社1999年版,第508—513页。

地方。如在上述行政责任方法中,以限制人身自由为主要特征的羁管、编管、安置、居住等行政责任形式,与刑事责任中徒刑、流刑以及综合性的刺配刑在人身自由和生活区域的限定上就有相似之处,前者在实施中有距离、地域性的个别要求,在特定的异域过着受限制的闲居生活,后者则有明确统一的道里、区域规定,并要服役,受到严格控制,因而二者不仅在形式上,而且在内容上都既有联系又有区别。当然,从根本上讲,行政责任与刑事责任方式的差别不只是责罚程度上的,而且是不同部门法的法律责任,各有自身的内在规定性。

我们在探讨宋代行政责任方式体系时,应该看到,行政与刑事责任方式的关系是非常重要的,也是不可回避的。在行政法律《吏部条法》中,有无违法犯罪和刑事处罚往往是要考察的因素,考察结果都直接影响官吏的差注、考课、荐举、磨勘等,如差注时,"应犯赃私罪情重,并未历任,及承直郎以下未成考,或无举主,及停替未成资,并不在选注之限"①。考任时,"若不因罪犯罢任者,许通计前任考任","不因罪犯替移者,仍理为任","应有奸赃逾滥,不理犯时考任"②。举荐时,"诸举状不依条式,本案吏人承受注籍者,杖一百"③。磨勘时,"诸磨勘于令有违者杖一百。未奏者减三等。其较考不当者杖八十。不以失减。诸州军申发官员磨勘文字不依条保明者,对读官吏杖一百"④。在官吏管理中,固然要考察官吏的犯罪和刑罚的因素,而管理主体也因行政不当受到刑事责罚,可见,刑事责任是在确定行政责任和处罚时必须考虑的因素,或者是行政责任方式的补充,与行政、刑事责任方式的关系是极为紧密的。

而在《宋刑统》《庆元条法事类》等法律及宋代基本史料中,许多行政违法行为,即使未严重危及社会和政治秩序也往往会被处刑罚,如前述的举荐、磨勘时被责罚杖刑一样。这种情况在宋代综合性法典《宋刑统》和《庆元条法事类》中表现得尤为突出。《宋刑统》是宋代一部综合性的刑法典,为"宋一代之法制",但又不是一部专门的刑

---

① 《吏部条法》,刘笃才点校,黑龙江人民出版社2002年版,第3页。
② 《吏部条法》,刘笃才点校,黑龙江人民出版社2002年版,第196、197页。
③ 《吏部条法》,刘笃才点校,黑龙江人民出版社2002年版,第244页。
④ 《吏部条法》,刘笃才点校,黑龙江人民出版社2002年版,第338、339页。

法典,其中除了刑法,还有行政、民事等法律内容,行政责任的方式也包含在其中。《宋刑统》有 30 卷,卷 1—6 的名例规定法律原则(包括刑事责任方式),卷 7—8 卫禁律、卷 16 擅兴律主要是军事法律,卷 17—20 贼盗律、卷 25 诈伪律主要是刑事或具有刑事性质的法律,卷 21—24 斗讼律、卷 28 捕亡律、卷 29—30 断狱律主要是诉讼法律,以及卷 26—27 杂律容纳的内容更丰富,除了这 23 卷外,在卷 9—11 职制律、卷 12—14 户婚律、卷 15 厩库律等 7 卷中,涉及行政、民事、经济等方面的法律,尤其卷 3 职制律有丰富的行政责任方式的规定,但是,又多以刑事处罚的方式表现出来,如卷 9 第一门"署置官过限(贡举考课)","诸官有员数而署置过限,及不应置而置。注云,谓非奏授者。又云,一人杖一百,三人杖加一等,十人徒二年"。"后人知而听者,减前人署置一等。规求者为从坐,被征须者勿论。即军务要速量事权置者,不用此律"[①]。行政官吏置官过限是一种明显的行政行为,会产生一些政治和社会影响,在一般情况下也不至于达到严重违法犯罪、严重危害政权和社会的程度,也没有必要处以刑罚,但《宋刑统》还是处以杖至徒的刑罚,显然,这是以刑罚的形式直接进行行政责罚,成为官吏行政责任的承担形式,也就是说,责任的性质是行政法范畴,而处罚的形式则是刑法范畴。这种情况在《宋刑统》中是比较普遍的,在《庆元条法事类》以及宋史基本史料中也有很多类似记载,尤其是《庆元条法事类》中各门收列的敕,基本上都是对违法犯罪、行政过错,也即刑事、行政责任,处以五刑中的笞、杖、徒刑的不少。这种责任形式涉及行政的各个领域和方面,如在最基本的日常的官吏舆服上,"诸僭拟乘舆用(谓以龙为饰。非小儿、妇人,纯以红、黄为衣,并服红、黄、遍地密花透背、锦背、绣背段,及以纯锦遍绣为帐幕,以红、黄帕覆茶担食合之类,或乘马坐轿,令人持扇围蔽,及妇人纯用红、黄扇者),各徒两年。以日月星辰为服用之饰者,杖一百"[②]。当然,也许在宋代把僭越乘服视为对皇权的蔑视和威胁,因而视为严重犯罪,处以刑罚。有时又将

---

① (宋)窦仪等:《宋刑统》卷 9《署官过限》,吴翊如点校,中华书局 1984 年版,第 143、144 页。
② (宋)谢深甫:《庆元条法事类》卷 3,戴建国点校,黑龙江人民出版社 2002 年版,第 5 页。

犯罪处以行政责任,如"同职犯罪"时,"诸主典(系书人同),与当职官共犯公罪,而当职官特旨降罚者,降一资(特旨差者,仍还旧役);差替、冲替者,并勒停;勒停者,千里编管(官员冲替、勒停者,仍永不收叙,以上并谓为首。或与当职官同等坐罪者,其鞫狱、检法,提点刑狱司详覆大辟,不当,主典虽为从亦同)"①。可见,在《庆元条法事类》中针对行政责任,有时是以行政责任,有时又以刑事责任的方式加以追究,且常以后者为主罚。这种以刑罚代替行政责任形式的现象,正是我国古代诸法合一、以刑为主的法制特点的体现。同时,也许因此,我国古代法制落下了"擅刑主义"的恶名。其实,这就是我国古代和宋代法制的本来面貌,行政责任的方式就是这样,也是与现代行政责任方式区别之所在。

正因如此,我们把这种具有行政、刑事二重性处罚称为行政性质的刑罚形式。在宋代行政责任追究的规定中,这种责任方法往往与一般行政责任方法交替使用,如"之官违限","诸之官限满不赴所属,不依限申尚书吏部者,杖一百。吏人三犯仍勒停,所委官奏裁。若故为隐漏,展磨勘二年,吏人依三犯法。即应再申而不申,若置籍销注于令有违者,杖一百"。②而在实际的行政责罚中,也根据责任大小采用多种责任形式,如宋仁宗天圣时,"右班殿直张从恩当磨勘而隐落公罪,杖,坐徒二年,追两官勒停"③。再如宋哲宗元符二年(1099年)诏书所云:"各以秦州制勘所言白草原讨荡,妄增首级,冒受功赏,兼虚上首级与使臣亲戚。余部队将、使臣、人吏、敢勇、效用等,各等第追降、勒停、编管、决配有差。"④当然,这些不同的责任形式,也可能是由责任方式的适用对象所决定的,但又都是针对一般的行政行为的。的确,从宋代基本法典来看,这种行政性的刑罚形式占较大比例;从行政实践,以及宋代有关诏令来看,特别是在考核、监察官吏的法律法规

---

① (宋)谢深甫:《庆元条法事类》卷10《职制门》,戴建国点校,黑龙江人民出版社2002年版,第173、174页。
② (宋)谢深甫:《庆元条法事类》卷5《职制门》,戴建国点校,黑龙江人民出版社2002年版,第52页。
③ (宋)李焘:《续资治通鉴长编》卷109,上海师范大学古籍整理研究所、华东师范大学古籍整理研究所点校,中华书局2004年版,第2537页。
④ (宋)李焘:《续资治通鉴长编》卷507,上海师范大学古籍整理研究所、华东师范大学古籍整理研究所点校,中华书局2004年版,第12085—12086页。

中,前述一般行政责任方式又占绝对多数。这两者应该是相互配合的。而有时一般行政责任方式如羁管、编管、勒停、除名,可能比笞、杖,甚至徒刑还要严厉。所以,行政性的刑罚形式,应该是行政责任形式的组成部分,至少处于辅助的地位,当然,真正的刑事处罚就不属于行政责任追究了。至于笞、杖、徒等责任形式的一般规定,在此不赘。总之,行政性的刑罚形式是宋代行政责任方式的重要组成部分,从总体上讲,可能处在行政责任追究方法的辅助和补充地位,但在具体的行政责任追究过程中可能又是基本的独立责罚形式。这种行政性的刑事责任不能因其与一般刑事责任的相通相似而混为一体,更不能忽视这类行政责任追究的形式及其地位。为此,在探讨宋代行政责任时可能比较适宜用广义行政责任或者行政法律责任来诠释,行政责任追究的方法除了一般行政责任方法,还应包括由于行政而导致的行政性刑罚。后者也许与德国刑法学家郭特希密特(J. Goldschmidt)提出的"行政刑法"相似,而德国也将行政刑法纳入行政法的范围。① 当然,宋代的行政是我国古代传统的"政刑德礼"庞大体系中的大行政,将行政责任和方法置于广义行政责任或行政法律责任的位置来考察,可能更符合当时的行政及其法制的实际。

四、行政责任与官当原则、官吏特权

官当,是古代刑罚普遍适用的一项原则。《宋刑统》承袭了《唐律疏义》及以前的官吏法律特权保护的精神,实行诸如八议、请、减、赎、当、免等刑罚原则,官当即是其中重要的一项,也就是根据官吏的身份不同而同罪异罚或免除处罚。在《宋刑统》中有《以官当徒除名免官免所居官》的律条,内容如下:

> 诸犯私罪以官当徒者(私罪谓私自犯及对制诈不以实、受请枉法之类),五品以上一官当徒二年,九品以上一官当徒一年。若犯公罪者(公罪谓缘公事致罪,而无私曲者),各加一年当。以官当流者,三流同比徒四年。其有二官(谓职事官、散官、卫官同为一官,勋官为一官),先以高者当(若去官未叙亦准此),次以勋官

---

① 参见张明楷主编:《行政刑法概论》,中国政法大学出版社1991年版,第98页。

当,行守者各以本品当,仍各解见任。若有余罪及更犯者,听以历任之官当(历任谓降所不至者)。其流内官而任流外职犯罪,以流内官当,及赎徒一年者,各解流外任。①

诸应以官当者,追见任、次历任高官;免官者,免见任并历任内一高官;免所居官者,止免见任。②

官当是官吏的法律特权,也是法外开恩,是针对某些特定的罪行变通刑罚,采取其他处罚形式,并且多是围绕官品抵当徒刑而展开的。同时,官当也是有所限制的,有些罪名是不可官当的,如雍熙三年(986年)七月敕,"权判刑部张佖起请失入死罪,不许以官当赎,知州、通判并勒停"③。

这种刑罚上的官当原则,又在一定程度上适用于行政责任,因为行政与刑事责罚是可以比折的,如,"诸除名者,比徒三年。免官者,比徒二年。免所居官者,比徒一年。流外官不用此律"④。这里将除名、免官、免所居官三种行政责罚形式分别与徒三年、徒二年、徒一年相折算,也就是承担了行政责任,则可免去相应的刑罚。又如《庆元条法事类》更详细地规定了刑事责任之间及其与行政责任方法之间的比折关系,并且都与"官"有关:

诸应比罪者(谓犯编配应当、赎及诬告出入之类),配沙门岛比流二千里,余刺面配比徒三年,不刺面配比徒二年(配军配沙门岛者,比徒三年。余刺面配者,比徒二年),编管、移乡比徒一年。其本罪徒以上仍通比,满四年者,比流二千里,每半年加五百里,满六年者,比加役流。听用官当减赎,不在除名之例(官当者,准徒六年。应赎者,理铜百斤),命官勒停、冲替,举人永不得应举,流外品官勒停(公人系职级及衔前职员若副尉亦同),将校、

---

① (宋)窦仪等:《宋刑统》卷2《以官当除名免官免所居室》,吴翊如点校,中华书局1984年版,第26页。
② (宋)谢深甫:《庆元条法事类》卷76《当赎门》,戴建国点校,黑龙江人民出版社2002年版,第812页。
③ (宋)李焘:《续资治通鉴长编》卷60,上海师范大学古籍整理研究所、华东师范大学古籍整理研究所点校,中华书局2004年版,第1349页。
④ (宋)窦仪等:《宋刑统》卷3《诬告比徒》,吴翊如点校,中华书局1984年版,第42页。

节级降补,诸军降配,僧道还俗,本罪杖以下(虽无本罪同),各比徒一年。①

因而,多种刑罚之间是可能变通的,行政责任与刑事责任之间也是可以比折的,其中"官"起了比折的桥梁作用,同时,这种比折关系又为行政责任追究的官当原则的适用提供了条件以及广阔的空间。况且,某些行政责任又是以刑罚形式表达的,其中某些罪名和责罚是可以直接适用官当的。

更为重要的是,在前述三类行政责任形式中,除了以剥夺或限制人身自由为特征的第一类外,以降官为特征的第二类,以赎罚为特征的第三类,从本质上讲,就是官当,至少是变相的官当,也就是以官爵及其利益的剥夺或减降代替行政、刑事责任的追究。表面上看是对官吏的惩处,实质上是对官吏的保护,是官吏的特权。所以,宋代责任追究与官吏庇护是通过官当密切地联系在一起的。这既对官吏有震慑作用,又有懈怠作用,尤其特权的庇护造成行政乃至法制的黑暗。

总之,宋代行政责任追究的方式多种多样,既有一般或基本的行政责任形式,又有特殊或混合的行政性的刑罚形式,从而构成责任方式体系。这一责任方式体系的核心还是在官吏的官爵利益上做文章,抓住了为官者的心理和为官关键,自然能够在官吏勤政、廉政、效率上发挥一定的作用。但又由于这种基于惩罚性的责任追究,本身存在对阶级和特权利益的庇护,以及缺少补救性的责任追究,也就使行政责任追究机制步履维艰,难以很好地发挥作用。这一点在下面分类考察中得到进一步的证实。

---

① (宋)谢深甫:《庆元条法事类》卷74《刑狱门》,戴建国点校,黑龙江人民出版社2002年版,第770页。

第四章　宋代科举责任追究

近一二十年,宋代科举制度的研究随着宋史等研究的发展而日益全面深入,涉及举子资格、考官资格、考试内容、考试时间、考试场所、解额分配、及第授官等方面,对科举防范措施和科场处罚也有相关或专门的研究①,对于科举责任追究虽有所论及,但尚未深入系统,是一个新的课题,需要进行探索性研究。

宋代的科举官吏或考官主要有权知贡举、同权知贡举、编排试卷官、封弥官、点检试卷官、详定官、巡铺官等。② 如省试考官,"初,省试奉敕差知贡举一员,同知二员,内差台谏官一员;参详官若干员,内差监察御史一员。俾会聚考校,微寓弹压纠察之意"③。此外,还有一些与科举密切相关的官吏,如科举期间的保官——知州、通判、升朝官等,他们有担保举子的权力,也有担保的责任,是科举官吏的组成部分。他们分工明确,责任清晰;相互制约,临期差遣。科举考官是科举的组织者,又是责任的承担者。本章在以往宋代科举制度基本事实和相关研究的基础上,一定程度上借鉴行政管理学、行政法学等理论方

---

① 参见冯陶:《北宋初期科举制度研究综述》,载《晋阳学刊》2003 年第 1 期;郭渊:《百尺竿头 更进一步——全国第三届"科举制与科举学"学术研讨会会议综述》,载《教育与考试》2007 年第 5 期;高桂娟等:《国内科举制研究的脉络及其进展》,载《中国地质大学学报》2008 年第 3 期;王曾瑜:《宋史研究的回顾与展望》,载《历史研究》1997 年第 4 期;陈高华等主编:《中国考试通史》卷二,首都师范大学出版社 2004 年版,第 1—25 页;朱瑞熙等:《宋史研究》,福建人民出版社 2006 年版,第 116—139 页。

② 这些考试官员及其活动在李焘《续资治通鉴长编》,中华书局 2004 年版,第 1352 页中的记载较为分散,如卷 60《景德二年七月丙子条》就有官吏奏请"令监门巡铺官潜加觉察"进士考试的记录。而陈高华等主编的《中国考试通史》卷二,首都师范大学出版社 2004 年版,第 144 页有集中的叙述。

③ (元)脱脱等:《宋史》卷 156《选举志》,中华书局 1977 年版,第 3637 页。

法,侧重科举的过程并兼顾其他相关方面来初步探讨宋代的科举行政责任追究。

第一节 准备保障

宋代制定了一系列科举的防范措施和原则①,无论考生还是考官,违反了这些规定就要受到相应的责任追究,这实际上为科举责任追究奠定了制度性的前提。同时,宋代为保证科举的顺利进行,在科举的准备及其过程中规定了考官的职责,若不履行将追究其失职责任。

考题是考生回答问题的依据,拟题则是考官的职责,也是一项严肃细致的工作。宋代科举有解试、省试、殿试以及常科、特科等各级各类的考试,考试的内容、门类、场次都有所不同②,也时有变化,情况较为复杂,如元祐时三省奏请的进士、新明法科考试分别有四场、五场:"一、考试进士分为四场,第一场试本经义二道、《论语》或《孟子》义一道,第二场试律赋一首、律诗一首,第三场试论一首,第四场问子、史、时务策三道。以四场通定去留高下。一、新明法科依旧试断案三道,《刑统》义五道,添《论语》义二道、《孝经》义一道,分为五场。"③尽管科举考试如此复杂,宋代对具体考试的拟题范围、形式等还是作了一些正面或限制性的规定。北宋时,仁宗要求"自今试举人,非国子监见行经书,毋得出题"④,哲宗要求"考试官于经义、论、策

---

① 参见陈高华等主编:《中国考试通史》卷二,首都师范大学出版社2004年版,第109—142、145—153、182—194页。
② 参见杨渭生等:《两宋文化史研究》杭州大学出版社1998年版,第401—424页;陈高华等主编:《中国考试通史》卷二,首都师范大学出版社2004年版,第92—108、153—162、222—224页等。
③ (宋)李焘:《续资治通鉴长编》卷394,上海师范大学古籍整理研究所、华东师范大学古籍整理研究所点校,中华书局2004年版,第9899页。
④ (宋)李焘:《续资治通鉴长编》卷122,上海师范大学古籍整理研究所、华东师范大学古籍整理研究所点校,中华书局2004年版,第2872页。

通定去留,毋于《老》《列》《庄子》出题"①。"秘阁试制科论题,于九经兼正史、《孟子》《扬子》《荀子》《国语》并注内出,其正义内毋得出题。"②绍圣时礼部、国子监奏言举人考试内容后,诏曰:"其所试《春秋》,许于三传解经处出题。虽缘经生文,而不系解经旨处,不许出题。"③南宋时,也有一些拟题方面相似的规定,比如题型要求,孝宗下诏曰:"自今岁试闱,六经义并不许出关题,亦不得摘取上下经文不相贯者为题。"④其实,这些要求或规定,往往是在臣僚批评科举出题不当之后提出的,有时针对解试,有时针对省试,如上述孝宗的要求,就是在国子祭酒沈揆批评"关题"之后下了上面的那一道诏书,他说:"六经自有大旨,坦明平正(道),不容穿凿。关题既摘经语,必须大旨相近。今秋诸郡解试,有《书》义题用'在璇玑玉衡,以齐七政',关'舞干羽于两阶,七旬有苗格'者。据此题目,判然二事,略不附近,岂可相关!谬妄如斯,传者嗤笑。此则关题之弊。有《易》义题:'时乘六龙,以御天也;云行雨施,天下平也。'至此当止矣,而试官复摘下文'君子以成德为行'相连为题。据此一句,其义自连下文,若止已上四句为题,有何不可?此则命题好异之弊。"⑤后来,宋宁宗嘉泰元年(1201年)仍有臣僚批评命题,"治经以经旨为主,文辞为辅。近者经学惟务遣文,不顾经旨,此非学者过也,有司实启之。盖命题之际,或于上下磔裂,号为断章;他处牵合,号为关题。断章固无意义,而关题之显然浑成者,多已经用,往往搜索新奇,或意不相属,文不相类,渐成乖僻。士子虽欲据经为文,势有不可,是有司驱之穿凿。乞今后经义命题,必本经旨,如所谓断章、关题,一切禁约。庶几学者得以推原经文,不致曲说"⑥。直至嘉定时,国子博士钟震还在指出地方考试命题中的问题,"后缘外州场屋命题,多是牵合字面求对,更不考究经旨。如以

---

① (宋)李焘:《续资治通鉴长编》卷394,上海师范大学古籍整理研究所、华东师范大学古籍整理研究所点校,中华书局2004年版,第9593页。
② (宋)李焘:《续资治通鉴长编》卷473,上海师范大学古籍整理研究所、华东师范大学古籍整理研究所点校,中华书局2004年版,第11284页。
③ 《宋会要辑稿》选举3之55,刘琳等校点,上海古籍出版社2014年版,第5315页。
④ 《宋会要辑稿》选举1之21,刘琳等校点,上海古籍出版社2014年版,第5258页。
⑤ 《宋会要辑稿》选举1之21,刘琳等校点,上海古籍出版社2014年版,第5258页。
⑥ 《宋会要辑稿》选举5之24,刘琳等校点,上海古籍出版社2014年版,第5353页。

'在璿玑玉衡以齐七政'合'七旬有苗格'之类,但合七字,更无义理,岂不有碍经旨?所以关题自嘉泰元年后不曾再出。今来奏请以全题有限,自后场屋(若)间题[出]关题,理亦可行"①。为此,关题未见尽废,但对这种命题的不当和失误,则应予纠正,并追究考官的责任。

宋代对科举拟题失误的处罚是比较严厉的,即使在一般考试命题,如"引试上舍""公试上舍"中,如有不当也是重罚。北宋政和五年(1115年),"河间府考试官引试上舍,出《书》义题'无轻民事,惟艰'作'为难'字,陛下赦其过失,止从薄罚",尽管"今看详于经意别无违戾",但"系公罪事理稍重",后来还是"诏元出题官特冲替"。八年(1118年),"泸州公试上舍题目,内有差漏并错引事迹,及试经义题目失先后之序",显然情况要严重些,于是,"所有考试官资州龙水县尉王行、合州司录钱挺显不仔细出题,致有差错违误"。"诏行、挺并放罢。"②他们所受到的放罢处罚,自然也比冲替重一些。至于科举命题更为重要,如有失误更应追究责任,严惩不贷。如南宋绍兴十三年(1143年)四月,"诏吴镛考试刑法官,出题失当,特降一官"③。乾道七年(1171年)十一月,"诏四川类省试院进题目,考试官何耆仲所撰第三场第三道策题,用事差错,特降一官放罢,今后不差充试官"④。可见,不仅罢免此官,而且还取消了其以后担任考试官的资格。当然,也有针对特殊情况的出题责罚,建炎四年(1130年)九月,"诏利州试官宋愈、陈协各特罚铜十斤。臣僚言:'驻跸会稽,是为首善之地。愈出策题谀宰相为得王佐;夏旱秋霖,而协以为雨旸时若。导谀如此,何以求切直言?'故有是罚"⑤。因而,宋代对考试的拟题比较重视,设置了点检官进行校阅试卷(当然也从事其他监察性的工作),同时,针对考试、点检上存在的问题,又加强对考试官和点检官的管理,正如南宋庆元时臣僚所奏:

---

① 《宋会要辑稿》选举6之42,刘琳等校点,上海古籍出版社2014年版,第5380页。
② 《宋会要辑稿》选举19之23,刘琳等校点,上海古籍出版社2014年版,第5633页。
③ 《宋会要辑稿》选举20之7,刘琳等校点,上海古籍出版社2014年版,第5638页。
④ 《宋会要辑稿》选举20之20—21,刘琳等校点,上海古籍出版社2014年版,第5645页。
⑤ 《宋会要辑稿》选举20之3,刘琳等校点,上海古籍出版社2014年版,第5636页。

诸郡与漕闱考官,必差一员为点检主文,凡命题与所取程文,皆经点检以防谬误。比年以来,徒为具文,一时考官,各骋己意,异论纷然,甲可乙否,以致题目多有乖谬。去岁秋举,诸州所申义题,或失之牵强,文理间断而不相续;或失之卤莽,文理龃龉而不相类。赋题论题,或失之破碎,文理捍格而不相贯,以至策问专肆臆说,援引失当。皆由点检官不择才望之士,考官中有矜能挟气者,不同心商(确)[榷],故有题目出于一人之见,其他官旁睨,不欲指其疵类。及有摘发其失,出题之官独被谴责,而无点检之名。乞今后漕臣若非由科第,即别委本路提刑、提举、总领有出身者,每举从朝廷专委一司选差试官,须择其素有文声名望、士论所推者充点检官,专以文柄责之。诸考官先供上题目,点检官斟酌审订,择其当理而不悖古训、兼通时务者,然后用之。及考官所取合格试卷,点检官仍加详校,公定去留。礼部俟其申到题目及程文,再行点检。如有乖谬,将点检官重行黜责。①

宋宁宗听从了这个建议,强化了出题和试卷的管理以及程序,明确了考试、点检官的责任,如有乖误,将被重行黜责。

命题固然是科举考试的关键环节,而在考试之前及其过程中还有一些准备和保障工作要做,并且也有相应的责任。政和五年(1115年)二月,翰林学士兼侍读王甫等,"乞每岁锁院前十日,令诸司官及管勾贡院什物库官具排办足备文状,申尚书礼部,差郎官一员专行点检,保明申尚书省。内贡院见管什物与举人就试书案,岁久数多,应办不足,所存亦皆弊坏,乞特命有[司]措置添修"②。徽宗听从了这一建议,并且制定了专门的法规,做好考试的物质准备。后又针对场屋怀挟、传义之弊和伪冒滋长的现实,加强监门官和点检官的职责,嘉定十六年(1223年)正月臣僚言,"臣绅绎诸弊为日久,如门钥当责胥吏收买牢固者,监门官点检,不容灭裂。其引试日引放既毕,每日辰酉请

---

① 《宋会要辑稿》选举 22 之 14—15,刘琳等校点,上海古籍出版社 2014 年版,第 5664 页。
② 《宋会要辑稿》选举 4 之 9,刘琳等校点,上海古籍出版社 2014 年版,第 5321 页。

门官监开,传送饮食"①。保障的工作和责任很具体,甚至包括考场周围的防火,如元丰八年(1085年)五月,"正议大夫、户部侍郎李定,承议郎、给事中、兼侍讲蔡卞,奉议郎、起居舍人朱服,各降一官。坐知贡举日,开宝贡院遗火。权知开封府蔡京、判官胡及、推官李士良,各罚铜八斤。坐救火延烧寺,延及人口,虽会赦,特责之也"②。这类保障性的工作属于事务性的,十分烦碎,必须认真依规去做才可避免差错,否则,招来相应的责任追究。如试卷封弥差误就会遭到严惩,宣和五年(1123年)殿中侍御史惠柔民等言,"准敕差充府监发解别试所考官,九月二日,具武士合格字号奏闻。数内字号系内舍试上舍试卷,其当行人为是同场引试,却误同外舍试内舍印子,致有差误。除已改正,将当行人施行,并元封对号官已举觉外,所有臣等罪犯,伏望重行黜责"。于是,"诏惠柔民可罢殿中侍御史,柳约罢著作佐郎"③。再如,政和三年(1113年)八月,臣僚言:"窃见以谓凡试院之事,虽尽在主司,至于关防周悉,全(籍)[藉]封弥官谨密详察。号既已定,岂容复有差互……显见封弥所并不子细点检,对二人卷子重叠用号,所失甚大,伏望重行黜责。""诏管号官朝请郎周劲特降两官,依冲替人例施行,系公罪事理稍重。"④在科举考试过程中,需要做的防范性工作很多,若不能尽职,关防不谨,即会招致责罚,嘉定九年(1216年)十一月,"诏知荣州杨叔兰放罢,朝奉郎刘光特降一官。以潼川提刑、权运

---

① 《宋会要辑稿》选举6之48,刘琳等校点,上海古籍出版社2014年版,第5383、5384页。这是针对当时场屋之弊及其预防而提出来的,"比年场屋多弊,前举增巡铺官,以防怀挟、传义,旋有败露,奸蠹非一。春官设棘,近在逾月,倘不申严警饬,则伪冒滋长。摭取其尤凡十二事陈之,曰门关,曰纳卷,曰内外通传,曰全身代名,曰换卷首纳白卷,曰吊卷,曰吏人陪《韵略》钱,曰帘内胥吏乞觅帘外胥吏,曰试宏博人怀挟传义,曰诸色人之弊,曰廉外诸司官避亲,曰印卷子"。
② (宋)李焘:《续资治通鉴长编》卷356,上海师范大学古籍整理研究所、华东师范大学古籍整理研究所点校,中华书局2004年版,第8520页。《续资治通鉴长编》所载责罚较详,而蔡絛:《铁围山丛谈》卷二,冯惠民等点校,中华书局1983年版,第44页;所言火灾较具体,"元丰末,叔父文正知贡举。时以开宝寺为试场。方考,一夕寺火大发。鲁公以待制为天府尹,夜率有司趋拯焉。寺屋既雄壮,而人力有不能施。穴寺庑大墙,而后文正公始得出,试官与执事者多焚而死。于是都人上下唱言:'烧得状元焦。'及再命试,其殿魁果焦踣也"。
③ 《宋会要辑稿》选举17之24,刘琳等校点,上海古籍出版社2014年版,第5597页。
④ 《宋会要辑稿》选举19之23,刘琳等校点,上海古籍出版社2014年版,第5632、5633页。

判魏了翁言'荣州解试拆号后,士人赵甲等诉试院欺弊事。叔兰系举送官,关防不谨,以致官吏作弊。朝奉郎刘光不能训其子,使抵冒法禁'故也"①。至于未能履行保障职责,监试不力,甚至纵容作弊,更是严加惩罚,绍兴二十六年(1156年)闰十月,"诏:'鄂州通判任贤臣监试不职,容纵举人假手传义,特降一官'"②。可见,在科举中出题失误,保障不足,监试不力,都会受到行政责任追究。

这类考务性责任是在考试的具体过程中直接产生的,追究往往是在事中或事后进行的。而有些追究则是针对违反限制性规定或预防性规章的,起到防微杜渐的作用,以保障考试的顺利进行。如违反锁宿限制,大中祥符七年(1014年)八月就有诏云,"今后所差考试发解并知举官等,宜令阁门候勅出召到,画时令阁门(祗)[祗]侯引伴指定去处锁宿,更不得与臣僚相见言话。如违,仰引伴使或阁门弹奏,并当重行朝典。如候鞍马未至,即阁门立便于左骐骥院权时供借"。这个诏书是有其原因的,"先是,王曾等授勅知贡举,与李维偶语于长春殿阁子,至审刑院伺候鞍马,迟留久之。押伴阁门(祗)[祗]侯曹仪虑其请嘱,因以上言,即令曾、惟演分析,与李维词同,特放曾等。乃有是诏"③。又如绍兴八年(1138年)五月,"诏:'楼玮为贡院对读官,规避妻党牒试,托故出院,特降一官'"④。再如十八年(1148年)五月诏,"郭印前任永康军通判,牒试避亲举人不当,特降一官"⑤。所以,在科举过程中,锁院时与大臣相见言语、主持考试时回避亲戚不当等会受到弹劾、降官等追究。这类回避应当是宋代行政回避制度中的亲属、职事回避规定的有机组成部分,与执政和御史"不应交通",以及"禁同省往来"等限制十分相似。⑥ 这种追究,显然是为了克服人际关系、职事关联中的障碍,保障科举的顺利进行。

---

① 《宋会要辑稿》选举16之32,刘琳等校点,上海古籍出版社2014年版,第5579页。
② 《宋会要辑稿》选举20之12,刘琳等校点,上海古籍出版社2014年版,第5640页。
③ 《宋会要辑稿》选举19之6,刘琳等校点,上海古籍出版社2014年版,第5623页。
④ 《宋会要辑稿》选举20之5,刘琳等校点,上海古籍出版社2014年版,第5637页。
⑤ 《宋会要辑稿》选举16之8,刘琳等校点,上海古籍出版社2014年版,第5667页。
⑥ 参见(宋)李焘:《续资治通鉴长编》卷310,上海师范大学古籍整理研究所、华东师范大学古籍整理研究所点校,中华书局2004年版,第7527页;(宋)苏轼:《东坡志林》卷2,王松龄点校,中华书局1981年版,第30页;朱瑞熙:《宋代官员回避制度》,载朱瑞熙:《疁城集》,华东师范大学出版社2001年版,第173—190页(又载《中华文史论丛》总48辑)等。

第二节　判卷录取

在科举考试过程中,从地方的解试、发解到中央的省试、殿试,其中解试的通过及发解与否,直接取决于评卷和考第,这也决定举子的命运和仕途,为朝野广为关注。

在科举判卷时,考官一般根据举子回答的内容和程度,给予通、粗、否的等第,然后决定发解和及第与否。真宗咸平元年(998年)五月礼部贡院言:

> 窃见诸州府及贡院考试诸科举人,于义卷上多书"粗字",盖试官庇容举人,免作十否殿举。今后并须实书通、否,不得依前以"粗"字庇容。如有固违,乞行朝典……自今后不问新旧人,并须文章典雅,经学精通。当考试之时,有纰缪不合格者,并逐场去留。如有容庇,发解、监试官并乞准前条勒停。①

礼部贡院针对考试官为了逃避责任、庇护举人而判卷时多书"粗"等的现象,要求实书"通"或"否",明确态度,否则,如有包庇,徇私不公,发解官、监试官都将被依法勒停。因为不恰当或不公正的判卷,必然直接损害考生的切身利益,造成考生的不满或怨恨,以至上奏诉说,而考试官也会受到处罚。早在大中祥符五年(1012 年)九月,《毛诗》学究王元庆就诉贡举官判卷不当,结果,"贡院考试官、前宁州司法参军、国子监说书王世昌勒停,知贡举官晁迥、刘综、李维、孙奭并赎铜三十斤"②。后来,天禧三年(1019 年)二月,"礼部下第举人陈损诣登闻鼓院诉贡举不公。诏龙图阁学士陈尧咨、左谏议大夫朱巽、起居舍人吕夷简等于尚书都省召损等,令具析所陈事理及索视文卷,看详考校定夺以闻。继而进士黄异等复讼武成王庙考试官陈从易不公,诏尧咨等如前诏详定。尧咨等言:'礼部所送进士内五人文理稍次,武成王

---

① 《宋会要辑稿》选举 14 之 17,刘琳等校点,上海古籍出版社 2014 年版,第 5538—5539 页。
② (宋)李焘:《续资治通鉴长编》卷78,上海师范大学古籍整理研究所、华东师范大学古籍整理研究所点校,中华书局 2004 年版,第 1784 页。

第四章 宋代科举责任追究

庙进士内二人文理荒缪,损等所讼亦有虚妄。'诏损、异等决杖配隶,连状人并殿两举,惟演等递降一官"①。天圣元年(1023年)十一月,又有举人上诉开封解试不公。结果,"降侍御史高弁为太常博士,职方员外郎吴济为都官员外郎,太常丞、直集贤院胥偃为著作佐郎,监察御史王轸为太常博士;监兖州、涟水光化军、鄂州酒税。左正言刘随罚铜五斤"②。可见,宋代对此类因判卷不公而导致的责任,予以罚铜和降官、降差遣的处罚,是比较严厉的,而对举子上诉不当,处以杖配,更是重罚。后者杖配虽为刑罚,但具有行政性刑罚的性质。

而在判卷录取中,考试官的职位不同,职责不同,处罚也有所区别,庆历四年(1044年)六月,诏:"进士、诸科点检考试……经科举人如有过落不当,具考试覆考官,于知举官下减等定罪。"③而责罚的轻重往往取决于违法判卷的程度,真宗大中祥符五年(1012年)对此有具体的规定:

> 诏士曾预南省试者,犯公罪听赎罚。令礼部取前后诏令经久可行者,编为条制。诸科三场内有十"不"、进士词理纰缪者各一人以上,监试、考试官从违制失论,幕职、州县官得代日殿一选,京朝官降监场务,尝监当则与远地;有三人,则监试、考试官亦从违制失论,幕职、州县官冲替,京朝官远地监当;有五人,则监试以下皆停见任;举送守倅,诸科五十人以上有一人十"不",即罚铜与免殿选监当,进士词理纰缪亦如之。④

这道诏书指出了考试判卷过程中不当的行政行为,并且根据责任的大小,规定了相应处罚的方式和程度。而不同阶段不同类型的考试责任又有所不同,如前述天圣时刘随解试不公被罚铜五斤,而熙宁、元丰时省试不公的责罚要重得多,熙宁九年(1076年)三月,"诏'殿试进士,初考官翰林学士陈绎,集贤校理孙洙、王存,崇文院校书练亨甫、范镗,审官东院主簿陆佃,各罚铜二十斤;覆考官翰林学士杨绘、龙图阁

---

① 《宋会要辑稿》选举19之7,刘琳等校点,上海古籍出版社2014年版,第6524页。
② (宋)李焘:《续资治通鉴长编》卷101,上海师范大学古籍整理研究所、华东师范大学古籍整理研究所点校,中华书局2004年版,第2343页。
③ 《宋会要辑稿》选举3之30,刘琳等校点,上海古籍出版社2014年版,第5300页。
④ (元)脱脱等:《宋史》卷155《选举志》,中华书局1977年版,第3610、3611页。

直学士宋敏求、同修起居(汪)[注]钱藻、秘阁校理陈睦、崇政殿说书沈季长、检正中书刑房公事王震,各罚铜十斤。'并坐考校第一甲进士不精也"①。元丰五年(1082年)三月,"诏御试所考官苏颂等六人,覆考官安焘等六人,详定官蒲宗孟等三人,各罚铜三十斤。颂等考黄裳(等)[第]下等,上亲擢为第一,故罚之。"其中有"不称旨命",也有"高下失实"②的问题,主要在于考核不精,定等不当。至北宋后期,有些变化,贡举责任追究进一步完善,故绍圣元年(1094年)正月,右通直郎蔡安持建言,"欲于《贡举勅》内改'点检'为'考试官'字,庶几条约均一,士无遗滥"③。于是将点检和考官全涵盖在考试官之中,使之都承担相应的责任。政和时,责任追究的实施可能差一些,出现"唐开祖程试纰缪,主司校考不精,宜有薄罚,未见施行"的情况,但在大臣的奏请之下,最后还是有所改正,"诏:'唐开祖经义稍齐整'《孟子》义云:'即水以观性,离水以观性'近佛语,又非是,策殊不工。知举蔡薿、同知举慕容彦逢,《易》义卷点检试卷官江天一、同知举宇文粹中、论卷点检官江致平、同知举张澡、策卷点检试卷官段拂,参详官胡伸、各罚铜十斤。其唐开祖今后不得与学官、试官差遣"④。可见,在北宋后期政治秩序较为混乱的情况下,科举责任追究并没有停止。

南宋科举判卷录取上的问题,从《宋会要辑稿·选举》的记载来看,较北宋要多一些,问题似严重一些,如考校不精、对读脱漏,"经、义但看冒头,诗赋仅阅一二韵,论、策全不过目"⑤,尤其四川的漕试、解试、类省试"私取之弊"⑥为多。为此,对考试官的责罚也屡见于史载,如绍兴十五年(1145年)四月,"诏:太学博士杨邦弼,御试进士对

---

① 《宋会要辑稿》选举8之35,刘琳等校点,上海古籍出版社2014年版,第5426页;李焘:《续资治通鉴长编》卷273,上海师范大学古籍整理研究所、华东师范大学古籍整理研究所点校,中华书局2004年版,第6697页。

② 《宋会要辑稿》选举8之35,刘琳等校点,上海古籍出版社2014年版,第5426页;参见李焘:《续资治通鉴长编》卷324,上海师范大学古籍整理研究所、华东师范大学古籍整理研究所点校,中华书局2004年版,第7809页。

③ 《宋会要辑稿》选举19之20,刘琳等校点,上海古籍出版社2014年版,第5631页。

④ 《宋会要辑稿》选举4之8—9,刘琳等校点,上海古籍出版社2014年版,第5321页。

⑤ 《宋会要辑稿》选举6之17,刘琳等校点,上海古籍出版社2014年版,第5367页。

⑥ 《宋会要辑稿》选举6之24,刘琳等校点,上海古籍出版社2014年版,第5371页。

读试卷有所脱漏,罚铜十斤"①。而大臣们对此类责任也密切关注,并且有的还及时上奏,提出自己的看法,如嘉泰元年(1201年)二月,右谏议大夫程松言:"若有司所取不当,他时上彻听闻,则考官降黜,所取驳放。"②嘉定六年(1213年)八月,臣僚言:"乞(今)[令]礼部速牒诸州,严责考官,精择正解之外,待补卷子亦加精考,并要分明批抹,与选者批文理何处优长,黜落者批文理何处纰缪,卷首具考官职位。开院后,将所取草卷解发运司点检,如有卤莽,定加责罚。"③后来绍定时,针对"举人程文雷同"的情况,"命礼部戒饬,前申号三日,监试会聚考官,将合取卷参验互考,稍涉雷同,即与黜落。或仍前弊,以致觉察,则考官、监试一例黜退"④。也就是一旦发现判为合格的答卷雷同,不只黜落考生,并要黜退考官、监试官。因而在判卷和录取上,有宋一代对考试官的责任追究较为重视,有时还比较严厉。

第三节　发解举解

发解或举解是科举过程中联结解试与省试,即地方与中央考试的关键环节。宋代对发解条件的规定是比较全面的,考生即贡生既要通过解试,解试成绩真实有效,又要符合其他解送条件(包括考生的主体资格等),才能发解,参加省试。如果不应解而解,或解后又发现其他问题,则解送及考试官吏都必须承担解送的行政责任。正如宋太祖时期,权知贡举卢多逊所言:

> 伏以礼部设科,贡闱校艺,杜其滥进,是曰宏规。所以发解之时,必责程试,取其合格,方可送名。岂有经试本州,列其贡籍,考其艺能,动非及格,殊乖激劝之道,渐成虚薄之风……仍解状内开说当州府元若干人请解,若干人不及格落下(讫,若干人合格见解。其合申送所试文字,并须逐件朱书通否,下试官、监官仍亲书

---

① 《宋会要辑稿》选举8之43,刘琳等校点,上海古籍出版社2014年版,第5430页。
② 《宋会要辑稿》选举5之23,刘琳等校点,上海古籍出版社2014年版,第5352页。
③ 《宋会要辑稿》选举6之17,刘琳等校点,上海古籍出版社2014年版,第5367页。
④ (元)脱脱等:《宋史》卷156《选举志》,中华书局1977年版,第3637页。

名。若合解不解、不合解而解者,监试官为首罪,并停见任,举送长官闻奏取裁)。①

卢氏所云涉及州府发解的目的、人数、名额和考试结果、考官署名等一系列发解要求,以及监试官、举送官的职责和责任。这是对一般发解的规定,至于发解锁厅应举者也有相似的要求,如太宗时,雍熙二年(985年)六月,"中书门下言:'近日诸道州府解到官吏去官赴举者,礼部贡院考试,多是所业未精。欲望今后锁厅应举者,须是文学优赡,才器出群,历官无负犯之尤,检身有可观之誉,即委本处先考程试。如文艺合格,以闻待报,解送礼部考试。如所业纰缪,发解官与举送长官必置重罪,本人免所居官'"②。后又下了相关诏书,"诸科举人,省试第一场十不者殿五举,第二、第三场十不者殿三举,其三场内有九不者并殿一举。其所殿举数,并于试卷上朱书,封送中书,请行指挥及罪发解试官、监官。义卷头子上如有虚书举数场第及诈称曾到御前者,并驳发殿举……监官、试官如受请财物,并准枉法赃论"③。可见,举人参加省试,如有"十不"之类,固然要受到殿举之罚,而发解试官等因虚书受请也会受到法律制裁。所以,端拱元年(988年)三月,翰林学士、知贡举宋白说:"考试贡举人内,有墨义十不者,请责罚举送官,以诫滥进。"④太宗听从了这个建议。真宗天禧二年(1018年)也有类似的诏书,"自今锁厅,应举人所在长吏先考试艺业,合格者始听取解。如至礼部不及格,当停见任。其前后考试官、举送长官皆重置罪。""至天圣时除其法"⑤。到仁宗庆历四年(1044年)八月,礼部贡院仍云:"今请解送举人有保明行实不如式者,知州以下坐罪,仍以州县长吏为首。解试日,有试院诸般情弊,止坐监试官考校不精,妄有充荐。至省试日,拖白纰缪、十否,止坐考试官。若所差试官非其人,考校不公,坐所差官司。若试官因缘受贿,有发觉者,其所差官司

---

① 《宋会要辑稿》选举14之13—14,刘琳等校点,上海古籍出版社2014年版,第5536、5537页。
② 《宋会要辑稿》选举14之8,刘琳等校点,上海古籍出版社2014年版,第5534页。
③ 《宋会要辑稿》选举3之5,刘琳等校点,上海古籍出版社2014年版,第5286页。
④ 《宋会要辑稿》选举3之6,刘琳等校点,上海古籍出版社2014年版,第5287页。
⑤ (宋)马端临:《文献通考》卷30《选举考》,上海师范大学古籍研究所、华东师范大学古籍研究所点校,中华书局2011年版,第889页。

于不按察罪名之上,更加严谴。其考试官坐罪,即不分首从。"①这进一步把发解官与主持考试官员的责任区分开来,以便准确地追究责任,至于考试官"因缘受贿",已属较为严重的犯罪,也就不分首从,都将严惩不贷。当然,其中最为重要的是,发解责任的落脚点在于解试结果以及举子的解试成绩能否经得起省试的检验。这些相关的发解要求,不断重申,无非表明解试后的发解问题常常存在,而朝廷也非常重视,并归责考官。至于考生在举解时也是有责任的,"祖宗故事:命官锁厅举进士者,先所属选官考试所业,通者方听取解。至省试程文纰缪者,勒停;不合格者,亦赎铜放,永不得应举"②。前述雍熙二年(985年)十二月诏书中举人"十不""九不"之罚即为明证。又如,"先朝时,锁厅举进士者,时有一人,以为奇异。试不中者,皆有责罚,为私罪。其后,诏文官听应两举,武官一举,不中者不获罚"③。举子考试责任,以今天观念来看也属行政责任,但这里主要探讨考官的行政责任,故考生举子的责任略有涉及。

根据史书记载,宋代确有不少官吏因发解受到责任追究,除前面提及的外,又如:真宗咸平元年(998年)六月,"密州发解官鞠傅坐荐送非其人,当赎金,特诏停任,仍令告谕诸道,以警官吏"④。五年(1002年),"诸州举送官被黜责者甚众"⑤。天禧二年(1018年)九月,任布"等后以解送不当,递降诸州监当,复罚铜三十斤"⑥。至崇宁时,一度停罢科举,地方的解额拨作贡额,但贡举中也有责任追究的规定,崇宁五年(1106年),"是岁,贡士至辟雍不如令者,凡三十有八

---

① 《宋会要辑稿》选举15之12—13,刘琳等校点,上海古籍出版社2014年版,第5551页。
② (宋)陆游:《老学庵笔记》卷5,李剑雄等点校,中华书局1979年版,第68页。
③ (宋)司马光:《涑水记闻》卷3,邓广铭等点校,中华书局1989年版,第50页。
④ (宋)李焘:《续资治通鉴长编》卷43,上海师范大学古籍整理研究所、华东师范大学古籍整理研究所点校,中华书局2004年版,第912页。另见《宋会要辑稿》选举19之3—4,刘琳等校点,上海古籍出版社2014年版,第5621页,马端临:《文献通考》卷30《选举考》,上海师范大学古籍研究所、华东师范大学古籍研究所点校,中华书局2011年版,第884页。
⑤ (宋)马端临:《文献通考》卷30《选举考》,上海师范大学古籍研究所、华东师范大学古籍研究所点校,中华书局2011年版,第885页。
⑥ 《宋会要辑稿》选举19之6,刘琳等校点,上海古籍出版社2014年版,第5621页。

人,皆罢归,而提学官皆罚金"①。这些发解官、解试官等多因"送非其人""解送不当""不如令"而受到罚金、停任、罢黜等责罚,也就是由于解试不当、解送不实而导致的行政责任追究。

发解不当的科举责任,实际上主要是基于解试本身要求而形成的,如上述解试的判卷考第失误,就有可能成为发解责任的根源。而解试时的问题又难以及时发现,举子得以蒙混过关,相关官吏也侥幸免责,省试时,举子的考试成绩以及其他问题被发现,如前面提及的天禧二年(1018年)诏书所云,"其前后考试官、举送长官,皆重置罪",亦如宰相王钦若"请锁厅举人试不合格者并坐私罪"②。尽管这一规定在天圣、景祐时曾被废除过,但宋代发解责任追究基本存在。当然,这种发解责任有其特点,往往解试时的问题至省试时才发现,从而回溯追究原来考试官、发解官的责任。因而,咸平元年(998年)礼部贡院就指出,加强解试考第的评定和举子身份的核实,以免差误,否则,或"如有固违,乞行朝典",或"发解、监试官,追一任",而南省考试,"知举官不得庇容,如失举行,并当连坐"③。至大中祥符五年(1012年),翰林学士李宗谔言:"准诏分定监试、发解官荐送纰缪、十否、九否举人刑名",应根据发解失误程度,制订具体的处罚标准,处以勒停、殿选、与远小处监当、停现任、罚铜等。④ 故考试官解试时的责任有相当一部分是到省试发现后才予追究的。如嘉祐时针对川、广解试之弊,要求贡院严加考核,诏曰:"应明经、诸科省试三场以前九否、十否者,(今)[令]贡院再考校本处解送试卷。若其间以否为粗,以粗为通,出义不依条制,致有妄荐者,以旧条坐之,不在末减。若考校通粗及出义,依条别无差谬,省试三场以前有九否、十否,即考试官与于元条下减一等定罪,旧条合殿选者与免殿选,选人该冲替者实殿一选,京朝官勒停者与冲替,冲替者与监当,监当者与远处差遣。"⑤ 这与

---

① (元)脱脱等:《宋史》卷157《选举志》,中华书局1977年版,第3666页。
② (宋)李焘:《续资治通鉴长编》卷114,上海师范大学古籍整理研究所、华东师范大学古籍整理研究所点校,中华书局2004年版,第2672页。
③ 《宋会要辑稿》选举14之17,刘琳等校点,上海古籍出版社2014年版,第5538—5539页。
④ 参见《宋会要辑稿》选举14之23,刘琳等校点,上海古籍出版社2014年版,第5542页。
⑤ 《宋会要辑稿》选举15之16,刘琳等校点,上海古籍出版社2014年版,第5553页。

第四章　宋代科举责任追究　133

前述的发解要求和处罚的原则是一致的。

在发解中,发解官除了要保证应举者考试等第的真实有效外,还要核实和保证他们学识、品德、负犯、籍贯以及解额等方面内容符合解送的条规,否则,也要承担相应的发解责任。这可称之为发解担保责任。如前所述雍熙二年(985年)六月中书门下所提出的"锁厅应举者"的文学、才器、负犯等方面要求。① 不久后,淳化三年(992年)诏书对应举者的身份规定更为具体：

> 应举人今后并须取本贯文解,不得伪书乡贯。发解州府,子细辨认,如不是本贯及工商杂类,身有风疾,患眼目、曾遭刑责之人,并不在解送之限。如违,发解官当行朝典,本犯人连保人并当驳放。如工商杂类人内有奇才异行、卓然不群者,亦许解送。②

在核实考生文解时,发解官对籍贯(乡贯、户贯)尤为重视。考生的寄籍或冒贯是长期困扰宋代科举的问题。这直接挤占寄籍地区的解额,加剧该区域的科举竞争,影响本区域举子的及第,从而引起举子不满,甚至骚动,故宋代要求发解官仔细核辨籍贯,更不能妄保,否则课以重责。天圣四年(1026年)八月诏,"解发举人,窃虑妄有保委寄贯户名,宜令开封府下司录司及诸县,并依前后条贯施行,更不得妄保寄贯户名。如有违犯,重行断遣"③。在两宋之际,尤其南宋初期,由于时局动荡,人口迁徙,户籍散佚,核实难度加大,举子籍贯问题陡增,引起统治者的高度重视,如建炎四年(1130年)六月,礼部言："欲下转运司,令遍下所部州军,候发解开院毕,具合格人数、姓名并试卷,及缴连本部元立定解额指挥真符赴部。如曾经兵火州军,令当职官及考试官结除名罪,人吏结编配罪保明。若稍涉虚冒,不依元立解额,致大放举人,虽已出官,令行改正,仍乞不以去官、赦降原减。"④籍贯等方面失实的处罚,当职官为除名,人吏为编配,并

---

① 参见《宋会要辑稿》选举14之10,刘琳等校点,上海古籍出版社2014年版,第5534页。
② 《宋会要辑稿》选举14之15—16,刘琳等校点,上海古籍出版社2014年版,第5538页。
③ 《宋会要辑稿》选举15之6,刘琳等校点,上海古籍出版社2014年版,第5547页。
④ 《宋会要辑稿》选举16之2—3,刘琳等校点,上海古籍出版社2014年版,第5564页。

"不以去官、赦降原减",这是很严厉的行政、刑事责任形式。绍兴二十六年(1156年)二月诏,"若已后发解就试人多,不得过绍兴二十六年所取之数。仍立为定制。若已用流寓户贯得解之人,许自陈,并入东南户贯。其已得举数,即合通理。如有违犯,并依贡举条法。若州军辄行大解,当职官吏并发解官依法徒二年科罪,举人即从下驳放"①。可见,当职官吏、发解官必须根据户籍依额发解,否则,处以"徒二年科罪"的刑罚。当然,这类编配、徒刑等发解责任形式为刑罚,但又是由发解的行政不当或不作为所致,应属行政性的刑罚,而非刑事责任。

在此还必须指出,上述发解担保责任是宋代科举行政责任的一种重要形式和组成部分,并且处在宋代科举行政责任的基础性地位。而担保责任几乎贯串科举整个过程,涉及解试、省试以及制举、特奏名、经明行修科等类科考,它在维护科举法制,净化科举环境,实现公平竞争,促进社会安定和谐等方面发挥了重要的作用。当然,对此可另作专门论述。②

第四节　科举担保

宋代科举责任追究制度日益发达,较为突出的就是科举担保及其责任追究制度的发展完善。关于这方面内容,学术界迄今尚未论述,本节初步提出并加以探究。

北宋庆历时翰林学士宋祁等曾对举子之间的相互担保作过概述:

> 进士、诸科举人,每三人为一保,所保之事有七:一、隐忧匿服;二、曾犯刑责;三、不孝不悌,迹状彰明;四、故犯条宪,两经赎罚,或未经赎罚,为害乡里;五、(藉)[籍]非本土,假户冒名;六、祖、父犯十恶四等以上罪;七、身是工商杂类及曾为僧道者,并不

---

① 《宋会要辑稿》选举16之9,刘琳等校点,上海古籍出版社2014年版,第5568页。
② 参见肖建新等:《浅析宋代的科举担保与责任追究》,载《法学杂志》2009年第5期。

得取应。违者本人依条行遣,同保人殿两举。①

这七事表面上看是举子相互担保的内容,实际上也是科举相关官吏担保举子的重要内容。事实上,宋代在各个时期都颁布了一系列科举担保的相关诏令条制,在不同级别的科举考试中,都有具体的担保规定,内容较为丰富,形成一定体系,是宋代官吏选任以及行政担保责任的有机组成部分。这种制度在严肃科举法纪,维护科举秩序,减少科场案件,扼制考试腐败,实现考试环境的和谐,都会起到作用。显然,比起对考官、举子的道德要求,该制度具有强制性,也更为实际有效些。以往人们在研究宋代科举时,大多会提及担保,但无系统论述,仅有个别著作着墨稍多一些。② 为此,下面从宋代科举过程和考试类型角度,分别从解试、省试、殿试三个层次探讨担保责任以及责任追究。这对今天的考试制度建设,建立和谐的考试环境也有一定的参考意义。

一、解试担保责任追究

解试也即发解试,是宋代科举三级考试中的初试,具有基础性的地位,直接影响到省试和殿试。发解担保甚为重要,属于科举中基础性的担保,涉及面非常广泛,包括身份、户籍、品行、成绩等,宋真宗景德四年(1007年)有司详定的《考校进士程式》就作了较为全面的规定。

> 士不还乡里而窃户他州以应选者,严其法。每秋赋,自县令佐察行义保任之,上于州;州长贰复审察得实,然后上本道使者类试。已保任而有缺行,则州县皆坐罪;若省试而文理纰缪,坐元考官,诸州解试额多而中者少,则不必足额。③

可见,保举如有不实,将被责罚。当然,其中州县官、考试官的职责不同,担保也各有侧重,分别担保考生的德行、成绩。宋代对解试担

---

① 《宋会要辑稿》选举3之25,刘琳等校点,上海古籍出版社2014年版,第5297、5298页。
② 参见〔美〕贾志扬:《宋代科举》,东大图书股份有限公司1995年版,第92、93页。
③ (元)脱脱等:《宋史》卷155《选举志》,中华书局1977年版,第3610页。

保极为重视,如天禧时,"开封府、国子监、太常寺发解官皆坐荐举不实,责监诸州酒税屯田员外郎、判度支勾院任布,邓州……"①除了行义、品行、成绩的解试担保,还规定了举子户籍的相关担保。乾德四年(966年)五月,翰林学士晁迥等言:"举人并不得寄应,仍不得分人田土,虚立户名,违论如法。如有久在乡县,实无户籍,许召命官一人保明行止非妄冒者,听具本贯家状,于开封府投纳收试。"②这种担保主体只要具备一定的资格就可以,不一定是考试官,但行政归责则为具体的担保人和考试、发解官。到仁宗时,担保责任的规定不断补充和完善,其中对户籍的担保要求比较具体,在天圣七年(1029年)十一月,就有大臣上奏说:"今岁开封府举进士者至千九百余人,多妄冒户籍,请条约之。"为此,诏:"举人有开封府户籍七年以上不居他处者,听取解。虽无户籍,亦不曾占名他州者,先经所属投牒察访行实,召京朝官二人保之,违犯则保官以违制论。"③这里对应考举子的开封户籍作了明确界定以及针对有无户籍作出不同的担保要求,而担保者不是发解官而是京朝官。这些规定与一般的解试担保要求有所区别,可能是开封与地方的解试差异决定的,但担保责任的属性是相似的,担保失实要受到违制的责罚。庆历四年(1044年)礼部贡院又申明担保内容和主体,"今请解送举人有保明行实不如式者,知州以下坐罪,仍以州县长吏为首"④。此将担保主体指向地方行政官。其中,"如式"也就是符合担保的要求,否则州县长吏解送官即"坐罪"。正如翰林学士宋祁等所说的,"省试进士、诸科举人合保,并依发解条。如妄冒过省,及第入官而事发者,本人除名,保人殿两举,已及第未得与官,已入官者停见任。已上入学取解到省,保人如不实者,事发日官员坐私罪,举人殿实举"⑤。保举者和举人分别承担"坐私罪""殿举"的处罚。宋祁所言实质上是在强化地方解试的担保责任。

---

① (宋)李焘:《续资治通鉴长编》卷92,上海师范大学古籍整理研究所、华东师范大学古籍整理研究所点校,中华书局2004年版,第2130页。
② 《宋会要辑稿》选举3之9—10,刘琳等校点,上海古籍出版社2014年版,第5289页。
③ (宋)李焘:《续资治通鉴长编》卷108,上海师范大学古籍整理研究所、华东师范大学古籍整理研究所点校,中华书局2004年版,第2527页。
④ 《宋会要辑稿》选举15之12,刘琳等校点,上海古籍出版社2014年版,第5551页。
⑤ 《宋会要辑稿》选举3之26—27,刘琳等校点,上海古籍出版社2014年版,第5298页。

解试还有特殊的形式——牒试或漕试,"牒试者,旧制,以守、倅及考试官同异姓及有服亲、大功以上婚姻之家与守、倅门客皆引嫌,赴本路转运使别试"①。即转运使主持的对考试官和地方官的子弟、服亲、门客等人的别头试,宋代很重视这类考生的担保,规定了相关的担保责任。高宗绍兴六年(1136 年),"诏牒试应避者,令本司长官、州守倅、县令委保,诡冒者连坐"②。后来,确有官吏因此而被追究责任,"时眉倅李彦辅、永康倅郭印,皆坐牒试避亲举人冒滥,虽会赦犹展磨勘年及降官"③。理宗绍定时,"又命止许牒满里亲子孙及门客,召见任官二员委保,与有官碍格人各处收试,五十人取放一人。合牒亲子孙别项隔截收试,不及五十人亦取一人。凡涉诈冒,并坐牒官、保官"④。嘉熙二年(1238 年),大臣又奏,"冒牒之官,按劾镌秩;受牒之人,驳放殿举;保官亦与连坐。专令御史台觉察,都省勘会"⑤。谍试的特殊,除了参加考试的身份外,还在谍试录取上有名额和比例上的优势,也因此出现如同上述冒贯一样的冒试,所以,谍试担保除以上一般规定外,主要集中在资格担保上,也是最有特色的。其中的资格不仅包括一般参加解试的资格,还包括特殊的参加牒试的身份资格,担保的主体除了地方官,还包括牒试官,这些规定是与一般的解试担保有所区别的。至于承受的展磨勘、降官以及连坐等形式,则与一般解试担保责任形式没有根本性区别。

此外,归正、归明、归朝补官之人亲子孙参加的漕试,与牒试极为相似,而对象有所不同,但同样规定了相关官吏的担保责任。淳熙十二年(1185 年)十二月,"礼部言:'国子监指定归正、归明、归朝(捕)[补]官之人亲子孙愿应举者,委的见随侍在任所,别无赴试去处,欲令召升朝官二员委保,经见任州军陈乞。本州勘验得别无诈冒,取索印纸,分明批书,从本州知、通(给)[结]罪保明,送本路漕

---

① (宋)李心传:《建炎以来朝野杂记》甲集卷 13《避亲牒试》,徐规点校,中华书局 2000 年版,第 266 页。
② (元)脱脱等:《宋史》卷 156《选举志》,中华书局 1977 年版,第 3628 页。
③ (宋)李心传:《建炎以来朝野杂记》甲集卷 13《避亲牒试》,徐规点校,中华书局 2000 年版,第 266 页。
④ (元)脱脱等:《宋史》卷 156《选举志》,中华书局 1977 年版,第 3639 页。
⑤ (元)脱脱等:《宋史》卷 156《选举志》,中华书局 1977 年版,第 3642 页。

司,与碍格有官及门客等人混试施行。'"①再如宗子应举解试也要担保,理宗端平元年(1234 年),"命宗子锁厅应举解试,凡在外州军,或寄居,或见任随侍,及见寓行在就试者,各召知识官委保正身,国子监取其宗子出身、训名、主长左验,以凭保收试,仍于试卷家状内具保官职位、姓名,以防欺诈"②。这类举子较为特殊,保官也与前不同,有"升朝官""本州知通""知识官"等,但又是"结罪保明",同样是有担保责任的。即使那些免解举子,也需要有官担保,绍兴元年(1131 年)四月,"礼部言,'昨诏免解人令召保官二员,并五人结为一保,申国子监注籍给据。今来若委实无同路及一般赴试进士结保,欲比附贡举令,更增召承务郎以上二员,一员添充保明,一员充职官,并结除名罪保识诣实,即与给据赴试。'从之"③。这里有保官的担保,又有举子的结保,而保明者充当举子互保的角色,作为保官都要"结除名罪"担保,也就是担保失实之后将要承担除名的责罚。可见,地方解试一类的担保及其责任,内容极为丰富,是科举担保的基础,也是科举担保责任的基本内容。

二、省试担保责任追究

省试是宋代科举的第二级考试,在礼部贡院举行,又称礼部试,介于解试与殿试之间,但实际上是决定举子的及第与否的考试,因为最后的殿试,在仁宗嘉祐二年(1057 年)后很少黜落通过省试的举人、进士,主要是排定名次而已。④ 这样省试成了及第入仕的关键,省试责任也就更大,相关省试的官吏要保证省试结果的准确、公正、有效。省试是在解试基础上进行的,举子通过发解来参加考试,因而省试与发解担保是一致的,内容基本相同,甚至是合一的,担保举子的户籍、行为

---

① 《宋会要辑稿》选举 16 之 24,刘琳等校点,上海古籍出版社 2014 年版,第 5575 页。
② (元)脱脱等:《宋史》卷 157《选举志》,中华书局 1977 年版,第 3678 页。
③ 《宋会要辑稿》选举 16 之 3,刘琳等校点,上海古籍出版社 2014 年版,第 5564 页。
④ 这种殿试性质变化有其原因。"旧制,殿试皆有黜落,临时取旨,或三人取一,或二人取一,或三人取二,故有累经省试取中,屡摈弃于殿试者。故张元以积忿降元昊,大为中国之患,朝廷始因其家属,未几复纵之。于是群臣建议,归咎于殿试黜落。嘉祐二年三月辛巳,诏进士与殿试者皆不黜落。迄今不改。是一叛逆之贼子,为天下后世士子无穷之利也。"(王栐:《燕翼诒谋录》卷 5,诚刚点校,中华书局 1981 年版,第 52 页。)

等,只是担保主体和范围有所扩大。早在天圣元年(1023年),中书门下强调,"曾犯刑责之人,不得收试……如敢罔冒,以违制罪之。同保人殿五举,有保官者与同罪"①。天圣七年(1029年)又有大臣上奏说,"《贡举条制》:进士、诸科,如显无户籍,及虽有户籍久离本贯者,许召官委保就试,仍于卷首具标本贯、寄应二处。若虽无田业,见存坟域,久居旧贯,显有行止,亦许召保取应"②。可见,也许省试时户籍担保的要求低一点,但收试刑责之人,则要承担同罪连坐的责罚。这种科举连坐担保,与宋代举官同罪连坐的本质是一致的。

至南宋,省试发生了一些变化,出现一种新的形式,也叫作类省试。"类省试者,始高宗在扬州,以军兴道梗,建炎元年十二月,遂命诸道提刑司选官,即漕司所在州类试,率十四人而取一人。"③当时,由于战乱阻隔,某些地方发解举子只能在转运司所在州参加省试,较为有名的是开封府、四川类省试。考试的地点变了,但担保要求并没有太大的变化,同样要求召官担保。建炎二年(1128年)正月,"国子监言,'近诏本监正解、免解合赴试人于开封府类试,如在外路,愿就本路试者听。乞令所在召京朝官一员,结除名罪委保正身无伪冒,委逐路审验收试。候开院,具收试到姓名、人数及家保状、合格人姓名,申送礼部、本监。如有违碍,保官申取朝廷指挥,犯人并同保人先次改正驳放,仍依贡举条法科罪。'从之"。次月,"礼部侍郎王绚言:'诸路类省试举人……乞并许就见居本乡或寄居处,召文官二员结除名罪委保就试。如涉伪冒,试人虽合格亦行驳放,保官各依法施行。'从之"④。这种担保主体要求是京朝官或文官,显然较一般担保要求高一些,并以"结除名罪委保"承担责任,量罚程度与前基本一样。

至于武举,同样也要担保,南宋高宗建炎二年(1128年)二月,"兵部言,'武举人自来州军即无解发额,止是赴兵部取解……今行在(杨)[扬]州即无省试院,军头引见司亦无处试验,欲乞应就试得解及免解武举人,并依文士例,各召京朝官二员结除名罪委保,赍所属给到

---

① 《宋会要辑稿》选举3之13—14,刘琳等校点,上海古籍出版社2014年版,第5291页。
② 《宋会要辑稿》选举15之7,刘琳等校点,上海古籍出版社2014年版,第5548页。
③ (宋)李心传:《建炎以来朝野杂记》甲集卷13《类省试》,徐规点校,中华书局2000年版,第262页。
④ 《宋会要辑稿》选举4之19,刘琳等校点,上海古籍出版社2014年版,第5326页。

公据,赴兵部呈验引保,于行在殿前司试弓马讫,就淮南转运司所在别场附试程文。'从之"①。这里强调的是,武举依文举例发解,也要求有京朝官二员"结除名罪"担保。这样,武举担保与文举担保似无本质的区别。宁宗庆元五年(1199 年)八月,臣僚又言:"乞将京西一路六州军……照兵部及四川试武举法,许令就试。""诏:'兵部检坐条法,行下逐州军,如委系土著士人,召文武官保奏,须要选择人材,精于武艺,于解试年分二月内,听于本路安抚司拍张弓马合格,不限人数,并行取放。仍就本司差官比试程文,将文理稍通人并赴行在解试,别立字号,令项考校,取拨十名为解额。仍于省试见取放人内拨五名为省额,如解发人数稀少,临时取旨。其冒贯不实,许人陈告,定行真决,不以荫论,保官降三官资,同保人殿五举,余照见行条法。'"②总之,武举担保及责任形式大多是"依文士例"制定的,因而与文举的担保要求基本相同。

三、殿试层次的担保责任追究

殿试是科举中最高一级考试,往往御驾亲试,试后释褐授官。北宋前期殿试有实质性的黜陟,而仁宗嘉祐后则成为排定名次,表明及第举人、进士是天子门生的一个程序,从而改变"自唐以来,进士皆为知举门生,恩出私门,不复知有人主"③的局面。由于殿试是御试,皇帝充当考试官的角色,具有权力而无责任。此外,又经过解试、省试的筛选和担保,再作担保规定似有些多余,如有责任,也只有相关考试官充当替罪羊了。因而,在有关殿试的史料中,如《宋会要辑稿·选举·亲试》中就很少有保举的记录。但与殿试层次相似的制科、经明行修科、特奏名等,也有担保的环节以及明确的保举要求。

关于制科,"国初制举,有贤良方正能直言极谏、经学优深可为师法、详闲吏理达于教化,凡三科"④。其中,有的是起源很早的,如"贤良方正直言极谏科,始于前汉武帝,而文帝已尝举贤良文学之士"⑤。

---

① 《宋会要辑稿》选举 17 之 25,刘琳等校点,上海古籍出版社 2014 年版,第 5598 页。
② 《宋会要辑稿》选举 18 之 14,刘琳等校点,上海古籍出版社 2014 年版,第 5612 页。
③ (宋)王栐:《燕翼诒谋录》卷 1,诚刚点校,中华书局 1981 年版,第 2 页。
④ 《宋会要辑稿》选举 10 之 6,刘琳等校点,上海古籍出版社 2014 年版,第 5456 页。
⑤ (宋)庄绰:《鸡肋篇》卷下,萧鲁阳点校,中华书局 1983 年版,第 91 页。

而对于相关的担保,在宋代则有明确的规定。嘉祐二年(1057年),诏曰:"自今太常博士而下充台、省、阁职及提点刑狱以上差使,选人不限有无考第,并草泽人,并听待制以上奏举,即不得自陈。内草泽人并许本路转运使采察文行,保明奏举。如程文荒浅,中选才行不如所举,并坐举者。"①制举是一种举荐加考试的科举,并且举荐对象和主体涉及极为广泛,可能更侧重保举,其中举荐主体有地方转运使,中央的待制以上官,而所担保内容与前面解试担保基本相同,责罚也相近。又如绍兴元年(1131年)正月明确要求,"欲乞今后遇有应贤良方正能直言极谏科,并须尚书、两省谏议大夫以上,御史中丞、学士、待制三人奏举,先考其素行,无愧于清议,然后召试。举非其人者坐之"②。

至于经明行修科,元祐元年(1086年)四月也有诏曰:"每遇科举诏下,令文官升朝以上无赃罪及无私罪重者,于应进士举人不拘路分,但不系有服亲,各奏举经明行修一名……如历官后犯正入已赃及违犯名教,断讫收坐,举主并依举选人转京官法减一等。"③元祐四年(1089年),司马光请"立经明行修科,岁委升朝文臣各举所知,以勉励天下,使敦士行,以示不专取文学之意。若所举人违犯名教及赃私罪,必坐举主,毋有所赦,则自不敢妄举"④。元祐八年(1093年),"监察御史黄庆基言:'向者荐经明行修之士,既与免解赴省试,及省试不合格,又例与特奏名。是凡被荐举者,皆可以入官也。臣闻元祐二年诸所荐者,甚有不协士论。乞朝廷申谕诸路监司、郡守,凡荐经明行修之士,必须精加考察,委有术业,行义为乡党所尊、士论所服者,方许奏荐。或不如所举,则以贡举非其人之法坐之。'从之"⑤。制科担保的内容与前述的科举担保基本相同,主要还是所举内容及其举后履职的担保,而对所举之后的担保,则与宋代举荐官吏的担保十分相似。

关于特奏名,可谓是殿试的一种特殊形式。如建炎二年(1128年)四月诏,"今来下第举人……令诸路转运司、开封府保明申礼部(绍兴五年以后诏止令礼部勘会),特与奏名,许就殿试。元符三年以

---

① 《宋会要辑稿》选举11之5,刘琳等校点,上海古籍出版社2014年版,第5472页。
② 《宋会要辑稿》选举11之21,刘琳等校点,上海古籍出版社2014年版,第5483页。
③ 《宋会要辑稿》选举11之42,刘琳等校点,上海古籍出版社2014年版,第5493页。
④ (元)脱脱等:《宋史》卷155《选举志》,中华书局1977年版,第3621页。
⑤ 《宋会要辑稿》选举11之43,刘琳等校点,上海古籍出版社2014年版,第5494页。

前到省一举,见年五十五以上者,令本贯州县当职官勘实无违碍,结除名罪保明,申礼部、开封府、国子监,令召见任承务郎以上二员结除名罪保明,委本属关送礼部勘验,逐旋闻奏,当议特与推恩"①。这种特奏名注重曾经应举的次数以及年龄,与特科、殿试相近,而担保要求与前述科举一般要求也基本相同,尤为强调礼部对担保内容的勘验。淳熙元年(1174年)三月又有相似之诏,"进士贡士,应绍兴十八年已前到省一举,年五十五以上者,令本贯州县勘会诣实及别无违碍,结除名罪保明申礼部。内开封府、国子监即各令召见任承务郎以上二员,亦依前项结除名罪保明,礼部勘验,逐旋闻奏,当议得与推恩。将来特奏名人,令礼部子细勘验诣实,疾速施行"②。虽然特科举行较少,但这些要求和规定还是在宋代得以实施,也有一些官吏因担保特奏名而受到处罚,"绍兴二年五月十八日,诏董恻特送五百里外州军编管,永不得应举,其保官除名勒停(恻召保陈乞年五十二、五举合赴特奏名,礼部照元年家状,年五十六,共两举,前后不同故也)"③。可见,在这种特殊的殿试中,仍然重视担保,追究担保责任。

制科和特奏名可以视为科举,也可以说是举官或类似于举官,它们介于两条不同的入仕途径之间,而在责任追究的形式和程度上,则与一般科举要求相近,甚至更高,处罚更重,并与宋代的举官责任相通。这进一步充实和丰富了宋代科举责任追究制度。

据上所论,宋代的科举担保责任追究制度较为丰富、系统,涉及科举的主要过程和主要方面,关键是在解试和发解阶段的担保责任和责任追究。这一阶段的相关诏令制条特别多,并且许多史实也表明,一批科举的相关官员因担保失实,或违法担保,甚至徇私舞弊而遭到罚俸、罚金、降官、罢官,甚至杖刑、徒刑、配役等刑事处罚。显然,这种科举担保责任追究,带有封建法制"连坐""株连"的残酷性、野蛮性,并且制度的规定与实施是有距离的,宋人也指出,"法禁益烦,奸伪滋炽,唯科场最然,其尤者莫如铨试。代笔有禁也,禁之愈急,则代之

---

① 《宋会要辑稿》选举4之20,刘琳等校点,上海古籍出版社2014年版,第5326、5327页。
② 《宋会要辑稿》选举5之3,刘琳等校点,上海古籍出版社2014年版,第5341—5342页。
③ 《宋会要辑稿》选举4之24,刘琳等校点,上海古籍出版社2014年版,第5329页。

者获赂谢愈多"①。这与科举考试的重要性、激烈程度,以及政治状况、吏治环境都密切相关,有其深刻的社会历史根源。当然,我们也不能苛求一项具体的科举制度解决所有的科举问题(需要与其他责任制度、科举制度、政治制度配套),重要的是在考察宋代科举担保责任追究中,看到了它在维护科举法纪,澄清科举环境,伸张正义公正,促进社会安定、和谐发展等方面的作用。

今天,我国有各种形式的考试,考试制度和规则也很严密,如高考前的考生材料审查,研究生报考前的推荐,都赋予相关行政主体审核和推荐的权力。但是,每年的考生材料以及考试总会存在这样那样的问题,甚至出现法律责任问题。其中,一个重要的原因是相关行政主体的职责和权力规定得较多,或客观上赋予权力较多,而对其考试责任的设定、责任的追究则较为薄弱,甚至还有空白漏洞,从而无法进行行政归责和责任追究,使相关人员规避了法纪的处罚或制裁,考试问题也就重复出现。为此,虽然不能生搬硬套宋代科举担保责任追究的形式,但其中强化考试责任、追究责任的精神是值得肯定的,甚至经过科学的筛汰并注入时代的内容,则符合现代考试需求的担保责任及其责任追究制度也是可以制定出来的。这也许正是探讨宋代科举担保责任制度的历史文化价值之所在。

第五节 受贿贪赃

在前文科举准备、判卷和发解等过程中,考试官吏的失误失职,有的是客观的,有的是主观的;有的是过失,有的是故意。其中,值得进一步集中论述的是考试官吏在科举中的受贿贪赃。这是主观、故意的违法,乃至犯罪行为,往往予以行政,甚至刑事处罚,或者直接处以刑罚。这类处罚在科举法律责任追究中是最为严厉的,与一般的刑事责任没有太大区别。这可能与我国古代特别注重"赃罪"有一定的关系,"我国封建刑法是抓住'赃'这一具体鲜明、可以计量的特征,将

---

① (宋)洪迈:《容斋随笔》卷13《科举之弊不可革》,上海古籍出版社1996年版,第761页。

一切与'赃'有关的犯罪一概计赃定罪量刑"①。它的侵犯客体是公私财物或正常行政。这种贪赃只要达到一定的刑罚数量标准,犯罪主体就要承担刑事责任。不过,在科举中受贿贪赃与直接侵占、盗窃公私财物又有所区别,前者是在特定的科举行政过程中形成的法律责任,即利用或因为手中的权力而谋利或获得钱财,从而徇私枉法(或徇私不枉法),破坏科举法制和秩序,损害考生利益,乃至危害国家政权的运作。考试官在此所承担的责任形式基本上是刑事的,但是此种责任形式在古代仍然属于广义的行政责任,处罚的形式和方法也如前文提及的是一种行政性刑罚。为此,对这类责任追究专门探讨,有助于深化宋代的科举责任方式以及生态的认识。

早在宋太宗时期,雍熙四年(987年)十二月诏,"监官、试官如受请求财物,并准枉法赃论"②。在法律上,"枉法赃"与"不枉法赃"都是罪名,并且前者较后者的法律责任显然要严重得多,当然,具体处罚的程度则要视其受赃数量和情节来定罪量刑,科举责任的追究就是如此。咸平元年(998年)九月,"淄州邹平县令正可象坐考试举人受钱三万,法当绞,诏贷死,决杖配少府监役,知州、通判各停官"③。该县令因主考时受贿三万依法当判绞刑,只因皇上开恩贷死决杖配役,知州、通判则承担相应的连带行政责任而停官,并且真宗为此还要求制定相关条制。这类科举违法犯罪为举子深恶痛绝,也为朝野重视,如在景德元年(1004年)九月,"令御史台谕馆阁、台省官,有以简札贡举人姓名嘱请者,即密以闻,当加严断。其隐匿不言,因事彰露,亦当重行朝典"④。庆元四年(1198年)六月,臣僚亦言:"科举所以收天下之英俊,且为孤寒之地。比年百计徇私,内而省闱廷试,则有暗记牢笼之弊,如黄度、罗点辈私取陈亮以魁多士是也。外而诸路,如福建考官黄广被差之后,受金入院,寻即事发,为言者论列是也。属当大比,来岁春闱,万一考官私相结约,阴取党类,接受贿赂,欲与计偕者,并令监试留意举觉,不得容令复蹈前辙。春闱委在院台谏官觉察,否则事发,并

---

① 叶孝信等主编:《中国法律史研究》,学林出版社2003年版,第4页。
② 《宋会要辑稿》选举3之5,刘琳等校点,上海古籍出版社2014年版,第5287页。
③ 《宋会要辑稿》选举19之3,刘琳等校点,上海古籍出版社2014年版,第5621页。
④ 《宋会要辑稿》选举3之7,刘琳等校点,上海古籍出版社2014年版,第5288页。

坐其罪。"①宁宗听从了这个建议。同时,又有不少大臣竭力主张严惩科场贪赃徇私,如北宋著名清官包拯上奏说:"乞特降约束,其逐处试官、监试官如稍涉徇私及请托不公,并于常法外重行处置;不然,令别定刑名,庶使官吏等各知警惧。"②这些都表明了宋朝对这类科举嘱请和受贿的态度,即一方面加强台谏的监督,另一方面"重行朝典","并坐其罪"。科举官吏的受贿贪赃,影响恶劣,社会危害大,以一般的行政责任追究可能难以奏效,只有严刑重罚才能起到震慑作用。所以,宋代科场又以重罚著称,如上面的邹平县令考试时受贿三万,法当绞死。尽管清代赵翼认为"宋代科场处分之轻",但所讲的是"用情"受处分较轻,最后不得不承认因"赃贿"而处分较重。③

但是,严刑重罚还是阻止不了科举中受贿贪赃案的发生,尤其在政治较为动荡的时期,如南宋中后期的情况就比较严重,而朝廷并没有放弃严惩的态度。宁宗嘉定初,就有臣僚指出:"仰惟国家数路取士,得人最盛,莫如进士设科。近年奸弊滋甚,据权势者以请嘱而必得,拥高赀者以贿赂而经营,实学寒士,每怀愤郁。"并有针对性地提出建议,"考校差官,要当精择。盖考官精明,去取允当,否则是非易位,遗才必多。乞诏大臣精加选择,无取昏谬,充数其间"④。这建议实际上强调科举时的用人,在他看来用人比用法重要一些,但是,关键点还在于依法科举,严惩违法犯罪。当时对何周才发解受赇一案的处理就反映科场情况和朝野态度,尤其是宋代对相关官吏的科举行政法律责任的追究。这一案件的处理和过程是这样的:

  (嘉定)十一年十一月十一日诏:"荣州发解监试官、承直郎、签判何周才特贷命,追毁出身以来文字,除名勒停,免真决,不刺面,配忠州牢城,免籍没家财。考试官石伯酉、扈自中、冯寅仲各特降一资,并放罢。刘颐并徒二年私罪,赎铜二十斤,仍照举人犯私罪不得应举。杨元老徒二年私罪,荫减外杖一百,赎铜十斤。

---

① 《宋会要辑稿》选举5之20,刘琳等校点,上海古籍出版社2014年版,第5350页。
② (宋)包拯:《包拯集校注》卷1《请依旧封弥誊录考校举人》,杨国宜校注,黄山书社1999年版,第16页。
③ (清)赵翼:《廿二史劄记校证》(订补本)卷25《宋科场处分之轻》,王树民校证,中华书局1984年版,第542—543页。
④ 《宋会要辑稿》选举6之1,刘琳等校点,上海古籍出版社2014年版,第5359页。

刘济特送五百里外州军,刘颐、杨元老特分送三百里外州军,并编管。"以周才充发解监试,受刘光赇赂,用杨元老之谋,约以策卷中三'有'字为暗号,取放光之子颐(改名宜孙)及其孙济二名。既为赵甲经漕司告试院孔窍之弊,下遂宁府鞫得其实,具(按)[案]来上,从大理拟断。于是臣僚言周才、光等罪犯皆得允当,伯酉、自中、寅仲不合擅令周才干预考校,又听从取放,乞并镌罢。故有是命。①

在这一案件中,发解监试官何周才受刘光贿赂,通过试卷标记暗号,而取放刘颐等,终被举发,何周才受到除名、勒停、配役、免籍、没家财等行政、刑事处罚,同时相关考试官也受到相应的行政、刑事处罚。这反映了科场受贿贪赃问题的严重,也表明了朝廷惩治的态度。就其相关责任人承担的责任形式而言,非常丰富,有编管、勒停、降资、放罢、赎铜,以及不应举等行政责任形式,还有配役、徒、杖等刑事责任形式,并且二者结合起来追究责任,行政处罚的特色很浓。当然,宋代追究行政责任时,各类责任形式往往相互配合。

为了防止科举官吏受贿贪赃,宋代十分重视对这些官吏的选拔和监督,如南宋绍兴二十六年(1156年)对发解官就有专门的诏书:"诸路转运司所差发解试官,务在尽公,精加选择。如所差徇私及庸缪不当,令提刑司按劾,御史台、礼部觉察闻奏。"②这种专门的监督,主要针对考试官的选任及其品行作实时监控,追究相应责任,保证科举的正常进行和科举责任落到实处。又如嘉定十三年(1220年),殿中侍御史胡卫针对知贡举的选任和监督就说:"照得知贡举一员,同知贡举二员,皆择禁从近臣,儒学时望,又以台谏参之。嘉泰间,谓台谏司考校不无迎合,乞专纠察,而于议题去取高下勿预焉,即增置同知贡举一员……乞将台谏同知贡举一员改作监试,其校文之官有勤惰不一者察之,执事之吏有内外容奸者纠之,凡贡闱事不属考校去取者悉听于监试,然后名正言顺,责有所归。且使知举免亲琐务,专意文衡,诚非

---

① 《宋会要辑稿》选举16之32—33,刘琳等校点,上海古籍出版社2014年版,第5579、5580页。
② 《宋会要辑稿》选举20之11,刘琳等校点,上海古籍出版社2014年版,第5640页。

小补。"①可见,宋代让台谏以及礼部监察科举,保证考试、判卷、发解等的公平公正,防止各种弊端。为此,宋代科举中的受贿贪赃即使无法杜绝,但是朝廷的严惩,朝野的态度则是鲜明的,至于特殊时期的科场状况以及皇上法外开恩则又另当别论了。

总之,宋代是一个重视科举的朝代,所谓"天下之治乱,由于人材之盛衰;人(林)[材]之盛衰,由乎科举之当否"②。"国家取士,惟进士得人为盛。故于三岁大比,每加详而致意焉。"③这种对科举的称赞,是有所根据的,与宋代科举法制的发展是密不可分的。所以,宋人既肯定科举的成果,也称颂科举制度,如嘉定十五年(1222年)右正言龚盖卿说:

> 本朝科举之法最为严密,将试而委官,已试而锁院。虑考官之容私也,(胡)[故]立糊名誊录之法;虑士子之饰欺也,故立代笔传义之法。三百年间,名卿才士皆此涂出。④

同时,宋代科举问题又比较多,宋人洪迈尝云:"法禁益烦,奸伪滋炽,唯科场最然。"⑤上述许多科举责任追究的制度或措施正是针对科举中的问题而设置或制定的。

毋庸置疑,宋代的这些制度、措施的形成和发展促进了科举制度的发展。据前所论,宋代的科举行政责任追究制度主要包括科举准备和后勤保障不力、判卷和录取不当、发解失误、举解落第、担保不实、受贿贪赃等方面的责任追究。若进一步深入考察,则会发现,这一科举责任追究,涉及解试、省试、武举、制科、特奏名等类型及其过程,最为关键的是在解试和发解阶段,这一阶段相关的科举责任追究诏令制条也特别多;针对科举官吏的准备、保障、考判、发解、担保方面的问题,规定了相应的科举法律责任(这里主要探讨科举官吏的行政责任);采用的追究责任方式虽无统一具体的行政处分和定罪量罚的标

---

① 《宋会要辑稿》选举6之36—37,刘琳等校点,上海古籍出版社2014年版,第5377页。
② 《宋会要辑稿》选举5之16,刘琳等校点,上海古籍出版社2014年版,第5348页。
③ 《宋会要辑稿》选举8之24,刘琳等校点,上海古籍出版社2014年版,第5420、5421页。
④ 《宋会要辑稿》选举16之34,刘琳等校点,上海古籍出版社2014年版,第5581页。
⑤ (宋)洪迈:《容斋随笔》卷13《科举之弊不可革》,上海古籍出版社1996年版,第761页。

准,但大致来说,对于一般违法犯规的行为,处以罚俸、罚金、降官、罢官,而对于情节严重、手段恶劣的,尤其犯法行为,危害极大,则往往处以杖刑、徒刑、配役等。总之,宋代在科举的过程、方法、类型、主体、对象等各方面都有相关的责任追究的规定,比较详细、系统,且基本上得到了落实施行。所以,虽然宋代科举在某些时期问题较多,责任追究也形同虚设,但总体来说还是比较成功的,难怪宋人自豪地说,"国家取士,惟进士得人为盛""本朝科举之法最为严密",这是有所依据的。宋代在科举责任追究制度上的发展和作用是值得我们重视的。

第五章　宋代举官责任追究

举官,在我国古代早已有之,"若以党举官,则民务交而不求用于法"①。马端临在《文献通考·选举考》中,将官吏的选拔和任用,分为举官与举士两类叙述。不过,他又认为:"古人之取士,盖将以官之,然则举士之与举官非二途也……降及后世,巧伪日甚,而法令亦滋多,遂以科目为举士之途,铨选为举官之途……至唐,则以试士属之礼部,试吏属之吏部,于是科目之法,铨选之法,日新月异,不相为谋。"②在他看来,举士、举官至唐代分道扬镳,分别通过礼部、吏部主持的科举(科目)与铨选两种途径实现。当然,二者的区别并非绝对,有时也会交叉重叠。

在《宋史·选举》上,没有把举士、举官作为专篇分而述之,而是列出"贡举、奏荫、摄官、流外、从军"等选任官吏的方式,这些实际上是五种入仕途径,类似于马氏所云的举士,而不是举官。在宋代,举官与皇帝的特除、中书的堂除和吏部差注等相近相关,但又自成一体,较为成熟和发达,包括荐举和辟举两种基本类型③,还有"十科举士"(此处举士更多地指举官)、"举官自代"等。其中,荐举是荐举有专长和才干的官吏,以备升迁,具有储才和任用的双重作用,重在推荐;辟举则

---

① 《韩非子》卷2《有废》,王先慎集解,姜俊俊校点,上海古籍出版社2015年版,第37页。
② (宋)马端临:《文献通考》卷36《选举考》,上海师范大学古籍研究所、华东师范大学古籍研究所点校,中华书局2011年版,第1049—1050页。
③ 分别参见邓小南:《宋代文官选任制度诸层面》第五章"凡要切差遣,无大小尽用保举之法",河北教育出版社1993年版,第121—167页;苗书梅:《宋代官员选任和管理制度》第二章第四节"诸司奏辟法"、第三章第三节"荐举保任制度",河南大学出版社1996年版,第176—196页、第268—304页。

是某些机构的官长,举辟僚属,直接任用,重在辟用。当然,二者有所区别,而性质和要求又相近,其中荐举经常进行,史料也更丰富一些。为此,以下探讨举官责任追究时,主要关注荐举或作总体考察。

宋代的举官在不断完善之中,经历三个阶段,"一是太祖、太宗时期,以'特荐'为主;二是真宗至神宗时期,在重视'特荐'的同时,确立并逐步完备了'岁荐'制度;三是哲宗朝直至南宋时期,基本上沿袭成规而略有改革"①。不论在什么时期,宋人都比较看重举官或指出问题,北宋前期有人认为,"靡逢举荐,则终困于徒劳"②。"凡要切差遣,无大小,尽用保举之法"③。哲宗时期也有人说:"致仕者,须有人举荐,乃得再仕"④。至南宋,右谏议大夫林大鼐说,"方今朝廷清明,吝惜名器,士夫改秩,只有荐举一路,舍此则老死选调而无脱者"⑤。的确,举官在宋代官吏选拔中发挥了很重要的作用,一大批著名官吏、政治家、改革家以及杰出人物都是通过举官脱颖而出的。⑥

宋代举官的史料较为丰富,在宋代的法律、政典以及《宋史》等基本史料上有大量的记载,自20世纪80年代以来,学术界对宋代举官也有一些深入的研究,取得不少成果,也涉及举官责任问题⑦,但对举

---

① 苗书梅:《宋代官员选任和管理制度》,河南大学出版社1996年版,第270页。
② (宋)李焘:《续资治通鉴长编》卷42,上海师范大学古籍整理研究所、华东师范大学古籍整理研究所点校,中华书局2004年版,第885页。
③ (宋)欧阳修:《文忠集》卷107《论两制以上罢举转运使副省府推判官等状》,文渊阁四库全书本第1103册,台湾商务印书馆股份有限公司1986年版,第97页。
④ (宋)李焘:《续资治通鉴长编》卷498,上海师范大学古籍整理研究所、华东师范大学古籍整理研究所点校,中华书局2004年版,第11853页。
⑤ 《宋会要辑稿》选举30之2,刘琳等校点,上海古籍出版社2014年版,第5823页。
⑥ 参见苗书梅:《宋代任官制度中的荐举保任法》,载《河南师范大学学报》1996年第5期。
⑦ 较早关注宋代举官研究的,如海外学者梅原郁,1981年发表《宋代铨选的一个视角——以荐举制度为核心》(《东洋史研究》第39卷第4号);国内学者朱瑞熙的《宋代幕职州县官的荐举制度》(《文史》1986年第27辑);曾小华的《宋代荐举制度初探》(《中国史研究》1989年第2期);邓小南的《宋代文官选任制度诸层面》(河北教育出版社1993年版)第五章"凡要切差遣,无大小尽用保举之法";苗书梅的《宋代官员选任和管理制度》(河南大学出版社1996年版)第二章第四节"诸司奏辟法"、第三章第三节"荐举保任制度",苗书梅的《宋代任官制度中的荐举保任法》(《河南师范大学学报》1996年第5期);曾小华的《中国古代任官资格制度与官僚政治》上篇第三章"资格制度的广泛运用"(杭州大学出版社1997年版,第73—141页)等,这些20世纪八九十年代的重要成果,对宋代举官作了开拓性研究,对宋代举官的基本概念、主要类型、基本发展、荐举范围、荐举主体、举主要(转下页)

官责任追究尚缺少专门、系统的论述。为此,本章对举官责任的形成、责任追究的原则以及制度运作的状况作一些探讨,以期推进宋代政治史和行政管理史研究的深入,这对改革和完善现代官员荐举制度也会有一定的参考价值。

第一节 举官责任的形成

举官的责任与举官的条件直接联系在一起,关于举官条件的法律规定详细,举官的责任也自然明确。在宋代的法典或法律文献上,如《吏部条法》的《奏辟门撮要》《荐举撮要》,《庆元条法事类》的《保官令》《荐举令》以及保官、举辟等相关的令,对举主和被举的资格条件都有较为全面的规定,但规定过于庞杂,已有学者对此作过梳理和概括,举主条件有:身份、履历负犯、与被举关系、举数等方面要求;被举条件有:资历、身份和举主数量,等等。① 这些规定表明,举主和被举必须在具备主体资格的前提下,才能形成合法的荐举关系,否则,就会产生举官责任。在举官过程中,责任的形成较为复杂,除了基于上述举主、被举的资格条件外,还可能因举官程序以及被举履职等而导致举官责任。

一、基于举主资格的举官责任

宋代非常重视举主的选择,"太宗尝语大臣曰,若更不择举主,何由得贤"②。而如何选择举主,则主要依据资格。一定程度上这不仅保证了举官的质量,而且决定了举主是否承担相应的责任。不过,举

(接上页)求、被举条件、实际状况等作了较为全面深入的探讨,其中,朱瑞熙专从幕职州县官的荐举制度角度,而苗书梅的论著又较多地涉及荐举中的责任问题。近年来,对宋代举官的一些专门问题展开研究,如胡坤的《从南宋士大夫的议论看宋代的荐举之弊》(《浙江社会科学》2008年第11期);姜锡东的《宋代台谏官荐举新论——以〈宋史·本纪〉的记载为切入点》(《河北学刊》2009年第2期)等。

① 参见邓小南:《宋代文官选任制度诸层面》第五章"凡要切差遣,无大小尽用保举之法",河北教育出版社1993年版,第121—167页。

② (宋)黄履翁:《古今源流至论》别集卷7,文渊阁四库全书本第942册,台湾商务印书馆股份有限公司1986年版,第598页。

主的资格和条件,因时间、举主、对象变化而有所不同,多由具体的举官诏令决定。如北宋前期,大中祥符九年(1016年)臣僚上奏说:"乞自今文武臣僚举官,须是在知州、知军、通判、钤辖、都监系升朝官及诸司使、副使已上,并制置发运司及转运使、副使、提点刑狱,方得举官。"①而北宋中期以后,元祐四年(1089年)二月,"诏今后文臣系知州军资序,及武臣路分都监,知州军已上,方许奏乞考察"②。并且"各须在任"③。可见,前者较为具体,后者较为抽象,但都集中在举主的职位和资序上,有一定的普遍性。但具体举官时又很复杂,举主资格是由所举对象来确定的。如举幕职、州县官:天圣五年(1027年)六月,"诏:'今后两省五品已上官,每年许依御劄同罪保举幕职、州县〔官〕五人'"④。此类诏令较多,无须胪列,但反映了一个重要的规定,就是哪些官吏具有举官的资格,即所谓"方得举官""方许奏乞考察",否则,就是违法违规举官。

同时,即使举主符合上述资格的一般要求,但可能因一定的处分而失去举官的资格。天禧元年(1017年)五月,诏曰:"因罪降充监当者,不得举官。"至和二年(1055年)十一月诏曰:"犯私罪杖已上并不理为举主。"⑤此外,某些特定的地区或担任特定职位的官吏不具备举官资格或不能荐举某些官,景德二年(1005年),诏:"河北、河东、陕西路缘边知州军不得举官为通判、幕职、巡检。"⑥熙宁十年(1077年)正月,"诏诸寺、监丞并堂选,更不举官"⑦。建炎三年(1129年)六月,

---

① 《宋会要辑稿》选举27之15,刘琳等校点,上海古籍出版社2014年版,第5776页。
② (宋)李焘:《续资治通鉴长编》卷422,上海师范大学古籍整理研究所、华东师范大学古籍整理研究所点校,中华书局2004年版,第10212页。
③ (宋)谢深甫:《庆元条法事类》卷14《选举门》,戴建国点校,黑龙江人民出版社2002年版,第289页。
④ 《宋会要辑稿》选举27之21,刘琳等校点,上海古籍出版社2014年版,第5779页。
⑤ 《宋会要辑稿》选举27之16、29,刘琳等校点,上海古籍出版社2014年版,第5777、5784页;(宋)李焘《续资治通鉴长编》卷181,上海师范大学古籍整理研究所、华东师范大学古籍整理研究所点校,中华书局2004年版,第4383页。
⑥ 《宋会要辑稿》选举27之9,刘琳等校点,上海古籍出版社2014年版,第5772页;(宋)李焘:《续资治通鉴长编》卷61,上海师范大学古籍整理研究所、华东师范大学古籍整理研究所点校,中华书局2004年版,第1378页。
⑦ (宋)李焘:《续资治通鉴长编》卷280,上海师范大学古籍整理研究所、华东师范大学古籍整理研究所点校,中华书局2004年版,第6852页。

"诏今后如系吏部窠阙及非奏辟去处,并不许奏辟"①。这类主体资格的限定,从宋代官吏的上奏中得到印证,如至和二年(1055年)二月,侍御史毋湜"乞今后新除经略安抚使及沿边总管、知州等,未到任间,不得奏辟武臣及班行充本路差遣"②。崇宁二年(1103年)五月,臣僚也说:"其已尝召对及擢任省郎、馆阁、监司之类,更不许荐举。"③这些限制在宋代法典上也有反映,《庆元条法事类》的《保官令·杂令》说:"保官仍须无赃罪或私罪徒,非分司、致仕、不理选限及进纳流外官(谓见居流外品者)","其余非应召命官者,不得以废疾、应赎人为保"④。同书《荐举令》又规定:"诸奉制书权摄职任者,许举官(谓无正官者)。即他官在所部权摄而非制书所差者,不得荐举。""诸先曾举官,见降充不应举官职任(举官后虽除侍从官,见降官观同),或已分司、致仕、寻医者,并不理为数(其任侍从官,或落职后举官降宫观差遣者,非)。"⑤这些资格的限制或否定,较上述正面资格要求更为明确,违规举官的责任也更为严重。

以上举主资格的规定,主要针对荐举的,其中某些要求也当适用辟举,但后者的资格要求在宋代史料上就要简单许多。辟举资格主要依据直接授权而获得,如中央派出的专使机构、地方路府州以及技术机构的官长,具体情况也较复杂,不能一概而论。如元符二年(1099年)十一月陕西转运判官秦希甫言:"陕西河东路大小使臣得替……帅司亦不得辟举,仍请令在任日经略司豫行铨度人材,奏填合举员阙。"⑥也就是说,陕西、河北等地区的经略司官吏有辟举资格,而帅司及其下级机构则没有。

为此,举主只有具备资格,才能举官,否则,就违背法令,将承担举官责任,或者导致举官无效,如:大中祥符九年(1016年),"河阳陈尧

---

① 《宋会要辑稿》选举31之1,刘琳等校点,上海古籍出版社2014年版,第5839页。
② 《宋会要辑稿》选举27之29,刘琳等校点,上海古籍出版社2014年版,第5784页。
③ 《宋会要辑稿》选举28之31,刘琳等校点,上海古籍出版社2014年版,第5804页。
④ (宋)谢深甫:《庆元条法事类》卷7《职制门》,戴建国点校,黑龙江人民出版社2002年版,第114、115页。
⑤ (宋)谢深甫:《庆元条法事类》卷14《选举门》,戴建国点校,黑龙江人民出版社2002年版,第290、291页。
⑥ (宋)李焘:《续资治通鉴长编》卷518,上海师范大学古籍整理研究所、华东师范大学古籍整理研究所点校,中华书局2004年版,第12335页。

叟、永兴寇准、许州石普各奏举本任内使臣,悉罢之"。因为举主"未历外任差遣而举官"①。但是,每次举官时,举官的主体和范围,常有明确的规定,举主也就很少铤而走险,越职举官。事实上,因主体资格引起的举官责任并不很多,主要是以下被举资格、举官程序、举后履职等方面原因所致。

二、基于被举资格的举官责任

如果说上述举主的资格责任,指向于举主的经历和能力,以保障对人才的鉴别;而基于被举资格的举主责任,则着眼于所举的行政素质和能力,以使他们将来更好地履行职责。因此,举主在举状上必须详述被举的信息:"内外官司奏(阙)[辟]员阙差遣并勾当公事等……仍自今应奏辟官,于奏状前用贴黄具所辟官出身、年甲、三代、成任差遣并功过事件,及在朝亲属职位、姓名。"②实际上就是被举的身份、年龄、家世、任职、劳绩、负犯、职事回避等方面的限制。当然,这是一般要求,有时也会变化,举主也因此要承担相关责任。下面择要分析。

1. 被举的身份、任期与举主责任的关系

大中祥符二年(1009年),诏:"群臣保举幕职、州县官,不得举才经一任及无劳绩者。"因为,"幕职州县官初任者,或未熟吏道,群官勿得荐举"③。这是针对幕职州县官的,涉及考任和劳绩。其中,考任要求较为复杂,如大中祥符三年(1010年)正月,"诏:'内外官所举幕职、州县官,并须经三任六考'"④。这往往根据所举对象作相应的规定,如有人认为现任知州、通判等奏举的三班使臣,"须是曾经两任监押、巡检无遗阙者"⑤。天圣时举详断官,"自今举详断官,须有出身,入令录、幕职官人,曾历录事参军见任二年以上……其尝乞试律

---

① 《宋会要辑稿》选举27之15,刘琳等校点,上海古籍出版社2014年版,第5775、5776页。
② 《宋会要辑稿》选举29之1,刘琳等校点,上海古籍出版社2014年版,第5807页。
③ 《宋会要辑稿》选举27之10,刘琳等校点,上海古籍出版社2014年版,第5773页;(宋)马端临《文献通考》卷38《选举考》,上海师范大学古籍研究所、华东师范大学古籍研究所点校,中华书局2011年版,第1104页。
④ 《宋会要辑稿》选举27之10,刘琳等校点,上海古籍出版社2014年版,第5773页。
⑤ 《宋会要辑稿》选举27之15,刘琳等校点,上海古籍出版社2014年版,第5776页。

者,须及五考已上,乃听举之"①。治平元年(1064年),举将领,"诸司使已下至三班使臣堪充将领及行阵任使"②。绍兴时户部侍郎王悮奏乞"所举监司、郡守,必取曾经治县,声绩显著之人"③。举主必须根据所举的身份、任期来荐举,否则,"不如所举,即坐举主之罪"④。

2. 被举的劳绩、能力与举主责任的关系

所举的身份、任期是静态的,而劳绩、能力则是动态的,并且侧重于实际能力和水平的甄别,显然向举主提出更高的要求。劳绩的重要依据就是考课的结果"考第"。大中祥符八年(1015年)正月,真宗指出:"今后举官欲并以考第历任进呈。"⑤而考第又由廉洁、能力、特长、政绩等决定,故举主必须考察这些内容,如:"仍须曾任监押、巡检,自来无赃滥及识字者,明具所长、堪何任使。其幼小未历事务,年老不任委用者,不在保举。"⑥高宗绍兴时有相近的规定,"今后侍从以上荐引人才,并须文行相副,治绩昭著,仍指定事实,逐件闻奏,务得实才,以副招延之意"⑦。这固然是对被举的资格要求,同时也是对举主的限制,否则,举主不能保举,承担的是担保责任。

3. 被举的负犯与举主责任的关系

这是一种禁止性的举官条款,而负犯的罪名和程度是有确指的,一般指赃罪、私罪,如:真宗咸平四年(1001年)规定所举官属"历任无赃私罪"⑧,乾兴元年(1022年)要求"无赃私过犯"⑨,其表达的含义比较接近。在罪名体系中,赃罪、私罪相对过失罪、公罪来说,处罚

---

① (宋)李焘:《续资治通鉴长编》卷110,上海师范大学古籍整理研究所、华东师范大学古籍整理研究所点校,中华书局2004年版,第2553、2554页。
② 《宋会要辑稿》选举28之2,刘琳等点,上海古籍出版社2014年版,第5787页。
③ (宋)李心传:《建炎以来系年要录》卷116,胡坤点校,中华书局2013年版,第2165页。
④ 《宋会要辑稿》选举28之2,刘琳等点,上海古籍出版社2014年版,第5787页。
⑤ (宋)李焘:《续资治通鉴长编》卷84,上海师范大学古籍整理研究所、华东师范大学古籍整理研究所点校,中华书局2004年版,第1912页。
⑥ 《宋会要辑稿》选举27之15—16,刘琳等校点,上海古籍出版社2014年版,第5776页。
⑦ 《宋会要辑稿》选举30之5,刘琳等校点,上海古籍出版社2014年版,第5825页。
⑧ 《宋会要辑稿》选举27之8,刘琳等校点,上海古籍出版社2014年版,第5771、5772页。
⑨ 《宋会要辑稿》选举27之19,刘琳等校点,上海古籍出版社2014年版,第5778页。

要严重得多,但不是犯有赃罪、私罪都会被取消被举的资格,而是要根据犯罪的程度来确定。若在杖以下仍可被举,同时对担保人的要求高一些,乾兴元年(1022年)十一月规定:"所举选人,历中有私罪止是杖以下,许转运或提点刑狱二人同罪保举,即依旧施行。"①仁宗天圣二年(1024年)六月,监察御史李纮认为:"自今有犯罪至徒者,唯赃私逾滥、挟情故违不得奏举外,余因公致私,事理不重,亦许奏举。"②李纮的看法与举官的要求是一致的,赃私罪、故意犯罪的徒刑以上不得被举,而其他情形则可以被举。对这类负犯的限制,在宋代法律中也有明文规定,"保官仍须无赃罪或私罪徒,非分司、致仕、不理选限及进纳流外官(谓见居流外品者)"③。"诸特责降官,臣僚不得荐举。"④也就是说,不得荐举犯有徒以上赃私罪,以及受到分司、责降等处分的官吏,否则,就是不如所举,举官不实,承担责任。

以上举主和被举的资格要求,实际上规定了荐举的前提性条件,具有基础性的地位,只有满足这些基本条件,举官才能展开。而这些条件都是已有的事实条件,关键是举主能否按照举官的法律法规,核查出被举的资格是否符合标准以及资格的真实性,然后依法、如实荐举,否则举主将承担法律责任。因此,基于举主和被举资格条件引起的举官责任,尤其是后者具有明显的担保特性,即保证举官信息的真实有效,因而,无论过失,还是故意,只要失实或虚假,都要承担举官责任。当然,这也是宋代举官担保责任规定的组成之一,此外还有举后任职的担保,后文有所论述。

三、基于荐举程序的举官责任

宋代对举官过程中的格式、人数、时效、回避等,都有相关的规

---

① (宋)李焘:《续资治通鉴长编》卷99,上海师范大学古籍整理研究所、华东师范大学古籍整理研究所点校,中华书局2004年版,第2304页。
② (宋)李焘:《续资治通鉴长编》卷102,上海师范大学古籍整理研究所、华东师范大学古籍整理研究所点校,中华书局2004年版,第2359页。
③ (宋)谢深甫:《庆元条法事类》卷7《职制门》,戴建国点校,黑龙江人民出版社2002年版,第114页。
④ (宋)谢深甫:《庆元条法事类》卷14《选举门》,戴建国点校,黑龙江人民出版社2002年版,第292页。

定,由此引起的责任也可称为程序性责任。

举官的条式或格式,是宋代法律形式——式的一种。书写必须规范,如果"诸举状不依条式,本案吏人承受注籍者,杖一百"①。本案吏人要受处罚,更不用说举主了。这种低级错误,一般有经验和阅历的举主是不会犯的。当然,隐漏荐举的要素导致格式上的错误,由此产生的责任又属于另外的性质了。

在举官中,有两个人数方面的要求,一是举主的人数,也是针对被举来说的,只有满足人数要求,才能被举某官,也含有举主相互监督之意;二是荐举人数的限制,这是针对举主规定的,要求举主既完成任务,不可懈怠,又不能超额,滥举官吏。二者都属程序性要求,但后者引发程序性责任。

宋代的荐举人数,是随时间、举主、对象和类型等因素变化的。如淳化三年(992年)正月,"令宰相以下至御史中丞,各举朝官一人为转运使"②。次年九月,翰林学士承旨苏易简等,"于幕职、州县官中各举堪任京官者二人"③。天圣元年(1023年)八月,"诏升朝官准御札举官,岁毋得过三人"④。可见,举主、被举不同,所举人数也有差别。即使同一类举主,在不同时期所举人数也不相同,宝元二年(1039年)十二月,直史馆苏绅就指出:"旧大两省官岁举五人,今才举三人,升朝官举三人,今才举一人。"⑤康定二年(1041年),有一个关于举官人数的规定,涉及范围较广,"今后文臣知州军、通判升朝官已上臣,武知州军内殿崇班已上,每年并许举三人。其开封知府、推判官,依知州、通判例,每年各举本部内官三人。在京文臣除知杂御史已上、武臣观察

---

① 《吏部条法》,刘笃才等点校,黑龙江人民出版社2002年版,第244页。
② (宋)李焘:《续资治通鉴长编》卷33,上海师范大学古籍整理研究所、华东师范大学古籍整理研究所点校,中华书局2004年版,第733页。
③ (宋)李焘:《续资治通鉴长编》卷34,上海师范大学古籍整理研究所、华东师范大学古籍整理研究所点校,中华书局2004年版,第753页。
④ (宋)李焘:《续资治通鉴长编》卷101,上海师范大学古籍整理研究所、华东师范大学古籍整理研究所点校,中华书局2004年版,第2330页。
⑤ (宋)李焘:《续资治通鉴长编》卷125,上海师范大学古籍整理研究所、华东师范大学古籍整理研究所点校,中华书局2004年版,第2951页。

使已上,每年许举二人外,其余常参官更不许举官"①。元祐二年(1087年)四月又规定:"在京职事官,岁合举官升陟者:文臣,六曹尚书以上各六人,待制以上各四人,左右司郎官以上各三人,军器少监以上各二人;武臣,观察使以上各二人。"②上述从举主角度限定举官的人数,也有从接纳机构来限定所举人数,如南宋时绍兴二年(1132年),有人建议,督府辟文武官,"各以十五人为限"③。这从总量上控制辟举的数量。这种规定具有足量和限量的双重意义,但更多的是出于限量、防止滥举的考虑,熙宁时有个诏书提醒说:"诏江淮发运使举官,无得过本路转运使副所举之数。"④元祐时御史中丞刘挚说:"旧例举官皆有定员,惟京朝官、大小使臣升陟,每岁不限其数。"⑤可见,对举官人数还是有基本规定的。当然,举官不足或过量,从法理上讲,都应负责任,但实际追究的似乎较少。

在举官中,无论特举还是常举,都要求在限定时间内完成,咸平三年(1000年)诏书说:"翰林学士、给谏、知制诰、尚书、丞郎、郎中、御史中丞、知杂、三馆、秘阁、三司官举员外郎已下京朝官有材武堪边任者,知杂而上各二人,郎中而下各一人,限五日以闻。"⑥绍兴三十二年(1162年),"诏令侍从、两省台谏、卿监各举可任监司、郡守之人,以资序分为二等,一见今可任,一将来可任,限一月闻奏"⑦。宋代较正规的举官,都有时间的限定,如元符时,朝请大夫贾青奏:"望立法,将合

---

① 《宋会要辑稿》选举27之26—27,刘琳等校点,上海古籍出版社2014年版,第5782、5783页。
② (宋)李焘:《续资治通鉴长编》卷399,上海师范大学古籍整理研究所、华东师范大学古籍整理研究所点校,中华书局2004年版,第9721页。
③ (宋)马瑞临:《文献通考》卷39《选举考》,上海师范大学古籍整理研究所、华东师范大学古籍研究所点校,中华书局2011年版,第1137页;《宋会要辑稿》选举31之3,刘琳等校点,上海古籍出版社2014年版,第5840页。
④ (宋)李焘:《续资治通鉴长编》卷228,上海师范大学古籍整理研究所、华东师范大学古籍整理研究所点校,中华书局2004年版,第5540页。
⑤ (宋)李焘:《续资治通鉴长编》卷384,上海师范大学古籍整理研究所、华东师范大学古籍整理研究所点校,中华书局2004年版,第9353页。
⑥ 《宋会要辑稿》选举27之8,刘琳等校点,上海古籍出版社2014年版,第5771页。
⑦ 《宋会要辑稿》选举30之11,刘琳等校点,上海古籍出版社2014年版,第8528页。

举官臣僚每岁所举官,分为上下半年奏举。"①为此,举主按时举官或定期上报,是其法定的职责,否则承担责任。如政和八年(1118年),"诏举官如敢妄发照牒及不申岁帐者,并以违制论"②。

在荐举过程中,举主回避有关对象,是宋代回避制度的一个组成,包括亲友、同籍、师生、僚属等。③ 避亲是举官回避的重点,如《荐举令》所云:"诸亲戚于法应避者,不许荐举。"这是一项举官回避的基本原则,有直接避亲的,嘉祐四年(1059年)六月诏,"前两府臣僚许通举内外官,并限一月闻奏。其已带职及见任两府与自己亲戚,毋得举"④。也有间接避亲的,元丰四年(1081年)三月,"诏在京官不得举辟执政官有服亲"⑤。宁宗庆元四年(1198年)二月,"诏两省、侍从、台谏各举所知一二人,毋荐宰执亲党"⑥。宋代多次重申这种规定,既有血缘上的,也有职事上的考虑,可能更偏重后者,主要是职事回避,如曾要求"臣僚不许诣执政私第,执政尝所荐举,不得为御史"⑦。其原因,正如元祐三年(1088年)十月右正言刘安世所说:"是以祖宗之制,凡见任执政曾经荐举之人,皆不许用为台官,盖欲其弹击之际,无所顾避而得尽公议也。"⑧又如台谏官举官也受到回避上的限制,如建炎四年(1130年),"上曰:'台谏以规过拾遗为职,不当荐某人为某官。'赵鼎曰:'惟不论荐台属'"⑨。这种职事的回避,可能主要是为了防止举主势力的膨胀,以及相权的扩张。因而,举主在举官时,若与被举有统属关系,也会失去资格(至于辟举又另当别论)。天圣九年(1031年)诏书说:"大两省官出外知郡,不得奏辟同判职官。其诸处知州,亦

---

① (宋)李焘:《续资治通鉴长编》卷514,上海师范大学古籍整理研究所、华东师范大学古籍整理研究所点校,中华书局2004年版,第12210页。
② 《宋会要辑稿》选举29之12,刘琳等校点,上海古籍出版社2014年版,第5812页。
③ 参见朱瑞熙:《疁城集》,华东师范大学出版社2001年版,第173—190页;苗书梅:《宋代官员选任和管理制度》,河南大学出版社1996年版,第304—334页。
④ 《宋会要辑稿》选举27之30,刘琳等校点,上海古籍出版社2014年版,第5785页。
⑤ 《宋会要辑稿》选举28之13,刘琳等校点,上海古籍出版社2014年版,第5794页。
⑥ (元)脱脱等:《宋史》卷37《宁宗本纪》,中华书局1977年版,第724页。
⑦ (宋)李焘:《续资治通鉴长编》卷189,上海师范大学古籍整理研究所、华东师范大学古籍整理研究所点校,中华书局2004年版,第4565页。
⑧ (宋)李焘:《续资治通鉴长编》卷415,上海师范大学古籍整理研究所、华东师范大学古籍整理研究所点校,中华书局2004年版,第10072页。
⑨ 《宋会要辑稿》选举29之21,刘琳等校点,上海古籍出版社2014年版,第5816页。

不得保举见任同判。"①熙宁十年(1077年)十月也有类似诏书,"自今举官者不得举转运判官以上,知州不得举通判。若走马承受在任得替及其亲戚,亦不得举充本路差遣"②。可见,宋代举官回避的重点在血缘和职事,都属于限制性规定,不可违犯。

以上程序性责任规定,尽管缺少系统的法律法规,但涉及面较为广泛,反映了宋代行政责任制度的丰富,并在进一步完善之中。

四、基于被举履职的举官责任

上述举官的资格、程序方面的责任,都是举主因被举成任之前的原因而承担的责任,而所举成任之后,失职渎职、贪赃枉法,举主仍要承担责任,因而举主要对举官全程负责。如咸平元年(998年)的举官诏书说:"如任使后犯赃罪,并当连坐。"③次年,"诏宰相张齐贤已下各举晓钱谷朝官一员。如不称职,连坐举主"④。到南宋初,臣僚还在说:"如擢用之后,职事旷废,或犯赃私罪,并坐举者。"⑤可见,担保是宋代举官的特点,也是责任的根源,甚至,追究担保责任是一项重要原则(后文详论)。为此,宋代举官又称为保举,也就十分自然了。

第二节 追究的基本原则

宋代的举官责任,大致受上述举主资格、被举资格、荐举程序及举后任职等四个方面因素的影响,而重点在于保证被举资格的真实和举后履职的清廉胜任。在此基础上,宋代形成了举官责任追究的基本原则,一是担保责任的追究,二是同罪连坐的处罚,三是依法减轻免除责任。

---

① 《宋会要辑稿》选举27之25,刘琳等校点,上海古籍出版社2014年版,第5782页。
② (宋)李焘:《续资治通鉴长编》卷285,上海师范大学古籍整理研究所、华东师范大学古籍整理研究所点校,中华书局2004年版,第6977页。
③ 参见《宋会要辑稿》选举27之7,刘琳等校点,上海古籍出版社2014年版,第5771页。
④ 《宋会要辑稿》选举27之7,刘琳等校点,上海古籍出版社2014年版,第5771页。
⑤ 《宋会要辑稿》选举29之19,刘琳等校点,上海古籍出版社2014年版,第5815页。

一、举官担保的原则

选举担保,可谓是宋代选任官吏制度的总体特征,举官时有,科举中也有。① 而在举官中,担保涉及荐举的全部过程及主要环节,是举主的首要责任,也是追究举官责任的重要方面,主要包括以下两个方面内容:

一方面,担保所举内容的真实,重点在被举的资格条件。宋初,"太宗听政之暇,每取两省、两制清望官名籍,择其有德誉者悉令举官。所举之人,须析其爵里及历任殿最以闻,不得有隐。如举状者有赏典,无验者罪之"②。也就是说,被举官吏在身份、考课上有不如所举,举主就要受到处罚。元祐初,司马光建议设立十科举士,同样强调"或不如所举,其举主从贡举非其人律科罪"③。这种追究强调所举内容,尤其被举德行、劳绩的属实,到南宋仍是如此,绍兴三十二年(1162年)孝宗说:"朕详加廉察才行治效,果如所举,增秩赐金,举主同之。不如所举,罚亦同之。"④嘉定四年(1211年)二月,监察御史商飞卿也有类似上奏:"乞令侍从、两省以上官各举所知,保奏以闻。有不如所举,并行责罚。"⑤为此,在保官状中,举主都有这样的承诺:"今保某人云云,并是诣实,如后异同,甘俟朝典。"⑥所谓"并是诣实",也就是所举内容属实,被举符合条件,否则举主就要承担责任,如《庆元条法事类·保官敕》所说:"诸命官应召保官而所保不实者,与犯人同罪,罪止徒二年。"⑦当然,所谓所举内容的真实与否,多在被举任职之后发现,故在宋代举官诏书上常有这样的表述,"后不如所举,并当谴责"

---

① 参见肖建新等:《浅析宋代的科举担保与责任追究》,载《法学杂志》2009年第5期。
② (元)脱脱等:《宋史》卷160《选举志》,中华书局1977年版,第3740页。
③ 《宋会要辑稿》选举28之18,刘琳等校点,上海古籍出版社2014年版,第5796页。参见赵汝愚:《宋朝诸臣奏议》卷71司马光《上哲宗乞十科举人》,北京大学中国中古史研究中心等校点,上海古籍出版社1999年版,第785页。
④ 《宋会要辑稿》选举30之11,刘琳等校点,上海古籍出版社2014年版,第5828页。
⑤ 《宋会要辑稿》职官45之41,刘琳等校点,上海古籍出版社2014年版,第4255页。
⑥ (宋)谢深甫:《庆元条法事类》卷7《职制门》,戴建国点校,黑龙江人民出版社2002版,第115页。
⑦ (宋)谢深甫:《庆元条法事类》卷7《职制门》,戴建国点校,黑龙江人民出版社2002版,第114页。

"异时擢用,不如所举,连坐之""如任用后犯赃及不如所举,并连坐之"①。所谓"后""异时""任用后",都说明责任是在举后或任职后的发现和追究。除担保资格外,还保证所举历任内无赃私罪,如咸平四年(1001年)六月,"诏诸路转运使、副,自今荐举官属,当历任无赃私罪,及条其绩效以闻,异时擢用,不如举状者连坐之"②。

另一方面,担保被举任后能胜任其职并勤政廉政。宋初太祖有两份举官诏书就作出了规定,建隆三年(962年)的举宾佐令录诏说:"或在官贪浊不公,畏懦不理,职务废阙,处断乖违,并随轻重,连坐举主。"③乾德二年(964年)的举藩府通判官诏曰:"如辄敢徇私,显彰谬举,致州政之有滥。在职任以乖方,并量事状重轻,连坐举主。"④此后,这类规定很多,如"初命举改官人犯赃者,举主降二官"⑤。即属于任后担保。南宋还多次出现"保任终身"的规定,如:绍兴二十五年(1155年),"命侍从举知州、通判治迹显著者,以补监司之阙;仍保任终身,犯赃及不职,与同罪"⑥。又如:高宗绍兴三十年(1160年)正月十四日诏:"诸州守臣间有阙官,可令六曹尚书、侍郎、翰林学士,两省、台谏官正言以上,各举曾任通判及通判资序,公勤廉慎,治状显著,可充郡守者二员闻奏,以备铨择。仍保任终身,犯赃及不职,与同罪。"⑦再如:乾道五年(1169年)十一月,"诏令侍从、台谏、两省官各举京朝官以上,才堪监司、郡守三人,保任终身"⑧。这种举后任职的担保,是资格担保责任的扩充和延伸。

因此,追究举官的担保责任,是一个基础性原则。宋代之所以从

---

① 《宋会要辑稿》选举27之8,刘琳等校点,上海古籍出版社2014年版,第5771—5772页。
② (宋)李焘:《续资治通鉴长编》卷49,上海师范大学古籍整理研究所、华东师范大学古籍整理研究所点校,中华书局2004年版,第1064页。
③ 《宋大诏令集》卷165《令翰林学士文班常参官曾任幕职者各举宾佐令录一人诏》,中华书局1962年版,第629页。
④ 《宋大诏令集》卷165《令陶穀以下举堪藩府通判官诏》,中华书局1962年版,第629页。
⑤ (元)脱脱等:《宋史》卷35《孝宗本纪》,中华书局1977年版,第682页。
⑥ (元)脱脱等:《宋史》卷160《选举志》,中华书局1977年版,第3751页。
⑦ 《宋会要辑稿》选举30之7—8,刘琳等校点,上海古籍出版社2014年版,第5826页。
⑧ 《宋会要辑稿》选举30之20,刘琳等校点,上海古籍出版社2014年版,第5832、5833页。

担保角度追究举主的责任,无非是为了平衡举官的权利与义务,使举主与被举紧密捆绑在一起,从而强化举主的责任心,加强对所举官吏的监督,有学者指出:"有时使举主与被辟者之间形成一种'一荣俱荣,一损俱损'的连带关系。"①担保责任的追究和落实,使举主与被举之间形成"一荣俱荣,一损俱损"的关系,而如何实现担保或追究担保责任,则又依赖另一追究责任的原则或方式,即连坐同罪。

二、连坐同罪的原则

连坐与同罪似乎含义接近,宋代有人将二者合在一起讲,如胡宿说:"臣今保举,如朝廷迁擢任用之后,犯入己赃并其余赃私及不如举状,并依所授敕命指挥,甘当同罪连坐。"②但是,大多情况下,还是分开说的,如大中祥符九年(1016年)十月的诏书说:"如朝廷擢用后,犯入己赃,并当同罪。其余赃私罪及不如举状,亦当连坐。"③似乎基于罪名的不同而分开表述。《宋刑统》也视连坐和同罪为两种法律责任的原则,连坐:"若同职有私连坐之官,不知情者以失论。"同罪:如犯故纵阑入罪,"各与同罪"④。从法理上讲二者应有区别,举官连坐,强调举官的行为与结果的内在关系,归结于举主的连带责任,而同罪则是确定举官责任的标准,即以何种罪名和刑名来处罚举主。

举官连坐固然是由前述担保内容决定的,其中,与被举之后的失职、渎职以及违法犯罪的关系更密切一些,如前述建隆三年(962年)举官诏书所说:"或在官贪浊不公……并随轻重,连坐举主。"⑤同年:"诏文班官举堪为宾佐、令录者各一人,不当者比事连坐。"⑥景德四年(1007年)七月,也有相近规定:"本人在所举任中犯赃,即用连坐

---

① 邓小南:《宋代辟举初探》,载邓广铭等主编:《中日宋史研讨会中方论文选编》,河北大学出版社1991年版。
② (宋)胡宿:《文恭集》卷8《举台官状》,文渊阁四库全书本第1088册,台湾商务印书馆股份有限公司1986年版,第682页。
③ 《宋会要辑稿》选举27之16,刘琳等校点,上海古籍出版社2014年版,第5776页。
④ (宋)窦仪等:《宋刑统》卷5《同职犯罪》、卷7《阑入庙社宫殿门》,吴翊如点校,中华书局1984年版,第79、115页。
⑤ 《宋大诏令集》卷165《令翰林学士文班常参官曾任幕职者各举宾佐令录一人诏》,中华书局1962年版,第629页。
⑥ (元)脱脱等:《宋史》卷1《太祖本纪》,中华书局1977年版,第11页。

之制。"①这类连坐之诏书或记载很多,如:雍熙二年(985年)正月诏:"如犯赃贿及疲弱不理,亦当连坐。"②淳化二年(991年)九月,御史中丞王化基奏请"谨公举"时也说:"若所举官贪赃败露,举主并当连坐。"③次年的举官诏书亦云:"所举官将来任使后有犯私罪者,举主连坐。"④咸平、大中祥符时,也有类似表述,"如经擢任,有违犯,并当连坐"。"俟更三任……有赃私罪,亦连坐之。""如朝廷擢用后,犯入已赃,并当同罪。其余赃私罪及不如举状,亦当连坐。"⑤南宋继续沿用举官连坐的原则,绍兴初年,诏所举官吏"犯赃罪,连坐举官,依保举法"⑥。李心传也说,"保任京官犯赃连坐,旧制也,然近岁未有举行者"⑦。而《庆元条法事类·举辟敕》谓之"同坐",被举"若犯入已赃,举主与同坐","同坐"与"连坐"应是一致的。故宋代举官,既称保举,也叫"结罪奏举"⑧,因举主要承担连带法律责任。

到底如何连坐?其中一种重要方式就是"同罪",即举主接受同样处罚或同样有处罚。宋代举官的同罪处罚,与连坐前提一致,涉及保举内容和举后任职,如天圣七年(1029年)有两个诏书:"九月,诏:今后所举法官,令审刑院、刑部、大理寺知院、主判官等,并令同罪保举。""十一月,诏:自今刑部、大理寺举幕职、州县官充详覆、详断、法直官

---

① (宋)李焘:《续资治通鉴长编》卷66,上海师范大学古籍整理研究所、华东师范大学古籍整理研究所点校,中华书局2004年版,第1471页。
② 《宋会要辑稿》选举27之3—4,刘琳等校点,上海古籍出版社2014年版,第5769页。
③ (宋)李焘:《续资治通鉴长编》卷32,上海师范大学古籍整理研究所、华东师范大学古籍整理研究所点校,中华书局2004年版,第721页。
④ 《宋会要辑稿》选举27之5,刘琳等校点,上海古籍出版社2014年版,第5769页。
⑤ 《宋会要辑稿》选举27之7、27之16,刘琳等校点,上海古籍出版社2014年版,第5771、5776页。
⑥ 《宋会要辑稿》选举29之21,刘琳等校点,上海古籍出版社2014年版,第5816页。
⑦ (宋)李心传:《建炎以来朝野杂记》甲集卷8《保任京官连坐》,徐规点校,中华书局2000年版,第163页。
⑧ (宋)马端临:《文献通考》卷38《选举考》,上海师范大学古籍研究所、华东师范大学古籍研究所点校,中华书局2011年版,第1104页,为大中祥符三年四月诏。而(宋)李焘:《续资治通鉴长编》卷73,上海师范大学古籍整理研究所、华东师范大学古籍整理研究所点校,中华书局2004年版,第1664页,所载大中祥符三年三月戊午诏则有"结罪举奏"的要求;《宋会要辑稿》选举27之10—11,刘琳等校点,上海古籍出版社2014年版,第5773页,大中祥符三年四月诏云:"诸路转运使副、提点刑狱官、知州军、通判,结罪奏举部内官属,不限人数,明言在任劳绩。如无人可举及显有逾滥者,亦须指述,不得顾避。"

等,如职任内犯入己赃,其举主并当同罪。"①可见,前者泛言"保举"同罪,后者明言"任内"同罪,但是,同罪的适用与前述连坐有些相像,与举后任职的关系更紧密些,大中祥符二、七、八、九年的几个举官诏书,所云同罪多与被举任后的履职相关:"若历任内犯入己赃,并同其罪。""如擢用后犯入己赃,悉当同罪。""如任使后犯入己赃,或酷刑枉法及生事者,并当同罪。"②"今文武群臣举官犯赃,举主同罪。"③但是,举主的责任并不等同被举的责任,同罪也未必处以同样的罪名和惩罚,这要根据举主的责任和责任的性质来决定。

为此,连坐既与同罪关联使用,又有"量轻重"的限制,即前所谓"量轻重连坐"④。太祖乾德二年(964年),翰林学士承旨陶穀等应诏举官时,也有相同的处罚规定,"如敢徇情,致其人不职,并量事状轻重连坐"⑤。乾德五年(967年)三月的诏书基本相同,"除授之日,仍列举主姓名。如或临事乖方,罪状显著,并量轻重连坐"⑥。哲宗元祐元年(1086年)的表述略有不同,"若到官之后,才识昏愚,职业堕废,荐才按罪喜怒任情,即各依本罪大小,并举者加惩责"⑦。可见,"连坐"前缀"量轻重""量事状轻重""依本罪大小"等词,意思相近,强调举官责任的大小,应根据所举官吏任职后违法犯罪的程度来确定。

总之,举主负有连坐的连带责任,承担同罪的处罚。而举主的责任大小、处罚轻重,又由所举内容和被举履职决定。同罪也就应有两层含义:一是直接的或狭义的,指以相同的罪名处罚;二是间接的或广义的,同样有罪的意思,以同类或相近的罪名处罚,通过衡量举主与被举违法犯罪"轻重"的程度来调整。在追究举官责任时,连坐与同罪又

---

① 《宋会要辑稿》职官15之39,刘琳等校点,上海古籍出版社2014年版,第3429页。
② 《宋会要辑稿》选举27之10、13、14,刘琳等校点,上海古籍出版社2014年版,第5773、5774、5775页。
③ (宋)李焘:《续资治通鉴长编》卷86,上海师范大学古籍整理研究所、华东师范大学古籍整理研究所点校,中华书局2004年版,第1979页。
④ 《宋会要辑稿》选举27之1,刘琳等校点,上海古籍出版社2014年版,第5767页。另参见(宋)马端临:《文献通考》卷38《选举考》,上海师范大学古籍研究所、华东师范大学古籍研究所点校,中华书局2011年版,第1101页。
⑤ 《宋会要辑稿》选举27之1,刘琳等校点,上海古籍出版社2014年版,第5767页。
⑥ 《宋会要辑稿》选举27之1,刘琳等校点,上海古籍出版社2014年版,第5767页。
⑦ 《宋会要辑稿》选举28之15,刘琳等校点,上海古籍出版社2014年版,第5795页。

是无法分开的,连坐是同罪的基础,同罪是连坐的结果,通过二者的结合,把举主的责任心、责任意识落到实处,保证举官合法有序地进行。然而,举主又很难把握被举的资格(尤其品德方面),也无法左右被举任职后的为政情况,其中存在许多变数,如果只有担保的要求,连坐同罪的处罚,势必对举主产生极大的压力,制约荐举,甚至伤害举主。这又需要通过另外的责任原则来调节和平衡,弥补担保、连坐同罪责任原则的不足。这就是举官的减免责任原则。

三、减免责任的原则

宋代举官的担保、连坐同罪责任的负面影响,宋人早已指出,苏轼曾感慨道:"夫天下之吏不可以人人而知也,故使长吏举之。又恐其举之以私而不得其人也,故使长吏任之。他日有败事,则以连坐,其过恶重者其罚均。且夫人之难知,自尧舜病之矣。今日为善,而明日为恶,犹不可保,况十数年之后,其幼者已壮,其壮者已老,而犹执其一时之言,使同被其罪,不已过乎!""今之法责人以其所不能者,谓此也。"①南宋绍兴时期,也有臣僚上疏指出举官责罚严厉,"夫罚太重则法难于必行,罪可逃则人期于幸免"②。针对这些负面影响,宋廷又强调:"群臣举官,例皆连坐,宜有区别。"③实际上,减免责任的原则可以一定程度上克服上述担保、连坐同罪原则的不足,并与之配套,相互补充,形成举官责任原则的体系。当然,具体的实施又要根据不同的举官条件和责任来决定。

第一,根据所举官吏任期犯罪失职的轻重减轻责罚。这就是前述"量轻重连坐"的具体落实。据此,举主责任的减轻,主要依据被举责罚的程度来决定,并非举主直接的违法犯罪。被举犯罪和失职的轻重不同,举主减轻责任的大小也不一样,太平兴国七年(982年)的诏书,就有这样的规定:"自今文武常参官所保举人有罪连坐者,犯私罪无轻重减一等论,公罪即减二等论,仍著为令。"④至于所举犯死罪,无

---

① 《宋会要辑稿》选举27之23—24,刘琳等校点,上海古籍出版社2014年版,第5781页。
② 《宋会要辑稿》选举29之29,刘琳等校点,上海古籍出版社2014年版,第5820页。
③ (宋)李焘:《续资治通鉴长编》卷66,上海师范大学古籍整理研究所、华东师范大学古籍整理研究所点校,中华书局2004年版,第1471页。
④ 《宋会要辑稿》选举27之3,刘琳等校点,上海古籍出版社2014年版,第5768页。

论轻重,举主"减二等论定"①,基本上根据被举所犯私罪、公罪,来确定举主的处罚减轻的幅度。大中祥符四年(1011年),法寺言:"所保举犯私罪入己赃罪至死者,举主减死一等断遣。"②熙宁七年(1074年),都官郎中郑惟几针对奏举边臣减轻责任,也提出减等与同罪并存的建议:"诸奉特敕奏举边臣者,若任用后不如所举,与同罪,至死者减一等。"③这些减等的规定或建议是与宋代法典规定相一致的,《庆元条法事类》就有如下条文:

> 诸举清要官(谓举充御史、阁门祗侯之类),及举充县令若从事郎以上,并改官而用所举已充其任者,若犯入己赃,举主与同坐(犯赃应除、免若赃轻以除、免比罪而坐奏举者,听依私罪法减等),至死者,减一等,私罪徒以上,减二等。
>
> ……
>
> 诸举官充职任,于所举任内以职事旷废至公罪徒以上,举主减二等(即不因本职而犯者不坐)。④
>
> 诸举辟充缘边城寨职任干办,所举任内职事旷废者,与同罪,至死者,减一等。⑤

由上可见,举主减轻责任,主要根据被举公罪还是私罪、贪赃还是旷职、文官还是边臣确定减轻的程度。其中,被举赃罪或被举为边臣犯罪,举主几乎同罪,而被举犯一般的公私罪则有较多的减轻。这也反映宋代打击贪赃、重视边防的用心。此外,在一般的举改官、升资序中也有相似减等规定。⑥

第二,根据所举官吏的非故意和非任职犯罪,举主减轻,甚至免除

---

① (宋)李焘:《续资治通鉴长编》卷23,上海师范大学古籍整理研究所、华东师范大学古籍整理研究所点校,中华书局2004年版,第522页。
② 《宋会要辑稿》选举27之12,刘琳等校点,上海古籍出版社2014年版,第5774页。
③ 《宋会要辑稿》选举28之10,刘琳等校点,上海古籍出版社2014年版,第5792页。
④ (宋)谢深甫:《庆元条法事类》卷14《选举门》,戴建国点校,黑龙江人民出版社2002版,第288页。
⑤ (宋)谢深甫:《庆元条法事类》卷15《选举门》,戴建国点校,黑龙江人民出版社2002版,第322页。
⑥ 参见(宋)谢深甫:《庆元条法事类》卷14《选举门》,戴建国点校,黑龙江人民出版社2002版,第288页。

责罚。其一,所举官吏"非故犯私罪",也即过失犯罪,举主可以免责。大中祥符五年(1012年)八月诏曰:"应保举官有误犯私罪,非故违者,自今勿连坐举主。"①这里明确被举所犯,非故意且为私罪,举主可以免责。而犯的是公罪,如属贪赃,所犯即使过失,举主一般不能免责;如果是杖刑以下的轻罪,举主又可免责,如天禧二年(1018年)四月诏曰:"自今命官使臣犯赃,不以轻重,并劾举主,私罪杖已下不问。"②可见,被举官吏的"非故犯""非故违"是举官的免责前提,而犯赃,免责是有限的,甚至不能免责。乾道二年(1166年)的规定也相近,"侍从、台谏、两省官举监司、郡守,可依荐举旧法,如犯入己赃当同罪,余皆略之"③。其二,对"非任职犯罪"的免责,即被举官吏在所举职位之外的犯罪,举主不负责任。真宗景德四年(1007年)七月,诏:"或改官后犯赃,举主更不连坐。"④即被举者在任期之后犯赃,超出了担保范围,举主也就没有连带责任。至于已经荐举至未就职之间的被举犯赃,举主同样不承担责任,仁宗天圣元年(1023年)八月,"诏所举官未改转而坐赃者,举主免劾"⑤。上述内容就是宋朝法典上所说的"不因本职而犯者不坐"⑥。当然,举官之前,被举犯赃,则属被举资格方面的限制,若超出规定,举主同样要承担被举资格的责任。

第三,根据恩赦来减轻举官责任。元祐三年(1088年)九月,"诏今后举官得罪,如被举人犯赃私罪,特旨编配者,举主虽该恩,并取旨"⑦。也即被举犯赃私罪"特旨编配者",举主遇恩赦减轻处罚,则

---

① 《宋会要辑稿》选举27之13,刘琳等校点,上海古籍出版社2014年版,第5774页;(宋)李焘:《续资治通鉴长编》卷78,上海师范大学古籍整理研究所、华东师范大学古籍整理研究所点校,中华书局2004年版,第1781页。

② 《宋会要辑稿》选举27之17,刘琳等校点,上海古籍出版社2014年版,第5777页。

③ 《宋会要辑稿》选举30之17,刘琳等校点,上海古籍出版社2014年版,第5831页。

④ 《宋会要辑稿》选举27之9,刘琳等校点,上海古籍出版社2014年版,第5772页;参见(宋)马端临:《文献通考》卷38《选举考》,上海师范大学古籍研究所、华东师范大学古籍研究所点校,中华书局2011年版,第1104页。

⑤ (宋)李焘:《续资治通鉴长编》卷101,上海师范大学古籍整理研究所、华东师范大学古籍整理研究所点校,中华书局2004年版,第2334页。

⑥ (宋)谢深甫:《庆元条法事类》卷14《选举门》,戴建国点校,黑龙江人民出版社2002版,第288页。

⑦ (宋)李焘:《续资治通鉴长编》卷414,上海师范大学古籍整理研究所、华东师范大学古籍整理研究所点校,中华书局2004年版,第10064页。

一同取旨。举主如何减轻,元祐六年(1091年)大理寺的上奏讲得比较清楚:"因举官缘坐已经恩者,如罪人不该原减,听减一等;若再会恩,从原减法。罪人该特旨及于法不以赦降原减者,举主自依赦降。"①这种减轻的说法竟然与《庆元条法事类》上表述十分相近:"诸举官应坐举主,若被举人犯罪后会恩虽不该原减,举主听减一等,再会恩者,听从原减法。其被举人以特旨及于法不以赦降原减者,举主自依赦降。"②可见,会恩赦降之时,即使被举不在赦免减罪的范围,举主也可减轻处罚。

第四,举主"自首"免责,也叫"首服""陈首"。在举官之后,举主发现被举在资格、品行、履职等方面有问题,及时主动上奏,自首认罪,可以减轻或免除责任。太平兴国二年(977年)十一月,户部郎中侯陟知吏部选事,因有选人冒妄,事发连坐,而他"造便殿自首服,上特赦其罪"③。这是宋代选举官吏中自首免责的较早记载,但还不是举主自首。淳化四年(993年)诏五月:"自今内外官所保举内有改节为非者,并许举主陈首,免其罪。"④这就是举主自首的规定了。后来,这类举主自首免责的诏书仍有颁布,景德元年(1004年)诏:"今后举官,如因奏任用后,其人改节逾违,不如举状,并许举主陈首,特免连坐。"⑤到天圣二年(1024年)八月,审刑院、刑部、大理寺还议定了举官自首免责的法律,"许元举官具实状陈首",同时,作了限制并完善,"据所陈体量得实,即依法断遣,举主免同罪"⑥。不过,这一免责规定在大中祥符时期一度废弃,"如前所举官间有贪浊,亦许陈首。自今必

---

① 《宋会要辑稿》选举28之24,刘琳等校点,上海古籍出版社2014年版,第5800页。
② (宋)谢深甫:《庆元条法事类》卷14《选举门》,戴建国点校,黑龙江人民出版社2002年,第289页。
③ (宋)李焘:《续资治通鉴长编》卷18,上海师范大学古籍整理研究所、华东师范大学古籍整理研究所点校,中华书局2004年版,第416页。
④ 《宋会要辑稿》选举27之5,刘琳等校点,上海古籍出版社2014年版,第5770页。(宋)马端临:《文献通考》卷38《选举考》,上海师范大学古籍研究所、华东师范大学古籍研究所点校,中华书局2011年版,第1103页亦载此内容,文字稍异,"四年,令内外官所保举人有变节逾滥者,举主自首,原其罪"。
⑤ 《宋会要辑稿》选举27之9,刘琳等校点,上海古籍出版社2014年版,第5772页。
⑥ 《宋会要辑稿》选举27之21,刘琳等校点,上海古籍出版社2014年版,第5779页。

择廉能,乃形公举,更不在陈首之限"①。南宋绍兴时,甚至有人提出"除去自首之文"②,隆兴元年(1163年)也有人主张:"乞严举主连坐之法,不许首免,量其罪之轻重而停秩任。"③即使如此,《庆元条法事类》仍有如下规定:"诸举改官关升,若被举人犯赃,已被论诉,及他司按发、台谏论列者,不在首举之例。"④也就是说,如果被举的犯赃已为其他机构、官吏发现,举主也就失去自首免责的权利。这恰巧说明举主自首免责仍是南宋法律的规定。

此外,还有特定的举官免责,如特诏免责:大中祥符七年(1014年)五月,"在法,私罪当劾举主,诏释之"⑤。如致仕免责:庆历五年(1045年)九月,"诏文武官已致仕而所举官犯罪当连坐者除之"⑥。如限定范围的免责:治平元年(1064年)九月诏:"所举之人,只是将领及行阵战斗。不如所举,即坐举主之罪外,有他犯不坐。"⑦可见,宋代举官免责的规定较为详细。

当然,宋代也有人认为对某些特殊职位的荐举不宜追究责任,也就是说应免除责任,熙宁时期王安石认为,荐举场务官,就不宜"赏罚举主",因为,"场务增亏,或不系监官才否,若以赏罚举主,恐不僭滥也"⑧。而某些特定领域的举官,又不适宜采用免责条款,如奏举边臣,"如致城寨不守,其举主虽会赦不得原减"⑨。至于举主若有受贿

---

① (宋)李焘:《续资治通鉴长编》卷86,上海师范大学古籍整理研究所、华东师范大学古籍整理研究所点校,中华书局2004年版,第1980页。
② 《宋会要辑稿》选举29之29,刘琳等校点,上海古籍出版社2014年版,第5820页。
③ (宋)李心传:《建炎以来朝野杂记》乙集卷14《隆兴至嘉泰积考改官沿革》,徐规点校,中华书局2000年版,第750页。
④ (宋)谢深甫:《庆元条法事类》卷14《选举门》,戴建国点校,黑龙江人民出版社2002版,第294页。
⑤ (宋)李焘:《续资治通鉴长编》卷82,上海师范大学古籍整理研究所、华东师范大学古籍整理研究所点校,中华书局2004年版,第1875页。
⑥ (宋)李焘:《续资治通鉴长编》卷157,上海师范大学古籍整理研究所、华东师范大学古籍整理研究所点校,中华书局2004年版,第3800页。
⑦ 《宋会要辑稿》选举28之2,刘琳等校点,上海古籍出版社2014年版,第5787页。
⑧ (宋)李焘:《续资治通鉴长编》卷230,上海师范大学古籍整理研究所、华东师范大学古籍整理研究所点校,中华书局2004年版,第5590页。
⑨ 《宋会要辑稿》选举28之10,刘琳等校点,上海古籍出版社2014年版,第5792页。

情节,则会加重处罚,"诸因荐举而受财者,以受所监临财物论加一等"①。这就意味着不适用免责条款。总之,举官免责是对前述举官有责的补充,而减免举官责任时,又强调不宜免责或加重处罚,更是对举官有责和免责的补充,由此可见,宋代的举官责任制度较为严密。

第三节　追究制度的考评

一、宋代形成较为系统的举官责任制度,有其合理性、科学性

在历史上,对制度的认知未必与制度的实施完全一致,但是,任何一种制度的建构又都与制度的理念密切相关,理念反映人们对制度的重视以及社会对制度的需求。宋代对举官以及举官责任的重视有其特定的背景,士大夫把官吏选拔、任用、考核、黜陟等放在极为重要的位置,使举士、举官与国家的治乱兴衰联系在一起。所谓:"国家致治之原,莫先乎得士"②,"天下之治,在于得人;人之贤愚,系乎所举"③,"百官称职,则万务咸治"④。也就是说,天下大治的根本在于得士得人,而如何获得,关键在于选举,只有得士得人,才能达到百官称职、万务咸治的总体目标。众所周知,宋代官僚队伍庞大是个突出的问题,也是具有时代特色的"三冗"(冗官、冗兵、冗费)之一。究其原因,从制度层面讲,一方面入仕途径多、数量大;另一方面任官机制复杂,实行官、职、差遣,以致机构臃肿,官多阙少,效率低下。如何从现有的众多官吏中,尤其中下级官员,不论是在职的,还是待阙的,选拔出有实际能力水平的官吏,承担起运行政权机构的重任,这是宋代统治者面临的棘手问题。其中一个重要的解决方案,就是加强吏部铨

---

① (宋)谢深甫:《庆元条法事类》卷14《选举门》,戴建国点校,黑龙江人民出版社2002年版,第289页。
② 《宋会要辑稿》选举3之33,刘琳等校点,上海古籍出版社2014年版,第5302页。
③ 《宋会要辑稿》选举28之2,刘琳等校点,上海古籍出版社2014年版,第5787页。
④ (宋)马端临:《文献通考》卷38《选举考》,上海师范大学古籍研究所、华东师范大学古籍研究所点校,中华书局2011年版,第1114页。

试,实行举官制度。如有人指出:"今日官冗之弊极矣",于是"令吏部严铨试之法"①。铨试有多种方式和多个环节,而举官责任和责任追究则是其中的重要内容,也有可能限制或解决宋代官吏选任中的部分问题。

根据前文的梳理和论证,从举官责任的形成和要件,到担保、同罪、连坐、减免等责任追究原则的确立,以及一些举官程序性的规定等,都足以表明宋代举官责任追究制度,内容丰富,全面系统,并且,确在实际举官时实施,使一些举主承担了相应的法律责任,从而一定程度上整肃、过滤、筛选、淘汰官僚队伍,提高各级官吏的责任心,倡导官场的清廉之风,成为官僚队伍建设的一种机制、一道防线。这与上述宋人的举官认识是分不开的。为此,从制度设计的目的和理念来讲,无论是程序性的还是实体性的,无论是预防性的还是惩罚性的,无论是要件性的还是原则性的规定,都要求通过举官责任的追究来充分发挥举官制度的性能和效率。总之,举官责任追究作为一种制度,在宋代已经建立起来,也是宋代选举制度的有机组成部分,并有其合理性和科学性。

二、宋代的举官责任追究的效果与举官以及政治环境密切相关,并随之盛衰起伏

对宋代的举官责任追究制度,可以有两个方面的基本判断,一方面,据前文所论确是建立了一整套较为系统的制度;另一方面,这套制度的形成过程大致与宋朝官制演变同步。此外,还有一些不足,尤其是在实施过程中存在一些问题,即使到了仁宗庆历时期,问题仍然存在,韩琦、范仲淹等说:"臣等窃以天下郡邑,牧宰为重……国家承平以来,不无轻授,应知州、通判、县令,因举荐擢任者少,以资考序进者多,才与不才,一涂并进,故能政者十无二三,谬政十有七八。"②显然,当时"以资考序"要比举官重要,而举官本身,

---

① 《宋会要辑稿》选举26之1,刘琳等校点,上海古籍出版社2014年版,第5753页。
② (宋)李焘:《续资治通鉴长编》卷141,上海师范大学古籍整理研究所、华东师范大学古籍整理研究所点校,中华书局2004年版,第3386页。

第五章 宋代举官责任追究　173

"近岁荐举多滥"①。这种情形下,举官责任如何追究是可想而知的。

但是,我们又不必太悲观,毕竟制度已经形成,并且在各个时期有不同程度的实施,这是有案可稽的。即使在北宋前期,举官制度正在形成时,就开始追究举官的责任了。宋太祖建隆二年(961年)正月,"太仆少卿王承哲坐举官失实,责授殿中丞"②。真宗天禧四年(1020年)九月,知永兴军府朱巽、陕西转运使梅询,举官"不察奸妄","并削一任"③,也即没有尽到审核和实举的义务。仁宗时期,"枢密直学士知益州蒋堂为奏举前保州通判秘书丞石待举不当,罚铜四十斤,放"④。到北宋中期,追究举官责任仍在进行,神宗熙宁五年(1072年)十二月,知太平州、翰林侍讲学士、给事中张瑰就因"三举官不当",而被夺一官。⑤ 熙宁十年(1077年)三月,"翰林学士杨绘挟朝廷荐举之令,阴为奸利"⑥,弄虚作假,涉及举官内容和程序上的问题,最终受到责黜。

后来,在哲宗、徽宗时期,举官遇到一定困难或限制,或者一度"辟举之法罢而用选格"⑦,或者"应奏辟者许辟员数之半,余朝廷选差"⑧。但仍然追究举官责任,有时举主还比较自觉,如:元祐六年(1091年)十月,"刘挚、苏辙以王巩坐罪,挚与巩为姻家,辙荐巩,皆自劾,乞

---

① (宋)李焘:《续资治通鉴长编》卷162,上海师范大学古籍整理研究所、华东师范大学古籍整理研究所点校,中华书局2004年版,第3904—3905页;《宋会要辑稿》职官61之10,刘琳等校点,上海古籍出版社2014年版,第4694页。
② (宋)李焘:《续资治通鉴长编》卷2,上海师范大学古籍整理研究所、华东师范大学古籍整理研究所点校,中华书局2004年版,第37页。
③ (宋)李焘:《续资治通鉴长编》卷96,上海师范大学古籍整理研究所、华东师范大学古籍整理研究所点校,中华书局2004年版,第2217页。
④ (宋)包拯:《包拯集校注》卷1《请重坐举边吏者》,杨国宜校注,黄山书社1999年版,第44页。
⑤ 参见(宋)李焘:《续资治通鉴长编》卷241,上海师范大学古籍整理研究所、华东师范大学古籍整理研究所点校,中华书局2004年版,第5879页。
⑥ (宋)李焘:《续资治通鉴长编》卷281,上海师范大学古籍整理研究所、华东师范大学古籍整理研究所点校,中华书局2004年版,第6887页。
⑦ (宋)李焘:《续资治通鉴长编》卷380,上海师范大学古籍整理研究所、华东师范大学古籍整理研究所点校,中华书局2004年版,第9233页。
⑧ 《宋会要辑稿》选举29之16,刘琳等校点,上海古籍出版社2014年版,第5814页。

正典刑,诏答不允"①。还有追究的记载,元符二年(1099年)九月,"宝文阁直学士、权知开封府吕嘉问举官不当,有误朝廷任使,今特降充宝文阁待制,更罚铜三十斤"②。此外,还规定了处罚举奏不合格官吏的一般标准,"诸举官而荐充侍从、台省,即停废或责降差遣而奏举差遣者,各杖一百,仍委御史台纠察"③。这是对举官责任追究制度的完善。

南宋举官制度实施也不那么顺利,而责任追究并未废弃。南宋高宗,手诏天下,告诫举官,"自信内外臣僚荐士,或不如所举,及罪当并案者,必罚毋赦"④。南宋李心传的一段话有一定的代表性,"保任京官犯赃连坐,旧制也,然近岁未有举行者。淳熙初,钱师魏参知政事,会其所举者以贿败,上疏自劾,诏特镌三官。吏部因以他举官名闻,皆坐降秩。绍熙初,赵温叔所举以赃抵罪,用故事当削三秩,而温叔时为使相,若降三秩,则应落衮钺为银青光禄大夫,朝廷难之,于是自卫国公降封益州郡公,削其食户二千而已。其后,周洪道连坐,亦自益国公降封荥阳郡公,盖用温叔例"⑤。可见,南宋追究举官责任时,在连坐同罪上确是打了一点折扣,但还是以一定的方式承担责任。此外,还有一些零散的记载,如:淳熙六年(1179年),"钱良臣以失举赃吏,夺三官"⑥。

上述这些记载说明,宋代举官责任追究并未停留在制度层面,确实执行了。尽管实施的程度和效果,各个时期有所不同,制度与现实也存在差异,但又不能以此否定举官制度和责任追究的作用。如有人对宋代的举官要求和限制产生怀疑,甚至认为:"终宋之世,这种限制

---

① (宋)李焘:《续资治通鉴长编》卷467,上海师范大学古籍整理研究所、华东师范大学古籍整理研究所点校,中华书局2004年版,第11152页。
② (宋)李焘:《续资治通鉴长编》卷515,上海师范大学古籍整理研究所、华东师范大学古籍整理研究所点校,中华书局2004年版,第12260页。
③ 《宋会要辑稿》选举28之32,刘琳等校点,上海古籍出版社2014年版,第5804页。
④ (宋)李心传:《建炎以来系年要录》卷111,胡坤点校,中华书局2013年版,第2081页。
⑤ (宋)李心传:《建炎以来朝野杂记》甲集卷8《保任京官连坐》,徐规点校,中华书局2000年版,第163页。
⑥ (元)脱脱等:《宋史》卷35《孝宗本纪》,中华书局1977年版,第670页。

并没有收到多少效果,后期甚至到了无法控制的局面。"①这可能有些苛求古人以及古代的制度了,况且在古代可能找不到比这更好的制度。其实,举官责任追究及其效果怎样,是一个非常复杂的问题,不能仅仅就制度论制度,关键要从各个时期的政治以及体制上寻找原因。这可能需要专文才能讲得清楚。

三、宋代举官责任制度因其历史局限,无法从根本上解决举官以及选举方面的问题

在宋代举官制度的相关研究中,一般人都会期望高,评价低。当然,评价的高低与考量的视角有关,站在宋代与站在现代的角度不同,得出的结论必然有较大差异。宋代的举官责任追究,在制度和法规上的系统性及其地位,可能超过它的实际运行和效果。但是,在专制体制下,御史台、中书省以及廉访使等都能监督和奏劾举主,最终的处置权仍在皇帝手里,因而,举官的责任主体比较明确,而追究举主责任的主体较为含糊,并且,御史等是事后监督,皇帝又忙不过来,也就使举官可能出现失控局面。同时,宋代官僚体制的突出问题是"冗官",举官虽然不完全是入仕的途径,但又是官吏选拔、任用的重要方式,从某种意义上讲恰恰适应了"冗官"体制的需要。举官责任追究,有调控官吏选拔以及"冗官"的积极一面,又有增加"冗官"的消极一面。如果再加上科举、磨勘、荫补等入仕方式的推波助澜,"冗官"问题更为严重,更为糟糕,促成我国政治史上少有的官多阙少、僧多粥少的奇观。治平三年(1066年)五月,同判流内铨蔡抗说:"伏见系磨勘奏举候次引对选人二百五十人,一岁引见不过百人,计须二年半方可引绝……今将南曹逐年举状,约一千九百员。被举者既多,故磨勘者益众,朝廷虽于引对之际限以班次,然内外举官之数,未尝略有裁损,本源未窒,徒抑其流,故选人日月滋引。"②元祐时,吏部待阙的官吏甚多,"尚书左选一百六十二员,侍郎右选八百余员,并使一年以上

---

① 胡坤:《从南宋士大夫的议论看宋代的荐举之弊》,载《浙江社会科学》2008年第11期。
② (宋)李焘:《续资治通鉴长编》卷208,上海师范大学古籍整理研究所、华东师范大学古籍整理研究所点校,中华书局2004年版,第5052页。

至二年两季阙。尚书右选二百八十三员,侍郎左选五百三十七员,并候一年一季已上至二年三季阙。四选宗室已未有差遣,共一千四百八十余员"①。当然,举官不是造成宋代"冗官"的唯一原因,但也是一个比较重要的因素。

因此,宋代尽管建立起较为健全的举官制度,但是举官方面的问题还是不少。如北宋包拯就指出荐举制度的弊端:

> 论荐之人,不能体认朝廷求实才备急用之意,但缘其雅素,或昵于爱私,或迫于势要,或通于贿赂,势不得已,因而举之,又何暇论材器,较治行之详哉!②

南宋吏部侍郎洪遵,也指出许多举官中的怪现象:

> 荐举之制,祖宗所以均齐天下之至权,行之百年,讲若画一。比年以来,监司、郡守不能体国。有同时一章,而巧为两牍并至而不疑者;有岁荐五人,而发奏削至以十数而不止者;有当发职言,而诈为京状者;有止系常调,而诡称职司者;有转运双员,交承各异,而南厅、北厅妄行掺捕(补)者;有上下半年、月日有限,而先时后时,了无忌惮者;有被举之人见存,而假称事故夺而之他者;有经隔数年而冒作交代,即行补发者。若此之类,不可概举。③

其实,透过这些现象,我们可以概括出宋代举官制度本身及其实施中的问题,主要有以下几个方面:

第一,违反回避规定,荐举亲友朋党,以市私恩。宋初的举官,有点内举不避亲的味道,"大抵皆其宗族亲戚也","诸处奏荐,多是亲党",为此太宗要求"今后如有员阙处,当以状闻"④。这实际上是试图通过加强监督,尤其是君权的直接控制,来解决举官中的结党营私问题,但效果自然有限。庆历时期有人指出:"近岁荐举多滥,亦有负罪

---

① (宋)庄绰:《鸡肋篇》卷下,萧鲁阳点校,中华书局1983年版,第98页。
② (宋)包拯:《包拯集校注》卷1《请重坐举边吏者》,杨国宜校注,黄山书社1999年版,第44页。
③ 《宋会要辑稿》选举30之8—9,刘琳等校点,上海古籍出版社2014年版,第5826、5827页。
④ (宋)王栐:《燕翼诒谋录》卷4,诚刚点校,中华书局1981年版,第42页。

不可澌涤之人得更右职,率为朋党,以市私恩,不可不革也。"①熙宁时期,权御史中丞邓绾奏劾章惇"举官私邪","有连朋结党、兼相庇护、对制不实之罪"②。这类情况,宋代时有发生,根源还是在体制上。

第二,"但荐势要","压抑孤寒"。在荐举中,有资格的要求,但没有明确的"势要"与"孤寒"的规制。官吏只要达到一定条件,就有被举的权利,成为荐举的对象,举官也就与科举一样,具有相对的平等性和开放性。但是,举主往往又在特定的背景下,出以私心私利,很难公平、公正地对待不同身份的应举者。仁宗就意识到举官担保中的这类问题,"今但荐势要,使孤寒何以进",进而采取"抑权势进孤寒"③的对策。元丰时,御史何正臣也指出类似问题,"近日举官,鲜以寒士为意,利禄所厚,多在贵游之家,而市易为甚"。他希望"自今举官并依举京官、县令式,具亲属"④。以便监控权势、贵游之家,发现问题,及时解决。

第三,滥举日滋,受托贪墨。在荐举中,宋代或有数量规定,必须完成,也有时不限数量,可以尽量保举。绍兴时有个诏书较为典型:"举官须以岁额荐举,所举不如额者,吏部具名以闻。"⑤这样,为了完成荐举的任务,所举也就可能不符合荐举的要求和标准,当然,对被举者来说可能是个福音,能够获得较多的举数,在升迁中发挥重要作用。大观四年(1110年),有臣僚指出:"铨部、密院凡有差使,校定等差,每以举主多寡为优劣。"⑥又如,南宋陈振孙"向为绍兴教官日,有同官初至者,偶问其京削欠几何?答云'欠一二纸。'数月,闻有举之者"⑦。可见,举官数量和被举次数的要求,又带来新的问题,只求数量,忽视质量,必然产生滥举、谬举问题。其实在真宗咸平时针对滥举问题,要

---

① (宋)李焘:《续资治通鉴长编》卷162,上海师范大学古籍整理研究所、华东师范大学古籍整理研究所点校,中华书局2004年版,第3904、3905页。
② (宋)李焘:《续资治通鉴长编》卷271,上海师范大学古籍整理研究所、华东师范大学古籍整理研究所点校,中华书局2004年版,第6636页。
③ (宋)王辟之:《渑水燕谈录》卷1《帝德》,吕友仁点校,中华书局1981年版,第4页。
④ 《宋会要辑稿》选举28之12—13,刘琳等点校,上海古籍出版社2014年版,第5793页。
⑤ 《宋会要辑稿》选举30之4,刘琳等点校,上海古籍出版社2014年版,第5824页。
⑥ 《宋会要辑稿》选举24之3,刘琳等点校,上海古籍出版社2014年版,第5694页。
⑦ (宋)周密:《齐东野语》卷8《嘲觅荐举》,张茂鹏点校,中华书局1983年版,第150页。

求"诸州长吏奏举官属,虑有请托,并须条约之"①。仁宗至和时,宰臣刘沆上奏,批评荐举权豪和亲属等滥举问题。② 英宗治平时,滥举情况一度较为严重,权御史中丞贾黯尖锐地指出:"近日官冗之弊,数倍往时,盖由举官者众,人有定员,以应所举之格。"此后诏亦曰:"举者不问能否,一切取足以闻。徒有塞诏之名,且非荐贤之体。以至奔竞得售,而实才者见遗;请托得行,而恬守者被弃。"于是要求:"宜令中外臣僚合举选人者,务在得人,不必满所限之数。"③至南宋时也有此类问题,有时比较严重。绍兴十一年(1141年),臣僚说:"比年以来,请托之私未殄,谬滥之弊日滋,凡由荐举升改,继以贪墨闻者,未尝无之。逮有司之狱已具,乃始以状自列,则又置而不问。"④甚至发展到买卖举官状这一令人发指的地步,二十六年(1156年),御史台主簿李庚言:"国家立荐举之法,将以搜罗人才,激劝士类……甚至关升、改秩各有定价,交相贸易,如市贾然……欲望明立法禁,应买卖举状之人,取者、与者,各坐赃论。"于是,"诏令有司立法。其后刑部乞依荐举受财法施行,从之"⑤。从中也可以看到,谬举、滥举的问题越严重,相应的处罚力度也越大。如上所述,若徇私荐举,举非其人,一旦为其他机构揭发和论列,举主不再享有自首免责的优待。⑥ 此外,二十九年(1159年)还规定,重复举官,也以违制论处。⑦ 不过,买卖举状的事还是时有发生。孝宗时,胡铨说:"孤寒之士,每纸文字,士须三百千经营乃可得。合五纸之费,为千五百缗。"⑧

总之,宋代举官责任追究制度较为发达,并且逐步完善,但无法防

---

① (宋)李焘:《续资治通鉴长编》卷43,上海师范大学古籍整理研究所、华东师范大学古籍整理研究所点校,中华书局2004年版,第912页。
② 参见(宋)李焘:《续资治通鉴长编》卷178,上海师范大学古籍整理研究所、华东师范大学古籍整理研究所点校,中华书局2004年版,第4318页。
③ 《宋会要辑稿》选举28之2—3,刘琳等校点,上海古籍出版社2014年版,第5787页。
④ 《宋会要辑稿》选举29之29,刘琳等校点,上海古籍出版社2014年版,第5820页。
⑤ (宋)李心传《建炎以来系年要录》卷173,胡坤点校,中华书局2013年版,第3315、3316页。
⑥ 参见《宋会要辑稿》选举30之4,刘琳等校点,上海古籍出版社2014年版,第5824页。
⑦ 参见《宋会要辑稿》选举24之21,刘琳等校点,上海古籍出版社2014年版,第5714页。
⑧ (明)杨士奇等编:《历代名臣奏议》卷49《治道》,文渊阁四库全书本第434册,台湾商务印书馆股份有限公司1986年版,第361页。

止和克服举官中的所有问题。宋代举官中的问题,仅仅依靠举官制度及其责任追究制度,很难从根本上解决。这是由宋代政治制度和体制的性质、局限所决定的。同时,问题的不断出现,又说明完善举官责任追究制度的必要,只有通过完善举官制度,解决问题,才能扼制弊端的蔓延。不过,我们还得承认:这一制度确实在宋代实行过,追究过举官的责任,发挥了一定的作用,并且制度设计的本身也有其科学性,具有历史的价值和现实的意义,是我国古代政治智慧和优秀文化传统的有机组成部分,值得我们反思和总结。

第六章　宋代农桑水利责任追究

我国农业史上,宋代农业获得了前所未有的发展,表现在人口激增、垦田面积扩大、农业水利兴修、单位面积产量提高以及专业性农业和多种经营的发展等①,在国家经济结构中占有重要地位。同时,宋代又处在我国古代社会的转型时期,正如有学者指出,宋代是我国古代社会农业、农商和工商三个阶段中农商社会的开始。② 为此,宋代农业发展显得更为重要,发展原因也就引起人们广泛关注,学术界从农业政策层面论述比较深刻。然而对官吏管理和经营农业的责任以及责任追究则重视不够,这恰恰是宋代农业发展的政策性因素。仁宗庆历四年(1044年),有一个劝农和发展农业的诏书就指出:"自今在官有能兴水利、课农桑、辟田畴、增户口,凡有利于农者,当议量功绩大小,比附优劣,与改转或升陟差遣,或循资、家便,等第酬奖。即须设法劝课,不得却致扰民。其或陂池不修、桑枣不植、户口流亡之处,亦当检察,别行降黜。"③可见,农业的责任和奖惩,包括兴修水利、种植桑枣、增长户口等方面。

---

① 参见漆侠:《宋代经济史》,上海人民出版社1987年版,第43—230页。
② 参见葛金芳:《"农商社会"的过去、现在和未来——宋以降(11—20世纪)江南区域社会经济变迁》,载《安徽师范大学学报(人文社会科学版)》,2009年第5期。
③ 《宋会要辑稿》食货63之179—180,刘琳等校点,上海古籍出版社2014年版,第7707页。

第一节　劝勉农桑

一、劝农之政

宋代与历朝一样,以农为本、以农立国,非常重视农业,如真宗咸平时期京西转运副使朱台符认为,"农者国之本"①。农业之所以处在根本的地位,仁宗皇祐时期右司谏钱彦远说,"农桑者,生民大事,国家急务,所以顺天养财,御水旱、制蛮夷之原本也……所贵天下本农,生民富给,为万世之基"。也即农桑是民生大事,也是御灾制蛮之本,更是国祚永远的基础。后来,嘉祐时期知谏院司马光又指出:"夫农,天下之首务也",事实上,又如咸平时期京西转运使朱台符所言:"民利尽归于国,国用尽入于军,所以民困而国贫也。"②农桑直接为国家机器提供物质保障。因此,发展农业,满足国家和社会的需要,是宋代统治者面临的现实问题。

宋初经历五代战乱之后,百废待举,需要发展生产。太祖建隆二年(961年)闰三月,诏令沿袭后周"课民种植"之令,每县划定五等户籍,使民种植木柏桑枣,并要求令佐春秋巡视,"秩满赴调,有司第其课而为之殿最"③。次年十二月,就有官吏因检视民田不实而被责罚,"左赞善大夫段昭裔坐检视民田失实,责授海州司法参军"④。也就是说,宋初就在追究官吏的农桑责任。难怪皇祐时期右司谏钱彦远说:"转运使等,每巡历州军,先须点检劝农司讫,方得点检诸事。如长吏已下因循违慢,职业无闻,人户逃移至多,垦田之数

---

① (宋)李焘:《续资治通鉴长编》卷44,上海师范大学古籍整理研究所、华东师范大学古籍整理研究所点校,中华书局2004年版,第936页。
② 《宋会要辑稿》食货63之181,刘琳等校点,上海古籍出版社2014年版,第7708页;(宋)李焘:《续资治通鉴长编》卷196、卷44,上海师范大学古籍整理研究所、华东师范大学古籍整理研究所点校,中华书局2004年版,第4755、936页。
③ (宋)李焘:《续资治通鉴长编》卷2,上海师范大学古籍整理研究所、华东师范大学古籍整理研究所点校,中华书局2004年版,第43页。
④ (宋)李焘:《续资治通鉴长编》卷3,上海师范大学古籍整理研究所、华东师范大学古籍整理研究所点校,中华书局2004年版,第76页。

日削,并乞除授散官监当,判官亦同降黜。"①转运使等监司官吏把点检劝农作为首要职责,并要奏请处罚因循违慢,导致人口和垦地减少的官吏。

当然,直接承担劝农责任的,主要是州县官,也即所谓亲民官。宋初就规定,县令"掌总治民政",他的重要职责之一就是"劝课农桑"②。并且达到一定程度则予以奖励,"令佐能招复逋逃,劝课栽植,岁减一选者,加一阶"。真宗景德三年(1006年)二月,在权三司使丁谓等言:"请少卿监、刺史、阁门使已上知州者,并兼管内劝农使,余及通判并兼劝农事,诸路转运使、副并兼本路劝农使。"③也就是说,地方的知州、通判以及转运使都要兼劝农之职。尽管这是加衔,并非官职,但足以表示对农业的重视。同时,在地方还设立专门机构——劝农司。皇祐时期,右司谏钱彦远对劝农使、劝农司的认识颇为深刻,"本朝自祖宗以来,留意尤切,故诸路转运使、提点刑狱臣僚、知州、通判皆带劝农职名,授敕结衔,政在督课。而迈岁徒有虚文,初无劝导之实,汙(菜)[莱]不辟,事失因循。今欲乞应天下诸州军于长吏厅各置劝农司,以知州为长官,判官为佐官,举部内幕职、州县清强官一员兼充判官,量抽吏人。先将部内诸县今日已前见管垦田顷亩、户口数目、陂塘山泽、桑枣沟洫都大之数,著为帐籍。仍开析见有多少逃移人户赋税、荒废田亩、古之水利后来残毁者。委自劝农官司多方设法劝课招诱,安其生业,去其大害,兴其大利。""如长吏已下因循违慢,职业无闻,人户逃移至多,垦田之数日削,并乞除授散官监当,判官亦同降黜。所贵天下本农,生民富给,为万世之基。望诏三司检举旧贯,赏罚施行。"④

这些劝农政策固然很好,但有时地方官未必执行有力。真宗咸平二年(999年),刑部员外郎、直史馆陈靖为度支判官,多次上疏论劝农事,"建议请刺史行春,县令劝耕,孝弟力田者赐爵,置伍保以检察奸盗,籍游惰之民而役作之"。仁宗也很重视,让陈靖与京西转运使耿望

---

① 《宋会要辑稿》食货63之181,刘琳等校点,上海古籍出版社2014年版,第7708页。
② (元)脱脱等:《宋史》卷167《职官志》,中华书局1977年版,第3977页。
③ (宋)李焘:《续资治通鉴长编》卷62,上海师范大学古籍整理研究所、华东师范大学古籍整理研究所点校,中华书局2004年版,第1386页。
④ 《宋会要辑稿》食货1之26,刘琳等校点,上海古籍出版社2014年版,第5956、5957页。

共同商量,并派他们提举劝农事,"然卒不果行也"①。总体来说,宋代重视劝农,但地方官吏未必很好实施,尤其在时局动荡时期。徽宗宣和二年(1120年),臣僚指出:"为监司、守、令者,虽有劝农之名,而不考其实。为提举常平、县丞者,虽有农田水利之职,而不举其事,以未尝核其实而已。"于是,先后下诏强调:"制诏天下,县以农时分轮令、丞行田野,有荒而不治者,罚及邻保;郡以农时分轮守、贰行县,有荒而不治者,罚及令、丞;监司以农时因巡历行郡,有荒而不治者,罚及守、贰,以核田莱荒治之实。""监司每岁终,取州县户产登降、米谷贵贱、租税盈亏之数,同具奏闻。内参酌最优劣两处,其守、贰、令、丞乞加赏罚。尚书省类天下奏,较最优劣两路取旨,以为监司赏罚,以核三者之实。"最后,"诏中书省勘当取旨"②。这些诏书都强调地方官吏的农业责任,政和二年(1111年)二月更是明确责任,"诏监司督州县长吏劝民增植桑柘,课其多寡为赏罚"③。即要求监司考实绩,"比较赏罚"。或者说,"监司劝率守令督责编户植桑柘,广蚕利,以丰织纴,基〔其〕本任满,比较赏罚"④。这种劝农政策在宋代有延续性,孝宗乾道八年(1172年),权知安丰军张士元言:"本军责属县令佐劝谕人户栽种桑柘,缘一岁之内,止自十一月至二月可以栽种,乞下两淮州军,遇可栽种,责令佐多方劝谕,具实数供申。"孝宗听取了此等建议后,次年下诏说:"朕惟天下之本,在乎务农,故自即位以来,罢游畋,却贡献,蠲不急之费,省无名之赋,凡山林川泽之禁,悉弛以便民,庶几富而教之,跻二帝三王之盛。而志勤效浅,十有二年于兹……继自今,其悉乃心,共乃服,出入阡陌,劝课农桑,视吾新书从事,以殖财阜民,则赏不汝遗;厥或怠惰自如,邦有常刑,必罚无赦。"⑤

---

① (宋)李焘:《续资治通鉴长编》卷45,上海师范大学古籍整理研究所、华东师范大学古籍整理研究所点校,中华书局2004年版,第966—967页。
② 《宋会要辑稿》食货63之195—196,刘琳等校点,上海古籍出版社2014年版,第7716页。
③ (元)脱脱等:《宋史》卷20《徽宗本纪》,中华书局1977年版,第386页。
④ 《宋会要辑稿》食货1之31,刘琳等校点,上海古籍出版社2014年版,第5962页。
⑤ 《宋会要辑稿》食货1之46—47,刘琳等校点,上海古籍出版社2014年版,第5978、5979页。

为此,宋代士大夫和官吏的劝农文很多,内容极为丰富。这是宋代重视农业、农事的一个表现,同时,还有专门的法规,明确了官吏的农桑责任,即所谓"劝农种艺,素有定规"①。甚至还制定了农田法律,如《景德农田编敕》②,涉及农业税收、农田水利,应与官吏职责和责任相关。宋代监司考核县令课绩的"四善三最"中,就有"一最",即"农桑垦殖、野无旷土,水利兴修、民赖其用为劝课之最"。此外,对知州也是如此考核的。③ 仁宗庆历四年(1044 年),也有类似的规定,"自今在官有能兴水利,课农桑,辟田畴,增户口,凡有利于农者,当议量功绩大小,比附优劣,与改转,或升陟差遣,或循资家便,等第酬奖。即须设法劝课,不得却致扰民。其或陂池不修,桑枣不植,增户口流亡之处,亦当检察,别行降黜"④。内容涉及兴水利、植桑枣、增户口等,显然这些是地方知州、县令的重要责任,当然是监司官吏的职责,神宗熙宁时期,"分遣诸路常平官,使专领农田水利。吏民能知土地种植之法、陂塘、圩埠、堤堰、沟洫利害者,皆得自言"⑤。可见,这种农桑职责包括作物种植、土地开垦、水利兴修以及人口、粮价、租赋等,正如徽宗宣和时臣僚所指出:"监司、守令官带劝农,莫副上意,欲立四证验之:按田莱荒治之迹,较户产登降之籍,验米谷贵贱之价,考租赋盈亏之数。四证具,则其实著矣。"⑥

二、增长人口

农业的发展靠劳动力、生产工具的进步,在古代农业发展中人口的增长至关重要,为农业补充足够的劳动力,是小农经济社会发展的一个特色。宋代疆域没有汉唐广袤,但人口增长较快,从五六千万增至一亿以上。⑦ 这往往被认为是宋代社会生产发展的一个标志。而宋

---

① 《宋会要辑稿》食货 63 之 163,刘琳等校点,上海古籍出版社 2014 年版,第 7698 页。
② 参见《宋会要辑稿》刑法 1 之 3,刘琳等校点,上海古籍出版社 2014 年版,第 8213 页。
③ 参见(宋)李焘:《续资治通鉴长编》卷 472,上海师范大学古籍整理研究所、华东师范大学古籍整理研究所点校,中华书局 2004 年版,第 11271 页。
④ 《宋会要辑稿》食货 1 之 25,刘琳等校点,上海古籍出版社 2014 年版,第 5956 页。
⑤ (元)脱脱等:《宋史》卷 173《食货志》,中华书局 1977 年版,第 4176 页。
⑥ (元)脱脱等:《宋史》卷 173《食货志》,中华书局 1977 年版,第 4169 页。
⑦ 参见漆侠:《宋代经济史》,上海人民出版社 1987 年版,第 46 页。

第六章　宋代农桑水利责任追究　185

代人口为何增长,原因很多,但主要的原因应是,宋代重视人口增长,把劳动力稳定在土地上,并把这项工作作为地方官吏农事责任的重要组成部分。

宋代十分重视户口版籍,作为掌握天下户口和赋税的基础。太宗至道元年(995年)六月,"诏复造天下郡国户口版籍",以便周知"户口、赋税"①。真宗景德四年(1007年)七月,权三司使丁谓奏曰:"五代已来,旧章多废,国家幅员万里,阜成兆民,惟国史之阙书,由有司之旷职。今以景德三年民赋、户口之籍较咸平六年,具上史馆。欲望特降诏旨,令自今以咸平六年户口、赋入为额,岁较其数以闻。庶使国典有凭,方来可仰。"②可见,宋代核定户籍的要求较为常见。③

五代宋初战乱之后,百姓逃难,户籍锐减,于是要求州县官吏要检视户籍和顷亩,作为征收和输纳租税的依据。④ 宋初就以人口、户籍多少将县分成赤县、次赤、畿、次畿、望、紧、上、中、下等不同级别。⑤ 其中,人口增减是一个关键因素,同时也是考核州县官的重要依据。具体标准是:"州县官抚育有方,户口增益者,各准见户每十分加一分,刺史、县令各进考一等。其州户不满五千,县户不满五百,各准五千、五百户法以为分。若抚养乖方,户口减耗,各准增户法亦减一分,降考一等。主司因循,例不进考,唯按视阙失,不以轻重,便书下考。"⑥也即以户口增减的分数来决定奖惩的等级。真宗咸平时期,同样要求诸转运使等考校所辖户口的增减,申报审官院,作为州县官"殿最"的依据。⑦ 北宋后期徽宗政和六年(1116年),户部还在重申《政和格》中的

---

① 《宋会要辑稿》食货12之1,刘琳等校点,上海古籍出版社2014年版,第6229页。
② 《宋会要辑稿》食货69之78,刘琳等校点,上海古籍出版社2014年版,第8093页。
③ 参见吴松弟:《宋代户口的汇总发布系统》,载《历史研究》,1999年第4期。
④ 参见(宋)李焘:《续资治通鉴长编》卷2,上海师范大学古籍整理研究所、华东师范大学古籍整理研究所点校,中华书局2004年版,第43页。
⑤ 参见《宋会要辑稿》食货69之77,刘琳等校点,上海古籍出版社2014年版,第8092页。
⑥ (宋)李焘:《续资治通鉴长编》卷3,上海师范大学古籍整理研究所、华东师范大学古籍整理研究所点校,中华书局2004年版,第74、75页。
⑦ 参见(宋)李焘:《续资治通鉴长编》卷45,上海师范大学古籍整理研究所、华东师范大学古籍整理研究所点校,中华书局2004年版,第966页。

知、通、令、佐任内的户口增加赏格,当然,减少也有相应的处罚。① 高宗绍兴三年(1133年),尚书礼部元外郎舒清国说:"诸路残破州县,乞以户口增否,别立守令考课之法,分为上、中、下三等,每等又分为三,置籍比较。县令课绩知、通考之;知州课绩,监司考之;考功会其籍而较其优劣。凡赏格,用见行条法赏格之最优者。其再考在上等之上者,除依格推赏外,任满日,知州优加擢用,县令与升擢差遣。下等取旨责罚。"②

因此,为了比较和掌握人口增减动态,宋朝要求地方岁造户口版籍,上报朝廷,这是地方官吏的一项重要职责。如哲宗元祐时期,由于"户部每年考会总数,即未有比较进呈之法,复不知民力登耗,财用足否"。于是三省认为,"今立定式,令诸州每年供具,以次年正月申转运司,本司以二月上户部。本部候到,于半月内以次上尚书省,三省类聚进呈。违者,杖一百"③。当然,考核户口增减是地方官吏考课的重要内容,并以人口课绩进行赏罚。

这种人口增减的考核,或是任期,或是年度,高宗绍兴五年(1135年)七月,"诏残破州县亲民官,计到、罢之日户口考殿最"④。这是对到离任时的人口比较考核。当时,也有官吏赞同这一做法,上奏说:"湖北兵火之后,全在官吏招集流移……乞将州县最亲民官初到任日,据见存户口、二税批上印纸,候任满日,再行批凿罢任。若任内增加者,书为课最,别有迁擢;或复减少,书为课殿,亦置典宪。"⑤次年,崇德令赵涣之未能应对"户口登耗""租赋多寡"而被按劾。⑥ 绍兴十三年(1143年),太府寺丞张子仪说,"亲民之官,莫若守、令。户口登耗之责,守、令之先务也。乞于新复旧州县精选守、令,以户口复业、登耗,重为升黜之典。仍委监司覆实,以严课最"。于是,诏令"淮东、

---

① 参见《宋会要辑稿》食货12之4,刘琳等校点,上海古籍出版社2014年版,第6231页。
② 《宋会要辑稿》食货69之80,刘琳等校点,上海古籍出版社2014年版,第8095页。
③ 《宋会要辑稿》食货69之79,刘琳等校点,上海古籍出版社2014年版,第8094页。
④ (元)脱脱等:《宋史》卷28《高宗本纪》,中华书局1977年版,第521页。
⑤ 《宋会要辑稿》食货69之55,刘琳等校点,上海古籍出版社2014年版,第8076页。
⑥ 参见(宋)赵鼎:《忠正德文集》卷8,文渊阁四库全书本第1128册,台湾商务印书馆股份有限公司1986年版,第741页。

京西路监司岁终取州县所增户口以闻"①。这也是监司对州县官户口增减的年度考核。可见,无论是任期,还是年度人口考核,都以人口增减作为奖励或降黜的依据。孝宗乾道七年(1171年),知隆兴府龚茂良也有相同的看法,依据户口登耗来决定州县官的殿最和升黜,"若某县措置有方,户口仍旧,即审实保奏,优加迁擢。若某县所行乖戾,户口减少,则按劾以闻,重行黜责"。孝宗也表示赞同,于是,"仍将已流移人与见在户口通行置籍,务令得实,将来比较殿最"②。

三、招诱流民

人口如何增长,可以是鼓励生育,也可以是安插流民,而充分利用现有的农业劳动力资源,后者更为可行和迫切,这也是区域暂时性增长人口的重要途径。宋太祖开宝六年(973年),要求州县遣返流民,沿途各路供给口粮。后来,又规定:在这年四月前的逃移人户,允许返乡归业,据实际租佃土地纳税;若在四月后仍然逃移在外,即使是原佃土地也许他人"请射"。太宗太平兴国七年(982年),针对开封旱蝗灾害的严重形势,更是招诱流民返回复业,免除五年的税收,只输纳垦田和桑枣等特别税。如果"民愿归业而官司邀滞者",那么,"许人陈告,犯者决配。"也即受到配役的重罚。③ 南北宋之交是个多事之秋,江淮地区更是灾祸频仍,徽宗政和八年(1118年),权淮南江浙荆湖制置发运使任谅奏称:"其荒簿无人耕佃者,即多方招诱逃户归业,及依条召人请耕,检量顷亩,立定四至给付。仍取邻田中等税数减半为额,与免一料催科。所贵逃田无不耕种。"于是,"诏逃田可专委县丞,无县丞处,委他官"④。但是,战事天灾不断,流民问题严重,南宋初高宗建炎元年(1127年)的赦免令也有相近的规定,"应因金人所至州县劫掠逃避人户,仰监司、守令多方招诱归业。内阙食不能存之人,依灾伤七分法赈给,与免今年夏秋税"。此外,提举常平司给无力

---

① 参见《宋会要辑稿》食货69之80,刘琳等校点,上海古籍出版社2014年版,第8096页。
② 《宋会要辑稿》食货12之7,刘琳等校点,上海古籍出版社2014年版,第6233页。
③ 参见《宋会要辑稿》食货69之35—36,刘琳等校点,上海古籍出版社2014年版,第8065页。
④ 《宋会要辑稿》食货63之194—195,刘琳等校点,上海古籍出版社2014年版,第7716页。

耕种者,"借贷钱粮,收买牛具之类。候将来收成日,分三年逐料带纳"①。至于逃户的土地收益如何处理,先招人承佃,负担常赋,佃户拥有收获一半,而官府收入和拘管另一半(其中一半纳官,另一半代业主拘收)。"如过三年佃主不归,即依户绝法。其分镇去处,下镇抚使一面措置召人耕种。"②而针对逃户能够返乡耕种,宋初就依据返回的时间,减免租税,返回越早,减免越多,反之则少。③ 南宋孝宗隆兴二年(1164年),仍有"守、令多方招诱归业"之类德音。④

招诱是在流民出现之后采取的措施,固然能使本地州县恢复人口,但是更为积极的是,在水旱到来之时,州县官就要及时安抚疏导和劝谕赈济,减少流民,安定社会。宋代也根据招诱的效果,进行赏罚。如哲宗元祐八年(1093年),水灾区域较广,涉及江、淮、荆、浙、广南、福建等路,而"官吏失于循抚,民多流移",或"官吏坐视不恤,使民转徙重困"。于是,要求监司督责劝谕还业,并比较流民和复业的数量,以定赏罚。⑤ 孝宗淳熙十年(1183年),针对江淮地区流民较多情况,沿用淳熙八年(1181年)旧法,"淮南运司移牒,令建康府、池、太平州约束沿流渡口,不得放令流移人。"但这使流民进退两难,又有臣僚提出,"措置存恤",不得阻碍。⑥ 可见,对流民的疏导政策,不同时期有一定的差异。

当然,这种招诱也会出现问题,如高宗绍兴时期,"淮南等路营田,本欲招集流亡,垦辟旷土。州县间有希赏,务为欺弊,虽以招诱为名,其实抑配民户耕种,循袭为例",于是要求"监司督责所部州县悉遵成法,专集流亡,以究实利。不得科抑土著人户。如敢违戾,按劾以闻"⑦。也就是说州县官既要招诱流民,又不能欺骗谎报,否则,要承担相应的责任。

---

① 《宋会要辑稿》食货69之45,刘琳等校点,上海古籍出版社2014年版,第8071页。
② 《宋会要辑稿》食货69之48,刘琳等校点,上海古籍出版社2014年版,第8072页。
③ 参见《宋会要辑稿》食货69之36,刘琳等校点,上海古籍出版社2014年版,第8065页。
④ 参见《宋会要辑稿》食货58之2,刘琳等校点,上海古籍出版社2014年版,第7351页。
⑤ 参见《宋会要辑稿》食货69之42,刘琳等校点,上海古籍出版社2014年版,第8069页。
⑥ 参见《宋会要辑稿》食货69之66,刘琳等校点,上海古籍出版社2014年版,第8082页。
⑦ 《宋会要辑稿》食货3之1,刘琳等校点,上海古籍出版社2014年版,第6005—6006页。

第二节　农田管理

在劝农中,招诱流民,增加人口,本质上是为了保证税收,稳定社会,促进经济恢复和繁荣。只有把劳动力与土地结合起来,也即解决农民的土地问题,才能真正稳定社会,增加税收。因而,有效地经营管理土地是地方州县官重要的职责。

一、垦荒耕种

开垦和耕种荒地就是利用闲置的土地,使劳动力附着于土地。宋初经历动荡和战乱之后,土地抛荒现象严重,应该鼓励农民开垦,太宗太平兴国七年(982年),就要求州县设立农师,"分给旷土,召集余夫,明立要契,举借粮种,及时种莳"。否则,"不率教者,州县依法科罚"。显然,要求州县官吏引导和教育当地人们垦种荒地。[1] 雍熙三年(986年)七月,国子学博士李觉指出:"旷土颇多,辟之为利","欲望令天下荒田,本主不能耕佃者,任有力者播种,一岁之后,均输其租,如此乃王化之本也"。[2] 此后,"许人户经官请射开耕",并减免税收,加以鼓励。[3] 到熙宁变法时期,更是重视农业,鼓励垦荒,曾在熙宁三年(1070年),同管勾秦凤路经略司机宜文字王韶言奏:"渭城下至秦州,缘河兴治良田万顷,乞钱兴治。言者谓其不实,夺韶一官。"[4]因而,在实行熙宁变法的县份,令佐任满交替时必须申奏,后继者也应该"取图籍抽摘交点得实,方得保明申州,出给解由。如有伪妄增加,隐落事状,并从违制分故失科罪,不在去官及赦原之限"。而上级知州、通判,令提刑、转运要"常切体究,量任内能与不能用心劝督,候得替日,具的实事件申奏,当议量功罪赏罚"。同时,若"妄有沮废,及妄冒

---

[1] 参见《宋会要辑稿》食货63之162,刘琳等校点,上海古籍出版社2014年版,第7697页。
[2] (宋)李焘:《续资治通鉴长编》卷27,上海师范大学古籍整理研究所、华东师范大学古籍整理研究所点校,中华书局2004年版,第621页。
[3] 参见《宋会要辑稿》食货63之163,刘琳等校点,上海古籍出版社2014年版,第7698页。
[4] 《宋会要辑稿》食货1之3,刘琳等校点,上海古籍出版社2014年版,第5938页。

保明功绩,朝廷差官察访得实,并重行降黜,亦不在去官及赦原之限"①。可见,县令垦荒责任和州路核实申报责任是同时存在的。元祐四年(1089年)二月,更是鼓励沿河州县官吏经画沟洫、退出良田,若达到百亩,诏曰:"委所属保明以闻,到部日,与升半年名次。每增一百顷,各递升半年名次;及一千顷已上者,比类取旨酬赏;功利大者,仍取特旨。"②后来,徽宗崇宁时,"广东南路转运判官王觉,以开辟荒田几及万顷,诏迁一官"。高宗绍兴时赏罚更为明确,"残破州县垦田增及一分,郡守升三季名次,增及九分,迁一官;亏及一分,降三季名次,亏及九分,镌一官。县令差减之。增亏各及十分者,取旨赏罚。其后以两淮、荆湖等路民稍复业,而旷土尚多,户部复立格上之:每州增垦田千顷,县半之,守宰各进一秩;州亏五百顷,县亏五之一,皆展磨勘年。诏颁之诸路。增,谓荒田开垦者;亏,谓熟田不因灾伤而致荒者"③。可见,不仅明确了垦荒的赏罚标准,而且规定了增亏的准确含义。

这种以垦荒多少作为地方官吏课绩的做法,到南宋仍然采用,高宗绍兴二年(1132年),兴国军王绚、知永兴县陈升"措置招诱人户耕垦闲田","各与转一官"④。绍兴五年(1135年),户部列奏出诸路知州县令开垦荒地和耕地抛荒的增亏奖惩标准,也即作为法律的一种形式"格"。此外,还有绍兴十九年(1149年)、二十年(1150年)户部修订的奖惩标准以及臣僚提出的奖励标准⑤:

---

① 《宋会要辑稿》食货63之187,刘琳等校点,上海古籍出版社2014年版,第7711页。
② 《宋会要辑稿》食货63之189,刘琳等校点,上海古籍出版社2014年版,第7712页。
③ (元)脱脱等:《宋史》卷173《食货志》,中华书局1977年版,第4168、4171页。
④ 《宋会要辑稿》食货6之11,刘琳等校点,上海古籍出版社2014年版,第6091页。
⑤ 参见《宋会要辑稿》食货6之11,刘琳等校点,上海古籍出版社2014年版,第6091、6092、6093页。

第六章　宋代农桑水利责任追究　191

表 3　州县令开垦荒地和耕地抛荒的增亏奖惩表

增亏(比例)		绍兴五年(1135年)户部奏		绍兴十九年(1149年)户部			绍兴二十年(1150年)吴逵言		备注
		奖	惩	增亏(顷)	奖	惩	收合(顷)	奖	
一分	知州	升三等名次	降三等名次	一千	转一官		五百	免本户差役一次	吴逵所言为土豪大姓，诸色人开垦荒地，收获各物的奖励。
	县令	升半年名次	降半年名次						
二分	知州	升一年名次	降一年名次	七百	减磨勘三年		七百	朴进义副尉	
	县令	升三等名次	降三等名次						
三分	知州	减磨勘一年	展磨勘一年	五百		展磨勘二年	八百	朴不理选限州助教	
	县令	升一年名次	展磨勘一年		承务郎以上转一官		一千	朴进武副尉	
四分	知州	减磨勘一年半	展磨勘一年半	四百			一千五百	朴不理选限将仕郎	
	县令	减磨勘一年	展磨勘一年		承务郎以上减磨勘三年		三千	朴进义校尉	
五分	知州	减磨勘二年	展磨勘二年	三百		展磨勘一年	四千	朴进武校尉	
	县令	减磨勘一年半	展磨勘一年半		承务郎以上减磨勘二年				

192 宋代行政责任追究制度研究

（续表）

官	绍兴五年(1135年)户部奏			绍兴十九年(1149年)户部			绍兴二十年(1150年)吴逵言		
	增亏(比例)	奖	惩	增亏(顷)	奖	惩	收合(顷)	奖	备注
知州	六分	减磨勘二年半	展磨勘二年半						
县令		减磨勘二年	展磨勘二年	二百	减磨勘一年半				
知州	七分	减磨勘二年半	展磨勘二年半						
县令		减磨勘三年	展磨勘三年	一百	减磨勘一年	展磨勘一年			
知州	八分	减磨勘二年半	展磨勘二年半						
县令		减磨勘三年	展磨勘三年	五十		降三季名次			
知州	九分	转一官	降一官						
县令		减磨勘三年半	展磨勘三年半	三十		降半年名次			
知州	十分	取旨赏罚							
县令									

可见,南宋初已有较为系统的追究州县官垦荒责任的标准,一般而言,知州比县令地位高,责任大,奖惩也要重;高宗绍兴十九年(1149年)对标准和计算单位作了调整,奖励有所降低;吴逵所言为土豪大姓、诸色人开垦荒地,收获谷物的奖励,其中,绍兴五年(1135年)、十九年(1149年),户部提出要求还包括知州县令交替和岁终申报,监司的考核,以及申报和考核的时限。绍兴二十六年(1156年)四月,秘书少监杨椿也说,"乞诏湖北一路,凡字民之官,以招诱户口、开垦田畴立为课最。岁终,州保明申监司,监司保明申省部,取其能者赏之,其不职者罚之"。而高宗对湖北思考更多的是招诱四川之民来开垦,并官给牛具。① 后来,孝宗乾道四年(1168年)知鄂州李椿、五年(1169年)新除大理正徐子寅、七年(1171年)知泰州徐子寅、李东等奏请开垦荒地时,都希望减免租税,官给粮种、耕牛、农具等。② 八年(1172年),知安丰军高夔的奏请基本相似,"近有归正人陈乞标拨田土,及称已请到田土,而无牛具耕垦,乞借支官钱。今欲将未有营生之人,每户给田五十亩,牛一头、犁杷牛具之属。其已请田之人无牛具者,一例给之。乞降钱、会二万贯措置"。并且一般得到朝廷的正面回应,所谓"从之"③。前一年,虞允文等就强调劝耕的赏罚,曰:"赵思正论此事,谓两淮多已耕未籍之田,州县取其已耕者号为增种,其实未尝劝课。不如先括见今荒田顷亩,然后责令劝耕,他日用此,以诏赏罚,乃得其实。"④而在南宋后期,随着政治腐败,地方垦荒的效果不尽如人意,甚至出现垦地少而赏赐多的现象,所谓"视之有同儿戏。虽三尺之童,无不窃笑者"⑤。至于垦荒责任的追究更是薄弱,但是,劝民垦荒,追究垦荒责任,还是许多官吏的主张。

二、屯田营田

屯田在历史上早已有之,"前代军师所在,有地利则开屯田、营

---

① 参见《宋会要辑稿》食货63之204,刘琳等校点,上海古籍出版社2014年版,第7721页。
② 参见《宋会要辑稿》食货6之18、20,刘琳等校点,上海古籍出版社2014年版,第6095—6097页。
③ 《宋会要辑稿》食货1之47,刘琳等校点,上海古籍出版社2014年版,第5978—5979页。
④ 《宋会要辑稿》食货1之46,刘琳等校点,上海古籍出版社2014年版,第5978页。
⑤ 《宋会要辑稿》食货61之88,刘琳等校点,上海古籍出版社2014年版,第7495页。

田,以省馈饷。宋太宗伐契丹,规取燕蓟,边隙一开,河朔连岁绎骚,耕织失业,州县多闲田,而缘边益增戍兵。自雄州东际于海,多积水,契丹患之,不得肆其侵突;顺安军西至北平二百里,其地平旷,岁常自此而入。议者谓宜度地形高下,因水陆之便,建阡陌,潴沟洫,益树五稼,可以实边廪而限戎马"①。可见,太宗时北方屯垦同时具有军事和生产的意义。太宗淳化四年(993年),知雄州何承矩提出"大兴屯田以便民",于是"令河北诸郡水潦所积处,发卒垦田,州长吏按行催督"②。宋代设有屯田使、司、务等,但不常设,屯田在河北、河东、江淮、荆湖、川陕等地较为集中;或者营田,设营田使、司、务。③ 真宗咸平二年(999年),"转运使景望奏置营田务"④。屯田、营田相近,有时互改,大中祥符九年(1016年),"改定保州、顺安军营田务为屯田务,凡九州军皆遣官监务,置吏属。淮南、两浙旧皆有屯田,后多赋民而收其租,第存其名。在河北者虽有其实,而岁入无几,利在蓄水以限戎马而已。天禧末,诸州屯田总四千二百余顷,河北岁收二万九千四百余石,而保州最多,逾其半焉"。又如元丰二年(1079年),"改定州屯田司为水利司。及章惇筑沅州,亦为屯田务,其后遂罢之"⑤。可见,北宋前期既有屯田又有营田之名,不过,一般来说,营田与屯田有所区别,前者民营,后者军屯,但所经营的土地皆为官田,两者的区别又不是很大,如以士卒营田,元符时就有人说:"以厢军及配军营田一千顷。"⑥宋代的屯田和营田,数量比较大,是开垦荒地的重要形式,也是劝农的重要措施。真宗咸平二年(999年),左正

---

① (元)脱脱等:《宋史》卷176《食货志》,中华书局1977年版,第4263页。
② 《宋会要辑稿》食货4之1,刘琳等校点,上海古籍出版社2014年版,第6029页。
③ 宋代屯田、营田官吏和官府的设置不常,官吏也多由地方或边地官吏兼任,如"总管、钤辖司,掌总治军旅屯戍、营房守御之政令"。[(元)脱脱等:《宋史》卷167《职官志》,中华书局1977年版,第3979页。]如,"凡诸路,惟襄、定、唐三州有营田使或营田事,通判亦同领其事。而河北转运使兼西路招置营田使,河东转运使兼东路招置营田使"。(《宋会要辑稿》食货2之1,刘琳等校点,上海古籍出版社2014年版,第5981页。)大中祥符九年(1016年)三月,"改定、保州、顺安军营田务为屯田务"。(《宋会要辑稿》食货4之2,刘琳等校点,上海古籍出版社2014年版,第6031页。)
④ 《宋会要辑稿》食货63之69,刘琳等校点,上海古籍出版社2014年版,第7648页。
⑤ (元)脱脱等:《宋史》卷176《食货志》,中华书局1977年版,第4266、4269页。
⑥ 《宋会要辑稿》食货63之81,刘琳等校点,上海古籍出版社2014年版,第7654页。

言耿望知襄州时,建议宜城县在屯田的基础上,兼括荒田,设置营田务,调用民夫州兵,配以耕牛营田。真宗对此感慨曰:"屯田之废久矣,苟如此,亦足为劝农之始。"并且,"俟异日务成,较其利害,取进止、行赏罚焉"①。也即垦荒一开始就与官吏奖惩结合在一起。不过,宋代专职的屯田、营田官吏很少,更多的是地方军政兼职官吏承担责任。

神宗熙宁时,重视屯田,熙宁三年(1070年),秦凤路的一些官吏议屯田与朝廷分歧而受到处分,"前知秦州、尚书右司郎中、天章阁待制李师中落天章阁待制,降授度支郎中、知舒州;秦凤路都钤辖、皇城使、带御器械向宝落带御器械,为本路钤辖;秘书省著作佐郎王韶降授保平军节度推官,依旧提举秦州西路蕃部及市易司"②。此后,屯田政策有所调整,熙宁四年(1071年)二月,"诏河北缘边屯田务,水陆田并令民租佃,本务兵士令逐州军收为厢军,监官悉罢"。因为,"丰熟所入不偿所费"③。即使如此,神宗还是肯定营田的,元丰元年(1078年)奖励熙河路的营田官吏,"尚书主客郎中郑民宪前任经画熙河路营田等有劳,特升两任"④。后来,提举熙河等路弓箭手营田蕃部司也是认为"可兴置营田"⑤,客观上,宋代在沿边的营田包括屯田,具有阻碍西北少数民族政权入侵的军事意义,尽管兴衰有时,但还是长期存在,并有所发展。徽宗大观二年(1108年),还在强调:"潴水为塘,以除水患;留屯田营,以实塞下。"⑥政和元年(1111年),遵行神宗时的一些做法,政和六年(1116年)甚至有臣僚提出:"自今屯田都监非因本职得罪,只乞就任责罚,所贵尽心。"⑦即让屯田官吏尽心于屯田事务。

在两宋之交的南北争战之后,江浙、淮南民间荒地增多,绍兴初,人们意识到,屯田使"戍卒乃定,边备益修","食足兵强,指日可

---

① (宋)李焘:《续资治通鉴长编》卷44,上海师范大学古籍整理研究所、华东师范大学古籍整理研究所点校,中华书局2004年版,第941、942页。
② 《宋会要辑稿》食货2之3,刘琳等校点,上海古籍出版社2014年版,第5983页。
③ (宋)李焘:《续资治通鉴长编》卷220,上海师范大学古籍整理研究所、华东师范大学古籍整理研究所点校,中华书局2004年版,第5360页。
④ 《宋会要辑稿》食货63之78,刘琳等校点,上海古籍出版社2014年版,第7653页。
⑤ 《宋会要辑稿》食货63之79,刘琳等校点,上海古籍出版社2014年版,第7654页。
⑥ 《宋会要辑稿》食货63之50,刘琳等校点,上海古籍出版社2014年版,第7639页。
⑦ 《宋会要辑稿》食货63之51,刘琳等校点,上海古籍出版社2014年版,第7640页。

冀"①。甚至以为这是"中兴基业"。② 时人认为,渡江后的屯田营田是从高宗绍兴元年(1131年)荆南镇抚使解潜和屯田使宗纲的屯田开始的。③ 绍兴年间,是宋代屯田、营田的又一个重要时期,甚至南宋初,"命五大将(韩、刘、张、吴、岳)及江、淮、荆、襄、利路帅臣悉领营田使"④。以致都督行府建议:"诸路宣抚、安抚大使各令带营田大使,诸路安抚带并带营田使。缘行府措置屯田官及江淮等路知、通、县令见带'屯田'二字",并统一称之为营田。⑤ 当然,屯田尤其军屯可以直接解决军粮和养兵问题,减轻地方税赋负担,绍兴八年(1138年)左宣教郎、监西京中岳庙李寀认为:"盖营田之策,宜行军中",并指出江淮民屯中存在的问题。于是,"诏令诸路提领营田官严切约束所属州县,常加遵守前后约束指挥。如有违戾去处,仰具名按劾,当重置典宪"⑥。为此,南宋军事以及地方兼有军职性的官吏承担屯营之职的比北宋要多些,这是由绍兴年间特殊的军事外交形势所决定的。

在宋代屯田、营田的发展过程中,南宋相关的责任制度也逐渐完善。在高宗绍兴二年(1132年),和州无为军镇抚使赵霖营田受奖转一官,中书门下省则提出异议,认为"依条止合减四年磨勘"。由此可见,奖励是有法可依的。⑦ 绍兴七年(1137年)又要求,"岁终,耕种最少及不切用心措置去处,令提领司开具姓名以闻"⑧。其实,在州县官考课中,不只是依法奖励,还以依法惩罚作为配套,如绍兴十二年(1142年),"诏:舒州知州张瑗特与减一年磨勘、通判袁益之减二年磨勘,令、尉绍兴十年分在任及半年以上之人,与依本等赏格减半,内选

---

① 《宋会要辑稿》食货63之84,刘琳等校点,上海古籍出版社2014年版,第7655、7656页。
② 《宋会要辑稿》食货63之95,刘琳等校点,上海古籍出版社2014年版,第7661页。
③ 参见(宋)李心传:《建炎以来朝野杂记》甲集卷16《营田》,徐规点校,中华书局2000年版,第347页;《宋会要辑稿》食货2之8,刘琳等校点,上海古籍出版社2014年版,第5990页。
④ (宋)李心传:《建炎以来朝野杂记》甲集卷16《营田》,徐规点校,中华书局2000年版,第348页;《宋会要辑稿》食货2之16,刘琳等校点,上海古籍出版社2014年版,第5999页。
⑤ 参见《宋会要辑稿》食货2之17,刘琳等校点,上海古籍出版社2014年版,第5999、6000页。
⑥ 《宋会要辑稿》食货63之111,刘琳等校点,上海古籍出版社2014年版,第7670页。
⑦ 参见《宋会要辑稿》食货63之88,刘琳等校点,上海古籍出版社2014年版,第7658页。
⑧ 《宋会要辑稿》食货63之109,刘琳等校点,上海古籍出版社2014年版,第7669页。

人比类施行。黄州知州童邦直、通判章材、麻城县令赵善汶,各展二年磨勘"。"并以淮西运判、兼提领营田吴序宾言,舒、黄州营田所收物斛殿最,合该赏罚,故有是命。"①这是依据营田收获来赏罚的。绍兴十六年(1146年)三月,工部言:"立定淮东西、江东、两浙、湖北路每岁合比较营田赏罚格。"具体的标准,当时工部提出以绍兴七年到十三年之间营田收获最多的三年平均数作基数,以本路所管县为范围,分为三等,按照如下盈亏比例赏罚,"增及三分以上者为上等,依元格减磨勘二年;增及二分以上为中等,依元格减磨勘一年半;增及一分以上者为下等,依格磨减勘一年。若亏及元额,最少一处者为罚"。绍兴十八年(1148年),工部、户部又建议按照屯田数的增减来奖惩诸军营田主管官,"增五顷已上,减一年磨勘;十顷已上,减一年半磨勘;二十顷已上,减二年磨勘;三十顷已上,减三年磨勘。若不为措置增种者,并(今)〔令〕总领官、本军都统制开具职位、姓名申朝廷,特与展二年磨勘"②。显然,进一步分类规定了地方官吏也即营田官吏的赏罚制度,包括追究责任。绍兴二十年(1150年)二月,"立守贰、令尉营田增亏赏罚格"③。同年,工部又据屯田收获拟出知、通、令、尉营田的赏罚标准,"十九年以后,欲将当年所收物斛:若元额五千石至一万石已上,比递年增及二分已上,与减一年磨勘;亏及二分已上,与展一年磨勘;增及四分已上,与减二年磨勘;亏及四分已上,与展二年磨勘。若元额不及五千石,增亏不及二分,并不在赏罚之例。每岁仰本路营田官具无民词诉抑勒去处,方许保明"④。

由上可见,宋代主要根据营田的勤赖、数量和收获来赏罚和追究责任,包括提供屯田工具、耕牛、种子以及保护耕牛的责任,如提供的耕牛患病倒毙,州县官司则要索赔原价,"如依前违戾,按劾以闻"⑤。

到了南宋中后期,关于屯田是民屯还是军屯,有过争议,但仍是朝廷经略边地之策。孝宗隆兴元年(1163年),殿中侍御史胡沂说:"窃

---

① 《宋会要辑稿》食货63之113,刘琳等校点,上海古籍出版社2014年版,第7671页。
② 《宋会要辑稿》食货63之114—116,刘琳等校点,上海古籍出版社2014年版,第7672、7673页。
③ (元)脱脱等:《宋史》卷30《高宗本纪》,中华书局1977年版,第571页。
④ 《宋会要辑稿》食货63之117,刘琳等校点,上海古籍出版社2014年版,第7673页。
⑤ 《宋会要辑稿》食货63之112,刘琳等校点,上海古籍出版社2014年版,第7671页。

谓为今之计,求守御之利,图经远之谋,莫若令沿边之郡行屯田之策。"①但是效果似不太理想,"州郡官以营田为名,而无营田之实"。为此,有人提出十条改革方案,包括:一曰择官必审、二曰募人必广、三曰穿渠必深、四曰乡亭必修、五曰器用必备、六曰田处必利、七曰食用必充、八曰耕具必足、九曰定税必轻、十曰赏罚必行。② 这十条涉及营田的主要方面,实为营田的职责,尤其是第十条赏罚必行,以此落实屯田的责任,也是屯田责任的完善,显然较以前的依据屯田多少以及收获进行赏罚要丰富和具体一些。到乾道时期,淮东西、鄂州仍是重要的屯田区域,总领所以及驻地将领措置种粮、农具、牛畜等事务,其中,鄂州驻劄御前都统司副将、武经郎侯汶因未能尽心尽力,致使屯户逃窜、耕牛喂养不当倒毙、耕地数量减少等,结果被"特降两官,勒罢"③。孝宗乾道八年(1172年),知庐州赵善俊则进一步指出屯田的问题,主张停止屯田,有利于兵士教阅,减少官府开支和以屯田设施安居归正人。④ 若此,又会影响屯田责任的追究。淳熙时期,阶、成、西和、凤州并长举县等地屯田已经入不敷出,兵卒返回行伍,召民请佃,后来再加上"豪强包占""游房闯边",屯田确实很难支撑下去。⑤ 这种情况下就难以追究屯田责任了。

三、方田经界

如果说垦荒和屯田是开辟土地资源,增加税收,使劳动力与土地结合并以此稳定社会秩序的话,那么,清丈土地,诸如度田、检田、方田、限田以及买卖官田等则是属于对土地的管理,最终与上述垦荒屯田目的可谓是异曲同工,还是为了解决农业生产和土地问题,保障税收和秩序的。这些任务同样主要由州县官吏来完成。

---

① 《宋会要辑稿》食货63之127,刘琳等校点,上海古籍出版社2014年版,第7678页。
② 参见《宋会要辑稿》食货3之9,刘琳等校点,上海古籍出版社2014年版,第6014页。
③ 《宋会要辑稿》食货3之14,刘琳等校点,上海古籍出版社2014年版,第6019页。
④ 参见《宋会要辑稿》食货3之20,刘琳等校点,上海古籍出版社2014年版,第6026页。
⑤ 参见《宋会要辑稿》食货63之154、159,刘琳等校点,上海古籍出版社2014年版,第7693、7696页。

检田是水旱灾害时期对受灾土地欠收的检查和估算,以便蠲免租税。这在宋初已经开始,并有追究责任的记载,太祖建隆二年(961年)四月,"大名府上言:'馆陶县民郭赟诉,去冬所检田各有隐漏田亩。'诏本县令程迪杖脊除名,配沙门岛;元检官给事中常准夺两任官"①。检田时,形式上是丈量受灾土地面积,核心是减免租税,救济灾荒,故又称减放、减旱等。这将在后文减放中进一步论述。

太祖还进行度田,即清丈土地,这与检田目的不同。建隆二年(961年)正月,他在批评后周度田"不得其人"之后,"遣常参官诣诸州度民田"②,要求勤民恤隐,实事求是,以此缓解土地兼并和保障农业生产,正如仁宗景祐元年(1034年)十二月监察御史里行孙沔所说:"夫天下之本在民,民之豪者皆兼并,而贫者无置锥;天下之大在兵,兵之下者负饥寒,而骄者不敢役。"可是,"郡守县令,臧否无别"③。也就是说,守令对此没有真正负起应有的责任,导致土地兼并、税赋不均的问题日趋严重。度田,实际上也是后来的方田。仁宗嘉祐五年(1060年)十二月,知永兴刘敞朝辞日,上令于所部访利害以闻,及至永兴,奏称:"孙琳在河中府,用方田法打量均税,百姓惊骇,各恐增起税租,因此斫伐桑柘。"④这种度田实际是为了增加税收,结果适得其反,引起民间恐慌。

到了熙宁变法时,方田均税是变法的一项内容,并进一步制度化。"神宗患田赋不均,熙宁五年,重修定方田法,诏司农以《均税条约并式》颁之天下。以东西南北各千步,当四十一顷六十六亩一百六十步,为一方;岁以九月,县委令、佐分地计量,随陂原平泽而定其地,因赤淤黑垆而辨其色;方量毕,以地及色参定肥瘠而分五等,以定税则;至明年三月毕,揭以示民,一季无讼,即书户帖,连庄帐付之,以为地

---

① 《宋会要辑稿》食货61之71,刘琳等校点,上海古籍出版社2014年版,第7476页。

② (宋)李焘:《续资治通鉴长编》卷2,上海师范大学古籍整理研究所、华东师范大学古籍整理研究所点校,中华书局2004年版,第38页。

③ (宋)李焘:《续资治通鉴长编》卷115,上海师范大学古籍整理研究所、华东师范大学古籍整理研究所点校,中华书局2004年版,第2712页。

④ (宋)李焘:《续资治通鉴长编》卷192,上海师范大学古籍整理研究所、华东师范大学古籍整理研究所点校,中华书局2004年版,第4654页。

符。"①可见,方田是手段,均税是形式,实质关注的仍是税收。神宗熙宁七年(1074年)四月,诏:"方田每方差大甲头二人(以本方上户充)、小甲头三人,同集方户,令各认步亩。方田官躬验逐等地色,更勒甲头、方户同定,写成草帐,于逐段长阔步数下各计定顷亩。官自募人覆算,更不别造方帐。限四十日毕。先点印讫,晓示方户,各具书算人写造草帐、庄帐,候给户帖,连庄帐付逐户以为地符。"②这详细规定了方田的方法和程序,以及相关官吏的职责。熙宁变法时,对方田均税朝野分歧和争论都较大,实施效果也不尽如人意。至于根括旷土倒比较重视,熙宁七年(1074年)十一月,"岢岚军使、西京左藏库副使刘琯降一官,通判、大理寺丞蒋承之展二年磨勘"。就是因为"推劾不实,并不察吏受赇故也"③。当然,方田仍在实施,徽宗时重在处理方田与增税的关系上,但也有臣僚指出加重百姓税收负担。为此,徽宗大观四年(1110年)二月诏:"方田之法,均赋平民,近岁以来,有司推行怠惰,监司督察不严,贿赂公行,高下失实,下户受弊,有害法度。可严饬所属,仍仰监司觉察,如违,当行严断。"④也就是说,既要方田,又要加强监司的督察,地方官吏若有违犯,则当行严断,即承担相应的责任。徽宗政和二年(1112年)八月规定得更为具体,诏令京西南北路监司,差官体量方田有无违法不均和税率偏重偏轻的问题,要求秉公办事,"如违,以违制论。即因而受财乞取,以自盗论,赃轻吏人、公人并配二千里"⑤。次年(1113年)三月,河北西路提举常平司又奏曰:"方田县分官吏不务尽公,致人户论诉,紊烦官司再行方量,费用不少。其元承行官吏往往替移。乞候方量了当,见得委是顷亩出缩,土色交错,致所纳税赋不均,及有情幸去处,其指教并方量官吏合该罪犯,特乞不许自首,及不以去官、赦降原免"⑥。并建议其他路分照此执行。政和四年(1114年),河北东路提刑司上奏开德府方田时,"立定正、次二十

---

① (元)脱脱等:《宋史》卷174《食货志》,中华书局1977年版,第4199页。
② 《宋会要辑稿》食货4之8,刘琳等校点,上海古籍出版社2014年版,第6036页。
③ (宋)李焘:《续资治通鉴长编》卷258,上海师范大学古籍整理研究所、华东师范大学古籍整理研究所点校,中华书局2004年版,第6287页。
④ 《宋会要辑稿》食货4之10,刘琳等校点,上海古籍出版社2014年版,第6038页。
⑤ 《宋会要辑稿》食货4之10—11,刘琳等校点,上海古籍出版社2014年版,第6038页。
⑥ 《宋会要辑稿》食货4之12,刘琳等校点,上海古籍出版社2014年版,第6039页。

等,递减五厘均定税钱,委与元丰年所定则例上轻下重不均"。提举官郭久中等为此受到特降一官的处罚。①宣和元年(1119年),臣僚指出方田官吏不负责任,付于胥吏,致使方田不实,税负不均,为此"令逐路提刑司体究诣实以闻"②。方田本来目的主要在于均税,但是事与愿违,反而加重了百姓的税收负担,次年(1120年),诏曰:"有司奉行违戾,货赂公行,豪右形势之家类蠲赋役,而移于下户,不特困弊民力,致使流徙,常赋所入因此坐亏岁额至多,殊失先帝厚民裕国之意。"因贿赂公行,方田却为豪右形势之家转嫁赋役给下户提供了方便。由此造成的田诉也增加,州县不得不采取措施补救,"本县赋役一切且依未方已前旧数。因方量不均流移人户,仰守、令多方措置,招诱归业;见荒闲田土,疾速依条召人请佃"。以致很快又下诏,"自今后不得诸司起请方田"③,即停止了方田,方田责任也即自行消失。

经界也就是丈量土地,并划定地界以及核定财产,目的与方田一脉相承,主观还是解决土地税收和负担问题。一般认为经界创自李椿年,他在绍兴十二年(1142年)两浙转运副使任上说过一段话,表达了经界之要:

臣闻孟子曰:"仁政必自经界始。"井田之法坏,而兼并之弊生,其来远矣。况兵火之后,文籍散亡,户口租税,虽版曹尚无所稽考,况于州县乎!豪民猾吏因缘为奸,机巧多端,情伪万状,以有为无,以强吞弱,有田者未必有税,有税者未必有田。富者日以兼并,贫者日以困弱,皆由经界之不正耳。夫经界之正不正,其利害有十:人户侵耕冒佃,不纳租税,立赏召诉则起告讦之风,差官括责则有搔扰之弊,其害一也。经界既正,则不待根括陈告,而公私分矣,岂不为利乎?卖产之家,产去税存,终身穷困,推割不得,其害二也。经界既正,则不待推割,而税随产去矣,岂不为利乎?衙前、专、副及买朴坊场之人,计会官司,虚供抵当,及乎少欠官钱,拘收在官,有名无实,其害三也。经界既正,则多寡有无不得而欺矣,岂不为利乎?乡司走弄二税,姓名数目所系于籍者,翻覆皆由其手,其害四也。经界既正,则民有定产,产有定

---

① 参见《宋会要辑稿》食货4之13,刘琳等校点,上海古籍出版社2014年版,第6040页。
② 《宋会要辑稿》食货4之14,刘琳等校点,上海古籍出版社2014年版,第6040页。
③ 《宋会要辑稿》食货4之14—15,刘琳等校点,上海古籍出版社2014年版,第6040页。

税,税有定籍,虽欲走弄,不可得矣,岂不为利乎!诡名挟佃,逃亡死绝,官司催科,责办户长,破家竭产不足以偿。遂致差役之时,多方避免,有力者举户产以隐寄,无力者挈妻子而遁逃,有经一二年而产不能定者。其害五也。经界既正,则据产催税,无赔填之患,而乐为之役矣,岂不为利乎?兵火以来,税籍不足以取信于民,每遇农务假开之时,以税讼者虽一小县,日不下千数,追呼搔扰,无有穷尽,其害六也。经界既正,则据田纳税而无所争矣,岂不为利乎?州县倚阁二税,往往以为人户逃、死。人虽逃、死,产岂不存?名为倚阁,实自理取,或以市恩,或以入己,欺罔上下,其害七也。经界既正,则州县无所容其奸,则常赋得矣,岂不为利乎?州县常赋之额既为人所欺隐,岁计不足,于是揍额之籴,浙西州军岁不下数十万斛,举浙东之岁入不足以偿其价,而民犹以为苦。其害八也。经界即(既)正,则正额自足,而公私无所费矣,岂不为利乎?州县之籍既因兵火焚失,往往令民自陈实数而籍之,良善畏法者尽实而供,狡猾豪强者百不供一,不均之弊有不可胜言者。其害九也。经界即(既)正,则均无贫也,岂不为利乎?州县有不耕之田,皆为豪猾嫁税于其上,田少税多,计其耕之所得,不足以输其税,故不敢耕也。比年以来,虽减价出卖,人无肯售者,亦以税重耳。其害十也。经界既正,则税有所归,而人皆愿耕而争买矣,岂不为利乎?臣昨因出使浙西,采访得平江岁入七十万斛,著在石刻。今按其籍,虽有三十九万斛,实入才二十万斛耳,其余皆以为逃亡、灾伤倚阁。询之土人,颇得其情,其实欺隐也。臣尝闻于朝廷,有按图核实之请。其事之行,始于吴江知县石公辙,已尽复得所倚阁之数外,又得一万亩。盖按图而得之者也。以此知臣前所请不为妄而可行明矣。臣愚欲望陛下断而行之,将吴江已行之验施之一郡,一郡理然后施之一路,一路理然后施之天下。行之以渐,而迟以岁月,则经界正,而陛下之仁政行乎天下矣,天下幸甚!

于是,"诏专委椿年措置"①。这表面在讲如何经界,但实际上是在强调地方官吏的经界职责以及责任。

从内容和主题来看,经界可谓是方田的延续,仍主要聚焦在土地

---

① 《宋会要辑稿》食货6之36—38,刘琳等校点,上海古籍出版社2014年版,第6104、6105页。

第六章　宋代农桑水利责任追究　203

的税赋上,州县官同样承担相应的责任,也就是要解决两个核心问题,"以民田不上税簿者没官,税簿不谨书者罪官吏"①。高宗绍兴二十年(1150年)二月,户部言:"其未经界去处,限一月委转运司并守臣依平江府已行事理施行。今乞令转运司并守臣恪意措置,须管革去逐件情弊,使田产税赋着实依限一切了办。如州县尚敢迁延,出违日限,从本路申奏,乞赐放罢。若转运司容纵不切督责,亦乞黜责施行。其每路差本路干办公事官二员及覆实官,限指挥到日并罢。并经界所干办公事四员,别无职事,亦乞限十日结绝罢任。"②尽管经界中也出现问题,高宗要求总结改正,但还是实行了,并且要求监司考查,若有乖谬,"日后以当否取旨黜陟"③。当然,经界若有不当,允许民户陈诉,委守令验实;如果乡司人骚扰,则"守臣、监司常切举察"④。又如绍兴三十年(1160年)七月,湖北转运司言指出,当时"以种定税"和"以丁定税",都有可能存在隐匿田亩和丁口数,逃避纳税责任,实行经界可以起到一定的限制作用,但是,"若行经界,却有不曾隐匿之家,一例被扰"。最后,还得通过农村五家相互担保和许人申告等措施,来查明实耕土地,以确定税收。⑤直到光宗绍熙元年(1190年)初,知漳州朱熹还是认为"经界最为民间莫大之利",应该做好如下工作,"推择官吏,委任责成;度量步亩,算计精确;画图造帐,费从官给;随产均税,特许过乡通县均纽,庶几百里之内,轻重齐同"。他还参与和支持经界。⑥度宗咸淳元年(1265年),监察御史赵顺孙也指出:"经界将以便民,虽穷阎下户之所深愿,而未必豪宗大姓之所以尽乐。"⑦相对来说,经界对下层百姓有利,而豪强大姓未必欢迎了,这实际上是对经界效果的判别和官吏经界责任的考验。

---

①　(元)脱脱等:《宋史》卷173《食货志》,中华书局1977年版,第4172页。
②　《宋会要辑稿》食货6之50,刘琳等校点,上海古籍出版社2014年版,第6112页。
③　《宋会要辑稿》食货6之50,刘琳等校点,上海古籍出版社2014年版,第6112页。
④　《宋会要辑稿》食货6之52,刘琳等校点,上海古籍出版社2014年版,第6113页。
⑤　参见《宋会要辑稿》食货61之27—28,刘琳等校点,上海古籍出版社2014年版,第7447、7448页。
⑥　参见(元)脱脱等:《宋史》卷173《食货志》,中华书局1977年版,第4177页;(宋)朱熹:《朱子全书》第20册《晦庵先生朱文公文集》卷19《条奏经界状》,朱杰人等主编,上海古籍出版社2002年版,第874—879页。
⑦　(元)脱脱等:《宋史》卷173《食货志》,中华书局1977年版,第4181页。

此外,在经界时,有的地方逃亡户的土地已经为人请佃租种,郡县起税收租,却仍以逃户倚阁申报省部,作为州县收入,也即侵占朝廷财税收入。为此,孝宗乾道六年(1170年)五月,户部尚书曾怀奏言:"乞令诸路州县守令限两月逐项开具逃亡产业坐落村乡,并亩步四至,系自何年月人户逃亡,及今有无人户租种管业,知、通、令、丞、簿、尉具结罪保明,诣实申省部,不时委官前去审实。如妄作逃亡,并以不实之罪罪之。能自举首者,与从日下起理税赋,已前勿问。"①这实际上进一步强化了经界的责任。

总之,宋代的方田和经界,表面上是丈地,实际上是要求土地所有者或使用者承担土地税,地方官吏则要负起相应的管理责任。

四、官田出售

官田或公田是国有土地,也包括没收的户绝田产。为了便于官府控制这种土地财产,宋代规定,"诸没官田产"必须上报监司拘管,户部还奏请,"将合收佃赁租课报常平司拘催,尽行拨入常平"②。这种土地一般招租经营,适应租佃经济发展的需要,然而,官田经营效率和收入都不尽如人意,问题越来越严重,恭帝德祐元年(1275年)三月,诏曰:"公田最为民害,稔怨召祸,十有余年。自今并给佃主,令率其租户为兵。"③为此,在土地私有化和租佃经营不断发展的背景下,宋代处理官田最常见的办法之一就是出售官田获得直接收益,包括屯田、营田和户绝田产。这在南宋疆域缩小、土地兼并日趋严重和财政拮据的情形下,更是补贴财政的方法。主持者是监司、总领所属的官吏,具体实施则"委官奉行","诏令户部行下诸路所委官,遵依已降指挥疾速施行。如奉行有方,即优与推赏;若有违戾,重行责罚"④。当然,所委之官是知府、通判、县令、知县等,有及时出售官田、核实丈量田亩、限期输纳价钱等方面责任。

南宋出售官田较为典型,现实意义更大,甚至有人根据法条强调

---

① 《宋会要辑稿》食货70之63,刘琳等校点,上海古籍出版社2014年版,第8139页。
② 《宋会要辑稿》食货61之38—39,刘琳等校点,上海古籍出版社2014年版,第7445页。
③ (元)脱脱等:《宋史》卷173《食货志》,中华书局1977年版,第4195页。
④ 《宋会要辑稿》食货5之25,刘琳等校点,上海古籍出版社2014年版,第6073页。

系省田宅只许卖不许租。高宗建炎三年(1129年)正月,江南西路安抚都总管司干办公事贾公晔认为"天下坊郭乡村系省田宅"租赁经营效果较差,建议:"田产以佃租依乡原体例纽折,并依建炎元年五月一日赦文收赎出卖。如输纳价钱违限,复没入官,别召人承买,见今西北流寓人众乘时给卖,则官私两济。准条,官户许买不许佃赁,仍乞分明行下。"①也就是以出售代替租赁,即以一次性收入代替长期租金,这对增加国家收入,解决财政困难显然有直接帮助。因而,要求依法出卖官田,并及时申报所得。绍兴二年(1132年)六月诏:"诸路委漕臣一员,将管下应干系官田土并行措置出卖。仰各随土俗所宜,究心措置,出榜晓示。限一月召人实封投状请买……其诸路漕臣若推行不扰,早见次第,当议优加给赏;如或视为文具,隐蔽徇私,奉行灭裂,并当重行黜责。仍行下逐路照会。"②九月,户部言浙西未卖蔡京等田之后,要求提点刑狱司认真检查并追究责任,诏曰:"两江转运判官张致远躬亲前去取索浙西提刑司遣出卖官田案检,具违慢官吏姓名申。仍行催督本司官将未卖田产遵依已降指挥,催促所管州县多出文榜,疾速召人依条实封投状承卖……令提刑自责近限,须管数足。如敢出违今来再责日限,当职取旨,重行窜责。"③绍兴五年(1135年),总制司也指出官田出卖时,"今来召人承买,系州委知州、县委知县","卖到价钱,州委通判、县委县丞,拘催计置起发"。当然,其中关键是核实田亩和价钱,"令州军先将但干照据簿历,子细划刷的实合行出卖田产名色、地段、顷亩、物件,先次置籍拘管,申总领官"。"如有情弊,或为隐漏不实,从所委监司具事因申取朝廷指挥,重赐施行。今欲乞依已降指挥施行。"这当是针对户部所言的买田问题而提出的,即所谓:"往往人吏作弊,侵欺入己。或为形势之家强占起造,更不纳钱,或非理减落元价。盖缘官司失于拘籍,为弊日久,失陷官钱,不可胜数。"④绍兴二十九年(1159年)二月,权户部侍郎赵令詪又说:"江、浙、湖南、福建、川、广应诸司没官户绝田产,并行出卖,今欲州委知、通,县

---

① 《宋会要辑稿》食货61之1,刘琳等校点,上海古籍出版社2014年版,第7433页。
② 《宋会要辑稿》食货61之5,刘琳等校点,上海古籍出版社2014年版,第7435页。
③ 《宋会要辑稿》食货61之5,刘琳等校点,上海古籍出版社2014年版,第1435页。
④ 《宋会要辑稿》食货61之8—10,刘琳等校点,上海古籍出版社2014年版,第7436、7437页。

委令、丞,根括出卖。如能用心措置,每卖价钱,县及二万贯、州及五万贯,与减一年磨勘;县及四万贯、州及十万贯,减二年磨勘;县及六万贯、州及十五万贯,减三年磨勘;县及十万贯、州及二十万贯,转一官。如欺弊灭裂,出卖稽违,令提刑司具所委官职位、姓名申朝廷,重行黜责,人吏断罢。及欲下诸路常平司,依已降朝旨,先次根括逐州军合出卖田宅细数,及依温州作册,并限十日供申,户部置籍拘催。"当然,之所以强调户部拘催,主要是防止"见占佃形势、官户及豪右之家欺隐占吝,及用情障固,致人户不敢请买",也就会出现"欺弊灭裂,出卖稽违"的情况,即应在规定的限期内如数卖完,否则受到朝廷的黜责。① 这种规定,又导致某些州县官吏走向极端,为了完成卖田任务,并希望从中获得奖赏,甚至"监锢保长,抑勒田邻",故有大臣"乞宽以一年之限,戒约州县不得抑勒,如有违戾,重置典宪"②。这又从另一个角度,明确州县官吏"抑勒"售田的法律责任。

从高宗时期追究售田责任的实例来看,确有追究滞留不售责任的记载,高宗绍兴九年(1139年),江东转运黄子游降一官,因为"卖没官田产措置留滞"③。二十七年(1157年),"诏严州分水县令张升佐、宜兴县令陈起、县丞蒲荣各特降一官资放罢。以户部提领官田言逐县所卖官田,于一路最为稽违故也"④。

到孝宗时,仍然强调售田责,隆兴二年(1164年)湖南常平司奏请,措置召卖可耕的荒地,同时,也主张招人开垦难度较大的荒地。⑤ 乾道九年(1173年),将作监丞折知常奉诏前往浙西,"措置出卖营田并没官田产",并奏请"价钱委知、通置库拘收,计纲发赴行在"。"如所卖田产率先办集,乞从本所具职位、姓名申朝廷推赏;或所行灭裂,亦当申奏责罚。"⑥同年,一度停止出卖营田,但户绝、没官田产等可以出售。⑦ 宁宗嘉定九年(1216年)七月,针对"根括没官田产出

---

① 参见《宋会要辑稿》食货5之29,刘琳等校点,上海古籍出版社2014年版,第6078页。
② 《宋会要辑稿》食货61之34,刘琳等校点,上海古籍出版社2014年版,第7451页。
③ 《宋会要辑稿》食货61之11,刘琳等校点,上海古籍出版社2014年版,第7438页。
④ 《宋会要辑稿》食货61之24,刘琳等校点,上海古籍出版社2014年版,第7445页。
⑤ 参见《宋会要辑稿》食货61之29,刘琳等校点,上海古籍出版社2014年版,第7448页。
⑥ 《宋会要辑稿》食货61之32,刘琳等校点,上海古籍出版社2014年版,第7450页。
⑦ 参见《宋会要辑稿》食货61之33,刘琳等校点,上海古籍出版社2014年版,第7450页。

卖,卖价未及元估之数。虑州县占吝不解发,及豪家占耕,胥吏隐蔽,拖延干没"等问题,要求诸路提举司把嘉泰年间没有出卖的没官田产和嘉泰以后的没官田产,"类聚攒造帐册,保明诣实,除限一月申尚书省。仍专委都司官一员并户部郎官一员同共措置拘催,务要无扰于民,不致隐漏"①。也就说,若出现田价作假、豪强占耕和拘催扰民等问题,州县及相关官吏是要承担责任的。

第三节 农村救济

一、检放救灾

在传统农业生产低下以及小农经济占主导地位的背景下,增加和发展人口,稳定农村社会秩序,并将人口和劳力与土地紧密地结合起来,从而开垦荒地,进行屯田营田,出售官田,发展租佃经济,这些都是宋代发展农业的重要措施,也是地方官吏的重要责任。不过,在自然灾害和社会危机到来之际,更需要采取适时检放税收、救济灾荒以及健全常平义仓等措施,从而解决农业困境,维持农民的基本生活,维护社会的稳定,这同样是地方官吏重要的农桑责任。

检括土地具有积极的意义,通过核实耕种土地的数量,从而达到以土地或人丁实际数量确定较为合理的租税负担的目的。而检放税收,更是在自然灾害包括水、旱、风等到来之际,及时减少或免去当年或积年税收,或者把当年的税收倚阁,暂时免征,同样也具有积极作用。宋代检放税与检括土地,都有减轻或减免租税的功能,尤其后者往往是在灾害或灾荒来临时实施的一项措施,二者密切相关。太平兴国八年(983年)九月,太宗诏曰:"自来水旱灾伤,画时差官检括,救其艰苦,惟恐后时……自今应差检田使臣,宜令中书量地里远近及公事大小,责与往来日限,违者科罪。"②真宗天禧二年(1018年)十月,真宗规定:"自今差官检勘逃户并灾伤民田,令三司写造奏帐式二本,一付

---

① 《宋会要辑稿》食货61之45,刘琳等校点,上海古籍出版社2014年版,第7457页。
② 《宋会要辑稿》食货61之71,刘琳等校点,上海古籍出版社2014年版,第7476页。

检校田官,一送诸道州、府、军、监。"①显然,检括土地或逃户都与减灾定税相关,检括土地和检放税联系在一起。仁宗指出,"朝廷之政,寄于郡县;郡县之政,寄于守令;守宰之官,最为亲民。民无灾伤,尚当存恤。况有灾伤而不为管理,岂有心于恤民乎! 主簿赵师锡,罚铜九斤;司户晁舜之、录事参军周约、判官冯珌,各罚铜八斤;通判王嘉锡,罚铜七斤;知县雷守臣,冲替"。"所以必行罚者,欲使天下官吏,知朝廷恤民之意。"②徽宗宣和元年(1119年)二月,诏曰:"京西路颍、汝、陈、蔡等州,见今民已流移饥殍,监司、州郡并不申奏,运司庇隐,不放租税,致不得依灾伤赈济,遂使斯民转于沟壑。吏为奸罔,不奉法令,以致如此,为之恻伤。可令新京西漕臣李佑放谢辞,星夜乘骑前去体量。常平官孙延寿先次勒停,余监司并守臣,一一并具名奏。应一路义仓,可并特通融支拨赈济施行。应灾伤流移地分,并令依法放免租税,疾速行下。"四月,京西路转运判官李祐也借范致虚之奏说:"京西灾伤州县,并不依灾伤检放,勒民户依旧纳税,至民力愈困,罪在州县。"并指出:"唐、邓州县,已依法检放税租外,赈济管下诸县济管下饥殍流民,共三万八千余人。均、房州诸县放税不尽,致自冬及春以来,往往聚为盗贼。"于是,"诏均、房州知通、逐县知县冲替;汝州知、通,各降一官;唐邓州知、通,各转一官"③。显然,将检放作为赈灾前奏,预防流民及其聚为盗贼,同时,检放又要与赈济配套,都有相应的责任。

南宋宁宗嘉泰元年(1201年)十月,又有臣僚指出,"今所在州县间遇歉岁,至八月则收获,至九月则检放,至十月则抄札。又有检放未实而再覆实检放者,亦有抄札未实而再覆实抄札者,往往多至十一月而后定。然后官司行救荒之政,下劝分之令,虽至十二月,民犹有未得食者。夫早禾收以六月,中禾收以七月,晚禾收以八月,禾稼不登,民即艰食。若至十二月有未得食,则斯民之饥四阅月。盖民一日不食则饥,饥则病,病则死,岂能延四阅月之命乎? 乞下臣此章,如有灾伤州

---

① 《宋会要辑稿》食货1之2,刘琳等校点,上海古籍出版社2014年版,第5938页。
② (宋)董煟:《救荒活民书》卷1,中华书局1985年版,第18页。
③ 《宋会要辑稿》食货68之54、食货59之17,刘琳等校点,上海古籍出版社2014年版,第7973、7386页。

县,委本路常平使者先次措置合用米斛,日下多置场分,先于普粜拘钱入官,以备收籴(粜)。一面分头多委检放抄札官,限十月内须管一切了毕,不得迁延,及不得漏滥,务要全活民命,免致流殍"①。实际上,这指出两个问题,一是检放及时完成,才能满足后续救灾政策的实施,二是检放与赈灾,检放时限与赈灾时效,以及相对应的责任都是有区别的,不能混淆。理宗绍定四年(1231 年)二月,"臣寮奏乞申饬诸路州县,自今遇诉灾伤,邑委佐官,州委幕职,于秋成以前务核的实蠲减田租,仍以分数揭之通衢,如或稽慢,守令镌斥,漕臣觉察不严,一体议罚"。次年(1232 年)闰九月,诏:"诸路监司体量旱歉州县,依条检放,察守令之贪廉仁暴以闻。"②可见,依法检放,免受责罚,关键点是要根据灾害程度以及法律程序来确定蠲免的分数。神宗元丰元年(1078 年)八月,"诏河北转运司体量被水户灾伤,及七分,蠲其税;不及七分者,并检覆"。即达到七分直接蠲税,不及者需要覆检。③ 此外,还有根据户等减免的补充规定,孝宗乾道七年(1171 年)八月,江南西路转运司言:"本路今年春夏以来,久阙雨泽,江州尤甚。欲将本州诸县乾道七年所催夏租绅绢钱物内,第四等以下人户,除形势户外,并与减免三分,第五等减免五分。"④可见,田地受灾与户等减免的分数是两个不同概念,检放官吏区别对待,这也是导致责任与否的根源。

此外,检放与倚阁又有一定区别,仁宗至和三年(1056 年)六月,诏:"京东、西、荆湖等路被水灾处,速差官体量,检放税赋或倚阁,更不覆检。"⑤两者区别在于灾害程度的轻重不同和税收减免性质的差异,倚阁的暂时性更突出。其实,检放又是通过展阁、倚阁等实施的,倚阁是整个救灾过程中的一个步骤、一种方法。神宗元丰二年(1079 年)三月,知谏院李定言:"京东、河北饥,青、齐、沧、棣尤甚,陛下已敕有司赈救贫乏,租税欠负,例皆展阁,减价出粟,支借种钱,籍录

---

① 《宋会要辑稿》食货 58 之 24,刘琳等校点,上海古籍出版社 2014 年版,第 7370 页。
② 《宋史全文》卷 32,绍定五年闰九月癸丑,文渊阁四库全书本第 331 册,台湾商务印书馆股份有限公司 1986 年版,第 672 页。
③ 参见《宋会要辑稿》食货 61 之 72,刘琳等校点,上海古籍出版社 2014 年版,第 7478 页。
④ 《宋会要辑稿》食货 61 之 77,刘琳等校点,上海古籍出版社 2014 年版,第 7483 页。
⑤ 《宋会要辑稿》食货 1 之 3,刘琳等校点,上海古籍出版社 2014 年版,第 5938 页。

饥羸,给以口食,尚闻民不安居,渐有流散。乞戒监司检察州县,若赈救不如法,致有逃死,以户口多少等第黜罚。"①可见,检放展阁之外,还有其他赈救之法,若不依法赈灾,造成人口逃亡和户口减少,等第黜罚。所谓"赈救如法",关键要实事求是,根据灾情,检放或除破租税,北宋政和八年(1118年)就有官吏指出州县官吏检覆敷衍了事,"所委官亦不依条躬亲检视,止在寺院勾集人户,纵公吏不以有无灾伤或不曾布种田段,一概依仿年例,约度分数除破。亏损财计,最为大害"。并希望"检覆官先委通判、司录同县令,如实有故,即依差试官法,不支当月请给。不亲至其处,亦重立断罪告赏条法"②。南宋高宗绍兴四年(1134年),针对检放官勘水旱灾伤不力,"不能遍诣田所,吏缘为奸,受赇嘱托,或以少为多,或以有为无,或观望漕司,吝于检放,致贫民艰于输纳,有流离冻馁之患"。于是,"并委提刑司检察,如有不实,按劾以闻,当议重责"③。绍兴十五年(1145年),详定一司敕令所删定官钱庞还指出,"或遇水旱检放民田,致民冤诉,差官核实,果有不当,必重置典刑"④。这也就是说,因检放不实引起冤诉,予以更严厉的惩罚。

宋代不仅允许人户越诉检放不实,而且要求地方官吏妥善处理,否则承担责任。徽宗宣和元年(1119年),房州百姓陈诉灾伤,知州李悝处理不当,影响放税,未及一厘,"诏李悝先次除名勒停,签书官合干人并勒停,提刑司根勘以闻"⑤。宣和六年(1124年)三月又诏,"诸路州县灾伤,多是官司检放不实,使人户认税额,无所从出,必致流移,不能归业。今后人户经所属诉灾伤而检放不实,州郡、监司不为伸理,许赴本路廉访所及尚书省、御史台越诉"⑥。高宗绍兴二十五年(1155年)十一月的敕文也有类似规定,"勘会两浙江东、淮南路间有因风水伤损田苗去处……委逐路漕司行下州县,不体至意,检放失实;

---

① (宋)李焘:《续资治通鉴长编》卷297,上海师范大学古籍整理研究所、华东师范大学古籍整理研究所点校,中华书局2004年版,第7217页。
② 《宋会要辑稿》食货1之5,刘琳等校点,上海古籍出版社2014年版,第5939页。
③ 《宋会要辑稿》食货1之7,刘琳等校点,上海古籍出版社2014年版,第5940页。
④ 《宋会要辑稿》食货1之8,刘琳等校点,上海古籍出版社2014年版,第5941页。
⑤ 《宋会要辑稿》食货1之5,刘琳等校点,上海古籍出版社2014年版,第5940页。
⑥ 《宋会要辑稿》食货61之74,刘琳等校点,上海古籍出版社2014年版,第7480页。

或漕司不为除豁,致人户虚受苗税,如有似此违戾去处,仰提刑司觉察按劾,仍许人户越诉"。这个除放赦诏执行情况并不好,绍兴二十七年(1157年)十一月,殿中侍御史叶义指出:"曾降指挥除放至绍兴二十二年讫,自二十三年以后,实因灾伤检放米数,依旧催理。臣尝具此闻奏,蒙行下户部勘当,至今未与除豁。欲望特降指挥,将绍兴二十三年以后,州县实因灾伤检放米数,已行申奏未准户部销豁者,特与除放。仍令监司申戒州县官司,自后或遇灾伤,须管及时躬诣田所,依条从实检放,并具结罪保明状申奏。如检放不实,监司按劾;如监司容纵,令御史台弹纠。"①可见,检放实施的关键在州县官的如实检放和监司御史台的检放监督。孝宗隆兴时期,针对"州县检放灾伤,奉行不虔,守令未尝加意,十分灾伤之处,检放不及二三分"的现实,有人就提出:"应今年经水旱、蝗螟灾伤去处,许人户从实经县陈理,不拘早晚收接。委县令躬亲同所差州官前去地头检视着实分数,依条检放。仍委知州专一觉察诸县,监司觉察诸州,如有奉行违戾,并委监司、郡守将所委官按劾,人吏编配施行。如监司、郡守不行觉察,并许人户越诉,御史台弹劾以闻。"②但是,问题似乎仍然存在,孝宗乾道三年(1167年)九月,臣僚指出:"检视灾伤,虽有条法,官司玩习,未尝遵依",并呼吁说:"望诏守臣,选差练晓清强之官公心考核。申饬监司,严为按举,凡所差官污廉勤惰、公正与夫诬罔之状,悉以上闻。"③

总之,宋代检放问题或责任根源,往往在于能否如期、如实根据受害的程度来确定检放的对象和数量。尽管宋代规制较为丰富,但实施时又问题不断,检放不实,也许朝廷考虑更多的是租税收入,李华瑞先生对检放不实根源的分析是比较深刻的,"租税在以农业立国的古代既是国家财政的主要来源,也是统治阶级维护和稳定社会秩序的基础,所以在放免与攫取租税之间,宋朝从地方到中央都不能不更看重对租税的攫取","放免租税的恩赦之令与恐失财赋的永久之制之间所存在的不同利害关系,以及不可跨越的巨大鸿沟"④。检放责任也难

---

① 《宋会要辑稿》食货1之10—11,刘琳等校点,上海古籍出版社2014年版,第5942、5943页。
② 《宋会要辑稿》食货1之11,刘琳等校点,上海古籍出版社2014年版,第5943页。
③ 《宋会要辑稿》食货1之12,刘琳等校点,上海古籍出版社2014年版,第5943页。
④ 李华瑞等:《宋代救荒中的检田制度》,载《安徽师范大学学报》2011年第5期。

以完全落实。

二、赈灾恤民

上述检田、检放,尤其检放,与赈灾多有联系,二者联称,所谓"诸灾伤路分帅臣、监司申到已行措置检放、粜给、觉察事件,并岁终考察修废以闻"①。检田、检放,在宋代主要是检括土地和减免税收之意,偏重核实田亩、均平税收。其中,检放多是在灾害到来之际的税赋减免,且为权宜之计,但又是首选之法,如南宋朱熹就认为先蠲后赈。②当然,检放的减轻或减免税收,主要还是一定时段减免负担,而水、旱、雨、雪、风、蝗、疫等灾害的突发性,又决定检放不能解决灾民衣食住行的燃眉之急,必须通过赈灾救济,让百姓渡过难关。赈灾也就是历史上的振恤,"水旱、蝗螟、饥疫之灾,治世所不能免。然必有以待之,《周官》'以荒政十有二聚万民'是也。宋之为治,一本于仁厚,凡振贫恤患之意,视前代尤为切至。诸州岁歉,必发常平、惠民诸仓粟,或平价以粜,或贷以种食,或直以振给之,无分于主客户。不足,则遣使驰传发省仓,或转漕粟于他路;或募富民出钱粟,酬以官爵,劝谕官吏,许书历为课;若举放以济贫乏者,秋成,官为理偿"③。赈灾是官吏的职责,也是进行考课赏罚的依据。

与前述增长人口和经管土地一样,宋代的赈灾主要由地方官负责。如神宗元丰二年(1079年)二月,提举官李孝纯奉诏视察滨州、沧州等地灾情,"察知县、县令,不职者权对移"④。元祐五年(1090年)八月,苏轼针对苏州、湖州等为"风涛所损"的情形,奏请"广行收籴常平斛斗准备",以防"来岁必有流殍之忧",于是,诏从苏轼之请,"下本路转运、提点刑狱司及两路钤辖司,限半月具相度准备救济事具以闻"⑤。可见,经营常平之类救灾事项是由监司以及所属州县官完成的,也是防灾性的措施。此外,也有朝廷官吏出使赈灾的,如哲

---

① 《宋会要辑稿》食货1之13,刘琳等校点,上海古籍出版社2014年版,第5944页。
② 参见肖建新等:《论朱熹的民生思想》,载《安徽师范大学学报》2010年第5期。
③ (元)脱脱等:《宋史》卷178《食货志》,中华书局1977年版,第4335、4336页。
④ 《宋会要辑稿》食货68之113,刘琳等校点,上海古籍出版社2014年版,第8014页。
⑤ (宋)李焘:《续资治通鉴长编》卷451,上海师范大学古籍整理研究所、华东师范大学古籍整理研究所点校,中华书局2004年版,第10833页。

宗元祐二年(1087年)左司谏朱光庭奉命出使河北边地,体访赈济,"官吏奉法不虔,即按劾以闻"①。甚至有时低级官吏,或上户富户,也有赈灾责任,如孝宗乾道八年(1172年)潭州安化县上户进武校尉龚德新"比至旱伤阙食,独拥厚资,略不体认国家赈恤之意"。遭到转运使的奏劾,被"追进武校尉一官勒停,送五百里外州军编管"②。

宋代赈灾责任追究是建立在赈灾制度发展基础上的。宋代赈灾形式丰富,有赈贷、赈粜和赈济等基本形式,哲宗元祐元年(1086年)四月,开封府诸路的赈灾诏书包括谷斛赈贷、赈济粜谷等方式。③南宋庆元时期臣僚指出,"朝廷荒政有三:一曰赈粜,二曰赈贷,三曰赈济。虽均为救荒,而其法各不同,市井宜赈粜,乡村宜赈贷,贫乏不能自存者宜赈济。若漫而行之,必有所不可行,官司徒费而惠不及民"④。后来,宁宗嘉泰四年(1204年)知抚州陈蓍寿也说,"有产业无经营人,赈贷;无产业有经营人,赈粜;无产业无经营及鳏寡孤独之人,赈济"⑤。这就说明在宋人的心目中,赈灾的区域或对象是有所规制的,应该区别处置。而明代唐枢说,"救荒有三法:赈粜、赈济、赈贷,赈粜属常平,赈济属义仓,赈贷属截留"⑥。明确了赈济的来源和主体。这与宋代未必完全相同,但对认识宋代赈灾和分析赈灾是有启迪意义的。在宋代的赈灾制度中,"灾伤七分法"是一项重要原则,⑦它是指检放七分灾或灾及七分才开始赈灾。这个原则,宋代前后有变化,也有争议。高宗绍兴二十八年(1158年)九月,诏曰:"在法,水旱检放苗税及七分以上赈济。缘土田高下不等,若通及七分方行赈济,窃虑饥荒人户无以自给。可自今后,灾伤州县检放及五分处,即令申常平司,取拨义仓米量行赈济。"⑧从中可知,后又检放及

---

① 《宋会要辑稿》食货57之10,刘琳等校点,上海古籍出版社2014年版,第7336页。
② 《宋会要辑稿》食货58之12,刘琳等校点,上海古籍出版社2014年版,第7362页。
③ 参见《宋会要辑稿》食货57之9,刘琳等校点,上海古籍出版社2014年版,第7335页。
④ 《宋会要辑稿》食货68之98—99,刘琳等校点,上海古籍出版社2014年版,第8007页。
⑤ 《宋会要辑稿》食货68之102,刘琳等校点,上海古籍出版社2014年版,第8009页。
⑥ (明)唐枢:《政问录·问救荒》,续修四库全书本第880册,上海古籍出版社2002年版,第380页。
⑦ 《宋会要辑稿》食货59之11,刘琳等校点,上海古籍出版社2014年版,第7384页。
⑧ 《宋会要辑稿》食货59之34,刘琳等校点,上海古籍出版社2014年版,第7396页。

五分之处即可以开义仓赈济,否则也违反法规了。这对确定赈灾责任具有关键性的意义。

赈济,指由地方官府直接向灾民无偿提供粮食等,或者叫作赈给。上述提及的哲宗元祐元年(1086年)四月开封府诸路的赈灾诏书就有包括赈济的规定。在重大灾害到来时,这对普通劳动大众尤其贫困百姓具有直接而重要的意义,"阙食之民,贫乏不能自存,或老幼疾病不任力役者,依《乞丐法》给米、豆"①。赈济所需粮食物品,主要来自义仓,还包括上供乃至"寄桩大军米"②。在赈济中,有的官吏以赈济为名,实行摊派赈贷,厚取利益,即改变赈灾形式,偷梁换柱地谋利。元祐时左司谏朱光庭在北方州郡"公违法意……倒廪倾仓,名为借贷,而其实抑勒分配。"受到监察御史赵挺之的奏劾,监察御史方蒙也指出:"朱光庭奉使一出,而空河北措置之财……一饥而散之殆尽,乞行黜降,以协舆论。"③地方官吏若是失职或违法就会被追究责任,或者允许百姓申诉或越诉。徽宗政和八年(1118年),诏:"江、淮、荆、浙,以被水人户多寡,分上、中、下三等,许截上供斛斗赈济,可依已降处分,作三等截留四十万〔石〕。如违,以大不恭论。"但是,徽宗重和元年(1118年)淮南水灾,郡守、知县赈济不力,诏令"郡守、知县、常平官先次勒停,受诉监司降两官。并令提刑司取勘,限十日奏"④。徽宗宣和元年(1119年),又有臣僚指出,"两浙廉访所申:'据转运使申,截拨到本路米一十二万七百石,其余分下平江府、湖、秀州收籴应副。又于镇江府截住常州米纲桩充赈。'而转运司称系来年额斛之数,令起发渡江"。显然,"是乃重困饥民"。于是,诏曰:"仰提刑司并廉访使者验实,人吏依法决讫配千里,转运司官追三官勒停。"结果,"副使蒋彝以应奉宣力,特免勒停追官,改作降官,依旧在职"⑤。重和、宣和之际,知房州李悝禁止百姓陈诉灾伤,并科处罚领头起诉者刘均,而刘均"因断得

---

① 《宋会要辑稿》食货57之9,刘琳等校点,上海古籍出版社2014年版,第7335页。
② 《宋会要辑稿》食货58之5,刘琳等校点,上海古籍出版社2014年版,第7355页。
③ (宋)李焘:《续资治通鉴长编》卷407,上海师范大学古籍整理研究所、华东师范大学古籍整理研究所点校,中华书局2004年版,第9903页。
④ 《宋会要辑稿》食货57之15,刘琳等校点,上海古籍出版社2014年版,第7341页。
⑤ 《宋会要辑稿》食货68之52—53,刘琳等校点,上海古籍出版社2014年版,第7972、7973页。

病身死。缘此阻遏,放税不及一厘"。即没有依法彻底赈济。于是,"诏李悝先次除名勒停,签书官合干人勒停,提刑司根勘以闻"①。

南宋也以官廪仓米赈济,要求认真负责,如果"赈济乖方,至有盗贼窃发,殍亡暴露,田亩荒莱,饥民失所",则"令本路提刑司取勘,具案闻奏",高宗绍兴六年(1136年),筠州高安、上高两县当职官,就因赈济乖方"各先次特降一官放罢"②。绍兴十八年(1148年)十一月,上谕辅臣曰:"绍兴府灾伤,阙食人户以义仓米赈济,无使失所。"③绍兴二十九年(1159年)十月,福建路提点刑狱樊光远和转运判官赵不溢,在福州遭受水灾时"不即躬亲括责阙食人户赈济",分别被降一官、放罪。④孝宗隆兴二年(1164年),金兵犯边之后,两淮再次出现流民,迁移江南,但遇大雪,"皆有暴露绝食之患",于是,"诏专委浙西、江东提举照应见行条法,通融取拨一路常平米斛,躬亲赈济"。从臣僚上奏来看,这一诏命得到落实,"近尝具奏,乞赈给两淮流移之民,伏蒙施行"。并且,进一步指出,"窃睹近日有司措置,于多田之家广加和籴,今诸处各有籴到米斛。欲望于浙西、江东西诸郡和籴到米内,取拨二三十万硕,令逐路转运司日下措置般运,分往两淮经残破州县乡村,委逐处守、令遍行赈济,招诱流民归业"⑤。也就是地方官以和籴之米赈济,提出更高的要求。

赈贷,在灾荒时常平司向灾民或贫民借贷,所借必须还本,与赈济的无偿性不同。哲宗元祐元年(1086年)四月,开封府诸路灾伤,要求属县以义仓、常平谷斛赈贷,"据等第逐户计口给历:大者日二升,小者日一升"。至于"全不用心赈贷,致户口多有流移者,取勘闻奏,特行停替"⑥。即使不在灾荒时期,对特殊的困难户也要赈贷,如建炎初逃户归业,"无力耕种者,仰提举常平司审量等第,借贷钱粮,收买牛具之类。候将来收成日,分三年逐料带纳"⑦。孝宗隆兴元年(1163年),高

---

① 《宋会要辑稿》食货61之73,刘琳等校点,上海古籍出版社2014年版,第7479页。
② 《宋会要辑稿》食货57之18,刘琳等校点,上海古籍出版社2014年版,第7345页。
③ 《宋会要辑稿》食货57之20,刘琳等校点,上海古籍出版社2014年版,第7347页。
④ 参见《宋会要辑稿》食货59之36,刘琳等校点,上海古籍出版社2014年版,第7397页。
⑤ 《宋会要辑稿》食货58之3,刘琳等校点,上海古籍出版社2014年版,第7352、7353页。
⑥ 《宋会要辑稿》食货57之9—10,刘琳等校点,上海古籍出版社2014年版,第7335页。
⑦ 《宋会要辑稿》食货69之45,刘琳等校点,上海古籍出版社2014年版,第8071页。

邮军百姓"归业之始,无以耕种",于是本路的提举司和高邮军以常平和义仓米"措置借贷",救济困难,恢复生产。① 可见,赈贷还具有特殊的救济功能,提举官司及州军也有赈贷责任。

宋代除了官府用常平、义仓以及上供钱粮赈贷外,还希望富户参与赈贷,并限制利息。如孝宗乾道时,"临安府诸县及浙西州军旧来冬春之间,民户阙食,多诣富家借贷,每借一斗,限至秋成交还,加数升或至一倍"。甚至,还出现以下情况:"自近年岁歉艰食,富有之家放米人立约:每米一斗,为钱五百。细民但救目前,不惜倍称之息。及至秋收,一斗不过百二三十,则率用米四斗方粜得钱五百,以偿去年斗米之债。"于是,"诏诸路州县约束人户,应今年生放借贷米谷,只备本色交还,取利不过五分,不得作米钱算息"②。也就规定最高借贷利息为五分,州县官就有约束监督的责任。

赈粜,由常平司或劝诱富户以平价,或减价粜售米谷或其他物品,满足灾民的生活需要。神宗熙宁时,知永兴军吴中复等面对"永兴军路州军民流移甚众,未流移者不得安居"的情况,"乞选官行蓄积之家,籍其粟数,计口给本家外,许灾伤民赊籴,官为给券就给"。而"执政遣使按验,谓中复等所奏多不实,及所乞措置乖方,若遂施行,必至骚扰。"结果,"知永兴军、龙图阁直学士、给事中吴中复降授右谏议大夫,永兴军等路权转运使皮公弼、提点刑狱张穆之、提举常平等事章粢各罚铜三十斤"③。这种让灾民赊籴"蓄积之家","官为给券",应是允许的救济方式,但问题是"所奏多不实",管理不善,赈灾官吏受到处罚。高宗绍兴元年(1131年),仍是诏诱富家粜米谷,多由通判、令佐实施,并开列相应官阶作为回报,"如粜及三千石以上之人,与守阙进义副尉;六千硕以上,与进武副尉;九千硕以上,与下班祗应;一万二千硕以上,与进义校尉;一万五千硕以上,与进武校尉;二万石以上,取旨优异推恩"。这可谓是在灾年出售官阶换取赈济粮食,而通判、令佐

---

① 参见《宋会要辑稿》食货58之1,刘琳等校点,上海古籍出版社2014年版,第7351页。
② 《宋会要辑稿》食货58之5,刘琳等校点,上海古籍出版社2014年版,第7354页。
③ (宋)李焘:《续资治通鉴长编》卷260,上海师范大学古籍整理研究所、华东师范大学古籍整理研究所点校,中华书局2004年版,第6333页。

"不得虚椿数目,陈乞推恩。仍令监司觉察,如违,按劾取旨,重作责罚"①。这主要是监督责任。

在赈粜时,还以官廪即常平、义仓之米减价出售,如高宗绍兴二十九年(1159年)二月二十五日,"诏令逐处守臣于见管常平、义仓米内取拨二分,减市价二分赈粜,内临安府于行在椿积米内借拨"。其中,关键是常平官要审实。②

为此,富户赊粜和官米赈粜是宋代赈粜的两种基本形式,如绍兴六年(1136年)右谏议大夫赵霈曾说:"今日赈救有二:一则发廪粟减价以济之;二则诱民户赊粜以给之。"分别对城郭、乡村有所侧重地发挥救灾作用,其中,关键是要加强赈粜的管理和监督,防止人吏科扰,否则,"令监司按劾,及许人户越诉,其官吏重行窜斥"③。后来,绍兴二十九年(1159年),提举两浙路市舶曾惇指出:"其间奉行不至者,其弊有三:赈济官司止凭耆保、公吏抄札第四等以下逐家人口给历,排日支散。公吏非贿赂不行,或虚增人户,或镌减实数,致奸伪者得以冒请,饥寒者不沾实惠,其弊一也。赈粜常平米斛,比市价低小,既粜者不分等第,不限口数,则公吏、仓斗家人等多立虚名盗粜,遂使官储易于匮乏,其弊二也。赈济户口数多,常平椿管数少,州县若不预申常平司于旁近州县通融那拨,米尽旋行申请,则中间断绝,饥民及更失所,其弊三也。"此三弊都与赈济官吏的方法和管理相关,于是,一方面,"公吏抄札不实,与夫州县申请失时者,并置严科。"另一方面,"委提举官往来部内赈济去处体访,如有违戾,按劾以闻"④。都是为了强化和追究赈济官吏的责任。至于常平、义仓赈粜时的廪粟支出,也属财政性支出,具体责任在前述财税责任中有所论及,在此不赘述。

因此,只要影响粜米或者违规赈粜都要承担责任,孝宗乾道七年(1171年),两浙路转运判官胡坚常言:"昨蒙朝廷委以赈粜,平江府常熟知县赵善括劝诱上户,米数倍于诸邑;昆山知县闻人大雅委之吏

---

① 《宋会要辑稿》食货57之16—17,刘琳等校点,上海古籍出版社2014年版,第7343页。
② 参见《宋会要辑稿》食货57之21,刘琳等校点,上海古籍出版社2014年版,第7348页。
③ 《宋会要辑稿》食货57之18,刘琳等校点,上海古籍出版社2014年版,第7345页。
④ 《宋会要辑稿》食货57之21,刘琳等校点,上海古籍出版社2014年版,第7348页。

辈,寅缘为奸。欲望朝廷将此二人量赐惩劝。"于是,诏赵善括特转一官,而闻人大雅特降一官。又如当时饶州旱灾,前来芜湖籴米,而"太平州芜湖知县吕昭问以和籴米为名,禁止米斛不得下河"。结果"诏吕昭问降一官放罢"。可见,奖惩有别,追究责任。① 乾道六年(1170年),敕令所则制定专门的法条,"诸灾伤路分,安抚司体量、措置,转运司检放、展阁,军粮阙乏,听以省计通融应副。常平司粜给、借贷,提刑司觉察妄滥。如或违戾,许互相按举,仍各具已行事件申尚书省。诸灾伤路分帅臣、监司申到已行措置检放、粜给觉察事件,并岁终考察修废以闻"②。可见,在灾伤路分,常平司的"粜给借贷"是在"安抚司体量措置,转运司检放展阁"中进行的,即体量措置、检放展阁、粜给借贷形成赈粜三个环节,并由提刑司觉察,相互按举,申报尚书省,岁终考察兴废,以追究相关官吏的责任。

在上述赈灾的责任中,还有一些共同的相关职责,包括及时巡视、限期依法赈济等。元丰二年(1079年)三月,权御史中丞蔡确言:"畿内及诸路阙雨……乞诏畿内提举司、诸路转运或提举司委官,与提点诸县镇及提点刑狱官巡按阙雨州县,督治未结绝公事,有涉枉滥或无故淹延者,并申理决遣,劾官吏以闻。"知谏院李定则云:"京东、河北饥,青、齐、沧、棣尤甚,陛下已敕有司赈救贫乏,租税欠负,例皆展阁,减价出粟,支借种钱,籍录饥羸,给以口食,尚闻民不安居,渐有流散。乞戒监司检察州县,若赈救不如法,致有逃死,以户口多少等第黜罚。"③前者"巡按阙雨州县,督治未结绝公事"是辅助救灾,以便追究责任;后者要求依法救济,"赈救不如法,致有逃死,以户口多少等第为黜罚",则是根据救灾效果,直接追究责任。当然,承担这种责任的主要是提举官和转运使等。光宗绍熙元年(1190年)六月,还要求"诸路监司、帅守,应自今以后,凡有水旱去处,并合尽实以闻。苟有不实,或隐而不上,皆以违制论"④。基本的申报程序是,由县、州到监司,再到

---

① 参见《宋会要辑稿》食货58之9、11,刘琳等校点,上海古籍出版社2014年版,第7359、7362页。
② 《宋会要辑稿》食货1之13,刘琳等校点,上海古籍出版社2014年版,第5944页。
③ (宋)李焘:《续资治通鉴长编》卷297,上海师范大学古籍整理研究所、华东师范大学古籍整理研究所点校,中华书局2004年版,第7216、7217页。
④ 《宋会要辑稿》食货58之18,刘琳等校点,上海古籍出版社2014年版,第7363页。

朝廷,关键是如实和及时。

从总体上看,宋代提举官以及监司、州县官,按照赈济、赈贷、赈粜的程序、方式、对象等规定进行赈灾。尽管三种赈灾方法有明显区别,而在追究责任上多由具体的赈灾要求决定,常常以"奉行灭裂,仰提刑司按劾,重置典宪",以及"如有违戾去处,具当职官姓名申尚书省"之类诏令或条文规定①,缺乏系统而具体的专门追究条例。同时,又必须看到追究的单行条法,以及追究的实例,赈灾责任制度还是比较丰富和有所成就的。

此外,赈灾责任是一种关乎百姓利益和生存的责任,宋代规定了其救济的渠道,从而进一步追究官吏的赈灾责任。哲宗绍圣元年(1094年)十二月,监察御史常安民指出河北转运使和郡县官吏"曲有沮抑"灾民诉灾,"使民无告",于是,"诏河北西路提举司体量诣实以闻"。结果,"知深州吴安行坐不受民诉灾伤,特冲替"②。徽宗崇宁二年(1103年)七月,"诏府界、诸路监司前去亲诣蝗虫生发去处,监督当职官多差人夫,部押并手打扑。本司及当职官,并仰专在地分,候打扑尽静,方得归任。人户多方收打蝗虫赴官,即时依条支给米谷。如官司阻节,许人户经监司陈诉"③。徽宗政和二年(1112年)正月,"户部上诸县灾伤应被诉受状而过时不收接若抑遏徒二年、州及监司不觉察各减三等法"④。政和七年(1117年)十二月又规定,"河北西路提举常平官不奏本路灾伤,特降两官冲替,令本路提刑司具合降官姓名申尚书省。今后不即时闻奏,重置于法。仍令刑部遍下诸路州军并监司"⑤。这种救济渠道,一定程度上保障了灾民的利益,也由此追究了官吏的责任。

---

① 参见《宋会要辑稿》食货59之41,刘琳等校点,上海古籍出版社2014年版,第7402页。
② 《宋会要辑稿》食货59之5,刘琳等校点,上海古籍出版社2014年版,第7380页。
③ 《宋会要辑稿》食货59之6—7,刘琳等校点,上海古籍出版社2014年版,第7381页。
④ 《宋会要辑稿》食货59之9,刘琳等校点,上海古籍出版社2014年版,第7382页。
⑤ 《宋会要辑稿》食货59之10,刘琳等校点,上海古籍出版社2014年版,第7383页。

第四节 水利河政

水利与农业、交通、商业密切联系,主要指农业水利和交通水利。宋代的水利在经济发展过程中占有重要的地位,也是农政的组成部分。中央的都水监、司农寺、工部以及地方的郡县都是具体的负责机构。在古代,农业水利重在兴修,交通水利重在治理,当然,有时农业水利与交通水利、兴修与治理又是密切联系在一起的。

一、兴修水利

宋代兴修和治理水利获得了前所未有的发展,在东南、西南以及西北、北方地区都很有成就,包括对一些传统水利工程如都江堰、白渠等的维护和治理。[1] 尤其在东南地区,水利是粮食主产区的命脉,是因为水利发挥了重要作用。如江淮地区水田的增加,从而"十分之中八九种稻","惟是陂塘有修筑坚固,蓄水高广,则下所灌田,不以旱涝,无不厚收"[2]。甚至有人认为:"苏、湖、常、秀所产,为两浙之最。自绍兴十三年以来,屡被水害,议者皆归积水不决之故,以为积水既去,低田自熟。"[3]也即把农业丰歉归结于水利。

水利的兴修多在二月农闲之时进行,以不耽误农时为宜,如仁宗庆历时期,"令江、淮、两浙、荆湖、京东、京西路转运司辖下州军圩田并河渠、堤堰、陂塘之类合行开修去处,选官计工料,每岁于二月间未农作时兴役,半月即罢"[4]。当然,这里强调的"未农作",如宁宗庆元时期,新知通州李楫言:"乞行下诸道,每于农隙,专令通判严督所属县丞躬行阡陌,博访父老,应旧系沟浍及陂塘去处稍有堙,趣使修膳,务要深阔。"[5]因此,违时兴修,影响农时,是要负责任的。

---

[1] 参见《宋会要辑稿》食货7之1,刘琳等校点,上海古籍出版社2014年版,第6115页。
[2] 《宋会要辑稿》食货61之94,刘琳等校点,上海古籍出版社2014年版,第7501页。
[3] 《宋会要辑稿》食货61之120,刘琳等校点,上海古籍出版社2014年版,第7530页。
[4] 《宋会要辑稿》食货7之11,刘琳等校点,上海古籍出版社2014年版,第6120页。
[5] 《宋会要辑稿》食货61之138,刘琳等校点,上海古籍出版社2014年版,第7541页。

第六章　宋代农桑水利责任追究　221

在水利兴修中,都水监承担水利制度以及重大项目的管理责任。如元丰官制改革后,"使者掌中外川泽、河渠、津梁、堤堰疏凿浚治之事……若导水溉田及疏治壅积为民利者,定其赏罚。凡修堤岸、植榆柳,则视其勤惰多寡以为殿最"①。而具体水利和治理水患的职责主要由中央的都水监和地方州县官担任。孝宗乾道九年(1173年)八月,诏曰:"水利不修,失所以为旱备乎……通沟渎,潴陂泽,监司守令,顾非其职欤……朕将即吏勤惰,行殿最而寓赏罚。"②这把水利的重要、职责和责任有机地联系在一起。光宗绍熙二年(1191年)七月,光宗又要求:"守令凡到任半年之后,具所部有无水源堙塞、合行开修去处,次第申闻。任满之日,亦具已兴修过水利画图缴进。择其劳效著明、功垂久利者,特与推赏,以激劝之。"③显然,水利兴修是郡守县令的重要职责和赏罚依据。

一般农业水利治理,多由地方州县守令负责,监司加以监督。仁宗庆历五年(1045年)九月,两浙提点刑狱宋纯等奏请,水利兴修所在地的官吏应逐级申报州军直至转运、提刑,监司选官实地考察,权衡利弊,然后再"差官具保明结罪,申转运、提刑司体量允当,方下本属州军计夫料、饷粮,设法劝诱租利人户情愿出备"。否则,"如官吏敢擅开修,不预申本属,不得理为劳绩,及出给公据保明,仍勘事端施行"④。神宗熙宁二年(1069年),诏曰:"诸路监司访寻辖下州县可兴复水利之处,如能设法劝诱兴修塘堰圩埠,功利有实,即具所增田税地利保明以闻,当议旌宠。"⑤次年,制置三司条例司讲得更明确,"应知县、县令能用新法兴修本县农田水利,已见次第,令管勾官及提刑或转运使、本州长吏保明闻奏,乞朝廷量功绩大小,与转运官或升任、减年磨勘、循资,或赐金帛、令再任,或选差知自来陂塘圩埠、堤堰沟洫、田土堙废最多县分,或充知州、通判,令提举部内兴修农田水利。资浅者,且令权入。其非本县令佐,为本路监司、管勾官差委擘画兴修,如能了当,亦

---

① (元)脱脱等:《宋史》卷165《职官志》,中华书局1977年版,第3921、3922页。
② 《宋会要辑稿》食货8之16,刘琳等校点,上海古籍出版社2014年版,第6155页。
③ 《宋会要辑稿》食货61之135,刘琳等校点,上海古籍出版社2014年版,第7539页。
④ 《宋会要辑稿》食货7之12,刘琳等校点,上海古籍出版社2014年版,第6120、6121页。
⑤ 《宋会要辑稿》食货7之19,刘琳等校点,上海古籍出版社2014年版,第6124页。

量功利大小比类酬奖"①。在神宗熙宁变法时期,兴修水利确是重要的事情,熙宁四年(1071年)规定,"诸州县当职官如擘画兴修农田水利事,并先具利害申转运或提刑、提举司,差官诣地相度,保明供申,本司疾速体访施行。如能完复陂塘渠沟河,或导引诸水淤溉民田,修贴堤埒,或疏决积潦水害,或召募开垦久废荒田委堪耕种,令所属官司结罪以闻"。并制定奖罚标准,"若功利殊常,自从朝廷旌擢。其已系创置增修功利及民者,委官司常行葺治,如至废坏,并当降黜"②。熙宁八年(1075年),又有更具体的要求和奖励规定,"诸当职官申请兴修农田水利,谓开修陂塘沟河,导引诸水淤溉民田,或贴堤岸、疏决积潦,永除水害,或召募开垦久废荒田之类委堪耕种者,并先具利害、功料申提举司,体访诣实,差官检覆……千顷与第一等酬奖,七百顷与第二等,五百顷与第三等,三百顷与第四等,一百顷与第五等……其功利殊常者,申寺奏裁"③。

为了防止欺骗邀赏,加强了水利工程的管理及其责任。神宗熙宁七年(1074年),臣僚针对"朝廷近年广兴工利,颇有不实,互相隐蔽,未经考察"的情况,"欲乞令司农寺画具已兴过功利,中书置籍拘管,间或选官计会,逐路监司指名按验,具的实事状连书结罪闻奏。其不实之人并元保明官司,并乞重置于法,以戒欺罔"。于是,"诏应已兴修水利,宜令司农寺置簿拘管。如朝廷差官出外,即本寺申中书,令取索,因便体访。如有不实不当,即按验诣实以闻"④。南宋也大致如此,孝宗乾道四年(1168年)九月诏:"诸路提举官自今兴修水利,若不依常平免役条令,先选官按视,许令兴修,只凭州县保明,虚撰农田水利酬赏,辄为申奏不实者,从户部按劾取旨。本部人吏不照应条法疏难,辄便依随伪妄,关报推赏者,亦科违制之罪。"⑤乾道九年(1173年)十一月,"诏令诸路州县将所隶公私陂塘川泽之数开具,申报本路常平司籍定,专一督责县丞,以有田民户等第高下分布工力,结甲置

---

① 《宋会要辑稿》食货1之28,刘琳等校点,上海古籍出版社2014年版,第5959页。
② 《宋会要辑稿》食货7之22—23,刘琳等校点,上海古籍出版社2014年版,第7127页。
③ 《宋会要辑稿》食货7之28—29,刘琳等校点,上海古籍出版社2014年版,第6130、6131页。
④ 《宋会要辑稿》食货7之28,刘琳等校点,上海古籍出版社2014年版,第6130页。
⑤ 《宋会要辑稿》食货61之119,刘琳等校点,上海古籍出版社2014年版,第7529页。

籍,于农隙日浚治疏导。务要广行潴蓄水,可以公共灌溉田亩。如无县丞处,即责以次县官依此措施。候岁终,令本州参酌将工力最多去处保明申常平司,差官核实,申朝廷推赏。其怠慢不职之人,按劾取旨责罚"①。这种措施是对水利兴修数量和质量的控制,并以此追究州县官的责任。孝宗淳熙七年(1180年)十二月,"诏:诸路提举常平司常切约束所部县丞,每季检视措置农田兴修水利,务要广行灌溉田亩。如奉行违戾,仰按劾以闻"②。淳熙十四年(1187年),在知太平州张子颜上言本州圩田水利后,"诏令守臣以时检察,务为久远之利"③。显然,宋代水利兴修形成了州县官实施,监司监督的基本格局,而追究则由监司、朝廷完成。

宋初追究治水责任较早的记载可能是,太祖建隆三年(962年)三月,控鹤右厢都指挥使尹勋,在疏浚开封的五丈河时擅自杀夜溃丁夫,被"削夺官爵,配隶许州为教练使"④。这属于追究治理城市水系和水利交通的责任。后来,开封水系多次治理,也有追究责任的史实记载,如真宗天禧三年(1019年)"崇仪副使史莹责授供备库副使,坐所治惠民河堤决,坏民庐舍故也"⑤。类似追究水利责任的还有不少。高宗绍兴二十九年(1159年)二月,敷文阁待制、知平江府陈正同指出,常熟县开浚诸浦,"人户更将边湖潴水去处占射围裹",于是,户部强调:"在法,诸潴水之地谓众共溉田者,辄不许人请佃承买,并请佃承买人各以违制论。"⑥因此,买卖"潴水之地"属于违法,相关官吏不予制止,也要承担责任。孝宗淳熙七年(1180年)六月,知临安府吴渊建议:"今欲分委两通判监督地分厢巡逐时点检钤束,不许人户仍前将粪土等抛飏河渠内及侵占去处。任满,批书水流淤塞,从本府将所委通判及地分节监保明申尚书省,各减一年磨勘。如有违戾去处,各展

---

① 《宋会要辑稿》食货8之16—17,刘琳等校点,上海古籍出版社2014年版,第6155页。
② 《宋会要辑稿》食货61之126,刘琳等校点,上海古籍出版社2014年版,第7535页。
③ 《宋会要辑稿》食货8之43,刘琳等校点,上海古籍出版社2014年版,第6170页。
④ (宋)李焘:《续资治通鉴长编》卷3,上海师范大学古籍整理研究所、华东师范大学古籍整理研究所点校,中华书局2004年版,第63页。
⑤ (宋)李焘:《续资治通鉴长编》卷94,上海师范大学古籍整理研究所、华东师范大学古籍整理研究所点校,中华书局2004年版,第2159页。
⑥ 《宋会要辑稿》食货7之56,刘琳等校点,上海古籍出版社2014年版,第6146页。

一年。"①淳熙十二年(1185年)十月,知临安府张枃在奏请治理西湖水利时,"乞将西湖新旧菱荡课利钱尽送钱塘尉司收管,以备逐年开葑撩浅。如敢别用,并科违制"。并提出分工负责,"却分委本府正任通判二员,一则点检城内外河道,一则点检西(河)[湖],更以巡河、巡湖为名。城内道则委之排岸并逐地分兵官,江浦口河则委之城东巡检、修江监闸官,西湖则委之钱塘县尉、城西巡检。日后差注,并乞于阶衔中带入。每岁委转运司核视有无湮塞,以为殿最,从运司保明批书。责既有归,人必尽力,工费既储,易于办集,诚为无穷之利"②。此外,值得特别指出的是漕运水利责任,神宗熙宁七年(1074年)二月,都大提举汴河堤岸、屯田郎中王庠等没有及时疏浚汴河,"壅水溢岸",他与"巡河、西头供奉官刘温其并勒停;赞善大夫、知雍邱县陈敦,都监、供备库副使许湘,主簿李偁各冲替"③。又如熙宁九年(1076年)四月江、淮等路发运使张颉开浚运河不力,致使"通、泰运盐河艰阻","诸路阙盐",遭到御史中丞邓绾的奏劾,尽管"诏除此一节不推",但"乃止坐开河事,除颉知岳州"④。

上述治水多与都市生活或漕运等相关,当属城市、交通水利责任,然而与农业水利责任有所不同,农业水利责任主要是为了发展农业以及安抚流民,真宗大中祥符五年(1012年)八月,"淮南旱,减运河水灌民田,仍宽租限;州县不能存恤致民流亡者罪之"⑤。包括开垦荒地、修筑塘堰、兴修圩田等方面的责任。

垦田水利。宋初经过唐末五代以后的社会动荡和政权更替,土地荒芜,水利遭毁。仁宗景祐三年(1036年)二月,陕西都转运使王沿言:"白渠自汉溉田四万顷,唐永徽中亦溉田万顷,今裁及三千余顷。盖当司因循,浸致堙废,请调兵夫修复之。"⑥这直接影响农业的恢复

---

① 《宋会要辑稿》食货8之49,刘琳等校点,上海古籍出版社2014年版,第6172页。
② 《宋会要辑稿》食货61之132,刘琳等校点,上海古籍出版社2014年版,第7538页。
③ (宋)李焘:《续资治通鉴长编》卷250,上海师范大学古籍整理研究所、华东师范大学古籍整理研究所点校,中华书局2004年版,第6086页。
④ (宋)李焘:《续资治通鉴长编》卷274,上海师范大学古籍整理研究所、华东师范大学古籍整理研究所点校,中华书局2004年版,第6702、6703页。
⑤ (元)脱脱等:《宋史》卷8《真宗本纪》,中华书局1977年版,第151页。
⑥ (宋)李焘:《续资治通鉴长编》卷118,上海师范大学古籍整理研究所、华东师范大学古籍整理研究所点校,中华书局2004年版,第2777页。

第六章 宋代农桑水利责任追究 225

和发展。为此,宋朝建立后,既要从政治、军事上,又要从经济尤其发展农业上巩固新兴的政权。尽管太祖、太宗时的主要精力还是放在前者,但也有官吏指出存在的经济问题,并提出恢复的措施。太宗至道元年(995年)正月,度支判官陈尧叟、梁鼎上言:"唐季以来,农政多废,民率弃本,不务力田,是以家鲜余粮,地有遗利。臣等每于农亩之业,精求利害之理,必在乎修垦田之制,建用水之法,讨论典籍,备穷本末。自汉、魏、晋、唐以来,于陈、许、邓、颍暨蔡、宿、亳至于寿春,用水利垦田,陈迹具在。望选稽古通方之士,分为诸州长吏,兼管农事,大开公田,以通水利,发江、淮下军散卒及募民以充役。"①可见,开垦荒地,兴修水利是相互关联的,尤其在水稻种植区域,是宋代恢复和发展农业经济的重要措施。神宗熙宁十年(1077年)八月,"诏知雄州、四方馆使王道恭罚铜二十斤,通判、殿中丞赵燮降一官。坐兼领屯田司职,不豫计蓄稻田水及放水入塘泺故也"②。可见,通判赵燮没有管理好水源、水利而被降官。当然,若能治水并增加良田的,则可获得奖励。哲宗元祐四年(1089年)二月,吏部侍郎范百禄奏言沿河水利后,"诏今后应濒河州县积水占田处,在任官能为民擘画沟亩,疏导退出良田二百顷以上者,并委所属保明以闻,到部日与升半年名次;每增一百顷,递升半年名次;及千顷以上者,比类取旨酬赏;功利大者,仍取特旨"③。

堤堰修治。垦荒固然要治理水利,才能将荒地变成良田,而自然条件较好、经济发达的东南地区,又有堤堰湖浦的治理问题。仁宗嘉祐五年(1060年)五月,知秀州罗拯就指出,湖塘和运河边的土地"被请射",影响水利灌溉,应以违制论处,"令追理所得租课入官",为此要求:"逐路转运司,依罗拯所请施行。如违,乞以违制科罪。"④至于水利措置不当,更要追究相关官吏的责任。神宗时,两浙路提举官沈

---

① (宋)李焘:《续资治通鉴长编》卷37,上海师范大学古籍整理研究所、华东师范大学古籍整理研究所点校,中华书局2004年版,第806、807页。
② (宋)李焘:《续资治通鉴长编》卷284,上海师范大学古籍整理研究所、华东师范大学古籍整理研究所点校,中华书局2004年版,第6954页。
③ (宋)李焘:《续资治通鉴长编》卷422,上海师范大学古籍整理研究所、华东师范大学古籍整理研究所点校,中华书局2004年版,第10221页。
④ 《宋会要辑稿》食货7之14,刘琳等校点,上海古籍出版社2014年版,第6122页。

披曾经"开常州五泻堰不当",上亦曰:"坏田八百顷,民被害者众",熙宁五年(1072年)十月,"降一官,送审官东院"①。为保障水利畅通,次年五月规定:"创水硙、碾,确有妨灌溉民田者,以违制论,不以去官赦降原减,官司容纵亦如之。"②显然,地方官府要及时清除水利障碍,保障河流通达,否则要承担相应的责任。提举两浙兴修水利郏亶也因言苏州水利,兴修浦塘,建筑门、堰、泾、沥,"真除司农寺丞","至苏兴役,民大以为扰,论议沸腾",引起朝廷争议,最后被"追司农寺丞,送吏部流内铨,仍罢修两浙水利"③。徽宗宣和元年(1119年)三月,直秘阁提举两浙路常平赵霖尽管"开一江、一港、四浦、五十八渎,已见成绩",但因"以增修水利不当"而降两官。④

沿海地区的堤堰是一种特殊的水利设施,主要作用是防止海潮的侵袭,保护良田、盐场等。早在仁宗天圣六年(1028年)七月,淮南发运司兴修泰州捍海堰完工后,"发运使、兼知泰州张纶领韶州刺史,转运使司胡令仪迁一官"⑤。这是对兴修有功官吏的奖励。而为确保兴修的顺利进行,不许轻易调离劳动力,哲宗元祐七年(1092年)正月,"通、泰州捍海兵士,诸处不得勾抽,虽有朝旨差出,亦令本州执奏,特许存留,违者并科违制之罪,不以遇赦、去官原减"⑥。南宋时,也要求沿海州县官做好海堰堤防的维护。孝宗淳熙十年(1183年)二月,知秀州赵善悉言:"本州海盐县境,近已修筑堰闸共八十八处,开濬运河一百四十九里一百步,潴积水源,以资灌溉之用。"于是,"诏可令县尉兼管,县丞提督"⑦。宁宗嘉定十二年(1219年)十二月,臣僚指出:"临安府盐官县日来为海潮冲突,沙岸倾坍,其事颇

---

① (宋)李焘:《续资治通鉴长编》卷239,上海师范大学古籍整理研究所、华东师范大学古籍整理研究所点校,中华书局2004年版,第5817页。
② (宋)李焘:《续资治通鉴长编》卷245,上海师范大学古籍整理研究所、华东师范大学古籍整理研究所点校,中华书局2004年版,第5950页。
③ (宋)李焘:《续资治通鉴长编》卷245,上海师范大学古籍整理研究所、华东师范大学古籍整理研究所点校,中华书局2004年版,第5960页。
④ 参见《宋会要辑稿》食货7之36,刘琳等校点,上海古籍出版社2014年版,第6135页。
⑤ 《宋会要辑稿》食货8之40,刘琳等校点,上海古籍出版社2014年版,第6167页。
⑥ (宋)李焘:《续资治通鉴长编》卷469,上海师范大学古籍整理研究所、华东师范大学古籍整理研究所点校,中华书局2004年版,第11206页。
⑦ 《宋会要辑稿》食货61之127,刘琳等校点,上海古籍出版社2014年版,第7535页。

异。"这直接影响盐灶课利,于是,"乞下浙西诸司公共相度,条具筑捺之策,截拨合解上供钱米,以为工物之费,务使捍堤坚壮,土脉充实"①。

圩田水利。宋代的圩田发展很快,尤其南宋的江东圩田,并且官府非常重视圩田的水利设施。如宋代的万春圩,"太平兴国中,江南大水,圩吏欧阳某护圩不谨,圩以废"。后几经修治才成为江南名圩。② 北宋后期,社会动荡不安,"江南路官私圩埠,有司希功妄作,或辄将上流闭塞,致下流无水灌溉",为此要求:"可限十日改正,见妨民户灌溉及拥遏无发泄者,所属监司相度措置……尚(教)[敢]营私观望,许民户越诉,当议重行黜责。"③宋室南渡后,东南尤其江南成为经济支柱地和朝廷主要税源地,圩田在其中扮演了重要角色。圩田的关键在水利设施,正如南宋度支员外郎朱儋所说:"江东圩田为利甚大,其所虑者,水患而已。"④最为典型的是江南宣州、太平州的圩田兴修,奖惩政策也极为丰富,高宗绍兴元年(1131年),"诏宣州、太平州守臣修圩,议修圩官赏罚"⑤。次年(1132年)规定得更为具体,"宣州、太平州见修治圩田,逐州当职官能趁时兴修了当,将来收租税及,选人与改合入官,京官转一官,更减二年磨勘。如过期违慢,仰提刑司具名按劾,官取旨重行勒停,人吏决配"⑥。其中,处罚或追究性的规定也是后来官僚最为关心的,如钟世明奏言宣州、太平州修筑圩田时,主要讲了两件事,一是修筑经费,二是修筑责任,尤其强调惩劝,所谓"不切用心,弛慢职事,许行按劾。内有昏懦怯弱不任职事之人,亦许差官抵替。所有检察、监修、部役等官如能用心了办,不致灭裂,虚费人工,亦乞许保明,申取朝廷指挥,量行推赏,庶示惩劝"⑦。为了监督兴修,便于追究,乾道时还派遣御史"陈举善前去覆实,开具有无坚壮损坏以

---

① 《宋会要辑稿》食货61之149,刘琳等校点,上海古籍出版社2014年版,第7546页。
② 参见(宋)沈括:《长兴集》卷9《万春圩图记》,文渊阁四库全书本第1117册,台湾商务印书馆股份有限公司1986年版,第295页。
③ 《宋会要辑稿》食货7之37至38,刘琳等校点,上海古籍出版社2014年版,第6135页。
④ 《宋会要辑稿》食货61之122,刘琳等校点,上海古籍出版社2014年版,第7532页。
⑤ (宋)马端临:《文献通考》卷6《田赋考》,上海师范大学古籍研究所、华东师范大学古籍研究所点校,中华书局2011年版,第147页。
⑥ 《宋会要辑稿》食货61之107,刘琳等校点,上海古籍出版社2014年版,第7516页。
⑦ 《宋会要辑稿》食货61之112,刘琳等校点,上海古籍出版社2014年版,第7521页。

闻"①。到了南宋中后期,政治不稳,战事屡起影响水利的兴修,乾道六年(1170年)五月,中书门下省指出,"江东诸州圩田,近因雨水冲损圩岸,若候条筑,动经岁月,圩上人户既无田可耕,窃虑失所。其淮西未耕垦田甚多,见行召募人户请佃,理宜措置"②。只好将劳动力转移到淮西垦田去了。

当然,圩田的扩张,与水利又有矛盾,影响湖泊的蓄水,造成旱涝,因而科学地兴修圩田十分重要。徽宗宣和七年(1125年)九月,徽猷阁待制、江宁知府卢襄为显谟阁直学士,江东路的提点刑狱、常平官各转一官,就是因为:"奉诏体国,罢丹阳、固城、石臼三湖为圩田,及言开银林河事为不急之务。"③这是对圩田水利的真正负责。钦宗靖康元年(1126年)三月,还有臣僚针对围湖造田和旱涝灾情,"乞尽罢东南废湖为田者,复以为湖"④。因而,过度兴修圩田,也会影响水利,造成新的水利责任。宣城童家湖的圩田,自北宋政和以后屡有兴废,至孝宗乾道三年(1167年)五月,秘阁修撰、前知衢州周操和知宁国府汪彻都指出宣城童圩"梗塞水道",主张"将童圩废决,则水势自然顺适"⑤。至开禧初,又围湖筑圩,水灾日益严重,为此,集英殿修撰、知宁国府沈作宾"乞明诏三省行下本州常切遵守,毋令人户妄有请佃围筑,以妨水利"⑥。这都是根据需要放弃圩田,保障水利。甚至淳熙三年(1176年)七月,诏定浙西诸州县不得"给据与官、民户及寺观买佃江湖草荡围筑田亩者,许人户越诉",并要求"监司常切觉察"⑦,目的是为了防止筑田缩小江湖的蓄水而导致水灾。而宁宗嘉泰元年(1201年)九月,中书门下省指出:"浙西州郡围田不已,日侵水利,为害匪轻。"建议开掘圩田,恢复水面。于是,朝廷派遣官吏查实所掘数量上报尚书省。⑧

---

① 《宋会要辑稿》食货61之121,刘琳等校点,上海古籍出版社2014年版,第7531页。
② 《宋会要辑稿》食货63之217,刘琳等校点,上海古籍出版社2014年版,第7728页。
③ 《宋会要辑稿》食货7之38,刘琳等校点,上海古籍出版社2014年版,第6136页。
④ 《宋会要辑稿》食货7之40,刘琳等校点,上海古籍出版社2014年版,第6136页。
⑤ 《宋会要辑稿》食货8之9—10,刘琳等校点,上海古籍出版社2014年版,第6151页。
⑥ 《宋会要辑稿》食货61之145,刘琳等校点,上海古籍出版社2014年版,第7544页。
⑦ 《宋会要辑稿》食货61之125—126,刘琳等校点,上海古籍出版社2014年版,第7534页。
⑧ 《宋会要辑稿》食货61之140,刘琳等校点,上海古籍出版社2014年版,第7542页。

到了南宋后期,水利失修,责任估计很难追究了,孝宗隆兴二年(1164年)八月,有如下诏文:"江浙水利久不讲修,积雨无所锺洩,重为秋稼之害。可令逐州守臣考按古迹及见今淤塞去处,条具措置闻奏。"①

此外,水灾的发生与水利设施好坏直接相关。一旦发生水灾,百姓申报,地方官吏必须受理并采取措施,否则就要承担责任。哲宗元祐五年(1090年)十一月,殿中侍御史岑象求指出,"秀州嘉兴县民数千诣县诉水灾,知县王岐、主簿王瓶不为收接,因此百姓喧闹,致蹈杀四十七人。本州又减数申监司,仍庇护令佐,归罪百姓"。结果,"诏王岐、王瓶先次冲替,并秀州干系官,并令本路提点刑狱司取勘具案以闻"②。可见,州县官吏承担直接责任,并由本路提点刑狱司处理。

宋代还有黄河等治理,具有农业、水利、交通、运输治理的综合作用,尤其北宋时期的治河责任或河政责任较为典型,内容丰富,下面专门论之。

二、河政治理③

北宋时期,河流的决溢乃至改道层出不穷,朝廷为此频兴河役。在北宋河政管理中,针对治河过程中官员贪污、渎职等现象,宋廷相应制定了一整套较为严格的责任追究制度,追究治河官员征集、使用物料、河工等方面的失职,以行政贬黜、经济制裁等手段严惩,一定程度上保障了河政的正常运行。

1. 防止决溢

在黄河治理的历史上,能够保障河堤完好,河水安澜,无疑是历代王朝河政最高的追求,宋朝也是如此。这是衡量治绩的一个标准。为了防止河流决溢,宋廷确立了包括治河官员的责任追究制度在内的一系列法律制度,涉及面很广。早在太祖开宝四年(971年)十一月,"河决澶州,东汇于郓、濮,坏民田。上怒,官吏不时上言,遣使按

---

① 《宋会要辑稿》食货8之6,刘琳等校点,上海古籍出版社2014年版,第6194页。
② (宋)李焘:《续资治通鉴长编》卷450,上海师范大学古籍整理研究所、华东师范大学古籍整理研究所点校,中华书局2004年版,第10816页。
③ 此节根据课题组成员郭志安《论北宋河政管理中的责任追究》(《安徽师范大学学报》2008年第5期)修订而成。

鞫。是日,通判、司封郎中姚恕坐弃市,知州、左骁卫大将军杜审肇免归私第"①。太宗淳化二年(991年)三月,明令河堤使等官员经常巡视河堤,"经度行视,预图缮治。苟失备虑,或至坏隳,官吏当置于法"②。神宗熙宁、元丰年间,重视水利河政,追究治河责任的记载颇多,熙宁十年(1077年)十月,甚至作出更严厉的规定,"大河决口,官吏不以赦降去官原减"③。元丰元年(1078年)十月,"大河以风雨溢岸",韩村埽巡河、左班殿直武继宁失于预备,"追一官勒停,余官冲替,罚铜有差"④。元丰三年(1080年)四月,"诏前河北路转运副使陈知俭罚铜三十斤,前提点河北路刑狱韩正彦罚铜三十斤。坐河决曹村失备也"⑤。五月,"诏司农少卿、前知卫州鲁有开罚铜二十斤,通判、幕职官、汲县主簿、尉并冲替,巡河部役官追官、勒停、差替。并坐河溢失救护也"⑥。元丰五年(1082年)二月,"诏:'前知澶州韩璹,都水监丞张次山、苏液,北外都水丞陈祐甫,判都水监张唐民,主簿李士良,都水监勾当公事钱曜、张元卿罚铜有差;大、小吴埽使臣各追一官勒停;澶州通判、幕职官,临河、濮阳县令佐并冲替;本路监司劾罪。'以去岁河决,不能救护提举也"⑦。元丰六年(1083年)三月,"诏河北转运判官吕大忠罚铜三十斤,以黄河溢,不即救护也"⑧。处罚诏书如此频下,一方面说明当时河患严重,另一方面也表明朝廷严惩不贷的态度。

为此,宋代格外强调治河官吏的巡河之职,以便及时发现问题,维

---

① (宋)李焘:《续资治通鉴长编》卷12,上海师范大学古籍整理研究所、华东师范大学古籍整理研究所点校,中华书局2004年版,第273页。
② 《宋会要辑稿》方域14之3,刘琳等校点,上海古籍出版社2014年版,第9552页。
③ (宋)李焘:《续资治通鉴长编》卷285,上海师范大学古籍整理研究所、华东师范大学古籍整理研究所点校,中华书局2004年版,第6974页。
④ (宋)李焘:《续资治通鉴长编》卷293,上海师范大学古籍整理研究所、华东师范大学古籍整理研究所点校,中华书局2004年版,第7151页。
⑤ (宋)李焘:《续资治通鉴长编》卷303,上海师范大学古籍整理研究所、华东师范大学古籍整理研究所点校,中华书局2004年版,第7386页。
⑥ (宋)李焘:《续资治通鉴长编》卷304,上海师范大学古籍整理研究所、华东师范大学古籍整理研究所点校,中华书局2004年版,第7406、7407页。
⑦ (宋)李焘:《续资治通鉴长编》卷323,上海师范大学古籍整理研究所、华东师范大学古籍整理研究所点校,中华书局2004年版,第7791页。
⑧ (宋)李焘:《续资治通鉴长编》卷334,上海师范大学古籍整理研究所、华东师范大学古籍整理研究所点校,中华书局2004年版,第8030页。

护堤防。真宗咸平三年(1000年),"诏缘(黄)河官吏,虽秩满,须水落受代。知州、通判两月一巡堤,县令、佐迭巡堤防,转运使勿委以他职"①。在确定巡河职责时,既奖励巡河有功者,也追究不力者的责任。大中祥符九年(1016年)四月,朝廷规定能够保证堤岸牢固,护堤官吏"只免选注合入官,即不注家便。如三年内俱在本县地分修护河堤,别无疏虞,即依先降敕命实行"②。此为奖励规定,其中"别无疏虞"实际上又作了限制或责罚性要求。仁宗天圣五年(1027年)十二月,出于对天台埽以下州军堤岸的高度重视,中书门下要求沿岸诸路转运使往来检视,"小有疏虞,重行朝典"③。天圣七年(1029年)九月,"澶州官吏并坐王楚埽决贬官一等"④。庆历六年(1046年)十月,更明确规定:"黄河诸埽官吏,如经大水抹岸,岁满并与远地。"⑤此类责任追究,就是要求治河官员确实加强对河堤的日常维护,否则,就要受到严惩。神宗熙宁七年(1074年)十一月,同管勾外都水监丞程昉"相度河事而不躬往",被罚铜三十斤。⑥

除在地方设置直接负责河政管理官员外,朝廷还时常遣使检查和监督河政运营。这种代表朝廷外巡的使者,不仅仅是对地方治河官员及河政督察,其本人也要承担较大的责任。真宗景德元年(1004年)二月,朝廷即明令规定:"每岁遣使阅视黄、汴堤……异时有坏决,连坐其罪"⑦,即朝廷的外遣巡河使者不能逃脱河堤决口的干系。从设立这一连坐处罚制度的初衷来讲,无疑是将治河官员、外遣使者的责任追究结合起来,以此来促使外遣使者更为尽职于河政的监督。至景德元年(1004年)二月,这一连坐追究的法律条文,因诸多朝臣的反对才废除。但终北宋之世,这种遣使赴河堤沿线实施监察的做法,却始终被坚持和贯彻。真宗大中祥符元年(1008年)四月,诏:"今

---

① (元)脱脱等:《宋史》卷91《河渠志》,中华书局1977年版,第2260页。
② 《宋会要辑稿》方域14之7,刘琳等校点,上海古籍出版社2014年版,第9555页。
③ 《宋会要辑稿》方域14之12,刘琳等校点,上海古籍出版社2014年版,第9558页。
④ (宋)李焘:《续资治通鉴长编》卷108,上海师范大学古籍整理研究所、华东师范大学古籍整理研究所点校,中华书局2004年版,第2522页。
⑤ 《宋会要辑稿》方域14之16,刘琳等校点,上海古籍出版社2014年版,第9560页。
⑥ 参见(宋)李焘:《续资治通鉴长编》卷258,上海师范大学古籍整理研究所、华东师范大学古籍整理研究所点校,中华书局2004年版,第6290页。
⑦ 《宋会要辑稿》方域14之4,刘琳等校点,上海古籍出版社2014年版,第9553页。

后入内内侍省、内侍省巡更互逐年差使臣巡黄、汴河堤。"①神宗熙宁七年(1074年)八月,"诏司农寺具所兴修农田水利次第"。九月又诏:"籍所兴水利,自今遣使体访,其不实不当者,案验以闻"②。这就表明,朝廷以遣使的形式监控地方河政的运行。

2. 举措失误

在治河中,能否制订、实施有效的治理方案,关系到河役的成败。如果举措不当,导致河役失误和损失,相关官吏将被处罚。据《梦溪笔谈》记载,仁宗庆历年间黄河于商胡埽决口之际,因监官三司度支副使郭申锡举措不当,又拒绝采纳水工高超"合龙门"之策,导致河情加剧,朝廷为此贬谪郭申锡。③ 仁宗庆历五年(1045年)七月,在宋辽已有罢除两界间塘泺约定的情况下,杨怀敏仍坚持急治塘泺以备契丹,并对前转运使沈邈、知顺安军刘宗言排泄塘水、阻遏漳河水入塘的做法加以抨击,建议对二人予以惩戒以警示他人。朝廷采纳其建议,"自今有妄乞改水口者,重责之"④。而在大型河役中,治河举措失误的损失往往更大,对相关官员的惩治也相应严厉。如嘉祐元年(1056年)四月,殿中丞李仲昌、提点开封府界县镇事蔡挺等人实施回河之役,堵塞商胡北流而迫使黄河改入六塔河。但因事先考虑不够缜密,以致六塔河不能容纳回流的黄河水而导致决溢,沿岸损失惨重。对此,朝廷震怒,"修河官皆谪"⑤。是年六月,在朝臣的接连弹奏下,朝廷再次对此事予以追究,提举黄河埽岸李仲昌等数人均被贬谪,相关被惩官员波及很广,惩处颇严。⑥ 神宗熙宁二年(1069年),凌民瞻在主持常州等地河务,因举措不当,"隳败古泾函、石闸、石(砬),河流益阻,百姓劳弊"。至是年三月,朝廷追究此次河役失误之责,凌民瞻等被贬降有差。⑦ 熙宁年间,内侍程昉请求引水入深州新砦镇至常山新河,永静军判官林伸、东光县令张言则认为"新河地形高

---

① 《宋会要辑稿》职官36之4,刘琳等校点,上海古籍出版社2014年版,第3889页。
② (元)脱脱等:《宋史》卷95《河渠志》,中华书局1977年版,第2371页。
③ (宋)沈括:《梦溪笔谈》卷11《官政一》,侯真平校点,岳麓书社1998年版,第98页。
④ (元)脱脱等:《宋史》卷95《河渠志》,中华书局1977年版,第2361页。
⑤ (元)脱脱等:《宋史》卷91《河渠志》,中华书局1977年版,第2273页。
⑥ 参见《宋会要辑稿》职官65之14,刘琳等校点,上海古籍出版社2014年版,第4805页。
⑦ 参见(元)脱脱等:《宋史》卷96《河渠志》,中华书局1977年版,第2380页。

仰,恐害民田",朝廷为此而遣官进行实地勘察。而从勘察的结果来看,视察的官员也赞同程昉"地势最顺,宜无不便"的主张。在此情形下,林仲等人被贬官。① 诸如此类的惩处,也富有一定的责任追究的意味。熙宁七年(1074年)十月,提举河北兴修水利程昉等"降一官勒停",就是因为:"昉开胡芦河,引水入新开故道,浸民田不可胜计"②。次年(1075年)六月,判都水监李立之、丞王令图,主簿李黼、句当公事陈祐甫,"并坐闭訾家口不当"而被罚铜二十斤。③ 熙宁十年(1077年)正月,"诏权发遣京东东路转运判官、太子中舍李察展磨勘四年;权京西南路提点刑狱、殿中丞张复礼,知鱼台县李众各展二年;麻城县主簿任佑之、前临颍县尉孟厚各冲替。坐检计保明开邓艾口新河不当也"④。神宗元丰三年(1080年)七月,前永兴军等路察访使李承之等"坐保明修永兴洪口不当",分别受到展磨勘二年、罚铜二十斤的处罚。⑤ 元丰四年(1081年)五月,朝廷追究堵塞小吴埽决口之责,北外都内水监陈祐甫等先后在大臣的弹劾下被冲替。⑥ 元丰六年(1083年)八月,"诏都水使者范子渊追一官,知河阳张问罚铜二十斤"。主要原因是:"子渊献议,役五万人开修温县大河陂直河,以回河流。既而雨水、瘴疫继作,死亡者甚众。"⑦不过,此役似有兴废,"元丰六年兴役,至七年功用不成。乞行废放"。范子渊被"黜知兖州,寻降知峡州"⑧。哲宗元祐元年(1086年)四月,中书舍人苏轼就奏及御史吕陶弹劾范子渊之事,"修堤开河,糜费巨万,护堤压埽之人,溺死无数"。

---

① 参见(元)脱脱等:《宋史》卷95《河渠志》,中华书局1977年版,第2364页。
② (宋)李焘:《续资治通鉴长编》卷257,上海师范大学古籍整理研究所、华东师范大学古籍整理研究所点校,中华书局2004年版,第6273页。
③ 参见(宋)李焘:《续资治通鉴长编》卷265,上海师范大学古籍整理研究所、华东师范大学古籍整理研究所点校,中华书局2004年版,第6487页。
④ (宋)李焘:《续资治通鉴长编》卷280,上海师范大学古籍整理研究所、华东师范大学古籍整理研究所点校,中华书局2004年版,第6852页。
⑤ 参见(宋)李焘:《续资治通鉴长编》卷306,上海师范大学古籍整理研究所、华东师范大学古籍整理研究所点校,中华书局2004年版,第7440页。
⑥ 参见(宋)李焘:《续资治通鉴长编》卷312,上海师范大学古籍整理研究所、华东师范大学古籍整理研究所点校,中华书局2004年版,第7578页。
⑦ (宋)李焘:《续资治通鉴长编》卷338,上海师范大学古籍整理研究所、华东师范大学古籍整理研究所点校,中华书局2004年版,第8152页。
⑧ (元)脱脱等:《宋史》卷92《河渠志》,中华书局1977年版,第2288页。

不久后,元祐三年(1088年)六月,上批又指出:"访闻见修黄河役兵死损逃亡不少,显是本处饮食、衣服、药医不至如法,当职官吏不切用心照管……仍勘会逐处所役人兵元初若干,自工役后来损失若干,其诣实闻奏。"①也即要求做好治河的后勤保障。同时,不能因为治河而损毁民田,八月,河北路转运司言:"如黄河诸埽修护堤道不得侵掘民田等罪,虽该德音降虑,并不原减。"②哲宗元符二年(1099年)六月,黄河决口于内黄之后,东流断绝,从而宣告回河东流之役至此彻底失败。当时,反对回河东流的朝臣乘机攻击主东流之说者,在左司谏王祖道等人的奏劾下,吴安持、郑佑、李仲、李伟等人均遭痛贬,"投之远方"③。徽宗即位后,在河渠治理中尤为重视对汴河的修治,"稍湮则浚之"。徽宗宣和元年(1119年),赵霖在兴修水利中举措不当,也被朝廷责降两官。④

在治河过程中,浪费资材也要受到朝廷的追究。大致而言,北宋河政的发展,经历了一个由鼓励治河官员减省工料到转而明文加以限制的演变过程。这一转变大体以真宗景德三年(1006年)诏令的颁布为标志。是年七月,诏称:"自今修缮河堤无得更减功料。"⑤之所以出现这种变化,无疑是因为朝廷惟恐治河官员为追求奖赏而刻意减省功料,影响治河工程的质量。同时,对浪费资材的行为严加惩治。如神宗元丰七年(1084年)四月,鉴于朝臣弹劾范子渊在修直河之役中耗费工料数十万而不见成效,朝廷为此而对其给予降一官的惩罚。⑥徽宗大观年间,臣僚弹劾胡师文为发运使期间创开泗州直河及筑签堤阻遏汴水,"其间疾苦窜殁,无虑数千,费钱谷累百万计。狂妄生事,诬奏罔功,官员冒赏至四十五人"。为此,朝廷追治胡师文之罪,将其降充

---

① (宋)李焘:《续资治通鉴长编》卷374、412,上海师范大学古籍整理研究所、华东师范大学古籍整理研究所点校,中华书局2004年版,第9076、9077、10021页。
② (宋)李焘:《续资治通鉴长编》卷464,上海师范大学古籍整理研究所、华东师范大学古籍整理研究所点校,中华书局2004年版,第11084页。
③ (元)脱脱等:《宋史》卷93《河渠志》,中华书局1977年版,第2309页。
④ 参见(元)脱脱等:《宋史》卷96《河渠志》、卷94《河渠志》,中华书局1977年版,第2334、2388页。
⑤ (宋)李焘:《续资治通鉴长编》卷63,上海师范大学古籍整理研究所、华东师范大学古籍整理研究所点校,中华书局2004年版,第1415页。
⑥ 参见《宋会要辑稿》方域15之10,刘琳等校点,上海古籍出版社2014年版,第9573页。

宫观官。① 靖康元年(1126年)二月,御使中丞许翰弹劾治河官员孟昌龄父子的罪责之一,即是"相继领职二十年,过恶山积。妄设堤防之功,多张梢椿之数,穷竭民力,聚敛金帛"。②最终宋廷也给予孟氏父子贬职等处罚。在河政管理中,针对因治河官员的疏忽而造成物料损毁的现象,朝廷也时常对相关官员加以警告或严惩。如太宗端拱二年(989年)五月,诏令地方转运使督责沿河州县官吏时常检视物料的保管情况,"有检视不谨,为水所败者,坐其罪"③。

再次,如果河道遇险,未能及时采取措施,贻误抢修时机,相关官员也要受到责任追究。在河堤决口之际,应及时尽快堵塞决口,防止河情恶化,具有紧急救险的性质,责任格外重大。为此,北宋中央到地方各级治河机构,必须严格遵循和贯彻朝廷的旨意,否则,予以严惩。神宗元丰五年(公开1082年)十一月,黄河决口于原武埽,负责守护河堤的官吏却行动迟缓,错失修护的有利时机。为此,朝廷追究相关护堤官员的责任,"应修闭水口官吏并令开封府劾罪"④。元丰六年(1083年)三月,河北转运判官吕大忠也因没有及时救护黄河决溢,被罚铜三十斤。⑤当然,有些治河官吏比较自觉,若有疏漏,护堤不力,也会主动请求朝廷处罚。如韩琦判大名府任时,河决大名,他主动请罪,说:黄河决口大名,"悉由臣恬无远虑,昏不过忧,早图营缮之方……伏望皇帝陛下申明彝宪,训饬多方,不徇一臣之私恩,而屈四海之公论,特加窜黜,以谢伤痍……臣独甘重责无怍"⑥。

3. 贪污渎职

在治河中,一些官吏利用职务之便,趁机贪污功过,中饱私囊,直接影响河役的顺利运行,宋朝更是严惩不贷。仁宗嘉祐元年(1056年),殿中丞李仲昌提举河渠,内殿承制张怀恩为都监,因治河时失

---

① 参见(元)脱脱等:《宋史》卷94《河渠志》,中华书局1977年版,第2334页。
② (元)脱脱等:《宋史》卷93《河渠志》,中华书局1977年版,第2316页。
③ 《宋会要辑稿》方域14之3,刘琳等校点,上海古籍出版社2014年版,第9552页。
④ (宋)李焘:《续资治通鉴长编》卷331,上海师范大学古籍整理研究所、华东师范大学古籍整理研究所点校,中华书局2004年版,第7970页。
⑤ 参见(宋)李焘:《续资治通鉴长编》卷334,上海师范大学古籍整理研究所、华东师范大学古籍整理研究所点校,中华书局2004年版,第8030页。
⑥ (宋)韩琦:《安阳集》卷31《北京河决待罪表》,文渊阁四库全书本第1089册,台湾商务印书馆股份有限公司1986年版,第391页。

误,且贪污物料,"取河材为器","怀恩流潭州,仲昌流英州"①。神宗元丰三年(1080年)三月,御史满中行奏称,都水监丞以及巡视黄河的使臣,故意纵容官吏受贿,"逐埽军司、壕寨人员、兵级等第出钱,号为常例。稍不如数,则推擿过失,追扰决罚",守埽士兵在无力应付官员勒索的情形下,甚至不得不向官府借钱应付。朝廷随即遣官勘查,并明令:"后应犯在赦后者,皆根勘论如法。"②徽宗大观二年(1108年)七月,针对岷江置堰灌田的问题,诏曰:"岁计修堰之费,敷调于民,工作之人,并缘为奸,滨江之民,困于骚动。自今敢妄有检计,大为工费,所剩坐赃论,入己准自盗法,许人告。"③钦宗靖康元年(1126年)二月,御史中丞许翰弹劾保和殿大学士孟昌龄父子在长期经营河政中"聚敛金帛",孟氏父子为此落职。④

即使在治河过程中没有贪污受贿,但尸位素餐,无所作为,甚至失职渎职也会被追究责任。这种责任追究涉及河政管理的诸多方面。在河夫的征发中,地方官员统计丁口,如有不实,即被治罪。太祖开宝四年(971年)七月,朝廷令河南府及京东、河北四十七军州相互检查丁口,以备明年黄河筑堤之役,"如敢隐落,许民以实告,坐官吏罪"⑤。在河役开展中,更不能擅自离开岗位,太平兴国八年(983年)十一月,"巡检河堤作坊使郝守濬责授慈州团练副使,坐不救河决,擅赴阙奏事也"⑥。太宗淳化二年(991年)三月,诏曰:"长吏以下及巡河主埽使臣,经度行视河堤,勿致坏隳,违者当置于法。"⑦即要求治河官吏恪尽职守,巡护河堤,否则"置于法"。并且要求预修好堤防,淳化四年(993年)九月,澶州段河水于夜间暴涨,冲注北城,"坏居人庐舍及州

---

① (元)脱脱等:《宋史》卷91《河渠志》,中华书局1977年版,第2273页。
② (宋)李焘:《续资治通鉴长编》卷303,上海师范大学古籍整理研究所、华东师范大学古籍整理研究所点校,中华书局2004年版,第7386页。
③ (元)脱脱等:《宋史》卷95《河渠志》,中华书局1977年版,第2376页。
④ 参见(元)脱脱等:《宋史》卷93《河渠志》,中华书局1977年版,第2316页。
⑤ (宋)李焘:《续资治通鉴长编》卷12,上海师范大学古籍整理研究所、华东师范大学古籍整理研究所点校,中华书局2004年版,第269页。
⑥ (宋)李焘:《续资治通鉴长编》卷24,上海师范大学古籍整理研究所、华东师范大学古籍整理研究所点校,中华书局2004年版,第557页。
⑦ (元)脱脱等:《宋史》卷91《河渠志》,中华书局1977年版,第2259页。

宇仓库","遣侍御史元纪劾知州、工部侍郎郭赞等不预修防事"①。真宗咸平三年(1000年)五月,黄河决口于郓州王陵埽,夺钜野入淮河、泗水,沿途所经地区损失惨重,就是王陵埽官吏失职,没有预修好堤防所致,"知州马襄、通判孔勗坐免官,巡堤、左藏库使李继元配隶许州"②。而在仁宗天圣二年(1024年)七月,内殿崇班、阁门祗候张君平等人巡视自开封府南至宿州、亳州等地的沟河形势,建议治河官吏,"施工开治后,按视不如元计状及水壅不行有害民田者,按官吏之罪,令尝其费"③。也就是加强修治中的巡视责任。天圣五年(1027年)六月,知楚州宝应县张九能等人修筑楚州高邮军界运河后,因事后"不切防护,水冲堤岸,浸民田"④,由此而被处以罚金并降为监当差使。又是加强修治后的维护责任。哲宗元祐元年(1086年)四月,御史中丞刘挚弹劾河北转运司李南公、范子奇等人在频兴河役的过程中"未尝亲至河上……欲以侥幸有成",李南公、范子奇二人"罚铜十斤,展二年磨勘"的。⑤ 这是亲自主持河役的责任。由此可见,失职渎职涉及河役的准备、预修、在岗、巡视和主持等方面,都有可能被追究责任。

皇帝非常重视追究治河官员渎职,有时甚至直接参与。太祖开宝四年(971年)十一月,黄河自澶州决口后,东侵郓州、濮州,造成大量民田被毁,而地方官又未能及时上报朝廷,宋太祖震怒,"遣使按鞫",通判姚恕弃市、知州杜审肇"免归私第"⑥。太宗淳化二年(991年)六月,汴河自浚仪县决口,宋太宗欲亲往河堤督救,经兵卒急救,河堤转危为安。知县事宋炎惧怕朝廷治罪,"亡匿不敢出",后获赦

---

① 《宋会要辑稿》方域14之3,刘琳等校点,上海古籍出版社2014年版,第9552页。
② (宋)李焘:《续资治通鉴长编》卷47,上海师范大学古籍整理研究所、华东师范大学古籍整理研究所点校,中华书局2004年版,第1018页。
③ (元)脱脱等:《宋史》卷94《河渠志》,中华书局1977年版,第2343页。
④ 《宋会要辑稿》方域17之5,刘琳等校点,上海古籍出版社2014年版,第9613页。
⑤ 参见(宋)李焘:《续资治通鉴长编》卷374,上海师范大学古籍整理研究所、华东师范大学古籍整理研究所点校,中华书局2004年版,第9056、9057页。
⑥ (宋)李焘:《续资治通鉴长编》卷12,上海师范大学古籍整理研究所、华东师范大学古籍整理研究所点校,中华书局2004年版,第273页。

免。① 神宗熙宁七年(1074年)正月,提举河北路常平等事韩宗师奏劾程昉十六大罪状,神宗也认为:"程昉修漳河,闻漳河岁岁决;修滹沱河,又却无下尾。"据王安石云,此两人同为"放罪"②。这种皇帝对河政管理的直接关注,也是北宋河政发展中的一大特征。因此,在皇帝亲自参与追究治河官员的责任时,惩罚和追究的程度会更加严厉。

4. 欺虐河卒

河卒,是治河活动中最基本、最重要的力量。在北宋河决不断、河役频兴的情况下,要求通判、令、佐等差徭治水,"逐州判官互相往彼,与逐县令佐子细通检","敢有隐漏,令佐除名,典吏决配"③,更需要河卒队伍的稳定,保障河政的正常运行。可是,官吏欺压和虐待河卒的事件屡有所闻,宋朝也多有惩处,追究治河官吏的责任。太祖建隆三年(962年)三月,控鹤右厢都指挥使尹勋督统丁夫疏浚五丈河,"陈留丁夫夜溃,勋擅斩其队长十余人,追获亡者七十余人,皆刵其左耳,有诣阙称冤者"。对此,兵部尚书李涛愤然奏请斩尹勋以平息民愤,皇上念及尹勋忠勇,将其削夺官爵、配隶许州为教练使,"止薄责焉"④。徽宗崇宁三年(1104年)三月,"诏曰:'昨二浙水灾,委官调夫开江,而总领无法,役人暴露,饮食失所,疾病死亡者众。水仍为害,未尝究实按罪,反蒙推赏,何以厌塞百姓怨咨。'乃下本路提刑司体量。提刑司言:'开濬吴松、青龙江,役夫五万,死者一千一百六十二人,费钱米十六万九千三百四十一贯石,积水至今未退。'于是元相度官转运副使刘何等皆坐贬降"⑤。在这一治水中,相度官转运副使刘何等"役人暴露,饮食失所",导致河卒大量病亡,消耗钱米甚多,但水灾依然如故,最后被罚降官职。此外,为了防止河官贪虐,严禁擅自征集河夫。熙宁七年(1074年)四月,诏:"应黄河夏秋水势泛涨,堤岸厄急,须藉

---

① 参见(宋)李焘:《续资治通鉴长编》卷32,上海师范大学古籍整理研究所、华东师范大学古籍整理研究所点校,中华书局2004年版,第716页。
② 参见(宋)李焘:《续资治通鉴长编》卷249,上海师范大学古籍整理研究所、华东师范大学古籍整理研究所点校,中华书局2004年版,第6073—6076页。
③ 《宋会要辑稿》食货12之1,刘琳等校点,上海古籍出版社2014年版,第6229页。
④ (宋)李焘:《续资治通鉴长编》卷3,上海师范大学古籍整理研究所、华东师范大学古籍整理研究所点校,中华书局2004年版,第63页。
⑤ (元)脱脱等:《宋史》卷96《河渠志》,中华书局1977年版,第2384、2385页。

夫众救护之处,去所属州府五十里已上者,委本埽申所属县分,那令佐一员画时上言,抽差急夫入役,及申都水监丞司并本属州府,催促应副。仍令通判上河提举。如不至危急,妄有拘集人夫,并坐违制之罪。仍委按察官司觉察之。"① 可见,在对河夫的征集、使用上是有严格限制的,否则处以违制之罪。

总之,随着治河和河政的发展,北宋时期已逐渐形成较为完备的官员治水责任追究制度。这种治河责任追究制度,对官员尽心河政和河道安澜,都发挥了积极作用,并有一定特色:责任追究手段多样,包括行政贬黜、经济制裁等惩罚;责任追究和惩罚制裁严厉,除了经济、行政等手段,甚至运用刑罚,直至诛杀;追究涉及的范围和内容很广,包括物料、河工、资金的征集与使用,以及其他治河举措的不当和失误;追究及时,在河役开展中或结束后,一旦出现问题,立即查处,追究责任,即使事后发现,也不放过。这些特色和措施无疑丰富了宋代河政的内容,也使宋代的治水达到较高的水平,并在我国河政管理史上占有重要地位。

---

① 《宋会要辑稿》方域 14 之 24,刘琳等校点,上海古籍出版社 2014 年版,第 9564 页。

第七章　宋代财税征管责任追究

在我国经济史上,每个朝代各时期的税收是多少,因史料和统计所限,是一个难以说清的事情。宋代也是如此,但在史料上又有一定记载,《宋史·食货志》的一段记载较为集中,"景德中,赋入之数总四千九百一十六万九千九百,至皇祐中,增四百四十一万八千六百六十五,治平中,又增一千四百一十七万九千三百六十四。其以赦令蠲除以便于民,若逃移户绝不追者,景德中总六百八十二万九千七百,皇祐中三十三万八千四百五十七,治平中一千二百二十九万八千七百。每岁以灾害蠲除者,又不在是焉"①。其实,宋人对自己朝代的赋税收入有过基本的估计:在数量上,北宋太祖时已经"两倍于唐室"②;在地域上,东南诸路尤其到南宋成为主要的税源地,刑部侍郎王觌言:"自祖宗以来,军国之费,多出于东南。"③即使如此,宋代皇帝对财税官吏和收入还是不满意,太祖就认为,三司"职事旷弛"。之所以如此,三司使陈恕指出其中缘由,"今土宇至广,庶务至繁,国用军须,所费浩瀚,国家诸州每有灾沴,必尽蠲其租"④。也就是说在北宋前期,已经受到支出和减税的双重压力,尤其是前所未有的财政支出,包括官僚俸禄、行政支出、军费开支、岁币赔款以及皇室、宗教、祭祀等,其中"冗官、冗兵和冗费"消耗的财税占有绝对的比例,宋代财政

---

① (元)脱脱等:《宋史》卷174《食货志》,中华书局1977年版,第4209页。
② (宋)李焘:《续资治通鉴长编》卷37,上海师范大学古籍整理研究所、华东师范大学古籍整理研究所点校,中华书局2004年版,第815页。
③ (宋)李焘:《续资治通鉴长编》卷466,上海师范大学古籍整理研究所、华东师范大学古籍整理研究所点校,中华书局2004年版,第11141页。
④ (宋)李焘:《续资治通鉴长编》卷37,上海师范大学古籍整理研究所、华东师范大学古籍整理研究所点校,中华书局2004年版,第815页。

第七章 宋代财税征管责任追究

也就紧张起来。仁宗天圣时,有人对此剖析,"太祖、太宗因其蓄藏,守以恭俭简易……上下给足,府库羡溢。承平既久,户口岁增,兵籍益广,吏员益众,佛老、夷狄耗蠹中国,县官之费数倍昔时,百姓亦稍纵侈,而上下始困于财矣"①。可见,宋代的财政困难从真宗、仁宗时逐渐开始。但是,我们又不得不承认,宋朝在内外交困中还是经受住了沉重的财政支出考验,究其原因,除了有农工商发展的基础②,还有税收、财政体制的支撑。当然,古代的税收、财政往往是密切联系在一起的,为此,将两者归于同一章节论述。同时,需要指出的是,在财税管理和责任追究中,宋代非常重视财税的征收,较收藏、运输以及支出的内容要丰富得多。

宋代统治者深知税收财用的重要,如太宗就对侍臣说:"朕岂不知以崇高自恣耶,但为救世养民,所以钱谷细务,亦自用心区分。朕若更不用心,则如何整顿也。只如前代帝王昏弱,天下十分财赋,未有一分入于王室……朕今收拾天下遗利,以赡军国,以济穷困,若豪户猾民,望吾毫发之惠,不可得也。"③后来,英宗治平时,三司使韩绛、翰林学士承旨张方平的奏疏讲得更深刻,"自仁宗升遐及今未满四年,大祸仍臻,内外公私财费不赡,再颁优赏,府藏虚散。臣深惟方今至急莫先财用,财用者生民之命,为国之本,散之甚易,聚之实难。财用不足,生民无以为命,国非其国矣"④。因此,钱谷、财用直接关系到民生和国运,其重要性也就不言而喻。

宋代的赋税制度,继承唐代而有所变化,"自唐建中初变租庸调法作年支两税。夏输毋过六月,秋输毋过十一月,遣使分道按率。其弊也,先期而苛敛,增额而繁征,至于五代极矣。宋制岁赋,其类有五:曰公田之赋,凡田之在官,赋民耕而收其租者是也。曰民田之赋,百姓各

---

① (宋)李焘:《续资治通鉴长编》卷100,上海师范大学古籍整理研究所、华东师范大学古籍整理研究所点校,中华书局2004年版,第2310、2311页。
② 宋代经济的发展状况和水平,参见漆侠:《宋代经济史》,上海人民出版社1987年版,第43—230页。
③ (宋)李焘:《续资治通鉴长编》卷37,上海师范大学古籍整理研究所、华东师范大学古籍整理研究所点校,中华书局2004年版,第814页。
④ (宋)张方平:《乐全集》卷24《请裁减赐赉事》,文渊阁四库全书本第1104册,台湾商务印书馆股份有限公司1986年版,第236页;(宋)李焘:《续资治通鉴长编》卷209,上海师范大学古籍整理研究所、华东师范大学古籍整理研究所点校,中华书局2004年版,第5074页。

得专之者是也。曰城郭之赋,宅税、地税之类是也。曰丁口之赋,百姓岁输身丁钱米是也。曰杂变之赋,牛革、蚕盐之类,随其所出,变而输之是也。岁赋之物,其类有四:曰谷,曰帛,曰金、铁,曰物产是也"①。可见,宋代财税征收和管理制度沿袭唐代而来,这是从负担主体分类的,而从税赋功用来看,南宋户部侍郎韩彦古也认为:

> 唐制,税之目有三:其一曰上供,今之户部所入是也;其一曰留州,今州郡系省得用钱是也;其一曰送使,今转运司所得是也。今户部所知之数,则上供而已,其留州、送使,无得而考焉。若州郡不得人,官吏侵耗,豪强隐落,则虽竭民力,支遣不办。又缘朝廷不知取民实数,轻重无制,民间合输一石,不止两石;合纳一匹,不止两匹。多取之罪,则隐而不言;乏兴之诛,惧于立见。为今之计,谓宜取见诸路财赋所入,稍仿唐制,分为三等,视其用度多寡而为之制。自上供为始,上供所余则均之留州,留州所余则均之送使,送使所余则派分递减,悉蠲于民,朝廷不利其赢焉。然后整齐天下之账目,在外则转运使,在内责户部,量入以为出,岁考其能否而为之殿最。上下相恤,有无相通,此长治久安之至计也。②

韩彦古认为宋代继承唐代税制,包括上供、留州、送使,分别由户部、州郡和转运司收管,这讲的不是税种,而是税收的分类管理,其中所指出的官吏侵耗、豪强隐漏的问题,以及税收原则和整齐账目等,更属于税收的管理。

此外,北宋末还有一种财税分类的方法:

> 是时天下财用岁入,有御前钱物、朝廷钱物、户部钱物,其措置裒敛、取索支用,各不相知。天下财赋多为禁中私财,上溢下漏,而民重困。③

后者,实际上讲的是上供或中央财税的分类和管理,其中反映两个问题,一是宋代税收财政分类使用,不能相互兼顾;二是财权高度集

---

① (元)脱脱等:《宋史》卷174《食货志》,中华书局1977年版,第4202页。
② 《宋会要辑稿》食货56之58—59,刘琳等校点,上海古籍出版社2014年版,第7315页。
③ (元)脱脱等:《宋史》卷179《食货志》,中华书局1977年版,第4364页。

中于中央,成为"禁中私财",造成"上溢下漏,而民重困"的问题。这与宋代中央集权的政治经济体制是一致的。

为此,上供、留州、送使主要是指地方分类管理征收的税赋,其中,上供为中央税收,留州、送使为地方财税;而上供又分成御前钱物、朝廷钱物、户部钱物三类,由皇帝、宰相和户部分别掌握处置。宋代征收和管理财税的机构较多,包括中央、地方两个层次。中央的三司、户部、太府司、司农司、制置三司条例司、比部;地方的县、州、路、总领所、场、务、监等。南宋庆元三年(1197年)六月,户部所言"关涉财赋去处","内则仓场库务、诸百官司,外则诸州提举、转运、坑冶、市舶、总领等"①,可见涉及的专门机构很多。

三司为北宋前期重要的财税机构,"三司之职,国初沿五代之制,置使以总国计,应四方贡赋之入,朝廷不预,一归三司。通管盐铁、度支、户部,号曰计省,位亚执政,目为计相"②。元丰官制后为户部所代替。三司的盐铁、度支、户部三部以及三部勾院、都磨勘司等下属机构都是职责专门、分工明确的财税机构。主要是通过考校天下税帐来履行财税管理职能的,如真宗景德二年(1005年)五月,三司度支判官黄世长"请令三司每岁较天下税帐耗登以闻"③。

户部为元丰官制后中央主要的财税机构:"国初以天下财计归之三司……元丰正官名,始并归户部。掌天下人户、土地、钱谷之政令,贡赋、征役之事。"④重点是钱谷、贡赋的政令和管理,具体由下属度支、金部、仓部完成。或者说,元丰后三司的财政职责转移到尚书户部了,故元祐时门下侍郎司马光说:"今之户部尚书,旧三司使之任也。"⑤

太府寺也是元丰官制后的中央实职财政机构,"掌邦国财货之政令,及库藏、出纳、商税、平准、贸易之事,少卿为之贰,丞参领之。凡四方贡赋之输于京师者,辨其名物,视其多寡,别而受之。储于内藏

---

① 《宋会要辑稿》食货56之71,刘琳等校点,上海古籍出版社2014年版,第7321页。
② (元)脱脱等:《宋史》卷162《职官志》,中华书局1977年版,第3807页。
③ 《宋会要辑稿》食货11之11,刘琳等校点,上海古籍出版社2014年版,第6216页。
④ (元)脱脱等:《宋史》卷163《职官志》,中华书局1977年版,第3847页。
⑤ (宋)李焘:《续资治通鉴长编》卷368,上海师范大学古籍整理研究所、华东师范大学古籍整理研究所点校,中华书局2004年版,第8872页。

者,以待非常之用;颁于左藏者,以供经常之费"①。它与户部有所不同,重在管理内藏库、左藏库的财物收支,以备特别、常规的需要。

此外,中央还有司农寺、制置条例司等,司农寺在元丰改制后,"凡京都官吏禄廪,辨其精粗而为之等;诸路岁运至京师,遣官阅其名色而分纳于仓庾,藁秸则归诸场,岁具封桩、月具见存之数奏闻;给兵食则进呈粮样,因出纳而受赂刻取者,严其禁;有负失者,计其亏数上于仓部"。它侧重于"掌仓储委积之政令,总苑囿库务之事而谨其出纳",也即财物支出和库务管理。而制置条例司是熙宁时的变法机构,也有"均通天下之财"的财税职能。② 司农寺在南宋有过兴废。

至于地方的财税机构,实际上又可分为两类,一是中央派遣兼管理地方的机构,如转运、提点刑狱、提举常平、经略安抚司以及总领、发运使、都大提举茶马司、经略边防财用司、市舶司等;二是州县地方政权以及场监专门机构。它们或有给纳钱谷,或有稽核财赋的职责,都有一定的财税责任,只是管理的范围和对象有所不同而已。

以上中央和地方财税管理的职能有所差异,前者侧重全国范围的财税政令制定和财物收藏管理、钱谷支出以及考核全国各地的财税收支;后者则主要负责地方的税收和支出,以及上供发运等。因而,对中央财税责任侧重管理考核,而对地方财税重在收支上供,而财税责任的追究主要在征收、转运、库藏以及支付等环节,尤其重征收,轻支出的管理,造成宋代财政的浪费和经济的困难。

第一节 农业税收

宋代的农业税收有两点较为重要,一是与工商、专营税收相比,似乎不具有前代那么重要的地位,二是宋代的农业生产、农业产量以及以夏秋二税为基础的农业税都远远超过以往朝代,但农业税仍是宋代基础性的税收。这在以小农经济为基础的古代农业社会,对稳定社会和巩固统治具有特别重要的意义。自唐代德宗时杨炎改革税制,实行

---

① (元)脱脱等:《宋史》卷165《职官志》,中华书局1977年版,第3906、3907页。
② 参见(元)脱脱等:《宋史》卷165《职官志》,中华书局1977年版,第3904页。

两税法以后①,夏秋二税是以土地为基础的农业基本税种。宋代继续实行二税的同时又将历史上租庸调或其他税收转换为杂税,杂税的数量要超过两税,二税和杂税的总量超过唐代。在农业税收的征收管理中,大体上讲,地方以征缴上供为主,中央则以会计和监管为主。

宋代的农业税收大致可以分为两大类,一是较为稳定的二税,在税收总量中虽然未必占有很大的比例,但是基础性的税收,总量比唐代要大得多,宋人说:"本朝二税之数,视唐增至七倍。"②并且,相关征收责任制度较为丰富;二是二税以外的各种税收,或谓之杂税,数目较唐代多,所占比例很大,甚至超过二税,有的较为稳定,尤其是国家危机时期的重要财政支撑,相关税收责任也甚为具体。

一、春秋二税

夏秋二税作为宋代基本的农业税,所收钱物在各时期有所不同,如熙宁时,"夏税并作三色:绢、小麦、杂钱。秋税并作两色:白米、杂钱"③。一般具体征收由州县官吏完成,而最基层的乡司、甲头、户长等直接向农户征收。宋人指出了征税中的问题,有所谓十弊,"民间送纳两税斛斗,多缘推割不明,催科无术,支移太远,折变价高,揽纳射利,公吏求货,杂以湿恶,高下斗面,盗印虚钞,失陷羡余。如此十事,州县漫不省察"④。这基本上是州县官吏征收中的问题。此外,还有类似的十弊之说,不过,略有差别,如:"受纳之弊,则加量而入,刻削者谓之出剩","皂隶之弊,则有承引追呼之扰,号曰家人"等说法,都与收税以及农民的负担相关。⑤ 也有臣僚具体指出州县输纳二税的三患,一是"苗米宿仓",即不及时检验簸扬入库,造成损耗,"管干揽纳之人乘此作弊";二是"不即印钞",指不在已纳之钞上用印标记,以致"匿主家税赋入己","主家又从而陪纳";三是"不即销钞",即不在官钞上"勾销刷欠","吏辈便可为奸,雷例追呼,愚民何所赴诉"。如

---

① 参见孙翊刚主编:《中国财政史》,中国社会科学出版社 2003 年版,第 154—155 页。
② (元)脱脱等:《宋史》卷 173《食货志》,中华书局 1977 年版,第 4170 页。
③ 《宋会要辑稿》食货 70 之 114,刘琳等校点,上海古籍出版社 2014 年版,第 8164 页。
④ 《宋会要辑稿》食货 9 之 2,刘琳等校点,上海古籍出版社 2014 年版,第 6175 页。
⑤ 参见《宋会要辑稿》食货 9 之 19,刘琳等校点,上海古籍出版社 2014 年版,第 6158 页。

果出现以上问题,监官、主簿"并行责罚"①。这类奏疏较多,说明征税问题比较严重,宋代也从多方面进行规制,尤其是地方官吏的税收责任。

二税征纳依据是州县的版籍,太宗至道元年(995年)时要求:"自今每岁二税将起纳前,并令本县先如式造帐一本送州,本县纳税版簿,亦以州印缝,给付令佐。"②此后,隔数年更造,修改人口、土地及税赋信息。③ 若有损毁或藏匿此类文书,就会受到处罚,哲宗元符二年(1099年)闰九月,"陕州司理吕浚为匿税亡失官文书……特依冲替人例"④。北宋的方田和南宋的经界表面是丈量土地,实际是确定税赋以及账簿文书,"即书户帖,连庄帐付之,以为地符";"以民田不上税簿者没官,税簿不谨书者罪官吏"⑤。显然,贴造账簿是征税的基础,也是地方官吏的重要职责。乾道二年(1166年)十一月,权户部侍郎曾怀指出诸路没有版籍考究财赋,"乞自今每岁诸郡具所起发钱料名,总计实数作一项,限次年正月终申发,委遂路所隶监司覆实,限一月上之。户部具殿最以闻,取旨赏罚。庶有司各知任责,财赋不致失陷,国用得以不乏"⑥。这一定程度上可以保障征税的顺利进行。

簿钞是征税的依据和缴纳的凭证,给钞销簿是相互关联的征收环节,也是地方官吏的税收职责和责任。其中,钞或钞旁,即输纳租税钞,为民户购买的纳税凭证,有四种形式,"曰户钞则付人户收执,曰县钞则关县司销籍,曰监钞则纳监官掌之,曰住钞则仓库藏之"⑦。地方官吏与钞相关的责任有两种,一是依法售钞,宣和时规定,"许州县出卖,即不得过增价直"。"不当官给卖者,杖一百。公吏人等揽买出外增搭价钱转者,各徒二年。"⑧二是受纳销钞,表明民户完成纳税的义

---

① 《宋会要辑稿》食货68之26,刘琳等校点,上海古籍出版社2014年版,第7955、7956页。
② (宋)李焘:《续资治通鉴长编》卷38,上海师范大学古籍整理研究所、华东师范大学古籍整理研究所点校,中华书局2004年版,第817页。
③ 参见吴松弟:《宋代户口的汇总发布系统》,载《历史研究》1999年第4期。
④ (宋)李焘:《续资治通鉴长编》卷516,上海师范大学古籍整理研究所、华东师范大学古籍整理研究所点校,中华书局2004年版,第12277页。
⑤ (元)脱脱等:《宋史》卷174、173《食货志》,中华书局1977年版,第4199、4172页。
⑥ 《宋会要辑稿》食货69之29—30,刘琳等校点,上海古籍出版社2014年版,第8062页。
⑦ 参见《宋会要辑稿》食货70之141,刘琳等校点,上海古籍出版社2014年版,第8184页。
⑧ 《宋会要辑稿》食货35之2,刘琳等校点,上海古籍出版社2014年版,第6753页。

务,地方官吏应及时履行受纳销钞的职责,即所谓:"州县受纳销钞,在法主簿即时销注。"①如此才能防止地方官吏重复收税和营私舞弊。

为此,如绍兴六年(1136年)十月,在右司谏王缙论受纳之弊后,"诏令户部检坐受纳及销钞等见行法令并前后约束申严行下"②。绍兴十年(1140年)十二月,又有臣僚指出:"赋税之输,止凭钞旁为信,谷以升,帛以尺,钱自一文以往,必具四钞,受纳官亲用团印……望申严法令,戒监司、郡守检察受纳官司,凡户、县、监、住四钞皆须用印存留,以备照用,而县委县丞、簿专一对钞销籍,无得辄追人户,故为骚扰。"③绍兴十五年(1145年)四月,在出现"受纳税赋不销簿籍"的情况后,户部调查后提出,"每受钞,即时注入,当职官对簿押讫封印,置柜收掌。并纳官物毁失县钞者,以监、住钞销凿。若不以监、住钞销凿,辄取户钞或追人户赴官呈验者,各杖一百;因而受乞财物,加本罪一等"。并希望转运使"常切点检觉察施行"④。绍兴二十二年(1152年)八月,监察御史魏师逊指出,郡县受纳二税中"当官给钞,销落欠额","如有辄敢违戾去处,令监司按劾以闻,重置典宪"⑤。诏令户部检视现行法条,督促执行。但是,不肯给钞或给钞不销簿的问题仍然存在,绍兴二十八年(1158年)七月,右正言朱倬奏曰:"访闻诸邑多有违法,凡民户入纳,第令柜头给会子用领,未肯给钞。期年之间,忽有追呼,有钞者则曰簿书未销,执会者则曰此曷为信?"宋高宗指出"或不销簿,致有重科"之类问题,"诏户、刑部检照条法,措置以闻"。户部言:"凡入纳税赋未肯给钞,或给钞,簿书未销,而受乞财物,及抑令重纳,并有条令断罪。"刑部奏曰:"户部已行检坐(条)法申严行下,内乞取其甚者,罚一劝百。欲令诸路转运司将违戾最甚去处,开具当职官职位、姓名,申朝廷重作施行。如监司盖庇不举,即依条互察。"⑥同年十一月,南郊赦文:"访闻人户输纳官物,州县多不即时销注簿书,再行划刷追扰。虽有已给朱钞,不为照用,勒令重叠输纳。是致民户困

---

① 《宋会要辑稿》食货35之11,刘琳等校点,上海古籍出版社2014年版,第6759页。
② 《宋会要辑稿》食货68之3,刘琳等校点,上海古籍出版社2014年版,第7944页。
③ 《宋会要辑稿》食货70之141,刘琳等校点,上海古籍出版社2014年版,第8184页。
④ 《宋会要辑稿》食货70之143,刘琳等校点,上海古籍出版社2014年版,第8185页。
⑤ 《宋会要辑稿》食货10之2,刘琳等校点,上海古籍出版社2014年版,第6193页。
⑥ 《宋会要辑稿》食货10之9,刘琳等校点,上海古籍出版社2014年版,第6197页。

弊,长吏坐视,恬不加恤。仰监司常切检察,如有违戾去处,按劾以闻,当重置典宪。"①似乎从实施和监督上规制还是比较合理的。绍兴三十二年(1162年)七月,孝宗受禅后,"诸县受民已输税租等钞,不即销簿者,当职官吏并科罪;民赍户钞不为使,而抑令重输者,以违制论,不以赦免,著为令"②。十一月,刑部立法:"诸县人户已纳税租钞(和、预买绸绢、钱物之类同)不即销簿者,当职官吏各杖一百,吏人仍勒停。"③这种追究具有刑罚性质。隆兴二年(1164年)正月,知潭州黄祖舜针对主簿销钞问题说:"欲望遇钞至县,主簿立便按籍注销。一路委自监司,一州委自知、通,常切觉察。如有违慢,或因事冒罣,按劾施行。"乾道八年(1172年)十二月,孝宗又要求州县长吏点检二税官簿,及时销钞,"州县人户已纳常赋,日下销钞。长吏不测抽摘二税官簿点检,如有违慢,具名按劾。若上下相蒙,许令人户越诉"④。淳熙元年(1174年)十一月,中书门下省言:"访闻州县奉行不虔,吏缘为奸,将合纳零碎之数催纳,已纳者不即销簿,重(垒)[叠]追理。"于是,"诏逐路监司常切约束,如有违戾,许民户越诉"⑤。到宁宗嘉定五年(1212年)五月,监察御史金式还在上言州县官吏要及时下发版籍和勾销簿书,以防重复征收,希望"守臣常切觉察"⑥。可见,不销簿问题一直存在,并在不断的解决之中。

各级输纳二税交纳的时间以及数量、比例都有基本的要求,后两者因地有所不同。在时间上,"自唐建中初变租庸调法作年支两税,夏输毋过六月,秋输毋过十一月,遣使分道按率"⑦。宋代也大致如此,要求在规定时限内完成征收。当然,这又与征收的标准和依据直接相关,宋初建隆年间就规定:"二税须于三限前半月毕输。岁起纳二税,前期令县各造税籍,具一县户数、夏秋税、苗亩、桑功及缘科物为帐一,送州覆校定,用州印,藏长吏厅,县籍亦用州印,给付令佐。造夏

---

① 《宋会要辑稿》食货35之10,刘琳等校点,上海古籍出版社2014年版,第6758页。
② (元)脱脱等:《宋史》卷174《食货志》,中华书局1977年版,第4217页。
③ 《宋会要辑稿》食货35之11,刘琳等校点,上海古籍出版社2014年版,第6758页。
④ 《宋会要辑稿》食货70之65,刘琳等校点,上海古籍出版社2014年版,第8140页。
⑤ 《宋会要辑稿》食货70之68,刘琳等校点,上海古籍出版社2014年版,第8141页。
⑥ 《宋会要辑稿》食货70之106,刘琳等校点,上海古籍出版社2014年版,第8161页。
⑦ (元)脱脱等:《宋史》卷174《食货志》,中华书局1977年版,第4202页。

税籍以正月一日,秋税籍以四月一日,并限四十五日毕。"①可见,造税籍和征收都有时限的规定,要求地方官吏在时限内完成,否则就是失职渎职了。至于"三限",应是输纳的三个不同的完成期限。不过,宋代行政中有多种三限,与税收密切相关的上供就有三限,因地理差异,各地又有所不同,如神宗熙宁十年(1077年)七月三司言:"江、淮东西,荆湖南北路,两浙各乞别立限般上供年额斛斗。今年欲令淮南东、西二路第一限十二月,第二限二月,第三限四月,止令在本路州军封桩外,江东第一限十二月,第二限三月,第三限五月;江西、荆湖南北、两浙第一限二月,第二限四月,第三限六月。"②此外,二税中有相当部分是作为中央财税收入的,叫作上供,而上供起发也有期限,因地域不同略有差异,绍兴三年(1133年)八月,户部尚书黄叔敖奏曰:"今乞两浙路分两限拘催,收桩数足,上限今年十二月终,次限次年二月终;江南东、西、荆湖南、北并分三限,第一限本年终起发,第二限次年二月终,第三限五月终。如违限桩发不足,从本部具数申朝廷,乞赐施行。"③

这种三限可根据实际情况而作输纳时限的调整,只要在三限内完成,地方官也就履行了职责,否则,将会受到处罚。例如:乾道三年(1167年)七月,右通直郎、知秀州嘉兴县阎冕因"出违省限,拖欠常赋苗米一万一千一百余石",结果被降一官。④ 这种时限要求加大了地方官吏的压力,以致有些官吏为了完成任务,常常催科扰民。其实,宋代曾放宽过时限,太平兴国八年(983年)九月,太宗曰:"两税三限外特加一月",并要求"诸州长吏,察访属县,有以催科用刑残忍者,论其罪"⑤。可见,用刑催科也是违法的。在实际征收时,有些地方官为了在时限内完成,不得不虚报数字,以逃避责任。对此,政和三年(1113

---

① (元)脱脱等:《宋史》卷174《食货志》,中华书局1977年版,第4203、4204页。
② (宋)李焘:《续资治通鉴长编》卷283,上海师范大学古籍整理研究所、华东师范大学古籍整理研究所点校,中华书局2004年版,第6932页。
③ 《宋会要辑稿》食货35之35—36,刘琳等校点,上海古籍出版社2014年版,第6776页。
④ 参见《宋会要辑稿》食货70之58,刘琳等校点,上海古籍出版社2014年版,第8136页。
⑤ (宋)李焘:《续资治通鉴长编》卷24,上海师范大学古籍整理研究所、华东师范大学古籍整理研究所点校,中华书局2004年版,第553页。

年)七月,梓州路计度转运副使王良弼奏曰:"令佐及县吏、书手并科违制之罪;吏非知情,减二等。"①还有些官吏进行预征,也是为了完成任务。这可谓寅吃卯粮,同样负有责任。绍兴二十五年(1155年)十一月的赦文指出:"夏、秋二税催科,自有省限,州县官吏多不遵奉条法,受纳之初,便行催督。蚕方成丝,即催夏税;禾未登场,即催冬苗。峻罚严刑,恣行箠楚,伤害百姓,莫此为甚!仰监司常切稽考,如有违戾,按劾申奏,重行责罚。"②

在实际征收时,要求地方官吏据簿征收,依法办事,不得擅自增减。其中,在依时限完成的前提下,主要严禁擅自增加,而减少则涉及税收蠲免,违规超额益蜀减都有责任,前述农桑责任追究时有所论及。增加的形式复杂,有纯粹增加、合零就整、倍加斗面、重复征收已借欠纳等,这些多是在征收二税中常见的违规或违法行为,至南宋疆域缩小,战事频繁,内外支出增加,这类问题更为严重,可谓是"掊克无艺",极尽违法征税能事,如度宗咸淳元年(1265年)八月诏曰:"有司收民田租,或掊克无艺,监司其严禁戢,违者有刑。"③也即要求监司加强监督并追究地方相关官吏的责任。

具体来说,在征收二税时,州县以及乡司或者预借加量,重困下户,或者擅自减免,转嫁承担。之所以重复征收,是因乡司将借过夏税、和买占为已有,然后重叠催税,弥补原额。其中,预借造成的农户负担和税收流失都很严重,当职官吏应该承担责任。绍兴六年(1136年)十一月,"秀州海盐县受纳米斛据揽人送纳,每硕于人户处讨米一硕六斗五升,或一硕七斗",结果"诏秀州当职官先次各降一官,人吏从重断勒罢"④。这是直接增加税量导致的责任,至于预借则要隐蔽些,但加量征收的本质是一样的。绍兴二十六年(1156年)七月,诏曰:"令户部看详立法,如有诸路县道公吏辄于人户处私自预借税物,许令越诉。犯人重行决配,监司、守贰常切觉察。"⑤绍兴二十七年(1157年)六月,臣僚指出这方面的情况仍很严重,导致税收流失,"以

---

① 《宋会要辑稿》食货9之13,刘琳等校点,上海古籍出版社2014年版,第6181页。
② 《宋会要辑稿》食货70之44,刘琳等校点,上海古籍出版社2014年版,第8124、8125页。
③ (元)脱脱等:《宋史》卷46《度宗本纪》,中华书局1977年版,第895页。
④ 《宋会要辑稿》食货9之4,刘琳等校点,上海古籍出版社2014年版,第7176页。
⑤ 《宋会要辑稿》食货10之4,刘琳等校点,上海古籍出版社2014年版,第6194页。

一邑计之,有数百匹至五十匹之家,失陷官物不知几何",为此要求:"诸州县公吏人于人户处辄借税租及和、预买绸绢者,杖八十。若上限尽而不为送纳,计赃重者,准盗论,三十匹,配本城。许人告,仍听被借人户越诉,委监司、守贰觉察。"不久,左司谏凌哲又指出,"诸路县道起催产税,公吏、揽子先于民户处私自借过入己,不为了纳"。并指出户部、刑部制定的专门条法,"诸州县公吏于人户处辄借税租(和预买绸绢、钱物同),准盗论,五十匹配本城。许人户告,仍听被借人户越诉。告获州县公吏于人户处辄借税租(和预买绅绢、钱物同),钱五十贯。诸揽纳税租、和预买绅绢、钱物(谓非系公之人),本限内不纳,杖六十,二十匹加一等,罪止徒一年"。于是,"行下州县知、通、监司常切觉察"①。这不仅直接惩罚侵占者,还加强监司、守贰的监督责任。直到南宋后期,预借问题日趋严重,并与给钞不销簿绞合在一起,乾道元年(1165年)六月,臣僚指出:"四川诸县二税积欠,其弊在吏。如来岁夏料已预借于今岁之秋,秋料已预借于去年之夏,岂容有一钱之逋?然有给钞而不销簿者,有盗印钞而匿财者,有私立领据而官不受理者,有公吏揽取而赋入不归于公上者,欺隐百出,未易弹举。"最后的处理办法,也多是"若积欠不举,岁输告乏,即选清强吏如前所陈,一一究治之"。于是,"诏令总领、制置司常切觉察"②。绍定时,泉州"诸邑二税尝预借至六七年",真德秀为知州,"首禁预借"③。可见,问题依然严重。

在当时的官僚体制中,似乎难以找到根本性解决预借的办法。因为对官吏而言,收税的方式和限制似乎并不重要,而能否完成税收任务更为现实,只有完成税额,才能免除责任。乾道二年(1166年)五月,"右迪功郎、新差充江南东路常平司干办公事程诶特降一资,放罢新任"④,就是因为所欠常赋。他之所以欠纳,倒不是中饱私囊,而是由于宋代形势户强大,不纳常赋所致。这种情况并非少见,次年,"右奉议郎、新太平州繁昌知县魏尧臣特降一官,放罢新任","右通直郎、

---

① 《宋会要辑稿》食货10之7,刘琳等校点,上海古籍出版社2014年版,第6196页。
② 《宋会要辑稿》食货10之20—21,刘琳等校点,上海古籍出版社2014年版,第6024页。
③ (元)脱脱等:《宋史》卷437《真德秀传》,中华书局1977年版,第12963页。
④ 《宋会要辑稿》食货10之21,刘琳等校点,上海古籍出版社2014年版,第6204页。

知秀州嘉兴县阎冕特降一官"①。都是由于拖欠常赋所致,而且前者根源也在于豪强、官户、形势之家不纳二税。淳熙十六年(1189年)二月,仍有赦文指出:"访闻州县于正数之外加量斛面,增收点合,名色至多,重为民害。可令诸路转运司严切禁止。如有违戾,许人户越诉,仍委诸司互察。"②为此,南宋汪应辰批评赋税"七害",其中第七害为:"不能检察奸偷,撙节冗滥,而财赋失陷,用度空乏,则豫借税租有并催两科者。"③真德秀甚至认为预借是非法行为,"前在任日,曾约束输纳二税自有省限。官司先期催纳在法非轻,至于预借税租法尤不许,若公吏私借者准盗论"④。不过,预借方式的合法与否,并不完全在于其本身,而在于相关官吏为了完成岁额,免受处罚,在预借之后又违法重复收税。

此外,重复加量征税,除了吏胥舞弊,占为己有外,还因迫于豪强势力,违法减免,转嫁纳税责任于其他民户。针对违法减免,绍兴二十六年(1156年)八月,诏曰:"官司及减免之家并计赃断罪。令监司觉察,如有违戾,按劾闻奏。"⑤可见,形势户或豪强不纳二税是地方官税收责任产生的又一深层根源。嘉泰三年(1203年)十一月,南郊赦文等也指出:"豪宗巨室逋负税赋,不肯以时供输。守、令催科,纵容吏胥追逮耕田之人,使之代纳,农民重困。仰监司严行禁戢,如有违戾,(计)[许]被扰人越诉,将守、令按劾施行。"⑥嘉定十四年(1221年)二月,又有臣僚指出:户长作为二税的直接征收者,对于"恃顽拖欠之户,即与严行追断,仍勒还代输之钱",而州县官吏"不惟不加优恤,又且乘时刻剥",故应"次第纠举,重加黜责"⑦。

合零就整,就是将税收的零头就整数收取。这本属征收的技术规定,既便于交纳,又保证税收的总量,一般作为专项桩管,然后上供起

---

① 《宋会要辑稿》食货10之22、23,刘琳等校点,上海古籍出版社2014年版,第6205页。
② 《宋会要辑稿》食货68之14,刘琳等校点,上海古籍出版社2014年版,第7949页。
③ 汪应辰:《文定集》卷5《论罢户长改差甲头疏》,学林出版社2009年版,第36页。
④ (宋)真德秀:《政经·平赋税》,文渊阁四库全书本第206册,台湾商务印书馆股份有限公司1986年版,第464页。
⑤ 《宋会要辑稿》食货70之45,刘琳等校点,上海古籍出版社2014年版,第8125页。
⑥ 《宋会要辑稿》食货70之103,刘琳等校点,上海古籍出版社2014年版,第8159页。
⑦ 《宋会要辑稿》食货66之31,刘琳等校点,上海古籍出版社2014年版,第7879、7880页。

发。但是,在实际征收时所征又落入猾胥之家,为乡司小吏侵占,即所谓"合零就整者,尽入猾胥之家"①,无疑加重税户负担。绍兴五年(1135年)四月,财用司说得比较具体,"州县二税自有定额,缘人户有析居异财,以一户分为三四户或六七户,绢、绵有零至一寸、一钱者,亦收一尺、一两,米有零至一勺一抄者,亦收一升之类。合零就整之数,若此者不可胜计。往往乡司隐没入己,或受过人户价钱,或揽过催头钱物,抱认数目,悉以合零之物充之。官司催科已及正额,遂不复根究。所谓合零就整者,尽入猾胥之家"。直接收税的乡司贪为己有,尽入猾胥之家,而官司只要完成正额,也就不加追究。为此,他希望对"税赋畸零剩数"作专项记载和桩管,专充上供,防止吏胥染指,"欲下诸路转运司行下州县,别置簿拘管,逐年委通判检点,依条折纳价钱,别项桩管,专充上供"②。其实,"畸零税赋令合钞送纳",强调的是"合钞",既要就整,也要销簿,本身没有问题,也有利送纳,但是,行之岁久,一些吏胥又以此为借口重复和任意征收,"一户既已凑纳,尚不住勾呼,其余或将凭由多填姓名,妄有催理"。为此,绍兴十二年(1142年)九月的赦文,强调畸零税赋要及时销簿,防止形势户和胥吏作弊,避免催税保长、户长等破产。如果地方官吏仍要重复收取零税,"当职官远窜,人吏决配"③。次年十一月的南郊赦文也有类似内容,"州县当职官并不检察,致公吏作弊,高估价直,并将已合钞送纳之数不即销簿,又作挂欠催理,追呼搔扰……如敢依前高价估直及重叠催理,因而乞觅,以枉法论,当职官重作行遣"④。因问题严重,甚至分户二税,一度严禁合零就整,绍兴二十五年(1155年),"诏绍兴二十六年分民户二税,不得合零就整,令户部行下,诸路监司、州军遵守。如违,许经尚书省越诉"⑤。但后来又有人提议实施,"民户所输畸零物帛,依旧法合零就整,同旁送纳"⑥。总的来说,此为常法,地方志上

---

① (宋)李心传:《建炎以来系年要录》卷88,胡坤点校,中华书局2013年版,第1707页。
② 《宋会要辑稿》食货70之36,刘琳等校点,上海古籍出版社2014年版,第8120页。
③ 《宋会要辑稿》食货70之40,刘琳等校点,上海古籍出版社2014年版,第8122页。
④ 《宋会要辑稿》食货70之142,刘琳等校点,上海古籍出版社2014年版,第8184页。
⑤ (宋)李心传:《建炎以来系年要录》卷169,胡坤点校,中华书局2013年版,第3213页。
⑥ (宋)李心传:《建炎以来系年要录》卷192,胡坤点校,中华书局2013年版,第3730页。

也有合零就整的税额记载。① 至于畸零税,也可以折纳,如户税绢不成匹,则以规定的价值折钞缴纳。淳熙六年(1179年)二月,诏曰:"州县受纳人户税绢,其不成端匹者,每尺并以一百文足折价,从便独钞送纳,不得过数增收及妄有骚扰。如有违戾,按劾以闻。"②此外,对于蠲免而照收或揽纳人包认而不纳的情况,开禧时都要求州县严格遵守蠲免和揽纳法规,否则,"尚有违戾,许人户越诉。监司奏行不虔,委御史台觉察,一例重行镌黜,胥吏决配远外"③。

当然,这些二税征收的问题常常纠缠在一起,宋代的规制和追究在实践上又常常交叉在一起,南宋乾道元年(1165年)正月的赦文就比较典型,既指出问题,又强调责任,"应夏、秋二税催科,自有省限。州县官吏多不遵奉条法,受纳之际,多端作弊,倍加斗面,或非理退换,纵容专斗、拣子计会乞取,方行了纳。或先期预借,重叠催理,不予除豁。既已纳足,阻节销钞之类,甚为民害。仰守、令严加觉察,如有违戾,仰监司按劾申奏,重行黜责,仍许人户越诉"④。后来乾道六年(1170年)十一月六日南郊赦,乾道九年十一月九日南郊赦,并同此制。但是,乾道九年(1173年)三月,兵部侍郎、兼权临安府少尹沈度还在指出:"州县催科二税苗米,增加斛面,多收欠数";"产去税存,不与除豁;已纳未销,复行追逮",于是,"乞戒饬州县不得故犯,如尚敢违戾,许监司按劾"⑤。因此,尽管要求加强监司的监督和黜责相关官吏,但是问题依然存在。

二、诸种杂税

如果说州县等官吏在征收二税中的责任,一般是由于失职渎职或者迫于地方豪强滑吏压力造成的,那么,在征纳其他杂税中更多是由于徇私舞弊、贪赃枉法所致。宋代杂税的数目繁多,而官吏巧立名目,肆意违法征收,甚至披上合法的外衣。绍兴二十九年(1159年)

---

① 参见(宋)施宿:《会稽志》卷5《赋税》,文渊阁四库全书本第486册,台湾商务印书馆股份有限公司1986年版,第89—95页。
② 《宋会要辑稿》食货70之72,刘琳等校点,上海古籍出版社2014年版,第8144页。
③ 《宋会要辑稿》食货68之18,刘琳等校点,上海古籍出版社2014年版,第7951、7952页。
④ 《宋会要辑稿》食货70之55—56,刘琳等校点,上海古籍出版社2014年版,第8134页。
⑤ 《宋会要辑稿》食货70之65,刘琳等校点,上海古籍出版社2014年版,第8140页。

七月,荆湖南路提点刑狱公事彭合有个总结性表述:"州县为政,二税之外,毫发不取。远方僻邑,吏缘为奸,创添名色,擅行科敛,有曰土户钱,有曰折绢钱,有曰醋息钱,有曰曲引钱。欲望行下有司,检坐擅科敛法,申严行下,诸路监司常切按察。如州郡容纵,并与同罪。"①此外,也有一些名色如加耗、折变之类看起来有一定道理,但是,实际收税时以此为借口,大肆征收,更是一种税外税,成为百姓的沉重负担,尤其南宋财政税收日陷窘境时,情况更加糟糕。虽然宋代杂税数目很大,百姓不堪重负,但又与二税一样,有其合法性,只是超数量征收,才为非法,相关官吏也就负有责任。

首先是关于加耗、加斛面和给虚钞。

太祖开宝四年(971年)七月,"诏广南诸州受民租皆用省斗,每一石外,别输二升为鼠雀耗"②。同时革除了以前一石征收一石八斗的陋规。这表明鼠雀耗是合法的,为加耗的一种。此外,加耗还有入中加耗、折纳现钱加耗等③,名称不一。其中,最为重要的是对数量或比例的限定,庆历时"江西诸路州军体例,百姓纳米一石,出剩一斗",约为10%。④ 但有时又规定不得收取加耗,天圣初,职田"所收租仍不得加耗",若遇水旱则蠲免租税。⑤《庆元条法事类》也有明确的法条规定。因此,加耗的合法与否,关键要看当时的规定,尤其是否超过数量的限定,并由此确定官吏的责任。加耗的问题在南宋时突出,为"别收名色"之一。绍兴三年(1133年)正月,江东、西路宣谕刘大中,"乞申严法禁,行下诸路州县,不得更似日前大收加耗"。于是,"诏令户部检坐条列,申严行下,不得加耗太重"⑥。十月,他又指出广德军的"三七耗"太重,即"于正苗上每斗出耗米三升七合,充宣

---

① 《宋会要辑稿》食货10之11,刘琳等校点,上海古籍出版社2014年版,第6198页。
② (宋)李焘:《续资治通鉴长编》卷12,上海师范大学古籍整理研究所、华东师范大学古籍整理研究所点校,中华书局2004年版,第268页。
③ 参见(宋)李焘:《续资治通鉴长编》卷86、卷397,上海师范大学古籍整理研究所、华东师范大学古籍整理研究所点校,中华书局2004年版,第1971、9672页。
④ 参见(宋)李焘:《续资治通鉴长编》卷160,上海师范大学古籍整理研究所、华东师范大学古籍整理研究所点校,中华书局2004年版,第3871页。
⑤ 参见(宋)李焘:《续资治通鉴长编》卷100,上海师范大学古籍整理研究所、华东师范大学古籍整理研究所点校,中华书局2004年版,第2325页。
⑥ 《宋会要辑稿》食货68之1,刘琳等校点,上海古籍出版社2014年版,第7943页。

仓脚乘之费,名曰'三七耗'",建议蠲免。后经户部勘当,减半收纳。①可见,允许加耗,但不能超过一定的数量,否则,将会受到处罚。绍兴三十二年(1162年)八月,孝宗受禅后,诏曰:"州县受纳秋苗,官吏多收加耗,肆为奸欺。方时艰虞,用度未足,欲减常赋而未能,岂忍使贪赃之徒重为民蠹? 自今违犯官吏,并置重典,仍没其家。"②此外,孝宗还有类似的规定:"似此违犯之人,许诸色人不以有无干己越诉。如根治得实,命官流窜,人吏决配,永不放还,仍籍家赀。"③乾道七年(1171年)六月,详定一司敕令所制定的条法又规定:"诸受纳苗米官,容纵公吏巧作名色乞取者,比犯人减一等罪,徒二年。仍许人户经监司越诉。州县长吏不觉察,与同罪。"④嘉定六年(1213年)九月,臣僚指出:"斛面之外,又有加耗,岁复一岁,有增无减。"也就是说,加耗、斛面以及虚钞、呈样、修廒等是当时突出的税收问题,于是建议,"州县续置之斛,州委通判,县委丞、簿,将文思院斛逐一较量,结罪保明,次第供申。所取加耗,不得过数,仍令算计数目,并以斛量,不许用斗面。脚钱之外,不得分文多取。如呈样、修廒等名色,一切住罢。人户赍米到仓,即时交量,不得故为留滞。仍镂板晓示,如有违戾,许人户经转运司或径赴台部越诉。体访得实,将守、令及受纳官吏一例按劾施行"⑤。

其次是关于折变、支移以及和买。

折变、支移、和买等似乎不是税种,但又是一种特殊的税赋或税收,很早即已存在,所谓"始时二税之入,三司移折已重,转运使又覆折之"⑥。前两者是收税时的搭车收费,后者则是政府的强制购买,多为满足军事和行政的需要,在收税时征收,常联称在一起。太宗至道三年(997年),吏部郎中、直集贤院田锡应诏上疏曰:折变"将无作

---

① 参见《宋会辑稿》食货70之35,刘琳等校点,上海古籍出版社2014年版,第8119页。
② (元)脱脱等:《宋史》卷174《食货志》,中华书局1977年版,第4217页。
③ 《宋会辑稿》食货9之10,刘琳等校点,上海古籍出版社2014年版,第6180页。
④ 《宋会辑稿》食货68之11,刘琳等校点,上海古籍出版社2014年版,第7948页。
⑤ 《宋会辑稿》食货68之20,刘琳等校点,上海古籍出版社2014年版,第7953页。
⑥ (元)脱脱等:《宋史》卷291《李复圭传》,中华书局1977年版,第9743页。

有,以应供输",以备军储军食。① 又有时规定不得折移,如真宗天禧二年(1018年),大名府、登、莱、潍、密、青、渭州因灾"免十之四,不得折变、支移"②。在支移时,哲宗则要求"审度地里远近,顺便体问收成丰歉去处,遵守诏条,禁戢官吏,务从民便"③。户部以为支移不能超过三百里,并根据户等确定远近,"乞下转运司,今后赋税,将第一、第二等户支移三百里内,第三等、第四等户二百里内,第五等户一百里内。如人户不愿支移,乞纳地里脚钱者,亦相度分为三等钱数,各从其便"④。也就是说,这些征收本身有法律依据。同时,又有两个方面的限制,一是数量、比例或道里,二是特定时期和地区因灾荒、兵燹、郊祀等而蠲免,尤其后者在北宋真宗、仁宗、神宗等朝的记载很多,属于禁止性的行政规定,即"毋得折变、支移"。为此,超量、重复、违禁又要承担责任,如熙宁五年(1072年)二月,"江南西路转运副使、职方郎中徐亿夺一官,吉、筠、袁三州官吏论罪有差",就是因为"违朝旨以税米折见钱故也"⑤。又如元丰元年(1078年)九月,诏曰:"诸路上供金银钱帛应副内藏库者,委提刑司督之,若三司、发运转运司擅折变、那移、截留致亏本库年额者,徒二年。"⑥在两宋之交,"非法折变"和"反复纽折","殆与白著无异",重困民生,有人提出,"严立法禁,监司重行贬责。仍委逐路提刑司觉察,密行闻奏","令转运司遵守条法,不得循袭,过为掊克"⑦。否则,"户部取见违戾漕、宪职位、姓名,各罚铜十斤,人吏从杖一百科断"⑧。这是比较具体的处罚规定。绍兴十三年

---

① 参见(宋)李焘:《续资治通鉴长编》卷41,上海师范大学古籍整理研究所、华东师范大学古籍整理研究所点校,中华书局2004年版,第872页。
② (宋)李焘:《续资治通鉴长编》卷91,上海师范大学古籍整理研究所、华东师范大学古籍整理研究所点校,中华书局2004年版,第2109页。
③ (宋)李焘:《续资治通鉴长编》卷379,上海师范大学古籍整理研究所、华东师范大学古籍整理研究所点校,中华书局2004年版,第9200页。
④ (宋)李焘:《续资治通鉴长编》卷396,上海师范大学古籍整理研究所、华东师范大学古籍整理研究所点校,中华书局2004年版,第9660页。
⑤ (宋)李焘:《续资治通鉴长编》卷230,上海师范大学古籍整理研究所、华东师范大学古籍整理研究所点校,中华书局2004年版,第5585页。
⑥ (宋)李焘:《续资治通鉴长编》卷292,上海师范大学古籍整理研究所、华东师范大学古籍整理研究所点校,中华书局2004年版,第7129、7130页。
⑦ 《宋会要辑稿》食货9之18,刘琳等校点,上海古籍出版社2014年版,第6184、6185页。
⑧ 《宋会要辑稿》食货9之23,刘琳等校点,上海古籍出版社2014年版,第6178页。

(1143年)十一月,南郊赦规定,"不得展转折变"①。绍兴二十八年(1148年)二月,右正言朱倬又指出:"如非紧急,不得科折。仍令漕司粉壁晓谕,使民通知。州县故违,必论违制;监司隐而不举,亦置典宪。"②这也表明州县和监司都有相应的折变责任。宋代还强化对折变等的监督,"如提刑司失于觉察,委御史台弹劾"③。隆兴元年(1163年)正月,有臣僚说:"于省部定立折纳分数外,少得擅有增加。如违,许人户越诉,置之典宪。漕臣(符)[俯]同,亦加黜责。"④乾道时,"过数多折"、和买"不给值而白著"等突出,责罚也相应严厉起来,"如州县辄敢过取民一文以上,许人诣检鼓院进状陈(诉)[诉],官吏当重置典宪"⑤。因此,追究的是超时、超量、超域移折责任。

当然,在哲宗元祐时有人提出,"在昔边土不耕,仰粟于内,故支移之法设焉。今沿边之法,既多籴粟,军食自足,宜令内地税户随斗计地里输脚乘钱,以免支移之劳,既可以休民力,又可以佐边用,公私便之"⑥。为此,支移责任也就转化为征收脚乘钱的责任。

至于和买,也就是以钱、盐、钞、引等购买"供官之物"和军需物资,"比市价已令优给"⑦,似乎是公平交易,但这是官方的强制购买,很可能压低价格,或以滞销的商品抵价,"人皆谓稻苗未立而和籴,桑叶未吐而和买。自荆湖、江、淮间,民愁无聊,转运使务刻剥以增其数,岁益一岁"⑧。尤其是"民或不欲者,强之则为扰"⑨。在灾伤之时,也曾要求减少和买数量,但宋代和买数量总体呈上升趋势,英宗治平时翰林学士承旨张方平指出:"天下和买绸绢,本以利民,初行于河

---

① 《宋会要辑稿》食货9之29,刘琳等校点,上海古籍出版社2014年版,第6191页。
② 《宋会要辑稿》食货10之8,刘琳等校点,上海古籍出版社2014年版,第6197页。
③ 《宋会要辑稿》食货70之55,刘琳等校点,上海古籍出版社2014年版,第8134页。
④ 《宋会要辑稿》食货10之18,刘琳等校点,上海古籍出版社2014年版,第6202页。
⑤ 《宋会要辑稿》食货70之57、61,刘琳等校点,上海古籍出版社2014年版,第8135、8137页。
⑥ (宋)李焘:《续资治通鉴长编》卷478,上海师范大学古籍整理研究所、华东师范大学古籍整理研究所点校,中华书局2004年版,第1138页。
⑦ (宋)李焘:《续资治通鉴长编》卷61,上海师范大学古籍整理研究所、华东师范大学古籍整理研究所点校,中华书局2004年版,第1371页。
⑧ (元)脱脱等:《宋史》卷300《俞献卿传》,中华书局1977年版,第9977页。
⑨ (宋)李焘:《续资治通鉴长编》卷102,上海师范大学古籍整理研究所、华东师范大学古籍整理研究所点校,中华书局2004年版,第2354页。

北,但资本路军衣,遂通其法以及京东、淮南、江、浙,景祐中诸路所买不及二百万匹,庆历中乃三百万匹,自尔时及今二十年,但闻比较督责,不闻有所宽减也。"①同时,在和买时百姓因价低而不愿出售,又禁止强制违规科配,神宗熙宁七年(1074年)十月,"诏淮南发运司,岁岁于两浙所买绸绢,许自来年以后,于出产州军置场和买,或预给价钱,毋得抑配民户"②。元丰六年(1083年)正月,神宗又强调:"不得配扰。"③为此,有人提出解决的方法,元祐时殿中侍御史吕陶"乞添和买布价,以宽民力"④。但是,添价并不能解决科配的问题,左谏议大夫梁焘、右正言刘安世等以为只有采取处罚来制止,"应修河所须之物,并量价直,只令和买,不得扰民,如有违犯,重行降黜"⑤。绍兴二十六年(1156年)七月,为了防止贫富不均和平民负担过重,在和买时不许减免官户、形势户的科纳。知州、通判如有违戾,"官司及减免之家计赃断罪",并令"令监司觉察"⑥。淳熙十六年(1189年)七月,户部据两浙副使潘景皀所奏,"今之和买,所在为害"⑦,强调依法和买。庆元五年(1199年)四月,还有臣僚仍然提出通过越诉的救济方式,来制约违法折变,"州郡折科或抑配令纳价钱,许民户越诉"⑧。所以,和买既满足了宋代物资需要,同时又有一定的限制,严惩违法和买。

最后,宋代还有一些重要的杂税如月桩钱、板帐钱、经总制钱等,尤其到了南宋,这些杂税是重要的财源,官吏的责任也更大。

宋代的杂税名目繁多,日趋严重,绍兴时折帛钱、折变、虚钞等还

---

① (宋)李焘:《续资治通鉴长编》卷209,上海师范大学古籍整理研究所、华东师范大学古籍整理研究所点校,中华书局2004年版,第5090页。
② (宋)李焘:《续资治通鉴长编》卷257,上海师范大学古籍整理研究所、华东师范大学古籍整理研究所点校,中华书局2004年版,第6278页。
③ (宋)李焘:《续资治通鉴长编》卷332,上海师范大学古籍整理研究所、华东师范大学古籍整理研究所点校,中华书局2004年版,第8008页。
④ (宋)李焘:《续资治通鉴长编》卷390,上海师范大学古籍整理研究所、华东师范大学古籍整理研究所点校,中华书局2004年版,第9496页。
⑤ (宋)李焘:《续资治通鉴长编》卷421,上海师范大学古籍整理研究所、华东师范大学古籍整理研究所点校,中华书局2004年版,第10205页。
⑥ 《宋会要辑稿》食货10之4,刘琳等校点,上海古籍出版社2014年版,第6194页。
⑦ 《宋会要辑稿》食货70之76,刘琳等校点,上海古籍出版社2014年版,第8146页。
⑧ 《宋会要辑稿》食货70之96,刘琳等校点,上海古籍出版社2014年版,第8156页。

混合在一起。即使如此,对杂税仍有一定的限定,臣僚奏言:"如有违犯,许人越诉,将犯官吏重置典宪。如监司不觉察,亦与同罪。"①这与前述正税责任基本相同。宋代征收中,有时一度暂停某些杂税如头子、市例、船脚等,以缓解紧张的收税形势和官民关系,但往往地方官吏不甘心失去既得利益,仍然"官司搔扰",就会受到责罚"当职官除名勒停,公吏人等流配海外,情重者依军法施行"②。乾道七年(1171年)七月,户部尚书曾怀还提出,州郡隐漏牙契税钱入总制钱帐,"依上供钱断罪",州县"过数拘收"契税契钱等,"委令、佐觉察禁止。如有违戾,即仰根究,重作行遣"③。可见,违禁征收杂税,同样要承担责任。

南宋时期战争频繁,疆域局促,财政紧张,一些起初只是临时性的杂税更是演变成为稳定的常税,官吏的征管责任更大,时代性更为鲜明。比较典型的是经制钱、总制钱,后来又合称为经总制钱。这是征收多种杂税时混合而成的新税,"经、总制钱,多出于酒税、头子、牙钱分隶,岁之所入半于常赋"④。且美其名曰:"取之于微,而积之于众","敛之于细,而积之甚多"⑤。即收取对象广泛,积少成多。宋人对其演变概括为:"经、总制之法,起于建炎;条画申明,参酌中制,详于《绍兴会计》;实纳、减免数目,又备于淳熙;至于专委知、通,有赏有罚,则《庆元重修格令》纤悉无遗。"⑥这是南宋重要的财政收入,时人指出:"为国之道,财用为本。方今经费所赖之大者,经总制钱物。旧委守臣桩管起发,岁终按其殿最赏罚。"⑦经制钱征收等的赏罚规定较多,如建炎二年(1128年)十月,诏曰:钞旁定帖,"仍委逐路提刑司拘收桩管,不得擅行支用,每季具数申尚书省。如敢使用,依擅支朝廷封桩钱物法,加二等科罪"⑧。建炎三年(1129年)十一月,下诏要求经制

---

① 《宋会要辑稿》食货10之16,刘琳等校点,上海古籍出版社2014年版,第6201页。
② 《宋会要辑稿》食货70之39,刘琳等校点,上海古籍出版社2014年版,第8121页。
③ 《宋会要辑稿》食货70之149,刘琳等校点,上海古籍出版社2014年版,第8188页。
④ 《宋会要辑稿》食货35之27,刘琳等校点,上海古籍出版社2014年版,第6770、6771页。
⑤ 《宋会要辑稿》食货64之83,刘琳等校点,上海古籍出版社2014年版,第7778页。
⑥ 《宋会要辑稿》食货64之108,刘琳等校点,上海古籍出版社2014年版,第7791、7792页。
⑦ 《宋会要辑稿》食货35之25—26,刘琳等校点,上海古籍出版社2014年版,第6769页。
⑧ 《宋会要辑稿》食货64之85,刘琳等校点,上海古籍出版社2014年版,第7778、7779页。

钱依限起发,不得违慢隐漏,否则,"提刑司官重行窜逐,人吏决配海岛"①。这些规定与常赋责任要求基本一致。当然,若能及时拘收起发,则予以奖赏,右宣教郎高公极曾任福建路提刑司检法官,起发经制钱,没有隐漏,减一年磨勘。② 总制钱一般由通判拘收,提刑检察,诸路按季起发。绍兴十年(1140年)十二月,征收责罚更为明确,"总制钱若比额亏欠,并依经制钱展一年磨勘。二分以上,取旨施行"。次年,十二月,户部也奏曰:"将经、总制钱擅行应副借兑、拘截、取拨,及不即拘收起(拨)[发],辄有侵支互用者,内所委官并当职及取拨官,并先降两官放罢,人吏徒二年,各不以去官、赦降原减。仍令提刑司检察,将违戾去处按劾施行。"③绍兴十六年(1146年)三月,权户部侍郎李朝正提出比较经、总制钱的奖惩办法,其中责罚内容是这样的,"亏一分以上展二年磨勘,二分以上展三年磨勘,三分以上展四年磨勘"。五月,户部又言:"隐落失陷不满一分,展磨勘一年;一分以上,展磨勘二年;一分五厘以上,展磨勘三年;二分以上,展磨勘四年。仍令诸路提刑司自绍兴十六年分所收钱物为始,每岁开具点磨到逐州军各有无隐落失陷分数、通判并提刑司官职位姓名、合展减磨勘,申部覆实责罚。余依已降指挥。"七月,户部又提出"比较前三年所收"行赏罚。④ 后来经、总制合称,相关的要求也就合一了。绍兴二十一年(1151年)十月,户部言:"诸路州军所收经、总制钱物,州委通判、县委知令检察,及令提刑司岁终比较亏欠赏罚。"⑤其中,提刑司承担驱磨催督的职责,如绍兴二十八年(1158年)二月诏书所定,在年终供申州军"增亏数目、合得赏罚、当职官名衔",若失职渎职、隐瞒包庇则被"重行黜责"⑥。而在实际处罚中,似乎要轻一些,绍兴三十一年(1161年)五,婺州通判吕晋亏欠本州经、总制钱五分以上,"与展一年磨

---

① 《宋会要辑稿》食货35之20,刘琳等校点,上海古籍出版社2014年版,第6764页。
② 参见《宋会要辑稿》食货35之21,刘琳等校点,上海古籍出版社2014年版,第6765页。
③ 《宋会要辑稿》食货35之24,刘琳等校点,上海古籍出版社2014年版,第6767、6768页。
④ 参见《宋会要辑稿》食货35之25,刘琳等校点,上海古籍出版社2014年版,第6768、6769页。
⑤ 《宋会要辑稿》食货35之26,刘琳等校点,上海古籍出版社2014年版,第6769页。
⑥ 《宋会要辑稿》食货35之26,刘琳等校点,上海古籍出版社2014年版,第6769、6770页。

勘"①。可见责罚是有的,但标准不够稳定。此后,乾道时经总制钱窠名繁多,征收又常不及额,总的处理思路是加强知州县令的拘收和提刑司的觉察,如已经减免仍要征收的,则辅以"民户越诉,监司觉察按治"的方式加以制约。②故淳熙三年(1176年)七月,湖州、秀州知州赵师夔、周极因前几年积欠经、总制钱分别达四十三万和二十五万七千余贯,各降两官。淳熙五年(1178年)三月,广德军通判董洋移用经总制钱也特降两官放罢。③

宋代还有很多杂税,一般打着军事所需旗号,属于上供性质,如朱胜非创置的月桩钱,"不问州郡有无,皆有定额",存在的问题很多,最为民病。绍兴七年(1137年)正月,户部员外郎霍蠡奏罢去;绍兴十七年(1147年)九月,高宗也以为"惠不及民",主张蠲减。可是,州军为了地方利益,即使减放,因缘欺隐,照常征收,为此,朝廷不得不"仰提刑司觉察,按劾闻奏",追究相关官吏的责任。④乾道四年(1168年)八月,权发遣广德军曾述奏言本军桩管月额之后,"诏今后每月与减一千八百贯",更明确了减税的责任。⑤又如身丁钱源自五代割据政权,各地税额不一,属于常设税种,而在因逃亡灾荒时或身为僧、道、七十以上及笃废残疾等,在一定时期又是可以蠲放的,以示朝廷的宽恤。但是,州县"复行催理""依旧催理",把租税转嫁到现存之人,为此,绍兴二十五(1155年)十一月的赦文和绍兴二十六年(1156年)七月的诏书,都作了禁止,"仰诸路监司觉察,如有违戾去处,按劾以闻"。"如州县承今降指挥蠲放后辄敢擅行催纳,许人户径赴台省申诉。仍专委监司觉察,台谏弹劾以闻,当重置典宪"⑥。乾道元年(1165年)二月,三省还建议"许人户越诉,当职官吏重置典宪"⑦。乾道六年(1170年)闰五月的诏书也有此种明确的规定。显然,州县官

---

① 《宋会要辑稿》食货35之28,刘琳等校点,上海古籍出版社2014年版,第6771页。
② 参见《宋会要辑稿》食货35之29,刘琳等校点,上海古籍出版社2014年版,第6773页。
③ 参见《宋会要辑稿》食货64之103,刘琳等校点,上海古籍出版社2014年版,第7789页。
④ 参见《宋会要辑稿》食货64之79、81,刘琳等校点,上海古籍出版社2014年版,第7774、7776页。
⑤ 参见《宋会要辑稿》食货64之82,刘琳等校点,上海古籍出版社2014年版,第7777页。
⑥ 《宋会要辑稿》食货66之3,刘琳等校点,上海古籍出版社2014年版,第8760页。
⑦ 《宋会要辑稿》食货66之8—9、10,刘琳等校点,上海古籍出版社2014年版,第7863、7864页。

第七章　宋代财税征管责任追究　263

吏违法依旧科取,都将受到典宪的制裁。此外,杂税名目很多,有的非常离谱,绍熙五年(1194年)九月的明堂赦文指出:"州县场务过有邀求,绸绢则先收纳绢税钱,斛斗则先收力胜钱,循习成例,重为民害。仰转运司严行禁戢,仍许人户越诉……委诸路监司严切体访,如有违戾去处,按劾闻奏。"①还有田宅典买的契税,如庆元二年(1196年)十一月,要求州军"尽数起赴封桩库送纳",不得"隐占违滞",否则,则各路转运使"开具官吏姓名,申朝廷取旨,重行责罚"②。复如宋代的免役钱,北宋前期沿袭前代差役,"以衙前主官物,以里正、户长、乡书手课督赋税,以耆长、弓手、壮丁逐捕盗贼,以承符、人力、手力、散从官给使令;县曹司至押、录,州曹司至孔目官,下至杂职、虞候、拣、掏等人,各以乡户等第定差"③。即要求乡户为州县及乡里行政机构或基层组织无偿提供劳动,属于力役,但是,宋代王安石变法后,在很长一段时间内实行募役,人户不直接服役,只要交纳免役以及免役宽剩钱即可。这实际将赋役或力役转变成税收或钱物。这既是对劳动力的解放,反映了人力资本的商品化,又加重了乡户的负担,很容易孳生腐败。因而,免役法的实行喜忧参半,肯否皆有,问题不在差役还是免役④,而在于以此求羡余而滥收免役宽剩钱的问题。为此,宋代规定了地方存留宽剩钱的比例。神宗时或二分或一分,徽宗时更名为准备钱,并严禁擅取和过数桩留,否则,以违制论处,并"委所属常切觉察"⑤。孝宗即位后,废除官司债负房赁、租赋、和买、役钱、及坊场、河渡等杂钱,"州县因缘多取,以违制坐之"⑥,州县官吏将受到责罚。

宋代在征收各类农业税时,非常重视上供,也即中央财税收入,包括粮、帛、银、钱的岁额上供,以及元丰后的坊场税钱、增添盐酒钱、经制钱、总制钱等无额上供。二者作为税种有所区别,但又同为上供,征

---

① 《宋会要辑稿》食货68之14,刘琳等校点,上海古籍出版社2014年版,第7950页。
② 《宋会要辑稿》食货70之87,刘琳等校点,上海古籍出版社2014年版,第8152页。
③ (元)脱脱等:《宋史》卷177《食货志》,中华书局1977年版,第4295页。
④ 如北宋范百禄、苏轼等还是赞同免役和雇役的,参见(元)脱脱等:《宋史》卷177《食货上五》,中华书局1977年版,第4314—4318页。
⑤ (元)脱脱等:《宋史》卷177《食货志》,中华书局1977年版,第4308页;《宋会要辑稿》食货14之2,刘琳等校点,上海古籍出版社2014年版,第6256页。
⑥ (元)脱脱等:《宋史》卷174《食货志》,中华书局1977年版,第4217页。

收要求和责任基本相同,并且无额上供的要求和责任更严格些。无额上供虽然有时因灾荒而减免,有时因军兴而催促,但是一般要求及时拘收、按季供申起发,依限上供,不得"纵令拖欠,起发违滞,或冒法截留、侵隐兑借之类"①。建炎元年(1127年)十一月,诏曰:"诸路无额上供钱不合立额,可自建炎二年正月一日为始,并依旧法。当职官拘收灭裂,致有欺隐失陷者,重加典宪。"也就是说,州县征收无额上供时不得遗漏瞒报,更不能侵欺。次年七月,端明殿学士、提举醴泉观黄潜善奏言,"提刑司不为检察,致拘收隐落",都应受到法律严惩。② 这种上供的赏罚与前述一般岁供诸相近,通过展减磨勘、升降官职来奖惩。不过,无额上供也许因其"无额"的不确定性,又与一般上供按比例考核有所不同,建炎三年(1129年)七月,户部侍郎叶份奏曰:"乞每岁终,从本部将诸路所起上供钱物、斛斗数目以十分为率,比较三两路起发最多最少去处申乞赏罚,庶使官吏有勤惰之戒。"也即按岁额上供比例追究最少的责任。③ 而绍兴二十五(1155年)的圣旨,知州、通判拘收无额钱物则以具体数量决定赏罚,"诸路州军知、通今后拘收无额钱物及一万贯,与减一年半磨勘;及一万五千贯以上,与减二年磨勘。如止及五千贯,依已降指挥,与减一半"④。当然,这是奖励,至于责罚也当适用一般上供的处罚方法。在北宋末年,"崇宁立法,诸路违欠上供钱物,官冲替而吏配千里,务要应期办集"。大观时在户部奏请下,有所减轻,"官员冲替改作差替,人吏决配改作勒停"⑤。而绍兴元年(1131年)四月,户部侍郎孟庾针对"诸路州军所收无额钱物,昨棄名繁多,州郡得以侵欺"的现实,"乞将诸路所收无额、经制钱物,每季只作一帐供申,并限次季孟月二十五日已前具帐,及起发数足"⑥。这通过具帐申报的方式督促征收,防止侵用,也是以具体数额来考核相关官吏。其实,当时的诏令明确规定了上供的责任,"监司及州县当职官

---

① 《宋会要辑稿》食货35之32,刘琳等校点,上海古籍出版社2014年版,第6775页。
② 参见《宋会要辑稿》食货64之63、64,刘琳等校点,上海古籍出版社2014年版,第7765、7766页。
③ 《宋会要辑稿》食货35之32—33,刘琳等校点,上海古籍出版社2014年版,第6774页。
④ 《宋会要辑稿》食货35之31,刘琳等校点,上海古籍出版社2014年版,第6774页。
⑤ 《宋会要辑稿》食货64之46,刘琳等校点,上海古籍出版社2014年版,第7757页。
⑥ 《宋会要辑稿》食货64之64,刘琳等校点,上海古籍出版社2014年版,第7766页。

不务体国,纵令拖欠,起发违滞,或冒法截留、侵隐兑借之类,有误大礼支遣,官追一官勒停,人吏杖脊远配。若率先起足,取旨优与推恩,仍令户部常切催督"①。除了依据数量赏罚外,还强调及时依限起发,诸路州郡违限则被按劾,"取旨重置于法"。因而,上供既具有一般征收责任特征,要求及时足额,又有其特殊性,就是依限起发,若有违欠,则科以责罚。②这种违法除了地方监司的催督,还有户部的按劾,绍兴四年(1134年)二月,以户部言广南东、西路转运司没有起发绍兴三年(1133年)的上供钱物,拖欠最多,于是,诏下黜责,"当职官各降一官,吏人从杖一百科断"③。其他路分也有拖欠上供事件,相关官吏因此受到处罚,绍兴三十年(1160年)右朝奉郎、知常州莫伯虚,右朝散大夫、通判常州梁兴祖,并降一官放罢,就是因为"户部言去岁诸路违欠上供诸色窠名,本州最多故也"④。为此,追究上供违欠最多应是一个责任原则。此外,州军若"支兑移用""辄擅侵支",造成违欠,更是依法断罪,"今后更不差注知州军差遣",但若能在后任内弥补所欠,则每万贯减一年磨勘,至五年止;若是最严重的违欠,则要"取旨责罚,不以去官、赦降失减"⑤。孝宗隆兴、乾道时,户部分上下半年比较稽违拖欠,加强监督,按劾黜责。这不仅惩罚守贰的违规,而且惩罚监司的不察。⑥

总之,宋代在征收农业税时,统治者一方面把地方钱物集中到中央,如太祖诏曰:"诸州支度经费外,凡金帛悉送阙下,毋或占留。"⑦另一方面又不得过度剥夺地方和百姓,甚至讲出藏富于民之类的话,如高宗说:"百姓足,君孰与不足?百姓之财,乃国家外府,安可尽取?但

---

① 《宋会要辑稿》食货64之46,刘琳等校点,上海古籍出版社2014年版,第7757页。
② 参见《宋会要辑稿》食货35之33,刘琳等校点,上海古籍出版社2014年版,第6775页。
③ 《宋会要辑稿》食货35之36,刘琳等校点,上海古籍出版社2014年版,第6776—6777页。
④ (宋)李心传:《建炎以来系年要录》卷184,胡坤点校,中华书局2013年版,第3566页。
⑤ 《宋会要辑稿》食货35之38—39,刘琳等校点,上海古籍出版社2014年版,第6778、6779页。
⑥ 参见《宋会要辑稿》食货35之40—41,刘琳等校点,上海古籍出版社2014年版,第6779页。
⑦ (元)脱脱等:《宋史》卷179《食货志》,中华书局1977年版,第4347页。

藏之于民,缓急亦可以资国用。"①真正要平衡中央与地方、征收与蠲免、常征与暴敛之间的关系,确是一件不容易的事情。在征收二税时常有违规问题,而征收杂税时更多的是违法问题,后者要严重得多。不过,统治者又明白横征暴敛不仅不能解决财税问题,而且会导致社会矛盾的激化,为此,采取相关的措施,追究州县官吏的责任,以加强监司以及户部的监督。总之,宋代农业税征缴问题较多,同时相关管理以及追究措施也较为丰富,至于实际效果和作用则要作具体分析。

第二节 商业税收

宋人对本朝商税有过概括:"行者赍货,谓之'过税',每千钱算二十;居者市鬻,谓之'住税',每千钱算三十,大约如此。然无定制,其名物各随地宜而不一焉。"②这也许是宋人就一般商税的总结。其实,现实情况要复杂得多,宋代商业向称发达,商税收入已经超过农业、手工业税。商税分为普通商税和专门商税,前者包括宋朝境内或对外的一般商税,对外主要是西北地区与少数民族榷场贸易和东南沿海港口与海外市舶司贸易的税收;后者属于专买专营的特殊商税,属于垄断经营性税收。宋代税务机构包括一般管理机构和直接征收机构。管理机构,如中央财政性机构,像三司、户部,以及派遣性的专门机构,如提举茶盐司、提举常平茶盐司、提举坑冶司、都大提举茶马司易、提举市舶司,地方上有发运使、提点刑狱公事等官吏;征收机构如榷货务、监、监务、监押、税务、税院以及市易务等,尤其基层税务很有体系,即《宋史》所谓:"凡州县皆置务,关镇亦或有之,大则置官监临,小则令、佐兼领,诸州仍令都监、监押同掌。"③实际上,宋代普通商税和专门商税的征收机构,而管理税收的机构也有征收之职,这些都要进行具体分析来确定相应的职责和责任。

---

① 《宋会要辑稿》食货9之8,刘琳等校点,上海古籍出版社2014年版,第6178页。
② (元)脱脱等:《宋史》卷186《食货志》,中华书局1977年版,第4541页。
③ (元)脱脱等:《宋史》卷186《食货志》,中华书局1977年版,第4541页。

一、普通商税

普通商税通常由税务、税院以及监院负责,尤其专栏征收。宋代征税时问题不少,如"点检不细""透漏税物钱"等,为此规定了在京新城诸门使臣的处罚方法,仁宗天圣七年(1029年)二月,诏曰:"致透漏收上税物钱及一千,其专栏、曹司并勒停,监官并为私罪勘断。仍将递年本门收税课额至年满日比较,如有增盈,即依元敕与近地住程。如亏欠二分已上,即更与短使一次,方与近地住程。如与专栏知情容纵,即更不免远任差遣。如有入己,依条断遣,仍降差遣。"①哲宗元祐元年(1086年),"户部请令在京商税院,酌取元丰八年钱五十五万二千二百六十一缗有奇,以为新额,自明年始。三年,又以天圣岁课为额,盖户部用五年并增之法,立额既重,岁课不登,故言者论而更之"②。《续资治通鉴长编》也说,哲宗元祐三年(1088年)六月,"诏在京都商税院以天圣年所收岁课为额"③,通过考核岁课,明确责罚。元祐六年(1091年)六月,户部提出具体责任承担方式,"今后新城诸门透漏私锡入门,货卖百斤以上,依出产地分巡捕官司不觉察私置炉烹炼法,百斤,展一年磨勘,选人殿半年参选;二百斤,展二年磨勘,选人殿一年参选"④。可见,"透漏私锡"直接影响岁课的完成,并导致税收责任。

宋代考核商税岁课非常认真,并作为赏罚或黜陟的依据,追究税收责任。仁宗景祐四年(1037年)八月,诏曰:"自今诸路外县盐茶酒税务除有正官专监,其比较亏少课额,令佐自来系兼监去处,所有赏罚一依都监、监押兼监赏罚条例,减专监一等。"至于沿边都监、监押虽不兼场务,但十月又诏令巡察并制止私贩盐酒等,防止税收流失,否则也被"勘罪施行"⑤。这涉及专营税收责任问题,后文有专门论述。仁宗

---

① 《宋会要辑稿》食货17之22,刘琳等校点,上海古籍出版社2014年版,第6357页。
② (元)脱脱等:《宋史》卷186《食货志》,中华书局1977年版,第4544页。
③ (宋)李焘:《续资治通鉴长编》卷412,上海师范大学古籍整理研究所、华东师范大学古籍整理研究所点校,中华书局2004年版,第10022页。
④ (宋)李焘:《续资治通鉴长编》卷460,上海师范大学古籍整理研究所、华东师范大学古籍整理研究所点校,中华书局2004年版,第11002页。
⑤ 《宋会要辑稿》食货17之23,刘琳等校点,上海古籍出版社2014年版,第6358页。

康定元年(1040年)六月,诏三司:"天下州县课利场务,自今逐处总计,大数十分亏五厘以下,其知州、通判、募职、知县各罚一月俸;一分以下,两月俸;二分以上,降差遣。其增二分以上,升陟之。"①哲宗元祐五年(1090年)二月,"诏府界、路三万贯以上课利场务,二年并亏及监官不职,许令转运、提刑司别举官"②。也即场务官吏因履行职责不力导致两年税课连续亏损,转运、提刑使则另举官代之。哲宗绍圣三年(1096年)十一月,殿中侍御史陈次升奏曰:"监司自元祐四年后取税额增亏及二分者,比类取旨赏罚。请令户部责限勾考。"③而监官允许转运使辟举,根据任期的税课,决定去留,徽宗政和三年(1113年)八月,淮南路转运副使徐闳中奏曰:"乞将真州江口抽税竹木务正监官窠阙,许转运使于文臣内奏举知县令或职官资库人一次。候至成任比较,如委有增羡,即乞永远充本司举辟窠阙"④。为此,对于相关税务官吏来说,完成商税定额或祖额是他们的基本职责,不得亏空课额。这是从考课角度赏罚和追究责任,但更多的是具体处罚违法违规征税。

在具体征收商税中,官吏的违规违法情形复杂,责任各异,宋代严禁违法征税,尤其是擅征羡余。仁宗康定元年(1040年)十一月,诏曰:"访闻诸路州军所收诸般课利,近日当职官吏频有规画,增添名额,刻削民利,刻剥奉上;及搜检税物不依条例,妄作邀难,住滞商旅,冀为绩效,苟免责罚。且令州府军监县镇关津,今后并依自来体例点检,不得创增无名税额,及搜检过往家属茶盐酒麹。诸般课利,并循旧规,不得妄有规画增添。"⑤哲宗元祐七年(1092年)八月,苏轼访得淮南盐酒税重,认为这是由"卖盐并酒税务增剩监专等赏钱"敕文等造成的,甚至提出"尽罢上件岁终支赏条贯"的建议。⑥ 这些属于企求绩

---

① (宋)李焘:《续资治通鉴长编》卷127,上海师范大学古籍整理研究所、华东师范大学古籍整理研究所点校,中华书局2004年版,第3022页。
② (宋)李焘:《续资治通鉴长编》卷438,上海师范大学古籍整理研究所、华东师范大学古籍整理研究所点校,中华书局2004年版,第10565页。
③ 《宋会要辑稿》食货17之27,刘琳等校点,上海古籍出版社2014年版,第6360页。
④ 《宋会要辑稿》食货17之29,刘琳等校点,上海古籍出版社2014年版,第6361页。
⑤ 《宋会要辑稿》食货17之24,刘琳等校点,上海古籍出版社2014年版,第6358页。
⑥ 参见(宋)李焘:《续资治通鉴长编》卷476,上海师范大学古籍整理研究所、华东师范大学古籍整理研究所点校,中华书局2004年版,第11339页。

效和企图赏赐的擅自增税。至于其他擅自违法征税,同样予以处罚。徽宗宣和四年(1122年)六月,又诏曰:"官司将客人船载有公据买盐钞见钱妄喝税物收税致留滞者,依纲运所至约喝无名税钱法,科徒二年。"①显然,处罚是比较重的。高宗绍兴十年(1140年)九月,针对专栏与监官共同作弊,"倍有揩取""暗增物价",要求诸路提刑司严行禁止,"知、通常切检察"②。绍兴二十五年(1155年)五月,诏禁"州县税场名色重复"③。绍兴三十二年(1162年)八月,又令监司、守臣觉察场务,按治"必留旬月,多喝税钱"之类不法行为。④ 孝宗淳熙五年(1178年)四月,臣僚指出池州、黄州、鄂州税场虚喝、栏头妻女搜检、收税折纳见钱、巡栏持械拦截、税务外邀截、税钱掩为己有等弊病,于是,"诏江东、湖北、淮东路转运司,将今来条具到画一事件严切措置,于税务前大字版榜晓谕。或监司全不觉察,许被扰人径诣尚书省越诉,即先将漕臣重置典宪"⑤。数年之后,黄州的守臣方廷瑞,确因"惟务多揩,以资妄费,阻遏行旅"而被罢黜。⑥

宋代为了商品流动通畅,多次发布诏令,废除一些密集的场务。但是,有些官吏尤其地方官吏、栏头、税监,阳奉阴违,在旧务甚至增场务、差栏征税,"暗差栏头之类拘栏邀阻",以及拘栏"士夫、举子所带路费非商贩之物"。高宗绍兴二十六年(1156年)正月,尚书省奏请约束,于是,诏令诸路转运使检察约束,按劾违戾官吏。次年,《南郊赦文》亦曰:"将违犯监专、栏头计赃科罪。"绍兴三十二年(1162年),又令"州县严行禁止巧作发关引所,创立拦税去处。如有违戾,仰监司按劾闻奏"⑦。这种增务收税,试图打着合法的旗帜,进行违法收税,其危害性更大,计赃科罪也就罪罚相适。孝宗乾道元年(1165年)正月,又发布赦文,废罢州县私置税务,并"令监司常切觉察。如有违

---

① 《宋会要辑稿》食货17之31,刘琳等校点,上海古籍出版社2014年版,第6363页。
② 《宋会要辑稿》食货17之37,刘琳等校点,上海古籍出版社2014年版,第6366页。
③ 《宋会要辑稿》食货17之41,刘琳等校点,上海古籍出版社2014年版,第6368页。
④ 参见《宋会要辑稿》食货18之1,刘琳等校点,上海古籍出版社2014年版,第6373页。
⑤ 《宋会要辑稿》食货18之9,刘琳等校点,上海古籍出版社2014年版,第6377、6378页。
⑥ 参见《宋会要辑稿》食货18之12,刘琳等校点,上海古籍出版社2014年版,第6379页。
⑦ 《宋会要辑稿》食货17之42、44、45、48,刘琳等校点,上海古籍出版社2014年版,第6369、6370、6371、6372页。

戾,按劾以闻"①。淳熙四年(1177年)十二月,还规定:"应州县税务不得于五里外拦截客旅,仰本路监司常切觉察。"②宁宗庆元初,尚书省也说,"日后如有违戾,定将守臣、当职监官一例取旨,重行责罚"③。嘉定五年(1212年)十一月,南郊赦文重申诸路州县税场专栏不得乞觅留滞商客,如有违戾,"许被害人越诉,切待追究,重作施行"。后来,嘉定八年(1215年)、嘉定十二年(1219年)、嘉定十四年(1221年)的明堂赦也相同。④ 此外,兵卒"拦截客旅"则是另外一回事。开禧元年(1205年)六月,广东提举陈杲还奏罢八十一个墟市的税收。当然,这是以盐、舶二司的部分收入抵作漕运征收为前提的。⑤

为了发展商业以及特殊地区的通商,宋代减免某些商税或税种,并规定相关官吏也要承担保障免税的责任,不能违规征收。仁宗庆历八年(1048年)十二月,诏曰:"河北、京东西灾伤州县,流民随行之物所直三千钱已下,已令勿税。"⑥高宗建炎三年(1129年)四月,诏:"应兴贩物斛入京,许客人经所在去处陈状,出给公据,沿路商税、力胜并特放免。"⑦这实际上是为了满足京师和西北地区物资供应和商品流通的需要,也就定向免去了部分商税。此外,若遇饥荒,为恢复生产,对竹木、耕牛等特种物品免税,甚至渡钱,"与免沿路商税抽解",或"沿路税及船渡钱免"⑧。为此,违反这些减免规定,仍然收税或征收重税,则会受到责罚。高宗建炎三年(1129年),诏免入京贩运的商税、力胜钱之后,但沿途仍征收江西、湖南运往建康的物斛、竹木税,于是,御营使司参议官李迨奏言:"伏望申严禁约,如有违戾,当职官重赐黜责,栏头、公人决配。许客人越诉。专委提举茶盐官按治督责,诸州主管官常切检察。如失按举,与同罪。"⑨南宋时这种违法情况更为严

---

① 《宋会要辑稿》食货18之2,刘琳等校点,上海古籍出版社2014年版,第6373页。
② 《宋会要辑稿》食货18之9,刘琳等校点,上海古籍出版社2014年版,第6377页。
③ 《宋会要辑稿》食货18之20,刘琳等校点,上海古籍出版社2014年版,第6383页。
④ 参见《宋会要辑稿》食货18之25,刘琳等校点,上海古籍出版社2014年版,第6386页。
⑤ 参见《宋会要辑稿》食货18之23—24,刘琳等校点,上海古籍出版社2014年版,第6385页。
⑥ 《宋会要辑稿》食货17之24,刘琳等校点,上海古籍出版社2014年版,第6359页。
⑦ 《宋会要辑稿》食货17之34,刘琳等校点,上海古籍出版社2014年版,第6364页。
⑧ 《宋会要辑稿》食货18之1、2,刘琳等校点,上海古籍出版社2014年版,第6373、6374页。
⑨ 《宋会要辑稿》食货17之34,刘琳等校点,上海古籍出版社2014年版,第6364页。

第七章 宋代财税征管责任追究

重,相关处罚规定以及事例也更多。高宗建炎二年(1128年),先后诏曰:"应客贩粮斛、柴草入京船车,经由官司抑令纳力胜、商税钱者,从杖一百科罪。许客人越诉。""应荆湖、江浙路客贩米斛赴行在,而经由税务辄于例外增收税钱,罪轻者徒一年,许诣尚书省越诉。"①高宗绍兴十八年(1148年)十一月,户部还认为:"客贩食用米斛,依累降指挥,与免税钱,务要米斛通行……不得依前阻遏。如敢违戾,仰监司按劾以闻,将州县当职官并税务监官重赐黜责,公吏特行决配,仍许人户越诉。"绍兴二十九年(1159年)正月,诏曰:"已降指挥:客贩食米不得收税,仍蠲除税额,所冀民不阙食。""应客贩食米若无他货,并即时放行。"②这种"客贩食米"免税,显然是为了"民不阙食",应对粮食短缺和涨价,维护地方的稳定。孝宗乾道元年(1165年)正月,"诏诸路州军:'令诸路监司、守臣出榜约束,遇米船经过,即时通放。违戾去处,监官按劾,专拦重决配'"。乾道六年(1170年)正月,"诏沿江诸郡税场:'今后商贾所载物货,如系茶、盐、米、麦、面、铜钱,敢有违法收税者,许商贾越诉,监司按劾以闻,将监临官并专栏等人重置典宪'"③。有臣僚也指出沿江重税,"自昔号为大小法场,言其征取,酷如杀人……欲乞行下沿江诸路监司严行禁革,官吏犯者,必罚无赦"④。《宋史》又说:"关市之征迭放,而贪吏并缘,苛取百出。私立税场,算及缗钱、斗米、束薪、菜茹之属,擅用稽察措置,添置专栏收检。虚市有税,空舟有税,以食米为酒米,以衣服为布帛,皆有税。""闻者咨嗟!指为大小法场,与斯民相刃相劘,不啻雠敌,而其弊有不可胜言矣。"⑤故孝宗淳熙二年(1175年)十月,中书门下仍重申"客贩米斛,依法不合收税"禁令,若有违反,"专委漕司觉察按劾,当职官吏重作施行"⑥。可见,宋代追究官吏免税责任,重点保障京师、西北以及特殊时期人们的日常需要。

---

① 《宋会要辑稿》食货17之33—34,刘琳等校点,上海古籍出版社2014年版,第6364页。
② 《宋会要辑稿》食货17之39、45—46,刘琳等校点,上海古籍出版社2014年版,第6367、6371页。
③ 《宋会要辑稿》食货18之3、4,刘琳等校点,上海古籍出版社2014年版,第6374、6375页。
④ 《宋会要辑稿》食货18之5,刘琳等校点,上海古籍出版社2014年版,第6375页。
⑤ (元)脱脱等:《宋史》卷186《食货志》,中华书局1977年版,第4547页。
⑥ 《宋会要辑稿》食货18之8,刘琳等校点,上海古籍出版社2014年版,第6377页。

此外,官吏还有一些税收的相关责任。

为了防止税收流失,限制或禁止官吏,尤其是税官经商。太宗乾德元年(963年)四月,兵部郎中、监秦州税曹匪躬和海陵、盐城两监屯田副使张蔼,"令人赍轻货往江南、两浙贩易,为人所发",分别被弃市、除籍。① 真宗咸平时明确规定,官吏不得经商,"京朝幕职官、州县官今后在任及赴任得替,不得将行货物色兴贩。如违,并科违敕之罪,商物依例抽罚"②。然而,宋代官吏经商,尤其在所管辖区域内经商,屡见不鲜,并偷漏税收。神宗熙宁时,京东、河北路提举盐税王伯瑜于所部商贩逐利,"身不奉法,贪恣之声流于道路",为逐司所劾,"坐追四官勒停,唐州安置"③。又如哲宗元祐时知青州、资政殿学士王安礼,"在任买丝,勒机户织造花隔织等匹物,妄作名目,差役兵般担,偷谩一路商税,上京货卖,赢掠厚利,不止一次",遭到殿中侍御史岑象求的弹劾。④ 此外,对没官的漏税货物,官吏无权自由处置,更不能从中获利。如任颛知潭州时,获广州客死商人的真珠八十两,先以无引漏税之名没官,后又与本路转运判官李章以低价购买,结果"夺颛职,徙章监当,余悉坐追停"⑤。

为了平衡市场、稳定物价,宋代以官方资本经营商业或干预市场而获取利益,防止商业或经济危机,以维持传统自然经济和社会秩序的稳定。这就是所谓市易,也即古代的平准。元符时市易务一度改名平准务。⑥ 神宗元丰三年(1080年)九月,都提举市易司王居卿说:"市易之法有三:结保赊请,一也;契书、金银抵当,二也;贸迁物货,三也。"⑦故这是熙宁变法的一项内容。苏轼等认为这是聚敛之法,表示

---

① 参见(宋)李焘:《续资治通鉴长编》卷4,上海师范大学古籍整理研究所、华东师范大学古籍整理研究所点校,中华书局2004年版,第89页。
② 《宋会要辑稿》食货17之20,刘琳等校点,上海古籍出版社2014年版,第6356页。
③ (宋)李焘:《续资治通鉴长编》卷247,上海师范大学古籍整理研究所、华东师范大学古籍整理研究所点校,中华书局2004年版,第6014、6015页。
④ 参见(宋)李焘:《续资治通鉴长编》卷449,上海师范大学古籍整理研究所、华东师范大学古籍整理研究所点校,中华书局2004年版,第10788页。
⑤ (宋)李焘:《续资治通鉴长编》卷180,上海师范大学古籍整理研究所、华东师范大学古籍整理研究所点校,中华书局2004年版,第4356页。
⑥ 参见《宋会要辑稿》食货37之33,刘琳等校点,上海古籍出版社2014年版,第6824页。
⑦ 《宋会要辑稿》食货37之29,刘琳等校点,上海古籍出版社2014年版,第6821页。

反对,"坐去官"①。当然,宋代市易与市场联系得更紧密,商业性很强,也由此获得商业利润,但这种利润不是直接的商业税收,只能算作官方营商的利润,是依靠行政权力而获取的商业利益,因而又与商税相关。宋代对市易有许多禁止或限制性的规定,神宗元丰元年(1078年),借贷市易利息"毋过一分二厘",而盈利的期限又以货物多少而定,"市易司遣官以物货至诸路贸易,十万缗以上期以二年,二十万缗以上三年,敛及三分者,比递年推恩,八分者理为任,期尽不及者勿赏,官吏廪给并罢"②。并且,相关官吏还要管理好市易的息额,类似税收,如在元丰三年(1080年)八月,驾部员外郎、前提举熙州市易汲逄,"赎铜十斤,改勒停为冲替",就因为"以前界市易息衮入后界"③。徽宗崇宁元年(1102年),"户部奏:平准务钱物毋得他司移用",后来,还规定年终考核,以行赏罚。④ 至于市易盈利,更是以减磨勘、转资和赐钱等方式奖励。⑤

宋代征管商业税收时,很重视相关税务的官吏管理和责任,以保证完成国家机器运作所需的财源。同时,似乎注意到了征税与抑末的传统,也重视征税与通商的合理关系,或者说,既要使税收"克助经费",又不能"烦苛邀宠"⑥。因而,宋代基本理顺了这些关系,无疑促进了宋代商业发展和商税的增长。

二、对外商税

宋代对境外的商业贸易,主要设置榷场和市舶司等机构进行管理。榷场主要设于西北、西南与少数民族政权接壤的边地;市舶司则设于东南沿海对外贸易和联系密切的港口城市。这些外贸机构多由地方州县以及路级官员兼任或兼管,也有的设置专门官吏。

榷场贸易也是互市,宋朝主要以茶、盐、粮、帛与少数民族的马畜

---

① (元)脱脱等:《宋史》卷186《食货志》,中华书局1977年版,第4557页。
② (元)脱脱等:《宋史》卷186《食货志》,中华书局1977年版,第4552页。
③ (宋)李焘:《续资治通鉴长编》卷307,上海师范大学古籍整理研究所、华东师范大学古籍整理研究所点校,中华书局2004年版,第7455页。
④ 参见(元)脱脱等:《宋史》卷186《食货志》,中华书局1977年版,第4554页。
⑤ 参见《宋会要辑稿》食货37之28,刘琳等校点,上海古籍出版社2014年版,第6821页。
⑥ 《宋会要辑稿》食货17之13,刘琳等校点,上海古籍出版社2014年版,第6351页。

产品交易为主,亦称之茶马互市、交易。宋初已经控制对外贸易,太宗淳化二年(991年),"诏广州市舶,除榷货外,他货之良者止市其半"。太宗"太平兴国初,私与蕃国人贸易者,计直满百钱以上论罪,十五贯以上黥面流海岛,过此送阙下。淳化五年,申其禁,至四贯以上徒一年,稍加至二十贯以上,黥面配本州为役兵"①。榷场贸易主要是官贸,限定交易地点、商品范围,并交纳牙税。榷场的监专、使臣以及边地官吏,负有管理责任。他们的责任种类与境内商业管理相似,涉及漏税、违禁、税额以及贪赃等,但又有一定特殊性。

榷场地处边地,商贸既涉及税收,又与国防密切相关。"透漏违禁"是其管理中的重点对象,如神宗熙宁三年(1070年)六月,三司就指出:"相度到雄、霸州、安肃军三榷场,乞将合支见钱(降)[除]充北客盘缠等钱外,余令算腊茶行货。如违,其监、专、使臣等并依透漏违禁物货条,从违制分故失、公私科罪。"②当然,作为榷场官吏,最基本的职责是要完成税收定额,宋代对此作了奖惩规定。高宗绍兴十二年(1142年)八月,户部言:"今来建置榷场,欲将岁终收息立定赏罚下项:主管司(兼主管同),任内至岁终,将本钱比较息钱(谓如本钱一万贯,收息钱一千贯一分之类,本钱不满万余贯,不推赏),增(已下内选人比类施行):六分以上,减磨勘半年;七分以上,减磨勘一年;八分以上,减磨勘一年半;九分以上,减磨勘二年;一倍以上,减磨勘二年半。亏(谓收息不及者):五分,展半年磨勘;四分,展一年磨勘;三分,展一年半磨勘;二分,展二年磨勘;一分,展二年半磨勘……提点措置知、通除难以支赏钱外,如至岁终,依前项增息,比主管官格法递加半年磨勘;如亏息,令总领钱粮官具因依申取指挥责罚施行。总领钱粮官及提领监司(侯)[候]岁终,令本司开具息钱增亏数目,从户部点对比较,取旨赏罚。"③可见,榷场贸易主要是官方贸易,禁止民间的直接贸易,榷场税收的完成主要通过"将本钱比较息钱"来判断,具体程序则为:总领钱粮官具因依申取指挥,总领钱粮官及提领监司岁终开具息

---

① (元)脱脱等:《宋史》卷186《食货志》,中华书局1977年版,第4554页。
② 《宋会要辑稿》食货36之31,刘琳等校点,上海古籍出版社2014年版,第6801页。
③ 《宋会要辑稿》食货38之35—36,刘琳等校点,上海古籍出版社2014年版,第6845、6846页。

钱增亏数目,户部点对比较取旨赏罚。这是年终考核之后确定的榷场贸易的税收责任。

而在榷场的具体管理中,本场官吏查检货物、契勘关引、置历消破,并将支破、商人和货物申报提令司,高宗绍兴时户部就奏言:"倘或本场开具不同,及于关引内影带数目,许经由税务径申提领司根究,将本场官吏重赐行遣。如或经由州县税务点检得有客旅将带北货无本场关引,及关引内数目不同,不即根究,容纵放行,致有透漏,其税务官吏并乞依透漏私茶盐法科罪。"① 在榷场互市中,一般由官府买卖商品,现任官吏承担亏损责任,不许自己收买,"如有违犯,重置典宪"②。此外,还有一般管理责任,如果购买规格不符,也要受到处罚。元符元年(1098年)三月,从北客买布裁制军人冬装,"雄州榷场不依样纳布,监司降一官,通判展二年磨勘",并且规定,"今后不如样者须退回,如违,重行停替,监司常切觉察。霸州等处榷场并依此施行"③。至于榷场的安全保卫,也由所在的知州、通判以及推官、巡检、沿边安抚使等负责,如哲宗元符元年(1098年)六月,知霸州李昭玘等,因"北人盗拆霸州桥,入榷场杀伤人兵,并无处置,亦不豫为防备"而被处以降官等。④

市舶司或市舶务是宋代的外贸机构,主要设在沿海,尤其东南沿海重要港口城市,如广州、泉州、明州、杭州、温州、秀州(华亭)、江阴军、密州(板桥镇)等地。市舶司(务)设立之初,知州兼使,如太祖开宝四年(971年)五月,"初置市舶司于广州,以知州潘美、尹崇珂并兼使",后来真宗大中祥符时又由三司使副、判官或本路转运使奏充。两宋之交,"宣和后悉归应奉","建炎初李伯纪为相,省其事归转运司","建炎中兴,诏罢两浙、福建市舶司归转运司"⑤。市舶司务以及

---

① 《宋会要辑稿》食货38之36—37,刘琳等校点,上海古籍出版社2014年版,第6846页。
② 《宋会要辑稿》食货38之38,刘琳等校点,上海古籍出版社2014年版,第6847页。
③ (宋)李焘:《续资治通鉴长编》卷495,上海师范大学古籍整理研究所、华东师范大学古籍整理研究所点校,中华书局2004年版,第11783页。
④ 参见(宋)李焘:《续资治通鉴长编》卷499,上海师范大学古籍整理研究所、华东师范大学古籍整理研究所点校,中华书局2004年版,第11881页。
⑤ 参见(宋)李焘:《续资治通鉴长编》卷12、卷88,上海师范大学古籍整理研究所、华东师范大学古籍整理研究所点校,中华书局2004年版,第266页;(宋)李心传:《建炎以来朝野杂记》甲集卷15《市舶司本息》,徐规点校,中华书局2000年版,第330页;(宋)马端临:《文献通考》卷65《职官考》,上海师范大学古籍研究所、华东师范大学古籍研究所点校,中华书局2011年版,第1868页。

市舶使的主要职责是管理外商的驻泊和贸易,并使"蕃客从便",中外获利,以加强对外往来和贸易。宋高宗说:"市舶之利最厚,若措置合宜,所得动以万计,岂不胜取之于民?"①市舶司及其职官对外商的货物禁榷、抽分,并通商;同时,还要管理宋朝商人出海经商。

从外商及其货物的管理来说,首先,要按照官府要求,确定收市商品价格和抽分税额数量,如真宗大中祥符二年(1009年)八月,"诏杭、明、广州市舶司,自今蕃商赍输石至者,官为收市,斤给钱五百。以初立科禁也,三司定直,斤止钱二百,上特增之"②。绍兴时,诏定三路市舶司征收蕃商的税率,"丁、沉香、龙脑、白豆蔻四色,各止抽一分"。"先是,十取其四,朝廷闻商人病其重也,故裁损焉。"③显然,根据需要增减收购价格和升降税额,都是为了招诱外商,发展对外贸易,收入可观,"三舶司岁抽及和买,约可得二百万缗"④。当然,擅自增减,造成外商亏损,那就违法了。高宗绍兴十六年(1146年)九月,提举福建常平司公事袁复一,就"以前任广南市舶,亏损蕃商物价"而降一官。⑤ 孝宗淳熙十四年(1187年)正月,提举福建市舶潘冠英因"苛敛诛求"放罢,宁宗嘉定六年(1213年)闰九月,提举福建市舶赵不熄因"多抽番舶""更降一官",都受到处罚,被追究责任。⑥ 至于收市或博买的商品,必须合格,孝宗淳熙十三年(1186年)八月,朝奉大夫、提举福建市舶潘冠英因"发纳犀角、象牙多短小不堪用"而被降一官。⑦ 而博买的商品,还应如数纲运抵京,不得变易,提举广南市舶江文叔"容纵押纲官移易香纲钱物,特降一官"⑧。这直接涉及外贸财税的质量

---

① (宋)李心传:《建炎以来系年要录》卷116,胡坤点校,中华书局2013年版,第2158页。
② (宋)李焘:《续资治通鉴长编》卷72,上海师范大学古籍整理研究所、华东师范大学古籍整理研究所点校,中华书局2004年版,第1628页。
③ (宋)李心传:《建炎以来系年要录》卷156,胡坤点校,中华书局2013年版,第2972页。
④ (宋)李心传:《建炎以来系年要录》卷183,胡坤点校,中华书局2013年版,第3530页。
⑤ 参见《宋会要辑稿》职官44之25,刘琳等校点,上海古籍出版社2014年版,第4216页。
⑥ 参见《宋会要辑稿》职官72之46、75之2,刘琳等校点,上海古籍出版社2014年版,第4993、5071页。
⑦ 参见《宋会要辑稿》职官72之45,刘琳等校点,上海古籍出版社2014年版,第4993页。
⑧ 参见(宋)陈傅良:《止斋集》卷14《前提举广南市舶江文叔容纵押纲官移易香纲钱物特降一官》,文渊阁四库全书本第1150册,台湾商务印书馆股份有限公司1986年版,第605页。

第七章　宋代财税征管责任追究　277

和数量。其次,要保证应有的税收,也有岁课的要求。市舶司说到底也是税务或榷场,除了管理外商和货物,更重要的是通过"博易"获取收入。因而,市舶收入是考课市舶使的重要内容。如神宗熙宁七年(1074年)四月,广州市舶司"顿亏岁课二十万缗",直接的原因是王安石时市易司地位很高,强市拘拦蕃商物品,以致舶客不至。七月,"诏广南东路提举司,劾广州市易务勾当公事吕邈擅入市舶司拘拦蕃商物以闻"①。再次,要稽察并防止铁钱、铜钱等出境,当时张方平在论钱禁指出,"夫铸钱禁铜之法旧矣,累朝所行,令敕具载。钱出中国界及一贯文,罪处死"②。南宋时有人建议,"各州市舶司别与置一官司,专一稽察关防,重立赏罚"③。并且,户部言:"凡经由透漏巡捕州县,知通、县令丞、镇寨官、市舶司官吏、帅臣、监司之在置司州者,并减犯人一等,故纵者与同罪,不以去官赦降原减。"④可见,市舶司是要负连带职责的,并且《庆元条法事类》有明确的规制。

此外,宋代市舶司参与管理出海商人,哲宗元祐五年(1090年)十一月,刑部言:"商贾许由海道往外蕃兴贩,并具入船物货名数、所诣去处,申所在州……州为验实,牒送愿发舶州置簿钞上,仍给公据听行,回日许于合发舶州住舶,公据纳市舶司。"也即市舶司在州查验的基础上,管理出海经商的凭证"公据",至于"不请公据而擅乘船自海道入界河及往高丽、新罗、登莱州界者"就会受到处罚,管理"公据"的市舶司也有责任。⑤ 还有对市舶官员贪赃的处罚,钦宗靖康元年(1126年)三月,提举福建市舶张佑等为言者所劾,"皆缘交结权幸,躐取名位,邪佞凶狡,素无廉声,皆不足以当一道之寄故也"。最后被罢

---

① (宋)李焘:《续资治通鉴长编》卷252、卷254,上海师范大学古籍整理研究所、华东师范大学古籍整理研究所点校,中华书局2004年版,第6173、6223页。
② (宋)李焘:《续资治通鉴长编》卷269,上海师范大学古籍整理研究所、华东师范大学古籍整理研究所点校,中华书局2004年版,第6593页。
③ (宋)包恢:《敝帚稿略》卷1《禁铜钱中省状》,文渊阁四库全书本第1178册,台湾商务印书馆股份有限公司1986年版,第715页。
④ (宋)李心传:《建炎以来系年要录》卷180,胡坤点校,中华书局2013年版,第3455页。
⑤ 参见(宋)李焘:《续资治通鉴长编》卷451,上海师范大学古籍整理研究所、华东师范大学古籍整理研究所点校,中华书局2004年版,第10823页。

黜。① 高宗绍兴二十六年(1156年)六月,知抚州张子华,"目不识字,初以玩好,结托时相,遂迁福建、广南两路市舶,贪污之声,传于化外",为殿中侍御史周方崇劾罢。② 无论是对市舶及对商人出海经商的管理,还是严惩市舶官吏的贪赃,从对外贸易和税收来讲,都是为了防止外贸税收的流失。

第三节 专营税收

在宋代的商业中,一些日常必需品或特殊商品,如盐、茶、酒、曲、香、矾等由官府垄断买卖常称之榷征,也即政府专卖,或在官府控制下的有条件通商;还有一些关乎国防的资源,如金、银、铜、铁、锡、矾等矿产品,国家直接控制生产经营,并由官府全部或绝大部分购买,也即所谓专买,或者专营。这实际上是我国古代官营工商业的集中体现,也是封闭落后的生产方式。无论是专买还是专卖,都属榷禁,通过控制特殊物品的生产和贸易获取高额利润,从专卖专营中获得特殊商税,最大限度地满足国家财政的需求,维持政府的正常运作。

在宋代财税中,专卖专营的收入是重要的来源,远胜于以往任何朝代。古代财税总数的统计是个难题,很难求得一朝一代的确切数据,但据史料记载还能看出宋代大概,"至道末,天下总入缗钱二千二百二十四万五千八百",而天禧末,"天下总入一万五千八十五万一百,出一万二千六百七十七万五千二百"③。又如张方平说:"庆历五年取诸路盐酒、商税岁课,比《景德会计录》皆增及三数倍以上。"④其中,专卖专营的税收占有很大的份额,如盐税是专卖中的大项,"唐乾元初,第五琦为盐铁使,变盐法,刘晏代之,当时举天下盐利,岁才四十万缗。至大历,增至六百余万缗,天下之赋,盐利居半。

---

① 参见《宋会要辑稿》职官69之21,刘琳等校点,上海古籍出版社2014年版,第4909页。
② 参见(宋)李心传:《建炎以来系年要录》卷173,胡坤点校,中华书局2013年版,第3313页。
③ (元)脱脱等:《宋史》卷179《食货志》,中华书局1977年版,第4349页。
④ (宋)张方平:《乐全集》卷24《论国计事》,文渊阁四库全书本第1104册,台湾商务印书馆股份有限公司1986年版,第235页。

元祐间,淮盐与解池等岁四百万缗,比唐举天下之赋已三分之二。绍兴末年以来,泰州海宁一监,支盐三十余万席,为钱六七百万缗,则是一州之数,过唐举天下之数"。而在徽宗政和时,蔡京当政敛财,盐课甚高,"盐课通及四千万缗,官吏皆进秩"①。南宋中后期盐课下降较快,理宗宝庆二年(1126年),监察御史赵至道言:"庆元之初,岁为钱九百九十万八千有奇,宝庆元年,止七百四十九万九千有奇,乃知盐课之亏,实盐商之无所赢利。"②又如茶税一项在宋初就超过唐代很多倍,真宗大中祥符九年(1016年)二月,王旦等说:"元和国计,茶税岁不过四十万缗。朝廷自克复江、浙,总山场榷务,共获钱四百余万缗。"③再如酒,仁宗庆历初,三司言:"陕西用兵,军费不给,尤资榷酤之利。请较监临官岁课,增者第赏之。"④酒税作为西北军费的重要补充。高宗建炎三年(1129年),四川"先罢公帑卖供给酒,即旧扑买坊场所置隔酿","明年,遍下其法于四路,岁递增至六百九十余万缗,凡官槽四百所,私店不预焉,于是东南之酒额亦日增矣"。⑤ 这是南渡后增收的酒税,数量近七百万缗,十分可观。为此,宋高宗就说:"国家养兵,全籍茶盐以助经费。"⑥这表明茶盐之利的主要用途,并直接关系国防安全,显然地位极为重要。

因而,宋代的专卖专营税收较之前代和宋代二税,显然重要得多。当然,在税收管理中,专卖与专买又各有侧重,各有选择,在专卖专买中以买为主,兼顾"生产"管理,主要是生活必需商品;在专营中,以产为主,又兼顾"专买"管理,主要是国家层面控制的重要物品,但是,都是国家垄断商品的生产和流通,关注的焦点都在垄断经营之后的税收上。这类工商税数量巨大,征敛集中,尤其能够适应宋代内政外交的庞大开支和紧急需要。除了场务、监务官吏等直接管理生产和流通的官吏外,州县、监司等地方行政和监察之官也负有其责。就责任产生

---

① (元)脱脱等:《宋史》卷182《食货志》,中华书局1977年版,第4452页。
② (元)脱脱等:《宋史》卷182《食货志》,中华书局1977年版,第4456页。
③ (宋)李焘:《续资治通鉴长编》卷86,上海师范大学古籍整理研究所、华东师范大学古籍整理研究所点校,中华书局2004年版,第1971页。
④ (元)脱脱等:《宋史》卷185《食货志》,中华书局1977年版,第4516页。
⑤ 参见(元)脱脱等:《宋史》卷185《食货志》,中华书局1977年版,第4520页。
⑥ 《宋会要辑稿》食货32之22,刘琳等校点,上海古籍出版社2014年版,第6708页。

的领域而言,涉及生产、税收、流通方面的管理,如仁宗庆历时两浙转运使沈立等奏言亭户、仓场、漕运之弊,"爱恤亭户使不至困穷,休息漕卒使有以为生,防制仓场使不为掊克率敛,绝私贩,减官估,果能行此五者,岁可增缗钱一二百万"①。又如高宗绍兴时臣僚言:"尝询究盐弊有四,一曰惜本钱,二曰增元额,三曰纵私贩,四曰慢收贮。"②孝宗隆兴时还有人指出盐场六弊,"一曰兼并之家侵刻小民,阴夺官利;二曰巡捕之官容纵偷窃,公然私贩;三曰支盐仓侵渔盐场,增抬斤两;四曰买纳场不谨火伏,亏失盘数;五曰以本钱借豪富;六曰以赏典归支仓"③。这些多为生产和征收环节的问题。当然,最为重要的还是税额的完成,宋代多次作为专营税收责任的一般规定。真宗即位后,"令诸路茶、盐、酒税及诸场务,自今总一岁之课,合为一,以额较之。有亏则计分数,知州、通判减监官一等科罚,州司典吏减专典一等论,大臣及武臣知州军者止罚通判以下"④。这规定了地方各级官吏以岁课或年额作为确认税务责任的原则,其中场务官与州县官有所区别。真宗景德二年(1005年)五月,关于年额的诏书更为明确,"自今诸处茶、盐、酒课利增立年额,并令三司奏裁"⑤。而仁宗康定元年(1040年)六月,诏三司:"天下州县课利场务,自今逐处总计,大数十分亏五厘以下,其知州、通判、募职、知县各罚一月俸;一分以下,两月俸;二分以上,降差遣。其增二分以上,升陟之。"⑥这明确了具体的处罚数量。后来,"朝廷既有意于燕云,而蔡京为国兴利以备兵兴支用,仍行香、茶、盐、矾等法令,州县立递年租额,以最殿考其赏罚,守令奉行罔敢少息"⑦。至于完不成定额,就会免职,哲宗元祐五年(1090年)二月,"诏府界、路三万贯以上课利场务,二年并亏及监官不职,许令转运、提刑

---

① (元)脱脱等:《宋史》卷182《食货志》,中华书局1977年版,第4435页。
② 《宋会要辑稿》食货27之1,刘琳等校点,上海古籍出版社2014年版,第6581页。
③ 《宋会要辑稿》食货27之10—11,刘琳等校点,上海古籍出版社2014年版,第6586页。
④ (元)脱脱等:《宋史》卷179《食货志》,中华书局1977年版,第4349页。
⑤ 《宋会要辑稿》食货30之3,刘琳等校点,上海古籍出版社2014年版,第6651页。
⑥ (宋)李焘:《续资治通鉴长编》卷127,上海师范大学古籍整理研究所、华东师范大学古籍整理研究所点校,中华书局2004年版,第3022页。
⑦ (宋)徐梦莘:《三朝北盟会编》卷1,上海古籍出版社2008年版,第3页。

司别举官"①。南宋孝宗乾道六年(1170年)三月,对具体场务的税额和责罚作出规定,"将三榷货务都茶场收到茶、盐、香、矾钱,各行立定岁额钱数下项:行在八百万贯,建康二百万贯,镇江四百万贯。如收趁及额,官吏方得依例推赏。如亏不及一分,免行责罚;若亏及一分以上,各降一官,吏人各从杖一百科断"②。这些多为宋代专营税收责任的原则性规定,但在实际征收管理中还有许多具体的规定,除了基本的税额责任外,还涉及生产经营、本息增减以及禁止走私等。

一、专营商品的生产和流通管理

一般来说,商品生产是商业的基础而不是流通的环节,但是,专卖专买是特种垄断商品生产和流通的结合,直接影响到税收的完成。专卖专营商品的生产管理责任不是一般生产责任,而是商业垄断以及税收完成的基础。这在盐的生产和征收中表现最为典型。

宋代的盐包括海盐、池盐、井盐等,海盐占有绝对比例,约90%,并分成不同区域进行销售,"凡通商州军,在京西者为南盐,在陕西者为西盐,若禁盐地则为东盐,各有经界,以防侵越"。而"鬻海为盐,曰京东、河北、两浙、淮南、福建、广南,凡六路"③。这些是行盐区的规定,未必是宋代盐业的特点,榷盐也不是从宋代开始,但是,宋代的盐又是专卖商品的大宗,在专卖商品税收中占有很大的分量,因而管理极为严格,措施甚为丰富,并把生产管理与流通管理密切地结合在一起。生产过程的责任重在产量完成和盐本管理。

产量:盐场所在的地方官以及监官实质上是当地盐业生产直接责任人,若有管理不当,出现场务事故则要承担责任。哲宗元符二年(1099年)九月,解盐池因"不谨视护"而溃决,"诏知解州刘斐,通判刘公明,同监解池郭群、郑安道、张侁,监安邑池苏之纯、解敞、刘世隆,各特除名勒停,送逐处编管",还有相关的判官、推官、监门以及主簿、县

---

① (宋)李焘:《续资治通鉴长编》卷438,上海师范大学古籍整理研究所、华东师范大学古籍整理研究所点校,中华书局2004年版,第10565页。
② 《宋会要辑稿》食货27之35,刘琳等校点,上海古籍出版社2014年版,第6597、6598页。
③ (元)脱脱等:《宋史》卷181《食货志》,中华书局1977年版,第4415、4426页。

尉、录事参军等也受到勒停、冲替、差替等处罚。① 州县官及场监官,监督盐业生产,提高产量,如果亏减,则受处罚,政和五年(1115年)六月诏曰:"合同场监官……亏三十万斤以上,降一官;二十万斤以上,展三年磨勘;十万斤以上,展二年;十万斤以下,展一年;不及一千斤,不罚。内选人比类施行。知、通、主管依此。除二等展限磨勘一年已下者,每季为一等申,余候到,申尚书省依此赏罚。"②这是根据年度完成的课额进行处罚。此外,还对生产过程中私煎也有相关的规定。高宗绍兴元年(1131年),"诏临安府、秀州亭户二税,依皇祐法输盐,立监官不察亭户私煎及巡捕漏泄之法"③。具体的规定是,"盐地分巡检不觉察亭户隐缩私煎、盗卖盐者,杖一百,监官、催煎官减二等,内巡检仍依法计数冲替。余路依此"④。光宗绍熙元年(1190年)十一月,广西提刑吴宗旦奏陈高、雷、化、钦、廉州五州各卖二分盐后,诏曰:五州盐丁,"将已减定盐额依数煎趱,不(计)[许]擅行私煎、盗卖"⑤。可见,通过督促煎炼、赴官中卖,保证收购,防止私煎等方式,最终保障亭户的生产和盐税的征收。但是,监督又不得干扰正常的生产,绍兴六年(1136年)六月曾诏曰:"监司、州县并巡尉下公人、兵级,非缘公、虽缘公而无所执印头引,并不得擅入亭场。如违,以违制论;因而搔扰,乞取盐货,计赃坐罪。所属当职并场监官失觉察,并取旨行遣,许亭户越诉。"⑥孝宗乾道六年(1170年)六月,还是将煎盐数量作为催煎官任期考核的重要依据,诏曰:"催煎、买纳官系以三年为任,任满,以三考逐年内煎买到盐与年额比较。其任外零考不及半年以上,对比月日,比祖额纽计,如亏不及一分之人,与免比较。其零考虽不及半年,若比类亏一分,即更不推赏。"⑦绍熙时,也是如此,"煎盐不及旧额,管以递年之数比较增亏"⑧。后来,宁宗开禧元年(1205年)七

---

① 参见(宋)李焘:《续资治通鉴长编》卷516,上海师范大学古籍整理研究所、华东师范大学古籍整理研究所点校,中华书局2004年版,第12264页。
② 《宋会要辑稿》食货25之8,刘琳等校点,上海古籍出版社2014年版,第6539页。
③ (元)脱脱等:《宋史》卷182《食货志》,中华书局1977年版,第4454页。
④ 《宋会要辑稿》食货26之3,刘琳等校点,上海古籍出版社2014年版,第6558页。
⑤ 《宋会要辑稿》食货28之33,刘琳等校点,上海古籍出版社2014年版,第6621页。
⑥ 《宋会要辑稿》食货26之25,刘琳等校点,上海古籍出版社2014年版,第6569页。
⑦ 《宋会要辑稿》食货27之36,刘琳等校点,上海古籍出版社2014年版,第6598页。
⑧ 《宋会要辑稿》食货28之39,刘琳等校点,上海古籍出版社2014年版,第6624页。

月,还规定诸路仓场监官、买纳官、催煎监官在任满时,需要"提举司结罪保明"没有亏额,如果"亏额数多,候补足,方许离任"。① 因此,完成生产岁额是主要职责,否则就要承担责任。

盐本:盐本是官府付给亭户的生产成本,不得挪用。神宗元丰六年(1083年)三月,诏:"解盐司钱非朝旨擅支借,以擅用封桩钱法论。"这主要是保障亭户的正常生产,因"亭户不许别营产业,只煎盐为生,盖欲其专也"②。哲宗绍圣三年(1096年),"发运司言淮南亭户贫瘠,官赋本钱六十四万缗,皆倚办诸路,以故不时至,民无所得钱,必举倍称之息"③。可见,盐本直接影响亭户产盐,甚至导致破产。徽宗崇宁元年(1102年),"蔡京议更盐法,乃言东南盐本或阙,滞于客贩,请增给度牒及给封桩坊场钱通三十万缗"④。徽宗宣和二年(1120年)二月,诏曰:"如诸路盐本不足,可令提举盐事官将本路坊场、河渡及桩留积剩钱除存留本处支用外,并特许支拨充本。如敢占留及作名目隐匿者,以违制论。应亭户煎到盐,仰所属尽数收买,限三日支还价钱。如买不尽若支钱违限,并徒二年;因而乞取减克者,官勒停,吏配千里。"⑤南宋袁燮也指出:"浙右盐本不足,贯于亭户,商人输钱而后偿之。平居无以自给,私鬻者众,则多方经营,务殖其本,先期给之。谓盐场阙官法许兼摄,劳无赏,亏有罚,非所以劝。请计其日月推赏,与正员等。"⑥朝廷为加强盐本管理和完善赏罚制度,保证盐的收购和亭户的生活,防止私卖与兴贩。绍兴时有臣僚建议:"若以本钱就场先支一半,候交盐足,再支一半,俾无难滞,则善矣。"⑦孝宗乾道元年(1165年)八月的敕文规定更清楚,"淮、浙盐场亭户合支盐本钱,访闻多是提举司并本州主管司当行人吏通行邀阻,不与依时支给,或容干请计会,方行支付,分数减克。其逐场率多科扰,及衷私将盐本钱以公使为

---

① 参见《宋会要辑稿》食货28之50,刘琳等校点,上海古籍出版社2014年版,第6629页。
② 《宋会要辑稿》食货24之23、27之1,刘琳等校点,上海古籍出版社2014年版,第6524、6581页。
③ (元)脱脱等:《宋史》卷182《食货志》,中华书局1977年版,第4444页。
④ (元)脱脱等:《宋史》卷182《食货志》,中华书局1977年版,第4444页。
⑤ 《宋会要辑稿》食货25之11—12,刘琳等校点,上海古籍出版社2014年版,第6541页。
⑥ (宋)袁燮:《絜斋集》卷14《秘阁修撰黄公行状》,文渊阁四库全书本第1157册,台湾商务印书馆股份有限公司1986年版,第193页。
⑦ 《宋会要辑稿》食货27之1,刘琳等校点,上海古籍出版社2014年版,第6581页。

名,妄有支费,以致亭户贫乏,有亏盐课。可令提举官躬亲前去逐场检察,严行约束,如见有未支本钱,仰当官点名,逐一尽数支还。若尚敢蹈习前弊,将当职官吏按劾以闻,人吏克减,并行决配。如违今来赦降指挥,许盐亭户经尚书省越诉,当议重置典宪"①。孝宗淳熙六年(1179年)九月,明堂赦文也有相近要求,"令诸路提举司约束所部依时支给,不得减克,如有违戾,许亭户越诉"②。宁宗嘉定七年(1214年)正月,仍有臣僚指出:"提举司不支还盐本钱",造成盐亭户穷困无力烧煮,甚至散为盗贼,而富商大贾则积压盐资,无盐经销,改行转业,希望诸路产盐地分提举司归还亭户本钱,并及时支付盐值,如有"抑勒亏减",允许盐户越诉,而官吏更替时,后任则要保明前任没有亏欠亭户盐本,"如检得见有未支之数,仰具申朝省,重作施行"③。在此需要说明,宋代盐本与入中的本钱有所区别,前者是最终支付亭户用于生产,后者支付商人用于贸易,但都要求及时足额给付,如仁宗皇祐四年(1052年),甚至动用内藏钱解决盐本问题,"以内藏钱二百万缗假三司,遣市易吏行四路请买盐引"④。

专买和盐钞管理。在生产的基础上,盐的专营还有专买收购和发放钞引的环节,即由官府或由官府指定的商人收购亭户之盐,而后者通过入中(有一、二、三、四等说法,四说法即"茶、盐、香药、缗钱")或以钱物购买盐钞后在指定区域销售。

在收购时,通判催促地方州县官应及时买纳,不得邀阻。如哲宗元祐元年(1086年),户部就"乞巡检知县兼盐仓场赏罚,并依正监官法"⑤。哲宗绍圣三年(1096年)六月,江淮等路发运使吴居厚奏言:淮南的岁月盐由各州通判"专催促买纳,支还价值,申陈利害,检察奸弊,仍上下半年遍诣管下仓场提举"。并根据任内完成状况进行奖惩,"如任内敷足额数,从本司别委官审覆奏乞,减一年磨勘;若比额亏及一厘以上,坐罪有差,止展一年磨勘"⑥。徽宗政和时也有相似的规

---

① 《宋会要辑稿》食货27之19,刘琳等校点,上海古籍出版社2014年版,第6591页。
② 《宋会要辑稿》食货28之9,刘琳等校点,上海古籍出版社2014年版,第6609页。
③ 《宋会要辑稿》食货28之57,刘琳等校点,上海古籍出版社2014年版,第6633页。
④ (元)脱脱等:《宋史》卷181《食货志》,中华书局1977年版,第4420页。
⑤ 《宋会要辑稿》职官48之30,刘琳等校点,上海古籍出版社2014年版,第4328页。
⑥ 《宋会要辑稿》食货24之31—32,刘琳等校点,上海古籍出版社2014年版,第6529页。

第七章　宋代财税征管责任追究　285

定,"令淮浙买盐监官常切招诱存恤亭户,广行煎炼,赴官中卖,依限支钱,不可少有邀阻。如岁额买盐比额有增一分已上者,与减半年磨勘;每一分加半年止。内两浙减半。其亭户额外中盐,每斤与增三分价钱。如监官辄有留难,致亭户私卖者,委本州知、通觉察,按劾施行"①。在收购时,不得贱价收购,影响兴贩和生产,否则,要承担责任,如高宗绍兴元年(1131年)十月宣州知州李彦卿被降一官。② 也不得擅自增加每袋盐的重量,如宁宗庆元元年(1195年)九月,要求淮东、浙东西路提盐官约束下属,"盐袋并以三百斤装打,不管分毫大搭"。"如有违戾,即将提举官及本属官吏申取朝廷指挥,重行责罚。若点检后再敢拆袋暗增斤重,许诸邑人陈告,得实,犯人依私盐法断罪追赏。"既而臣僚有请:"近年申严不一,三路视为具文,窃恐暗亏国课。乞下提领所,每季或半年委官点检,从本所缴申都省,将最多斤重一处官吏责罚,以警违戾。"③孝宗乾道八年(1172年)十一月,叶衡又指出:淮、浙路支盐仓与买纳场官吏相互勾结,擅自增加每袋盐(300斤)的重量,所谓"往往多搭斤数,有增数千斤者",为此要求"委逐路提举司互行觉察"④,追究相关官吏的责任。同时,对盐仓支发增减予以奖惩,徽宗宣和时,两浙提举盐事司奏请按照敕文,对州县支盐仓"比较递年增亏",进行奖惩,其中明州、台州最亏,追究相关官吏的责任,"明州知、通并盐仓官各降一官","台州展二年磨勘","明州知、通并支盐仓官更各罚铜十斤,管勾官展二年磨勘。内选人比类施行"。⑤ 当然,支盐仓的体制也存在问题,孝宗乾道四年(1168年)八月,知温州王遬认为从盐场支盐优于从州仓支盐,"盖缘改置州仓,其监官、专秤暗增秤势,不无病弊",他建议:"今若罢去州仓,依旧就场支请,守倅、检察,不得高抬斤重,则其利有八。"⑥

在销售方面,首先是盐钞的支付和管理。盐钞是专卖凭证或有价

---

① 《宋会要辑稿》食货25之4—5,刘琳等校点,上海古籍出版社2014年版,第6537页。
② 参见《宋会要辑稿》食货26之3,刘琳等校点,上海古籍出版社2014年版,第6558页。
③ 《宋会要辑稿》食货28之47—48,刘琳等校点,上海古籍出版社2014年版,第6628页。
④ 《宋会要辑稿》食货27之41,刘琳等校点,上海古籍出版社2014年版,第6601页。
⑤ 参见《宋会要辑稿》食货25之11,刘琳等校点,上海古籍出版社2014年版,第6540页。
⑥ 《宋会要辑稿》食货27之25,刘琳等校点,上海古籍出版社2014年版,第6594页。

证券,也是朝廷直接控制盐利的手段,所谓"自抄盐之法行,盐课悉归榷货,诸路一无所得"①。而盐官应及时合理支付,不得擅自增减。徽宗崇宁时蔡京变更盐法,确有敛财的目的,但也有支付盐钞的要求,"私减者坐徒徒之罪,官吏留难、文钞展限等条皆备"②。为此,盐钞支付也是行盐区域官吏的责任。其次,对住卖即本地区销售额的年度考核。徽宗宣和五年(1123年)五月,"客贩钞盐,令诸路提举官比较州县住卖增亏,申尚书省赏罚。可依知、通、当职官、句管令、丞年终招诱住卖盐,比额十分为率,增一分以上,减半年磨勘;三分以上,减一年磨勘;五分以上,减二年磨勘;七分以上,减三年磨勘;一倍以上,转一官;两倍以上,取旨,优与转官升擢。亏一厘以上,展二年磨勘;一分以上,展三年磨勘;三分以上,降一官;五分以上,差替;六分以上,冲替;七分以上,取旨重行停废"③。这一赏罚标准后来有所变化,高宗绍兴时提举茶盐司比较州县盐的住卖,进行升降名次,而户部认为当时实际的处罚太轻,起不到激劝的效果,于是奏请奖惩制度最增最亏的办法,"最增一分以上,减半年磨勘;三分以上,减一年磨勘;五分以上,减一年半磨勘;七分以上,减二年磨勘;八分以上,减二年半磨勘;一倍以上,减三年磨勘。最亏一分以上,展半年磨勘;三分以上,展一年磨勘;五分以上,展一年半磨勘;七分以上,展二年磨勘;八分以上,展二年半磨勘(内选人降一资);一倍以上,展三年磨勘(内选人降一资,更降一季名次)"④。其实,南宋的奖惩力度较北宋又有所减轻。淳熙十年(1183年)正月,胡庭直在条具措置二广钞盐利害时又提出:"所趁盐课登及岁额,每岁各与减一年磨勘,选人任满,与循一资;亏及三分者,每岁各展磨勘一年。仍于岁终将一路守令比较,使人知所惩劝,则事功可以兴起矣。"⑤可见,宋代对盐课包括住卖的奖惩以及追究责任,有时间和地域上的差异。再次,入中盐券的管理。元昊反后,宋朝聚兵西北,粮草不足,"因听入中刍粟,予券趋京师榷货务受钱若金银;

---

① (宋)杨时:《龟山集》卷20《答胡康侯》(其八),文渊阁四库全书本第1125册,台湾商务印书馆股份有限公司1986年版,第305页。
② (元)脱脱等:《宋史》卷182《食货志》,中华书局1977年版,第4445页。
③ 《宋会要辑稿》食货25之20—21,刘琳等校点,上海古籍出版社2014年版,第6546页。
④ 《宋会要辑稿》食货26之30,刘琳等校点,上海古籍出版社2014年版,第6572页。
⑤ 《宋会要辑稿》食货28之16,刘琳等校点,上海古籍出版社2014年版,第6613页。

入中它货,予券偿以池盐"。即入中"多粟",予券受钱;入中"它货",则获券售盐。而"猾商贪吏,表里为奸,至入橡木二,估钱千,给盐一大席,为盐二百二十斤。虚费池盐,不可胜计,盐直益贱,贩者不行,公私无利"①。主要是解决入中所得与所支之间相符的问题,防止猾商的欺诈。

相对于盐的生产和专营来说,宋代对茶、酒等的直接控制和监管似乎要弱一些,记载也少些,如宋初陈、滑、蔡、颍、随、郢、邓、金、房州、信阳军等不榷酒,到太平兴国后在京西转运使程能奏请后,"置官吏局署,取民租米麦给酿","至课民婚葬,量户大小令酤,民甚被其害"。太宗淳化五年(994年),"诏募民自酿,输官钱减常课三之二"②。可见,北宋前期榷酒多有变化,至于官酿还是民酿,民用还是官用,官府的控制相对较弱,但也不是无所作为。徽宗政和六年(1116年)十二月,诏禁诸路州军官员以私钱于公使库并场务寄造酒,否则,酝酒者"论如私酝酒法,加一等;已入己,以自盗论。长贰当职官加二等。监司、统辖、廉访官知而不纠,与同罪;不知,减三等。许人告,不以赦降原减"。现任官吏也"不得令人开店卖供给酒"。③ 对专卖商品,官吏的责任更多在于榷税的征收和完成。

二、专营商品的税课岁额管理

榷禁的核心是垄断利润,也即岁课,这是宋代专营税收责任的关键。宋代对专营税的岁课有明确要求,盐、茶、酒额的管理颇为详细。

征收盐税,是在流通领域通过市场并辅以行政手段获得专营商品的高额利润,也是为了完成盐税岁额,属于直接税收责任。而盐税岁额与产盐岁课是两个不同的概念,各地的岁额也不同,如开宝时河北"岁额为钱十五万缗"④,而对地方官来说,"岁终会其课以为

---

① (元)脱脱等:《宋史》卷181《食货志》,中华书局1977年版,第4416、4417页;参见(宋)李焘:《续资治通鉴长编》卷135,上海师范大学古籍整理研究所、华东师范大学古籍整理研究所点校,中华书局2004年版,第3215页。
② (元)脱脱等:《宋史》卷185《食货志》,中华书局1977年版,第4513—4514页。
③ 《宋会要辑稿》21之17—18,刘琳等校点,上海古籍出版社2014年版,第6459页。
④ (元)脱脱等:《宋史》卷181《食货志》,中华书局1977年版,第4428页。

殿最"①。仁宗庆历六年(1046年),三司使王拱辰与都转运使鱼周询争论滨州和沧州是通商还是禁榷,各持己见,后者认为通商后二州"岁可得缗钱七十余万"②。无论通商还是榷征,宋代统治者最关注的还是盐税。神宗熙宁六年(1073年)二月,要求两浙路提举盐事司考核各州军盐课亏失程度,并按照违法程度分为三等奏闻。③ 熙宁八年(1075年)五月,三司使章惇奏言"河北、京东盐院失陷官钱甚多"之后,神宗令"河北、京东提举盐税司同相度,仍具去年盐税钱数以闻"④。神宗熙宁九年(1076年)八月,"诏三司:河北盐法可依旧施行……仍具河北、京东熙宁八年实收盐税钱数以闻"⑤。而"三司上比较诸路熙宁五年盐税增亏",于是,"诏前知虔州刘彝、知黄州路京等十五人,减磨勘年、升名次各有差;知池州郑雍、通判海州李清臣等十四人,降考、降名次各有差"⑥。熙丰时加强考核盐课,与这一期的盐税"增加"有关,苏轼曾指出:"河北、京东自来官不榷盐……近年盐课日增,元本两路祖额三十三万二千余贯,至熙宁六年增至四十九万九千余贯,七年亦至四十三万五千余贯,显见刑法日峻,告捕日繁,是致小民愈难兴贩。"⑦当然,熙丰盐课确是增加了,但直接影响了人们的日常生活,如:"吉州白塞周辅增盐课二百万,民已失生理。"⑧当然,考核亏失程度的参考或标尺则是以祖额或以某年为准或是数年的中数,情况较为复杂,如神宗元丰二年(1079年),"提举盐事贾青请自

---

① (宋)张方平:《乐全集》卷40《开国男食邑三百户赐紫金鱼袋、赠尚书礼部侍郎蔡公墓志铭》,文渊阁四库全书本第1104册,台湾商务印书馆股份有限公司1986年版,第499页。
② (元)脱脱等:《宋史》卷181《食货志》,中华书局1977年版,第4428页。
③ 参见《宋会要辑稿》食货24之6,刘琳等校点,上海古籍出版社2014年版,第6514页。
④ 《宋会要辑稿》36之31,刘琳等校点,上海古籍出版社2014年版,第6801页;参见(宋)李焘:《续资治通鉴长编》卷264,上海师范大学古籍整理研究所、华东师范大学古籍整理研究所点校,中华书局2004年版,第6479页。
⑤ 《宋会要辑稿》24之11,刘琳等校点,上海古籍出版社2014年版,第6517页。
⑥ (宋)李焘:《续资治通鉴长编》卷277,上海师范大学古籍整理研究所、华东师范大学古籍整理研究所点校,中华书局2004年版,第6786页。
⑦ (宋)苏轼:《苏轼文集》卷24《论河北京东盗贼状》,孔凡礼点校,中华书局1986年版,第755页。
⑧ (宋)黄庭坚:《山谷集》卷22《朝请郎湖南转运判官吴君墓志铭》,文渊阁四库全书本第1113册,台湾商务印书馆股份有限公司1986年版,第221页。

诸州改法酌三年之中数立额"①。也就是以此三年的中数作为考核官吏盐课的基数。神宗元丰六年(1083年)七月,尚书户部言:据江淮等路发运使蒋之奇奏请,"以祖额递年增亏"考核知州、通判与盐事官,"欲乞江、湖、淮、浙路诸州所收盐课,岁终申发运司类聚比较,一路内取最多、最少各两处,以知州、通判、职官、令佐姓名上户部。其提举盐事官一路增亏准此"②。详定重修编敕所也依此著为令。元丰七年(1084年)十一月,广南东路转运副使高镈就针对本路卖盐场务多亏欠,建议按照六路盐法(京东、河北、淮南、两浙、福建、广南)考校盐官功过,进行赏罚,并"乞令提点刑狱兼提举盐事"③。后来,哲宗元祐元年(1086年)闰二月,户部据右司郎中张汝贤之奏,请以海行条法比较福建路产卖盐课的增亏。④ 可见,比较的基数未必固定,但都需要有一个可比的标准或参照。当然,仅仅是为了完成定额或羡余,像熙宁时提举盐业的官吏卢秉"推行浙西盐法,务诛利以增课",也会受到降职等处罚。⑤ 哲宗即位后,针对"福建、江西、湖南等路盐法之弊",处罚一批"掊克"官吏,如"福建转运副使贾青、王子京皆坐掊克,谪监湖广盐酒税"。吏部郎中张汝贤还建议:"凡抑民为盐户及愿退不为行者,以徒一年坐之,提举盐事官知而不举,论如其罪。"⑥哲宗元祐六年(1091年)五月,提举河北路盐税司言:"欲将逐处场务已收盐税,于旧收五分祖额钱上,添入二分钱数,共成七分,立为祖额。仍只许以实收到见钱,并当年内凡系催纳到本处批过料钱数,通比祖额,理为赏罚。"⑦可见,比较盐税祖额是确定责任的重要依据。南宋各地仍有相对稳定的盐课岁额,孝宗淳熙六年(1179年),"诏闽、广卖盐自有旧额

---

① (元)脱脱等:《宋史》卷183《食货志》,中华书局1977年版,第4462页。
② 《宋会要辑稿》食货24之24,刘琳等校点,上海古籍出版社2014年版,第6524页。
③ (宋)李焘:《续资治通鉴长编》卷350,上海师范大学古籍整理研究所、华东师范大学古籍整理研究所点校,中华书局2004年版,第8386页。
④ 参见《宋会要辑稿》食货24之26,刘琳等校点,上海古籍出版社2014年版,第6526页。
⑤ 参见(元)脱脱等:《宋史》卷182《食货志》,中华书局1977年版,第4437页;参见(宋)李焘:《续资治通鉴长编》卷256,上海师范大学古籍整理研究所、华东师范大学古籍整理研究所点校,中华书局2004年版,第6265页。
⑥ (元)脱脱等:《宋史》卷183《食货志》,中华书局1977年版,第4462、4463页。
⑦ (宋)李焘:《续资治通鉴长编》卷458,上海师范大学古籍整理研究所、华东师范大学古籍整理研究所点校,中华书局2004年版,第10963页。

定直,自今毋得擅增",广西漕臣赵公澣擅增盐课而被处罚。①

茶,在宋代主要有两类,"曰片茶,曰散茶"。宋人认为:"自唐建中时,始有茶禁,上下规利,垂二百年。"②宋代茶利仅次于盐利,总数颇为可观,已是唐代的十倍。王旦等曰:"元和国计,茶税岁不过四十万缗。朝廷自克复江、浙,总山场榷务,共获钱四百余万缗。"③宋代茶叶专卖,与食盐相似,所谓"自来茶、盐同法"④。宋代很重视茶法,仁宗天圣四年(1026年)三月,枢密院副使张士逊、枢密直学士刘筠、前三司使、右谏议大夫李谘等,"改更茶法、计置粮草前后数目不同,事理失当,致货利不行",被罚俸、罚铜,甚至刺配沙门岛。⑤ 其实,茶法的变革以及榷茶的责任涉及茶叶流通的许多环节或方面,当然,最终还在于获取高额茶税。

先是官府专买茶户所产茶叶,由官方经销或由商人税后贸易。宋代榷务和茶务的官吏,一般专举和专任,天禧四年(1020年)四月诏书规定:"茶场、榷务,自今令三司副使、判官、转运使副、制置茶盐司举官监莅,六榷务以在京朝官殿直以上使臣充,茶场以幕职、令录充。"⑥此外,还有相关的地方官吏兼任榷茶官吏,神宗元丰元年(1078年)二月,诏提举成都府等路茶场司:"应置场卖茶州军,知州、通判并兼提举;经略使所在,即专委通判兼之。"⑦其他路分大致如此,所谓"凡茶场州军知州、通判并兼提举,经略使所在,即委通判"⑧。他们要对所买茶叶的质量和数量负责,仁宗天圣三年(1025年)权三司使仲范雍上奏指出,"淮南十三山场并六榷务买卖茶货各有祖额",既要"劝诱园户及时将真正好茶入官卖",又"无得额外增数买纳不堪茶货",否

---

① 参见(元)脱脱等:《宋史》卷183《食货志》,中华书局1977年版,第4468页。
② (元)脱脱等:《宋史》卷183、184《食货志》,中华书局1977年版,第4477、4496页。
③ (宋)李焘:《续资治通鉴长编》卷86,上海师范大学古籍整理研究所、华东师范大学古籍整理研究所点校,中华书局2004年版,第1971页。
④ 《宋会要辑稿》食货31之15,刘琳等校点,上海古籍出版社2014年版,第6686页。
⑤ 参见《宋会要辑稿》食货36之20,刘琳等校点,上海古籍出版社2014年版,第6795页。
⑥ 《宋会要辑稿》食货30之5,刘琳等校点,上海古籍出版社2014年版,第6653、6654页。
⑦ 《宋会要辑稿》食货30之14,刘琳等校点,上海古籍出版社2014年版,第6661页。
⑧ (元)脱脱等:《宋史》卷184《食货志》,中华书局1977年版,第4499页。

则,"违者严断,勒令均偿,仍不理为劳绩"①。神宗熙宁时奖惩茶场监官也是以买茶的质量和数量为依据,"茶场监官买茶精良及满五千驮以及万驮,第赏有差,而所买粗恶伪滥者,计亏坐赃论"②。熙宁时之所以出现"茶品既下"和费用增加,实与当时的战争频繁相关,王安石、吴充等都指出了这一点。③ 当然,在此背景下强调榷茶的责任也就十分自然了。

但是,与榷盐相比,榷茶的通商成分似乎要多些,因而在流通领域的管理责任更大些。宋代前期已经规定,贸易官茶或制造伪茶的都要处罚,"主吏私以官茶贸易,及一贯五百者死"④。太宗淳化五年(994)还规定:"有司以侵损官课言加犯私盐一等,非禁法州县者,如太平兴国诏条论决。"⑤至道二年(996年)又规定"监买官亏额自一厘以上罚俸、降差遣之制"⑥。真宗大中祥符六年(1013年),"申监买官赏罚之式"⑦。为此,宋代侵损官茶及监官买茶都是有责任的,并且责罚比贩私盐还严厉。当然,这主要侧重于买茶的管理,而不是茶利的征收。宋代的榷茶责任,除了榷买的措置,还包括茶利的增减。比如仁宗天圣初年,"潭州茶课视景德亏十之六,公谨于绳吏,而果于去民之所素不便者"⑧。神宗熙丰时期,对提举茶场官和场务监官都提出要求,根据茶场的立额出息奖惩,元丰五年(1082年)十月,同提举茶场蒲宗闵提出按照增息的数额酬奖减磨勘、赏钱以及升名次。次年(1083年)四月,"诏诸课利场务监官比祖额见亏"⑨。六月,同提举茶场公事陆师闵提出追究责任的基本原则,"诸辖下州军每季轮当职官

---

① 《宋会要辑稿》食货30之7、8,刘琳等校点,上海古籍出版社2014年版,第6656—6657页。
② (元)脱脱等:《宋史》卷184《食货志》,中华书局1977年版,第4499页。
③ 参见《宋会要辑稿》食货30之11,刘琳等校点,上海古籍出版社2014年版,第6659页。
④ (元)脱脱等:《宋史》卷183《食货志》,中华书局1977年版,第4478页。
⑤ (元)脱脱等:《宋史》卷183《食货志》,中华书局1977年版,第4479页。
⑥ (元)脱脱等:《宋史》卷183《食货志》,中华书局1977年版,第4480页。
⑦ (元)脱脱等:《宋史》卷183《食货志》,中华书局1977年版,第4481页。
⑧ (宋)曾巩:《元丰类稿》卷47《太子宾客致仕陈公神道碑铭》,文渊阁四库全书本第1098册,台湾商务印书馆股份有限公司1986年版,第746页。
⑨ (宋)李焘:《续资治通鉴长编》卷334,上海师范大学古籍整理研究所、华东师范大学古籍整理研究所点校,中华书局2004年版,第8045页。

点检未批文历,如提举司覆较得官物有侵欺盗用,失陷损恶,违法不职,其干涉季点官于监官下减一等科罪"。具体处罚标准则是,"诸买卖茶场年终比较,亏五厘以上,罚俸半月,公人笞四十;满一分,监官笞二十,干系公人杖六十;每一分,监官、公人各加二等,三分各罪止。管干当官以所管场务通比,减正监官一等科罪。监官任满通比,一界内如及二分,降一年名次,及三分,降一等差遣;无等可降,依差替人例施行(课利一万贯以下,监官每一分罚一月俸,三分罪止)"①。这一时期确有官吏被追究买茶责任,神宗熙宁十年(1077年)七月,"诏提举成都府等路茶场、都官郎中刘佐,知彭州、屯田员外郎吕陶并冲替,令转运司劾罪。佐坐买茶措置乖方,陶不即听受棚口茶园户讼也"②。又如神宗元丰元年(1078年)五月,权利州路转运使尚书司封郎中张宗谔、转运判官太子中舍张升卿,"乞废茶场司,止委转运司收茶税、歇驮钱,而提举茶场李稷言其所陈皆疏谬不实",结果"各降两官勒停"。③ 显然,刘佐买茶措置失当,吕陶不听茶户诉讼,张宗谔等兴废茶法不当,都受到了处罚。不过,归根结底都是为了茶利,榷茶责任的核心仍是年度茶利的增亏。对于茶利的计算在元丰时有人提出不同看法,应是茶本所生之息,不包括茶本,监官与管勾官的责任有所不同,"管勾官赏罚减监官之半"。这是茶与盐、酒比较祖额不同的地方,正如神宗元丰六年(1083年)十一月通直郎、都大提举成都府等路茶场陆师闵说:"如盐、酒之类皆以本息通立额,而本司但以净利为额。"这种计算祖额的方式,在当时朝中引起争论,以致户部的官吏为此受到责罚,最后还是放弃净利计算方法,采取本息通计的方法进行赏罚,故诏曰:"茶场司并用旧条。其户部议法不当,尚书李承之、侍郎蹇周辅各罚铜六斤,金部郎中晁端彦、员外郎井亮采各罚铜八斤,户部

---

① 《宋会要辑稿》食货30之18、20,刘琳等校点,上海古籍出版社2014年版,第6663、6665页。
② (宋)李焘:《续资治通鉴长编》卷283,上海师范大学古籍整理研究所、华东师范大学古籍整理研究所点校,中华书局2004年版,第6931页。
③ 参见《宋会要辑稿》食货30之14—15,刘琳等校点,上海古籍出版社2014年版,第6661页。

及都省吏各罚铜有差。"①其中,"并用旧条",也就是大约沿用本利通计的方法了。其实,北宋神宗、哲宗时期茶法变法不大,如提举市易司经买茶叶以熙宁时所定的三百万斤为额,而地方经办官吏,则有相应的责任,哲宗元祐五年(1090年),"立六路茶税租钱诸州通判转运司月暨岁终比较都数之法"。以此奖惩通判、转运司官吏。②

到了北宋后期,徽宗崇宁二年(1103年)七月,户部奏:"修立到新法茶盐,每岁比较增亏赏罚,赏罚约束。"并要求地方官吏招诱"客人住卖",根据增亏数量进行赏罚。从数据内容看,解盐榷禁买卖比较突出,但据立法之名,也应适用于一般榷茶。③ 这种方法较以前直接的官买茶利增亏有所不同,实由后来的间接榷盐榷茶的通商成分增加所致。徽宗大观元年(1107年)闰十月,还在下诏强调,"州县及当职官奉行茶盐法稽慢违戾,并不以去官、赦降原减"④。也就是说榷茶官吏的法律责任是不可赦免的。当然,同时也规定,不能因为比较增亏而抑配,徽宗宣和三年(1121年)二月,诏:"已下处分,两浙、江东路茶盐权免比较增亏,不得辄行抑配。所有卖矾亦合依上件指挥,速申明行下。"⑤

南宋时茶盐之法与北宋相近,不过,更多的还在榷茶之利上。随着统治中心的南移,茶利也多来自东南。高宗绍兴十二年(1142年)四月,户部提出:浙东提举茶盐司具奏绍兴十一年的本路"批发住卖茶增亏数目,并合赏罚当职官名衔,申乞取旨赏罚施行"。于是,"诏最增去处,当职官与升一年名次;最亏去处,当职官各降一年名次"⑥。绍兴二十四年(1154年),左朝散郎、提举淮南东路常平茶盐公事孟处义言:"去年煎盐比旧额增十五万五千余石……并受钞住卖茶盐,并皆增羡,一司官吏,委是宣力。"于是,"诏处义进一官,属官及职级有名目

---

① (宋)李焘:《续资治通鉴长编》卷341,上海师范大学古籍整理研究所、华东师范大学古籍整理研究所点校,中华书局2004年版,第8202页。
② 参见(元)脱脱等:《宋史》卷184《食货志》,中华书局1977年版,第4502页。
③ 参见《宋会要辑稿》食货24之35—36,刘琳等校点,上海古籍出版社2014年版,第6532页。
④ 《宋会要辑稿》食货30之36,刘琳等校点,上海古籍出版社2014年版,第6674页。
⑤ 《宋会要辑稿》食货34之5,刘琳等校点,上海古籍出版社2014年版,第6736页。
⑥ 《宋会要辑稿》食货31之3,刘琳等校点,上海古籍出版社2014年版,第6680页。

人递减磨勘,余赐帛有差"①。孝宗淳熙三年(1176年)五月,浙东提举陈举善仍指出近年州县茶盐亏欠和当职官吏"全不用心趁办","乞自今至年终,先将最亏当职官取旨责罚,然后核实增剩之数,如无冒滥,即与推赏"。②似乎南宋茶盐责任相似,更多地指向最增最亏之处的官吏。绍兴时,户部考核增亏之最,提出具体的赏罚标准:"据都茶场申,今依应立定住卖批发茶最增亏去处赏罚下项:最增一分以上,减一季磨勘;三分以上,减半年磨勘;五分以上,减一年磨勘;七分以上,减一年半磨勘;八分以上,减二年磨勘;一倍以上,减二年半磨勘。最亏一分以上,展一季磨勘;三分以上,展半年磨勘;五分以上,展一年磨勘;七分以上,展一年半磨勘;八分以上,展二年磨勘;一倍以上,展二年半磨勘(内选一人降一资)。"③这是根据茶场住卖的增亏对相关官吏赏罚。在实际住卖中,也确有奖惩,但又并不冠以最增最亏之名,如孝宗乾道三年(1167年)淮东"住卖茶盐增羡",次年九月,"淮东提举茶盐公事俞召虎特转一官,干办公事蒋志祖减三年磨勘"。④

为了防止榷茶官吏从中牟利,哲宗元符二年(1099年)三月,户、刑部状,奏定条规:"诸茶场监官、同监官、专秤、库子亲戚,不得开置茶铺,违者杖八十。许人告,赏钱三十贯……诸提举、管干茶盐官并吏人、书手、贴司及卖盐场监官、专秤、库子亲戚辄开茶盐铺,及扑认额数出卖,若于官场买贩者,各杖一百。许人告,赏钱三十贯文。"⑤可见,他们的亲戚开设茶铺和扑认卖茶都是禁止的,若不遵守他们也要受到处罚。此外,还规定转运司的官吏不得挪用封桩茶息钱,徽宗政和三年(1113年)八月,提举江南东西路盐香茶事司奏:"点检得江东转运司支使使过封桩茶息钱一十五万贯,本司二十次牒转运司拨还,并不报应。"于是,"诏李西美、孙渐送吏部,与监当差遣,人吏杖一百勒停,余依本司申,仍限一年拨还"⑥。

宋代在榷茶的同时,也允许商人贩卖茶叶,但须"执引为验"。这

---

① (宋)李心传:《建炎以来系年要录》卷166,胡坤点校,中华书局2013年版,第3155页。
② 参见《宋会要辑稿》食货28之6,刘琳等校点,上海古籍出版社2014年版,第6607页。
③ 《宋会要辑稿》食货31之8,刘琳等校点,上海古籍出版社2014年版,第6682页。
④ 参见《宋会要辑稿》食货31之19,刘琳等校点,上海古籍出版社2014年版,第6688页。
⑤ 《宋会要辑稿》食货30之31,刘琳等校点,上海古籍出版社2014年版,第6671页。
⑥ 《宋会要辑稿》食货32之5—6,刘琳等校点,上海古籍出版社2014年版,第6700页。

第七章　宋代财税征管责任追究　295

实际上是在官府控制下的茶叶贸易,节约茶政管理的成本,从中也可获得垄断利润,以助财政尤其是军费支出,如仁宗天圣三年(1025年)八月中书门下所言:"客旅于边上入纳粮草,支与交引,留得在京见钱,免致般运劳费。"①而茶引的规制则由提举茶事司确定,如徽宗大观元年(1107年),"请茶短引以地远近程以三等之期",并且要求商人不得"冒诈规利",官吏也不得搔扰。② 这是对短引的管理。此外,还有长引,如徽宗政和三年(1113年)八月,尚书省言兴贩"末茶"的长短引:"许诸色人买引兴贩,长引纳钱五十贯文,贩茶一千五百斤;三十贯文,贩茶九百斤。短引纳钱二十贯文,贩茶六百斤。"③这是对长短引纳钱数量的约束,也是对茶利茶税的特殊控制,更多的是为了朝廷的茶利,故孝宗隆兴二年(1164年)七月有臣僚指出:商人贩茶过淮,"每引税钱十贯","后来更于十贯上添收七贯",但是,"并无分文归朝廷。乞行拘收"。于是,"诏令淮东西宣谕司同逐路提举茶盐司措置"④。也就是由这两个机构承担起执引通商之后的茶税责任,将茶利从地方收回中央。

对于茶叶通商的地区,地方州县官吏征收茶税,同样要比较税额赏罚。哲宗元祐五年(1090年)二月,户部员外郎穆衍言:"六路茶法,通商久矣,税钱无总数以较多寡之人,租钱有无欠负亦不可考。请自今税钱委逐州通判月终比较申州,州岁较申转运司,转运司于次年具总数申户部;租钱委转运司岁终具理纳大数申户部。如稽违,许从发运司、户部奏勘。"⑤也就是说,州县茶税、租钱由通判、转运司逐级申报,直至户部,而通判、转运司督收茶税又受到发运司、户部的监督。

上述的榷茶责任和处罚是由茶法决定的,如徽宗政和三年(1113

---

① 《宋会要辑稿》食货 30 之 7,刘琳等校点,上海古籍出版社 2014 年版,第 6656 页。
② 参见(元)脱脱等:《宋史》卷 184《食货志》,中华书局 1977 年版,第 4503 页;《宋会要辑稿》食货 30 之 36,刘琳等校点,上海古籍出版社 2014 年版,第 6674 页。
③ 《宋会要辑稿》食货 32 之 5,刘琳等校点,上海古籍出版社 2014 年版,第 6699 页。
④ 《宋会要辑稿》食货 31 之 15—16,刘琳等校点,上海古籍出版社 2014 年版,第 6686、6687 页。
⑤ 《宋会要辑稿》食货 30 之 26,刘琳等校点,上海古籍出版社 2014 年版,第 6668 页;参见(宋)李焘《续资治通鉴长编》卷 438,上海师范大学古籍整理研究所、华东师范大学古籍整理研究所点校,中华书局 2004 年版,第 10565 页。

年)九月中书省就说:"增修到下条:诸茶法,州县及当职官奉行稽慢违戾,或有沮抑者,各徒二年,并不以去官、赦降原减。"①所谓"奉行稽慢违戾"和"有沮抑者"应指向榷茶责任及茶政措置。如四川的折估虚额是征收茶、盐、酒税中"宿弊",员兴宗上《议虚额疏》予以批评②,孝宗淳熙三年(1176年),范成大奏请减放。③到十二年(1185年)十一月,南郊赦文减免"四川茶、盐、酒课折估虚额钱",而"州县巧作缘故催理",于是要求"制置司、总领所、茶马司常切觉察,如有违戾,按劾以闻。"此外,还要"勘会在法,违欠茶、盐钱物""勘会官司辄立茶、盐铺,虚给帖子"等④,做好茶盐的日常管理。

酒曲的榷禁,也即所谓榷酤。"宋榷酤之法:诸州城内皆置务酿酒,县、镇、乡、间或许民酿而定其岁课,若有遗利,所在多请官酤。三京官造曲,听民纳直以取。"⑤由此可见,州、三京酿酒造曲,并置酒务,而县镇乡间或许民纳税酿酒,务官及所属区域官吏承担管理和征收责任。管理和考核的基本依据,仍是一年的课利。太宗太平兴国二年(977年)十月,京西转运使程能建议陈、滑、蔡等置酒务后,"诏遣太常丞冯頎与内品一人同共监当,比较所收一年课利"⑥。到景德二年(1005年)四月,榷酤之法渐趋稳定,有诏曰:"榷酤之法,素有定规,宜令计司,立为永式。"⑦而酒曲与盐茶一样都有祖额,这是考核的依据。宋代各地不同时期的茶额有具体的规定,如神宗熙宁十年(1077年)歙州六务,"祖额二万一千六百一十四贯五百五十四文,买扑一千八百六十三贯二百八十三文"。而太平州六务,"祖额四万二千八百一十七贯七百五十二文,买扑一千五百九十二贯二百六十六

---

① 《宋会要辑稿》食货32之6,刘琳等校点,上海古籍出版社2014年版,第6700页。
② 参见(明)杨士奇等:《历代名臣奏议》卷272《理财》;(宋)员兴宗《九华集》卷6《议虚额疏》,文渊阁四库全书本第440、1158册,台湾商务印书馆股份有限公司1986年版,第39—40、670页。
③ 参见《宋史全文》卷26(上),文渊阁四库全书本第331册,台湾商务印书馆股份有限公司1986年版,第400页。
④ 参见《宋会要辑稿》食货31之28,刘琳等校点,上海古籍出版社2014年版,第6693页。
⑤ (元)脱脱等:《宋史》卷185《食货志》,中华书局1977年版,第4513页。
⑥ 《宋会要辑稿》食货20之3,刘琳等校点,上海古籍出版社2014年版,第6418—6419页。
⑦ 《宋会要辑稿》食货20之5,刘琳等校点,上海古籍出版社2014年版,第6421页。

文"①。实际上,各地完成的状况并不十分理想,哲宗绍圣元年(1094年)六月,权发遣淮南路转运副使吕温卿就指出,元祐前期当地监司官吏"所用多昏老疲懦,是致吏事隳废,财用窘乏",致使哲宗元祐元年到八年(1086年—1093年),齐州"茶盐酒税比祖额共亏四十万九千余贯",一州平均每年亏欠五万余贯,以此推算天下所欠当十分惊人,于是,"乞立法考察惩劝"。九月,则诏曰:"府界并诸路酒务年终课利增额,并依元丰赏给。"绍圣三年(1096年)十一月,殿中侍御史陈次申又提出,"监司自元祐四年后取酒课增亏及二分者,比类取旨赏罚,请令户部责限勾考"②。也即以元祐四年酒课为参照,对各地酒税增亏及二分的官吏,进行考核赏罚。这与盐茶课赏罚最增最亏的规定有所不同。北宋末政和时,两浙转运司乞置比较务,"比较增亏赏罚等",户部奏后,诏定分员定务,一员一务,不得过四务。③ 也即转运使司设务考核,更为细致。宣和二年(1120年)十月要求"诸路漕臣督责州县措置官酤",严戢私醖,按劾违慢贪污,如"当议重加典宪"之类。④ 到南宋绍兴时,有些州郡为了地方利益,擅置比较酒务、回易库,或于诸城门增置税务,其逐处所收课息,并不分隶诸司。高宗绍兴四年(1134年),江南西路转运司建言,州郡除已降指挥设置的场务外,地方自行创置的比较酒务和回易库的课额并入漕计,"本州不得擅便历收置","如有不遵条例去处,仰本司具状申尚书省取旨黜责"。⑤ 不过,南宋对酒务监官以及兼监官(知县、知州、通判)的奖励制度较多。这种政策取向,应与当时的财政拮据有关。

为了加强酒税的征收,南宋强化对酒库监官的管理。高宗绍兴二十九年(1159年)闰六月,规定在新旧监官交替时,"如有少欠钱物,自截日终,令所委官具的实数目及纳钱库分有无拖欠未纳之数,取索朱钞点磨,以凭批上印纸,仍具少欠物申取朝廷指挥责罚"。并对完

---

① 《宋会要辑稿》食货19之14,刘琳等校点,上海古籍出版社2014年版,第6408、6409页。
② 参见《宋会要辑稿》食货20之11,刘琳等校点,上海古籍出版社2014年版,第6428页。
③ 参见《宋会要辑稿》食货20之12,刘琳等校点,上海古籍出版社2014年版,第6429、6430页。
④ 参见《宋会要辑稿》食货20之13,刘琳等校点,上海古籍出版社2014年版,第6430页。
⑤ 参见《宋会要辑稿》食货20之16,刘琳等校点,上海古籍出版社2014年版,第6433页。

纳本库官钱及弥补前官所欠的新任官吏,依格推赏,减磨勘。① 次年,又将赡军激赏酒库隶属户部,并由户部长贰荐举酒库官。另外,还要求户部采取措施,使提刑司检察和处罚"违法置店卖酒"行为,督促及时拘收起发,"如日后尚敢循习违戾,致依前亏欠,州县委提刑(劾按)[按劾]。如宪司依前不行觉察,许本部按劾"。以防诸路酒务败坏,亏失国计。② 孝宗即位后,对赡军激赏酒库,户部仍然奏称,"立定额钱、课息钱,(七)[比]较赏罚"。不久,户部侍郎赵子潚提出对酒库监官的具体赏罚设想,"若(比)[此]额每亏及一分,展三个月磨勘。如内增剩多处,任满,从本所保明再任。每岁比较,以额外所增息钱十分为率,支一分充监专合干人均赏"③。但是,行在赡军激赏十五酒库的问题较多,孝宗乾道二年(1166年)三月户部侍郎曾怀指出:"多有弛慢不职,课额亏欠。"乾道九年(1173年)四月,又下了比较课额的诏书:"两浙犒赏酒库见趁课息,从点检所各于本州选委通判一员,专一措置拘催起发。岁终,将催到钱比较增亏,依经制钱格法赏罚。"④可见,南宋酒库和酒库监官的问题较多,而监督和管理又有所加强,这很可能是为了应付日益紧张的财政。

在榷酒中,宋代还有一种特殊的形式,就是买扑经营,类似招标经营,以获得稳定和较高的酒税。而豪民又可能从中"坐取厚利",早在真宗天禧四年(1020年)正月开封府界提点诸县公事张应物就指出:"诸县酒务为豪民买扑,坐取厚利。自今请差官监榷,仍委三司保举"。以强化对买扑的管理。为了防止监官与勾当官相互作弊,后来又有人提出:监临官不得保举勾当官,"止委审官、三班院差人监当"⑤。显然,监官和三司有管理或连带职责,仁宗庆历元年(1041年)八月,三司"请较监官岁所增课,特与酬奖"⑥。当然,他们也要承担税课亏

---

① 参见《宋会要辑稿》食货20之22,刘琳等校点,上海古籍出版社2014年版,第6440页。
② 参见《宋会要辑稿》食货20之22—23,刘琳等校点,上海古籍出版社2014年版,第6440—6441页。
③ 《宋会要辑稿》食货21之3—4,刘琳等校点,上海古籍出版社2014年版,第6445—6446页。
④ 《宋会要辑稿》食货21之6、11,刘琳等校点,上海古籍出版社2014年版,第6448、6454页。
⑤ 《宋会要辑稿》食货20之6,刘琳等校点,上海古籍出版社2014年版,第6422页。
⑥ 《宋会要辑稿》食货20之8,刘琳等校点,上海古籍出版社2014年版,第6425页。

减的责任。后来,买扑种类增多,"利入浩博",新问题也多。哲宗元祐时,诸路又将收益好的已卖场务转为官监,使买扑经营陷入困境。绍圣时,"申严旧制,复立徒二年之禁,盖欲革绝侵界之弊,使买人各得安业"。至于官监如何经画,徽宗宣和二年(1120年)六月,户部奏请:官监"同具事状保明,申户部审度行下讫(奉)[奏]。内净利钱止依见承买人所纳之数,令转运司认为常平司。余并依崇宁五年二月十五日已降约束施行"①。监官显然有管理的责任。

对于矾、香等,提举机构以及相关州军同样具有权征和管理的责任,如"自晋州置炼矾务,后来比祖额各有增剩"②。这也是通过比较祖额来赏罚。徽宗宣和六年(1124年)六月,中书省、尚书省强调州军定期供申住卖矾数,"户部勘当,欲逐路州军每季具住卖过矾数,每季限五日供申提举矾事司,如违限不报,从本司按劾。所(是)[有]矾事司类聚州军比较文状,欲与展限五日,通作半月供报"③。高宗绍兴二十九年(1159年)六月,户部也提出,无为军以高宗绍兴二十四年至二十八年(1154年—1158年)的五年昆山矾场所收钱物的平均数作为定额,"依酒税务条法增亏赏罚"④。

宋代还在边境、津渡等地设置榷场,与西北少数民族政权进行贸易,榷禁商品种类较多,范围较广,榷货务和榷官负责收税,考核方式与榷盐茶酒等相似,主要指标也是祖额,真宗天禧元年(1017年)四月三司所言:"榷货务入便钱物,取真宗大中祥符七年收钱二百六十一万余贯立为祖额,每年比较申奏。如有亏少,干系官吏等依条科罚。"⑤

三、禁止私贩私市

在专营税收征管中,宋代通过榷禁,获取高额收益,同时又出现新问题,榷禁物品价高质次,"盐价既增,民不肯买,乃课民买官盐,随贫

---

① 《宋会要辑稿》食货20之13、14,刘琳等校点,上海古籍出版社2014年版,第6431页。
② (宋)欧阳修:《欧阳修全集》卷115《论矾务利害状》,李逸安点校,中华书局2001年版,第1746页。
③ 《宋会要辑稿》食货34之6,刘琳等校点,上海古籍出版社2014年版,第6736页。
④ 《宋会要辑稿》食货34之10,刘琳等校点,上海古籍出版社2014年版,第6738页。
⑤ 《宋会要辑稿》食货36之13,刘琳等校点,上海古籍出版社2014年版,第6792页。

富作业为多少之差买"①。为此,盐商、百姓为了利润和生存,开始走私买私,以对付官府的垄断。同时,提举官及地方官也负起打击走私的责任。

私盐,是宋代打击走私的重点。首先,禁止官吏尤其地方相关权征官的走私,仁宗庆历时,前淮南转运按察使司勋郎中张可久等贩私盐万余斤,受到处罚,监察御史包拯认为判罚太轻,"乞不原近降疏决,特于法外重行远地编管,以励将来"②。其次,宋代确定解盐、海盐行盐区域和提高奖励盐课的同时,还严立法禁,打击走私。神宗元丰时,京东转运副使李察奏请禁止私贩海盐,"重禁私为市者"③。元丰三年(1080年)四月,诏令酬奖"捕获私盐最多"者,福建路提举盐事周辅擢三司副使,"自转运司判官王子京而下二十人,迁官、升任、循资、减磨勘年、堂除、不依名次路分注官有差"④。当然打击走私是为了增加盐课,防止亏欠。徽宗宣和二年(1120年)四月,中书省指出:"东南州县、监司失职,漫不省察,巡尉弛慢,故纵私贩,道路往来,市井交易,略不禁止。"并建议:"可令尚书省下榷货务,取会东南客人纳钱自去冬以来最少路分,提举盐事官降一官冲替,州县降一官,巡尉仍勒停;东北最多提举官升一任,有职仍迁一职,未有职与除初职,州县转一官,选人比类施行。"⑤对于专门打击私盐的巡捕官,更有缉私的责任,高宗绍兴二年(1132年)三月,户部侍郎柳约提到仁宗嘉祐、元丰法令说,"兼巡捕官透漏私盐,欲依嘉祐法,正巡捕官断罪;如任满,别无透漏,亦乞依元丰盐赏格推赏"。而当时两浙西路提举茶盐公事司也申奏:"准政和敕:诸巡捕使臣透漏私(有)盐一百斤,罚俸一月,每五十斤加一等,至三月止;及一千五百斤,仍差替;二千五百斤,展磨勘二年;每千斤加半年,及五千斤降一官,仍冲替;三万斤奏裁。两犯已上通计。其兼巡捕官,三斤比一斤。"最后,"户部勘当,乞依上条"⑥。

---

① (元)脱脱等:《宋史》卷181《食货志》,中华书局1977年版,第4421页。
② (宋)包拯:《包拯集校注》卷1《请重断张可久》,杨国宜校注,黄山书社1999年版,第32页。
③ (元)脱脱等:《宋史》卷181《食货志》,中华书局1977年版,第4427页。
④ 《宋会要辑稿》食货24之19,刘琳等校点,上海古籍出版社2014年版,第6521页。
⑤ 《宋会要辑稿》食货25之12,刘琳等校点,上海古籍出版社2014年版,第6541页。
⑥ 《宋会要辑稿》食货26之4,刘琳等校点,上海古籍出版社2014年版,第6558、6559页。

由上可见，自元丰之后对巡捕官的缉私和透漏先后都有相关法律规制。次年（1121年）正月，尚书省亦言："朝廷养兵之费，多仰盐课。比缘私贩公行，已降指挥，今后私盐贩获三十斤以上，透漏盐地分巡尉、捕盗官并冲替，令、佐差替，知、通并行降官。"且诏曰："今后巡捕官、知、通、令、佐透漏持仗群众结党般贩私盐五百斤以上，并依绍兴二年十一月十六日已降指挥施行。若透漏其余私贩之人，断罪并系依旧制。如及一千斤，即合状申尚书省，酌情取旨行遣，余依已降指挥。"①可见，追究责任的法令在督促实施之中。只不过这种规定，绍兴十三年（1143年）九月，刑部认为对"透漏私盐三十斤"的处罚太重，建议调整为："自今后应巡捕官透漏私盐败获不及百斤，罚俸两月；一百斤，展磨勘一年；二百斤，展磨勘二年；两犯通及三百斤以上，差替（一犯三百斤准此）；五百斤以上，取旨裁断。"②总之，宋代多次督责巡尉禁绝私贩，并对一些参与贩私的官吏进行了处罚，如高宗绍兴四年（1134年）六月，黄州团练副使孟揆买官盐私贩，"被监税韩璜检见事发。合徒三年私罪，荫减外徒二年半，追一官，更罚铜三十斤入官，勒停放，情重奏裁"。"诏孟揆依断，特责授白州别驾，本州安置。"③

至于茶、酒、香、矾等的走私，提举官及相关地方官吏都负有责任，如徽宗政和六年（1116年）正月，刑部拟修的条令是："诸巡捕使臣透漏私有盐、矾、茶、香者，百斤罚俸一月，每五十斤加一等，至三月止；两犯已上通计及一千五百斤者，仍差替（私乳香一斤比十斤）。其兼巡捕官，三斤比一斤。即令佐透漏私煎炼白矾（硷地分令佐漏刮硷煎盐同），减兼巡捕官罪一等。"④其中，对于茶叶走私，官吏应承担的责任，徽宗重和元年（1118年）御笔规定，"今后买卖私茶牙人、铺户、私贩人，罪轻杖一百，编管邻州；失觉察地分人，杖八十，公人、吏人并勒停，永不收叙；故纵，与犯人同罪，并不以赦降原减"。宣和三年（1121年）闰五月，中书省、尚书省以此曰："看详保正长失觉察保内兴贩私

---

① 《宋会要辑稿》食货26之7，刘琳等校点，上海古籍出版社2014年版，第6560页。
② 《宋会要辑稿》食货26之31，刘琳等校点，上海古籍出版社2014年版，第6573页。
③ 《宋会要辑稿》食货26之23，刘琳等校点，上海古籍出版社2014年版，第6568页。
④ 《宋会要辑稿》食货32之8，刘琳等校点，上海古籍出版社2014年版，第6701页。

茶,依条则有巡捕、公人、吏人合断罪勒停,永不收叙外,其保正长因缘侥幸,避免差使,虑合止从地分人断放,有此疑惑。"①徽宗宣和六年(1124年)九月,又要求诸路提举茶事官,躬亲巡历,严饬州县,禁缉私茶,杜绝奸弊,对于"违戾州县具名按劾,当议重行黜责,都茶场常切觉察以闻"。南宋高宗绍兴三年(1133年)六月,江西提举茶事赵伯瑜奏请缉私茶依照缉私盐,"州委通判、知县专一督捕"②。绍兴二十七年(1157年)六月,尚书省建议增加赏赐,于是诏定:"今后命官捕获私茶盐,依赏格各递增一等,诸色人赏钱各增五分。应合得赏人,茶盐司限三日勘验,保明申奏,赏钱限当日支给。"③

对于酒曲,宋初沿用五代重法,"五代汉初,犯私曲者并弃市;周,至五斤者死"。太祖建隆以后至乾德,对于私酿私市的处罚趋轻,"法益轻而犯者鲜"④,而朝廷仍然加强对酒曲的管理以及官吏责任。对走私矾的处罚也很严厉,太宗太平兴国二年(977年)十二月的诏书规定,贩矾"一两已上不满一斤,杖脊十五,配役一年……三斤处死",而"场务主者并诸色人擅出场务内矾,或偷盗兴贩,及逐处场务将羡余矾货衷私出卖,一两已上不满一斤,量罪断遣……十斤处死"⑤。仁宗天圣八年(1028年),对巡捉私矾使臣、县尉的捕捉和透漏矾依照打击私茶盐的方法赏罚,尤其强调:"如透漏者,并当批罚。"后来,虽对贩私矾的处罚有所减轻,但对使臣透漏的处罚仍较重,"使臣透漏三百斤,夺一月俸,三百斤加半月,罪止罚一季俸"⑥。

四、矿产品的专营、专买

金、银、铜、铁、铅、锡等为国家控制的战略资源,由转运司、金部等监管。这些监管机构有所变化,"宋初,诸冶外隶转运司,内隶金部;崇

---

① 《宋会要辑稿》食货32之11,刘琳等校点,上海古籍出版社2014年版,第6703页。
② 《宋会要辑稿》食货32之15、29,刘琳等校点,上海古籍出版社2014年版,第6705、6713页。
③ 《宋会要辑稿》食货31之11,刘琳等校点,上海古籍出版社2014年版,第6684页。
④ 参见(元)脱脱等:《宋史》卷185《食货志》,中华书局1977年版,第4515页。
⑤ 参见《宋会要辑稿》食货34之2,刘琳等校点,上海古籍出版社2014年版,第6734页。
⑥ 《宋会要辑稿》食货34之3,刘琳等校点,上海古籍出版社2014年版,第6734页。

宁二年,始隶右曹;建炎元年,复隶金部、转运司"①。而各产地具体设监务专营专买,《宋史》曰:"凡金、银、铜、铁、铅、锡监冶场务二百有一"②。当然,监冶场务的数量在各个时期有所不同,如神宗熙宁七年(1074年),"坑冶凡一百三十六所,领于虞部"。而虞部先后又为三司和尚书省户部所辖,并且这一年有"各展磨勘年有差"的记载,也即追究相关官吏的责任。③ 关于地方的提刑司、提点司的职责,哲宗元符元年(1098年)六月,户部所言颇详:"提刑司、提点坑冶铸钱司,各据所辖州县坑冶,催督敷办祖额,置籍勾考。每岁令比较增亏,提刑司限次年春季,提点坑冶铸钱司限夏季,各具全年增亏分数,保明闻奏及申户部点勘。韶州岑水、潭州宝丰永兴铜场逐路提刑司官,每上下半年各巡历一到本场,按察点检讫,具措置利害及本钱有无阙备因依,条画闻奏及申户部。"④这个建议明确了地方和中央的考核和监督机构,以及追究责任的依据、方法和程序,得到朝廷的认可。但后来的管理体制稍有变化,徽宗政和三年(1113年),尚书省指出陕西路、四川路坑冶兴废后,"诏:'令陕西措置官兼行川路事。坑冶所收金、银、铜、铅、锡、铁、水银、朱砂物数,令工部置籍签注,岁半消补,上之尚书省。'自是,户工部、尚书省皆有籍钩考"。账籍虽记载了数额,但实际效果并不理想,"所凭唯账状,至有有额无收,有收而无额,乃责之县丞、监官及曹、部奉行者,而更督递年违负之数"。也即加强地方及监官的管理。"四年,令监司遣官同诸县丞遍视坑冶之利,为图籍签注,监司覆实保奏,议遣官再覆,酌重轻加赏,异同、脱漏者罪之。"后来,尚书省又强调监司漕臣对坑冶的直接管理,"五路坑冶已有提辖措置专司,淮南、湖北、广东西亦监司兼领,其余路请并令监司领之"。"于是江东西、福建、两浙漕臣皆领坑冶。"⑤可见,对坑冶的管理在不断强化。

南宋时,对坑冶的管理和收益,沿用祖宗之法,"旧法在外隶转运

---

① (元)脱脱等:《宋史》卷185《食货志》,中华书局1977年版,第4532页。
② (元)脱脱等:《宋史》卷185《食货志》,中华书局1977年版,第4523页。
③ 参见(元)脱脱等:《宋史》卷185《食货志》,中华书局1977年版,第4526页。
④ (宋)李焘:《续资治通鉴长编》卷499,上海师范大学古籍整理研究所、华东师范大学古籍整理研究所点校,中华书局2004年版,第11889页。
⑤ (元)脱脱等:《宋史》卷185《食货志》,中华书局1977年版,第4528页。

司,在京隶金部"①。同时,加强监司对州县的管理和监督,高宗绍兴二十八年(1158年)十一月的赦文说:"仰监司常切检察,如有违戾去处,按劾以闻,当重置典宪。"②坑冶为铸钱提供原料,提点官负有铸造之责,神宗熙宁十年(1183年)七月,"诏提点浙江等路铸钱坑冶、太常少卿钱昌武罚铜十斤,监官侍禁崔坦差替,坐改置永平监大炉铸钱怯薄也"③。至于坑冶监官和地方官收买矿产有功者也予以奖励,孝宗隆兴二年(1164年)铸钱司说:"坑冶监官岁收买金及四千两、银及十万两、铜锡及四十万斤、铅一百二十万斤者,转一官;守倅部内岁比租额增金一万两、银十万两、铜一百万斤,亦转一官;令丞岁收买及监官格内之数,减半推赏。"④而在战时要求地方官"招刮""金帛"⑤,则是另一回事了。

此外,还有矾的管理,北宋依照唐五代,设务置官,提举矾事司等是专门监管机构,考核也多以祖额为参照,效仿盐法,比较增亏赏罚。不过,曾经放弃榷管,如宣和时"以扰民罢"⑥。而香与前述榷物不同,多为舶来品,市舶司的责任更大些,这在对外贸易的管理责任中有所论述。

据上所论,宋代对专营或榷禁的管理,涉及生产、本息税额、打击走私等一系列环节,但是重点还在流通领域,主要目的是完成榷征税收,通过对涉及国计民生以及战略安全物资的生产和流通的控制,从而获得高额垄断利润。从特殊商品的征税及其满足财政国防需要来说,专营榷禁确有其重要意义。同时,宋代也有一套较为全面的政策和措施,其中加强榷征官吏以及相关地方官吏的责任追究应是关键性的内容,至于追究责任的效果又较为复杂,尤其在财政窘迫和政治动荡之时,滥征和腐败又必然阻碍社会经济的发展,追究责任的成效也

---

① 《宋会要辑稿》食货56之5,刘琳等校点,上海古籍出版社2014年版,第7285页。
② 《宋会要辑稿》食货35之10,刘琳等校点,上海古籍出版社2014年版,第6758页。
③ (宋)李焘:《续资治通鉴长编》卷283,上海师范大学古籍整理研究所、华东师范大学古籍整理研究所点校,中华书局2004年版,第6939页。
④ (元)脱脱等:《宋史》卷185《食货志》,中华书局1977年版,第4532页;《宋会要辑稿》食货34之19,刘琳等校点,上海古籍出版社2014年版,第6743页。两书记载略有差异,或有漏脱。
⑤ 参见(宋)徐梦莘:《三朝北盟会编》卷32,上海古籍出版社2008年版,第236页。
⑥ 参见(元)脱脱等:《宋史》卷185《食货志》,中华书局1977年版,第4536页。

大打折扣,再加上"费出无节",即使实行榷征,也无法解决财政的困难,如李纲所说:"四海之广,生齿之繁,租税之所入,征商榷酤、铸山煮海、平准市易、香矾茶课之所取不为不多也,然而比年以来每患财用之不足者,度量不生于其间,而费出无节也。"①

---

① (宋)李纲:《梁溪集》卷144《理财论上》,文渊阁四库全书本第1126册,台湾商务印书馆股份有限公司1986年版,第612页。

第八章 宋代财物藏运支出责任追究

第一节 财物管藏

税收是财政以及统治的基础,古代属于"食货"范围,《尚书》列之八政之先,《尚书大传》说得更明白,"八政何以先食?传曰:食者,万物之始,人事之本也,故八政先食"①。到唐代杜佑著《通典》更有一种理论自觉,将食货置于全书之首。难怪从上文可见,宋代无论对农业税,还是商业税;对普通税收,还是专营税种,都采取了一系列措施,把地方的税收和财权都集中到中央,从而实现国家统一和中央集权。不过,征收只是税收和财政前期的基础性工作,只有钱物财税入库桩管,并运输上供之后,才能成为国家的有效税收和财政之源。为此,宋代以及古代的税收桩管、运输实为税务以及财政的关键环节,自地方至中央各级行政机构和财税专门机构都承担着相应的义务和责任。

一、财物的库藏桩管

宋代财政收入的钱物,一般分成三部分:上供与送使、留州,分别由朝廷和地方库藏和桩管,似有国税、地税之分,而管理机构则为相关的省寺监以及监司州县等。其中,在税赋收支的联结点上,库藏以及桩管则是财政管理的重要组成部分。太祖建隆四年(963年),要求民户到"指定仓库送纳"税赋,而各县夏税数文帐应申州并"写送合纳仓库",以备收纳时与户钞核对,"本判官不切点检,致有违欠,依令、佐催

---

① (汉)伏生:《尚书大传》卷2《洪范》,上海书店出版社2012年版,第26页。

第八章　宋代财物藏运支出责任追究　307

科分数停罚"。① 这是对征收管理,保证桩管税赋的数量以及库藏的运作。太宗雍熙二年(985年)七月,太宗加强仓储管理,诏曰:"今天下虽屡丰稔,颇多贮积,官吏或失于提点,储廪则至于损伤。不唯陷主掌之人员,兼亦误朝廷之计度。宜行告谕,用警因循。应天下州郡、军、监见管诸色粮,宜令逐路转运司与逐州知州、通判及军、监官吏并当职人吏等常切提举,仓司不得非理损恶官物。"②对于计度支用所余的钱物,采取变换、出粜以及搬运至京或军马驻屯之处。高宗绍兴二年(1132年)六月,也要求监司差官驱磨军兵所经州县的钱粮收支,"收其赢余,储在别库,以待不时之需,免复敛民,庶几奸吏不得侵盗"③。这就是核实地方库藏盈余,防止奸吏侵盗,地方也从桩管中获得益处。为此,桩管和库藏的钱物和财税,包括地方和中央控制的两部分。前者侧重于征缴入库的管理,可谓之封桩,后者侧重于钱物的收藏与支付,可谓之桩管。其实,宋人对此未必严格区分,二者兼而有之,如神宗元丰元年(1078年)七月,诏定刑提点刑狱及府界提举司拘收并桩管阙额禁军请受的钱物,即谓"于所在别封桩"。这种"桩管"既有封桩入库,又有管藏支付之意,如禁军请受时必须有枢密承旨的"同注籍",而"辄支用者,如擅支封桩钱帛法"④。这确保钱物的合理收藏及其正常支付。当然,这是建立在税赋征收之后分类封桩入库、桩管支用的基础上的,正如孝宗淳熙四年(1177年)户部员外部薛元鼎所言:"乞委户部行下本州,将州县应干仓库场务,每处止置都历一道,应有收到钱物,并分隶上供、州用实合得之数,分立项目桩办支拨,不得改立名色,互换侵用,及别置文历之类。仍从户部委转运司差官,每半年一次取索都历点检。如有虚支妄用,按劾取旨。"⑤其中,"分立项目桩办支拨"是封桩、桩管的重要原则。同时,又不能擅自

---

① 参见《宋会要辑稿》食货70之2,刘琳等校点,上海古籍出版社2014年版,第8100页。
② 参见《宋会要辑稿》食货54之1,刘琳等校点,上海古籍出版社2014年版,第7234页。
③ 《宋会要辑稿》食货64之75,刘琳等校点,上海古籍出版社2014年版,第7772页。
④ 《宋会要辑稿》食货39之29,刘琳等校点,上海古籍出版社2014年版,第6868页。
⑤ 《宋会要辑稿》食货56之59,刘琳等校点,上海古籍出版社2014年版,第7315页。

"支代借"他人,"诸擅支借封桩钱物,徒二年"。①

税赋的封桩入库应是发运财税的基础,没有税赋征缴入库和封桩,就很难保证如期桩发。这对上供税赋来说尤为重要。关于上供税赋的桩发也即起发,在前述税收征管责任有所提及,这里重点分析封桩作为起发准备的责任。哲宗绍圣二年(1095年)四月,详定重修敕令所奏请转运司定期封桩并上报户部:"以转运司年额上供钱分为两限,第一限二月终、第二限七月终以前封桩于沿流州军,具数上户部。"而户部也指出转运司"依限桩足","转运司,淮南、京东、京西路每年上供额斛,依限桩足,责州县认状,报发运、辇运、拨发司。如不实,并从本司申户部,委别路提刑司鞫勘。已报而擅易者,依擅支借封桩钱物法。"②显然,转运、州县封桩不足,则依"擅支借封桩钱物法"处罚。徽宗宣和六年(1124年)十一月,户部尚书卢益等奏,"契勘江东、淮南、京西、两浙路积年拖欠上供钱物,计六十三万二千九百余贯匹两,前后虽责立期限,至今并各出违再限,尚未见桩发"。并建议将各路起发钱物分成 20 万以上、10 万至 20 万及 10 万贯匹以下三个等级,根据起发如期与否,作减展磨勘、升降名次等赏罚。③可见,地方上供的封桩入库,目的之一就是为了及时桩发。南宋的经总制钱是一项重要的上供税收,高宗绍兴十六年(1146年)七月,江东提刑司认为经总制钱应由县丞、主簿拘收分桩,"专置库银桩管,依限解赴通判厅并起发",户部亦言:"于本县别用库眼收桩。所委官专一管掌出入,依条限解发。如辄敢侵支互用,与供申帐状漏落不实、起发违慢等事,并依专降指挥并见行条法施行。仍令提刑司每岁至岁终取索诸县的实收到钱物,比较前三年所收,除亏欠去处,自合根究侵隐因依依法施行外,将最增县分一两处,开具县丞或主簿职位姓名保明,量度推赏,庶使责任专一,有以激励。"④可见,桩管是为了防止支用、漏落,以便发运,并使责任专一。这又与前述的税收以及上供职责密切地联系在一起。孝宗乾道二年(1166年),权户部侍郎曾怀指出版籍不饬,钱

---

① 参见(宋)谢深甫:《庆元条法事类》卷30《财用门》,戴建国点校,黑龙江人民出版社 2002年版,第449页。
② 《宋会要辑稿》食货49之23,刘琳等校点,上海古籍出版社2014年版,第7107页。
③ 参见《宋会要辑稿》食货56之38,刘琳等校点,上海古籍出版社2014年版,第7304页。
④ 《宋会要辑稿》食货35之25,刘琳等校点,上海古籍出版社2014年版,第6769页。

物失陷之后,"欲乞自今后每岁诸郡各具所起发钱科名,总计实数,作一项,限次年正月终申发,委逐路所隶监司覆实,限一月上之。户部具殿最以闻,取旨赏罚"。乾道六年(1170年)三月,户部侍郎杨倓、权户部侍郎叶衡言:"欲望专委诸路漕、宪臣检察拘催,责令知、通尽数收桩,依限发纳。如或拖欠,即从转运、提刑司追当行人吏断勘,当职官具名申部,以凭奏劾。若逐司灭裂盖庇,从臣等逐时比较最稽违拖欠去处,具监司职位、姓名申朝廷,乞取旨重赐黜责。都吏、典级,送大理寺断勒。"①他们讲的都是依限起发的问题,并强调监司监督,取旨赏罚或黜责,其中处罚桩管"最稽违拖欠去处"的原则与一般税收责任原则极为相似。

宋代的左藏库是最重要的国库和库藏,"国初,贡赋悉入左藏库",也即收受地方财赋,后又于讲武殿别为内库,号曰封桩库,贮藏岁终用度之盈余。②太宗将封桩库归属太府寺的内藏库,并改名为景福内库。③左藏库和一些地方仓库,承担所征钱物的收藏管护及行政、军事等支付责任,具有收支的双重性,受户部仓部的直接管理,而仓部"凡国之仓廪储积及其给受之数隶焉"④。当然,仓库主要负责对收支钱物的贮藏管理,至于财政收支的决策和决定则由省寺、监司负责。其中,最重要的是保证应有的库存量,徽宗宣和元年(1119年)十月,总领左藏军所剳子奏:"勘会左藏库每岁合纳诸路上供纲运应副支用,自来两库止据纳到数目收附,其未到钱物,隔年拖欠。本所寻驱刷去年分上供合起钱物,尚有未到一百九十三万九百二十三贯匹两有奇。"户部尚书唐恪等也指出:"总领左藏库所奏,一岁之间,财用亏陷与失于拘催者,动以万计。"这说明除了库藏官吏的失职,还在于三司、户部、诸路"比年任非其人,偷惰废弛,自旷厥官"⑤。左藏库不只是收

---

① 《宋会要辑稿》食货56之52,刘琳等校点,上海古籍出版社2014年版,第7312—7313页。
② 参见(宋)李焘:《续资治通鉴长编》卷6,上海师范大学古籍整理研究所、华东师范大学古籍整理研究所点校,中华书局2004年版,第152页。
③ 参见(宋)李焘:《续资治通鉴长编》卷19,上海师范大学古籍整理研究所、华东师范大学古籍整理研究所点校,中华书局2004年版,第436页。
④ 《宋会要辑稿》食货56之12,刘琳等校点,上海古籍出版社2014年版,第7289页。
⑤ 《宋会要辑稿》食货56之4,刘琳等校点,上海古籍出版社2014年版,第7284页。

藏和支出钱物,还承担着以库藏之物易钱的功能,宁宗嘉定十六年(1223年)九月,臣僚言:"国朝稽古建官,均融万货,出于左帑,给于卖场,而比物定例,委之估、套两局。应所折买货物,先须编拣色名,估定价直,继行审覆,然后请取于所属之库而类成套,跋赴于所卖之场而课以入钱。"但是,在钱物变易中又出现价格、贿赂以及钱物交接问题,于是,"乞下户部,应左藏折卖货物,恪遵旧制,先从估局定价,请官审覆,方往逐库交收,赴局打套,秤别轻重均一,方可关拨卖场,视钱鬻货。随与抄历,藏库按时拘纳,不许滞留。监辖亲临,各共所职,有伪讬伪名私为贸易,及封状兜买者,并坐违制,重行镌降;吏有侵易钱物,计赃决配估籍。庶乎通商惠贾,兼利公私"①。这涉及左藏库官吏在钱物变易中的定价、审核、交收、称重、关拨、抄历、拘纳等责任。

常平、义仓以及惠民仓早已有之,宋代有过兴废,具有"平谷价""备凶灾"等作用,也是调整物价、商品盈缺的手段,如常平之法,"米贱则敛之于官,贵则散之于民"②。可见,常平、义仓者分别为市场和救灾服务,表面上似无太大的直接关联,但往往是在灾害到来、物价波动之时,是同时采取的社会保障措施,故在此将两者合而论之。二者都有一套完整的管束措施,涉及仓本、造帐、调济、借贷、仓储等,如在体量赈济救灾时,不得违法借贷。神宗熙宁时期,检详枢密院兵房文字刘载在赈济京东灾伤时"于积蓄之家假贷违法",而被责降,监杭州龙山税③,这与违法借贷常平、义仓钱物颇为相似。而对仓库钱物的管理是相关官吏的重要责任,内容较为丰富。首先不得擅置仓库,神宗熙宁五年(1072年)十月,权同提点开封府界诸县镇公事赵子几言:"考城知县郑民瞻擅置义仓……意在沽誉赈给,始则头会箕敛,终则责以备偿,本末皆为烦扰,非百姓所心欲。"结果,"诏郑民瞻先冲替"④。其次,要依式造帐以备按时供申。宋代帐簿的造帐和供申周期不一,有一季、半年和年终等,依具体帐法而定。如哲宗元祐八年(1093

---

① 《宋会要辑稿》食货38之25,刘琳等校点,上海古籍出版社2014年版,第6840页。
② 《宋会要辑稿》食货62之31,刘琳等校点,上海古籍出版社2014年版,第7566页。
③ 参见(宋)李焘:《续资治通鉴长编》卷257,上海师范大学古籍整理研究所、华东师范大学古籍整理研究所点校,中华书局2004年版,第6270页。
④ (宋)李焘:《续资治通鉴长编》卷230,上海师范大学古籍整理研究所、华东师范大学古籍整理研究所点校,中华书局2004年版,第5590页。

第八章　宋代财物藏运支出责任追究　311

年)三月,尚书省言:"勘会诸路常平、广惠坊场钱物文帐,并系年终具帐供申,有妨照使。令户部指挥诸路提刑司,将常平、广惠坊场助役钱文帐,每年作上、下半年,依条式具帐供申。其元丰八年后至元祐三年,即依元丰八年后来未行役法已前免役钱物帐,每季具帐供申。"①徽宗大观四年(1110年)六月,则要求次年开始在年终造帐春首供帐,"令逐路提举常平司每岁终,将实管见在依此体式编类,限次年春首附递,(径)[经]入内内侍省投进"②,当然,供申责任由提举常平司使等承担。此外,常平官还要供申义仓文帐,乾道八年(1172年)四月,权户部尚书杨倓言义仓桩管之法,"乞行下诸路提举常平,限半月委逐州主管常平官取索五年的实收支文帐,申部稽考"③。再次,要及时广籴和散粜。高宗绍兴二十五年(1155年)九月,诏令户部措置,常平司施行,毋致违戾,户部强调:"如本司不切检察,即仰漕、宪司按劾施行。"④这就是要保证库藏的充足,以备籴粜敛散和救灾需要。

　　但是,就主要职能而言,征收和借贷应是常平、义仓的双重责任,如义仓:太祖乾德初,"诏诸州于各县置义仓,岁输二税,石别收一斗。民饥欲贷充种食者,县具籍申州,州长吏即计口贷讫,然后奏闻"⑤。神宗熙宁二年(1069年)设制置条例司时,"立常平敛散法,遣诸路提举官推行之"。次年,"以常平新法付司农寺"。后来,"诏诸路提举常平官课绩,田寺考校升绌,管干官令提举司保明,计功赏之"⑥。这是考核常平官的课绩,主要还是在敛散或收支的措置上。哲宗绍圣时,承继熙丰,祥定敕令所参照元丰体例,编修《常平免役敕令》,并建议"同海行敕令格式颁行"⑦。此后,徽宗建中靖国元年(1101年)、崇宁二年(1103年)、政和五年(1115年),都有臣僚强调:"民甚便安""岁取二分",应遵守成法,"不许辄议改更",否则承担责任。当时,集

---

① (宋)李焘:《续资治通鉴长编》卷482,上海师范大学古籍整理研究所、华东师范大学古籍整理研究所点校,中华书局2004年版,第11474页。
② 《宋会要辑稿》食货14之15,刘琳等校点,上海古籍出版社2014年版,第6273页。
③ 《宋会要辑稿》食货53之33,刘琳等校点,上海古籍出版社2014年版,第7229、7230页。
④ 《宋会要辑稿》食货62之31,刘琳等校点,上海古籍出版社2014年版,第6566页。
⑤ (元)脱脱等:《宋史》卷176《食货志》,中华书局1977年版,第4275页。
⑥ (元)脱脱等:《宋史》卷165《职官志》,中华书局1977年版,第3904页。
⑦ 《宋会要辑稿》刑法1之17,刘琳等校点,上海古籍出版社2014年版,第8230页。

贤殿修撰、知邓州吕仲甫为户部侍郎,就因"(谘)[谄]事奸党,助为纷更"而被落职,知海州。① 当然,重点仍在征收及法制上,显现出常平具有变相税收的特色。

此外,宋代对仓库的安全、维修以及库藏易陈、晾晒等都有较为具体的责任规定。

为了进一步加强仓场安全防护,防止粮草被盗或焚毁,朝廷要求各仓场不分昼夜都须派专人看管守护。仓场监官须率属吏在仓场内往来"巡觑",并将每日"巡觑"的情况作记录,然后上报有关部门。② 为防止监官偷懒作弊,不如实记录巡查情况,朝廷还规定记录的簿历由监门使臣掌管,监官等"不得于监门使臣处衷私取历,往本家或邻仓抄上,称无损动。其监门使臣亦不得颜情私衷,将文历与监官书押。如违,许人陈告,各以违制论"③。监官专副还须轮流值班押宿于仓场,凡"轮当押宿官,遇起居日,权免朝参",且为安全起见,诸仓场"须平明方得开门"。这些规定都要"所在粉壁晓示"。若"不赴守宿",监官"科违制之罪",专副"于违制杖一百上定断"。④

为了使仓库坚固耐用,宋朝要求各级主管部门应对各地仓库常加修缮,所谓"一瓦之损,雨过必葺;一隙之开,穴露必补"⑤。仁宗天圣二年(1024年)六月,枢密院言:"近为频经霖雨,取到在京仓敖疏漏倒塌未修去处。今据提点仓场所言,见未修了敖屋计六百二十七间。朝廷累降指挥,当职官吏催促修盖,至今未见结绝,乃逐处监官不切用心。"对此,朝廷下诏督促当职官吏依限修盖完毕,并追究责任,"如更违慢,不即修盖,及稍违近限,令枢密院札送御史台取勘"⑥。南宋也有类似规定,如孝宗淳熙三年(1176年)九月,四川宣抚司备边桩积粮一百一十余万石,因"仓廒类皆卤莽"而"多致腐败",朝廷一方面命令

---

① 参见《宋会要辑稿》食货65之72—75,刘琳等校点,上海古籍出版社2014年版,第7839—7841页。
② 参见《宋会要辑稿》职官26之25,刘琳等校点,上海古籍出版社2014年版,第3701页。
③ 《宋会要辑稿》食货62之6,刘琳等校点,上海古籍出版社2014年版,第7552页。
④ 参见《宋会要辑稿》职官26之24—26,刘琳等校点,上海古籍出版社2014年版,第3700、3701页。
⑤ (宋)黄裳:《黄氏日钞》卷73《申提刑司修仓为经久计状》,文渊阁四库全书本第708册,台湾商务印书馆股份有限公司1986年版,第733页。
⑥ 《宋会要辑稿》食货62之6—7,刘琳等校点,上海古籍出版社2014年版,第7552页。

第八章　宋代财物藏运支出责任追究　313

地方修葺仓廒,另一方面又要求他们点检分明,对于奏报不实的官吏取旨重罚,且"不以去官、赦降原减"。① 对于因仓场不修而致粮草损失的,监官使臣等更要受严惩。如仁宗天圣七年(1029年)七月,臣僚上言:陕西镇戎军彭阳城天圣寨主管官吏不用厚泥盖护仓廒"草积",导致"烧却草场",管护使臣因此丢官,受到"停替"的行政处罚。②

为了保证库存物资尤其粮草品质,减少陈腐损失,宋代缩短贮存周期,定期以新易陈。对于粮草安置不如法,不能及时以新易陈者,其主管官吏要被追究责任。如太祖乾德三年(965年)九月,权点检三司使赵玭及判官并罪罚俸,原因就是"帝闻在京官廪有积岁陈腐者,乃有司滞于给遣也"③。南宋偏处东南,气候潮湿,仓储更为不易,故时常申严以新易陈之令。如孝宗乾道八年(1172年)十二月,诏:

> 两(浙)[浙]、江东、西、淮东、湖北、京西路转运司,淮东、西、湖广总领所,将来年合收买诸军经常马草,并据递年实认本色数目,各于管属路分州军见桩朝廷草内先次收拨津发,应副支用,却将本年内买到新草对数拨还,依旧桩管,不得违误。月具已取拨并已、未拨还草数申尚书省。仍各割下桩草州军常切如法覆护,以新易陈,毋致腐烂,及先次开具见桩草数申尚书省。若将来差官点检得有损坏去处,即勒本州军陪填,及将当职官吏取旨行遣。④

后来,淳熙九年(1182年)七月,又诏:"诸路州军应有朝廷米斛,专委守臣认数桩管,如致陈腐及有少欠,并令守臣抱认补填。虽已去官,亦取旨责罚,总司毋得干预。"⑤

同时,及时晾晒粮草,也是保证库藏质量,并明确仓库管理的责任。太祖建隆四年(963年)七月,诏曰:"为国之计,足食是先。属年谷之丰登,顾仓储之流衍,苟暴凉之失节,即损坏以为虞。必资守土之

---

① 参见《宋会要辑稿》食货62之65,刘琳等校点,上海古籍出版社2014年版,第7585页。
② 参见《宋会要辑稿》食货54之4,刘琳等校点,上海古籍出版社2014年版,第7236页。
③ 《宋会要辑稿》食货62之2,刘琳等校点,上海古籍出版社2014年版,第7550页。
④ 《宋会要辑稿》食货40之54—55,刘琳等校点,上海古籍出版社2014年版,第6906页。
⑤ 《宋会要辑稿》职官62之66,刘琳等校点,上海古籍出版社2014年版,第7586页。

臣,共体分忧之寄。应所在仓廪,并委长吏躬亲检校,勿令损恶。"后来,真宗大中祥符二年(1009年)六月,还令三司"遍诣诸路察视军食,以时暴凉,勿令损败"①。对于因晾晒不时而致粮草损败的,相关官吏要被等第责罚。据《宋刑统》卷15《厩库律》中"损败仓库物"条所载:

> 诸仓库及积聚财物安置不如法,若曝凉不以时,致有损败者,计所损败坐赃论。州县以长官为首,监(置)[署]等亦准此。②

南宋的《庆元条法事类》卷36《库务门》,对于官吏暴凉仓储官物不以时的处罚规定得更加详细,责任追究也更加明确:

> 诸官物安置不如法、暴凉不以时致损败者,以专副为首,监官为第二从,签书官为第三从,通判、知州为第四从(事有所由,以所由为首,积草不如法者,积匠与专副同等)。库敖场子之类专防守者减专副三等,罪止杖一百。即盐因卤沥及粮草三年外因陈浥焦稍致耗折者,偿而不坐。③

可见,北宋时在"暴凉不以时"上主要追究州县长官或监官等的主要官员责任,南宋时则主要追究直接责任人的管护责任,非直接管护的上级官员则负次要责任,且处罚也随责任的大小而递变。

二、市籴物资及其管理

宋代的市籴或和籴就是政府购买粮草等,作为行政和军事开支的重要形式,实际上也是财政的转移支付。就其购买方式而言,一般因籴本的不同而形成三种具体形式,"和籴以见钱给之,博籴以他物给之,便籴则商贾以钞引给之"④。此外,均籴、和买等性质也相近,所购物品比较丰富。有学者认为这些籴买形式属于政府消费性购买⑤,认为具有官府采购物资的性质,其实后来有的市籴又逐渐发展成税收的

---

① 《宋会要辑稿》食货54之1、39之6,刘琳等校点,上海古籍出版社2014年版,第6854、7233页。
② (宋)窦仪:《宋刑统》卷15《损败仓库物》,吴翊如点校,中华书局1984年版,第245页。
③ (宋)谢深甫:《庆元条法事类》卷36《库务门》,戴建国点校,黑龙江人民出版社2002年版,第537页。
④ 《宋会要辑稿》食货41之1,刘琳等校点,上海古籍出版社2014年版,第6909页。
⑤ 参见李晓:《宋朝政府购买制度研究》,上海人民出版社等2007年版,第310页。

特殊形式,因而,购买责任也具有税赋征收和监管的特色。同时,市籴对财税钱物管理的色彩更浓些,故在这部分论述。

市籴的和、博、便、均,只是形式上不同,其发展到后来税赋的特性更突出一些。与此同时,一方面它发挥了财政作用,另一方面其显现的问题日益严重。徽宗宣和二年(1120年)五月的诏书就指出:"自今陕籴买,帅司及州县城寨等处官吏如敢缘籴事循私意,公受请托,乞取钱物,僭换变转,故损籴价,诡名借本,停塌入官,强籴搅拌,低估赢略,计会中纳,放债克除,若抑勒军兵贱买交旁,复用转敖搭带,大量不上亦历,诈作客人中官及在任者冒法入纳,并以监守自盗论。挟私邀阻、鼓惑扇摇者,以违制论。本法重者,自从重,仍加一等坐之。具案奏裁,并不以赦降、去官、自首原减。"① 孝宗乾道元年(1165年)八月,臣僚言和籴四弊:均敷、耗米、糜费、折价,认为"四弊不去,欲民之不病,其可得耶?"于是,"诏逐路委漕臣并提举常平官往来巡按,务尽和籴之意,以革四弊。如安坐不恤,奉行简慢,必罚无赦,以俟遣使按实"②。次年八月,中书舍人王曮、起居舍人陈良佑言"和籴之弊",有如"州县额外所科倍之""朝夕诛求于叫呼棰楚之间""斛面之增"等问题。③ 但是,市籴又不完全是没有节制的剥夺和无偿征收,作了一定的限制,并在住籴后,比较州军知、通及籴官的收籴结果,议行赏罚。徽宗宣和二年(1120年)五月,诏曰:"弛慢不切用心,收籴数少,即重行责罚。"④ 当然,至于阻止市籴也就是遏籴,宁宗庆元元年(1195年)十月,诏许人户越诉,"监司不为受理及失觉察,仰御史台弹劾施行"⑤。为此,宋代对市籴作了一系列的规定。

首先,对市籴主体资格、数量以及产地等作出限定。仁宗庆历五年(1045年)七月,知延州梁适指出:"保安军榷场虑有官员于场内博买物色,乞科违制之罪。"⑥ 次年十二月,权三司使张方平又奏定保

---

① 《宋会要辑稿》食货40之8,刘琳等校点,上海古籍出版社2014年版,第6881页。
② 《宋会要辑稿》食货40之42,刘琳等校点,上海古籍出版社2014年版,第6899页。
③ 参见《宋会要辑稿》食货40之43—44,刘琳等校点,上海古籍出版社2014年版,第6900页。
④ 《宋会要辑稿》食货40之8,刘琳等校点,上海古籍出版社2014年版,第6881页。
⑤ 《宋会要辑稿》食货41之26,刘琳等校点,上海古籍出版社2014年版,第6922页。
⑥ 《宋会要辑稿》刑法2之27,刘琳等校点,上海古籍出版社2014年版,第8297页。

安、镇戎两军榷场博买羊一万口、牛百头的限额。① 可见,两者的市籴主体资格是有区别的,主体资格直接影响了市籴的合法与否。哲宗绍圣四年(1097年)十一月,诏曰:"户部严戒诸路监司,应取承诏旨市物色,并於出产多处置场,计数和买,召人赴场中卖,以见缗给之……违者坐违制罪,仍令提举常平司察举,如有违戾,具名申尚书省。仍许人户径诣提举常平司陈诉,如不为理者,与同罪。每遇和买,皆揭示诏文。"②这包括承办、监督的机构和官吏,以及市籴原则和申诉程序,规定得较为全面。

为了防止市籴扰民和减轻百姓负担,要求在产地市籴。太宗太平兴国八年(983年)就规定,内外诸司库务及内东门诸处造作收市物品,除非急需,一般"即于出产处收市"。否则,就会加重负担。徽宗崇宁四年(1105年)六月,尚书省指出:"致使客人规利,兴贩前去计会。公吏乞取钱物,严加催督,人户不免用贵价于客人处收买中官,以苟免罪戾。不惟倍有劳费,兼未称朝廷爱民恤物之意。"为此,市籴应在出产州军和买计置,并以每年朝廷降拨的桩管钱尽数支付,若有不足,以封桩常平钱临时垫付,并接受提点刑狱司的监督。③ 在籴买军需马草时更是如此,高宗绍兴十三年(1143年),户部在制定相关规定时,就特别强调:"今来所有买草,欲令转运司俵钱,均于出产去处收买。仰本司钤束州县,将上件所降钱物分明俵散,不得少有减克。如有违戾去处,仰本司按劾,依条施行。"④还要求于九月、十一月及次年正月终三限起发。

此外,还限定市籴岁额、数量、品种等。徽宗崇宁五年(1106年)三月,鉴于川峡路和买绢布数量倍增和交子度牒折付的教训,下诏考察元丰年间的和买数量,"取其间最多者一年立为永额","委提刑、提举司常行点检,如有不实及违法过额,抑勒降散,并具闻奏,其违法

---

① 参见《宋会要辑稿》食货36之28—29,刘琳等校点,上海古籍出版社2014年版,第6800页。
② 《宋会要辑稿》食货38之3,刘琳等校点,上海古籍出版社2014年版,第6828页。
③ 参见《宋会要辑稿》食货38之4,刘琳等校点,上海古籍出版社2014年版,第6829页。
④ 《宋会要辑稿》食货40之25,刘琳等校点,上海古籍出版社2014年版,第6890页。

第八章　宋代财物藏运支出责任追究　317

官司当以违制科罪,不以去官、赦降原减"。① 也即规定了和买岁额,以防官吏从中增额渔利。在科敷及和买中,高宗绍兴四年(1134年)正月,"诏户部候今年正月终,比较逐司并逐州军已籴已起数多及籴买最少去处,具转运司并州军当职官职位、姓名申尚书省,取旨赏罚"②。二月对科买数目作进一步限定,"监司、郡守须契勘诸县实有合支钱窠名数目,方许施行"。否则,"违戾诏令科率百姓者,监司、郡守并一等科罪"③。绍兴十二年(1142年)九月的赦文,针对江浙和、预买中违法折纳,虚假增减数量的问题,要求监司、郡守常切约束,并张榜公布和买实数,"如有违犯,逐一觉察按劾,官员窜责,人吏决配"④。针对泉、广市舶司抽分和市、"提举监官与州税务又复额外抽解和买"直接导致的"蕃商浸少"现象,宁宗嘉定十二年(1219年)十二月,臣僚上言:"乞严饬泉、广二司及诸州舶务,今后除依条抽分和市外,不得衷私抽买。如或不悛,则以赃论。"⑤也即超额抽买,处以赃罪。

其次,筹措管理籴本,并及时支付现钱。这往往通过市场流通领域实现,也是与一般税收的区别之处。徽宗建中靖国元年(1101年)二月,"诏以内藏库钱百万缗及诸路提举常平司钱共百万缗,应副河北籴买"⑥。而徽宗宣和二年(1120年)五月,又诏曰:"泛给香药钞并告敕、补牒、度牒、师号、紫衣共二百万贯,付河北籴便司广行收籴,以备储蓄。"⑦这种支付虽有变异,但也非强市,有一定和买性。徽宗政和元年(1111年)七月,曾要求漕司乘时计置籴买,"转运司疾速措置钱本,广谋储蓄"⑧。政和四年(1114年)六月,尚书省指出河阳县、孟州温县百姓"纳过均籴斛斗不曾支钱"后,诏:"自今均籴斛

---

① 参见《宋会要辑稿》食货38之5,刘琳等校点,上海古籍出版社2014年版,第6829页。
② 《宋会要辑稿》食货40之19,刘琳等校点,上海古籍出版社2014年版,第6887页。
③ 《宋会要辑稿》食货38之16,刘琳等校点,上海古籍出版社2014年版,第6835页。
④ 《宋会要辑稿》食货38之18,刘琳等校点,上海古籍出版社2014年版,第6836页。
⑤ 《宋会要辑稿》食货38之24,刘琳等校点,上海古籍出版社2014年版,第6839—6840页。
⑥ 《宋会要辑稿》食货40之3,刘琳等校点,上海古籍出版社2014年版,第6878页。
⑦ 《宋会要辑稿》食货40之8,刘琳等校点,上海古籍出版社2014年版,第6881页。
⑧ 《宋会要辑稿》食货40之3,刘琳等校点,上海古籍出版社2014年版,第6878页。

斗,须管先桩见钱,方得均籴。如违,官员徒一年,吏人配千里。"①显然,在均籴中要桩管现钱并及时支付,否则,就会受到徒、配的严厉处罚。当然,籴本和数量是由朝廷规定的,如徽宗政和五年(1115年)三月,诏令陕西河东路经略、转运司,"今后将逐州军合用粮草预行抛降实数,及颁行给降钱物,严责籴官须管依条趁时尽本籴买,敷及元抛之数。其籴价仰所属旋体度市价增减"。其中,"趁时尽本籴买"包括及时购买和付款的双重要求,并是限满考核责罚的主要依据,"违者并科徒二年之罪"。② 北宋末年,在臣僚指出和市"不酬价直"及和籴"不支还及妄有除克"后,一方面,"诏令今后籴买,约价给钱",另一方面,"并从举劾,送狱治罪",而知、通、监官与帅臣、监司失劾,也重科罪。③

南宋以后,在籴本的管理以及定价上问题似要严重一些,"官司立价甚低,或高抬他物价直准折,或以无实虚券充数,甚者直至受纳未支本钱",这与"和预买法本支实价"不符。高宗建炎元年(1127年)五月的赦文规定,"自今有前项违戾,守令并转运司并以违制论加二等。仍委提刑司觉察,每岁于限后一月内具有无违戾闻奏,不以实闻,与同罪"④。高宗绍兴三年(1133年)九月,都省也强调和籴时朝廷应支降金、银、钱、帛等,并约束籴官"依市价两平交易,支还价钱,不得亏损官私"⑤。绍兴十五年(1145年)四月,明确要求户部科拨桩办籴本,并"令逐路转运司严行戒饬州县依时尽本给散,毋致尚有奸弊违戾。仍仰安抚、提刑司检察,按劾以闻,当重置典宪,及许人户赴尚书省越诉"⑥。绍兴三十二年(1162年)七月,孝宗即位后,江淮东西路宣抚使张浚"乞从御前支降",收籴米斛,于是"诏令内库支降银三十万两";次年八月也是如此,"诏支降本钱三百四十万五千贯,付逐路沿流州军

---

① 《宋会要辑稿》食货41之24,刘琳等校点,上海古籍出版社2014年版,第6922页。
② 参见《宋会要辑稿》食货40之6,刘琳等校点,上海古籍出版社2014年版,第6880页。
③ 参见《宋会要辑稿》食货40之12,刘琳等校点,上海古籍出版社2014年版,第6883页。
④ 《宋会要辑稿》食货38之12,刘琳等校点,上海古籍出版社2014年版,第6833页。
⑤ 《宋会要辑稿》食货40之18,刘琳等校点,上海古籍出版社2014年版,第6887页。
⑥ 《宋会要辑稿》食货40之26,刘琳等校点,上海古籍出版社2014年版,第6891页。

守臣置场,别项和籴米一百五十万石"。① 但籴买中不支实价的情形又很严重,以致乾道元年(1165年)五月右正言程叔达惊呼,"方今民间输纳税赋,惟和买最为流弊之极",从折支钱、盐到直科本色,再直接折纳价值,并且折变极高,"一缣之直在市不过三数千,而折纳之价乃至七千",几乎完全演变成一种重税。他只能提出根据一定物力均科的办法来纠弊。② 乾道四年(1168年)五月,户部仍指出"于民间科敷收籴"的现象,并且问题日益严重,"今更不给降度牒、关引,欲改降新印会子,品搭钱银,支降本钱一百二十五万贯,每硕大约价钱二贯伍伯文省,收籴五十万硕"③。但是,一方面,按照法规,和买仍应付钱,另一方面,民户无从得钱,不得分文的情况仍然严重。宁宗嘉定二年(1209年)正月,臣僚建议:"仍令日后须以见钱收买,不得拖欠积压。如有违戾,许经御史台陈诉,将当职官重加惩治,吏人受嘱侵移,计赃定罪。"④这就是宋代和买的实际。当然,至于籴本更不能擅自挪用,所谓"诸给降籴本钱物辄他用者,依擅支借封桩钱物法"⑤。

再次,市籴还要公平和买,禁止强买压价。上述的科配以及折变,已经暴露出市籴不公的问题。徽宗大观元年(1107年)十二月,在尚书省论及大观库物资缺少后,强调以市价和买,公平交易,诏曰:"令两浙、京东、淮南、江南东、西、成都府、梓州、福建路于出产物帛处,转运司于来年丝蚕丰熟州县,依市价收买。其价钱并于本路提刑、提举司朝廷封桩钱内支拨应副。务在两平和买,不得科配,抑勒搔扰。如违,官员降黜,公吏人等决配。"还要求提刑司"拘管团纲",差使臣或本路官吏"管押起发",送纳本库,转运司则进行监管,但无权支移别用籴本,并要具帐申尚书省。⑥ 为了保证和买的公平和任务的完成,要求

---

① 参见《宋会要辑稿》食货40之34、37,刘琳等校点,上海古籍出版社2014年版,第6896、6897页。
② 参见《宋会要辑稿》食货38之22,刘琳等校点,上海古籍出版社2014年版,第6838、6839页。
③ 《宋会要辑稿》食货40之47,刘琳等校点,上海古籍出版社2014年版,第6902页。
④ 《宋会要辑稿》食货38之24,刘琳等校点,上海古籍出版社2014年版,第6839页。
⑤ (宋)谢深甫:《庆元条法事类》卷37《库务门》,戴建国点校,黑龙江人民出版社2002年版,第569页。
⑥ 参见《宋会要辑稿》食货38之6—7,刘琳等校点,上海古籍出版社2014年版,第6830页。

提刑、提举官分"上下半年或作季限催督","注籍拘管勾销","或有规避隐匿官司,并科违制罪;如限满,更敢违欠,即具当职官吏姓名申尚书省取旨。提刑、提举司承今来指挥,不为究心取索,若人户别有陈诉,并重行黜责,仍不理去官"。左司员外郎董若还提出,按照法律《大观看详诸路抛买物》,根据物价变化,"量添价和买",以免人户亏损,"若有违犯,止从违令科罪,亦虑未足惩诫。相度欲乞诸路和买上供之物,不比市价量添钱和买者徒一年,仍候买讫,具价直申户部审察,及提刑司常切觉察"①。徽宗政和元年(1111年)三月,户部还针对和买价值不实的问题,指出:"看详《元符敕》,在任官卖买物旋行增损实直,及抑非本行卖买物等,有徒二年之制。欲申明行下。"②南宋高宗绍兴三年(1133年)五月,还禁止变相形式的压价,"加抬斗面"和"乞取常例钱","诏官吏专斗。如违,并徒二年科罪"。③绍兴五年(1135年)六月,明确要求转运司约束州县,及时收籴,不得压价,以及纵容揽纳骚扰作弊,"如有违戾去处,许民户越诉,当职官吏取旨重作施行"④。此外,政和时的均籴,依据乡村坊郭的田亩或家业均敷,强调的是"所贵均一",也有公平的要求。至于实施效果姑且不论,但政和二年(1112年)八月尚书省奏言,明确了均籴的公平责任:"今措置约束:均籴法州县不得常行,并俟朝廷降指挥,方许均籴。不应均而辄均,若不依役钱,或多寡不均者,徒二年,吏人配千里。不前期支钱或斗价支钱增减不实者,加一等,吏人配一千五百里。乞取若减刻所均钱者,以自盗论,赃轻者配一千里。"同时,与前述籴本要求相近,也要支付现钱,政和四年(1114年)十月,诏曰:"自今均籴斛斗,须管先桩见钱,方得均籴。如违,官员徒一年,吏人配千里。"这是在尚书省指出河阳县及孟州温县均籴斛斗不曾支钱后,才下了如此诏书,并且"官吏罚铜有差"⑤。

---

① 《宋会要辑稿》食货38之7—8,刘琳等校点,上海古籍出版社2014年版,第6831页。
② 《宋会要辑稿》食货38之9,刘琳等校点,上海古籍出版社2014年版,第6831页。
③ 参见《宋会要辑稿》食货40之18,刘琳等校点,上海古籍出版社2014年版,第6886页。
④ 《宋会要辑稿》食货40之20,刘琳等校点,上海古籍出版社2014年版,第6888页。
⑤ 《宋会要辑稿》食货41之23—24,刘琳等校点,上海古籍出版社2014年版,第6921、6922页。

第八章　宋代财物藏运支出责任追究　321

最后,宋代还为了保证市籴物品,尤其是军需物资的质量,作出了专门的规定。仁宗天圣七年(1029年)八月,三司据西染院使卢鉴的奏状指出:"如意在侥求,及有别欺弊,籴下粗恶斛斗,久远不堪军食,虽已替移,并令申奏,特重行遣,仍理科罪。"①天圣八年(1030年)五月,仁宗又诏河北转运使,"若监、专等不切用心,取受颜情,告属入便下夹杂粗弱不堪斛斗,致有亏损官物,其监官及转运使副、知州军、同判等,并各勘罪,当议等第重行朝典。所有亏官剥纳价钱,并勒专副等填纳入官,具数闻奏,当行决配。余依前后著令"②。徽宗政和七年(1117年)七月,对诸路州军买纳的上供及应付的军衣物帛,"委官定验,有粉药、纰薄、短狭者,计所亏官准盗论赃,轻者徒二年;即专库合干人及管押人、纲梢等,以私物贸易计赃,轻者徒三年"。并委廉访使觉察奏闻,违法责任不以过失以及官吏离任、自首的理由而免于处罚。③ 不过,沿边州军的和籴入中军储与一般市籴岁额责任有所不同,是按照离任完成的分数考核的,仁宗天圣元年(1023年)八月,陕西转运使郑雍建议,完成入中军储,七分以上磨勘理为劳绩、五分以上与家便地一任,而三分以下则"本司取勘申奏,量与责罚"④。这种以分数考核离任官吏沿边市籴粮草成效的方法,天圣五年(1027年)十月,三司也有类似的建议:"陕西十一州军本处官员、使臣等将收籴、博籴、便籴纳到粮草衮合为数,乞行酬赏。省司勘会……所是本处官员、使臣监当者,缘系本职勾当,候得替日,令转运司勘会逐年收、博、便籴粮草数目各及得分数,即与保明申奏。"⑤在和籴中,牙侩、公吏与中卖之人往往"通同作弊","籴湿恶米斛不耐久贮,因而腐烂,失陷官物",为此,南宋孝宗乾道六年(1170年)正月,户部尚书曾怀针对浙西、江东、湖北的和籴,提出:"欲下三总领所及两浙、江东、湖北转运司,严行约束所委官究心措置,趁时收籴干好米斛。如敢依前作弊,仰

---

① 《宋会要辑稿》食货39之16,刘琳等校点,上海古籍出版社2014年版,第6860页。
② 《宋会要辑稿》食货39之18,刘琳等校点,上海古籍出版社2014年版,第6861页。
③ 参见《宋会要辑稿》食货38之11,刘琳等校点,上海古籍出版社2014年版,第6833页。
④ 《宋会要辑稿》食货39之10,刘琳等校点,上海古籍出版社2014年版,第6857页。
⑤ 《宋会要辑稿》食货39之13,刘琳等校点,上海古籍出版社2014年版,第6858、6859页。

具名奏劾,重置典宪。"①

第二节 财物运输

在宋代财税钱物中,上供部分一般由县征收,民户送纳县仓封桩,经过监司、守臣勾考数量和质量之后,定期限时起发。哲宗绍圣四年(1097年)九月,要求转运司督促州县,每月将夏秋税赋的"元额、已纳、见欠税物名数申省部点验,如限满有欠,即令转运司依编敕施行。若转运司不为行遣,即省部点检、举察"②。哲宗元符元年(1098年)四月,户部亦言:"发运司奏额解帐状,乞限次年九月终;拨发辇运司,限六月终。如违,依稽程官文书律,罪止杖一百。本司官减一等。"③这一奏言旨在按期完成征收,为发运奠定基础并根据起发结果,考核发运官吏。徽宗政和三年(1113年)七月,尚书省又针对起发之后的纲运住滞问题,列出拟修条法:"诸纲运装卸,无故违限过五日者(附载官物装卸违限同),一日笞三十,二日加一等;过杖一百,三日加一等;罪至徒二年。事由装卸官司,本纲不坐;事由本纲,装卸官司准此。仍各以所由为首(和雇私船运官物而装卸违限,并准此。内事由本船者,止坐船主)。违限请过口食,干系人均备。"④这些内容得到朝廷的肯定,而且宣和元年(1119年)八月在户部尚书唐恪"稽考到诸路已发、未发上供钱物数目"之后,诏:"江南东路起发上供最少,其漕臣特降两官,人吏令提刑司勾追,决杖一百。"⑤这说明根据起发的数量也即上供的数量予以处罚。政和四年(1114年)五月,户部奏请诸路发运银钱帛丝绵,必须在七月底前抵京,否则,"重赐黜责"。当

---

① 《宋会要辑稿》食货40之49,刘琳等校点,上海古籍出版社2014年版,第6903页。
② (宋)李焘《续资治通鉴长编》卷491,上海师范大学古籍整理研究所、华东师范大学古籍整理研究所点校,中华书局2004年版,第11648页。
③ (宋)李焘:《续资治通鉴长编》卷497,上海师范大学古籍整理研究所、华东师范大学古籍整理研究所点校,中华书局2004年版,第11834页。
④ 《宋会要辑稿》食货45之4,刘琳等校点,上海古籍出版社2014年版,第7013页。
⑤ 《宋会要辑稿》食货49之32,刘琳等校点,上海古籍出版社2014年版,第7112页。

然,"若于限前率先到京,亦乞旌赏"①,强调的还是发运的期限责任。

南宋时,经总制钱是二税之外的重要上供,发运经总制钱也就很有典型意义。高宗建炎三年(1129年)十一月,诏:"经制钱令尚书省每十日一次剳下逐路东南八路提刑司,遵依已降指挥,恪意拘收。每季终,便行尽数起发赴行在送纳,不得视为文具。若稍有违慢,致有隐漏,或不依限起发,提刑司官重行窜逐,人吏决配海岛。"②尽管经总制钱于季终尽数发运行在,与前述二税发运期限似有不同,但若违慢、隐漏、滞发同样受到责罚。而绍兴四年(1134年)八月,右宣教郎高公极在前任福建路提刑司检法官时,"任内拘催起发过经制钱三十五万二千四百余贯,即无隐漏",诏与减一年磨勘。③后来,经总制钱起发截止时限稍有变化,但周期仍以季为单位,如高宗绍兴六年(1136年)五月规定,"诏诸路州军每季所收经制钱,并限次季孟月内起发数足"。并且,尚书省及其官僚也认为"陷漏不实""起发违慢"等应以"经制司额上供钱物条法"断罪,或者强调经总制钱由知县、县令拘收,通判聚集,每季发赴行在,严禁"擅行借充拘截,取拨支用",否则,"依诸路州军通判已得指挥断罪条法施行"。④也就是使相关官吏承担发运的责任,这与前述发运二税规定是极为相近的。

此外,市籴入京抵边也有发运责任,正如徽宗政和三年(1113年)十月殿中省奏请:"勘会诸路贡物,官司计置不依时,暴凉不如法,以致损坏,起发不依限者,已有《崇宁敕》各从杖一百断罪外,若系被差管押担擎之人起发在路,故违程限,或津般安放不谨,从来未有约束。本省今相度,欲乞诸州应差管押(檐)[担]擎贡物之人,若沿路无故稽程,或津般安放不谨,致有损坏,罪轻者杖八十。"⑤这涉及运输的计置、晾晒、起发、津般等环节,并处以杖罚。而漕运或纲运又是上供财税最为典型的运输形式,为京师以及边地提供财政保障。

宋都有四河通漕运之说,"宋都大梁,有四河以通漕运:曰汴河、曰黄河、曰惠民河、曰广济河,而汴河所漕为多"。并对漕运有所规制,

---

① 《宋会要辑稿》食货49之33,刘琳等校点,上海古籍出版社2014年版,第7112页。
② 《宋会要辑稿》食货35之20,刘琳等校点,上海古籍出版社2014年版,第6764页。
③ 参见《宋会要辑稿》食货35之21,刘琳等校点,上海古籍出版社2014年版,第6765页。
④ 参见《宋会要辑稿》食货35之24,刘琳等校点,上海古籍出版社2014年版,第6767页。
⑤ 《宋会要辑稿》食货41之43,刘琳等校点,上海古籍出版社2014年版,第6932页。

"建隆以来,首浚三河,令自今诸州岁受税租及筦榷货利、上供物帛,悉官给舟车,输送京师,毋役民妨农"①。这主要是强调官府提供交通运输工具,不得役民妨农,但似无详细的规制,而运输以及发运、漕运的责任制度是后来陆续制定的。漕运是完成发运的手段,主要是将物资从东南运往西北,元祐时龙图阁学士、知扬州苏轼所说:"东南馈运,所系国计至大。"于是,他列出元祐编敕及金部擅行随船点检指挥:"准《元祐编敕》,诸纲运船栰到岸检纳税,如有违限,如限内无故稽留及非理搜检,并约喝无名税钱者,各徒二年。诸新钱纲及粮纲,缘路不得勒令住岸点检,虽有透漏违禁之物,其经历处更不问罪,至京下锁通津门准此。""准元祐五年十一月十九日尚书金部符,省部看详,盐粮纲运虽不得勒留住岸,若是随船点检得委有税物名件,自合依例饶润收纳税钱,即无不许纳税钱事理,若或别无税物,自不得违例纳喝税钱,事理甚明。"编敕和指挥主要是针对纲运之弊的:"凡纲运弊害,其略有五:一曰发运司人吏作弊,取受交怨不公。二曰诸仓专斗作弊,出入斗器。三曰诸场务、排岸司作弊,点检附搭住滞。四曰诸押纲使臣人员作弊,减刻雇夫钱米。五曰在京及府界诸仓作弊,多量剩取,非理曝扬。"②为此,只有追究漕运责任,才能消除弊端,完成漕运。

首先,相关官吏不得挪用、亏损上供以及漕运过程中的钱物。神宗元丰元年(1078年)九月,诏:"诸路上供金银钱帛应副内藏库者,委提刑司督之;若三司、发运转运司擅折变、那移、截留致亏本库年额者,徒二年。"③明确要求提刑司监督运输上供钱物,而主管机构三司、发运、转运司不得擅自折变、挪移、截留,若因此亏减上供钱物则被"徒二年",这已经是比较严厉的处罚。至于市籴运输的规定也比较相近,哲宗元祐七年(1092年)九月,"诏自今亏欠糯米、油、麻纲运,如收籴不足,即据本纲所欠多少数目,将干系人请受依粮纲少欠条,先次借半年,内半分请给籴卖拘收。见今令排岸司差人监籴,送纳不足,并依

---

① (元)脱脱等:《宋史》卷175《食货志》,中华书局1977年版,第4250页。
② (宋)李焘:《续资治通鉴长编》卷475,上海师范大学古籍整理研究所、华东师范大学古籍整理研究所点校,中华书局2004年版,第11329、11332页;另参见苏轼:《苏轼文集》卷34《论纲稍欠折利害状》,孔凡礼点校,中华书局1986年版,第977页。
③ (宋)李焘:《续资治通鉴长编》卷292,上海师范大学古籍整理研究所、华东师范大学古籍整理研究所点校,中华书局2004年版,第7129、7130页。

粮纲少欠条,仍至三厘止。三厘外计赃,以盗论"①。而"盗"在古代为抢劫财物,《宋刑统》和《庆元条法事类》等上有很多相关处罚条款,且非常严厉。纲运中少欠三厘以上,则是一个较大的数字,若计赃以盗论,处罚必然很重。发运亏减和少欠原因很多,较为直接的是透漏和沉失,也即管理不善所致,当时户部要求江、湖、浙、淮六路沿流州县巡检催纲,觉察透漏,捕捉"博易粜粮",以此减展磨勘的时限②,并强调"使臣人员押盐、粮纲,沈失少欠该冲替者,赦降去官不免"③。显然,宋代不只是重视发运结果,而且关注运输过程中的责任。神宗熙宁八年(1075年)正月,"诏诸路转运司失计置钱物,及本路自可移用不阙而过为约度,妄有申请支拨,并妄诉免、指占上供钱物者,并委三司奏劾"④。由此观之,对转运司上供钱物的计置和禁止移用、支拨、指占等于上供钱物,都由三司奏劾监管。并且,五月"诏三司选官前往江淮发运司趣上供粮纲,令张颉具滞留因依以闻"⑤。这又在纲运程限上予以监督。徽宗宣和七年(1125年)正月的御笔又指出:"诸路上供钱物,可自今除格令合支拨外,发运、转运使应敢陈请截拨,及所在限满不及数者,并以违御笔论。"可见,发运、转运使不得截拨上供钱物,且必须在限满时完成上供定额,否则以违御笔论处。转运司支用钱物和旁帖,"并经所在州粮勾院勘勾","诸不经粮勾院勘勾者,徒一年"⑥。从而限制发运机构及其官吏的特权。南宋基本承袭了这些规定,高宗绍兴三年(1133年)二月诏书明确限制漕司移用钱,"应诸路漕司移用钱,每季具支使科名申户部,察其违法之甚者按劾以闻。其诸州军亦每季(闻)[开]具本处有无转运司取拨移用、赴甚处支使

---

① (宋)李焘:《续资治通鉴长编》卷477,上海师范大学古籍整理研究所、华东师范大学古籍整理研究所点校,中华书局2004年版,第11354页。
② 参见(宋)李焘:《续资治通鉴长编》卷464,上海师范大学古籍整理研究所、华东师范大学古籍整理研究所点校,中华书局2004年版,第11089、11090页。
③ (宋)李焘:《续资治通鉴长编》卷466,上海师范大学古籍整理研究所、华东师范大学古籍整理研究所点校,中华书局2004年版,第11133页。
④ (宋)李焘:《续资治通鉴长编》卷259,上海师范大学古籍整理研究所、华东师范大学古籍整理研究所点校,中华书局2004年版,第6320页。
⑤ (宋)李焘:《续资治通鉴长编》卷264,上海师范大学古籍整理研究所、华东师范大学古籍整理研究所点校,中华书局2004年版,第6462页。
⑥ 参见《宋会要辑稿》食货49之33,刘琳等校点,上海古籍出版社2014年版,第7112页。

文状申户部,互换比照检察"①。这是在发运和漕运过程中,对钱物跟踪监管,追究挪用、截留的责任。

其次,是运输费用和工具的管理责任。在运输上供钱物时,官府应提供的舟车畜力谓之脚乘,或备足脚乘钱,即交通工具或运输费用,以保证发运的顺利。可是,有时转运使"行遣违戾",导致脚乘钱不足,哲宗元符二年(1099年)十一月,朝请郎、充秘阁校理、权发遣河东转运副使郭时亮,就因管理脚乘不力而被落秘阁校理,降授朝散郎。②之所以脚乘或脚乘钱缺乏,常是管理和措置不善所致。哲宗绍圣四年(1097年)九月,兵部就指出问题所在以及处罚方法:"以车营致远务、驼坊运送官车畜,驮载私物或虽系官物而本不应差破官脚乘,私自驮载者,论如乘官马牛车驮载律。畜过,杖八十,车过,徒一年,各二十斤加一等,并罪止徒二年,物没官。其畜产因负重致死者,杖八十,仍勒犯人及知情干系人均备。"③

又次,保证漕运及纲运粮草的质量安全。漕粮运输远涉江湖,若不悉心管护,致粮食受潮,押纲官吏又未及时晾晒,就会受到惩处。真宗大中祥符六年(1013年)三月,真宗诏提点仓场所:"若纲运到岸,诸仓验斛斗湿恶,即时监锁纲官、梢公摊晒干,比原样受纳。若有少欠欺弊,即委本所勘罪科断。"④在此,提点仓场追究纲官和艄公的责任。仁宗时期,又针对殿侍、军大将等押纲人员制定了惩罚条贯:仁宗天圣元年(1023年)三月,三司言:"今后如有湿润斛斗船五只以上,其押纲殿侍、军大将笞二十,三只加一等,罪止杖六十。委排岸司勘罪,申解赴省断遣。如一年内两为湿润斛斗该杖者,即勒下。"⑤这时对押纲人员的追究更加全面,并且"赴省断遣",也更为严格。南宋时,同样追究纲运粮草受潮责任。高宗绍兴二十一年(1151年)七月,高宗谕宰臣

---

① 《宋会要辑稿》食货49之39—40,刘琳等校点,上海古籍出版社2014年版,第7116页。
② 参见(宋)李焘:《续资治通鉴长编》卷518,上海师范大学古籍整理研究所、华东师范大学古籍整理研究所点校,中华书局2004年版,第12327页。
③ (宋)李焘:《续资治通鉴长编》卷491,上海师范大学古籍整理研究所、华东师范大学古籍整理研究所点校,中华书局2004年版,第11648页。
④ 《宋会要辑稿》职官26之24,刘琳等校点,上海古籍出版社2014年版,第3700页。
⑤ 《宋会要辑稿》食货42之7—8,刘琳等校点,上海古籍出版社2014年版,第6945页。

曰:"漕司米纲近年多差本司使臣,往往作弊,致湿恶腐败。可令本司申吏、户部依祖宗法,差在部短使人,庶有顾藉,不敢作弊。"①高宗希望通过调整押纲使臣的派遣机构防止纲运粮草受潮,但因有"作弊",又很难根治。

至于抛欠和抛失纲船粮斛,又往往与押纲人员沿途侵盗相关,故较一般纲粮湿恶的处罚更重一些。哲宗元祐六年(1091年)三月,发运使晁端彦上言请求对江、淮、荆、浙等路江湖水系发达地区的漕粮运输,依照汴河粮纲,"每岁运八千硕已上,抛欠满四百硕,押纲人差替,纲官勒充重役;满六百硕,军大将、殿侍差替,使臣冲替外,更展三年磨勘。若行一运已上,抛欠通及一千五百硕,除该差替、冲替外,更展三年磨勘。其初运但有抛欠,仍无故稽程,至罪止者,亦行差替、重役"②。这一建言被哲宗采纳。这是对抛欠的责任追究,而对抛失则更严厉。真宗大中祥符六年(1013年)三月定诸河湖纲运抛失条例,诏曰:

> 黄河自河阳已上至三门,并峡路河江水峻急、系山河,并依旧条外,有黄河自河阳已下,并三门已上至渭桥仓,并诸江、湖、淮、汴、蔡、广济、御河及应是运河,水势调匀,本纲抛失重舡一只,依旧条徒二年;二只递加一等,并罪止十一只。空船各减一等。押载、押运节级降充长行,纲副勒充(稍)[梢]公,使臣、人员并替,(稍)[梢]公、橹手罪各有差。如收救得粮斛,即以分数定刑。③

从中也可看到,宋代对于抛失纲船粮斛的惩罚也有灵活性,纲运人员受罚的标准和水势调匀与否、纲船载货与否、收救粮斛多少有关。

再次,最为基本的考核方式或归责手段,仍是年终比较发运年课与完成岁额之间的盈亏,以此进行赏罚。神宗元丰元年(1078年)五月,提举茶场司说:"岁运官茶四万驮馈边,常患辇送不继,欲以本司头子钱置百料船三十只,差操舟兵士六十人,军大将一人管押。岁终比较,如年课办比陆运省便,即计所赢,以十之三赏军大将等;有损坏

---

① 《宋会要辑稿》食货44之3,刘琳等校点,上海古籍出版社2014年版,第6987页。
② 《宋会要辑稿》食货43之4,刘琳等校点,上海古籍出版社2014年版,第6965页。
③ 《宋会要辑稿》食货42之4,刘琳等校点,上海古籍出版社2014年版,第6941页。

遗阙,以赏钱、请受备偿。"①这是对发运茶抵边的赏罚规定,赏以赢增份数,罚以备偿损失实数。南宋一度有限蠲免纲运亏欠责罚,孝宗乾道九年(1173年),"臣僚申明纲运欠及一分者亦许其补足。淳熙元年,诏:'不以所欠多寡,并无除放。其有因纲欠追降官资者,如本非侵盗,且补输已足,许叙复'"②。这实际是仍要承担补输责任的,但很快取消了这一优待政策。若是非侵盗所欠,追降官资之后可以叙复,因为纲运山川天险、路途遥远,并非完全取决于个人能力,显然仍寓有免责的含义,但是,比较纲运实际数额确定赏罚的原则没有改变。淳熙元年(1174年)九月,在户部尚书韩彦直奏请之后,孝宗诏曰:"诸路纲运实到库数目,每季各据分数,比较多寡以闻。将其间殿最,示之赏罚,以别勤惰。"每季比较纲运多寡,显然较年终考核更为及时有效。当然,这种考核又是建立在会计和审计的基础上的,如臣僚所言:"祖宗时有《会计录》,备载天下财赋,出入有帐,一州以司法掌之,一路以漕属掌之……申严措置,俾天下财赋有所稽考,不致失陷。"③此外,南宋总领所也每半年比较逐州钱米,"淳熙元年,诏委诸路州军通判,专一主管拘催逐州钱米,起发赴所,本所每半年比较,以行赏罚。绍熙二年,以淮西总领所言,定知州、通判展减磨勘法:十分欠二展二年,数足减二年"④。至于在纲运中受贿,直接影响运输效率和课额完成,处罚也就很重,度宗咸淳七年(1271年)六月,"台臣劾朱善孙督纲运受赃四万五千,诏特贷死,配三千里,禁锢不赦"⑤。这是按照赃罪来处罚的。

最后,在发运沿途中,官兵不得骚扰,非理阻截,高宗建炎三年(1129年)九月,诏:"令所在通知,多方禁止,犯者具姓名申尚书省,并依军法施行。"又诏:"将校、队长之类知情容纵,与犯人同罪;失觉察者,减一等;统领官令提举茶盐司具名以闻。"⑥可见,纲运沿途官吏负有保障责任。

---

① 《宋会要辑稿》食货30之15,刘琳等校点,上海古籍出版社2014年版,第6661、6662页。
② (元)脱脱等:《宋史》卷175《食货志》,中华书局1977年版,第4261页。
③ 《宋会要辑稿》食货56之57,刘琳等校点,上海古籍出版社2014年版,第7314、7315页。
④ (元)脱脱等:《宋史》卷167《职官志》,中华书局1977年版,第3959页。
⑤ (元)脱脱等:《宋史》卷46《度宗本纪》,中华书局1977年版,第907页。
⑥ 《宋会要辑稿》食货32之22,刘琳等校点,上海古籍出版社2014年版,第6708、6709页。

第三节 财政支出

一、财政支出及其责任

宋代的财物或财政支出机构,与税收和监管机构基本相同,也由中央和地方的三司、户部、太府寺以及地方的监司和州县等负责,但在具体支出时则由相应的机构承担。这是宋代以及古代财税收支机构和制度的不足之处,也与古代行政与司法不分的体制颇有相似之处。一般来讲宋代的财政支出类别与历代相似,主要由官俸、行政、军费、皇室、宗教、水利、教育等组成①,其中,俸禄、军费等支出占有很大的份额,南宋宁宗庆元二年(1196年)三月监察御史姚愈总结说:"大略官俸居十之一,吏禄居十之二,兵廪居十之七。"②实际上,前述税收分为留州、送使、上供三部分,前两者为地方财政,后者为中央财政管理的内容。一般来说,地方和朝廷两个财政系统内部相对保持收支平衡,而朝廷财政发挥重要的财政功能,承担军事和行政的主要支出。当然,有时地方财政也支持中央财政的支出,如承担军费、负担驿递等。尽管宋代的财政保障行政、军事等需要,支出面广、量大,情形复杂,但与税收制度相比,财政支出、支付制度的建设显得薄弱一些。不过,宋代对中央和地方两个层次的财政支出及其责任都作出了一些规定,尤其某些重点领域的财政支出如军费支出的制度更为丰富。

宋代的中央财政支出主要用于朝廷尤其中央机构、宫廷以及各种专门性的支出。早在太祖时,沿用唐代飞钱之法,许民入钱京师,然后在各州便换。此钱须投牒三司,由左藏库收管。太祖开宝三年(970年),置便钱务,允许商人至务投牒后,入钱左藏,而左藏库给以券。左藏库承担金融流通和转移支付的责任,"诸州凡商人赍券至,当日给付,违者科罚"③。在北宋前期,中央财政支出主要由三司总负责,"诏

---

① 参见孙翊刚主编:《中国财政史》,中国社会科学出版社2003年版,第202—213页。
② 《宋会要辑稿》食货56之70,刘琳等校点,上海古籍出版社2014年版,第7321页。
③ (元)脱脱等:《宋史》卷180《食货志》,中华书局1977年版,第4385页。

三司使、副同讲求理财经久之术,具利害条画以闻"。三司也说:"在京官司应支用系省钱物,并令关由三司;发运、转运、提举铸钱盐事等司及州县,于三司所统者违慢不职,许行勘劾,事理重者奏乞先行冲替,若职事修办,乞行奖擢。"①这表明,三司承担着支用系省钱物及统管地方上供钱物的责任。元丰官制改革后,三司及其职责为尚书省的户部所代替,财政支出的范围仍然很广,甚至钱监兴铸的铜料也要及时提供和支付。神宗元丰六年(1083年)二月,陕西转运司的缺铜兴铸钱,户部失于应办,为御史台根究,最后,"户部尚书安焘罚铜八斤,侍郎陈安石、郎官晁端彦十斤,并典级决杖、罚俸、赎铜有差"②。哲宗元祐六年(1091年)八月,户部又指出:"朝廷及户部封桩并常平等钱物擅支借,及他司借常平等钱籴买物斛应对行支拨,未桩拨价钱而趣支用者,徒二年。""内封桩钱物,应副军须急速不可待报者,方许支借。仍具数申所属,给限拨还。"③由此可见,朝廷财政支出主要由三司、户部等负责。

在地方财政支出的系统中,包括监司、州县两个层次,其中转运司承担主要责任。神宗熙宁八年(1075年)正月,"诏诸路转运司失计置钱物,及本路自可移用不阙而过为约度,妄有申请支拨,并妄诉免、指占上供钱物者,并委三司奏劾"④。可见,转运司不仅负责计置上供钱物,而且管理地方财政收支,尤其不能擅自支拨截留上供,尽管拥有一定的上供钱物的处分权。徽宗宣和七年(1125年)正月的御笔规定与此相近,诸路必须依据格令上供,不得擅自截拨,"诸路上供钱物,可自今除格令合支拨外,发运、转运使应敢陈请截拨,及所在限满不及数者,并以违御笔论"。并且诏曰:"诸路转运司钱物应支用者,旁帖并经所在州粮勾院勘勾。""诸不经粮勾院勘勾者,徒一年。"⑤这些规定,不

---

① (宋)李焘:《续资治通鉴长编》卷284,上海师范大学古籍整理研究所、华东师范大学古籍整理研究所点校,中华书局2004年版,第6956页。
② (宋)李焘:《续资治通鉴长编》卷333,上海师范大学古籍整理研究所、华东师范大学古籍整理研究所点校,中华书局2004年版,第8023页。
③ 《宋会要辑稿》食货56之29,刘琳等校点,上海古籍出版社2014年版,第7299页。
④ (宋)李焘:《续资治通鉴长编》卷259,上海师范大学古籍整理研究所、华东师范大学古籍整理研究所点校,中华书局2004年版,第6320页。
⑤ 《宋会要辑稿》食货49之33,刘琳等校点,上海古籍出版社2014年版,第7112页。

仅要求转运司依据法律支拨,而且经过州粮勾院勘的监督,从而负起钱物支出或支付的责任。为此,转运司在地方财政支出的监管工作中,重点应是防止截留支拨,保障上供钱物和朝廷税收。

南宋高宗时,在臣僚指出"漕司移用钱,独无所检核"后,绍兴三年(1133年)二月诏:"应诸路漕司移用钱,每季具支使科名申户部,察其违法之甚者按劾以闻。其诸州军亦每季(闻)[开]具本处有无转运司取拨移用、赴甚处支使文状申户部,互换比照检察。"①显然,漕司以及州、军都应向户部申报漕司的移用、支使、拨移,而户部又是漕司支用钱物的主管和监督机构。经总司钱是南宋新的重要税收,由知县拘收,通判汇聚,每季发赴行在,主要满足军事需要,"非奉朝旨,不得支用"。如果监司郡守擅行兑借,知令不即拘收起发,辄有侵支互用,"并依诸路州军通判已得指挥断罪条法施行"②。这是尚书省奏请的,得到了朝廷的认可。其中漕司是地方支出部门,尤其是支付朝廷钱物的责任部门。而四川地区,绍兴十五年(1145年)四月下诏废除都转运司,职事委宣抚司负责,此因尚书省指出:"四川驻劄军马已移屯近里州军,钱粮自有逐路漕臣应副,都转运司虚有冗费。"③这又表明漕臣以及宣抚司负责钱粮的应付或支付。此外,转运司对其桩管的朝廷钱物,主要是封桩上供之责,而无擅自支拨之权,否则就要承担责任。乾道七年(1171年)十一月,大理正兼权吏部郎官马大同就指出:"所拘催和籴到米斛,候见成数,乞径令本路转运司随所在和籴去处令项桩管。如有移易借用去处,依擅支封桩钱物法徒二年,不以觉举、去官、赦降原减断罪。"④这表明转运司无权移易借用桩管的米斛,即无支出朝廷钱物的权力。

二、军费支出及其责任

在募兵体制之下,宋代的军队主要依赖国家财政供给来维持运作

---

① 《宋会要辑稿》食货49之39—40,刘琳等校点,上海古籍出版社2014年版,第7116页。
② 《宋会要辑稿》食货64之93,刘琳等校点,上海古籍出版社2014年版,第7783页。
③ 《宋会要辑稿》食货49之44,刘琳等校点,上海古籍出版社2014年版,第7119页。
④ 《宋会要辑稿》食货40之53,刘琳等校点,上海古籍出版社2014年版,第6905页。

和战斗力,所谓"军旅征戍,非财不给"①。宋代军队数量庞大,国家财政收入大多被用作军费开支,"自来天下财货所入,十中八九赡军"②,加之军队系统复杂,中央有禁军,地方有厢军以及蕃兵、乡兵等非正规军,因而军费支出机构较为庞杂。

1. 军费支出机构

宋代中央负责管理日常军费支出的主要是三司户部系统的有关机构和官吏。北宋时的三司掌管国家的财用大计,"经天下财赋而均其出入"。其所辖度支的一些机构具体负责军费支出,赏给案负责诸般给赐、赙赠;钱帛案负责军中春冬衣、百官俸禄等;粮料案负责三军粮料、诸州刍粟给受、诸军校口食等。③ 在支出军费时,具体机构和官吏承担责任。如太宗雍熙三年(986年)春,宋军准备攻辽,"诏三司钱谷公事,自今并须计定合行与否,俱状闻奏,不得复持两端取旨,如依奏施行后,无益于民,不利于国,皆当劾罪。有大事非本司能决者,乃许本使面奏"④。元丰改制之后,原属三司的事务归于户部统辖,如度支郎中的职责:"参掌计度军国之用,量贡赋税租之入以为出。凡军须边备,会其盈虚而通其有无。"⑤南宋时户部依然承担着支出军费的责任,乾道八年(1172年)九月,诏曰:"令户部支钱一万贯,充四川宣抚司激赏使用。"⑥

宋代地方的发运司、转运司、州县长官等也对军费的支出负责,他们亦为军费支出的责任主体。尤其是南宋所设的四大总领所,更是主要负责区域性的军费,"镇江诸军钱粮,淮东总领掌之;建康、池州诸军钱粮,淮西总领掌之;鄂州、荆南、江州诸军钱粮,湖广总领掌之;兴元、兴州、金州诸军钱粮,四川总领掌之"⑦。这是南北宋军费支出机构差

---

① (宋)李觏:《李觏集》卷1《富国策第一》,王国轩校点,中华书局1981年版,第133页。
② (宋)李焘:《续资治通鉴长编》卷124,上海师范大学古籍整理研究所、华东师范大学古籍整理研究所点校,中华书局2004年版,第2928页。
③ 参见(元)脱脱等:《宋史》卷162《职官志》,中华书局1977年版,第3808、3809页。
④ (宋)李焘:《续资治通鉴长编》卷27,上海师范大学古籍整理研究所、华东师范大学古籍整理研究所点校,中华书局2004年版,第608页。
⑤ (元)脱脱等:《宋史》卷163《职官志》,中华书局1977年版,第3849页。
⑥ 《宋会要辑稿》职官41之39,刘琳等校点,上海古籍出版社2014年版,第4018页。
⑦ 《宋会要辑稿》职官41之44,刘琳等校点,上海古籍出版社2014年版,第4021页。

异较大的地方。

宋代为了加强对财政和军队的控制,还设置封桩库、内藏库、激赏库等负责军费支出,尤其是内库,"凡支犒金银钱帛以巨万计,悉出内库,户部不与焉"①。宋代禁军平时籴买军粮、购买战马、校阅赏赐等的费用,往往都由内库支出,如"皇祐出内藏库绢以籴军粮,至和又出内藏库钱以籴军储,此则为军食之费也"②。

在军队内部,设有军典一职,负责一军的钱粮收支,所谓"军典调发,应时趋办"③。南宋王珍为军典,主要负责兵士的钱粮请给,由于其"月粮衣钱,例每减克",被追究刑事责任,"决脊杖十五,刺面,配抚州牢城"④。可见,军典是军队中日常军费支出的直接责任人。

2. 误支军费

宋代的军费支给有一系列的规定,若是擅自支给、多支、名目或数字出现错误,都要承担责任,并受到处罚。太祖建隆四年(963年)十月,德州刺史何隐"擅出军食",即违反规定擅自支给军粮,被判官郭象告发,贬其为亳州别驾。⑤ 如神宗元丰二年(1079年)八月,朝廷校试诸军武艺,虽有例赏,但西京左藏库的官员"误给银万余两"。按照法律,左藏库的官吏应偿还,但因数额巨大,"诏免备偿,故薄惩之",西京左藏库副使杨进等二十三人,各展磨勘二年。⑥ 宋代赏赐将士战功,军队也有弄虚作假的情况,有关机构和官吏若是失察而支出军费,则要承担责任。徽宗政和四年(1114年)九月,忠翊郎、管界巡检叶仲瑛无事生非、滥杀无辜,"买卖乞觅,斫到夷人头级,冒求功赏",而主管赏赐支出的珍州司禄参军汤嵩失于觉察,给予赏赐。事发后,汤

---

① (宋)周密:《武林旧事》卷2《御教》,中国商业出版社1982年版,第26页。
② 《群书会元截江网》卷10《事证》,文渊阁四库全书本第934册,台湾商务印书馆股份有限公司1986年版,第14页。
③ (宋)程俱:《北山小集》卷33《朝散大夫行尚书司封员外郎致仕毛公墓志铭》,上海书店出版社1934年版,第51页。
④ (宋)黄榦:《勉斋集》卷33《王珍减克军粮断配》,文渊阁四库全书本第1168册,台湾商务印书馆股份有限公司1986年版,第385页。
⑤ 参见《宋会要辑稿》职官64之1,刘琳等校点,上海古籍出版社2014年版,第4765页。
⑥ 参见(宋)李焘:《续资治通鉴长编》卷299,上海师范大学古籍整理研究所、华东师范大学古籍整理研究所点校,中华书局2004年版,第7280页。

嵩被降一官冲替。① 宋代军队中还有虚报兵级、套取军费的情况,长官负有察觉责任,否则,将被追究。哲宗时,徐量因"不觉所部觊虚级,削秩八等,为供备库副使"②。

南宋时,朝廷财政吃紧,军费的支给多依赖地方的总领所或诸司,沿边诸州因其特殊的地理位置也担负一定的支给责任。高宗绍兴四年(1134年)六月,荆湖北路转运判官常仅,"将运司钱物与朝廷所降帅司钱衮同(友)[支]遣",结果"降一官,别与差遣"③。宁宗嘉泰三年(1203年)十一月,新差知邛州郭公绪,被罢去新任,是因为此前知茂州时,"将桩积诸司备边钱转入军资公使库,数目差互"④。可见,宋代对于此类违规失职给予贬降、罢任等处罚。

3. 支给失时

战争和军需的时效性都很强,一旦出现问题,后果无法想象。军需支出的主要是粮饷、赏赐等,直接关系到士卒基本需要和军队战斗力,是最为基本的军事后勤保障,相关官吏必须负起责任。

宋代要求诸路转运司和地方州府及时供给军饷,神宗元丰时,"权管勾泾原路转运判官兼同管勾经制熙河路边防财用、承议郎胡宗哲降授承事郎,权发遣同经制熙河路边防财用事、通直郎马申降授承务郎,展八年磨勘。坐缺军粮饷也"⑤。宣和年间,知寿春府刘安上兼有淮西大藩屯兵供给的重任,因所属官吏上供、支移课绩殿后被劾降官,"复以春发军粮亏欠,再被削秩以去"⑥。徽宗政和二年(1112年)五月,利州路漕臣张臣支给不时,致使陕、晋两路军饷告缺,朝廷追究责任,将张臣放罢。⑦ 孝宗时,"武经郎李存道和籴淮西总领所米斛量少欠",难以保证淮西屯兵所需,为知建康府余端礼弹劾,李存道最

---

① 参见《宋会要辑稿》职官68之32,刘琳等校点,上海古籍出版社2014年版,第4890页。
② (宋)程俱:《北山小集》卷34《故武功大夫昭州团练使骁骑尉徐公行状》,上海书店出版社1934年版,第11页。
③ 参见《宋会要辑稿》职官70之14,刘琳等校点,上海古籍出版社2014年版,第4922页。
④ 《宋会要辑稿》职官74之15,刘琳等校点,上海古籍出版社2014年版,第5049页。
⑤ (宋)李焘:《续资治通鉴长编》卷325,上海师范大学古籍整理研究所、华东师范大学古籍整理研究所点校,中华书局2004年版,第7819、7820页。
⑥ (宋)刘安上:《给事集》卷5附录《行状》,文渊阁四库全书本第1124册,台湾商务印书馆股份有限公司1986年版,第52页。
⑦ 参见《宋会要辑稿》职官68之24,刘琳等校点,上海古籍出版社2014年版,第4886页。

第八章　宋代财物藏运支出责任追究　335

终被降一官。当时,敕文明确指出:"峙粮以省漕,此大事也,而尔不究心,至见劾于帅阃,爰夺一阶以警怠事。"①宋代在惩处此类失职官员时,常能视具体情况有所调整。《宋会要辑稿·黜降官》记载了孝宗淳熙十四年(1187年)的三起支给军兵饷俸不及时的案件,其中建宁知府程大昌和长宁知军郭公纯都被放罢,但知处州彭椿年却只降一官,受惩较之前两者为轻。彭椿年的失职是因"本州荒歉,财计缺乏"造成的,主观上并无过失,也未造成严重后果,而程大昌和郭公纯,前者是主观上"天资狠执,且乏廉声",后者造成了"群卒公然上厅殴击人吏"的严重后果,故而受惩要较彭椿年为重。②

马端临在其《文献通考》卷153《兵考》中说:"或战士有功,将吏有劳,随事犒劳,则谓之军赏,皆无定数。"③这说明宋朝对将士的杀敌立功、训练有素等,都根据实际成绩予以奖赏,相关部门也必须及时支赏。神宗元丰七年(1084年)九月,河东转运司因不及时支给麟、府二州驻军的赏功绢,负主要领导责任的转运使和运判各被罚铜二十斤,主管文字官和郎官负次要责任,也各被罚铜十斤。④对于因支给赏功钱物不及时而造成严重后果的地方官,宋朝还规定从重惩罚。如高宗绍兴三十二年(1162年)八月,权发遣全州王荩臣放罢,因其"行赏稽缓,致兵士聚众作乱"⑤。又如宁宗开禧三年(1207年)五月,权发遣雷州林儿责与宫观,亦是因有司言其"不能奉行朝廷赏给,以激寨兵之变"⑥。以上三案皆是因地方官失职而造成的,但后两案的惩处较前一案为重。这当是由失职行为与造成后果之间的关系决定的。

4. 挪用贪占

在惩贪上,宋代尽管有所作为,但吏治状况并不理想,尤其南宋时

---

① (宋)陈傅良:《止斋文集》卷14《外制》,文渊阁四库全书本第1150册,台湾商务印书馆股份有限公司1986年版,第605页。
② 参见《宋会要辑稿》职官72之46—48,刘琳等校点,上海古籍出版社2014年版,第4993、4994页。
③ (宋)马端临:《文献通考》卷153《兵考》,上海师范大学古籍研究所、华东师范大学古籍研究所点校,中华书局2011年版,第4594页。
④ 参见《宋会要辑稿》职官66之30,刘琳等校点,上海古籍出版社2014年版,第4841页。
⑤ 参见《宋会要辑稿》职官71之1,刘琳等校点,上海古籍出版社2014年版,第4947页。
⑥ 参见《宋会要辑稿》职官74之25,刘琳等校点,上海古籍出版社2014年版,第5055页。

贪腐情况严重。宋代将吏和官吏巧立名目,挪用贪污军费的情况时有发生。据史料记载,在北宋前期,朝廷对贪污挪用军费多处以严刑峻法,如真宗大中祥符四年(1011年)九月,"诏殿前、侍卫司、宣徽院、三司、军头司:'自今以请托为名率敛军(头)士缗钱者,其同谋及受赃并处斩,军校知情者连坐,不知情者决配'"①。到徽宗时期,吏治腐败,贪污挪用军费的现象急剧增多,他也不得不承认:"近岁以来,官不守法,侵夺兵食。或军司上下,公然乞觅;或因事为名,率敛钱物;或逐月请受,刻剥钱数;致令诸军衣食不足。"并诏曰:"自今衣粮并择精好,以时支给。如敢非法借用冗占及差营造檐台木植之类,或乞觅率敛困乏军众者,并重置典刑,必无轻贷。"②此诏惩治可谓严厉,但在北宋末年吏治江河日下之时,效果可想而知。

南宋高宗建炎元年(1127年)十一月,为整肃军纪,诏:"财用以赡军兵,其诈冒军兵姓名、伪造券榜、盗请系官钱粮入己之人,侵耗邦财,有害军需,情犯深重,可特不用今降敕原免。"③《庆元条法事类》中也规定:"诸路帅臣,不因赏给将士将犒赏钱物妄作名目,馈送监司或属官机幕及受之者,以坐赃论。"④孝宗皇帝曾戒谕军帅:"军中财赋,不得循习旧弊妄用,巧作名目,虚破官钱。"⑤虽然南宋吏治较之北宋要差,军纪犹差,将官贪腐成风,但也有一些官吏因巧立名目挪用军费而受到责任追究。如孝宗时武功大夫谢纯孝,"缮治器械,朕所注怀,俾尔典临,略无劳效,而敢黩货冒没,肆其豕心,彻于听闻",结果被降三官放罢。⑥孝宗乾道四年(1168年)正月,镇江府驻劄御前左军统制张宣妄立名目支使军费,"将旧管军器妄言收买物料制造,虚破官

---

① 《宋会要辑稿》刑法7之5,刘琳等校点,上海古籍出版社2014年版,第8578页。
② 《宋大诏令集》卷181《抚恤军人诏》,中华书局1962年版,第654、655页。
③ 《宋会要辑稿》刑法7之30,刘琳等校点,上海古籍出版社2014年版,第8592页。
④ (宋)谢深甫:《庆元条法事类》卷9《职制门》,戴建国点校,黑龙江人民出版社2002年版,第167页。
⑤ (宋)周应合:《景定建康志》卷4《留都录四·孝宗皇帝戒谕军帅五事》,文渊阁四库全书本第488册,台湾商务印书馆股份有限公司1986年版,第47页。
⑥ 参见(宋)崔敦诗:《崔舍人西垣类稿》卷1《武功大夫谢纯孝降三官放罢》,续修四库全书本第1318册,上海古籍出版社2002年版,第479页。

钱","追五官勒停"。① 宁宗嘉定三年(1210年)二月,镇江水军统制李福"虚作名色,支出官钱",被放罢。②

由上可见,宋代在徽宗之前惩治贪污挪用军费颇为严厉,此后逐步松弛,宣和时《抚恤军人诏》已反映出当时贪挪军费的信息。南宋屡有官员因贪污挪用军费受惩,但其"勒停""放罢"等惩罚力度较小,屡惩屡犯,贪污日益严重,宁宗开禧时淮东提举常平陈绩说:"主将克剥至重,莫甚于今日。"③即使是在"励精政体"的孝宗时期,对于贪污占有公私财物的处罚并不是很重,如帅臣雷世方,"以公财造私舟,得于风闻,事有实状",于是,"镌官一等,聊警乃心,尚知戒哉"。④

通过以上论述,可以发现宋代财政的军费支出责任,主要针对支给有误、支给不及时和贪污挪用军费等情况来追究相关官吏的责任。在责任追究中,军费的管理机构众多,责任追究的涉及面也较广,上起三司、枢密院,下至漕臣、州官、军典,都有涉及;责任追究的手段也较丰富,以行政处分为主,涉及降官、放罢、展磨勘年等;在追究的具体操作过程中能够根据失职行为的主、客观原因以及所造成后果的严重程度来量罪判罚,责罚相对客观公正。宋代军费支出的责任追究制度,不仅维护了军费的正常支出,保障了军队的正常运转,而且对于赵宋王朝政权的巩固也发挥了重要作用。

此外,在历史上,无论是中央还是地方的财政支出以及税收责任的确定,往往与会计及审计密切相关,或者说财政税收的责任追究是以会计和审计为基础的。宁宗庆元二年(1196年)三月,监察御史姚愈总结性地指出:

> 财赋,国家之大计,圣人之所急先务也,故林特则有《祥符会计录》,田况则有《皇祐会计录》,蔡襄则有《治平会计录》,苏辙则有《元祐会计录》。会计一定,而财赋、案籍无不(照)〔昭〕然可

---

① 参见《宋会要辑稿》职官71之20,刘琳等校点,上海古籍出版社2014年版,第4958页。
② 参见《宋会要辑稿》职官74之35,刘琳等校点,上海古籍出版社2014年版,第5061页。
③ 《宋会要辑稿》刑法2之135,刘琳等校点,上海古籍出版社2014年版,第8363页。
④ 参见(宋)崔敦诗:《崔舍人西垣类稿》卷2《雷世方降一官》,续修四库全书本第1318册,上海古籍出版社2002年版,第484页。

睹……为有司者,岂可不知会计之策。出纳之数以会计而明,虚滥之费以会计而省。惟其会计详尽,则登耗所自,皆可得而知矣……版曹财计,名额至繁。散给诸军百司,每月照数以支破,循习旧例,未尝有所考核,岁月既久,岂无名存实(云)〔亡〕、循例虚破之数乎?此在内财赋,不可不为之会计也。外而诸路,官吏俸禄、兵廪之费,亦岂无虚破不实之数?且如诸军所置员阙,自统制、统领而下,至队将、队官,其等凡九,而所谓准备差遣、准备使唤之属不与焉……茶盐、酒税,经费仰给,易致渗漏,全在关防。且如景德中,商税止收四百五十万贯,庆历中为之关防,遂收一千九百七十五万贯;景德中,酒课止收四百二十八万贯,庆历为之关防,遂收一千七百一十万贯。其余茶盐之数,旧额不亏,固非苛取于民,止是关防渗漏。倘或失陷,岂不可惜?此内外财赋之登耗,又不可不为之会计也。如此之类,不一而足,岂容置而不问乎?欲望陛下明诏大臣,专委户部,行下应干关涉财赋去处,内则仓场库务、诸百官司,外则诸州提举、转运、坑冶、市舶、总领等,同日下自行刷具每岁收支出入的确实数,结罪保明,立限供申户部。其有日前虚滥不实,令遂一驱磨,照应本末,分明改正,与免根究。如今来再有欺隐弊幸、不尽不实,许台谏觉察闻奏。户部更将绍兴、淳熙、绍熙出纳之数,逐项(渗)〔参〕稽登耗,究见渗漏,先次具申朝廷。大臣委官精加考核,然后议节浮费,量其出入,以制国用。令户部造册进呈,以为《庆元中外会计录》。①

从这一奏请来看,宋代多次修订会计录,每次计算收支出入以及财赋登耗之数,驱磨虚滥,"量其出入,以制国用",是为平衡财政收支和明确财税责任的重要手段,其中,财税支出责任的规定也是会计制度的重要内容,故有收支出入"结罪保明,立限供申户部","再有欺隐弊幸、不尽不实,许台谏觉察闻奏"之类的规定。而对官吏税赋征收和钱物支出的年度和任期考核,更多的是通过审计来确定的,并据此追究各级官吏的责任。

---

① 《宋会要辑稿》食货56之70—72,刘琳等校点,上海古籍出版社2014年版,第7321页。

第九章 宋代军队后勤责任追究

宋代的军队,有禁军、厢军、乡兵、蕃兵等,几乎都是职业军队,其数量和规模是空前的,禁军规模最大,最多时有 80 万,一般时期合计超过百万。① 虽然这支庞大的军队,不仅没能改变宋朝对外的"积弱"形象,还加剧了财政的"积贫"程度;但是,这支军队又直接为专制主义的中央集权和复杂多变的边防形势服务,维持了赵宋王朝长达 320 年之久的统治。如此庞大军队的后勤保障确是一桩系统而艰巨的事情,意义重大,关乎国家安危、社会治乱、人民祸福。历史上人们很重视军队后勤责任的追究,据《中国军事制度史》总结,仅在武器装备管理的责任追究上,就涉及私有禁兵器罪、私造禁兵器罪、盗禁兵器罪、盗余兵器罪、擅自出给戎杖罪、私留军器罪、弃毁军器罪等七项罪名②;追究方法也更加多样,单是前述武器装备的责任追究就包括绞刑、流刑、徒刑、笞刑和杖刑等几种。宋代在继承前代军事管理制度的基础上,结合时代需要,构建了后勤管理制度,以保障军队和军事的需要。其中,责任追究是军事后勤管理制度的重要组成部分,涉及粮草、装备、军费等方面。

第一节 宋代军队的后勤管理

宋代结束了五代十国国家分裂割据、政权频繁更替的局面,确立

---

① 参见刘庆等:《中国宋辽金夏军事史》,人民出版社 1994 年版,第 222 页。
② 参见季德源主编:《中国军事制度史·军事法制卷》,大象出版社 1997 年版,第 122—124 页。

以文制武、养兵防患的军事体制,完善军队后勤管理和保障体制。宋代军队后勤机构明显比前代多,中央的后勤管理机构庞杂,地方有些机构又与中央交叉。

一、管理机构和职能

宋代军队的后勤管理主要有中央和地方两套系统,各系统内部的管理机构相当繁复,职能亦多种多样。

1. 中央后勤机构

北宋枢密院下设十二房,其中在京房、支马房和教阅房分别负责兵器输送、内外马政和封桩钱请给事宜。南宋枢密院还有激赏库,负责管理犒赏钱物,"若朝廷军期急速钱物金带,以备犒赏"①。北宋前期的三司是主管财政的最高机构,它也负责军器的修造、军士衣粮的补给、赏赐的拨放、后勤仓库的管理等。三司还附设马步军粮料院、马步军专勾司等,专门负责军队粮料仓库等事。神宗元丰改制后,三司职权归入户部,以度支郎中负责财用收支,金部郎中负责货币出入,仓部郎中主管仓储收发。兵部是主管军务文书的最高机关。兵部的职方郎中,有掌地图及进造事务之责;驾部郎中主掌车马事务;库部郎中主掌武器装备的制造修缮事务。枢密院、三司和兵部的不少后勤管理权限是交叉重合的,但其主要职能分工还是较为明显的,即枢密院的职能主要是确定事宜,三司则负责根据事宜安排财政,兵部则处理相关事宜的文书事务。

宋代还有一些独立机构。如少府监、军器监、将作监、都水监以及养马诸监牧等,也都是重要的军事后勤部门,具有生产军队后勤物资的职能。值得注意的是,宋代大内的左藏库、封桩库、内藏库和激赏库等也跟军队后勤密切相关,它们多由皇帝亲自掌管,所存财物多用以犒军。

总之,宋代中央不仅通过外朝后勤管理机构的交叉重叠来分散事权,还通过增设大内后勤管理机构,使一部分重要财政由皇帝亲自掌握。这样,就使皇帝更加自如地掌控财政和军队,加强了中央集权。

2. 地方后勤机构

宋代在诸路设置漕、宪、帅、仓四司,分管路一级的财政、司法、军

---

① (元)脱脱等:《宋史》卷162《职官志》,中华书局1977年版,第3798、3803页。

事和仓库事务。这四司在其本职中,都担负了一些军队后勤任务。其中,漕司的长官转运使负责经理一路的财赋,收敛租税上供京师,并主管一路军队后勤,"自国初以来,内则三司,外则漕台,率以军储为急务"①;帅司的主官安抚使统辖一路军队,对军队后勤更有直接责任;仓司主管一路仓库储积,对军队后勤有保障供给职责。在路之下,还有府、州、军、监、县等都直接承担军队后勤的职责,是较小的军队后勤管理机构。除此之外,宋代在某些地区还先后设置一些专门机构也负有军队后勤管理的责任。如:北宋时期的发运使司,主要职责是"漕淮、浙、江、湖六路储廪以输中都",有保障京师军需的职能;北宋时的河北籴便司,主持河北籴买粮草事宜,以供边储;神宗时设置的经制边防财用司,主要职责是筹措用兵西夏的军费;神宗时的都大提举茶马司和南宋川秦、广西买马司主要职责是购买战马;南宋淮东、淮西、湖广、四川四总领所经制沿边诸军军马钱粮,权大责重。宋代地方从路分到州县也有军事保障之责,这跟宋代军队数量庞大的国情是密不可分的,因为宋代的财政收入"十中八九赡军"②。

为此,从中央到地方的军政机构以及较为专门机构,兼有或专门承担军需物资供给保障以及后勤管理责任。

二、军事后勤法律责任

宋代军队后勤管理的责任追究是以相关法律法规为基础的,并与行政考核及司法监察制度密切相关,追究的对象除前述后勤管理体系中的各级官吏外,普通的士兵也在追究之列,故责任追究的方法也多种多样。

宋代的法律基本形式已由唐朝的律、令、格、式转变为敕、令、格、式,其中,编敕是宋代最为频繁和重要的立法活动,数量很大,"一司、一路、一州、一县又别有《敕》"③。就当时编敕的内容和属性而言,主要是惩罚性的规定,包括刑事、行政性的惩罚,在这数量众多的编敕

---

① (元)脱脱等:《宋史》卷194《兵志》,中华书局1977年版,第4846页。
② (宋)李焘:《续资治通鉴长编》卷124,上海师范大学古籍整理研究所、华东师范大学古籍整理研究所点校,中华书局2004年版,第2928页。
③ (元)脱脱等:《宋史》卷199《刑法志》,中华书局1977年版,第4962页。

中,不乏后勤管理责任追究的内容。另外,《宋刑统》中《职制律》《户婚律》《厩库律》《擅兴律》《贼盗律》和《杂律》中也有丰富的后勤管理责任追究内容;《庆元条法事类》中的职制、权禁、财用、赋役、刑狱、畜产、库务等门类也适用于后勤管理的责任追究;宋代的诏令中也有许多涉及后勤管理责任追究的内容,如徽宗大观四年(1110年)十二月诏曰:"近诸仓月给军粮多有减刻,监视斗面官不切躬亲检察,仰司农寺检具条制申饬施行。如有违犯,官员重行黜责,吏人决配千里。"①这种针对"监视斗面官不切躬亲检察"而引起的责任与惩罚结合在一起应当说是比较严格意义上的后勤管理责任追究。此外,宋代还制定了一批军事法规,涉及后勤管理责任的有《罚条》《赏格》《行军约束》和《五路义勇保甲养马法》等,其中《五路义勇保甲养马法》是一部后勤管理专门法规,为前代所未有。

律法制定的同时,宋代与后勤管理责任追究制度密切相关的铨选、考课、磨勘、审计、监察方面的制度都取得长足的进步,②尤其是考核、监察法制的快速发展,比如修订《长定格》《循资格》,编纂《审官院编敕》《贡举敕式》《铨曹格敕》等,再如考核州县官的四善三最,考核监司的七事或十七事③,都是非常具体的行政法规,落实在对官吏的奖惩和责任追究上。

我国古代后勤管理责任追究的方法,至宋代已经有很大的发展,凸显出一定的层次和体系,成熟的程度也超过了以往任何时代,责任追究方法极为丰富,较为稳定和正规的主要有:编管、羁管、安置、居住、除名、勒停、冲替(差替、放罢)、追官、落职(夺职)、降差遣、追官

---

① 《宋会要辑稿》食货62之58,刘琳等校点,上海古籍出版社2014年版,第7581页。
② 关于这方面的成果,请参见邓小南的《宋代文官选任制度诸层面》(河北教育出版社1993年版)、贾玉英的《宋代监察制度》(河南大学出版社1996年版)、虞云国的《宋代台谏制度研究》(上海社会科学院出版社2001年版)、刁忠民的《宋代台谏制度研究》(巴蜀书社1999年版)及巩富文的《中国古代法官责任制度研究》(西北大学出版社2002年版)等。这些成果各有侧重地对相关的机构、职官、职责和地位等作了较为深入系统的阐述,并对相关的责任和处罚也都有简要论及。
③ 参见《宋会要辑稿》职官10之20,刘琳等校点,上海古籍出版社2014年版,第3290页;(宋)谢深甫:《庆元条法事类》卷5《职制门》,黑龙江人民出版社2002年版,第66—76页。

告、罚俸、罚直、赎铜(罚金)、展磨勘、降名次等 16 种。① 此外,由于军事活动的特殊性以及后勤管理涉及人员的广泛性,军队后勤管理的责任追究方法甚至还包括传统的肉刑。在宋代后勤管理的责任追究方法中,最甚者莫过于"弃市",《礼记》云:"刑人于市,与众弃之。"弃市是一种较为残酷的刑罚,宋初太祖为惩治贪墨,曾使用过,如开宝四年(971 年)春,右千牛卫大将军桑进兴,"弃市,坐监陈州仓受赇故也"②,但太祖之后弃市不常用于官员犯罪。对于士卒违反后勤管理规定的,重者斩刑,轻者杖刑。如《武经总要·罚条》中规定:"出军在道及缘边城寨,凡请受,典级敢减克粮食、草料、衣资、赏赐者,不以多少皆斩。"③

总之,宋代军队后勤管理的责任追究制度,无论在责任涉及面上,还是在追究方法上,都超过了以往朝代。并且,这种追究制度还跟当时的政治、军事制度密不可分,打上了鲜明的时代烙印。

第二节 军需粮草

一、粮草征收

军需粮草,是军事后勤保障最基本的内容。孙武在《孙子·军争篇》中说:"军无辎重则亡,无粮食则亡,无委积则亡。"④所谓"兵马未动,粮草先行"就反映了粮草在军事上的重要地位。宋代不论是禁军、厢兵,还是南宋屯驻大兵,大都是招募而来的。军兵的食粮以及马匹的刍秣,多由政府提供。宋代为了更好地供给军需,加强了军用粮草在筹措、运输、贮存和发放诸环节上的管理,并追究失职、违法者的

---

① 参见尚建新:《宋代行政责任追究制度研究的基本问题》,河北大学 2007 年博士论文,第87页。
② (宋)李焘:《续资治通鉴长编》卷12,上海师范大学古籍整理研究所、华东师范大学古籍整理研究所点校,中华书局 2004 年版,第258页。
③ (宋)曾公亮:《武经总要》前集卷14《罚条》,文渊阁四库全书本第726册,台湾商务印书馆股份有限公司 1986 年版,第458页。
④ (周)孙武:《孙子》,曹操等注,袁啸波校点,上海古籍出版社 2013 年版,第93页。

责任。

在税粮的征收中,一般要求地方官编造夏秋税帐,完成岁额,以便上供。为了防止官户、形势户偷漏税收,早在太祖建隆四年(963年),太祖要求地方官吏仔细编造夏税帐籍,并规定:"如将现任文武职官及州县势要人户隐漏不供,其干系官吏并行朝典。"①而在战争时期,税粮直接为战时服务,更要做好上供工作,责任更加重大。徽宗宣和五年(1123年)十月,诏曰:

> 诸路漕臣吕浘、徐闳中、陈汝锡、李侗并落职,俞赒、向子諲各降两官,范仲、柴梦、李孝昌各降一官,蔡杰、蔡蒙休、胡端平、郑待问各降一官冲替。

本案涉及漕臣十三人,分别予以落职、降官、冲替处罚,"以上供未到额斛数多,有误中都岁计,发运司官坐视,并不措置故也"②。这是一般税收责任,但又具有供应军需的性质,是年童贯率军十万联金灭辽,且京东、河北群盗蜂起,故对漕臣的惩治也就较为严厉。

南宋以后,宋金、宋蒙(元)先后对抗,战事频繁,军事费用激增,朝廷不堪财政重负,追究税收责任事例也日益增多。这与战时需要和军事保障是分不开的。为此,宋代官吏的税收责任较其他时代更有保障军需粮草的内涵。

至于和籴粮草,本身具有政府购买和征税的双重性,但较二税等更有服务军事的特点,马端临说,和籴粮草为军饷,"边储一大事"③。在市籴中出现亏损官私,就会被追究责任。神宗熙宁八年(1075年)八月,"诏籴买粮草违法致亏官甚者,监官及知州、通判并取旨降黜"④。北宋后期财政和战争需求加大,更加重视市籴责任,徽宗政和元年(1111年)七月,诏令诸路趁年岁丰稔多加收籴粮斛,若有不究心

---

① 《宋会要辑稿》食货70之1—2,刘琳等校点,上海古籍出版社2014年版,第8100页。
② 《宋会要辑稿》职官69之13,刘琳等校点,上海古籍出版社2014年版,第4904页。
③ (宋)马端临:《文献通考》卷21《市籴考》,上海师范大学古籍研究所、华东师范大学古籍研究所点校,中华书局2011年版,第618页。
④ (宋)李焘:《续资治通鉴长编》卷267,上海师范大学古籍整理研究所、华东师范大学古籍整理研究所点校,中华书局2004年版,第6553页。

计置而粮食有缺者,"不以去官、赦降",必定重行黜责。① 又如徽宗宣和二年(1120年)五月诏令:"今岁诸路丰熟,应见和籴官司趁时收籴,如过时,当议重行黜责。"②

北宋晚期,政治动荡,官吏腐败,战事吃紧,军需剧增。为此,有的官吏为了完成籴额或羡余求赏,抑配科率百姓。徽宗政和二年(1112年)五月,中书省指出,诸路州军缺少军粮,令于管下各县置场籴买,同时制定"阻节及抑配科率刑名",追究籴买责任。③ 徽宗宣和七年(1125年)三月,诏令禁止科配、骚扰民户,"如辄敢科配,官并流三千里,仍许人户越诉"④。南宋初年也是如此,高宗绍兴三年(1133年)九月,对于和籴中官吏"百端阻节减克,民户实得无几,及用幸责量,遂致籴买数少"的情况,"诏如有违戾去处,当职官吏并从徒二年科罪"。⑤ 此外,对支借、充代籴本以及和籴质量都作了限定。关于市籴以及税收责任追究在财税部分中已有专论,此处不赘。

这些责任追究制度的实施效果,与当时的政治清明和稳定直接相关,徽宗宣和年间,"诸司籴买军储,不容滥恶,条禁甚明",但是,"近岁奸弊百出,往往杂以糠秕灰土,致亏诸军粮食"。⑥ 即使在吏治尚称清明的孝宗乾道时期也有类似情况发生,如孝宗乾道六年(1170年)正月,户部尚书曾怀等言:"访闻从来委官置场和籴米斛……所委官恬不省察,或籴湿恶米斛,不耐久贮,因而腐烂,失陷官物。"⑦ 可见,仅靠责任追究制度很难解决责任问题,要有清明政治和良好吏风的基础。

---

① 参见《宋会要辑稿》食货40之4,刘琳等校点,上海古籍出版社2014年版,第6878页。
② 《宋会要辑稿》食货40之8,刘琳等校点,上海古籍出版社2014年版,第6881页。
③ 参见《宋会要辑稿》食货40之4,刘琳等校点,上海古籍出版社2014年版,第6878页。
④ 《宋会要辑稿》食货40之11,刘琳等校点,上海古籍出版社2014年版,第6882页。
⑤ 参见《宋会要辑稿》食货40之18—19,刘琳等校点,上海古籍出版社2014年版,第6887页。
⑥ 参见《宋会要辑稿》食货40之9,刘琳等校点,上海古籍出版社2014年版,第6881页。
⑦ 《宋会要辑稿》食货40之49,刘琳等校点,上海古籍出版社2014年版,第6903页。

二、粮草运输

运输粮草,保障供给,主要由诸路漕臣和州军官员负责。神宗元丰四年(1081年)十一月,鄜延路转运使李稷因"应付军粮缺乏乖方","降两官,为转运判官"。① 次年四月,权主管泾原路转运判官,兼同主管经制熙河路边防财用胡宗哲和权发遣同经制熙河路边防财用马申也因"坐缺军前粮饷"而各被降官,马申还"展磨勘八年"。② 南宋时,知州、军等地方官也会因转输供给大军粮草不力而被追究责任,如高宗绍兴六年(1136年)七月,知临江军赵充之和通判张昌"并降一官",以江西运司言"充之等不装发岳飞大军岁计米纲故也"。③ 孝宗淳熙十六年(1189年)十二月,"诏知衡州郑如崈放罢。以本路漕臣奏:'如崈于总领所合解大军粮米,辄凭奏检固据不解……'"④。

在战时运输供给粮草的责任追究上,南宋比北宋更为严厉。前述李稷案即是发生在北宋发兵进攻西夏之时,李稷只被降两官,由转运使降为运判。又如神宗元丰五年(1082年)九月河东路提举常平等事赵咸和权转运判官庄公岳"坐大军出塞,粮馈不继,人夫亡者过半,而报上不实","各降一官"。⑤ 南宋对于此类官员的追究却并不仅限于降官,而是落职或降官后还要放罢。如南宋高宗绍兴三十一年(1161年)十月,湖北转运副使李植随军应付军粮,因故致"粮运有缺",李植被"落职放罢"。⑥ 而宁宗开禧二年(1206年)六月四川总领赵善宣"被旨收籴米斛应副大军,支遣违慢","特降三官,放罢"。⑦ 又宁宗嘉定十四年(1221年)七月,为应对金兵入侵,"两淮制司调发援兵,饷馈取办西漕",而淮南运判兼知无为军陈师文因"恬不加意,措置乖方","降一官,放罢"。⑧ 南、北宋在此类责任追究力度上

---

① 参见《宋会要辑稿》职官66之16,刘琳等校点,上海古籍出版社2014年版,第4832页。
② 参见《宋会要辑稿》职官66之17,刘琳等校点,上海古籍出版社2014年版,第4833页。
③ 参见《宋会要辑稿》职官70之17,刘琳等校点,上海古籍出版社2014年版,第4924页。
④ 《宋会要辑稿》职官72之55,刘琳等校点,上海古籍出版社2014年版,第4998页。
⑤ 参见《宋会要辑稿》职官66之19,刘琳等校点,上海古籍出版社2014年版,第4834页。
⑥ 参见《宋会要辑稿》职官70之52,刘琳等校点,上海古籍出版社2014年版,第4945页。
⑦ 参见《宋会要辑稿》职官74之22,刘琳等校点,上海古籍出版社2014年版,第5053页。
⑧ 参见《宋会要辑稿》职官75之29,刘琳等校点,上海古籍出版社2014年版,第5087页。

存在差异主要是因为对粮草的紧迫感不同所致,南宋朝廷时常命悬一线,对于前线战事的胜败尤为看重,故责任追究力度也较大。

粮草运输的主要责任是安全责任,即保证粮草顺利到达目的地。据研究:北宋时河东、陕西等西北地区粮道屡遭邀击,所谓"馈运辎重,动有抄掠",这种抄掠主要来自西夏党项族军队。① 为了严肃军纪,严厉追究押送粮草官员的责任,太宗至道二年(996年)九月,"灵州环庆清远军路马步军都总管、会州观察使田绍斌责率府副率,虢州安置。先是,诏绍斌领兵于普乐河应接裹送粮草入灵州,寻遇蕃贼劫房,抛失官粮"②。真宗咸平三年(1000年)十月,滨州防御使王荣"帅兵援粮于灵武,素无术略,又不严斥候,至积石,夜为蕃贼所抄",以其尝有战功,特恕其死,削籍流均州。③ 神宗元丰四年(1081年)十二月,内藏库使、忠州刺史彭孙"坐粮草为贼抄劫",而"贷死,为东头供奉官,添差金州监当"。④ 按照宋代律令,"守备不设,为贼掩覆者斩"⑤,但以上三人或因位高而被宽宥,或以战功恕死,或贷死。

此外,主管机构违规发运而致军粮被敌抄掠的,相关人员都要受到处分。太宗至道二年(996年)七月,"陕西都转运使、刑部郎中宋太初责授怀州团练副使。转运使、吏部员外郎卢之翰,副使、秘书承窦玭,并除籍。以之翰为许州司马,玭为商州司户,并员外置。供奉官、阁门祗候李守仁决杖,配隶汝州禁锢。坐违制发军粮诣灵州,为李继迁所剽劫故也"⑥。

三、军粮发放

宋代军粮具体由仓场和长官发放,二者负有相应的责任。

1. 呈样监支

为了保证仓场军粮的正常发放,防止弊病,宋代确定粮样进呈制度和监支制度,以便追究发放责任。

---

① 参见史继刚:《宋代军用物资保障研究》,西南财经大学出版社2000年版,第72页。
② 《宋会要辑稿》职官64之12—13,刘琳等校点,上海古籍出版社2014年版,第4771页。
③ 参见《宋会要辑稿》职官64之15,刘琳等校点,上海古籍出版社2014年版,第4773页。
④ 参见《宋会要辑稿》职官66之16,刘琳等校点,上海古籍出版社2014年版,第4832页。
⑤ 《宋会要辑稿》职官64之13,刘琳等校点,上海古籍出版社2014年版,第4771页。
⑥ 《宋会要辑稿》职官64之12,刘琳等校点,上海古籍出版社2014年版,第4771页。

粮样进呈制度,即开仓取样进呈,经检验合格后再行发放。三司粮料院和司农寺等负责粮样检验。仁宗天圣七年(1029年)十月,三司言:"旧条,凡给粮,有诸班、诸军禄与诸司之别,皆粮料院预以样进呈,三司定界分仓厫支给,用年月为次。"①元丰改制后,粮样的进呈归司农寺负责,直至南宋相沿不变,"司农寺丞每月将诸仓见在斛斗,约度色额高下,品定合支自宰执以下至厢军诸色人等月粮口食,定样供呈,行下粮料院"②。而诸路州军或沿边则由走马承受或将副都监负责地方军队的粮样进呈工作。徽宗政和二年(1112年)十一月,有臣僚指出:"麟州路州军支给(请)[诸]军月粮,许走马承受亲临,或委将副都监往彼,于已请出月粮内,取一二合附递进呈。"③进呈粮样的目的主要是监督仓厫发放粮米的质量,防止官吏巧作奸弊。但这一制度又有明显的漏洞,粮样未必代表仓储粮食的质量,也不能防止官吏以次充好,从中渔利。为此,监支制度一定程度上弥补了粮样进呈制度的不足。

监支制度就是在仓厫支散军粮时,提点仓场使臣和监官专副等必须亲临现场监督,以防官吏减克斛斗、支给陈腐等。从现有资料来看,仁宗以后监支规定和记载逐渐增多,仁宗天圣七年(1029年)三月,诏:"访闻在京诸仓多是大量纲运斛斗,及支散时减克军粮……提点仓场使臣,自今后每遇支粮时,仰不住来往提点,须是两平量与请人,及不得别作情弊,带出官场。"④嘉祐八年(1063年)九月的诏令更是强调了他们的监督责任,"自今提点仓场臣僚每月诣仓点检,令依样洁净。如稍违,监官及提点臣僚坐罪"⑤。神宗熙宁三年(1070年)十月,三司建议:"遇支军粮日,每仓选朝臣一员,同军职在仓门看验布袋。出戍军家粮,乞差内臣五员,分定指挥,觉察缘路侵欺,并日诣

---

① 《宋会要辑稿》职官5之66,刘琳等校点,上海古籍出版社2014年版,第3153页。
② 《宋会要辑稿》职官26之18,刘琳等校点,上海古籍出版社2014年版,第3697页。
③ 《宋会要辑稿》食货54之5—6,刘琳等校点,上海古籍出版社2014年版,第7238页。
④ 《宋会要辑稿》食货62之8—9,刘琳等校点,上海古籍出版社2014年版,第7553页。
⑤ 《宋会要辑稿》职官26之27,刘琳等校点,上海古籍出版社2014年版,第3702页。

一两指挥检点。"①负责监支的官员又称为监视斗面官,顾名思义,即在粮米发放过程中进行现场监督的官员。如果支散过程中出现减克军粮的现象,不仅支散者会受严惩,监视斗面官也会被追究责任。

呈样和监支制度确定了仓廒以及相关官吏的职责,呈样和监支有误固都要承担责任,而监支更多是用来追究军粮发放的责任,或支散责任。太祖建隆三年(962年)七月,常盈仓仓吏因"用斗稍重"而被弃市,右卫率府率薛勋也"坐监常盈仓不能御辖所部",被追夺在身官,配沂州衙前收管。②真宗时,由于斗面官减克诸军月给,"军士所得斛裁八九",真宗景德四年(1007年)十一月,"诏申太仓给军食概量刻少之禁",三司使丁谓也引条制说:"诸军月给无得减刻,违者至死。"③徽宗大观四年(1110年)十二月,诏:"近诸仓月给军粮多有减刻,监视斗面官不切躬亲检察,仰司农寺检具条制申饬施行。如有违犯,官员重行黜责,吏人决配千里。"④可见,支给军粮时,监官、仓吏各司其职,而斗面官的责任格外重大。

2. 足额发放

在军粮发放时,关键是要足额发放给将士,严禁减克贪污。宋初军法《罚条》明确规定:"减尅粮食、草料、衣资、赏赐者,不以多少皆斩。"⑤太祖时严惩贪墨,对减克军粮者处以重罚。太祖建隆三年(962年)八月,"蔡河务纲官王训等四人坐以糠土杂军粮,磔于市"⑥。真宗咸平二年(999年)十一月,"斩捧日知粮军典吴荣等三人于市,坐盗减军粮故也"⑦。北宋前期对减克的处罚总体偏重,中期以后似有所减

---

① (宋)李焘:《续资治通鉴长编》卷216,上海师范大学古籍整理研究所、华东师范大学古籍整理研究所点校,中华书局2004年版,第5256页。
② 参见《宋会要辑稿》食货62之2,刘琳等校点,上海古籍出版社2014年版,第7550页。
③ (宋)李焘:《续资治通鉴长编》卷67,上海师范大学古籍整理研究所、华东师范大学古籍整理研究所点校,中华书局2004年版,第1504页。
④ 《宋会要辑稿》食货62之58,刘琳等校点,上海古籍出版社2014年版,第7581页。
⑤ (宋)曾公亮:《武经总要》前集卷14《罚条》,文渊阁四库全书本第726册,台湾商务印书馆股份有限公司1986年版,第458页。
⑥ (元)脱脱等:《宋史》卷1《太祖本纪》,中华书局1977年版,第12页。
⑦ (宋)李焘:《续资治通鉴长编》卷45,上海师范大学古籍整理研究所、华东师范大学古籍整理研究所点校,中华书局2004年版,第970页。

轻,神宗熙宁六年(1073年)七月,"审刑院、大理寺言,夔州权管威棹指挥都头、北班殿侍杜信减克军粮,盗官营材,当杖脊降配。诏以信昭宪皇后兄之曾孙,特赎铜勒停,编管汝州"①。这也许事出有因,杜信因是皇亲,属"八议"之列,故能减轻处罚。北宋后期,对于未按规定发放军粮仍在追究责任,并予以处罚,徽宗宣和七年(1125年)二月,诏曰:"诸路州军所在军粮窘缺,支散不时,又多粗恶……应合支军兵衣粮,并如期给散,仍不得夹杂糠粃及用粗色折兑。如敢违戾,重行贬窜,不以去官赦原。"②南宋初期,对于克扣军粮者也处以降官、放罢等。高宗绍兴三十一年(1161年)二月,"敷文阁待制、知平江府朱翌放罢。臣僚言翌在宣城,委政官属,缘支军人衣粮,几至生变,故有是命"③。绍兴三十二年(1162年)七月,"诏:'左武大夫、御前右军第十将正将吴宏降一官,令本军自效。'坐擅克军粮,不恤战士,为都统制吴拱所劾,故有是命"④。南宋中期孝宗时也大致如此,多以减两官、放罢处罚。孝宗淳熙十六年(1189年)十一月:"诏知彭州赵善俯降两官,放罢。以四川安抚制置使京镗言,善俯嗜利无耻,为政昏谬,纵容诸子干预郡事,又令私仆冒请禁军衣粮,凡遇支遣,减克军粮,几至生变,故有是命。"⑤赵善俯的"减克""几至生变",应该说,后果很严重,但仍是被降官、放罢。宁宗庆元元年(1195年)六月,"武节郎、前军统领魏知常特降两官,放罢。坐减克军食入己,凡事恣纵,有害军政"⑥。宁宗嘉定二年(1209年)六月,"右军统制韩全降两官,放罢。以江淮制置使何澹言其刻剥军粮,役使军士,致其下陈国忠等部领老幼越城逃遁"⑦。可见,较之北宋之初的严刑峻法,南宋追究克扣军粮责任相对较轻,犯者也众多。

由上可知,宋朝重视军粮军需的征收、储备、运输和发放,不仅明

---

① (宋)李焘:《续资治通鉴长编》卷246,上海师范大学古籍整理研究所、华东师范大学古籍整理研究所点校,中华书局2004年版,第5984—5985页。
② 《宋会要辑稿》食货62之59,刘琳等校点,上海古籍出版社2014年版,第7582页。
③ 《宋会要辑稿》职官70之51,刘琳等校点,上海古籍出版社2014年版,第4944页。
④ 《宋会要辑稿》职官71之1,刘琳等校点,上海古籍出版社2014年版,第4947页。
⑤ 《宋会要辑稿》职官72之54,刘琳等校点,上海古籍出版社2014年版,第4997、4998页。
⑥ 《宋会要辑稿》职官73之20,刘琳等校点,上海古籍出版社2014年版,第5011页。
⑦ 《宋会要辑稿》职官74之33,刘琳等校点,上海古籍出版社2014年版,第5060页。

确了相关官员的责任,而且制定了责任的方式,并加以实施,从而维护了军队后勤的秩序,保障了宋代军队的正常运转。但是,北宋后期以及南宋,追究力度较北宋中前期要轻得多,军政的腐败也日甚一日。南宋初,士卒反映:"所支米麦,一月之间仅得五分之四;所请食钱,一百以上仅得三分之一;其余则自主将至于押队,皆有分焉。"①魏了翁也说,"市刍草以给战骑,往往抑配均备,而干没其四分之三"②。军粮的减克造成士卒大批逃亡,连禁军也不能幸免,正如张守在《论禁军逃亡札子》中所奏:"众军日逐食钱,干办部辖人减克乞取,仍不即时给散,因致逃亡。"③为此,军粮责任追究与后勤保障、军队稳定有直接的关系。

第三节 军事装备

在冷兵器时代,军队的装备主要包括战马和兵器,对战争的成败有着重要的影响。五代时,安重荣甚至说:"天子宁有种邪?兵强马壮者为之尔。"④赵宋王朝正是依靠"兵强马壮"夺取天下的,对兵马有深刻的认识。宋人认为:"兵之所恃在马"⑤,"戎器为战守要务"⑥。故宋代马政、军械的管理包括责任追究都较前代有所发展,尤其前者内容极为丰富。

一、监牧养马

宋代军马主要来自监牧养马和茶马互市,而牧监及相关官吏、士

---

① (宋)王之道:《相山集》卷25《上都督府参谋兵部尚书吕安老书》,文渊阁四库全书本第1132册,台湾商务印书馆股份有限公司1986年版,第720页。
② (宋)魏了翁:《鹤山集》卷21《答馆职策一道》,文渊阁四库全书本第1172册,台湾商务印书馆股份有限公司1986年版,第271页。
③ (宋)张守:《毗陵集》卷5《论禁军逃亡札子》,文渊阁四库全书本第1127册,台湾商务印书馆股份有限公司1986年版,第723页。
④ (宋)欧阳修:《新五代史》卷51《安重荣传》,中华书局1974年版,第583页。
⑤ (元)脱脱等:《宋史》卷198《兵志》,中华书局1977年版,第4942页。
⑥ (宋)周应合:《景定建康志》卷39《军器》,文渊阁四库全书本第489册,台湾商务印书馆股份有限公司1986年版,第486页。

卒负责战马的饲养、蕃息和病损。如仁宗时右司谏王岩叟所云:"能蕃息之者,牧监也。"①

宋初非常重视监牧养马,真宗大中祥符年间(1008年—1016年),监牧养马发展较快,而真宗天禧(1017年—1021年)以后牧政渐衰,特别是神宗熙宁(1068年—1077年)废马监之后,马政未能重振起来,南宋高宗、孝宗两朝有过短期恢复,但规模都较小。② 在监牧养马中,马匹的健康和繁衍是牧监的主要职责,宋代颁布一系列条格和法令,规范养马,明确责任。

神宗熙宁时枢密院言:"旧制,以左右骐骥院总司国马。"③真宗咸平三年(1000年),置群牧司,管理内外诸监,检查监马的生死病损,遣官员"每岁更出诸州巡坊监,点印国马之蕃息者"④。神宗熙宁元年(1068年),诏令河南、河北分置监牧使,又置都监各一员,凡在外诸监并分属两使,且两监牧使专隶枢密院。这样,群牧司的职责范围缩小,成了在京两院六坊监的监牧机构,并且两监牧使也能"专任责成"⑤。神宗实施元丰官制,在京诸监牧之政归入太仆寺,太仆寺负责"籍京都坊监、畿甸牧地畜马之数,谨其饲养,察其治疗,考蕃息损耗之实,而定其赏罚焉"。哲宗元祐二年(1087年),内外厩牧之政均归太仆寺掌管。徽宗崇宁二年(1103年),又将外监马事分隶枢密院掌管。⑥ 在宋代,凡监牧则置勾当官和提点使臣具体负责本监事务,而诸州有监牧者,"既委群牧司,又委守倅兼领。此在外监牧之制。"⑦即实行双重责任管理制。南宋沿北宋之制,于诸州监牧置提举官以总之,以知州兼提举,通判兼同提举,每监置监官二员处理实际事务。

监马蕃息的管理,是监牧官吏的主要职责。太宗即位后,监马逐渐增多,又从边境市马作为补充,但所市边马适应性差,加上管理弊

---

① (元)脱脱等:《宋史》卷198《兵志》,中华书局1977年版,第4942页。
② 关于宋代监牧的兴废情况,请参见林瑞翰:《宋代监牧》,载《东海学报》1969年第10卷第2期。
③ (元)脱脱等:《宋史》卷198《兵志》,中华书局1977年版,第4940页。
④ (元)脱脱等:《宋史》卷164《职官志》,中华书局1977年版,第3895页。
⑤ (元)脱脱等:《宋史》卷198《兵志》,中华书局1977年版,第4940页。
⑥ (元)脱脱等:《宋史》卷164《职官志》,中华书局1977年版,第3893、3894页。
⑦ 《群书会元截江网》卷25《事证》,文渊阁四库全书本第934册,台湾商务印书馆股份有限公司1986年版,第376页。

端,监马死损率很高,"诸州马多死"①。为了惩劝监牧官吏,宋廷后来又制定了严格的奖惩办法,即"孳息有赏,耗亡有罚"②。太宗太平兴国四年(979 年),"殿直李谔坐赃,监牧许州,盗官菆,马多死,并主吏斩于市"③。淳化五年(994 年)十二月,内侍赵守伦批评牧龙诸坊因主管官吏失职,"不能谨视及亏营护孳生之法,以致不登其课"。故言:"伏望严加条约,警其旷慢,如牝马百匹岁约驹子七十者,等级迁擢,否者罚亦如之,以为惩劝。"④真宗大中祥符元年(1008 年),"立牧监赏罚之令。外监息马,一岁终以十分为率,死一分以上勾当官罚一月俸,余等第决杖"⑤。大中祥符三年(1010 年)二月,群牧制置使言:"(在京)养马务近已立赏罚条格施行外,其内外诸坊监,令定抛死及一分以上,主者等第科罪。"这实际上是希望确立内外坊监的责任追究制度。七月,诏:"群牧司在京及外坊监……生驹不及数而死失及分者,差级科罚。"⑥这些主要是根据马匹死亡以及繁殖的分数进行责罚。而神宗元丰八年(1085 年)八月,"提举经度制置牧马司、崇仪副使温从吉降一官,提举牧马司、枢密都承旨张诚一罚铜二十斤",原因也是如此,"朝廷用从吉法,置孳生马监,得驹少而死损多"⑦。

为了及时掌握马匹数量,并督促监牧官吏,宋代制定了按时上报马籍的制度。如宋太宗时,内侍赵守伦已指出诸州牧龙坊畜牝马的问题,"马生驹子,未即附籍,俟其经涉寒暑,堪任畜牧,然后奏闻"。为此他建议:"今后驹子生,即时附籍以闻,庶其尽心养饲,无有所隐。"⑧真宗大中祥符元年(1008 年)六月,又针对"内外厩牧月供马籍,未有惩

---

① (宋)李焘:《续资治通鉴长编》卷 21,上海师范大学古籍整理研究所、华东师范大学古籍整理研究所点校,中华书局 2004 年版,第 472 页。
② (宋)王应麟:《玉海》卷 149《兵制·咸平群牧司》,文渊阁四库全书本第 946 册,台湾商务印书馆股份有限公司 1986 年版,第 837 页。
③ (元)脱脱等:《宋史》卷 198《兵志》,中华书局 1977 年版,第 4929 页。
④ (宋)李焘:《续资治通鉴长编》卷 36,上海师范大学古籍整理研究所、华东师范大学古籍整理研究所点校,中华书局 2004 年版,第 802、803 页。
⑤ (宋)马端临:《文献通考》卷 160《兵考》,上海师范大学古籍整理研究所、华东师范大学古籍整理研究所点校,中华书局 2011 年版,第 4781 页。
⑥ 《宋会要辑稿》兵 24 之 7—8,刘琳等校点,上海古籍出版社 2014 年版,第 9113 页。
⑦ 参见《宋会要辑稿》职官 23 之 17,刘琳等校点,上海古籍出版社 2014 年版,第 3653 页。
⑧ (宋)李焘:《续资治通鉴长编》卷 36,上海师范大学古籍整理研究所、华东师范大学古籍整理研究所点校,中华书局 2004 年版,第 802、803 页。

劝之法令"的情况,制定了惩罚的法律,"为定式以付之,违者有罚",对不按规定上报马籍的官吏予以惩处。次年(1009年)九月又诏:"骐骥院及诸坊监马数,自今旬奏月比。"①宋廷之所以非常重视马数的上报,主要还是为了督促监牧官吏尽心牧养,减少马匹损减。

至于知州、通判在外诸州兼领监牧事务,仁宗天圣七年(1029年),群牧司言:"旧制,知州军、通判领同群牧事,岁终较马死数及分已上,并生驹不及四分,并罚奉。死数少,生驹多,即奏第赏。三岁都比,以该赏者闻。今请申明旧制,通判始到官,书所辖马数,岁一考之,官满,较总数为赏罚。"②马匹死亡数目的多少还成为考课地方官员的依据,神宗熙宁元年(1068年)八月,群牧司言:"请兼监牧通判并三年一更,以马死数定其课。"③也就是在籍马数是有关牧马知州通判的年度和任期考核内容之一,并以此论赏罚。

由此可见,宋代监牧养马主要依据马匹繁衍、死亡以及在籍数量追究相应的责任。

二、沿边市马

在沿边市马,是宋代马匹来源的重要途径,有时也通过茶马互市实现。宋代对所市的数额和规格都作出了明确的规定,并进行责任追究。

宋代马政之马与前代最大的不同是内地养马数量不多,质量不高,所需战马主要依赖沿边市买。虽然北宋前期也进行过大规模的监牧养马,但到仁宗时便感到"马之孳息,不足以待国用"④,不得不市马于边州。尤其是熙宁后,监牧之政渐衰,更加依赖边市。南宋时,孳生监养马,"自渡江以来,无复国马","国之战马,悉仰川、秦、广三边

---

① (宋)王应麟:《玉海》卷149《兵制·祥符马籍定式》,文渊阁四库全书本第946册,台湾商务印书馆股份有限公司1986年版,第837—838页。
② (元)脱脱等:《宋史》卷198《兵志》,中华书局1977年版,第4931页。
③ 《宋会要辑稿》职官23之8,刘琳等校点,上海古籍出版社2014年版,第3649页。
④ (宋)李焘:《续资治通鉴长编》卷104,上海师范大学古籍整理研究所、华东师范大学古籍整理研究所点校,中华书局2004年版,第2421页。

焉"。① 虽然宋朝在沿边市买蕃马也带有对周边少数民族进行羁縻统治的目的,但主要还是为了解决国内马匹不足的问题。② 宋朝每年为此都要耗费大量的财力、物力。

宋代在沿边诸州设有买马场、买马务、买马坊等机构,以买马使臣或买马官主之,又在诸路设提举买马司管辖诸场务的买马事务。神宗熙宁八年(1075年),朝廷所置熙河路买马司,不仅辖六座买马场,而且管辖秦州买马场。③ 买马司及买马场的主管官吏各有分工、职责明确。周去非在其《岭外代答》中对于广西买马司的组织机构和官员职责曾有详细记述:

> 绍兴三年,置提举买马司于邕。六年,令帅臣兼领。今邕州守臣提点买马经干一员置廨于邕者不废也,实掌买马之财。其下则有左右江二提举,东提举掌等量蛮马,兼收买马印,西提举掌入蛮界招马。有同巡检一员,亦驻扎横山寨。候安抚上边,则率甲兵先往境上,警护诸蕃入界。有知寨、主簿、都监三员,同主管买马钱物。④

宋代为了惩劝主管市买事务的有关人员,规定"悉以所市马多少为殿最"⑤,处罚市马数目较少或达不到规定数额的官吏。神宗熙宁之前,由于诸监牧尚能提供相当数量的马匹,对沿边市马也不那么迫切,市马惩罚条格也就不太明晰。到了神宗时,沿边市马越来越重要,惩罚条格也愈加严格、具体。神宗熙宁时,群牧判官王诲言秦州券马法,乃诏泾、原、渭、德顺的买马岁额及其奖赏,同时他又上《马政条约》,"诏颁行之"⑥。元丰四年(1081年)七月,权发遣群牧判官公事郭茂恂奏请:陕西提举买马司岁买马额为两万匹,由买马司分配给所

---

① (宋)李心传:《建炎以来朝野杂记》甲集卷18《孳生监牧》,徐规点校,中华书局2000年版,第432—433页。
② 参见史继刚:《宋代军用物资保障研究》,西南财经大学出版社2000年版,第242页。
③ 参见(元)脱脱等:《宋史》卷198《兵志》,中华书局1977年版,第4950页。
④ (宋)周去非:《岭外代答》卷5《经略司买马》,文渊阁四库全书本第589册,台湾商务印书馆股份有限公司1986年版,第430—431页。
⑤ (元)脱脱等:《宋史》卷198《兵志》,中华书局1977年版,第4936页。
⑥ (元)脱脱等:《宋史》卷198《兵志》,中华书局1977年版,第4952页。

辖买马场市买,"候至岁终,会计赏罚"①。不久,这一规定便产生了效力。元丰七年(1084年)七月,"诏提举陕西买马官展二年磨勘。以有司言岁买马不及额也"②。高宗绍兴十四年(1144年)二月,都大提举茶马司言:"诸买马司干办公事官任满,催督诸场买马岁额敷办,提举司保明,与减二年磨勘;不及八分,展二年磨勘。"③到孝宗乾道三年(1167年)七月,茶马司又进一步提出:"买马不及九分以上,展磨勘三年,知、通并令赴本司批书,候马额足日放行。"④孝宗前期励精图治,尤为重视军事,市马与国防息息相关,故对于买马不及额的处罚也较高宗时为重。

在有些情况下,沿边主管买马官员为了邀功请赏,或不惜重金购置蕃马,或一岁间购买马匹超额过多,他们也会因此而受到惩罚。如真宗景德三年(1006年)十一月,枢密院言:虽然当时"戎事已息,监牧渐蕃",但沿边州军依旧对所买蕃马"岁增其价","冀为课绩",希望"遣使劾其增直之罪"⑤。又如高宗绍兴二十五年(1155年)七月,前知静江府、广西经略安抚使吕愿忠因以进献为名,于额外买马千余匹而受到处罚,"与宫观,潭州居住"⑥。他不仅被罢去职事,还被限制居住,超额买马的处罚竟然较买马不及额重。这种责任追究确是有些特殊。

由于宋代于沿边所市蕃马,多是军事所需,故对马匹的"齿岁格尺"都有一定的规定,以确保马匹的质量。当然,两宋不同时期,沿边市马的"齿岁格尺"标准不尽一致。真宗景德二年(1005年)以前,沿边诸州所市战马,"自三岁至十七岁者,官悉取之"⑦。此后,"只市四岁至十三岁者"。仁宗景祐四年(1037年),"群牧司奏河北诸军阙马,请制等杖六,付天雄军、真定府、定瀛贝沧州,市上生马十二岁以

---

① 《宋会要辑稿》职官43之54—55,刘琳等校点,上海古籍出版社2014年版,第4138页。
② 《宋会要辑稿》兵22之12,刘琳等校点,上海古籍出版社2014年版,第9075页。
③ 《宋会要辑稿》职官43之105,刘琳等校点,上海古籍出版社2014年版,第4163页。
④ 《宋会要辑稿》职官43之115,刘琳等校点,上海古籍出版社2014年版,第4167页。
⑤ 参见《宋会要辑稿》兵24之6,刘琳等校点,上海古籍出版社2014年版,第9112页。
⑥ 《宋会要辑稿》职官70之40,刘琳等校点,上海古籍出版社2014年版,第4937页。
⑦ 《宋会要辑稿》兵22之2,刘琳等校点,上海古籍出版社2014年版,第9096页。

下,视等第给直。马自四尺七寸至四尺二寸,凡六等"①。南宋孝宗即位之初,广西收买战马"并要四尺二寸以上,八岁以下"②。淳熙八年(1181年)二月,知兴国军朱晞颜就具体提出:"茶马司所买马,并四尺二寸以上,十岁以下方许起纲;自四尺一寸以下,或十岁以上,虽四尺五寸亦不收买。"③此外,所市必须是"口齿青嫩、及格赤、阔壮、堪披带战马"④,否则,就会被追究失职责任。如高宗绍兴五年(1135年)正月,广西买马司所市马"不堪披带,提举官李预特降两官",其他相关官员也被各降一官资。⑤又孝宗乾道七年(1171年)十一月,枢密院言:"四川茶马司递年所发纲马,元降指挥令收买四尺四寸以上马,近来多系四尺四寸以下至四尺一寸,不堪披带,理宜约束",于是,"诏令四川宣抚司严行约束。如更违戾,将提举官取旨,重作施行"。⑥

"格尺"虽是硬性规定,不容变换,但若官员利用买马格尺的规定,肆意刁难蕃部卖马者并造成严重后果的,也会被追究责任。如孝宗淳熙八年(1181年)六月,提举四川茶马司吴总追一官,放罢,降充集英殿修撰。这是因为臣僚所言:"黎州兆衅,实由买马,凡蕃部鬻马,总所喜者则不拘格尺而售之,所不喜者则以格尺而沮之。"还肆意"诛求","至于良马一疋取绢一匹,次等取钱引二道,诛求刻剥,所以激其不肖之心","所为总属官,买马之际,诛求多为,稔成边衅。"⑦

为了招徕蕃部鬻马客商,宋代通常会给他们提供各种方便和经济上的优惠,并要求沿边各买马机构及时支付马值,不得减克或拖欠。如太宗雍熙元年(984年)六月,令边臣"所市蕃马,勿得亏其值"⑧。神宗元丰四年(1081年)七月,权发遣群牧判官公事郭茂恂针对陕西

---

① (元)脱脱等:《宋史》卷198《兵志》,中华书局1977年版,第4934页。
② 《宋会要辑稿》兵22之27,刘琳等校点,上海古籍出版社2014年版,第9084页。
③ 《宋会要辑稿》兵23之16,刘琳等校点,上海古籍出版社2014年版,第9097页。
④ 《宋会要辑稿》兵23之10,刘琳等校点,上海古籍出版社2014年版,第9093页。
⑤ 参见《宋会要辑稿》兵22之22,刘琳等校点,上海古籍出版社2014年版,第9081页。
⑥ 参见《宋会要辑稿》兵23之7,刘琳等校点,上海古籍出版社2014年版,第9092页。
⑦ 参见《宋会要辑稿》职官72之29—30,刘琳等校点,上海古籍出版社2014年版,第4983页。
⑧ 章如愚:《群书考索》后集卷44《兵门·马政类》,文渊阁四库全书本第937册,台湾商务印书馆股份有限公司1986年版,第618页。

买马所用钱物不如蕃部所欲,收买数目不多的情况,制定了详细的管理条例,涉及责任追究的便有如下两条规定:

> 一、蕃部牵马赴场,候拣中,据合请茶数,限当日出给关子,赴场请茶,画时支给。所有愿贴请银、绸、绢及现钱等,只就买马场,亦限当日支给。已上如稍稽滞,干系官吏并从严断。
> 二、今来所支博马茶,并须取蕃部情愿,不得抑勒。①

从北宋后期直至南宋,买马官员故意亏欠蕃部马价或挪用、抑勒买马钱物的现象普遍存在,朝廷也不断下令,加强责任追究。如高宗绍兴二十六年(1156年)十月和三十一年(1161年)对茶马司的诏令:

> 诏:令茶马司将博马银绢等并预期排办,即不得依前大估价钱及擅将他用,留滞客人。如诸州有违戾去处,按劾奏闻。仍令四川制置司常切觉察。②
> 诏:令茶马司严切约束诸场官吏,今后买马,须管尽还偿直,即时支付,不得减克积压,及不得虚用文券折当。如有违戾,按劾奏闻。③

这些诏令虽切中时弊,但并没有太大的实际约束力,尤其是在官场贪腐成风的南宋,更如同一纸空文。前述提举四川茶马司吴总被追官、放罢的处罚看似跟他肆意压低马价有关,但主要原因还是他的行为造成了蕃部反叛,威胁到了南宋王朝的统治。

三、纲运边马

宋代将沿边所市之马,以纲运送至京城或沿边驻扎诸军,是为马纲。北宋前期的券马贸易,客商直接运贩抵京,无须纲运,而省马主要就近配给沿边诸军。嘉祐以后,沿边大量市马,主要配给边防。即使纲运至东京汴梁,但路况较好,地理亦不是很遥远。所以,北宋马纲运输的地位不够突出,史料记载也较少。南宋的战马主要依靠收市边

---

① 《宋会要辑稿》职官43之54—55,刘琳等校点,上海古籍出版社2014年版,第8138页。
② 《宋会要辑稿》职官43之108—109,刘琳等校点,上海古籍出版社2014年版,第4165页。
③ 《宋会要辑稿》兵22之26,刘琳等校点,上海古籍出版社2014年版,第9083、9084页。

马,加之统治中心南移临安,西北边防内缩淮河,马纲也就主要发至淮河、长江防线,这样,边马纲运及其管理就十分重要。

南宋时,纲马有御马、常进马、常纲马等,其中常纲马每纲为五十匹,常进马每纲三十匹。① 由于沿边买马司皆有市马岁额,故每年排发马纲的数目也相对稳定。据《建炎以来朝野杂记》记载,"成都府马务,每年排发江上诸军马五十八纲。兴元府马务,每年拨发三衙马一百一十二纲"②。从孝宗乾道四年(1168年)始,又诏置汉阳军收发马监,秦川纲马并赴汉阳军交割,然后由汉阳军马监分拨三衙及江上诸军。广马则择其良赴行在临安,余以赴江上诸军。因此,南宋初期以后逐步建立了一套较为完整的纲运体系,马纲运输组成人员中有押马使臣、将校、医兽(即兽医)、牵马军兵等。沿途驿站负责迎送及粮料,而逐路转运使兼提举本路纲马驿程公事,所过州军通判或签判、判官兼提辖马纲驿程,逐程检察,岁终考校,防止押马使臣、兵级失职、渎职,减少马匹损耗。

北宋前期,已有马纲运输的责任规定。真宗大中祥符三年(1010年)正月,宋真宗说:"沿边诸州差殿侍押蕃部省马到京,估马司验瘦瘠者,等第责之。"同时,要求"自今于逐处具肥瘠分数公文付之,至本司交割点检"③。这明确了马匹肥瘠的规定,一方面警诫押马官吏不得玩忽职守,另一方面防止估马司官员"因缘为弊",使惩罚有据可依。大中祥符七年(1014年)八月,"诏定押省马上京纲(宫)[官]殿侍抛死寄留决罚条例"④。这应是较为专门的马纲责任追究法律。

南宋时,"国之战马悉仰川、秦、广三边"⑤,马纲运输频繁,相关的责任追究法制也趋于完备。高宗绍兴三年(1133年)正月,诏令规定:广西纲马到行在交割时,若马匹损失达到二分,押纲官、将校、节级、军

---

① 参见(宋)周去非:《岭外代答》卷5《马纲》,文渊阁四库全书本第589册,台湾商务印书馆股份有限公司1986年版,第432页。
② (宋)李心传:《建炎以来朝野杂记》甲集卷18《川秦买马》,徐规点校,中华书局2000年版,第425—426页。
③ 《宋会要辑稿》兵24之7,刘琳等校点,上海古籍出版社2014年版,第9113页。
④ 《宋会要辑稿》兵21之18,刘琳等校点,上海古籍出版社2014年版,第9058页。
⑤ (宋)李心传:《建炎以来朝野杂记》甲集卷18《孳生监牧》,徐规点校,中华书局2000年版,第432—433页。

兵,"并降一官资","若有情弊,送大理寺根治"。① 到了孝宗时,马纲条格也趋于细密。乾道七年(1171年)八月,枢密院言三衙、江上诸军取马官兵之后,兵部契勘:"阙马官兵……寻将从前格法体例参照,重别措置比拟,立定赏罚下项。"即颁布了赏罚的条例,适用于三衙及江上诸军取发纲马。② 乾道九年(1173年)四月,兵部重新颁行的赏罚条格,适用于四川、广西等纲马,对马纲的类型(进马、出格马、常纲马)、目的地、押纲人以及马匹死损瘦瘠都作了相应的规定,明确相关官吏的责任。③ 仅乾道七年(1171年)就有三例押马官兵受到处罚的事件。三月,诏曰:"马纲司取押第三纲战马四十八匹,沿路倒毙……押马官依格赏罚外,特降两官。本纲打先牌、医兽各特降两资,牵马军兵二匹全不到人各从杖一百科断。日后诸军可依此施行。"④六月,诏曰:"殿前司取押第二十三纲马四十八匹,除寄留、倒毙外,见到二十九匹。押马纲官依格责罚外,更特降三官。其本纲医兽等各特降两资,内无资可降人,各从杖一百科断。日后依此施行。"⑤七月,镇江府都统司使臣周同及马纲人员,"以见取马官兵等,将沿路批请草料减克偷喂,不用心养喂","诏押马纲官周同依格责罚外,更特降三资。其本纲打先牌、兽医、抱券并牵马军兵二匹全不到,各特降两资;内无资可降人,各从杖一百科断。除降官资人外,余并令本军问当。日后依此施行"。⑥ 由上可见,马匹的死损是严重的马纲责任,当然,处罚也很严厉。

纲马的死损,与沿途州县官吏的草料供给密切相关。高宗绍兴十六年(1146年)四月,御史中丞何若就曾建议提举纲马及检点官司,"严行督察所属州县,遇纲马到驿,即时支给本色草料,并不得折支价钱。其合差承替牵押兵士去处,前期差定。如敢违戾,重作施行"。

---

① 参见《宋会要辑稿》兵24之33—34,刘琳等校点,上海古籍出版社2014年版,第9128页。
② 参见《宋会要辑稿》兵25之33—34,刘琳等校点,上海古籍出版社2014年版,第9151页。
③ 《宋会要辑稿》兵25之41—50,刘琳等校点,上海古籍出版社2014年版,第9151—9159页。
④ 《宋会要辑稿》兵25之31—32,刘琳等校点,上海古籍出版社2014年版,第5150页。
⑤ 《宋会要辑稿》兵25之33,刘琳等校点,上海古籍出版社2014年版,第9150—9151页。
⑥ 《宋会要辑稿》兵25之33,刘琳等校点,上海古籍出版社2014年版,第9151页。

于是,"诏令四川茶马司参照已降指挥措置,申枢密院"。① 此外,还要求加强沿途驿舍的维修。孝宗淳熙三年(1176年)正月,权四川茶马司朱佺指出汉阳军等地"马驿狭隘鄙陋"之后,"诏逐路漕臣选委有才力官躬亲前去,逐驿检视,疾速措置督责,务要整肃,不致阙误。如有违戾,按劾以闻"。② 淳熙十六年(1189年)五月,侍卫步军都虞侯梁师雄言:"乞行下所隶州县相视驿舍,量加修葺;及将合用草料常切应办,各就马驿附近桩顿,纲马到日,随即支给"。还要求各州县所属都统司选差将官一员点检驿舍草料,"各令所差将官用心巡视,务要驿舍、草料应办齐整"。若有失职,"移文州县,将本驿不职官吏依公责罚。若更(减)[灭]裂,备申朝廷"③。宁宗庆元五年(1199年)五月,臣僚奏请的马纲责罚办法更加明确:"诸路漕臣,凡马纲经过州县,必差县尉及巡检一员监饲草料,不得循习舞弊,准折价钱。仍令主管纲马驿程之官往来诸驿,以检察之。马或羸瘠,匹数不全,即纲吏与主管驿程者例皆坐罪,(此)[比]旧法责罚稍重。如军中禆将牧马损折之罪,不以赦原。"④

的确,南宋有一些沿途州县官吏,因准备草料不足而受到责任追究。孝宗乾道七年(1171年)六月,"诏宁国府南陵县知县赵传庆降两官放罢,当行人史各从杖一百勒罢"。原因是,"违旨,不预办马驿钱米草料"⑤。次年(1172年)八月,江夏知县唐楠"不办草料在驿","特降一资,候改官日,更展二年磨勘"。⑥ 光宗绍熙三年(1192年)二月,知茂州庞观放罢,原因就是:"凡遇纲马到管下驿舍,不批草料,抑令百姓出备,纲马因此病毙。"⑦

---

① 《宋会要辑稿》职官43之106,刘琳等校点,上海古籍出版社2014年版,第4163、4164页。
② 参见《宋会要辑稿》兵23之14,刘琳等校点,上海古籍出版社2014年版,第9095页。
③ 《宋会要辑稿》兵23之19,刘琳等校点,上海古籍出版社2014年版,第9099页。
④ 《宋会要辑稿》兵26之11,刘琳等校点,上海古籍出版社2014年版,第9166页。
⑤ 《宋会要辑稿》兵25之32—33,刘琳等校点,上海古籍出版社2014年版,第9150页。
⑥ 参见《宋会要辑稿》兵25之39,刘琳等校点,上海古籍出版社2014年版,第9154页。
⑦ 《宋会要辑稿》职官73之9,刘琳等校点,上海古籍出版社2014年版,第5005页。

四、军械制造

宋代继承、改革唐代兵器管理制度,由国家统一组织或控制兵器的生产和管理。《宋史》卷197《兵志十一·器甲之制》载:

> 其工署则有南北作坊,有弓弩院,诸州皆有作院,皆役工徒而限其常课。南北作坊岁造涂金脊铁甲等凡三万三千,弓弩院岁造角弝弓等凡千六百五十余万,诸州岁造黄桦黑漆弓弩等凡六百二十余万。又南北作坊及诸州别造兵幕、甲袋、梭衫等什物,以备军行之用。①

可见,从中央"工署"到地方诸州"作院",都有制造兵器的专门机构,并制定了具体的制度。

北宋前期,兵器制造的管理事务隶属于三司,由盐铁使下属的胄案直接职掌。神宗熙宁六年(1073年),撤销三司胄案,改置军器监,作为独立的军器管理机构。元丰改制,对军器监内部管理体制和职能又进行了一些调整。据《宋史》卷165《职官志五·军器监》载:

> 元丰正名,始置监、少监各一人,丞二人,主簿一人。监掌监督缮治兵器什物,以给军国之用,少监为之贰,丞参领之……
>
> 分案五,置吏十有三。所隶官属四:东西作坊,掌造兵器、旗帜、戎帐、什物,辨其名色,谨其缮作,以输于受藏之府。兵校工匠,其役有程,视精粗利钝以为之赏罚。作坊物料库,掌收铁锡、羽箭、油漆之属。皮角场,掌收皮革、筋角,以供作坊之用。②

至此,军器监的职责确定,负责管理兵器生产,并追究生产不力者的责任,"视精粗利钝以为之赏罚"。至徽宗崇宁元年(1102年),新置都大提举内外制造军器所,负责监督各地军器制造活动。南宋以后,又增置御前军器所。高宗建炎三年(1129年),将军器监划归工部,而东西作坊及诸州都作院则并入军器所,此后相沿不变。

兵器的质量直接关系到战斗力,西汉陈汤曾说:"夫胡兵五而当汉

---

① (元)脱脱等:《宋史》卷197《兵志》,中华书局1977年版,第4909页。
② (元)脱脱等:《宋史》卷165《职官志》,中华书局1977年版,第3920页。

兵一,何者?兵刃朴钝,弓弩不利。"①农耕民族的士兵对比游牧民族士兵虽有体能上的弱势,但可以借助先进的军器来弥补。即兵法上说的,"蕃兵惟劲马奔冲,汉兵惟强弩掎角"②。

为此,宋代制定了严格的兵器产品质量检测制度,追究制造者履职不力的责任。宋太祖时规定:"每造兵器,十日一进,谓之旬课,上亲阅之,作治之巧尽矣。"③即凡是京师制造的兵器,每十天要进呈朝廷审核检验一次,由皇帝亲自检查阅视,这就是旬课制度。神宗元丰年时,"器成则进呈便殿,俟阅试而颁其样式于诸道"。徽宗政和时,"应御前军器监所颁降军器样制"④。高宗绍兴九年(1139年)十二月,明确诏曰:"诸州军岁额上供军器遇纳到日,仰帅司差计议官审验最精及最不堪去处,申朝廷取旨赏罚。"⑤即地方军器制造的责任追究由帅司负责。孝宗淳熙时,为防泄露机密,又有御笔规定"军器非进呈不得出所"⑥。

在保证质量方面,除旬课制度之外,宋代还确定了严格的兵器制造法式制度,不如法式者也要受到责罚。神宗熙宁五年(1072年)五月,为了广泛搜集精良武器的制造法式,权度支副使沈起奏请:

> 奉诏详定军器制度,乞下在京及三路经略司应造作军器去处及主兵官员,候见取索,监造官与主兵官员躬亲询问工匠,除旧来制度料例已中法度堪任施用外,有无工作弊病不堪施用事件;广加询访诸般军器,精利经久可立制度及施用之宜,编成文字,监官与兵官保明缴送本所详考。其逐处监官、兵官或懈慢及不依应供报之人,许本州纠奏。若人匠供析不中制度,人吏行遣稽滞,并从本所牒所属依理施行。所贵考究精审,早得成书。⑦

---

① (汉)班固:《汉书》卷70《陈汤传》,中华书局1962年版,第3023页。
② (元)脱脱等:《宋史》卷190《兵志》,中华书局1977年版,第4720页。
③ (宋)曾巩:《曾巩集》卷49《兵器》,陈杏珍等点校,中华书局1984年版,第656页。
④ (元)脱脱等:《宋史》卷165《职官志》,中华书局1977年版,第3920页。
⑤ 《宋会要辑稿》职官16之8,刘琳等校点,上海古籍出版社2014年版,第3438页。
⑥ (宋)楼钥:《攻媿集》卷90《国子司业王公行状》,文渊阁四库全书本第1153册,台湾商务印书馆股份有限公司1986年版,第391页。
⑦ (宋)李焘:《续资治通鉴长编》卷233,上海师范大学古籍整理研究所、华东师范大学古籍整理研究所点校,中华书局2004年版,第5667页。

沈起的奏请得到了朝廷的批准,成为具有法律意义的规定。这不仅明确了诸路监官与兵官的责任,还规定了责任追究办法。宋代一般要求:"天下知军器利害者,听诣监陈述",于是"吏民献器械之法式者甚众"。① 在此基础上,军器监"奏以利器颁诸路作院为式"②,且当内外诸作坊输纳兵器入武库时,卫尉寺都要遣官监督,"辨其名数,验其良窳以归于武库,不如式者罚之"。③ 这有利于确立全国性的兵器制造法式。

神宗时期确立的兵器制造法式制度,对后来的兵器制度产生了重要影响。哲宗绍圣三年(1096年),明确规定,继续执行熙宁年间制定的军器生产制度。徽宗政和二年(1112年)二月,又对不依法式者,"诏诸路州郡造军器有不用熙宁法式者,有司议罚,具为令"④。为了维持宋朝武器的优势,对军器制造法式还作了保密上的规定,若有私自"省阅"或泄露机密的都会受到惩处,如政和三年(1113年)规定,"应御前军器监所颁降军器样制,非长贰当职官不得省阅,及传写漏泄,论以违制"⑤。南宋孝宗淳熙二年(1175年),针对枢密院奏札所反映的"诸州校阅土军、弓手,合用弓弩、箭凿往往自行置办,多不如法"的问题,下令要求诸州依法督办,若有违犯"并从本路提刑司觉察施行"。⑥

此外,宋代还规定凡作坊工匠每制成一件兵器,须在该兵器上标记自己和相关作头的名字,其法:"刃纫、铁甲镌凿,弓弩箭之类用朱(添)[漆]写记。"⑦这样便于将来追究责任,"如其间制造精妙者,量行推赏;如所造灭裂,勒令陪还元用物料工价外,更赐责罚"⑧。其实这一做法早在秦代就已出现,在当时的《工律》中规定制造武器要刻官府

---

① 参见(宋)李焘:《续资治通鉴长编》卷245,上海师范大学古籍整理研究所、华东师范大学古籍整理研究所点校,中华书局2004年版,第5973—5974页。
② (元)脱脱等:《宋史》卷197《兵志》,中华书局1977年版,第4914页。
③ 参见(元)脱脱等:《宋史》卷164《职官志》,中华书局1977年版,第3892页。
④ (元)脱脱等:《宋史》卷197《兵志》,中华书局1977年版,第4919页。
⑤ (元)脱脱等:《宋史》卷165《职官志》,中华书局1977年版,第3920页。
⑥ 参见(宋)谢深甫:《庆元条法事类》卷7《职制门》,戴建国点校,黑龙江人民出版社2002年版,第137页。
⑦ 《宋会要辑稿》职官16之14,刘琳等校点,上海古籍出版社2014年版,第3442页。
⑧ 《宋会要辑稿》职官16之16,刘琳等校点,上海古籍出版社2014年版,第3442页。

和工匠名称,武器一旦出现质量问题即责任到人。

综上,军队后勤装备管理责任追究主要包括战马养市和军械制造两大方面内容。从中可以看到,宋代装备管理责任追究从北宋至南宋有一个明显的变化,即北宋重视监牧养马的责任追究,而南宋重视市马和边马纲运的责任追究。这跟当时的政治军事背景是密不可分的:北宋不仅继承了唐代的监牧养马传统,而且也发展了唐代的监牧管理制度,在宋初就具备较完善的监牧管理以及责任追究制度;南宋受地理条件限制,已不能再开展大规模的监牧养马,监牧管理责任追究也就很少,又由于南宋战事不断,急需的战马通过沿边市买和纲运而来,故南宋制定了非常细致的责任追究制度来管理马匹的市买和纲运。在宋代装备管理责任的追究过程中,较为显著的特点是:第一,责任追究涉及内容的广泛,诸如马匹的孳息、马籍的上报、市马的数额和尺岁、纲马的死损、兵器的制造等方面;第二,责任追究惩罚条格的细密,这主要体现在监马的倒毙和生驹分数、市马的敷额和尺岁分数、纲马的死损和瘦瘠分数上;第三,责任追究方法的多样,它不仅包括罚俸、罚金、展磨勘年、降官资等行政处罚,而且还对造成严重后果的官吏加以刑事惩罚;第四,责任追究实施的及时,无论是买马官市马不敷岁额,还是押马官所押纲马死损瘦瘠分数不及格,对他们的处罚往往都比较及时。可见,宋代在装备管理上已经建立了较完备的责任追究制度,并对装备管理各机构官员进行管理监督和责任追究。这种责任追究制度的形成和发展,对保障装备生产的正常运转,无疑发挥了积极的作用。

第四节 军费赏给

在募兵体制之下,军费是军队和军事运转的基础,宋人就认为:"军旅征戍,非财不给。"[1]宋代的军费与现代军费的概念不尽相同,王曾瑜先生认为宋代军费只局限于赡养将士,并不包括对武器装备的研

---

[1] (宋)李觏:《旴江集》卷16《富国策第一》,文渊阁四库全书本第1095册,台湾商务印书馆股份有限公司1986年版,第115页。

制、增添、维修,等等。① 张远先生认为,宋代的军费就形式而言有实物和货币两种,北宋军费以实物为主,南宋军费中货币的比重逐渐增大。② 宋代的军费,从供给主体看,有的是由中央政府支给的;有的是由诸路转运使供应的;有由地方政府提供的,其中部分是诸军向地方政府征发的;还有军队通过回易等盈利性经营得到的。从管理主体看,在北宋元丰改制前,三司作为军费管理的中央机构,担负着军费的征集、管理和发放这三重责任。在元丰改制后户部则替代了三司的职能,南宋也是如此,孝宗乾道八年(1172年)九月,诏:"令户部支钱一万贯,充四川宣抚司激赏使用。"③但是,南宋的四总领所地位更为重要,四总领所:"镇江诸军钱粮,淮东总领掌之;建康、池州诸军钱粮,淮西总领掌之;鄂州、荆南、江州诸军钱粮,湖广总领掌之;兴元、兴州、金州诸军钱粮,四川总领掌之。"④在地方上,还有转运司、宣抚使以及州县等负责军费的筹措、运输与管理。除上述机构外,宋代还有军资库、公使库、粮料院等机构以及诸军大小将官对军费进行具体管理。宋代军费支出主要是财政支出,这在前述第八章第三节"财政支出"部分已有论述,这里主要探讨军队内部的军费管理和给赏以及直接克扣军饷的责任追究。

一、冒请军赏

宋朝统治者为了激励将士,对于杀敌立功或训练有素者都颁发军赏,马端临《文献通考》说:"或战士有功,将吏有劳,随事犒劳,则谓之军赏。"⑤同时,为了维护赏赐的公平性,对于冒请军赏的将士则会给予严惩。如庆历五年(1045年)六月诏:"诸军将卒如轻战斗,敢伪入箭头在身,欲希功赏者,以违制论。军中失觉察者,坐之。"⑥庆历七年(1047年)十二月,王则等人据贝州反叛,朝廷官兵在进剿的同时多杀

---

① 参见王曾瑜:《宋朝兵制初探》(增订本),中华书局2011年版,第469页。
② 参见张远:《宋代的军费管理思想》,载《南京政治学院学报》1995年第4期。
③ 《宋会要辑稿》职官41之39,刘琳等校点,上海古籍出版社2014年版,第4018页。
④ 《宋会要辑稿》职官41之44,刘琳等校点,上海古籍出版社2014年版,第4021页。
⑤ (宋)马端临:《文献通考》卷153《兵考》,上海师范大学古籍研究所、华东师范大学古籍研究所点校,中华书局2011年版,第4594页。
⑥ 《宋会要辑稿》刑法7之13—14,刘琳等校点,上海古籍出版社2014年版,第8582页。

第九章　宋代军队后勤责任追究　367

无辜以求功赏。为此诏曰："访闻贝州来投军民,多致杀戮,以邀功赏。其令贾昌朝、王信等严切约束,违者以军法从事。"①冒赏可谓是宋代军队管理和军费支赏中的突出问题。

为了维护统治和边境安宁,宋朝鼓励边疆将士征战,真宗景德时,"累有人言西路沿边州军有能枭取为恶蕃族首级者,赏赐等级素有条约"②。于是,对滥杀冒赏者予以惩处。神宗元丰五年(1082年)十一月,梓夔路钤辖、供备库使高遵治和戎泸等州都巡检张寿,被各降一官,"坐泸州蛮已降,惟未肯解弓刀,而辄杀之,自上获渝水夷人冒赏,虽会恩,特责之"③。次年(1083年)二月,泸州文思副使秦世章、内殿承制焦胜、侍禁孟文宥,"坐买乞弟首级与子冒赏","秦世章追一官,勒停,展一期叙,押出川界。内殿承制焦胜、侍禁孟文宥各追一官,免勒停"。④以上两例的惩罚情况大不一样,后者较前者重了许多,这可能是因秦世章等人的行为危害和影响更大,毕竟乞弟是蕃部首领,地位非普通百姓可比。

在对外交战中,求功冒赏不只亏蠹公家,更严重的是易生边衅。为此,徽宗政和八年(1118年)九月,以刑部尚书范致虚言:"州县擅下遏籴之令,实为民害;边将杀降,沮外夷向化之心。乞立法,辄杀降者如杀人之罪。"诏:"州县遏籴,以私境内,边将杀降,以幸功赏,殊失惠养元元、招抚羌戎之意。自今有犯,必罚无赦。"⑤

宋代除了杀蕃夷冒赏外,还有虚报首级冒赏的情况,也会受到严厉责罚。古代战功一般以获敌首级数量计算,很易引发虚报希赏的问题。哲宗元符二年(1099年),惩罚白草原讨荡冒赏是个典型案例。当时,熙河路经略判官钟传、试户部侍郎陆师闵、权知熙州张珣等以"白草原讨荡妄增首级,虚上首级与使臣亲戚"被追究责任外,还有将官以及低级武官也被处罚,"余部队将、使臣、人吏、敢勇、效用等,各等

---

① (宋)李焘:《续资治通鉴长编》卷161,上海师范大学古籍整理研究所、华东师范大学古籍整理研究所点校,中华书局2004年版,第3892页。
② 《宋会要辑稿》兵18之2,刘琳等校点,上海古籍出版社2014年版,第8975页。
③ 《宋会要辑稿》职官66之19—20,刘琳等校点,上海古籍出版社2014年版,第4834、4835页。
④ 参见《宋会要辑稿》职官66之22,刘琳等校点,上海古籍出版社2014年版,第4836页。
⑤ 《宋会要辑稿》刑法2之71—72,刘琳等校点,上海古籍出版社2014年版,第8322页。

第追降、勒停、编管、决配有差"。① 此案追究面之广,处罚力度之大,为宋代少见。此后,以身试法的仍有人在,哲宗元符元年(1098年)八月,秦凤钤辖秦贵虚报战绩,以"获级十五"冒称"一千三百余级",诏令户部郎中徐彦孚往秦州鞫之。②

南宋时期,军中冒赏的现象更为严重,但所受处罚较轻。高宗初年统治不稳,政治混乱,且承徽宗朝积弊,"处张功伐,冒赏射利者甚众"③。有鉴于此,高宗曾屡次下诏革除旧弊,申严冒赏之禁。高宗建炎四年(1130年)四月,诏:"比年以来,爵赏失实,名器(寝)[寖]轻,人不加劝。盖自童贯、谭稹之流统兵,乘时射利,预乞空名告敕、宣札,任意书填,驯致今日,未能遽革,深属冒滥。可自今后应将帅、监司、守臣等,并不得陈乞空名告敕、宣札。如系实有功人,即仰保明申奏,以凭推赏。虽大臣出使,亦当遵守。如违,重置典宪。"④但此类冒赏现象并没有被遏制住,绍兴时,"军中所上功状,动以万计,其中亦多冒赏"⑤。赏滥无以劝有功,为了维护军赏的公平性,绍兴四年(1134年)夏四月,高宗又诏令兵部"申严奏功不实之法"。当时,右司员外郎袁正功亦奏言:"望特降睿旨,今后官司奏功不实,若因朝廷检察及臣僚按劾,因事彰显,其元奏官司重加黜责,仍将冒赏人特行追改,以惩奸罔之弊。"⑥实际上,南宋对于冒赏者的处罚较北宋要轻,多是追赏而已。如:高宗绍兴二年(1132年),诏从殿中侍御史江跻言,将吴世昌等人所得封赏尽皆追寝,因其无功冒赏,"贪竞无耻非有劳"⑦。绍兴五年(1135年)三月,"张厚复右奉直大夫指挥更不施行",因臣僚

---

① 参见《宋会要辑稿》职官67之24—25,刘琳等校点,上海古籍出版社2014年版,第4860、4861页。
② 参见(宋)李焘:《续资治通鉴长编》卷500,上海师范大学古籍整理研究所、华东师范大学古籍整理研究所点校,中华书局2004年版,第11907页。
③ (宋)楼钥:《攻媿集》卷74《书李氏建炎备御录后》,文渊阁四库全书本第1153册,台湾商务印书馆股份有限公司1986年版,第213页。
④ 《宋会要辑稿》刑法2之104,刘琳等校点,上海古籍出版社2014年版,第8339页。
⑤ (宋)熊克:《中兴小纪》卷12,顾吉辰等点校,福建人民出版社1985年版,第151页。
⑥ (宋)李心传:《建炎以来系年要录》卷75,胡坤点校,中华书局2013年版,第1425页。
⑦ (宋)熊克:《中兴小纪》卷12,顾吉辰等点校,福建人民出版社1985年版,第151页。

言其"冒籍军赏"等,也只是将所赏官爵追寝了事。①

此外,至于有关机构错误发赏银以及审核机构失察等,又具有财政支出失职的性质,已在"财政责任"部分有所论述。

从以上冒赏责任追究情况来看,主要是针对将士擅杀冒赏、滥杀冒赏和虚报首级设定的,以维护赏功的公平和效力。宋代追究冒赏责任有强弱的变化,但一直没有停止过。

二、克扣军饷

北宋前期,对率敛军士缗钱即军饷者多以严刑峻法相约束,故犯事者不多。如真宗大中祥符四年(1011年)九月,"诏殿前、侍卫司、宣徽院、三司、军头司:'自今以请托为名率敛军(头)士缗钱者,其同谋及受赃并处斩,军校知情者连坐,不知情者决配'"②。到了神宗年间,法禁渐弛,追究的力度减小许多。《宋会要辑稿·职官》载神宗对这类犯事者惩处的两个案例:一是,神宗熙宁五年(1072年)八月,"知阶州、内藏库副使刘舜臣特追一官勒停。舜臣在阶州掠上蕃义勇僦钱,及桥梁过者人率钱,谓之'打扑',皆以供公庖。台官弹奏,下本路体量有实,故有是责"③。二是,神宗元丰元年(1078年)十月,"散员都虞侯、万州刺史全信追刺史,罚铜六十斤,降充湖南本城都头。先是,上批:'全信乞取本班长行钱物,已奏案,可速进呈裁断,庶军中有以警励。'至是,枢密院奏断也"④。这两起责任追究相对前述真宗诏书而言是相对轻的,但这两起案例又有差别,后者全信案,皇帝特旨批办,惩处较前者刘舜臣为重。

徽宗时期,吏治腐败,减克军饷现象严重,诏曰:"近岁以来,官不守法,侵夺兵食。或军司上下,公然乞觅;或因事为名,率敛钱物;或逐月请受,刻剥钱数;致令诸军衣食不足。"为了遏止这种现象,徽宗宣和七年(1125年),徽宗颁布《抚恤军人诏》,规定:"乞觅率敛困乏军众者,并重置典刑,必无轻贷。"⑤在当时的政治背景下,这道诏令很难发

---

① 参见《宋会要辑稿》职官70之16,刘琳等校点,上海古籍出版社2014年版,第4924页。
② 《宋会要辑稿》刑法7之5,刘琳等校点,上海古籍出版社2014年版,第8578页。
③ 《宋会要辑稿》职官65之37,刘琳等校点,上海古籍出版社2014年版,第4819页。
④ 《宋会要辑稿》职官66之4,刘琳等校点,上海古籍出版社2014年版,第4825页。
⑤ 《宋大诏令集》卷181《抚恤军人诏》,中华书局1962年版,第655页。

挥多大作用。

南宋时,军饷中的货币比重越来越大,减克现象也愈演愈烈。高宗、孝宗两朝吏治尚好,但是,绍兴初年就有士卒反映:"所请食钱,一百以上仅得三分之一,其余则自主将至于押队皆有分焉。"①高宗绍兴二十五年(1155年)七月,"知婺州李琛、大理司直李璟并放罢。臣僚论琛到官之后减克军兵请给,几至生变"②。这是追究李琛的减克责任。孝宗时虞允文奏报金州驻军时说:"诸军折估,月给以小会子,铜钱趱换,减克几半。"③孝宗隆兴元年(1163年)正月,御前神锐军第五将张耘"欺隐枢效枪杖手借请钱米入己",被大理寺"定断当绞",依例可以贷命,但仍予以较重的惩罚,诏曰:"张耘特贷命,除名勒停,追毁出身以来文字,免真决,不刺面,配惠州牢城,仍籍没家财。"④次年(1164年)九月,殿前左翼军权统制魏尚"坐在任减克军士钱粮入己",同样贷命免死,"除名勒停,追毁出身以来文字,不刺面,配韶州州牢城"⑤。他们虽免于一死,但"追毁出身以来文字""配隶牢城""籍没家财"等应是重罚重刑。至于地方官吏减克军俸,带有侵占军费财政的性质,惩罚相对将官较轻,多处以放罢。淳熙九年(1182年)十二月,"知剑州张瑱放罢。以瑱与通判吕符元论在职侵欺官兵钱物入己,乃并黜之"⑥。淳熙十四年(1187年)四月,知潮州黄杞"将盐折与军人,拘其请俸",也只被放罢而已。⑦

孝宗之后,依旧追究减克军饷责任,但惩罚力度大不如前。宁宗庆元四年(1198年)十月,武锋军统领官王下"不恤军务,掊敛酷刑",被守臣蔡必胜奏劾,仅被"镌一官,降充准备将"。⑧ 更有甚者,如嘉定五年(1212年)十一月,江州副都统制吕春不仅"支犒军钱悉减其

---

① (宋)王之道:《相山集》卷25《上都督府参谋兵部尚书吕安老书》,文渊阁四库全书本第1132册,台湾商务印书馆股份有限公司1986年版,第720页。
② 《宋会要辑稿》职官70之40,刘琳等校点,上海古籍出版社2014年版,第4937页。
③ (明)杨士奇:《历代名臣奏议》卷240《任将》,文渊阁四库全书本第439册,台湾商务印书馆股份有限公司1986年版,第788页。
④ 《宋会要辑稿》刑法6之34,刘琳等校点,上海古籍出版社2014年版,第8549、8550页。
⑤ 《宋会要辑稿》刑法6之34—35,刘琳等校点,上海古籍出版社2014年版,第8550页。
⑥ 《宋会要辑稿》职官72之36,刘琳等校点,上海古籍出版社2014年版,第4987页。
⑦ 参见《宋会要辑稿》职官72之46,刘琳等校点,上海古籍出版社2014年版,第4993页。
⑧ 参见《宋会要辑稿》职官73之25,刘琳等校点,上海古籍出版社2014年版,第5014页。

半",而且"将校张汶出戍,从而侵凌其妻",两罪并罚,吕春仅被降两官,惩罚较轻。① 而对于地方官员的惩罚,如孝宗朝,嘉定十五年(1222年)五月,"权发遣宾州王邦宁降一官,放罢。以到官未久,所为狂悖,殊骇物听,取随直兵级钱以供私用,为臣僚论列"②。其实,宁宗开禧元年(1205年)十一月,淮东提举常平陈绩早已指出曰:"主将克剥至重,莫甚于今日。"③此后,据当时的吏治推测,责任追究会愈加流于形式,违法官员所受惩处也更加减轻。

三、受赃枉法

《武经总要·罚条》说:"将吏受赃枉法及论功定罪故不以实者,斩。"而《宋刑统》规定,"诸监临主司受财而枉法者,一尺杖一百,一匹加一等,十五匹绞"④。显然,军法较一般刑律要重些。

太祖之时,乾德三年(965年)八月,"殿直成德钧坐赃弃市";开宝四年(971年)正月,"右千牛卫大将军桑进兴坐赃弃市"⑤。此后,这类重惩的记载较少,多处以贷命、除名、编管、刺配等。仁宗景祐四年(1037年)闰四月,"武宁军节度使、真定府路总管夏守恩特贷命,除名,配连州编管。坐受军民钱物,枉法赃六十二匹,合处死,职事官三品,请议。骁武军士周祚转递钱物,事发逃走,捉获,合处斩。男内殿承制元吉取受借钱,虚妄上奏,假令其徒上书,诈不实,徒二年。本司手分孙素各不取覆,合决杖一百。诏守恩付朝堂集百官议,据御史台奏,请依断处死,诏特贷极刑。周祚贷命,刺配沙门岛,元吉等依断。守恩差使以三十人监伴前去"⑥。从这段材料中可以看出,夏守恩虽为职事官三品,属"八议"的范围,可以请求减罪一等,但《宋刑统·八议》中又规定:"受财枉法者,不用此律"⑦,故御史台依旧断其死

---

① 参见《宋会要辑稿》职官74之44,刘琳等校点,上海古籍出版社2014年版,第5067页。
② 《宋会要辑稿》职官75之31,刘琳等校点,上海古籍出版社2014年版,第5089页。
③ 《宋会要辑稿》刑法2之135,刘琳等校点,上海古籍出版社2014年版,第8363页。
④ (宋)窦仪:《宋刑统》卷11《枉法赃不枉法赃》,吴翊如点校,中华书局1984年版,第176页。
⑤ 参见(元)脱脱等:《宋史》卷2《太祖本纪》,中华书局1977年版,第22、32页。
⑥ 《宋会要辑稿》刑法6之15,刘琳等校点,上海古籍出版社2014年版,第8538、8539页。
⑦ (宋)窦仪:《宋刑统》卷2《请减赎》,吴翊如点校,中华书局1984年版,第17页。

罪,只是在皇帝的特诏之下才得以贷命。死罪已免,活罪难逃。在当时的社会情况下,从尊贵的士大夫阶层陡然变成地位低下的"配军",这种处罚也不啻于死刑。英宗治平元年(1064年)六月,"三班奉职和钦贷死,免决,刺配福建路牢城。钦贷所部虔州纲钱,赃至绞,特减死。审刑院卢士宗奏钦坐情轻,乞稍宽减,帝曰:'刑故无小,若故而得宽,则犯者滋甚,非期无刑之道。俟有过误,贷无伤也'"①。可见,在宋人眼中,命官刺配牢城在宋代还是较为严厉的处罚。

南宋时,此类贪赃枉法不时发生,犯法者虽按刑律当死,但仍可以钱贷命。高宗绍兴十七年(1147年)十二月,"诏:'左迪功郎曾岩追毁出身以来告敕文字,除名勒停,送(阮)[沅]州编管。'以岩前任鄂州管内安抚司干办公事,因押经总制钱赴行在,沿路盗贷入己,法当死,特贷之"②。孝宗乾道八年(1172年)十月,"诏:'保义郎孙文亮特贷命,追毁出身以来文字,除名勒停,决脊杖二十,送韶州编管,仍籍没家财。'坐任临安府缉捕使臣,部下捕获伪造官会人,文亮将特犒设钱收受入己,大理寺定断,合决重杖处死,特贷之"③。

在宋代军队中,朝廷下拨的公用钱和军队通过盈利性经营所得的宽剩钱等多被统称为官钱,官钱多用作军队犒赏补贴或修造军器之费。将官盗用、挪用、借支或过数使用官钱都是违法的,"诸路帅臣,不因赏给将士将犒赏钱物妄作名目,馈送监司或属官机幕及受之者,以坐赃论"④。侵用官钱的名目多种多样,并不止馈送一种,对于侵用官钱者的处罚也多种多样。现在根据《宋会要辑稿·职官·黜降官》,把将官侵盗官钱与责任追究的情况列表如下:

---

① 《宋会要辑稿》刑法6之16,刘琳等校点,上海古籍出版社2014年版,第8539页。
② 《宋会要辑稿》刑法6之29,刘琳等校点,上海古籍出版社2014年版,第8547页。
③ 《宋会要辑稿》刑法6之38,刘琳等校点,上海古籍出版社2014年版,第8551页。
④ (宋)谢深甫:《庆元条法事类》卷9《职制门》,戴建国点校,黑龙江人民出版社2002年版,第167页。

第九章 宋代军队后勤责任追究 373

表 4 将官侵盗官钱的责任追究表

年代	官职	责任者	所犯事由	处罚情况	追究、奏劾主体	出处
元祐七年(1092年)七月	鄜延第四将	向怀德	私役禁军、借用公库钱，及西贼侵犯绥德城，不即时策应	追一官，充鄜延路准备差使	经略司	职官67之7，第4850页
乾道三年(1167年)八月	镇江府驻劄御前右军统制	李真	隐落本军官制	放罢	主帅	职官71之19，第4957页
乾道四年(1168年)正月	武经大夫、镇江府驻劄御前左军统制	张宣	违法役使人队甲士，管军器收买物料制造，虚破军制	追五官勒停	主帅	职官71之20，第4958页
乾道五年(1169年)二月	利州防御使、兴州驻劄御前诸军都统制	任天锡	侵用官钱数万	责授忠州团练副使	四川宣抚使虞允文	职官71之23，第4959—4960页
绍熙二年(1191年)八月	差充平江府许浦驻劄御前水军统领	郭安与	盗取官场竹木表私使用及收受船脚钱入己	罢统领，改拨付殿前司，降一等差遣	都统刘震	职官73之7，第5004页
绍熙四年(1193年)三月	镇江府驻劄御前中军统领	马世福	侵盗官钱，剥敛将士	降两官，充副将	都统同世雄	职官73之14—15，第5008页
庆元三年(1197年)五月	前鄂州都统	刘忠	刻剥军兵，侵盗官钱，窃取公帑	罢祠禄	臣僚	职官73之68，第5040页
庆元五年(1199年)八月	后军统制	成彦节	掊克军士，盗用官钱	追两官，放罢	建康都统赵揆	职官73之26，第5015页

（续表）

年代	官职	责任者	所犯事由	处罚情况	追究、奏劾主体	出处
庆元六年（1200年）九月	中军统制	张师旦	侵盗官钱，公务弛废	降两官，放罢	鄂州都统制赵淳	职官73之27，第5016页
嘉泰元年（1201年）二月	右军统制	梁昱	移易官钱，科抑军士，专务营私，不顾廉耻	特降三官，充副将	兴元都统制郭杲	职官73之29，第5017页
嘉泰三年（1203年）三月	前权军统制	曹知言	侵盗官钱	特追两官，令本军自效	殿前司	职官73之32，第5019页
嘉泰四年（1204年）八月	选锋军统制	王晝	盗用官钱	特将两官，仍更降一资	御前诸军都统制赵淳	职官73之34，第5020页
嘉泰四年十一月	殿前司左翼军统制	韩俊	侵盗官钱	降两官，放罢	殿前副都指挥使郭倪	职官74之16，第5050页
嘉定三年（1210年）三月	殿前司左军统制	莫端	偷盗官钱	降两官，放罢	监察御史徐宏	职官73之43，第5025页
嘉定三年四月	步军司统制	李兴	偷盗官钱，刻剥士卒，支出官钱	降两官，放罢	监察御史关昭先	职官73之43，第5025页
嘉定三年二月	水军统制	李福	虚作名色	放罢	镇江都统毕再遇	职官74之35，第5061页
嘉定五年（1212年）八月	殿前司前军统制	赵贤道	前为游奕统制，侵用寄[桩]等官钱	降一官，放罢	监察御史金式	职官75之39，第5093页
嘉定九年（1216年）六月	提辖左藏西库	江烨	作倅江陵，妄用大军官钱兼摄分司总干	放罢	殿中侍御史黄序	职官73之50，第5029页

从上表可以看出:侵盗官钱的现象以南宋居多,宁宗时期最为密集,这与当时政局腐败紧密相关;违法者以统制官为多,这与统制官独揽所部财权,缺乏监督有关;此类违法事件的责任追究方法,以降官、放罢居多,相对较轻;追究主体主要是上级军官和监察御史。

综上可知,宋代军费管理中,各级军事官吏以及相关州县官吏冒请军赏、克扣军饷和受赃枉法都要承担责任追究。从军费管理责任追究的效果可以看到:北宋初由于政治清明、皇帝勤于吏治,对违法者的追究力度大,故犯者较少;北宋中期之后,政治不稳、党争频繁,吏治逐渐腐败,对于违法者的追究也渐渐流于形式;南宋更是积弊难返,追究力度小,违犯者更多,正如宁宗嘉定二年(1209年)八月太学博士柴中行所言:"今日之赃吏,多从轻典,大不过镌秩罢任,少须岁月,晏然如初。"①在军费的管理中,我们还可以看到宋代军队后勤管理中一个较为显著的特点,即军人违法所受的惩处要比文官严重。这一方面是由于宋代有"崇文抑武"的传统;另一方面是因为文官们所能管辖的多是厢军,武将管辖禁军,宋代重禁军而轻厢军,故跟禁军相关的惩罚要较厢军为重。

第五节 宋代军队后勤责任追究的特点

在宋代军事体制和制度,尤其募兵体制发展的基础上,军队后勤管理制度及其责任追究制度有明显的进步,也有一定特色,如责任追究涉及范围广、处罚严厉、直接为军政服务等。

一、责任追究涉及范围广

宋代军队的后勤管理主要涵盖了粮草、装备、军费三大方面的内容;责任追究涉及从中央到地方、从禁军到厢军的各类机构,被追究官吏也多种多样,上有文臣、武将,下有小吏、士卒。故相对于前代,宋代军队后勤责任追究涉及范围较为广泛。

宋代是我国历史上第一个较全面地实行募兵制的朝代,禁军和厢

---

① 《宋会要辑稿》职官79之21,刘琳等校点,上海古籍出版社2014年版,第5235页。

军的衣食住行及军事装备等都依靠政府来解决,这就使得宋代军队后勤管理的内容较之前代更为丰富,负责军队后勤的机构更多,责任追究的范围也更广。无论是秦汉的征兵制,魏晋的世兵制,还是隋唐的府兵制,往往都采取兵农合一的办法,分给士兵土地,使资粮自备成为可能。但在宋代,政府承认土地私有和实行不抑兼并的政策,国有土地越来越少,封建国家无法提供士卒所需要的土地,故军队的全部后勤保障就只得全由国家来负担。在沿袭了前代后勤管理机构的基础上,宋代又创设了一些新的机构,如内库、茶马司、转运司、马纲等。与此同时,相关的责任追究法律条文也制定出来,如南宋时的马匹纲运条格就是前代所没有的。宋代开始使用火器,为保持武器装备上的优势,神宗熙宁九年(1076年)审刑院、大理寺申明条禁,禁止"北界人"至"南界"榷场私买私市硫磺、焰硝等火药原料[1];孝宗乾道八年(1172年)也曾敕令,不许过境贩卖硫磺、焰硝、海金砂、桐油等,若有违犯,依兴贩军须断罪。[2] 宋代对火药武器管理的责任追究,也应是当时军队后勤管理责任追究涉及范围广的一个显著表现。

  在募兵制全面实行之前,军队的物资供给一般是由士卒和封建国家共同负担,而且以士卒负担为主,除了一些重要的武器装备如战马、大型兵器由国家提供外,其余粮草衣资,甚至随身兵器都得由士卒家人或其邻里负担,所谓"资粮自备"就是这种情况。因此,当时的后勤管理责任追究的对象也多是针对这些士卒。据《尚书·费誓》所载,西周时的士卒随军出征,自备"甲胄""干""弓矢""戈矛""糗粮""刍茭"等后勤物资,所以当时后勤管理责任追究的主要对象就是他们。唐代府兵制下,衣粮、弓矢等"皆自备"[3],故当时后勤管理的责任追究也多有针对士卒的,如《唐律疏议》规定:"随身七事及火幕、行具细小之物,临军征讨,有所缺乏,一事不充,即杖一百。"[4]宋代军队后勤管理

---

[1] 参见(宋)李焘:《续资治通鉴长编》卷275,上海师范大学古籍整理研究所、华东师范大学古籍整理研究所点校,中华书局2004年版,第6723页。

[2] 参见(宋)谢深甫:《庆元条法事类》卷29《榷禁门》,戴建国点校,黑龙江人民出版社2002年版,第433页。

[3] 参见(宋)欧阳修等:《新唐书》卷50《兵志》,中华书局1975年版,第1325页。

[4] (唐)长孙无忌:《唐律疏议》卷16《擅兴》,刘俊文点校,法律出版社1999年版,第332页。

的责任追究所涉及的对象则更加广泛。这是由于宋代实行募兵体制,军队的衣食、住房、装备都由政府提供,参与后勤管理的机构增多,责任追究的对象也相应地更加广泛。如宋代的马政,监牧官员有防止马匹死损的责任,买马司官员有购买合格马匹的责任,纲运沿途转运司和州县官员有保障的责任,牵马士卒和驿站士卒有供给的责任,若违反基本职责的规定,就会受到处罚。无论是跟前代相比,还是跟同代其他方面的责任追究相比,宋代军队后勤责任追究的一个特点是涉及范围广泛。其实,这与宋代法制发达、丰富有关,正如南宋叶适指出:"今内外上下,一事之小,一罪之微,皆先有法以待之。"①

二、责任追究处罚严厉

宋代始终面临着西北少数民族政权的威胁,战争长期存在,军事压力前所未有。为了严肃军纪、增强军队战斗力,宋代制定了严格的军队后勤管理责任追究制度。宋代军队后勤责任较其他行政责任的追究,明显要严厉得多,主要体现在武将从重、边地从重和战时从重三个方面上。

宋代军队后勤责任追究,对武将的处罚较之文官为重。如在对减克军兵俸钱的追究上,北宋真宗大中祥符时,曾诏令殿前、侍卫司、宣徽院、三司、军头司等军事机构,"自今以请托为名率敛军(头)士缗钱者,其同谋及受赃并处斩,军校知情者连坐,不知情者决配"②,对武将率敛处以斩刑,可谓严厉。而文臣减克军兵的俸钱,所受惩罚则要轻一些,如神宗熙宁五年(1072年)八月知阶州刘舜臣掠上番义勇儎钱一案,刘舜臣所受惩处不过是:"特追一官,勒停。"③在南宋,也基本如此,几乎是个共性,如前所述"克扣军饷"中孝宗时御前神锐军第五将张耘和殿前左翼军权统制魏尚皆因减克军兵钱粮,受到除名勒停、追毁出身以来文字、不刺面、配隶牢城等的处罚④,但几乎同时,犯类似罪

---

① (宋)叶适:《叶适集》卷4《实谋》,刘公纯等点校,中华书局1961年版,第767页。
② 《宋会要辑稿》刑法7之5,刘琳等校点,上海古籍出版社2014年版,第8578页。
③ 《宋会要辑稿》职官65之37,刘琳等校点,上海古籍出版社2014年版,第4819页。
④ 参见《宋会要辑稿》刑法6之34,刘琳等校点,上海古籍出版社2014年版,第8549、8550页。

的知剑州张瑱和知潮州黄杞却只是受到"放罢"的处分。① 宋代之所以采取武将从重的原则,主要是因为武将是军队后勤管理的直接责任人,他们尽职与否直接关系到后勤保障的好坏,关系到军队战斗力的强弱,关系到统治政权的安危,故对他们的惩处要更为严厉。此外,武将从重原则的出现还有其深刻的社会渊源:一方面,宋朝统治者鉴于唐末五代兵变祸国的教训,决不允许军队中存在危害政权的隐患,于是"事为之防,曲为之制"②,对军人实行高压政策;另一方面,宋代统治者提倡重文轻武,文人们依靠皇权的支持,千方百计压抑武将武人,限制其势力发展。宋人对武人的态度,正如抗金名臣李纲所说:"国家承平之久,文事太胜,士以武弁为羞,而学者以谈兵为耻,至于战卒贱辱之甚,无以比者。"③

宋代常以"积弱"著称,军力不强,战时后勤管理中的失职、违规行为极易造成战争的失败,威胁到赵宋王朝的统治。因此,宋代的战时后勤管理责任追究也较为严厉。如前述"粮草征集"中徽宗宣和五年(1123年)十月吕淙、李侗等漕臣落职一案,表面原因是:"上供未到额斛数多,有误中都岁计,发运司官坐视,并不措置故也。"④实际上,当时正是宋朝用兵之际,童贯率军十万联金灭辽,且京东、河北群盗蜂起,故对漕臣的惩治显然较和平时期要重一些。即使在治吏较严的孝宗乾道时期,拖欠税额的官员也没有受到此等责罚。如乾道三年(1167年)七月,知秀州嘉兴县阎晃"出违省限,拖欠常赋苗米一万一千一百余石",且"更不催纳",而被两浙转运副使姜洗奏劾,结果却只是"特降一官"。⑤ 跟唐代相比较,宋代对战时军队后勤管理失职者的处分也是算重的,唐宪宗时,对淮西用兵,兵部侍郎、判度支杨於陵因"用所亲为唐邓供年使","供军有阙",被贬为桂阳郡守⑥;唐敬宗

---

① 参见《宋会要辑稿》职官72之36、46,刘琳等校点,上海古籍出版社2014年版,第4987、4993页。
② (宋)李焘:《续资治通鉴长编》卷17,上海师范大学古籍整理研究所、华东师范大学古籍整理研究所点校,中华书局2004年版,第382页。
③ (宋)李纲:《梁溪集》卷59《十议下·议战》,文渊阁四库全书本第1125册,台湾商务印书馆股份有限公司1986年版,第975页。
④ 《宋会要辑稿》职官69之13,刘琳等校点,上海古籍出版社2014年版,第4904页。
⑤ 参见《宋会要辑稿》食货70之58,刘琳等校点,上海古籍出版社2014年版,第8136页。
⑥ 参见(后晋)刘昫等:《旧唐书》卷164《杨於陵传》,中华书局1975年版,第4294页。

时,剑南西川节度使杜元颖"中帝意以固幸","至削军食以助哀畜",未见严惩,直到唐文宗太和三年(829年),因安抚南诏需要,才贬之为邵州刺史,"议者不厌,斥为循州司马"。① 可见,宋代战时军队后勤责任追究较平时和前代都要严厉一些。

边地从重,就是指宋代对边境地区的军队后勤责任追究要比内地严厉。宋初《罚条》就将沿边城寨与"出军在道"的供给,一样对待,若有减克粮食、草料、衣资、赏赐者,"不以多少皆斩"②。宋人认为"边储事大",为防止敌人对沿边仓储的破坏,真宗曾特别下令河东、陕西沿边州军仓场谨防"火禁",并防备戎谍③,也是加强军队后勤的保障和责任。在此,对沿边与内地抛失官粮的处罚作比较,即能说明问题。太宗至道二年(996年)九月,"灵州环庆清远军路马步军都总管、会州观察使田绍斌责率府副率,虢州安置。先是,诏绍斌领兵于普乐河应接裹送粮草入灵州,寻遇番贼劫虏,抛失官粮。准律,守备不设,为贼所掩覆者斩;准令,五品已上犯非恶逆以上听自尽。时从宽宥"④。又如前述真宗咸平三年(1000年)十月滨州防御使王荣,"帅兵援粮于灵武……夜为蕃贼所抄",被削籍流均州。而纲运抛失条例,对抛失运粮纲船的处罚,大中祥符六年(1013年)三月,诏曰:"抛失重舡一只,依旧条徒二年;二只递加一等,并罪止十一只。"⑤ 显然,边地较内地的处罚为重。之所以会出现这一现象,是由其在国防中的影响决定的,边防、边患是宋代国防的重点问题,尤其边患不息,没有宁日,宋代加重追究边地军队、军事责任也就在情理之中了。

三、责任追究为军政体制服务

宋代军队的责任追究是直接为"强干弱枝""重文轻武"的宋代国

---

① 参见欧阳修等:《新唐书》卷96《杜元颖传》,中华书局1975年版,第3862、3863页。
② (宋)曾公亮:《武经总要》前集卷14,文渊阁四库全书本第726册,台湾商务印书馆股份有限公司1986年版,第458页。
③ 参见《宋会要辑稿》刑法2之6,刘琳等校点,上海古籍出版社2014年版,第8284页。
④ 《宋会要辑稿》职官64之12—13,刘琳等校点,上海古籍出版社2014年版,第4771页。
⑤ 《宋会要辑稿》职官64之15、食货42之4,刘琳等校点,上海古籍出版社2014年版,第4773、6941页。

策以及军事、政治体制服务的。宋代鉴于唐末五代时期藩镇割据的历史教训,实行"强干弱枝"的策略,将天下的精锐士卒编入禁军,并制定严格的约束机制,"凡其制,为什长之法,阶级之辨,使之内外相维,上下相制,截然而不可犯者,是虽以矫累朝藩镇之弊,而其所惩者深矣"①。这是宋代专制集权和相维相制政治体制的重要组成部分。在后勤责任追究中,宋代对禁军较厢军要严格、严厉,也反映了"强干弱枝"的政治思想。如前述咸平二年(999年)捧日知粮军典吴荣减克军粮,依法被斩②,而熙宁六年(1073年)夔州权管威棹指挥都头杜信也主要是减克军粮依法当杖脊降配③,两者所受的处罚大有区别。这是因为捧日军属于禁军中上四军之列,而夔州威棹军则属于厢军序列,其地位远低于捧日军,故吴荣的罪行较杜信重,责罚也就更严厉。宋代禁军多由朝廷遣将指挥,而厢军多由地方管辖。由于宋代重禁军轻厢军,又重文臣轻武将,故同样的责任行为,武将、禁军责罚就要重些。

  责任追究也紧随军事形势的变化而变化。宋代军事重心和战争形势的不断变化影响着军队后勤管理制度的变化。北宋边患较轻,战争较少且多发生于北部和西北部边境,军事重心在中原地区;南宋边患严重,战事频繁,前期战争多发生于两淮和川陕,后期多发生在荆湖地区,军事重心在东南。宋代战争形势和军事重心的前后变化造成了军队后勤机构的变化和供给方式的变化。最典型的莫过于马政:北宋前期以监牧养马为主,后期牧养、边市结合,而南宋军马全赖边市,沿边市马和边马纲运成为南宋马政管理的核心内容。仅在南宋边马纲运方面,就有川秦马纲运法和广马纲运法两大类;每一类中又各有针对地方政府、买马司、运马军兵的责任要求;运马军兵也根据各自所属机构和官资等级来确定具体责任;且追究责任的方法也随着时代变化,日益繁杂。

  正因为后勤责任追究为宋代军政体制服务,所以,追究效率和效

---

① (元)脱脱等:《宋史》卷187《兵志》,中华书局1977年版,第4570页。
② 参见(宋)李焘:《续资治通鉴长编》卷45,上海师范大学古籍整理研究所、华东师范大学古籍整理研究所点校,中华书局2004年版,第970页。
③ 参见(宋)李焘:《续资治通鉴长编》卷246,上海师范大学古籍整理研究所、华东师范大学古籍整理研究所点校,中华书局2004年版,第5984、5985页。

果又与政治状况密不可分。北宋初期政治清明,并以五代为鉴,责任追究力度大;北宋中期之后,党争频繁,吏治逐渐变坏,尤其是徽钦时期,吏治败坏,责任追究多流于形式;南宋高宗、孝宗两朝有整顿吏治、振作政治的意向,但内忧外患,积重难返,故违犯者多,受追究者也多;光宗之后,政治日益腐朽,责任追究趋向形同虚设。

总之,后勤管理是军队管理及国家行政管理的重要组成部分,责任追究是后勤管理的一项重要内容。责任追究的好坏,不仅关系到军队后勤管理能否健康发展,也关系到国家机器能否正常运行,乃至国家和民族的治乱兴衰。

宋代军队后勤责任追究作为宋代行政管理和军事管理的重要组成部分,与宋代的政治军事政策有着紧密联系。不抑兼并的土地政策使土地兼并愈演愈烈,失地农民也逐渐增多。为了巩固政权,防止农民起义,宋代广泛招募失业农民入伍,由国家来负责他们的一切后勤保障。这就使后勤责任的范围扩大,涉及粮草、马政、兵器、衣装、住宿、抚恤等方面。为此,宋代军事后勤的责任追究面广、量大。

宋初,太祖和太宗为赵宋王朝确立了宽以待士和守内虚外的基本国策,真宗时澶渊之盟又开启了议和苟安的先例。在这种国策的背景下,尽管宋代追究后勤责任,总体上较严厉,但在不危及统治的前提下,为了防止将官军权剥夺过多引起反抗,责任追究中出现矛盾现象,如:宽贷姑息,有罪不罚,罚不当罪,罚后旋用等。正如南宋太学博士柴中行所言:"今日之赃吏,多从轻典,大不过镌秩罢任,少须岁月,晏然如初。"①可见,宋代的政治军事政策影响后勤管理责任追究,又造成了政治腐败和国力衰弱,宋代陷入长期"积弱"的轮回之中。

宋代军队后勤管理和责任追究的法律丰富,但是,"法度以密为累而治道不举"②,并且,多有更张,形同虚设,官吏依旧我行我素。正如包拯所言:"朝廷凡降诏令,行之未久,即有改张,故外议纷纭……累年以来,此弊尤甚,制敕才下,未逾月而辄更;请奏方行,又随时而追改。民知命令之不足信,则赏罚何以沮劝乎?"因此,他认为必须"法存划

---

① 《宋会要辑稿》职官79之21,刘琳等校点,上海古籍出版社2014年版,第5235页。
② (宋)叶适:《叶适集》卷4《实谋》,刘公纯等点校,中华书局1961年版,第768页。

一,国有常格",才能维护法律的权威性和处罚的有效性。① 也即法律应该保持一定的稳定性,不能朝令夕改,要维护其权威性,所谓"国有常科,吏无敢侮"②。

虽然宋代的军队后勤责任追究受政策和时局的影响,存在着很多不足之处,但又不得不承认,正是因为较为丰富和完善的军队后勤管理和责任追究制度,才维持了宋代庞大军队的正常运转,维护了赵宋王朝三百余年的封建统治。即使在内忧外患最为严重的两宋交替时期,也没有因后勤管理的问题而造成大规模的军队叛乱。

纵观宋代历史,在后勤责任追究严明的时期,国家机器就运转得比较好,如北宋前期,对于违法者惩罚较严,政局稳定、经济发展、国力强大;若责任追究不到位,则国家机器运转困难,如北宋末期和南宋中后期,追究流于形式,故政治腐败、经济萧条、国力衰弱。

历史在变化,时代在进步,每一个时代的后勤责任追究制度都有成败得失,关键是如何对待历史的经验教训。为此,有一种观点是值得我们重视的,"历史的目的在将过去的真事实予以新意义或新价值,以供现代人活动之资鉴"③。

---

① 参见(宋)包拯:《包拯集校注》卷4《论诏令数改易》,杨国宜校注,黄山书社1999年版,第255页。
② (宋)窦仪等:《宋刑统》卷首《进刑统表》,吴翊如点校,中华书局1984年版,第5页。
③ 梁启超:《中国历史研究法》补编,上海古籍出版社1987年版,第148页。

第十章 宋代文化、外交责任追究

宋代的经济发展、文化繁荣,与政治保守、军事懦弱形成显明的对照。宋史前辈邓广铭先生强调的宋代物质文明和精神文明的高度发达,所指也许就是前者。他赞赏地说:"宋代是我国封建社会发展的最高阶段。两宋期内的物质文明和精神文明所达到的高度,在中国整个封建社会历史时期之内,可以说是空前绝后的。"① 尤其宋代文化的进步和发达为学术界普遍认可。② 的确,宋代的教育、宗教、文史、艺术、思想以及科技等方面都取得了重大的成就和进步,甚至在对外交往中也凸显文化色彩。从行政管理角度讲,在这些领域中,教育、宗教及外交的行政责任制度内容丰富,也有典型意义,故本章就此专门探讨。

第一节 太学教育

我国的学校起源很早,元代马端临有过总结,"《王制》:'有虞氏养国老于上庠,养庶老于下庠'"。"夏曰校,殷曰序,周曰庠,学则三代共之(校、序、庠,皆乡学;学,国学也)。""《礼书》曰:'四代之学,虞则上庠、下庠,夏则东序、西序,商则右学、左学,周则东胶、虞庠,而周则又有辟雍、成均、瞽宗之名,则上庠、东序、右学、东胶,太学也……'"而汉代是个重要的发展时期,"汉兴,高帝尚有干戈,平定

---

① 邓广铭:《谈谈有关宋史研究的几个问题》,载《社会科学战线》1986 年第 2 期。
② 参见白寿彝总主编:《中国通史》第 7 卷《中古时代·五代辽宋夏金时期》(上册)第十三章《学术、文化》,上海人民出版社 1999 年版,第 1056—1075 页。

四海,未遑庠序之事。至武帝,始兴太学"①。因此,一般认为真正意义上的太学是从汉代开始的。自汉至宋,太学是古代最高的教育机构,经历千余年,名称虽有变,但也不断在完善。宋初先后有国子监、国子学,由礼部管辖。而太学也为宋代最高学府,隶属国子监,主要招收八品以下官员子弟和平民的优秀子弟。在宋仁宗时,兴办太学,独立性渐强,历经北宋庆历、熙丰、崇宁三次兴学的推动,兴盛不衰,成为中央官学的主体和重点。宋室南渡之后,即使内忧外患不断,但仍有很大的发展。宋代太学有许多成就和特色,学术界也对其演变、管理、教学以及与社会文化发展之间的关系等问题都作了较为广泛的研究。② 其中,如苗春德主编的《宋代教育》就有专篇研究教育管理,涉及太学的学官和教官的选任、职责,以及学生、教学、经费等的管理,而管理责任的追究,则没有论述。检阅其他太学研究成果也未有提及。为此,宋代太学教育责任追究很有探讨的必要。

宋代太学的学官和教官较多,各个时期的设置有所不同,如祭酒、司业、博士、学正、学录、学谕等。在太学教育的管理中,针对学官、教官的渎职失职等行为,确立相关制度,追究责任,涉及教学、考试、生徒管理等方面。通过行政贬黜及经济处罚等手段,排除教育障碍,理顺教育关系,解决管理难题,保障太学的正常运转。

一、教学管理

宋代太学及国子监中从事教学的学官及教官,他们各有专职,"祭酒掌国子、太学、武学、律学、小学之政令,司业为之贰,丞参领监事"。"博士,掌分经讲授,考校程文,以德行道艺训导学者。正、录,掌举行学规,凡诸生之戾规矩者,待以五等之罚,考校训导如博士之职。职事学录五人,掌与正、录通掌学规。学谕二十人,掌以所授经传谕诸生。

---

① (宋)马端临:《文献通考》卷40《学校考》,上海师范大学古籍研究所、华东师范大学古籍研究所点校,中华书局2011年版,第1167、1176页。
② 参见熊贤军:《宋代中央官学的管理》,载《上海教育科研》1989年第1期;袁征:《宋代教育——中国古代教育的历史性转折》,广东高等教育出版社1991年版;苗春德:《宋代教育》,河南大学出版社1992年版;陈伟生等:《论宋朝太学的教师管理》,载《湖南第一师范学报》2007年第1期,等等。

直学四人,掌诸生之籍及几察出入。"①这些职责涉及制定和发布学校政令、教学内容的审核、教学计划的编订及教学质量的考核等。他们应在法律法规规定的范围内履行职责,进行教学管理,并有所作为,否则,就有可能被追究责任,主要涉及以下几方面。

1. 教学内容

宋代兴办太学的主要任务是培养执政统治的后备人才,尤其是中高级官吏。为此,对教材及教学内容也就有严格的规定和限制,教官不得随意或超权更改。北宋前期,太学以教授经学为主,而经学之外的诗赋文辞常被斥为"浮薄",教官不得素习讲授。熙宁、元丰时期,王安石新学逐渐占据主导地位,成为统治思想的主要来源,也是太学主要的教学内容。如果传授奇谈怪论,则为"邪说诐行",必然受到处罚。据史载:"安石辅政时,罢逐中外老成人几尽,多用门下儇慧少年。诸生一切以王氏经为师,讲官策试诸生,论及时政,皆罢逐。"②这对北宋后期的太学教育影响很大,至徽宗时,崇宁元年(1102年)十二月,诏:"诸邪说诐行、非圣贤之书并元祐学术政事,不得教授学生,犯者屏出"③。这一定程度上也反映了太学教学的特色以及北宋理学形成过程中受到新学的打压。南宋中兴后,理学命运并未改观,一度还为太学所禁。直至理宗时期,理学地位逐渐提高,为教学的主导内容,其他学说又被斥为异端邪说,严令禁止。为此,太学教官违犯规定私自教授禁止的内容的,将会受到黜降免职之类的处分。

2. 教学计划

宋代太学规定的教学计划和教材,教官一般不得擅自更易。神宗元丰三年(1080年)八月,进士肖之美上《直言策》时说:"太学博士有易经而讲者,或两人同讲一经,而一善一否,则一人为讲义而分讲之;或未尝治经,则假手为讲义以讲之。"神宗下诏要求"中书本房立法"④。也就是要求教官讲授经书时根据计划和教材进行教学,否则

---

① (元)脱脱等:《宋史》卷165《职官志》,中华书局1977年版,第3910、3911页。
② (宋)李焘:《续资治通鉴长编》卷276,上海师范大学古籍整理研究所、华东师范大学古籍整理研究所点校,中华书局2004年版,第6751页。
③ 《宋会要辑稿》刑法2之43,刘琳等校点,上海古籍出版社2014年版,第8307页。
④ (宋)李焘:《续资治通鉴长编》卷307,上海师范大学古籍整理研究所、华东师范大学古籍整理研究所点校,中华书局2004年版,第7465页。

要受到追究。此外,在授课时擅自增加不当内容,尤其语涉时政,也要追究责任。高宗绍兴二十七年(1157年)九月,太学博士陈天麟被罢黜,就是因为侍御史周方崇言:"天麟升堂说《书》至《禹贡》篇,辄及今日焚翠羽、罢销金,语言浅俚,诸生不觉哄堂失笑,至于私试所考中诗赋多落韵者。"①教学计划和内容决定教学行为以及教育方向,如此把太学教育纳入官方正统范畴,不许教官越职行事,否则要承担后果。

3. 教学考核

考核是教学管理中的重要环节,检查太学的教育教学质量及太学生的学习水平,并据此进行奖惩,督促教官在教学中尽职尽责。神宗熙宁四年(1071年)十月,中书门下言:"近制,增广(大)[太]学,益置生员,除主判官外,直讲以十员为额,每二员共讲一经。委中书选差,或主判官奏举,以三年为任。选人到监五年,与转京官。或教导有方,职事不修者,并委主判官闻奏,当议升黜。"不久,"诏:国子监直讲自中书门下选差,及本监主判官奏举,不拘资序,任满与堂除合入差遣。又到监一年,通计历任及五考,即与转官。如教导有方,实为士人之所归向,委主判官保明以闻,及中书门下考察,许令再任。其职事不修者,许令中书门下及主判官检察取旨,不候任满差替"②。以上中书所言和皇帝诏书说的是直讲等教官的选任和升黜,而后者的关键是任期是否"教导有方"和"尽修职事",也就是教学成绩或考核殿最,这是升陟、黜降的依据。故"岁计所隶三舍生升降多寡之数,以为学官之殿最赏罚"③。实际上,这是以太学生的升舍人数多少作为评判教官教学质量的标准,凡升舍生人数少的教官,必然要受到一定的追究和惩处。学官的教学水平和质量高低,往往在生徒应试上有所反映。如果生徒答题质量低下,那么教授生徒的学官必须负责。徽宗在《考校程文官降官御笔手诏》中指出:"近览太学生私试程文,词烦理寡,体格卑弱,言虽多而意不逮,一幅几二百言,用心字凡二十有六,文之陋于此为甚。夫积于中既深,则发于言必厚,学无根本,词必浮靡。"私试程文即为私试(每月考试一次)的答卷,徽宗认为太学生程文"词烦理

---

① (宋)李心传:《建炎以来系年要录》卷177,胡坤点校,中华书局2013年版,第3398页。
② 《宋会要辑稿》职官28之8,刘琳等校点,上海古籍出版社2014年版,第3756页。
③ (元)脱脱等:《宋史》卷165《职官志》,中华书局1977年版,第3910页。

寡,体格卑弱,言虽多而意不逮"是教官的失职,故以降官处罚太学大司成刘嗣明,司业林震、苏桓等,以示惩戒。①

二、考试管理

宋初太学考试无常制,在独立和发展之后,有公试、私试之说。元丰年间,太学行三舍法,形成较为完备的考试制度,神宗元丰二年(1079年)八月,诏曰:"增太学生舍为八十斋,斋三十人,外舍生二千人,内舍生三百人。月一私试,岁一公试,补内舍生。间岁一舍试,补上舍生。"②同年颁布的《学令》也规定:"太学置八十斋,斋各五楹,容三十人。外舍生二千人,内舍生三百人,上舍生百人。月一私试,岁一公试,补内舍生;间岁一舍试,补上舍生,弥封、誊录如贡举法;而上舍试则学官不预考校。公试,外舍生入第一、第二等,升内舍;内舍生试入优、平二等,升上舍;皆参考所书行艺乃升。上舍分三等。"③可见,元丰时期太学考试形式较为规范和稳定。据此,宋代太学的考试主要有四种:每月一次的私试、每年一次的公试、两年一次的舍试及相当于毕业考试的上舍试。其中,私试、公试和舍试由太学学官以及国子监主持,而上舍试则由朝廷差官锁院主持,承担考试责任,而学官一般不参与。宋代要求太学的学官和教官在公试、私试和舍考中公平公正、恪尽职守。

1. 私试责任

太学私试属于日常的学业考试,又称月试,宋廷予以学官较多的考试自主权。也因正如此,学官很容易独断专行、徇私舞弊,但一经发现,必惩无疑。哲宗元祐二年(1087年)正月,殿中侍御史吕陶弹劾国子司业黄隐说:"近曾弹奏国子司业黄隐问学寡陋,操尚邪诐,行不知义,事不徇公,教化之地,非所宜处,伏请罢隐职任,未蒙施行。臣谨按:隐叨冒学职,无以训导诸生,私枉之迹,众所不伏,嘲诮姗笑,喧闻庠序。近日考校私试文字,不与祭酒、博士公共去留,辄敢专纵,擢其婿张汝明为第二。升降高下多出其意,皆此类也。"吕陶所弹国子司业

---

① 参见《宋大诏令集》卷157《考校程文官降官笔手诏》,中华书局1962年版,第592页。
② (元)脱脱等:《宋史》卷15《神宗本纪》,中华书局1977年版,第298页。
③ (元)脱脱等:《宋史》卷157《选举志》,中华书局1977年版,第3660页。

黄隐的德行问题,最具体的表现就是在考校私试时专横循私、肆意升降。"久之,乃左迁隐为鸿胪少卿。"①为防止太学私试循私的发生,高宗绍兴二十七年(1157年)九月,"诏自今太学私试,学官考校失当者,令礼部按劾以闻"②,也即由礼部监督和追究学官的私试责任。

宋代对太学日常考试的控制日益加强,尤其在神宗时,王安石当政,几乎把太学变成他培养变法人才的基地,甚至以此党同伐异。在考试时,生徒若非议时政,学官必须严查深究,若没有及时发现或严肃处理,就要承担相应的责任。如:"初,苏颂子嘉在太学,颜复尝策问王莽、后周变法事,嘉极论为非,在优等。苏液密写以示曾布曰:'此辈唱和,非毁时政'。布大怒,责张琥曰:'君为监官判监,岂容学官与生徒非毁时政而不弹劾?'遂以告安石。安石大怒,遂逐诸学官。"③诸学官之所以被逐,显然是因为没有及时阻止生徒在考试时毁誉时政,且评为优等。当然,这也是王安石把持朝政和控制学术的一个表现,神宗熙宁八年(1075年)"颁王安石《诗》、《书》、《周礼》义于学"④。宁宗时也有类似的情况,理学受到压制,被斥为"伪学",波及科举,在私试中也有反映。宁宗庆元二年(1196年)三月,吏部尚书叶翥等言:"二十年来,士子狃于伪学,汨丧良心,以六经子史为不足观,以刑名度数为不足考,专习语录诡诞之说,以盖其空疏不学之陋,杂以禅语,遂可欺人……盖由溺习之久,不自知其为非。欲望因今之弊,特诏有司,风谕士子,专以孔孟为师,以六经子史为习,毋得复传语录,以滋其盗名欺世之伪。更乞内自太学,外自州军学,各以月试取到前三名程文,申御史台考察。太学以月,诸路以季。太学则学官径申,诸路则提学司类申。如仍前不改,则坐学官、提学司之罪。"⑤朝廷从之。其中,太学的学官不纠正私试中的"诡诞之说",就要承担失职之罪。

---

① (宋)李焘:《续资治通鉴长编》卷394,上海师范大学古籍整理研究所、华东师范大学古籍整理研究所点校,中华书局2004年版,第9602页。
② (宋)李心传:《建炎以来系年要录》卷177,胡坤点校,中华书局2013年版,第3398页。
③ (宋)马端临:《文献通考》卷42《学校考》,上海师范大学古籍研究所、华东师范大学古籍研究所点校,中华书局2011年版,第1224页。
④ (宋)马端临:《文献通考》卷42《学校考》,上海师范大学古籍研究所、华东师范大学古籍研究所点校,中华书局2011年版,第1224页。
⑤ 《宋会要辑稿》选举5之17—18,刘琳等校点,上海古籍出版社2014年版,第5349页。

2. 升舍试责任

升舍考试包括一年一次的外舍升内舍的"公试"和两年一次的内舍升上舍的"舍试"。升舍试对太学生至关重要,影响升等和出仕,如林希《野史》所云:"熙宁四年春,更学校贡举之法,设外舍、内舍、上舍生,春秋二试。由外舍选升内舍,由内舍选升上舍。上舍之尤者,直除以官,以锡庆院为太学。"①宋廷也就特别重视舍试,多次颁布规章制度,约束学官,确保升舍试的公平公正。前述元丰学令还规定:学官"缘升舍为奸者,论如违制律,不用去官赦原"②。这一规定与王安石新学的强势当有关系,而至北宋后期新学的地位有所变化,又影响到太学的考试及其责任的确定。钦宗靖康元年(1126年)谏议大夫冯澥所言:"朝廷罢元祐学术之禁,不专王氏之学,《六经》之旨,其说是者取之。今学校或主一偏之说,执一偏之见,愿诏有司考校,敢私好恶去取,重行黜责。"③也就是说,考校的判定不能偏执一说,只能根据回答是否言之有理、符合经旨来取舍,若以个人好恶来判定,则应"重行黜责"。为了保证太学考试的公正,将其升舍考试的决定权收归朝廷,神宗元丰元年(1078年)七月,同判国子监张璪言:"太学内舍、上舍生中选者,免解试,或免礼部试。旧以直讲考校,不无挟情,容有私取。请自今补内舍、上舍,皆自朝廷差官考校。""诏送详定学制所。"④无独有偶,孝宗乾道时也禁止学官参与舍试,"旧公、私试皆学官主之,自淳熙后,公试仍锁院,降敕差官,学官不预"⑤。这种极端的做法,恰恰表明学官的考试责任重大,更不得以自己的好恶来评判取舍,否则咎由自取。

太学升舍试责任除了因时代的政治风向和学术取向所致外,还与师生、门生关系密切相关。太学教官负责日常授业训导,与生徒比较熟悉,但又有情感深浅、关系亲疏之分,也会影响升舍考试的客观公正。熙宁时,太学实行三舍法,"五年春,命判监、直讲者,试外舍

---

① (宋)李焘:《续资治通鉴长编》卷237,上海师范大学古籍整理研究所、华东师范大学古籍整理研究所点校,中华书局2004年版,第5773页。
② 《宋会要辑稿》职官28之10,刘琳等校点,上海古籍出版社2014年版,第3758页。
③ (元)脱脱:《宋史》卷165《职官志》,中华书局1977年版,第3915页。
④ 《宋会要辑稿》职官28之9,刘琳等校点,上海古籍出版社2014年版,第3757、3758页。
⑤ 《宋会要辑稿》崇儒1之39,刘琳等校点,上海古籍出版社2014年版,第2749页。

生……定希旨,请不弥封,事虽不从,而诸学官公然直取其门下生无复嫌疑,四方寒士,未能习熟新传,而用旧疏义,一切摈黜。自此士人不复安业,日以趋走权门,交结学官为事"①。神宗元丰元年(1078年)十二月,建州进士虞蕃上书也指出:"太学官不公,校试诸生升补有私验。其赴太学,常以已入而午出。"②当然,这种门生情感里又夹杂时代的因素,对舍试结果产生了消极影响。哲宗元祐初,御史中丞刘挚论及太学条制时指出"人情"问题,"夫职亲于诸生而习知其情伪者,宜莫如学官也。使其因人情利害而为之法者,亦莫如学官也"③。为了维护升舍考试的公正性和权威性,如果在升舍考试中,学官徇私情,就会受到追究和惩罚,追惩的力度几乎与贪赃相同。

3. 品行追责

太学作为全国的最高学府,学官应做学术道德的表率,而太学考试直接关系生徒前程,社会影响很大。宋代对学官提出许多要求,应有精力充沛、能力胜任以及操守清正等基本条件。不满足这些条件,也就失去了学官的资格,光宗、宁宗时期的几个案例是比较典型的。光宗绍熙元年(1190年)五月,太学博士林致因"废公营私,贪冒苟得"而放罢。④ 宁宗嘉泰三年(1203年)八月,太学博士秦榛亦因"慒于考校"而被放罢。⑤ 嘉定十三年(1220年)十一月,"国子监主簿洪彦华与宫观,理作自陈;太学正留祺与在外合入差遣。以监察御史方献言:'彦华私欲交胜,廉隅不立;祺精神昏愦,考校非长'"⑥。十二月,"太常博士王澡、太学博士周端朝、太学博士(院)[阮]文子并与在外合入差遣,大理正孙泾降一官放罢。以殿中侍御史张攀言:'澡夤缘立朝,肆言无忌;端朝不安分义,侥求入馆;文子职在校文,神气昏愦;泾往清湘鞫知钦州林千之狱,所申自为异同'"⑦。以上精力、能力、操

---

① (宋)李焘:《续资治通鉴长编》卷237,上海师范大学古籍整理研究所、华东师范大学古籍整理研究所点校,中华书局2004年版,第5773、5774页。
② 《宋会要辑稿》职官28之9,刘琳等校点,上海古籍出版社2014年版,第3757页。
③ (宋)李焘:《续资治通鉴长编》卷390,上海师范大学古籍整理研究所、华东师范大学古籍整理研究所点校,中华书局2004年版,第9494页。
④ 参见《宋会要辑稿》职官72之57,刘琳等校点,上海古籍出版社2014年版,第4999页。
⑤ 参见《宋会要辑稿》职官73之33,刘琳等校点,上海古籍出版社2014年版,第5019页。
⑥ 《宋会要辑稿》职官73之54,刘琳等校点,上海古籍出版社2014年版,第5032页。
⑦ 《宋会要辑稿》职官73之55,刘琳等校点,上海古籍出版社2014年版,第5032页。

守虽然是学官的基本素质,但又直接影响其所主持考试的质量,其中太学博士秦桊"懵于考校"显然与这些素质要求都有关系,因此,他们被放罢、与宫观、与在外合入差遣等也是情理之中的。

至于在考试时学官贪赃枉法、徇私舞弊,更是要承担直接的考试责任,被予以追究和制裁。这种现象在北宋熙丰兴学时期比较突出。神宗元丰二年(1079年)七月,"诏殿中丞、国子监直讲龚原追一官勒停,展三期叙。前国子监直讲、和州防御推官沈铢,国子监直讲、润州金坛县令叶淘,各罚铜十斤。铢勒停,淘冲替。原坐受生员张育银、绫及直讲王沇之请求,升不合格卷子为上舍,铢坐受育瓷器、竹簟,涛坐受育茶、纸并非假日受生员谒"①。十月,"诏太常丞、集贤校理、兼天章阁侍讲、同修起居注、直舍人院、管勾国子监沈季长落职勒停,右正言、知制诰、兼侍讲、知谏院、同修国史、详定郊庙奉祀礼文、宗正寺修玉牒官、提举官告院、判国子监黄履免追官,勒停,听赎铜,除侍讲外,差遣并罢,枢密直学士陈襄罚铜十斤。季长坐受太学生竹簟、陶器,升补内舍生不公及听请求,履坐不察属官取不合格卷子,及对制不实,襄坐请求,皆因虞蕃上书,御史台鞫得其罪也"②。十一月,直讲王沇之以及其他学官也受到处罚,"诏国子监直讲、颍川团练推官王沇之除名,永不收叙。太常丞余中追一官,勒停。监东作坊门,河南左军巡判官王泂之、秘书丞范峒冲替。沇之坐受太学生章公弼赂,补上舍不以实,罪当徒二年。中坐受太学生陈度赂,罪当杖。峒坐为封弥官漏字号。泂之、沇之弟,亦坐纳赂,嘱请于中、沇之等"。这是一个历时较长、影响较大的案件,"太学一狱,逾年方决,追逮遍四方"③。其惩罚之严厉可见一斑。为了防止学官受贿贪赃,宋代从源头上采取措施,加强生徒和学官的管理。徽宗崇宁元年(1102年),"令学生实非资问辄见师长,因而干请,用学规极等罚之"④。徽宗政和四年(1114

---

① 《宋会要辑稿》职官66之8,刘琳等校点,上海古籍出版社2014年版,第4827页。
② (宋)李焘:《续资治通鉴长编》卷300,上海师范大学古籍整理研究所、华东师范大学古籍整理研究所点校,中华书局2004年版,第7311页。
③ (宋)李焘:《续资治通鉴长编》卷301,上海师范大学古籍整理研究所、华东师范大学古籍整理研究所点校,中华书局2004年版,第7320页。
④ (宋)马端临:《文献通考》卷42《学校考》,上海师范大学古籍研究所、华东师范大学古籍研究所点校,中华书局2011年版,第1227页。

年)九月,"诏太学辟雍、州县学职事人应受赂,并依政和四年二月三日小学旨挥。茶果酒食之类皆是"①。次年(1115年)八月,刑部、大理寺又奏请:"大理寺、开封府、国子监、太学、辟雍官,不许出谒及接见宾客。"②可见,将接受茶果酒食之类也算作受贿,甚至禁止谒见,反映出宋代对学官贪赃舞弊很敏感和警惕,很重视追究相应的责任。

南宋的类似惩处也有很多记载,且多与考试责任相关。宁宗庆元元年(1195年)六月,"国子博士孙元卿、国子正陈武、太学正袁燮并放罢。以臣僚言太学暗号私取之弊,此三人者实为之"。甚至后将"入奏辨明"的国子司业汪逵也放罢。③ 嘉定七年(1214年)九月,太学博士陈与行,因"好行私意、考校不公"而放罢。④ 嘉定十六年(1223年)十月二日,太学博士高熙绩与祠禄,也因臣僚言其"考校补试,笼络私取"⑤。总之,学官在考试中失职渎职,尤其是徇情贪赃就会被追究责任。

三、生徒管理

生徒管理是宋代太学教育管理的重要内容,直接关系到教育教学的质量,以及太学的学风和稳定。宋廷除制定一系列的斋规舍约直接约束生徒外,还对学官日常管理生徒提出了严格要求。也就是说,学官除了承担教学、考试的责任外,在平时训导、事件处置以及举荐入仕等方面同样有不可推卸的职责。如有举措不当,就会连带职责,都要受到追究。

1. 训导有效

太学的学官言传身教,以德行道艺训导诸生。而生徒悖于道义法纪,意味着教育的失败,也说明学官的教导失职。宋代惩戒生徒的同时,也追究学官的责任。徽宗政和二年(1112年)五月,"诏:'大司成张邦昌降两官,提举西京嵩山崇福宫。国子祭酒路瓘、国子司业韦寿

---

① 《宋会要辑稿》职官28之20,刘琳等校点,上海古籍出版社2014年版,第3770页。
② 《宋会要辑稿》刑法2之64,刘琳等校点,上海古籍出版社2014年版,第8318页。
③ 参见《宋会要辑稿》职官73之20,刘琳等校点,上海古籍出版社2014年版,第5011页。
④ 参见《宋会要籍稿》职官73之48,刘琳等校点,上海古籍出版社2014年版,第5028页。
⑤ 《宋会要籍稿》职官73之58,刘琳等校点,上海古籍出版社2014年版,第5034页。

隆、耿南仲并降两官,送吏部.'皆以训导无素,生徒犯法,故黜之"①。可见,生徒犯法,学官是要承担责任的。大司成为崇宁四年(1105年)所设,主管国子监及内外学事,曾取代祭酒成为太学的最高长官。宋代既然能够追究太学最高官吏的训导责任,那么,其他官吏更应如此。

2. 稳定太学

在日常的教学和生活中,力求太学的稳定,学官如果措置失当,造成恶劣影响,就会受到追究和处罚。北宋末年,形势危急,太学更需要安定,而杨时力斥王安石新学,试图以理学代之,引起太学危机。"钦宗靖康元年,右谏议大夫杨时言:'王安石著为邪说,以涂学者耳目,使蔡京之徒,得以轻费妄用,极侈靡以奉上,几危宗社。乞追夺安石王爵,毁去配飨之像,使邪说淫辞不能为学者惑。"他为祭酒后,矫枉过正,更是视王学为异端邪说,引起生徒不满。"御史中丞陈过庭言:'诸生习用王学,率众见时而诋詈之。时引避不出,乃得散退。斋生又自互党王、苏,至相追击,附从者纷纷。凡为此者,足以明时之不能服众也。'诏时罢兼祭酒。"②《宋史》载,"会学官中有纷争者,有旨学官并罢,时亦罢祭酒"③。可见,杨时被罢祭酒是学官纷争、斋生不服所致。④ 同年二月,"国子司业黄哲等以太学诸生伏阙上书,上章待罪。诏:'朝廷方开言路,通下情,士人伏阙上书,乃忠义所激,学官何为自疑?可速安职'"⑤。似乎,黄哲自知有罪,徽宗也能广开言路。其实不然,北宋末年,金兵南下,国势倾危,太学士忠义爱国,伏阙上奏,是非常正常的表现,而黄哲未必真正觉得自己没有安抚好士人,更多的是明哲保身,为了免受责罚。这也说明学官在处置突发事件和稳定太学中责任重大。在南宋余晦为京尹时,"上庠士人与市人有竞,以不能

---

① 《宋会要辑稿》职官28之19,刘琳等校点,上海古籍出版社2014年版,第3769页。
② (宋)马端临:《文献通考》卷42《学校考》,上海师范大学古籍研究所、华东师范大学古籍研究所点校,中华书局2011年版,第1228页。
③ (元)脱脱等:《宋史》卷428《杨时传》,中华书局1977年版,第12742页。
④ 杨时被祭酒,还与党争有关,(元)脱脱等:《宋史》卷428《杨时传》,中华书局1977年版,第12742页,记载:"时又言:'元祐党籍中,惟司马光一人独褒显,而未及吕公著、韩维、范纯仁、吕大防、吕希辈。建中初言官陈瓘已褒赠,而未及邹浩。'于是元祐诸臣皆次第牵复。"
⑤ 《宋会要辑稿》职官28之23,刘琳等校点,上海古籍出版社2014年版,第3773页。

奉学舍之意。既而斋生有毙于斋中者,遂命总辖辈入斋看验,遂肆诸生之怒。时祭酒蔡杭入奏,三学卷堂伏阙上书,直攻晦为仆。及晦轿出,将白堂,则诸生拦截于路,欲行打辱,于是晦即绝江以避之,遂以理少罢职,而杭亦除宗少而去"。祭酒蔡杭没有处理好"上庠士人与市人有竞"和"三学卷堂伏阙上书"之事,造成太学的混乱,也就丢了祭酒之职。① 为此,处理好太学各种突发事件,稳定太学,安抚斋生,保障秩序,是学官应尽的职责。

3. 监督举荐

宋代的太学管理和生徒培养有所创新,如果太学生的学行卓异,就有可能被荐为太学的斋长、斋谕,参与太学管理,提高能力和水平。斋长、斋谕为太学最基层的学官,一般由学正、学录等荐举任命。而荐举公正与否,也决定学正、学录是否承担荐举的责任。神宗元丰三年(1080年)八月,进士萧之美上《直言策》曰:"斋长、斋谕之职,恃之以表帅倡导者也。今乃使学正、学录举其人以充之,其举者不以朋友,则以相识。乞自今斋长、斋谕,须学谕举之于正、录,正、录举之于博士,判监察其可以充职,然后使为之。"他想改革荐举模式,逐级荐举,防止徇私,实现公正,得到了朝廷的重视,"诏御史台根究"②。对单一荐举体制的改革,实质上加强了上级学官对下级学官的牵制和监督,从而便于追究各级学官荐举的责任。

当然,宋代又比较重视太学上级对下级,尤其太学长贰对下级学官的管理和监督责任的。如神宗元丰二年(1079年)十月,太学生虞蕃讼学官升舍偏曲,下御史台核实,追究太学官吏责任,其中"判监黄履失察"降罚③,即"免追官,勒停,听赎铜,除侍讲外,差遣并罢",具体原因是"不察属官取不合格卷子"④。而太学判监有时也自请失察之

---

① 参见(宋)周密:《癸辛杂识》别集下《余晦》,王根林校点,上海古籍出版社2012年版,第167页。
② (宋)李焘:《续资治通鉴长编》卷307,上海师范大学古籍整理研究所、华东师范大学古籍整理研究所点校,中华书局2004年版,第7465页。
③ 参见(宋)马端临:《文献通考》卷42《学校考》,上海师范大学古籍研究所、华东师范大学古籍研究所点校,中华书局2011年版,第1225页。
④ (宋)李焘:《续资治通鉴长编》卷300,上海师范大学古籍整理研究所、华东师范大学古籍整理研究所点校,中华书局2004年版,第7311页。

罪,元丰三年(1080年)十一月,"管勾国子监舒亶言:'近萧之美言,太学考官不详考校,及巡铺官不指约补试生员。考官等虽各会赦,然在臣正以督责官属为职,实无幸免之理。'诏中书上簿。亶以罚轻,又请罪,诏罚铜十斤"①。这种督责促使各级学官忠于职守,严格履行职责。

宋代为了加强太学的管理,明确了学官的职责,加强学官的监督,追究教学和管理的责任,维护太学的正常秩序,保障太学的正常运转。太学教育责任追究主要涉及考试、教学、生徒管理等方面,通常以罚金、降职、罢黜等行政处罚为主,其中,对于贪赃受贿,除降职罢官外,还永不叙用,这在官本位的古代社会,应是一种非常严厉的处罚了,不亚于一般的刑事惩罚。宋代太学教育责任追究制度,不仅反映了我国古代教育管理的水平,而且对今天的高等教育以及教育管理有一定的借鉴意义。

第二节 佛教事务

佛教从东汉开始传入我国,经过魏晋南北朝的发展,到唐宋时期趋向繁荣。宋朝建立以后,很快改变后周对佛教的态度和政策,停止了周世宗打击佛教的做法。太祖赵匡胤建隆元年(960年)六月下令:"诸路州府寺院,经显德二年停废者勿复置,当废未毁者存之。"②太祖乾德五年(967年)七月,"诏勿复毁(铜佛像),仍令所在存奉,但毋更铸"③。太宗时期,战争逐渐减少,政治、经济也有初步的发展。他认为:"浮屠氏之教有裨政治,达者自悟渊微,愚者妄生诬谤,朕守此道,微究宗旨。凡为君治人,即是修行之地,行一好事,天下获利,即释

---

① (宋)李焘:《续资治通鉴长编》卷310,上海师范大学古籍整理研究所、华东师范大学古籍整理研究所点校,中华书局2004年版,第7515页。
② (宋)李焘:《续资治通鉴长编》卷1,上海师范大学古籍整理研究所、华东师范大学古籍整理研究所点校,中华书局2004年版,第17页。
③ (宋)李焘:《续资治通鉴长编》卷8,上海师范大学古籍整理研究所、华东师范大学古籍整理研究所点校,中华书局2004年版,第195页。

氏所谓利他者也。"①肯定了佛教有助于教化和稳定统治的政治作用,同时又指出梁武帝过度推崇不足效法。太祖、太宗对佛教总体持保存和崇奉的态度,以此"隆教法,用福邦家"②。真宗虽以崇道著称,但并未打击佛教,甚至写出《释氏论》,认为佛教于孔孟之道都是"大指劝人为善,禁人为恶",实际上殊途同归。真宗景德三年(1006年)七月,诸王府侍讲孙奭奏"请减修寺度僧",真宗却认为:"道释二门,有助于世教,人或偏见,往往毁訾,假使僧、道士时有不检,安可废其教耶?"③即佛教有助世教,不可废弃。仁宗、英宗、神宗、哲宗四朝,对佛教有所限制,但依然认可。徽宗大力崇道,贬抑佛教,视佛教为"夷狄之教",令佛道合流,但又并未禁止或废除佛教,只是改寺院为道观,将佛号、僧尼称号道教化,且"应寺院屋宇田产常住一切如旧,永不改革"④。徽宗的这种将佛教融入道教的政策遭到了佛教徒和一些士大夫的反对,徽宗宣和二年(1120年),又下诏恢复寺额、僧号等。这次改革仅仅一年多时间就宣告结束,总体上还是保存了佛教。宋室南渡后,针对"僧徒猥多,寺院填溢,冗滥奸蠹"的问题,高宗的对策是:"朕于释氏,但不使其大盛耳。"⑤他多次暂停拨放度牒,同时加强对教门事务的管理,打击伪冒僧徒,减少僧徒,允许佛教的存在。孝宗以后,尊崇佛教,兴修寺院,大行佛事,祈求保佑偏安朝廷,但未能挽救南宋王朝的衰亡。

一、僧尼的管理机构

宋代的僧尼以及佛教,在宋初至元丰改制以前由功德使管理,改制后由鸿胪寺管理,包括僧尼的簿籍,而礼部的祠部保管和发放度牒,以及管理诸州的僧尼事务。

---

① (宋)李焘:《续资治通鉴长编》卷24,上海师范大学古籍整理研究所、华东师范大学古籍整理研究所点校,中华书局2004年版,第554页。

② (宋)李焘:《续资治通鉴长编》卷23,上海师范大学古籍整理研究所、华东师范大学古籍整理研究所点校,中华书局2004年版,第527页。

③ (宋)李焘:《续资治通鉴长编》卷63,上海师范大学古籍整理研究所、华东师范大学古籍整理研究所点校,中华书局2004年版,第1418、1419页。

④ 《宋大诏令集》卷224《佛号大觉金仙余为仙人大士之号等事御笔手诏》,中华书局1962年版,第868页。

⑤ 《宋会要辑稿》道释1之33—34,刘琳等校点,上海古籍出版社2014年版,第9991页。

功德使始设于唐德宗时期,"贞元四年……置左右街大功德使、东都功德使、修功德使,总僧、尼之籍及功役……(武宗)会昌二年,以僧、尼隶主客……至六年废,而僧、尼复隶两街功德使"①。唐五代,功德使主要由宦官或僧侣担任,至后周太祖郭威整顿佛教,"以皇子澶州节度使荣为开封尹,兼功德使"②。皇子柴荣亲自担任功德使,加强对佛教的控制。宋初沿用了后周的这一做法。宋太祖开宝五年(972年),"敕僧道并隶功德使"③。功德使也往往以亲王、开封府尹兼领。《职官分纪》中记载:"国朝开封府,尹一人,从三品。少尹,两人,从四品下(尹,国朝以亲王为之,仍兼功德使……)。"④《宋会要辑稿》也说:"尹以亲王为之,仍兼功德使。"宋初出任过开封府尹兼领功德使的亲王有多人,如"太祖建隆二年,以皇弟泰宁军节度使、殿前都虞侯光义检校太尉、同中书门下平章事、开封府尹、兼功德使"⑤。此外,宋初还有秦王廷美、许王元僖、寿王元侃等。真宗到徽宗时期,开封府尹空缺,以权知开封府事行使开封府尹的职权。"国朝尹缺,则置权知开封府事一人,以少卿以上充,兼领功德事及畿内劝农使。"⑥刘长东认为,最初功德使的职掌是某一地区的"工役",后周、宋初的功德使由开封府尹兼领,所掌管的也只是开封府范围内的僧尼工役,具体事务一般由左右街僧录司分掌,外州一般由地方僧正分掌事务。⑦宋初开封府附近重要地区也设功德使,太平兴国七年(982年)三月,"魏王廷美……除为西京留守,充西京功德使"⑧。"许国公赵普……可依前守太保、兼中书令、行河南尹、兼功德使、兼西京留守。"⑨功德使为差遣

---

① (宋)欧阳修等:《新唐书》卷48《百官志》,中华书局1975年版,第1253页。
② (宋)薛居正等:《旧五代史》卷113《太祖本纪》,中华书局1976年版,第1495页。
③ (宋)释志磐:《佛祖统纪》卷43,续修四库全书本第1287册,上海古籍出版社2002年版,第592页。
④ (宋)孙逢吉:《职官分纪》卷38《尹少尹》,中华书局1988年版,第697页。
⑤ 《宋会要辑稿》职官37之4,刘琳等校点,上海古籍出版社2014年版,第3963页。
⑥ (宋)孙逢吉:《职官分纪》卷38《权知府事》,中华书局1988年版,第697页。
⑦ 参见刘长东:《宋代僧尼隶属机构的变迁及其意义》,载《宗教学研究》2002年第2期。
⑧ 《宋会要辑稿》帝系1之24,刘琳等校点,上海古籍出版社2014年版,第17页。
⑨ 《宋大诏令集》卷65《赵普罢相除兼中书令河南尹制》,中华书局1962年版,第318—319页。

性的官职,与鸿胪寺、祠部的职能有所交叉,在管理体制上必然存在问题。

元丰年间改革官制,对僧尼的管理机构也作了调整,功德使停设,僧尼教门事务改由鸿胪寺管理,"旧置判寺事一人,以朝官以上充。元丰官制行,置卿一人,少卿一人,丞、主簿各一人。卿掌四夷朝贡、宴劳、给赐、送迎之事,及国之凶仪、中都祠庙、道释籍帐除附之禁令,少卿为之贰,丞参领之……分案四,置吏九。其官属十有二……在京寺务司及提点所,掌诸寺葺治之事。传法院,掌译经润文。左、右街僧录司,掌寺院僧尼帐籍及僧官补授之事……中兴后,废鸿胪不置,并入礼部"①。元丰改制以后,鸿胪寺掌管僧尼事务,左、右街僧录司和外州地方僧正分掌具体事务。南宋以后,战事不断,财政困窘,不得不裁撤合并行政机构以节省财力,"建炎三年,诏鸿胪、光禄寺并归于礼部,太常、国子监亦隶之"②。

礼部的祠部,"掌诸州宫观僧尼、道士、童行、住持、教门事务,祠祭奉安祈祷,神庙加封赐额并属之"③。"祠部郎中、员外郎:掌天下祀典、道释、祠庙、医药之政令。"④祠部管理天下尤其诸州宫观、僧尼是其重要的职责之一。

从管理体制上看,北宋时期的功德使和鸿胪寺主要管理京师地区佛教,而祠部及州郡管理全国或地方教门事务。其中功德使、鸿胪寺、祠部等管理职能上的关系,已有学者指出:"通过以上的功德使制沿革的追溯,对于宋代功德使及鸿胪寺的管辖范围只限于京城的成因,我们已可理出这样的线索:即功德使在唐中宗神龙年间始置之时,仅是一种临时性的差遣,其职掌为总管某一区域的具体功役;至唐中后期时,功德使的职掌既留存着其前期的内容,又伴随其制度化而增加了总管僧尼帐籍等教门事务的新内容,同时其管辖范围也承袭着前期职掌的区域性而表现为仅止于京城管内的特点;唐末五代,任功德使者

---

① (元)脱脱等:《宋史》卷165《职官志》,中华书局1977年版,第3903页。
② (宋)马端临:《文献通考》卷52《职官考》,上海师范大学古籍研究所、华东师范大学古籍研究所点校,中华书局2011年版,第1523页。
③ (宋)马端临:《文献通考》卷52《职官考》,上海师范大学古籍研究所、华东师范大学古籍研究所点校,中华书局2011年版,第1523页。
④ (元)脱脱等:《宋史》卷163《职官志》,中华书局1977年版,第3853页。

虽有宰执或开封府尹代替宦官的变化，但功德使的管辖范围却无改变；而宋代功德使及鸿胪寺的管辖范围之止于京城，则是宋代在宗教管理制度上对后周的继承所致。到了南宋，在北宋功德使及鸿胪寺管属僧尼时期，也一直起着共管作用的祠部，因它从来即以全国的僧尼为管辖范围，所以当鸿胪寺省并于祠部后，其管辖范围也仍保留了原来的特点。"①

这些机构有分工，也有协作，甚至职能交叉重叠。据宋初赞宁说："至今，大宋僧道并隶功德使，出家乞度、策试经业，则功德使关祠部出牒，系于二曹矣。"②《佛祖纪统》中也记载宋太祖开宝五年（972年），"敕僧道并隶功德使，出家求度、策试经业，关祠部给牒"③。《宋会要辑稿》载："凡僧道童行，每三年一造帐上祠部，以五月三十日至京师。童行念经五百经或读五百纸，长发念七十纸或读三百纸合格。每诞圣节，州府差本州判官、录事参军于长吏厅试验之。"④上述材料表明，功德使主持"出家乞度、策试经业"，必须关报祠部；僧道童行，上之祠部，童行、长发念经，州府差官检验。可见，功德使、鸿胪寺以及地方州府对教门事务的管辖权限和范围都有一定的局限，祠部掌管僧尼的簿籍和度牒的发放，不直接管理教门事务，但职责专门，范围又很广，熟知天下教情。宋室南渡以后，财政困窘，国用不足，而佛教兴盛，尤其在福建、浙江地区寺院林立，僧徒猥多，寺院占地经商，势力和影响都很大。高宗以后，发挥祠部等机构的作用，加强佛教管理，并限制其发展。如采取集中度牒事权、复核度牒、住卖度牒等措施，高宗建炎四年（1130年）八月，"诏提领度牒所官吏并罢，官依省罢法。度牒事并拨归礼部"⑤。高宗绍兴二十九年（1159年）闰六月，诏："逐路运司每季取会诸州拘收亡僧度牒数目，有无未尽覆实。如有违戾，即行按劾。及从本部专一置籍检察，岁终将全不申缴数少去处申尚书

---

① 刘长东：《宋代僧尼隶属机构的变迁及其意义》，载《宗教学研究》2002年第2期。
② （宋）释赞宁：《大宋僧史略》卷中《管属僧尼》，续修四库全书本第1286册，上海古籍出版社2002年版，第681页。
③ （宋）释志磐：《佛祖统纪》卷43，续修四库全书本第1287册，上海古籍出版社2002年版，第592页。
④ 《宋会要辑稿》道释1之13，刘琳等校点，上海古籍出版社2014年版，第页9979。
⑤ 《宋会要辑稿》职官13之31，刘琳等校点，上海古籍出版社2014年版，第3386页。

省,差监司体究因依。内知通取旨施行,僧道司主首、纲维,从杖一百,科断还俗。"①孝宗乾道五年十二月,"诏行在及诸路给卖度牒权行住卖,别听指挥"②。这些措施表明,宋朝不断加强佛教管理和控制,既有经济原因,又有政治目的。

二、宋代对佛教的管理

1. 官治为本

宋朝建立后,通过一系列的改革,将政治、经济、军事的权力高度集于中央。在这种高度集权的政治体制下,佛教管理以官治为本,僧治为辅,官府几乎控制所有的教门事务,佛教自治权被削弱。比如,剃度原为僧团的自治权,宋代由官吏主导,几为官府掌控。又如审核童行的出身、主持童行的试经,以及向童行发放度牒,都由各级官吏主持。真宗时,甚至官府设立剃度戒坛,而寺院或僧团仅仅协助,担保童行的身份,承担连带责任而已。僧徒的行游也要经过官府的认可,"诸僧、道欲行游出州界者,本司及主首保明(无师或在远者,止责主首),赍度戒牒起州呈验,给公凭,指定所诣,即不得往川峡、三路缘边(谓非本处受业者),除程限九十日到"③。为此,宋代僧官的职权大致缩减为:对童行试经剃度、受戒以及僧尼云游提供连带担保;就十方寺主持选举、甲乙寺的寺格变更以及敕额的颁发等事务向官府作出调查核实,协助官府作出决定。④ 寺院或僧官从管理的主角演化成配角,只发挥辅助性的作用。

在官治为本的管理体制下,宋朝更加重视统计僧尼、寺院的年度信息,以及发放僧尼的身份证明资料。据《庆元条法事类》,宋代的僧帐,要求详细记载各地每年僧、尼、童行的人数和寺院庙宇的数量,以及与前一年的增减。若有伪冒失检,经办机构及其官吏要承担责

---

① 《宋会要辑稿》职官13之34,刘琳等校点,上海古籍出版社2014年版,第3387、3388页。
② 《宋会要辑稿》职官13之35,刘琳等校点,上海古籍出版社2014年版,第3388页。
③ (宋)谢深甫:《庆元条法事类》卷50《道释门》,戴建国点校,黑龙江人民出版社2002年版,第711页。
④ 参见〔日〕高雄义坚等:《中国佛教史论集》,陈季菁等译,华宇出版社(台北)1987年版,第52—54页。

任,所谓"诸供《僧道帐》有伪冒,失于验认,并帐不实,经历官司杖一百,所委官减一等"①。宋代通过发放僧徒的度牒、公据、戒牒、假状等,强化了对僧徒的监督和控制,也明确了相关官吏的职责和责任。也就是说,宋代官吏的佛教管理任务和责任较以往朝代都要重些。

2. 以法治教

宋代颁布的佛道诏令很多,通过一系列法令、诏书,乃至法典,实行以法治教。太祖即位后发布了《存留铜像诏》《禁以铁铸佛像诏》等,分别规定:"应诸道州府有铜像处,依旧存留,此后不得以铜为像","自今两京及诸道州府寺舍,除陈造器用道具外,不得以铁铸佛像"②。这些表面上是规定佛像的铸造,实际上,既承认了后周世宗改革佛教的成果,也在一定程度上缓和了因改革引起的社会矛盾,更重要的是肯定了佛教的作用,明确管理的方向和官吏的责任。从太宗的"佛氏之教有裨政理,普利群生"③,到高宗的"但不使其大盛耳",都明确了佛教发展的原则,并完善试经、剃度和籍帐等具体的制度,从而使佛教稳定有序地发展。在《庆元条法事类》中,还设有道释门,规范宗教管理行为。为此,宋代的佛教管理,总体上讲是有法可依的,也为责任追究奠定了法律基础。

宋代僧尼的数量和变化,也反映了依法治教的效果。据《宋会要辑稿》,宋初僧尼 67403 人,真宗天禧五年(1021 年),僧 397165 人,尼 61239 人;仁宗景祐元年(1034 年),僧 385520 人,尼 48742 人;仁宗庆历二年(1042 年),僧 348108 人,尼 48417 人;神宗熙宁元年(1068年),僧 220761 人,尼 34037 人;神宗熙宁十年(1077 年),僧 202872 人,尼 29692 人;高宗绍兴二十七年(1157 年)僧徒大约为 20 万人。④ 这组数字表明,宋代僧多尼少,真宗以后僧尼总数逐渐减少,有

---

① (宋)谢深甫:《庆元条法事类》卷 51《道释门》,戴建国点校,黑龙江人民出版社 2002 年版,第 714 页。

② 《宋大诏令集》卷 223《存留铜像诏》、《禁以铁铸佛像诏》,中华书局 1962 年版,第 860 页。

③ (明)释明河:《补续高僧传》卷 1,续修四库全书本第 1283 册,上海古籍出版社 2002 年版,第 12 页。

④ 参见《宋会要辑稿》道释 1 之 13—14、34,刘琳等校点,上海古籍出版社 2014 年版,第 9979、9980、9991 页。

所变化,但无剧烈增减,相对平稳。当然,在不同时期或地区又有差异。太宗时期统一南方地区,当地佛教兴盛,僧徒人数明显激增。北宋末年虽有僧徒约一百人放度一人的限制,而为应付军事和财政的支出,又大量鬻牒,造成僧尼猥多。此后,多次暂停度牒发放,如:徽宗大观四年(1110年)五月,臣僚上言:"欲乞应天下宫观寺院每岁拨放试经与夫尚书祠部所出度牒并权住三年,自大观五年为始,候年满日并依旧。"①南宋绍兴六年(1136年)七月,又有诏规定:"应童行试经并权住三年,仍自今年为始。"②绍兴十二年(1142年)、十三年(1143年)也有类似权住诏令。这种暂停放度政策,既控制了佛教发展规模,又规定了权住责任。正如徽宗宣和二年(1120年)六月,三省、枢密院所言:"奉圣旨,仰礼部遵守下项。如违,令御史台弹奏,以违御笔论,尚书省互察。"③为此,必须按照法令政策试经,发放度牒、紫衣、师号等,否则,是要承担责任的。

3. 引导利用

宋代儒学昌盛,并与佛道融合,形成所谓新儒学,逐步成为治国方略和统治思想,而在佛教管理中,将儒学的传统理论如纲常观念渗透或植入佛教文化之中,加快了佛教本土化的进程。宋初在统一和巩固政权的过程中,也编译和刻印佛经,太宗直接过问译经,甚至对其进行取舍。徽宗崇宁二年(1103年)编订的《禅苑清规》规定,寺院主持在上香祝辞中将"皇帝万岁,臣统千秋,天下太平"置于最前面,首先祝皇帝"圣寿无穷",其次祝地方官僚"常居禄位",再次酬谢师祖"法乳之恩"。将儒家的君臣观念融入佛教之中,为皇权服务,因而宋代对佛教的行政管理大大加强,包括佛教剃度、财产赋税等。宋代僧人也积极回应,宋初赞宁就说:"佛法据王法以立"④,明确承认了皇权、王法,并且承认其二者是佛法的依靠。北宋中期,释契嵩也认为:"佛之道,岂一人之私为乎?抑亦有意于天下国家矣。何尝不存其君臣父子邪?

---

① 《宋会要辑稿》职官13之23,刘琳等校点,上海古籍出版社2014年版,第3382页。
② 《宋会要辑稿》职官13之33,刘琳等校点,上海古籍出版社2014年版,第3387页。
③ 《宋会要辑稿》职官13之24,刘琳等校点,上海古籍出版社2014年版,第3382页。
④ 任继愈总主编、杜继文主编:《佛教史》,中国社会科学出版社1991年版,第481页。

岂妨人生养之道邪!"①并且积极主张三教合一,认为"三教是一家之物"。南宋高僧宗杲说:"予虽学佛者,然爱君忧国之心,与忠义士大夫等。"②他的佛教观念,现实性和人间性更为突出。宋代刘斧甚至形容他们说:"今之释子,皆以势利相尚,奔走富贵之门。岁时伏腊,朔望庆吊,惟恐居后。遇贫贱虽道途曾不回顾,见师之行议论圣人之根本,得无愧于心乎?"③

宋代不仅将佛教改造为统治的思想工具,而且利用佛教组织和资源,直接攫取经济利益。宋代对佛教既有所发展,又进行控制,并且通过鬻卖度牒手段,获得收入,充作军费或用于赈灾等,以缓解财政困难。英宗治平四年(1067年)鬻卖度牒约六千道,神宗时鬻卖以一万为额,而到南宋时期鬻卖额更是增至十万道以上。度牒的价格大致在二百至三百贯,甚至具有纸币的功能。此外,还利用佛教力量,开展社会公益活动,如组织僧徒收瘗战乱瘟疫之后的尸体,救助病患和鳏寡孤独等。一些衢道路旁的寺院还被要求利济行旅。这些活动对宋代的地方建设有着积极作用。

总之,宋代对佛教不仅要规范其发展,控制适当的规模,而且要使之成为统治的工具,甚至从中获取经济利益。因此,宋代相关官吏的宗教管理责任比以往任何朝代都要大。

三、佛教管理责任追究

宋代佛教管理的责任追究,在试经剃度和发放度牒上较为典型。

1. 试经剃度

试经剃度是俗人出家为僧尼的主要途径。为控制佛教发展的速度和规模,宋代对试经剃度作出了较为详细的程序和责任规定。其中,责任追究主要是针对试经剃度的问题设置的。针对当时僧尼读经量少,剃度过多的问题,太宗至道元年(995年)六月,诏:"江南、两浙、

---

① (宋)释契嵩:《镡津集》卷1《辅教篇上·原教》,文渊阁四库全书本第1091册,台湾商务印书馆股份有限公司1986年版,第404页。
② (明)瞿汝稷:《指月录》卷32,四库未收书辑刊本参辑第26册,北京出版社1997年版,第739页。
③ (宋)刘斧:《青琐高议》前集卷2《慈云记》,清红药山房钞本,四库存目子部246册,齐鲁书社1995年版,第14页。

福建僧尼,今后以见在僧数,每三百人放一人,仍依原敕比试念读经纸,合格者方得以闻。不如此式而辄奏者,知州、通判、职官并除(若)[名],干系人吏、三纲主首、本犯人决配。僧尼死及还俗者,祠部画时追毁讫,缴送祠部。应衷私剃度及买伪滥文书为僧者,所在官司点检,许人陈告,犯者刺面,决配牢城,尼即决还俗。""明年,又诏淮南、川(峡)[陕]路并依此制。"①这两道诏书的内容有典型意义,规定了剃度比例和试经标准,并明确了江南、两浙、福建、淮南、川陕等实施地区,以及官吏、僧尼的责任方式。宋代的剃度试经制度日趋严格,条制严密、条件严格,知州、通判等必须认真审核,担保申奏,《庆元条法事类》规定:"诸试经、拨度若守掌金宝牌应度童行,或僧、道陈乞紫衣、师号,保奏不依式,或事节未备而辄奏者,杖一百,点勘官减二等。"②

在京师,开封府差官主持童行、长发的试经,"凡僧道童行,每三年一造帐上祠部,以五月三十日至京师。童行念经百经或读五百纸,长发念七十纸或读三百纸合格。每诞圣节,州府差本州判官、录事参军于长吏厅试验之"③。同时,主首僧等参与应试童行的审核,也要承担连带责任。真宗大中祥符六年(1013年)二月,诏:"自今诸寺院童行,令所在官吏试经业,责主首僧保明行止,乃得剃度。如试验不公及保明失实者,并置深罪。"④主首僧管理僧徒事务,是"官治"与"僧治"调和的产物,一定程度上代表着官府履行职责,具有半官方的性质。他们所承担的同样是佛教管理的行政责任。

2. 度牒发放

度牒是僧尼的身份证明,必须经过前述试经剃度才能获得。得到官府的认可后,僧尼才能从事佛教事务,享受减免租税等待遇;而度牒由官府根据定额发放,这是佛教管理的重要环节。在发放过程中,既有僧多粥少的难处,又有鬻牒合法与非法的问题,为此,禁止、惩处贩卖牟利、篡改伪造等不法行为。

祠部官吏在度牒发放中担当了重要角色,同时也责任重大,主要

---

① 《宋会要辑稿》道释1之15,刘琳等校点,上海古籍出版社2014年版,第9981页。
② (宋)谢深甫:《庆元条法事类》卷50《道释门》,戴建国点校,黑龙江人民出版社2002年版,第691页。
③ 《宋会要辑稿》道释1之13,刘琳等校点,上海古籍出版社2014年版,第9979页。
④ 《宋会要辑稿》道释1之21,刘琳等校点,上海古籍出版社2014年版,第9984页。

第十章　宋代文化、外交责任追究　405

追究他们违规操控发放和勘验不实的责任。真宗大中祥符元年(1008年)四月,诏:"(词)[祠]部手分八人,遇文牒并多日限给三十道,稍稀二十道。每降到奏状及申状、僧尼、道士陈状,并上历排日行遣,画时入递。如怠慢过犯,牒开封府科罪。其本行手分,都省不得抽差。"①这要求祠部官吏按照手续、程序和数量发放度牒,并接受开封府的监督。祠部控制度牒的发放数量,也就是控制僧尼的人数和佛教的规模,祠部官吏首当其责。

　　在发放度牒的过程中,祠部确认之后,下发地方长吏,再由地方官吏交给僧徒。这一过程往往要经历多重机构、漫长路程,常有官吏侵占度牒转卖营利,或者扣留度牒勒索僧徒财物。太宗太平兴国八年(983年)八月,诏曰:"先是,祠部给僧尼牒,并传送诸州长吏亲给。如闻吏缘为奸,募人以缗钱市取,赍以至外郡卖焉,得善价即付与之。自今所在宜奉行前诏,违者重致其罪。"②因而,真宗时特别强调度牒发放的程序,要求本州判官"押书勾凿",真宗大中祥符三年(1010年)七月,诏:"祠部给僧尼、道士牒,将本州帐勘会注给讫,本州判官押书勾凿。应僧尼遇恩泽试经中剃度童行给祠部者,将帐照证,亦勾凿讫,递送逐州。所给戒牒,如本人将到剃度受戒六念,勘会文帐印书给付。"③南宋初高宗重视监司管理度牒的责任,建炎三年(1129年)八月诏:"新法度牒号簿付逐路提刑、转运司,逐处公吏敢有邀阻取受,许人告,从徒二年科罪。若官吏辨验到伪造度牒等,每一火各转一官资。"十月又诏:"今后令诸路转运、提刑司遇有合书填度牒等,专委近上职级实时书填给付。如敢非理阻节乞取去处,并许越诉,者官当窜逐岭南,人吏并配海岛。"④可见,提刑、转运司重点监管地方公吏的度牒填写、辨验真假以及阻挠索贿等,并追究他们违法违规的责任。

　　此外,要求州县官吏以及当职官查禁僧尼作假出卖度牒,如果奉行不虔,或者从中捞取钱物,则严惩不贷,孝宗乾道八年(1172年)六月,权礼部侍郎李彦颖言:"庐州僧惠宝、道隆将紫衣洗改作度牒,处

---

① 《宋会要辑稿》职官13之17,刘琳等校点,上海古籍出版社2014年版,第3379页。
② 《宋会要辑稿》职官13之16—17,刘琳等校点,上海古籍出版社2014年版,第3378页。
③ 《宋会要辑稿》职官13之17,刘琳等校点,上海古籍出版社2014年版,第3379页。
④ 《宋会要辑稿》职官13之29—30,刘琳等校点,上海古籍出版社2014年版,第3385页。

州僧惠京将亡僧度牒改作新度牒,并行货卖,其可见者三十道,今来皆已逃窜,即前后所卖不知几何。以两州观之,四方万里如此类者又不知其几。乞令有司将见行条法申严行下,仍戒饬州县,如有奉行不虔,将元失拘收去处令佐、当职官重行责罚,典押人吏等一例断勒。如人吏有卖受过钱物入己,计赃论[罪],(乃)[仍]立板榜寺观庵院,约束施行。"①孝宗从之。这种州县监管性责任追究,既要处罚失职,又要严惩贪赃。

为控制僧徒人数,或者度牒发放超量,宋代曾多次限制或停止发放度牒,然而仍有违法发放,性质恶劣,处罚也应重。徽宗宣和二年(1120年)六月,三省、枢密院言:"奉圣旨,仰礼部遵守下项。如违,令御史台弹奏,以违御笔论。"②所谓"下项"即指停止发放度牒等规定。同时,打击私自贩售度牒。因度牒具有多重价值,甚至可以作为货币使用,虽然宋代多次打击,但是伪造和贩卖度牒仍屡禁不绝。其实,宋代发放度牒:一方面是为了控制和管理僧尼,另一方面也是为了出售度牒,补贴财用。为此,打击伪冒度牒,不仅有助于朝廷对佛教的控制,还能保障度牒的财政性收入,起到一箭双雕的作用。对于伪造盗印度牒当然处以重刑,而相关监督的官司也要受到重罚,徽宗宣和二年(1120年)十二月,中书省送到宣义郎、权发遣福建路转运判官公事柯旸奏论度牒之弊后,"奉御笔:'度牒价直比闻增贵,奸人趋利,伪造必多,如邵武军所勘可以概见。宜令礼部详度,将已降度牒在州县未下、在民间未书填者,随处籍见其数,量增价直,别给公据,以俟书填照对,杜绝奸弊,疾(连)[速]立法,取旨施行。内伪造度牒印板以违制论,官司不检察,徒二年'"③。宣和六年(1124年)闰三月,尚书省又在言度牒问题之后,奉御笔:"僧道度牒、紫衣、师号,岁久伪冒者众,又昨因改更德士,奸伪益多,无以甄别,及旧式全无体制,非所以示敕命之重。可依前件措置施行。自今除应副新边及籴买并合给若干本外,更不取索。辄陈乞支降者,以违御笔论。虽奉专旨,并令礼部执奏

---

① 《宋会要辑稿》职官13之36,刘琳等校点,上海古籍出版社2014年版,第3388、3389页。
② 《宋会要辑稿》职官13之24,刘琳等校点,上海古籍出版社2014年版,第3382页。
③ 《宋会要辑稿》职官13之26,刘琳等校点,上海古籍出版社2014年版,第3383页。

不行。"①强调的都是奉旨行事,前者着重检察伪造盗印,后者严禁取索增额,并以徒刑、违旨待之。南宋也有类似的要求,高宗建炎三年(1129年)八月,诏:"伪造度牒、紫衣、师号,其知情、货卖、牙引及资给之家并勘验,书填官司知而取受者,并罪加一等。若勘验卤莽,致有透漏,减三等,赃重者自从重。"②高宗绍兴二年(1132年)闰四月二十四日,详定一司敕令所言:"今参酌绍兴法,所修下条……'诸僧尼遇开坛受戒及供僧道帐,若度牒有伪冒,失于验认,并帐不实,经历官司杖一百,所供官减一等。'"③可见,经办官司没有发现度牒伪冒,也就是失职或渎职,处以杖罚。

此外,相关官吏还有寺院、田产、租税等的管理责任。当然,试经剃度和发放度牒应是宋代佛教事务管理中最为直接、典型的责任。而在这两类责任制度中,试经剃度相对规定明确,操作程序简要,而发放度牒,则环节复杂,并与经济利益直接挂钩,很容易滋生腐败,甚至违法犯罪,因而,后者条制较多,惩罚也要严厉。

第三节 对外交往

宋代的经济、文化空前繁荣,同时少数民族政权也逐渐崛起强大。与盛唐时期的对外关系相比,有明显的差异,对外关系非常复杂,边防紧张,统治者示弱,况且,"传统中国思想家和史家大都视统一帝国及其维持的朝贡制度为理想,而以与外族建立平等关系为耻辱"④。但是,宋代统治者又不得不面对现实,实行务实的外交政策,针对不同的国家,分别奉行不同的外交策略,"对外派遣使节的国家主要是辽、金、西夏、高丽和交趾等国。两宋与辽金形成了互派使节的对等外交制度,对于西夏和高丽、交趾等国,则根据政治形势需要不断调整使节派遣制度,而对于其他国家和地区,仍然沿袭传统的朝贡外交方式即他

---

① 《宋会要辑稿》职官13之27,刘琳等校点,上海古籍出版社2014年版,第3384页。
② 《宋会要辑稿》职官13之28,刘琳等校点,上海古籍出版社2014年版,第3385页。
③ 《宋会要辑稿》道释2之3,刘琳等校点,上海古籍出版社2014年版,第9996页。
④ 陶晋生:《宋辽关系史研究》,联经出版事业公司1984年版,第4页。

国朝贡,而宋朝政府授予其爵位和赏赐,一般不派遣使节"①。为此,宋代外交以及外交官吏的任务艰巨,责任重大。而外交使节出使,必须谨慎行事,维护朝廷利益,不辱使命,更不能违纪犯法,宋代也制定了相应的处罚制度,追究外交责任。

关于两宋外交的研究,成果很多,大多着眼于外交政策和政权之间的关系②,尤其注重外交关系的研究,如对澶渊之盟、绍兴和议、隆兴和议等。吴晓萍教授对宋代外交制度有专门的研究,也涉及外交使节的责任。③ 但是,就研究现状而言,对外交的管理监督,尤其是责任追究仍需深入研究。

一、外交管理与监督

唐代中后期,三省六部九寺体制逐渐衰落,原来的外交机构如鸿胪寺较为闲简,而外交管理职权大多被宦官及使职差遣所取代。④ 到了宋代,外交主管机关主要是枢密院、礼部主客司、鸿胪寺,而直接处理外交事务的机关主要有主管往来的国信所、客省、四方馆和阁门司等,国信所负责辽、金事务,客省等主要负责辽、金之外的其他各国的外交事务。两宋时期没有使馆制度,因此大使没有等级之分,多是临时的外交使团来完成某一项外交使命,使命完成,使节终止。外交使节肩负出使重任,代表朝廷与他国交往。宋代重视外交人员的选拔和派遣,外交使节必须才貌双全,尤其要有学问,见多识广,熟悉出使国的语言、风俗、环境等。⑤ 同时,宋朝也制定了很多外交法律制度,监督管理使节等。

---

① 吴晓萍:《宋代外交制度研究》,安徽人民出版社 2006 年版,第 98 页。
② 参见陶晋生:《宋辽关系史研究》,联经出版事业公司 1984 年版;赵永春:《金宋关系史研究》,吉林教育出版社 1999 年版;李华瑞:《宋夏关系史》,河北人民出版社 1998 年版;黄宽重:《高丽与金宋的关系》,载《南宋史论集》台北新文丰出版公司 1985 年版;傅斯年:《宋辽外交文书考》,载国立北京大学四十周年纪念刊编辑委员会:《国立北京大学四十周年纪念文集》(乙编下),国立北京大学出版组 1940 年版;黄风歧:《辽宋交聘及其有关制度》,载《社会科学辑刊》1985 年第 2 期;〔日〕土肥祐子:《南宋的朝贡与回赐——略论"一分收受,九分抽买"》,载何忠礼主编:《南宋史及南宋都城临安研究》,人民出版社 2009 年版,等等。
③ 参见吴晓萍:《宋代外交制度研究》,安徽人民出版社 2006 年版,第 98—147 页。
④ 参见黎虎:《汉唐外交制度史》,兰州大学出版社 1998 年版,第 402—410 页。
⑤ 参见吴晓萍:《宋代外交制度研究》,安徽人民出版社 2006 年版,第 120—124 页。

第十章 宋代文化、外交责任追究 409

宋代对外交人员监管有专门的外交法规,非常丰富具体。宋初与辽一直有摩擦,澶渊之盟后,正式建交,外交管理制度也逐步建立起来。景德三年(1006年)十一月,"诏入契丹使从人不过百人。上以使臣奉命外境,虑其事体不一,每遣使即诏有司谕以近例,俾其遵守,无辄改易。其书题有文词者,皆枢密院送学士院看详,必中礼乃用之"[1]。这是以近例也即惯例作为外交活动的准则。神宗元丰六年(1083年)九月,"吏部侍郎苏颂上《华戎鲁卫信录》二百二十九卷、《事目》五卷,总二百册"[2]。苏颂自己也说:"仰探圣赜之渊,曰华戎所以示南北之情通,曰鲁卫所以表亲邻之意厚,信者久而不易,录者尽而不污,兼三义以名篇。""伏遇皇帝陛下,天覆万邦,泽流四海,以威怀御蕃国,以恩信礼使人率,用旧章垂为永制。"[3]其中,应有大量外交制度的记录,可惜此录不传,无以详究。哲宗元符二年(1099年)六月,接伴辽国泛使、朝散大夫、试秘书监曾旼等奏请进一步完善外交仪制,"新修《国信敕令仪制》"等,其中条例不无增损,而事干北人者,恐难改革。又泛使往来,虽系不常,而新令条目,元不该及。乞下元修官审照旧例刊除,略加添修。详定编敕国信条例所取索合用书状体式,更切参详,编修成册,送国信所收管,准备照使。"[4]这是宋朝处理外交事务最基本的律令和规范。因时事变化,外交活动也会遇到新问题新情况,所以要时常增删,使之不断完善。此外,还制定了其他法规制度,如:编修《高丽入贡仪式》[5]、"修主回赐于阗国信、分物法"[6]"编修

---

[1] (宋)李焘:《续资治通鉴长编》卷64,上海师范大学古籍整理研究所、华东师范大学古籍整理研究所点校,中华书局2004年版,第1433页。

[2] (宋)李焘:《续资治通鉴长编》卷339,上海师范大学古籍整理研究所、华东师范大学古籍整理研究所点校,中华书局2004年版,第8171页。

[3] (宋)苏颂:《苏魏公文集》卷44《进华戎鲁卫信录》《谢支赐》,文渊阁四库全书本第1092册,台湾商务印书馆股份有限公司1986年版,第479、480页。

[4] (宋)李焘:《续资治通鉴长编》卷511,上海师范大学古籍整理研究所、华东师范大学古籍整理研究所点校,中华书局2004年版,第12164页。

[5] 参见(宋)李焘:《续资治通鉴长编》卷298,上海师范大学古籍整理研究所、华东师范大学古籍整理研究所点校,中华书局2004年版,第7259页。内容为:"赐枢密直学士、工部郎中钱藻,枢密副都承旨、四方馆使,舒州团练使张诚一银绢各五十。以编修《高丽入贡仪式》成故也。"

[6] (宋)李焘:《续资治通鉴长编》卷404,上海师范大学古籍整理研究所、华东师范大学古籍整理研究所点校,中华书局2004年版,第9839页。

接送馆伴例册"①,还有册修《都亭西驿条制》②,苏辙条陈的"北使条约""西使条约""高丽使条约"③等。南宋时,也有许多外交规制,高宗绍兴十二年(1142年)五月,"命户部侍郎沈昭远假礼部尚书,为大金贺生辰使;福州观察使、知阁门事王公亮假保信军承宣使,副之。金主亶以七夕日生,以其国忌,故锡燕诸路用次日。朝廷每遣使,率以金茶器千两、银酒器万两、锦绮千匹遗之。金人循契丹旧例,不欲两接使人,因就以正月受礼,自是岁以为例。自休兵以来,朝廷每遣常使使副及三节人从往回,各迁一官资。上中节各十人,下节三十人,并须有官者。使赐装钱千缗,副赐八百缗,银帛各二百匹两;上节银绢共三十,中节二十五,下节十五,三节人俸外日给五百钱,探请俸二月(十八年五月乙亥,钱赏各减半)。比至金庭,使者独于帅前致词,而初去国时,国信所录大旨于策,谓之意度。凡御名处,皆阙不书(使者致词事以《赵思行状》修入,其他诸书皆无之,盖思尝以不肯称御名,为金人所斥故也。详具淳熙五年四月思罢右史时)"④。这段材料很有价值,反映遣使的身份、规模、燕宴、赏赐、使俸、仪式、辞策等方面的规定,颇为详细。

除了上述专门的外交事务法规条例外,在宋朝的基本法典如《宋刑统》和《庆元条法事类》等中,也有一些基本的外交法律条文。《庆元条法事类》有"蛮夷门",其中"入贡"类"进贡令"规定各国使节,初至边境州县,必须登记其国号、人数、姓名、年龄、所携物品名称,申报朝廷。沿途经过的州县,"待遇如礼,并预相关报",将使节的到发时间、供张、送馈、馈设之礼,申报鸿胪寺。初次入贡者,还要询问其国家的远近、大小、强弱,以及与已入贡何国比等。杂敕中还规定负责接送蕃夷外国贡使的,要计算行程,准时到达,无故延迟者要依法处置。如

---

① (宋)李心传:《建炎以来系年要录》卷151,胡坤点校,中华书局2013年版,第2856页。内容为:绍兴十四年(1144年),容州观察使、知阁门事曹勋,"勋仍尝将到先朝御笔,及编修接送馆伴例册有劳",迁保信军承宣使。

② (宋)李焘:《续资治通鉴长编》卷232,上海师范大学古籍整理研究所、华东师范大学古籍整理研究所点校,中华书局2004年版,第5638页。

③ (宋)苏辙:《苏辙集》卷46《乞裁损待高丽事件劄子》,陈宏天等点校,中华书局1990年版,第801—803页。

④ (宋)李心传:《建炎以来系年要录》卷145,胡坤点校,中华书局2013年版,第2731页。

果借机兴贩或乞取骚扰者,计赃加两等,赃轻者,徒两年等。另外对涉及经济、外交礼仪、保密等,也有具体的规定,如:"诸漏泄大事应密者绞(大事谓潜谋讨袭及收捕谋叛之类),非大事应密者徒一年半。漏泄于蕃国使者加一等。"①对最容易与外国使者接近的翻译人员,要求也很严格,仁宗皇祐三年(1051年)三月,管勾国信所言:"自今通事殿侍与契丹私相贸易及漏泄机密者,请以军法论。"②

宋朝对外交使节的监督和管理,主要由御史和地方官吏负责。仁宗至和元年(1054年),王拱辰为契丹报聘使,因与契丹主垂钓混同江,王拱辰饮酒过度,深夜狂醉而归,殿中侍御史赵抃连续上奏,弹劾其"失礼违命,损体生事"③,要求皇帝下诏黜降,最后王拱辰被罚金二十斤。庆历年间,余靖出使契丹时作胡语诗,遭到御史王平等人的弹劾,余靖也被降职。神宗元丰元年(1078年)十一月,御史何正臣劾奏曰:"安涛、陈睦使高丽日,以所得布马易银,及于高丽界使人索驿料算直,害义辱命,启侮外藩,望案治其罪,追还所与恩命,仍诏高丽谕以使者失职之状,以慰远人。"④次年正月,阁门祗候赵峸奉使西夏,因"辄收蕃书",违背礼仪程序,遭到开封府长吏的弹劾。⑤ 高宗绍兴二十六年(1156年)十月,诏:"奉使金国使、副并三节人推恩,并有定制,今后不得援例,过有陈乞。如违,令御史台弹劾。"绍兴二十八年(1158年)二月,又诏:"奉使、接送伴使副往回,不得辄赴筵会。如违,依已降收受馈送指挥科罪,仍令台谏觉察弹奏。"⑥除在进行外交接待时加强自身管理外,还在使团中安插"察子",及时监督。可见,宋代对外交官

---

① (宋)窦仪等:《宋刑统》卷9《漏泄大事》,吴翊如点校,中华书局1984年版,第154页。
② (宋)李焘:《续资治通鉴长编》卷170,上海师范大学古籍整理研究所、华东师范大学古籍整理研究所点校,中华书局2004年版,第4083页。
③ (宋)李焘:《续资治通鉴长编》卷179,上海师范大学古籍整理研究所、华东师范大学古籍整理研究所点校,中华书局2004年版,第4334页;另参见赵抃《清献集》卷7《奏状记王振拱等入国狂醉乞行黜降》,文渊阁四库全书本第1094册,台湾商务印书馆股份有限公司1986年版,第842页。
④ (宋)李焘:《续资治通鉴长编》卷294,上海师范大学古籍整理研究所、华东师范大学古籍整理研究所点校,中华书局2004年版,第7171页。
⑤ 参见(宋)李焘:《续资治通鉴长编》卷296,上海师范大学古籍整理研究所、华东师范大学古籍整理研究所点校,中华书局2004年版,第7203页。
⑥ 《宋会要辑稿》职官51之19,刘琳等校点,上海古籍出版社2014年版,第4427页。

吏和活动进行全程和多方面的监督。

至于外交使节的沿途供需,由地方政府负责,严禁外交使节擅自收受礼物。高宗绍兴二十五年(1155年)十月,"殿中侍郎御史徐嚞言:'欲自今后差往金国贺正旦、生辰使副并三节人等回,并不许收受供给馈送钱物等。如辄受者,依朝廷遣使出外辄受供给馈送以自盗论,供送者与同罪。奉使一行往回经由州军、县镇,非理需索糜费,一切尽行(往)[住]罢,不得依前应副。如有违戾,并委本路帅臣、监司觉察,按劾闻奏,取旨重行远窜。如(师)[帅]臣、监司失于按劾,令御史台觉察弹奏。'并从之"①,可见,无论是出使,还是返回,使节和三节人等外交官吏都不得收受供给馈送钱物或非理需索糜费,否则,以自盗论处或重行远窜,并要求帅臣、监司、御史台逐级监督,相互牵制。对于外交中的辄受供给、馈送问题,宋代法典《庆元条法事类》就有明确规定:"诸朝廷遣使出外及专差体量公事官,所至辄受供给馈送者,以自盗论。"②这与前述的诏令规定是一致的。

二、外交责任追究

从以上宋代外交管理机构的设置和外交官吏的规制来看,外交职责和责任都比较明确,为追究外交官吏的责任提供了法律依据。宋代外交责任追究主要包括以下几个方面内容。

1. 违反外交礼仪

外交礼仪是外交活动中的重要内容,极为丰富,涉及外交活动的很多环节。在外交场合必须遵守礼仪,严肃庄重,否则就要受罚。真宗景德四年(1007年)九月,刘煦为契丹国主生辰副使,"及还,煦坐轻肆鲜礼,免官,削两任"③。刘煦是在出使即将结束时,因轻肆少礼而被免官降职的。而在接待来使的外交活动中,若有行为礼节不当,同样也要受到处罚。仁宗庆历七年(1047年)正月,"降盐铁副使、礼部员外郎刘湜知沂州,度支副使、吏部员外郎陈泊知濠州,户部副使、户

---

① 《宋会要辑稿》职官51之18,刘琳等校点,上海古籍出版社2014年版,第4427页。

② (宋)谢深甫:《庆元条法事类》卷9《职制门》,戴建国点校,黑龙江人民出版社2002年版,第167页。

③ (宋)李焘:《续资治通鉴长编》卷66,上海师范大学古籍整理研究所、华东师范大学古籍整理研究所点校,中华书局2004年版,第1490页。

部员外郎梅挚知海州。旧制,紫宸殿燕契丹使,三司副使当坐东庑下,阁门吏以告,而湜等谓曲燕例坐殿上,今但当止殿门外尔,因不即坐趋出。阁门使张得一奏之,上怒,故黜湜等"。刘湜、陈泊、梅挚等在招待契丹的紫宸宴会上不按规定的席位就座,被黜责并外任。① 仁宗至和二年(1055年)四月,"兵部员外郎、知制诰吴奎知寿州。初,奎为契丹国生辰使,既至,会(丹契)[契丹]主加号,欲奎入称贺,而固执不从,因别设次,令就观礼。既而涿州移文,以谓契丹使至南朝,遇盛礼皆入预庆贺,故出之"②。吴奎使辽称贺生辰,拒绝参与称贺契丹主加号,并别次观礼,辽朝以为有违对等礼节,质问宋廷,引起事端。事后,吴奎还是被追究了责任。哲宗绍圣四年(1097年)三月,"开封府言贺北朝正旦使、副下三节人从喧笑失礼,及(躬)[射]弓处宣武、虎翼兵士杨千等喧闹罪状,国信使副时彦、曹胫奏三节人从无作过者虚妄不实。诏右司员外郎时彦、供备库使曹胫、左班殿直成义安特各追一官勒停,杨千、王千、王立各杖脊配千里外牢城,冯达等降配邻州"③。在射弓仪式中,士卒喧闹,而使副又奏劾不实,分别受到追官勒停、杖脊降配的处罚。此外,甚至外交官吏出使时,相互不和,有失仪态,也会被追究责任,仁宗天圣五年(1027年)三月,"龙图阁待制韩亿、崇仪副使田承说各罚铜三十斤,以奉使契丹而不相善也"④。

酒宴是外交的重要场合,往往容易出现问题,直接影响朝廷形象。真宗大中祥符四年(1011年)九月,薛惟正为契丹国主生辰副使,出使契丹,"惟正至幽州,赴会饮射不如仪,使还,诏劾其罪"⑤。大中祥符七年(1014年)九月乙巳,"度支副使、刑部员外郎、直史馆孙冕,坐前接伴契丹使被酒不谨,丙午,责知寿州"⑥。仁宗庆历二年(1042年)

---

① 参见(宋)李焘:《续资治通鉴长编》卷160,上海师范大学古籍整理研究所、华东师范大学古籍整理研究所点校,中华书局2004年版,第3859页。
② 《宋会要辑稿》职官65之13,刘琳等校点,上海古籍出版社2014年版,第4804页。
③ 《宋会要辑稿》职官51之6,刘琳等校点,上海古籍出版社2014年版,第4420页。
④ (宋)李焘:《续资治通鉴长编》卷105,上海师范大学古籍整理研究所、华东师范大学古籍整理研究所点校,中华书局2004年版,第2438页。
⑤ (宋)李焘:《续资治通鉴长编》卷76,上海师范大学古籍整理研究所、华东师范大学古籍整理研究所点校,中华书局2004年版,第1736页。
⑥ (宋)李焘:《续资治通鉴长编》卷83,上海师范大学古籍整理研究所、华东师范大学古籍整理研究所点校,中华书局2004年版,第1897页。

四月,"诏奉使契丹及接伴、送伴使臣僚,每燕会毋得过饮,其语言迎接,务存大体"①。至和二年(1055年)三月,殿中侍御史赵抃言:"顷年韩综坐私劝契丹主酒,落职知许州。去年契丹遣泛使,欲援综例上寿,赖接伴杨察以朝廷曾黜综以告之,敌使乃止。(王)拱辰既辄当契丹主弹琴送酒之礼,今若不责拱辰,异时敌使妄欲援拱辰例,则朝廷将何辞拒之?""诏拱辰罚金二十斤,放。"②王拱辰私敬辽主饮酒,有失国体,被罚金放罢。南宋也有类似的处罚,孝宗淳熙十四年(1187年)二月,诏:"访闻今次贺金国正旦使、副下三节官属内,刘孝荣、李九龄、李巽、马守中、刘宗彦,下节军兵刘兴、张胜,在北界争夺车仗及使酒喧闹,违犯约束,特将逐人回程所得成半恩赏折资钱更不施行。"③同样,在宋廷的外交接待时,宴会失仪也要受到处罚,宁宗庆元二年(1196年)三月,阁门舍人范珏放罢,因臣僚言"珏素无行检,每遇饮燕,必击盏而歌"等。同年十月,阁门宣赞舍人赵嵩被降一官,"坐紫宸殿拨引使人吃食差错失仪"④。

2. 失职辱命

外交出使,肩负国命,必须完成朝廷规定的任务。真宗景德四年(1007年)九月,"张崇贵言赵德明将葬其母。诏遣殿直、阁门祗候袁瑀致祭,瑀至夏州,遗忘抚问辞,且发言轻易。及还,坐落职,赎金十斤"。殿直、阁门祗候袁瑀竟然"遗忘抚问辞,且发言轻易",实在有负使命,受到落职赎金的处罚。⑤哲宗绍圣元年(1094年)正月,诏:"东上阁门使、成州团练使王湛奉使辽国,与馆伴妄争濮王讳字,却韩参政慰状,及与吕陶相逢,擅不赴坐,对答率易。特罚铜二十斤,罢所居官。"⑥"妄争濮王讳字"显属横生枝节,并且"对答率易",有碍出使,不利于完成外交使命,受到罚铜罢官,可谓咎由自取。徽宗崇宁五年(1106

---

① (宋)李焘:《续资治通鉴长编》卷135,上海师范大学古籍整理研究所、华东师范大学古籍整理研究所点校,中华书局2004年版,第3237页。
② (宋)李焘:《续资治通鉴长编》卷179,上海师范大学古籍整理研究所、华东师范大学古籍整理研究所点校,中华书局2004年版,第4334页。
③ 《宋会要辑稿》职官52之3,刘琳等校点,上海古籍出版社2014年版,第4446页。
④ 《宋会要辑稿》职官73之23,刘琳等校点,上海古籍出版社2014年版,第5013页。
⑤ 参见(宋)李焘:《续资治通鉴长编》卷66,上海师范大学古籍整理研究所、华东师范大学古籍整理研究所点校,中华书局2004年版,第1490页。
⑥ 《宋会要辑稿》职官51之5,刘琳等校点,上海古籍出版社2014年版,第4419页。

年)正月,"诏马防罢刑部侍郎,降授中奉大夫、知蕲州,以奉使辱命也"①。也是因没有完成外交使命受到的处罚。南宋时,高宗绍兴三十二年(1162年)八月,起居舍人洪迈、干办皇城司张抡"奉使失指",在殿中侍御史张震弹劾之后,二人皆被放罢。②孝宗淳熙二年(1175年)二月,"诏左司谏汤邦彦假翰林学士、知制诰、朝议大夫、提举佑神观、兼侍读,充奉使金国申议使;阁门舍人陈雷假昭信军承宣使、知阁门事、兼客省四方馆事副之。既而三年四月,诏邦彦送新州、雷永州居住。以臣僚言其奉使虏庭颇乖使指,驱车亟还,又于虏庭辄有所受,且不能坚守己见,惟从谢良弼之谋。于是后诏邦彦、雷并编管,国信所使臣谢良弼等三人并除名勒停"③。汤邦彦等既违背使命,又收受货贿,分别被处居住、编管,或除名、勒停,可谓罪有应得。为此,奉使必须尽职尽责,即使任务艰巨,也得不辱使命。

3. 贸易受贿

外交官吏在出使或接伴来使时,因条件便利,很容易进行私下交易,收受贿赂等,宋代对这类违法犯罪的惩罚较前述责任追究更严厉。仁宗时,皇祐三年(1051年)三月,勾管国信所言:"自今通事殿侍与契丹私相贸易及漏泄机事者,以军法论。在驿诸色人犯者,配流海岛。"④神宗元丰元年(1078年)十一月,御史何正臣言:"安焘、陈睦使高丽日,以所得布马易银,及于高丽界使人索驿料算直,害义辱命,启侮外夷,望案治其罪,追还所与恩命,仍诏高丽谕以使者失职之状,以慰远人。""诏劄与焘、睦令知。"⑤高宗绍兴十四年(1144年)八月,诏:"右承议郎、监潭州南岳庙(萬)[万]俟允中奉使金国礼物官日,私以违禁之物附载入国,博易厚利。(游)[特]贷命,追毁出身以来文字,不刺面,配贵州本城收管。"⑥以违禁之物走私博易,可以说罪加

---

① 《宋会要辑稿》职官51之9,,刘琳等校点,上海古籍出版社2014年版,第4422页。
② 参见《宋会要辑稿》职官71之1,刘琳等校点,上海古籍出版社2014年版,第4947页。
③ 《宋会要辑稿》职官51之26,刘琳等校点,上海古籍出版社2014年版,第4431页。
④ 《宋会要辑稿》职官36之38,刘琳等校点,上海古籍出版社2014年版,第3909页。
⑤ (宋)李焘:《续资治通鉴长编》卷294,上海师范大学古籍整理研究所、华东师范大学古籍整理研究所点校,中华书局2004年版,第7171页。
⑥ 《宋会要辑稿》职官51之16,刘琳等校点,上海古籍出版社2014年版,第4426页。

一等,故以配刑处罚。绍兴十八年(1148年)闰八月,诏:"今后奉使生辰、正旦下三节人过界,并不许与北人博买。如违,从徒二年科罪。使、副不觉察,同罪。"①绍兴二十三年(1153年)六月,"入内东头供奉官裴咏除名,琼州编管,永不放还。咏往盱眙抚谕北使,私市北货。寻被拘收,心怀怨望,有指斥语,法当绞,特贷之"②。四月,吏部员外郎李琳被放罢,也是因为他"衔命出疆,多市北物故也"③。孝宗淳熙二年(1175年)闰九月,"知吉阳军林宝慈特除名,勒停。以广西经略司言其违法生事,擅与蕃国交易,故特重其罪"④。可见,宋代严禁外交官吏出使时私相贸易,如有违反,将被处以除名、勒停、编管,以及徒配、绞重刑。当然,走私贸易本来就罪行深重,再有受贿,更是罪加一等。宋代法律对一般走私就严厉打击,于外交官吏更予重惩。"诸蕃蛮入贡应卖买辄以钞引交易者,计价论如《共化外人私相交易》律,徒罪配五百里,从者配邻州并本城;流罪配千里,从者配五百里,许人捕(入贡人免捕,仍不坐罪)。钞引及行随物并没官,已买物追还主,押伴、译语、随行主管、卖买人知情,减犯人一等;不知情,杖一百。"⑤

宋朝外交使节所需的物资、饮食等,由沿途官府供给,不得私受给馈,或索取财物,否则,"以自盗论"⑥。"论如《因使乞取》律。"⑦为了防止外交使节接受馈送,加强沿途官吏以及监司、御史的监督,绍兴二十三年(1153年)十月,殿中侍御史徐嚞就说:"如有违戾,并委本路帅臣、监司觉察,按劾闻奏,取旨重行远窜。如(师)[帅]臣、监司失于按劾,令御史台觉察弹奏。"⑧这也加强了私受馈送的监管和追究,前

---

① 《宋会要辑稿》职官51之17,刘琳等校点,上海古籍出版社2014年版,第4426页。
② (宋)李心传:《建炎以来系年要录》卷164,胡坤点校,中华书局2013年版,第3128页。
③ 《宋会要辑稿》职官70之37,刘琳等校点,上海古籍出版社2014年版,第4936页。
④ 《宋会要辑稿》职官72之14,刘琳等校点,上海古籍出版社2014年版,第4975页。
⑤ (宋)谢深甫:《庆元条法事类》卷78《蛮夷门》,戴建国点校,黑龙江人民出版社2002年版,第847、848页。
⑥ (宋)谢深甫:《庆元条法事类》卷9《职制门》,戴建国点校,黑龙江人民出版社2002年版,第167页。
⑦ (宋)谢深甫:《庆元条法事类》卷78《蛮夷门》,戴建国点校,黑龙江人民出版社2002年版,第847页。
⑧ 《宋会要辑稿》职官51之18,刘琳等校点,上海古籍出版社2014年版,第4427页。

述外交管理部分有所论述,不再赘言。

4. 内察督责

宋代为加强外交使节和外交活动的管理,除了沿途地方行政机构以及监司、御史等外部机构的监督,还在监察体制发展的基础上,强化使节的内部监督。这是宋代外交监察的特色之处。

宋代使节的内部监督,可称之为自察,是内部管理的重要手段,制度比较严格,不仅要求外交使副对三节人从严加管束,而且允许三节人从对正、副使节进行监督以及三节人从之间互相监督。仁宗天圣元年(1023年)八月,枢密院上言:"入界三节人从,旧条并令逐处拣选有行止、无过犯者,须都将委保定差,候到国信所,更相责戒励状,非不丁宁……宜令管勾国信所,应每年合差祗应人去处,依条拣选,交付使、副。若颜情卤莽,夹带无行止、有过犯人等在内,当职官吏劾罪严断。其国信亦常切铃辖。仍晓示三节人等递相觉察,或有作过,仰同保人或知次第人密于使、副处陈告。候回雄州,交付本州枷勘情罪,牢固押送赴阙。其同保与免连坐,量与酬奖。若不陈告,亦当重行断遣,即不得虚有告报。所差亲事官即令皇城司子细拣选。"①枢密院的建议强调了几个要点:一是三节人从的选任、担保以及保人监督,二是国信所将他们交付使副管理监督,三是三节人等互察以及保人密告使副。这段材料描述的是对三节人等的监督,实际反映的是宋代外交过程中对出使官吏的监督体制。

为此,宋代出使的内部监察,主要是使副的铃束和国信所差指挥使等觉察奏闻。高宗绍兴二十年(1150年)五月,诏:"今后入国使、副令常切铃束三节人从,不管与北界承应等人相等作闹,虑失国体。以三人为保,如有违犯之人,仰国信所差指(挥)使等觉察,候回日具姓名申所闻奏。"②这强调了上对下的监督和管理。而宁宗时重申使节的纠举和互督,宁宗庆元元年(1195年)六月,臣僚针对铜钱、铁钱透漏过江、过淮的问题,指出:"铜钱透漏,法禁不行。今朝廷见议两淮铁钱,未有成说,虽铁钱不得过江,而铜钱过淮常自若也。每岁使人出疆,一行随从颇众,谁不将带铜钱而往,不知几年于此矣。此而不

---

① 《宋会要辑稿》职官36之35—36,刘琳等校点,上海古籍出版社2014年版,第3907页。
② 《宋会要辑稿》职官36之50,刘琳等校点,上海古籍出版社2014年版,第3915页。

禁,法令何繇可行!欲乞自今次遣使,重立罪赏,互相觉察,委自使、副纠举,不得容情隐庇。如有犯者,不问是何名色人,必行无赦。"尽管这里讲的是钱币透漏,但解决的方法则是使副纠举,并相互觉察。于是,"诏令户、刑部检坐见行条法指挥,申严行下。今后使、副到盱眙军,临期责令排军,将三节官属、人从随行衣笼逐一搜检,有无将带铜钱,具申使、副。其排军衣笼却令都辖检察,如有违戾,依法施行"①。因此,从纠察、觉察、互察的体制看,宋代对使节官吏的监察尚算严密。

不仅如此,朝廷还在出使的队伍中,派遣"察子",进行监管。察子的身份是双重的,既是使节中的一员,又负有监督的责任。所谓察子就是皇城卒,"故事,奉使契丹者,遣皇城卒二人与偕,察其举措,使者悉姑息以避中伤"②。可见,皇城卒的监察权力还是很大的,使节都让他三分。皇城卒之所以有如此权力,关键在于皇城司为禁军官司,地位极高,仁宗庆历八年(1048年)正月,就有臣僚指出:"皇城司在内中最为繁剧,祖宗任为耳目之司。"③龚延明也指出,皇城司作为耳目之司,"因讥察宫殿门户出入及派遣察子(特务)而得名"④。南宋孝宗时,对外交官中三节人的选差有过较为详细的规定,乾道七年(1171年)十一月,诏:"今来奉使所差三节人内,都辖礼物官、引接仪范指使、执旗、报信、医官、小底共十二员,令枢密院将国信所见管并曾出疆及三省、枢密院等处惯熟仪范人置籍,从上铨择,取旨差。书状官、书表司、亲属亲随指使职员共十员,令正、副使选差。下节四十人,令枢密院于三衙并皇城司等处选(择)差。"⑤可见,下节人是从三衙和皇城司中选差的。数年之后,关于下节的选差对象仍是如此,淳熙元年(1174)四月,诏:"自今奉使所差三节人内,下节四十人,令枢密院于三衙并皇城司等处选差。"⑥宋代皇城司和皇城卒既有如此地位,且由

---

① 《宋会要辑稿》职官51之40—41,刘琳等校点,上海古籍出版社2014年版,第4439页。
② (宋)李焘:《续资治通鉴长编》卷114,上海师范大学古籍整理研究所、华东师范大学古籍整理研究所点校,中华书局2004年版,第2675页。
③ (宋)李焘:《续资治通鉴长编》卷162,上海师范大学古籍整理研究所、华东师范大学古籍整理研究所点校,中华书局2004年版,第3913页。
④ 龚延明:《宋代官制辞典》,中华书局1997年版,第415页。
⑤ 《宋会要辑稿》职官36之5—7,刘琳等校点,上海古籍出版社2014年版,第3919页。
⑥ 《宋会要辑稿》职官52之1,刘琳等校点,上海古籍出版社2014年版,第4445页。

三衙和皇城司主持选差,皇城卒地位必然很高,在出使中对使副的震慑和监督作用肯定是比较大的。

总之,宋代外交管理机构系统,管理责任明确,尤其是关于出使外交的规定较为专门,责任追究主体和重点较为突出,因而,宋代与唐代外交相比,也许内敛隐晦,甚至退让屈辱,但是,外交官吏总体讲不辱使命,不敢肆意妄为,是与外交监督和责任追究分不开的。

第十一章　宋代司法行政相关责任的追究

在三权分立和现代法治的理念和体制下,司法是相对于立法、行政而言的,与行政的差别很大,而司法行政与司法的区别也是根本性的。一般认为司法行政有广、狭义之分:

> 广义的司法行政就是国家对于司法组织和司法活动的管理,还包括公安机关(国家安全机关)、检察机关、审判机关、司法行政机关,以及劳改劳教、公证、律师、调解等组织中的行政管理活动。狭义的司法行政含义是同狭义的行政含义相通的,即指司法行政机关实施的对司法组织和司法活动的管理及对其他与司法有关的组织的管理。这里的行政管理的主体是特定的。[①]

据此,司法行政的广、狭义在于管理主体的不同,是国家还是司法行政机关,也即是外部的,还是内部的管理。即使二者主体以及范围有所区别,但它们的性质仍是行政,同时具有司法、行政的二重性,"司法行政管理既是整个司法工作的重要组成部分,也是国家行政管理体系的重要组成部分"[②]。而在我国古代司法、行政合一的政治体制下,司法行政乃至司法都被纳入到行政体制之内,司法行政也就内容更丰富、含义更广泛,与现代广义司法行政要接近一些,当然,像狱政之类的古今司法行政性可能基本一致。现代的司法行政侧重行政,而古代的司法行政带有司法性,司法行政责任具有司法责任的成分,也以行政责任的方式追究司法责任,并且占有重要的地位。这是我们考

[①] 王鼎元、戴鸿儒主编:《司法行政管理学》,复旦大学出版社1992年版,第17页。
[②] 李兆贵等主编:《司法行政管理》,南海出版公司1989年版,第1页。

察古代司法行政责任追究时应该注意的。此外,宋代社会治安、行政监察的司法性同样突出。为此,将司法行政、狱政管理、社会治安、行政监察等方面的责任归于本章探讨。

第一节　司法与行政责任

在我国古代,司法与行政紧密结合,甚至密不可分,司法、行政官吏一起管理司法、行政,并承担责任;同时,责任的方式既有刑事又有行政处罚,而后者又占有重要的地位。在司法过程中,行政责任、司法责任的形成,与司法审判紧密相关。这种相关性可能是古今司法责任和司法行政责任差异最大的地方。如司法审判中的失入与失出,直接承担的是司法责任,刑事处罚有笞、杖、徒之类,也有行政责罚,如降官、罚俸、罚金之类,并且在考课时还要进一步追究行政责任,如展磨勘、降官等。后者应是明显的司法行政责任,是国家对法官的管理。宋代的司法责任内容丰富,涉及越权审判、违限审理、违法考讯、违法判决等许多方面。这些方面的研究深入,成果较为丰富。① 司法责任是司法行政责任的基础,司法中行政责任追究也是司法行政责任追究的重要组成部分。这种司法行政责任的构成特色是古今司法行政责任的不同之处,值得我们注意。目前,学界对司法中行政责任追究,关注不多,研究薄弱,缺少专门成果。司法中行政责任的追究,十分重要,与司法责任追究共同配合,成为司法的一道保障,也由此可以深入探讨司法、行政及其关系问题。宋代司法责任以及司法行政责任的追究主要表现在以下几个方面。

---

① 如王云海主编:《宋代司法制度》,河南大学出版社1992年版;郭东旭:《宋代法制研究》,河北大学出版社1997年版;戴建国:《宋代法制初探》,黑龙江人民出版社2000年版;郭东旭:《宋朝法律史论》,河北大学出版社2001年版;薛梅卿等主编:《两宋法制通论》,法律出版社2002年版;屈超立:《宋代地方政府民事审判职能研究》,巴蜀书社2003年版等专著都有所涉论。季怀银:《宋代法官责任制度初探》,载《中州学刊》1993年第1期;赵呐等:《宋代法官责任制度探析及其启示》,载《北京交通管理干部学院学报》2007年第3期;郑颖慧等:《略论宋代法官审判活动之法律责任》,载《保定师范专科学校学报》2005年第1期;巩富文:《中国古代法官责任制度的基本特征》,载《学习与探索》1994年第2期等论文都对宋代司法责任作了较为专门、深入的探讨。

第一,越权审判。主要是指司法官吏违反了司法权限。司法权限是与司法的层级密切相关的。宋代司法分中央和地方两个层级,中央司法机构主要是刑部、大理寺和御史台以及专门设置的刑审院等,它们的权限分别为:刑部和审刑院审核案件,大理寺断议刑名,而御史台虽为监察机构,也可以审核死刑案件,或推鞫重大疑难案件。地方司法机构主要是县、州、路三级,三者的权限分别为:县级审判杖罪以下罪,预审徒以上的狱案,并上报州;州级包括府、军、监,主要审判或执行徒、流罪以及初审死刑案件;路级包括转运司、提刑司等审理死刑以下及奏谳疑难案件。这些基本要求在宋代法典中有明确规定,如:"诸犯罪皆于事发之所推断,杖以下,县决之,徒以上(编配之类应比徒者同。余条缘推断、录问称'徒以上'者,准此)及应奏者,并须追证勘结圆备,方得送州。"①还规定了越权审判的处罚:"诸断罪应言上而不言上,应待报而不待报,辄自决断者,各减故失三等。"②当然,既不能越权,也不能失职,尤其各级长官必须亲自审判徒以上罪,如至道元年(995年)六月,"诏诸州长吏,凡决徒罪并须亲临"③。这实际上,一方面规定长吏应履行司法的职责,另一方面防止其他官吏越俎代庖。

第二,违限审理。宋代各级机构和各类案件都有相应的审理期限,主要是审结期限和受理时限。初、复审的审结期限是由案件大小及司法层级决定的,如大理寺、刑部的复审或审理,宋太祖就赞同后唐长兴元年(930年)的规定:"敕御史台奏大理寺断刑狱覆视,请据推状中,有十人已上罪合详断罪,通有二十件已上为大事,六人以上十人以下或断十件已上为中事,五事以下及所断不满十件为小事。大事,大理寺限三十日,刑部限十五日。中事,大理寺限二十日,刑部限十日。小事,大理寺限十日,刑部限五日者。"并要求:"自今诸道公案,宜并下大理寺检断,刑部详覆,即须依限,无致稽迟。称职者必议转迁,无劳者并当退黜。庶令官局,得尽器能,其或断覆淹留,比附差舛,致中书

---

① (宋)谢深甫等:《庆元条法事类》卷73《刑狱门》,戴建国点校,黑龙江人民出版社2002年版,第744页。
② (宋)窦仪等:《宋刑统》卷30《断罪引律令格式》,吴翊如点校,中华书局1984年版,第484页。
③ (宋)王栐:《燕翼诒谋录》卷3,诚刚点校,中华书局1981年版,第24页。

第十一章 宋代司法行政相关责任的追究 423

门下提举改正者,重置其罪。"①而诸路的刑狱,太平兴国六年(981年)五月,太宗诏曰:"诸道刑狱,大事限四十日、中事二十日、小事十日,一日笞十下,三日加一等,罪止杖八十。"后来,雍熙三年(986年)十月,有关机构又"请别立条制,凡违四十日以下者,比附官文书定断,罪止杖八十,四十日以上奏取旨。如事有关连,须至移牒刺问致稽缓者,具以事闻奏"②。乾德二年(964年)正月,进一步要求大理寺和刑部及时审决,不得稽违差失,并在年度考课中予以赏罚,"自今诸道奏案,并下大理寺检断,刑部详覆,如旧制焉。其两司官属善于其职者,满岁增秩,稽违差失者,重置其罪"③。至于诏狱或制狱的时限更严,责任更大,如建中靖国元年(1101年)二月,承奉郎王实上奏时指出旧法:"无故稽违者,一日杖一百,五日加一等,罪止徒二年。"同时,又强调新敕:"若(上)[尚]有稽违,即自一日等第论罪,至十五日已上方徒二年。"④这些规定都要求司法官吏在法定期限内审理完毕,防止"淹狱"的发生。否则,就要承担司法责任,如雍熙四年(987年)九月,范正辞知州饶州时,"至则宿系皆决遣之,胥吏坐淹狱停职者六十三人"⑤。当然,这是以行政处分的形式追究司法责任。宋代的审案时限责任以审讯程序为基础,对死刑的复核和录问尤其严格,大中祥符五年(1012年)四月,诏:"应曾经纠察在京刑狱司申奏、下御史台禁勘、大辟罪人法成公(按)[案]者,委御史台于郎中已上牒请录问讫,再于中书舍人以上、丞郎以上再请问。"⑥并且,时限具体,分类规定,政和四年(1114年),"诏立聚问审录之限:死囚五日,流罪三日,杖、笞一日"⑦。此外,民事案件的审结和受理时限,与刑事案件有所不同,相对宽松一点。乾道二年(1166年)七月,就有臣僚指出:"比

---

① 《宋大诏令集》卷200《诸道公案下大理检断诏》,中华书局1962年版,第739页。
② 《宋会要辑稿》刑法3之49,刘琳等校点,上海古籍出版社2014年版,第8418页。
③ (宋)李焘:《续资治通鉴长编》卷5,上海师范大学古籍整理研究所、华东师范大学古籍整理研究所点校,中华书局2004年版,第121页。
④ 《宋会要辑稿》刑法1之19,刘琳等校点,上海古籍出版社2014年版,第8232页。
⑤ (宋)李焘:《续资治通鉴长编》卷28,上海师范大学古籍整理研究所、华东师范大学古籍整理研究所点校,中华书局2004年版,第639页。
⑥ 《宋会要辑稿》职官15之45—46,刘琳等校点,上海古籍出版社2014年版,第3433页。
⑦ (宋)马端临:《文献通考》卷167《刑考》,上海师范大学古籍研究所、华东师范大学古籍研究所点校,中华书局2011年版,第5009页。

来民讼至有一事经涉岁月,而州县终无予决者……乞自今词诉在州、县半年以上不为结绝者,悉许监司受理。"①即州县民事案件审结的最长期限为半年。嘉定五年(1212年)九月,臣僚又上奏指出具体的诉讼受理时限:"窃照《庆元令》:'诸受理词诉限当日结绝,若事须追证者,不得过五日,州郡十日,监司限半月。有故者除之,无故而违限者听越诉。'"②

总之,宋代有多种司法时限,违限就要承担责任。早在淳化三年(992年)五月,"户部郎中、知陈州田锡责海州团练副使;通判、殿中丞郭渭责郓州团练副使,并不签书州事;著作佐郎东野日宣免所居官,仍削三任;大理评事张熙绩出为凤州河池县令"③。这是因为他们不及时审鞫张矩杀害王裕一案,导致禁系冤狱,涉及官吏分别受到了责罚。又如,高宗绍兴六年(1136年),"令刑部体量公事,邵州、广州、高州勘命官淹系至久不报,诏知州降一官,当职官展二年磨勘,当行吏永不收叙。德庆府勘封川县令事,七月不报,诏知州、勘官各抵罪"④。可见,这些司法时限的责任追究还是集中在审讯、审判环节,责任方式包括降官、降职、展磨勘等行政责罚,但是这些处罚的量刑,与法律规定并不完全一致,一般都比法定的要轻些,并且多以行政处罚为主。这得益于"官当"原则的庇护。

第三,违法考讯行刑。在古代,一定限度内的刑讯逼供是合法的,但超过规定限度是要负法律责任的,宋代也是如此⑤,主要包括违反刑讯限制、不合拷而拷、滥用刑具以及随意施刑以及拷囚致死等。《宋刑统》的限制较为明确具体,全面系统,"诸应议请减,若年七十以上、十五以下,及废疾者,并不合拷讯,皆据众证定罪,违者以故失论"⑥。

---

① 《宋会要辑稿》刑法3之32,刘琳等校点,上海古籍出版社2014年版,第8409页。
② 《宋会要辑稿》刑法3之40—41,刘琳等校点,上海古籍出版社2014年版,第8414页。
③ 《宋会要辑稿》职官64之9,刘琳等校点,上海古籍出版社2014年版,第4769、4770页。
④ (元)脱脱等:《宋史》卷200《刑法志》,中华书局1977年版,第4993页。
⑤ 参见季怀银:《宋代法官责任制度初探》,载《中州学刊》1993年第1期;巩富文:《中国古代法官违法刑讯的责任制度》,载《江苏社会科学》1993年第2期。
⑥ (宋)窦仪等:《宋刑统》卷29《不合拷讯者取众证为定》,吴翊如点校,中华书局1984年版,第472页。

"有疮病,不待差而拷者,亦杖一百。"①"诸妇人犯死罪,怀孕当决者,听产后一百日乃行刑。若未产而决者,徒二年。产讫限未满而决者,徒一年。失者各减二等。""诸妇人怀孕犯罪,应拷及决杖笞,若未产而拷决者,杖一百。"②这些法条对应议、请、减者,年龄大于70岁、小于15岁,产妇、怀孕者,废病、患疮疾者等都严禁拷讯,并明确相应的法律责任。即使符合拷讯条件,宋代法律还对过程、程序作了限制,"诸应讯囚者,必先以情审察辞理,反复参验,犹未能决,事须讯问者立案,同判然后拷讯,违者杖六十"。"依《狱官令》,察狱之官,先备五听,又验诸证信,事状疑似,犹不首实者,然后拷掠。""诸察狱之官,先备五听,案《周礼》云:'以五声听诉讼,求人情。'"③这些规定要求在审查辞理、反复参验,先备五听、验诸证信的基础上,才能进行拷讯,否则,同样要承担责任。当然,这些是法律的一般规定,在宋代前后有所不同,如上述限制中关于"立案同判"的规定,宋初雍熙三年(986年),"令诸州讯囚,不须众官共视,申长吏得判乃讯囚"④。这一讯囚限制的重心不是"立案同判",而是"申长官得判",如果不经长官同意而擅自拷,就要承担法律责任。此外,还规定刑具的规格以及行刑的数量、部位,"诸拷囚不得过三度,数总不得过二百,杖罪以下不得过所犯之数。拷满不承,取保放之"。"若拷三度,及杖外以他法拷掠者,杖一百。杖数过者,反坐所剩,以故致死者,徒两年。"⑤"依《狱官令》,决笞者,腿臀分受。决杖者,背腿臀分受。须数等拷讯者,亦同笞以下,愿背腿分受者听。"⑥徽宗宣和四年(1122年)六月,有臣僚指出,即使拷囚当时没有致死,而拷后十日内死亡的,同样要承担责任,"州县

---

① (宋)窦仪等:《宋刑统》卷29《不合拷讯者取众证为定》,吴翊如点校,中华书局1984年版,第476页。
② (宋)窦仪等:《宋刑统》卷30《推断怀孕妇人》,吴翊如点校,中华书局1984年版,第492—493页。
③ (宋)窦仪等:《宋刑统》卷29《不合拷讯者取众证为定》,吴翊如点校,中华书局1984年版,第474、475页。
④ (元)脱脱等:《宋史》卷199《刑法志》,中华书局1977年版,第4971页。
⑤ (宋)窦仪等:《宋刑统》卷29《不合拷讯者取众证为定》,吴翊如点校,中华书局1984年版,第476页。
⑥ (宋)窦仪等:《宋刑统》卷29《决罚不如法》,吴翊如点校,中华书局1984年版,第481页。

刑禁,本以缉奸,而官吏或妄用以杀人。州郡犹以检制,而县令惟意所欲,淹留讯治,垂尽责出,不旋踵而死者,实官吏杀之也。乞依《在京通用令》,责出十日内死者验覆,如法重者奏裁,轻者置籍岁考。其不应禁而死者,亦奏裁"①。也就是说,拷讯致死的性质恶劣,后果严重,责任追究的时限更长。这应该是有一定道理的,因为死亡的直接原因与拷讯有关。为了预防非法拷讯,高宗下令毁弃非法刑具,高宗绍兴十一年(1141年)四月,诏曰:"讯囚非法之具并行毁弃,尚或违戾,委御史台弹劾以闻。"②可见,宋代的刑讯有合法与非法之分,而非法刑讯,必须承担法律责任,承担方式则多以刑事处罚为主,即以其人之道还治其人之身。

第四,违法判决、执行。主要是未依法条判决、出入人罪以及状外求罪等方面原因所致。《宋刑统》对此的规定也比较详细:"诸断罪皆须具引律、令、格、式正文,违者笞三十。若数事共条,止引所犯罪者听。"③"诸决罚不如法者,笞三十,以故致死者,徒一年。即杖粗细长短不依法者,罪亦如之。"④针对以例破法或破敕的问题,崇宁元年(1102年)六月,尚书省强调说:"检会吏部尚书赵挺之等言:'准条,引例破法及择用优例者,徒三年……'朝廷已立法禁。欲自今决事实无正条者,将前后众例列上,一听朝廷裁决。"⑤至于违法审判而出入人罪,则同样要承担相应责任,"诸官司入人罪者,若入全罪,以全罪论。从轻入重,以所剩论。刑名易者,从笞入杖,从徒入流,亦以所剩论。从笞杖入徒、流,从徒、流入死罪,亦以全罪论。其出罪者,各如之。即断罪失于入者,各减三等。失于出者,各减五等。若未决放,及放而还获,若囚自死,各听减一等。即别使推事,通状失情者,各又减二等。所司已承误断讫,即从失出入法。虽有出入,于决罚不异者勿论"⑥。

---

① 《宋会要辑稿》刑法6之61,刘琳等校点,上海古籍出版社2014年版,第8563页。
② 《宋会要辑稿》职官55之20,刘琳等校点,上海古籍出版社2014年版,第4508页。
③ (宋)窦仪等:《宋刑统》卷30《断罪引律令格式》,吴翊如点校,中华书局1984年版,第484页。
④ (宋)窦仪等:《宋刑统》卷29《决罚不如法》,吴翊如点校,中华书局1984年版,第481页。
⑤ 《宋会要辑稿》刑法1之21,刘琳等校点,上海古籍出版社2014年版,第8234页。
⑥ (宋)窦仪等:《宋刑统》卷30《官司出入人罪》,吴翊如点校,中华书局1984年版,第486、487页。

其中，出罪责任轻于入罪责任，体现了古代所谓恤刑的原则，但都会受到相应的刑事处罚，并且在考课、磨勘时还要承担行政责任，受到行政处罚，如仁宗嘉祐六年（1061年）十月，诏曰："磨勘选人历任曾失入死罪未决者，俟再任举主应格，听引见；其已决者，三次乃许之；若失入二人以上者，虽得旨改官，仍与次等京官。"①神宗时，"令审刑院、刑部断议官，岁终具尝失入徒罪五人以上，京朝官展磨勘年，幕职、州县官展考，或不与任满指射差遣，或罢，仍即断绝支赐"②。哲宗元祐六年（1091年）六月，吏部言："失入死罪展年磨勘，情重者奏裁。"③此外，状外求罪，即在原告诉状之外别求他罪，这是一种故意入罪的违法行为，故责任和处罚与故入人罪相同，"诸鞫狱者，皆须依所告状鞫之。若于本状之外别求他罪者，以故入人罪论"④。其刑事、行政处罚也是严厉的，不得减免。

为此，在追究官吏"出入人罪"等时，根据故意还是过失、失入还是失出、公罪还是私罪、首犯还是从犯、出入罪的多少和刑级等，来确定责任的大小和处罚的轻重。比如，宋初太祖、太宗时对故入和失入的不同处罚，就很能说明问题。太祖乾德三年（965年）十月，"太子中舍王沼弃市，坐权知西县受赃枉杀人也"⑤。显然，太子中舍王沼所犯是明显故意入人死罪，并且受贿，属于枉法、私罪等性质，处以弃市，是从重的处罚，罪有应得。而太宗时，雍熙三年（986年）五月，"刑部言：'果州、达州、密州、徐州官吏枉断死罪，虽已驳举，而人命至重，死者不可复生，非少峻条贯，何以责其明慎！按《断狱律》，从徒罪失入死罪者减三等，当徒二年半，公罪分四等。望自今断奏失入死刑者，不得以官减赎，检法官削一任，更赎铜十斤，本州判官削一任，本吏并勒见

---

① （宋）李焘：《续资治通鉴长编》卷195，上海师范大学古籍整理研究所、华东师范大学古籍整理研究所点校，中华书局2004年版，第4729页。
② （元）脱脱等：《宋史》卷201《刑法志》，中华书局1977年版，第5022页。
③ （宋）李焘：《续资治通鉴长编》卷460，上海师范大学古籍整理研究所、华东师范大学古籍整理研究所点校，中华书局2004年版，第11004页。
④ （宋）窦仪等：《宋刑统》卷29《不合拷讯者取众证为定》，吴翊如点校，中华书局1984年版，第479页。
⑤ （宋）李焘：《续资治通鉴长编》卷6，上海师范大学古籍整理研究所、华东师范大学古籍整理研究所点校，中华书局2004年版，第159页。

任。'"①刑部所言,也为枉法入刑之罪,但这是失入,不是故意,则应依据刑律从轻处罚,并且带有行政处罚的性质,当然,不得以官当特权,免予处罚。总的来说,失出、过失、公罪、从犯、失入徒以下罪等,其责任要轻些;而失入、故意、私罪、首犯、失入徒以上罪,则处罚要重一些。

由上可见,宋代司法责任涉及审判资格、程序、时限、方式、判决等司法过程中的许多环节,相关司法官吏承担的主要是司法责任。同时,也受到行政责任的追究,或以行政责任的方式进一步追究他们的司法责任,尤其是对他们刑事处罚之后,带来一系列延伸的行政性处罚,在考课磨勘、仕途发展、恩荫子孙、留任刑狱等方面都有影响,如中央的御史台、刑部、大理寺等在复审或监督地方呈报的重大案件时,若有过错,承担责任,则以累计失复的人次,年度考课时予以追究。熙宁四年(1071年)四月,中书刑房言:"刑部详覆官如疏驳得诸处断遣不当,大辟罪每一人与减一年磨勘;如失覆上件公事,每一人即展磨勘一年,累及四人即冲替。"②这是由宋代司法和行政合一的政治体制、法官和司法管理的行政性以及官本位的政治文化环境决定的,尤其司法过程中的行政处罚可能比刑事处罚的影响还大,直接决定官吏的仕途沉浮。同时,宋代的司法还受到体制内的制约,如后宫、内庭的"内降""中旨"的危害,仁宗嘉祐三年(1058年)十一月,知谏院陈旭就指出:"有司断狱而事连权幸者,多缘中旨得释,自今乞劾其干请之罪,以违制论。"③这类制约必然影响司法责任以及司法中行政责任的追究。

第二节 狱政管理

监狱的概念有广义和狭义之分,广义的监狱是指关押疑犯或犯人的场所,此外还包括看守所、拘留所等;狭义的概念是指对徒刑到死缓

---

① 《宋会要辑稿》刑法4之69,刘琳等校点,上海古籍出版社2014年版,第8482页。
② (宋)李焘:《续资治通鉴长编》卷224,上海师范大学古籍整理研究所、华东师范大学古籍整理研究所点校,中华书局2004年版,第5449页。
③ (宋)李焘:《续资治通鉴长编》卷188,上海师范大学古籍整理研究所、华东师范大学古籍整理研究所点校,中华书局2004年版,第4533页。

罪犯执行刑罚的机构。今天的监狱学研究一般从狭义角度探讨[1]，而古代的监狱可能更接近广义，故有学者指出："中国监狱史所研究的对象和范围是就广义的监狱而言的。"[2]又有学者明确指出："中国古代的监狱，历来就具有双重功能，一是关押被判处徒刑及流刑后服劳役的犯人，二是拘禁、羁押被捕后等候审讯、判决的'禁囚'。"[3]宋代的监狱的性质基本也是如此，"是羁押罪犯等待法官审判，或者已经法官判决等待行刑的场所"。主要以前者为主，也叫"牢狱"[4]。也有学者认为，监狱"是犯人的临时羁押场所，主要羁押未决犯和已决未执行犯"[5]。这些认识含义相近，大体符合宋代监狱的实际情况，判决后的罪犯在指定地点而不在监狱服刑，当然，特殊犯人判决后，仍在监狱执行。可见，宋代的监狱是广义上的，并且主要为审判服务，监狱的行政管理和责任追究也是为司法尤其审讯服务的，是司法行政责任的一种重要形式。

宋代监狱设置的层次较多，较为系统，"官司之狱：在开封，有府司、左右军巡院；在诸司，有殿前、马步军司及四排岸；外则三京府司、左右军巡院，诸州军院，司理院，下至诸县皆有狱"[6]。此外，还包括御史台的台狱等。

在此需要指出，御史台监狱的设置，与宋代大理寺的监狱兴废无常有关。宋初太祖时，为了防止"刑部、大理寺用法之失，别置审刑院谳之"[7]。而大理寺仅作为慎机构，不设监狱，御史台的台狱，也就充当了中央监狱的角色，并且为加强司法监督，设置了纠察在京刑狱司。神宗元丰改革官制时，恢复了大理寺监狱，同时取消纠察在京刑狱司，监督职能分别由御史台刑察、尚书省右司、提点京畿刑狱承担。到哲宗时，大理寺监狱又经历废除和恢复，情况较为复杂，而御史台监狱

---

[1] 参见史殿国主编：《监狱学概论》，中国市场出版社2005年版，第16页。
[2] 薛梅卿主编：《中国监狱史·绪论》，群众出版社1986年版，第1页。
[3] 殷啸虎：《宋朝监狱管理制度述论》，载《法治论丛》1992年第1期。
[4] 戴建国：《宋代的狱政制度》，载《上海师范大学学报（哲学社会科学版）》1987年第3期。
[5] 宋乾：《浅论宋代监狱管理制度》，载《湖南行政学院学报》2007年第5期。
[6] （元）脱脱等：《宋史》卷201《刑法志》，中华书局1977年版，第5021页。
[7] （元）脱脱等：《宋史》卷199《刑法志》，中华书局1977年版，第4967页。

在宋代一直发挥了重要作用。

因此,宋代中央有御史台的台狱,开封府的府司、左、右军巡院监狱,以及马步军司和四排岸的专门监狱;地方则有州军院和司理院,县也设有监狱,"四方之狱,则提点刑狱统治之"①。宋代狱政的管理责任,包括中央和地方两个层次。而宋代狱政管理对象和任务,与以往朝代相比又有所不同,责任也有所变化。这基于宋代法律和司法制度的变革,如折杖刑、刺配刑的实施,前者规定罪犯受到折杖后,无须到监狱执行,折杖的司法责任分担了监狱的管理责任;而后者立法较多,"诸配隶,《祥符编敕》止四十六条,庆历中,增至百七十余条。至于淳熙,又增至五百七十条,则四倍于庆历矣"②。出现了大量的配所,配所不完全是监狱,但又是监狱的补充,相关地方官吏承担了监管的责任。

宋代狱政的责任追究主要涉及系囚、刑讯、医疗、饮食、卫生、狱舍等方面。这些在《宋刑统》的断狱律以及其他诏敕中有较为详细的规定。

系囚是监狱的基本职能,若违系、淹系、脱系等,狱政官吏以及相关行政官吏都要承担责任。宋代监狱的系囚主要是羁押侍判或待执行的疑犯和罪犯,其基本功能是羁押。当然,宋代监狱和后来明代的监狱一样,也有一定的改造功能,"内情不得外出,外情不得内入,使人知幽囚困苦之状,以顿挫其顽心"③。而在系囚的过程中,只有合法、合限,才能发挥监狱的羁押、改造的功能。也就是说,系囚必须符合条件,不得违反限制。如禁系官吏时,必须经过奏推程序,确定无误,才能囚禁,"诸职事官五品以上,散官二品以上,犯罪合禁在京者,皆先奏。若犯死罪及在外者,先禁后奏。其职事官及散官三品以上有罪,敕令禁推者,所推之司皆覆奏,然后禁推"④。

---

① 殷啸虎:《宋朝监狱管理制度述论》,载《法治论丛》1992年第1期;(元)脱脱等:《宋史》卷201《刑法志》,中华书局1977年版,第5021页。
② (元)脱脱等:《宋史》卷201《刑法志》,中华书局1977年版,第5020页。
③ 《明会典》卷143《提调牢狱》,文渊阁四库全书本第618册,台湾商务印书馆股份有限公司1986年版,第427页。
④ (宋)窦仪等:《宋刑统》卷29《应囚禁枷锁杻》,吴翊如点校,中华书局1984年版,第467页。

第十一章 宋代司法行政相关责任的追究 431

同时，系囚也不得超期羁押，即不得淹系囚徒。早在太平兴国六年（981年）十二月，江南西路转运副使、左拾遗张齐贤上奏说："刑狱繁简，乃治道弛张之本。于公阴德，子孙即有兴者，况六合之广，能使狱无冤人，岂不福流万世！州县胥吏，皆欲多禁系人，或以根穷为名，恣行追扰，租税逋欠至少，而禁系累日，遂至破家。请自今外县罪人，令五日一具禁放数白州，州狱别置历，委长吏检察，三五日一引问疏理，每月具奏，下刑部阅视。有禁人多者，即奏遣朝官驰往决遣。若事涉冤诬，故为淹滞，则降黜其本州官吏。或终岁狱无冤滞，则刑部给牒，得替日，较其课旌赏之。"①张齐贤在强调刑狱为治道之本后，指出当时监狱滞禁严重，希望通过州狱置历簿、长吏检察、刑部阅视、遣官驰决等方式来解决淹滞问题，并追究本州官吏故为淹滞的责任或旌赏终岁无冤滞的官吏。为了防止淹滞，太宗很重视刑部对州狱的监督，"刑部阅其禁多者，命官即往决遣，冤滞则降黜州之官吏"。雍熙元年（984年），"令诸州十日一具囚帐及所犯罪名、系禁日数以闻，俾刑部专意纠举。帝阅诸州所奏狱状，有系三百人者。乃令门留、寄禁、取保在外并邸店养疾者，咸准禁数，件析以闻。其鞠狱违限及可断不断、事小而禁系者，有司驳奏之"。而提点刑狱司以及地方长吏也是监督滞系的重要力量，"淳化初，始置诸路提点刑狱司，凡管内州府十日一报囚帐，有疑狱未决，即驰传往视之。州县稽留不决，按谳不实，长吏则劾奏，佐史、小吏许便宜按劾从事"②。而景德四年（1007年）七月，复置提点刑狱官后，诏曰："所至专察视囚禁，审详案牍，州郡不得迎送聚会。所部每旬具囚系犯由、讯鞠次第申报，常检举催督，有系淹久者，即驰往案问。出入人罪者，移牒覆勘，劾官吏以闻。"还内出御前印纸书绩效，要求他们尽职尽守，否则将追究责任，"如刑狱枉滥，不能摘举，官吏旷弛，不能弹奏，务畏避者，置以深罪"③。北宋末，政和二年（1112年）二月，还有臣僚指出，应该重视监狱的书历，以防狱淹，"窃闻远方郡邑官吏多轻视狱囚，不尽书历，虽在法有一百之罪，深

---

① （宋）李焘：《续资治通鉴长编》卷22，上海师范大学古籍整理研究所、华东师范大学古籍整理研究所点校，中华书局2004年版，第507、508页。
② （元）脱脱等：《宋史》卷199《刑法志》，中华书局1977年版，第4969、4971—4972页。
③ 《宋大诏令集》卷161《置诸路提刑诏》，中华书局1962年版，第610页。

(怨)[恐]未尽遵承。及门留、知在,亦多不书,致监司无由检察,遂成留滞。欲乞州县狱囚并门留、知在,敢不书历者,除本罪外,量轻重立法,特行黜责。仍先委监司常切检察,庶无留滞之弊"①。南宋绍兴六年(1136年),"令刑部体量公事,邵州、广州、高州勘命官淹系至久不报,诏知州降一官,当职官展二年磨勘,当行吏永不收叙"②。绍熙元年(1190年)七月,臣僚又上奏,要求完善"禁历"的填写申报,并接受监督,"巡历所至,索历稽考,如辄将干证无罪之人淹延收系及隐落禁历,不行抄上而别置历者,按劾闻奏,官吏重置典宪"③。嘉泰元年(1201年)正月,甚至有臣僚建议:"乞令诸路提刑司检坐应禁、不应禁条法,出给版牓,大字书写,行下逐州县,委自通判、县丞各于狱门钉挂晓示。被禁之人如因罪入狱,仰就取禁历,书写所犯并月日、姓名,著押历上,以并新收,出狱日亦如之,以凭销落。其有不能书写者,令同禁人或当日书铺代书,亲自押字。仰通判、县丞逐时点检,如遇月终申发禁历赴提刑司,从提刑躬亲检察行下。内有不应禁而收禁者,提刑按劾守、令以闻。仍许不应禁人或家属经提刑司越诉,如提刑不为受理,仰经刑部、御史台越诉,乞从本台觉察弹奏。"④

此外,还要保证系囚的安全,不得脱系,"诸主守不觉失囚者,徒以上,先决杖一百,杖以下,先决杖六十,给限追捕如法。限满不获,已决之罪不通计。若失死囚者,五百里编管,兵级,依地里降配。故纵者,许人告"⑤。

刑讯在古代一般是合法的审讯手段。宋代的监狱羁押是直接为审判服务,或者羁押期间需要通过刑讯侦查案件,因此刑讯也就成了监狱常用的手段。为了防止滥施刑讯,滋生问题,宋廷对刑讯的前提和程序作了限制,建隆三年(962年)十二月,敕曰:"宜令诸道州府指挥推司官吏,凡有贼盗刑狱,并须用心推鞫,勘问宿食行止,月日去

---

① 《宋会要辑稿》刑法6之58,刘琳等校点,上海古籍出版社2014年版,第8562页。
② (元)脱脱等:《宋史》卷200《刑法志》,中华书局1977年版,第4993页;另参见《宋会要辑稿》刑法3之78,刘琳等校点,上海古籍出版社2014年版,第8434页。
③ 《宋会要辑稿》刑法6之71,刘琳等校点,上海古籍出版社2014年版,第8569页。
④ 《宋会要辑稿》刑法6之73,刘琳等校点,上海古籍出版社2014年版,第8570页。
⑤ (宋)谢深甫:《庆元条法事类》卷74《刑狱门》,戴建国点校,黑龙江人民出版社2002年版,第768页。

处,如无差互,及未见为恶踪绪,即须别设法取情,多方辩听,不得便行鞭拷。如是勘到宿食行止,与元通词款异同,或即支证分明,及赃验见在,公然拒抗,不招情款者,方得依法拷掠,仍须先申取本处长吏指挥。余从前后制敕处分。"①后来,统治者更以恤刑为标榜,反对滥施刑讯,太平兴国九年(984年)五月,诏曰:"国家钦恤刑事,重惜人命,岂容酷吏,恣为深文,掠治无辜,致其殒杀,损伤和气,莫甚于斯。"②并且以私罪追究相关官吏掠囚致死的责任。天圣元年(1023年)十月,"诏诸州典狱者,不先白长吏而榜平民,论如违制律;榜有罪者以失论。捕盗官获盗而未问者,榜毋过二十;非盗而辄榜之,亦以违制论。挟私非理虐害平民至死者,论如故杀律"③。景德四年(1007年)十月,"诏曰:拷掠之法素著科条,非理擅行,兹谓惨酷。诸道官司应有非法讯囚之具,一切毁弃"④。这些规定与前述司法责任中违法拷讯的责任,原则上应该是一致的,在此不赘述。

宋代虽然限制了违法拷讯,但滥施刑讯的现象还是比较严重的,即所谓:"帝之用刑可谓极厚矣,而天下之狱不胜其酷。每岁冬夏,诏提刑行郡决囚,提刑惮行,悉委倅贰,倅贰不行,复委幕属。所委之人,类皆肆行威福,以要馈遗。监司、郡守,擅作威福,意所欲黥,则令入其当黥之由,意所欲杀,则令证其当死之罪,呼喝吏卒,严限日时,监勒招承,催促结款。而又擅置狱具,非法残民,或断薪为杖,搭击手足,名曰:'掉柴';或木索并施,夹两胫,名曰'夹帮';或缠绳于首,加以木楔,名曰'脑箍';或反缚跪地,短竖坚木,交辫两股,令狱卒跳跃于上,谓之'超棍',痛深骨髓,几于殒命。"⑤宋代刑讯严酷可见一斑。

宋代监狱还负有治疗病囚的责任。有学者认为,早在汉代,监狱

---

① 窦仪等:《宋刑统》卷29《不合拷讯者取众证为定》,吴翊如点校,中华书局1984年版,第478页。
② 《宋大诏令集》卷200《司理掠囚致死以私罪罪之诏》,中华书局1962年版,第741页。
③ (宋)李焘:《续资治通鉴长编》卷101,上海师范大学古籍整理研究所、华东师范大学古籍整理研究所点校,中华书局2004年版,第2339—2340页。
④ (宋)王称:《东都事略》卷4《本纪四》,文渊阁四库全书本第382册,台湾商务印书馆股份有限公司1986年版,第44页。
⑤ (元)脱脱等:《宋史》卷200《刑法志》,中华书局1977年版,第4996页。

已经为囚徒治病,但至唐代形成制度,五代还出现专门治疗机构——病囚院,宋代进一步继承并完善唐代以来的监狱医疗制度。①《宋刑统》"囚应请给医药衣食"条曰:"[准]《狱官令》,诸狱囚有疾病,主司陈牒长官,亲验知实,给医药救疗,病重者脱去枷镣杻,仍听家内一人入禁看侍,其有死者,若有他故,随状推断。"②天圣四年(1026年)正月,纠察在京刑狱司希望相关官吏"躬亲勒医人子细看验,如有疾患疮病,铃辖狱子、医人看承医疗"③。大约在真宗时,设立病囚院,医治病囚,"咸平四年,从黄州守王禹偁之请,诸路置病囚院,徒、流以上有疾者处之,余责保于外"④。如果病囚没有得到及时治疗而死亡,监狱及相关官吏则要承担责任。治平四年(1067年)十二月诏曰:"今后诸处军巡、州司理院所禁罪人,一岁内在狱病死及两人者,推司狱子并从杖六十科罪,每增一名,加罪一等,至杖一百止。如系五县以上州,每院岁死及三人,开封府府司军巡院岁死及七人,即依上项死两人法科罪,加等亦如之。典狱之官推狱经两犯即坐本官,仍从违制失入,其县狱亦依上条。若三万户以上,即依五县以上州军条。其有养疗之不依条贯者,自依本法。仍仰开封府及诸路提点刑狱,每至岁终,会聚死者之数以闻,委中书门下点检。或死者过多,官吏虽已行罚,当议更加黜责。"⑤神宗即位之初,也下内容相近的诏书曰:"狱者,民命之所系也……应诸州军巡司院所禁罪人,一岁在狱病死及二人,五县以上州岁死三人,开封府司、军巡岁死七人,推吏、狱卒皆杖六十,增一人则加一等,罪止杖一百。典狱官如推狱,经两犯即坐从违制。提点刑狱岁

---

① 参见(宋)杜文玉:《论唐宋监狱中的医疗系统——兼论病囚院的设置》,载《江汉论坛》2007年第5期。
② (宋)窦仪等:《宋刑统》卷29《囚应请给医药衣食》,吴翊如点校,中华书局1984年版,第471页。
③ 《宋会要辑稿》刑法6之54,刘琳等校点,上海古籍出版社2014年版,第8560页。
④ (元)脱脱等:《宋史》卷199《刑法志》,中华书局1977年版,第4972页;(宋)李焘:《续资治通鉴长编》卷48,上海师范大学古籍整理研究所、华东师范大学古籍整理研究所点校,中华书局2004年版,第1052页。均有记载:"据《实录》则去年四月已置病囚院。"为此,病囚院似在咸平三年四月已置。
⑤ (宋)苏轼:《苏轼文集》卷52《乞医疗病囚状》,孔凡礼点校,中华书局1986年版,第764页。

第十一章　宋代司法行政相关责任的追究　435

终会死者之数上之,中书检察。死者过多,官吏虽已行罚,当更黜责。"①宋代对狱囚疾病、衣食管理等的监督,很可能已形成专门的检察之法,北宋末政和时,刑部尚书慕容彦逢《上检察病囚疏》,要求追究损失病囚的责任,"伏睹皇帝陛下,矜悯庶狱,制为病囚检察之法。盖谓愚民犯法虽系留讯治,邦有常宪于其疾也,饮食医药视之犹赤子也。臣等尚虑当职官吏不能深体德意,欲望圣慈令诸路提点刑狱司岁终会州县病囚损失分数,除依条科罪外,取一路最多、最少各一处,保明以闻,特降诏旨赏罚。庶几知所劝沮,以副陛下好生之德"②。南宋初也是根据病囚的年度存亡来决定相关官吏的赏罚,绍兴五年(1135年)闰二月,诏曰:"诸路去年分合依条计数,至今未见具奏,除已行约束处,令诸路提刑司将管下诸州禁囚病死人数,遵依条敕计分断罪。"于是,宣州、婺州、衢州、福州、江阴、临安、舒州、惠州、洋州、汀州等地官吏或升降官,或减展磨勘,其中,"五年,舒州宿松县七人内一名病死,计死一分,当职官特降一官。惠州病死二分六厘以上,当职官特降一官。六年,洋州一百二十二人,病死一十二人,当职官特降一官。七年,汀州武平县四十人,死损二人,纽及五厘,汀州武平县当职官展一年磨勘"③。这是根据病囚死亡数量追究当职官吏的责任。嘉定三年(1210)四月,诏曰:"诸路提刑岁终择一路狱囚(瘦)[瘐]死最多者,必按劾以惩不职;择一路医疗全活最多者,必荐举以劝其勤。刑部则总核之。"嘉定八年(1215年)六月,又有臣僚重申此意,"仍乞下提刑司,申严见行条法,岁终类申刑部,阅瘐死人数多者,将守、令量行责罚"④。宋代的法典《庆元条法事类》规定:"诸囚在禁病者,实时申州(外县不申),差官视验。""诸病囚合药钱,以本处赃罚钱充。州委狱官,县委令,专置薄历收支(如实无见管赃罚钱,即于系省钱内支

---

① (元)脱脱等:《宋史》卷201《刑法志》,中华书局1977年版,第5021页。
② (宋)慕容彦逢:《摘文堂集》卷10《上检察病囚疏》,文渊阁四库全书本第1123册,台湾商务印书馆股份有限公司1986年版,第415页。
③ 《宋会要辑稿》刑法6之65—66,刘琳等校点,上海古籍出版社2014年版,第8566页。
④ 《宋会要辑稿》刑法6之74—75,刘琳等校点,上海古籍出版社2014年版,第8570、8571页。

破)。""遇有病囚,即时诊视,当职官吏躬亲点检。"①这是法律对病囚管理较为系统的规定。

宋代规定对徒刑以下的罪犯,可以在家人或有监护人担保的情况下,监外就医,囚犯的治疗责任转移给了家人和保人。而对于重囚患病,监狱则有医治的责任,甚至别牢医治疮疾。南宋官箴《州县提纲》就指出:"重囚有病须别牢,选医医治,仍追其家属看待。或有患疮者,亦须别牢,时其濯洗,毋使与余囚相近。盖囚者同匣而卧,朝夕薰蒸,必至传染。"同时,还强调病囚的管理和狱吏的监督,"狱吏受赇,或诈申囚病脱出。至实有病,不得赈,反不即申。或死于狱,事属不明。须严戒有病即申,轻罪即出之;或病稍重,即委他官责词,内有以无病诈申者,须亲检察"②。可见,医治病囚本是监狱的责任,而某些狱吏狱卒以及官吏乘机贪赃枉法,甚至造成狱囚死亡,直接影响了审判和行刑,危害很大,必须追究相应的法律责任。

监狱还要解决困难囚犯的饮食。宋代囚犯的饮食一般由家属自行解决,但如果没有家属,或有家属而又贫困、患病,无力自给的,则由官府和监狱供应饮食,尤其对无监护人的病囚给予特殊的饮食照顾。开宝二年(969年)五月,诏曰:"长吏每五日一次检视,洒扫务在清洁。贫无所自给者供饮食,病者给医药,小罪即时决遣,重系无得淹滞。"③宣和元年(1119年)二月,舒州言:"据从仕郎、司兵曹事兼管左推勘公事田泰靖言:'窃以禁囚有无人供食,在法许令官为造给,其间有病患之人,理合改造粥食调理。缘请到官米多是经年陈次米斛,难以制造粥食,不免旋行兑换新色白米造食供给,仍监勒医人用药医疗,乃获痊安。询究得以前并不曾如此改造饮食,至于损失人命者,往往缘此。盖条内别无许令改换别色饮食之文,遂致刑狱官司无以遵守,按部之官亦难检察。'今欲乞申明朝廷,应病不应责出而无人供食者,据应给米兑换新色白米,改换粥食,狱官躬亲责给罪人食用。"④这

---

① (宋)谢深甫:《庆元条法事类》卷74《刑狱门》,戴建国点校,黑龙江人民出版社2002年版,第766页。
② 陈襄:《州县提纲》卷3《病囚别牢》《病囚责词》,文渊阁四库全书本第602册,台湾商务印书馆股份有限公司1986年版,第644页。
③ 《宋会要辑稿》刑法6之51,刘琳等校点,上海古籍出版社2014年版,第8558页。
④ 《宋会要辑稿》刑法6之60,刘琳等校点,上海古籍出版社2014年版,第8563页。

第十一章 宋代司法行政相关责任的追究

个建议非常具体,以新米造粥,提供给病囚,得到了朝廷的肯定。绍兴十二年(1142年)九月的赦文,也规定了为贫乏无家的囚犯供送饮食,"勘会禁囚贫乏,无家供送饮食,依法每名官给盐菜钱五文。即今物贵,行在可增作二十文,外路增作一十五文。仍令当职官常切检察,毋令减克作弊"①。这种官给饮食的规定,在宋代官箴中得到佐证,《州县提纲》曰:"贫亡供送者,官须日给米二升,以为饮食。"②《昼帘绪论》曰:"狱囚合给粮食,自当于经费支破……人当日给米二升,盐菜钱十文,朝巳晚申,立定程序,狱子声喏报覆,令躬点视。"③南宋时地方的官办慈善机构安济坊,还向无人供养和无人监护的病囚提供救济,"一如养济法,米盐药饵,取之赃罚钱,冬给衾与薪炭"④。这种为贫困的囚犯提供饮食,其目的与医治病囚一样,都是为了防止死亡,发挥监狱特殊功能——羁押囚犯,以保证候审和候刑的实施。

此外,狱卒、狱吏还负有监狱警卫、狱舍修葺、监舍卫生、囚物检查以及死亡丧葬、旬日点囚等管理责任,以示存恤。熙宁元年(1068年)十月,诏曰:"诸处禁系罪人,虑冬寒有失存恤,在京刑狱司及诸道,委当职官吏,应系人狱房常给柴炭,务令温暖。制造衲袄袴并衲袜、手衣,权给与阙少衣服罪人。及所供饭食,无容司狱作弊,使囚人并冻馁,以致疾患。仍委长吏逐时提举。"⑤隆兴元年(1163年)十一月,中书门下省也有类似的建议,"勘会大理寺、临安府狱囚,近缘雪寒,已降指挥除破粮食外,更给柴炭,贫者假以袄袴、手衣之类。其外路州军亦合一施行"⑥。《州县提纲》中有段告诫文字,涉及监舍修葺、物品提供、卫生环境等,"囚之所犯自有常宪,死于非法,长官不得不任其咎……当春则深其狱之四围沟渠,蠲其秽汙,俾水道流通,地无卑湿,而又时时洒扫,使之洁净。严冬则糊其窗牖,给之袄袜,庶令温暖。

---

① 《宋会要辑稿》刑法6之66,刘琳等校点,上海古籍出版社2014年版,第8566页。
② (宋)陈襄:《州县提纲》卷3《革囚病之源》,文渊阁四库全书本第602册,台湾商务印书馆股份有限公司1986年版,第642页。
③ (宋)胡太初:《昼帘绪论》第七篇《治狱篇》,文渊阁四库全书本第622册,台湾商务印书馆股份有限公司1986年版,第715页。
④ (宋)陈耆卿:《赤城志》卷5《公廨门》,文渊阁四库全书本第486册,台湾商务印书馆股份有限公司1986年版,第611页。
⑤ 《宋会要辑稿》刑法6之56—57,刘琳等校点,上海古籍出版社2014年版,第8561页。
⑥ 《宋会要辑稿》刑法6之67,刘琳等校点,上海古籍出版社2014年版,第8567页。

盛暑则通其窗牖,间日濯荡,由是疾病无自而生。惟时时留心检察是数者,亦庶几古者钦恤之意"①。这些是管理监狱官吏的职责,并且追究"长官"的相应责任,反映了宋代狱政责任及追究是比较广泛的。"诸主守受囚财物,导令翻异,及与通传言语,有所增减者,以枉法论。"②这更要承担刑事责任。

宋代的监狱,尽管与其他时代一样,属于广义的监狱,但其基本功能是羁押,较为专门,有点像今天的拘留所、看守所,与监狱(执刑功能上)有很大区别。正因如此,宋代监狱的责任和追究都是围绕羁押功能来设置和实施的,羁押是为审判服务的,故古代的司法常言"审狱断案"是有道理的;而系囚、拷讯、医囚、供饮等主要职责和责任正是为了羁押囚犯,具体地保证司法审判的顺利进行和司法执行的最终实施。不过,宋代的狱政状况不太理想,问题较多,甚至肆杀狱囚,"晦翁帅潭,一日得赵丞相简密报,已立嘉王为今上。当首以经筵召公。晦翁藏简袖中,竟入狱,取大囚十八人,立斩之。才毕,而登极赦至"③。又如"以狱为市""久而不决",绍兴四年(1134年)九月,右司谏赵霈言:"臣窃见比来在外,刑狱例常淹延,考其奏案,原其情犯,有法当论死,初无可疑者,奈何吏缘为奸,以狱为市,意在纵释,以故久而不决。使已死之魄冤,抑而不得达;被苦之家,怨愤而不得申,将何以召和气乎?"④南宋真德秀对狱政存在的问题有过较为全面的描述:"访闻诸县,间有轻置人于囹圄,而付推鞫于吏手者。往往写成章子,令其依样供写,及勒令立批出外索钱。稍不听从,辄加捶楚,哀号惨毒,呼天莫闻。或囚粮减削,衣被单少,饥冻至于交迫。或枷具过重,不与汤刷,颈项为之溃烂。或屋瓦踈漏不修,有风雨之侵。或牢床打并,不时有虮虱之苦。或坑厕在近,无所蔽障,有臭秽之薰。或囚病不早医

---

① (宋)陈襄:《州县提纲》卷3《革囚病之源》,文渊阁四库全书本第602册,台湾商务印书馆股份有限公司1986年版,第642页。
② (宋)窦仪等:《宋刑统》卷29《受囚财教导令翻异》,吴翊如点校,中华书局1984年版,第470页。
③ 吴子良:《荆溪林下偶谈》卷3《晦翁斩大囚》,文渊阁四库全书本第1481册,台湾商务印书馆股份有限公司1986年版,第504页。
④ (宋)李心传:《建炎以来系年要录》卷80,胡坤点校,中华书局2013年版,第1515页。

治,致有瘐死。或以轻罪,与大辟同牢。若此者不可胜数。"①宋代民谚云:"刑都比门,总是冤魂。""刑都比门,人肉馄饨。"②这说明宋代司法腐败,法制环境不好,狱政也好不到哪里去。甚至现代有学者也认为,宋代的监狱是"黑暗"的统治。③

第三节　社会治安

一般来说,管理社会治安是官府的行政职能,也是政府的治民权力,如《管子·形势解》所说:"治安百姓,主之则也。"宋代社会治安的性质也是如此。有学者指出宋代社会治安的内容,"惩治政治犯罪、杀人伤人等伤害罪治安处理、侵犯官私财物行为的治安处罚、赌博饮酒的治安维护、制止淫乱行为等社会治安管理"④。也有学者指出社会治安的主体:"作为统兵官的巡检和作为文职捕盗官的县尉都是宋朝政府维护地方治安的机构,宋人统称为'巡尉'。"⑤但是,在司法与行政合一的体制下,宋代的治安管理具有一定的司法性,此外,因以巡检率领厢兵或其他士卒平定反抗,或直接以正规军平盗又有一定的军事性,如绍兴二年(1132年)十二月,"诏:闽盗范忠窃发,令神武前军左部统领申世景、御前忠锐第六将单德忠以所部二千速捕之,毋致滋长。如不即扑灭,其帅守、监司及应干捕盗官,并重置典宪"⑥。为此,尽管宋代社会治安的内容丰富,主体明确,且其具有行政、司法、军事等多重性,但将其性质定位为广义的司法行政应该是比较符合历史实际的;尽管县尉、巡检主要负责地方治安,但监司、州县官吏也是重要的责任官吏;尽管社会治安的范围较为广泛,但追究的责任主要在"捕

---

① (宋)真德秀:《政经》,文渊阁四库全书本第706册,台湾商务印书馆股份有限公司1986年版,第463页。
② (宋)陆游:《老学庵笔记》卷6,李剑雄等点校,中华书局1979年版,第82、83页。
③ 参见薛梅卿主编:《中国监狱史》,群众出版社1986年版,第93—111页。
④ 杨瑞军:《论北宋社会治安管理》,载《河北法学》2011年第3期。
⑤ 周荣:《宋朝治安管理体系变革与传承的理性选择》,载《学习月刊》2011年第24期下半月。
⑥ (宋)李心传:《建炎以来系年要录》卷61,胡坤点校,中华书局2013年版,第1207页。

盗"或镇压反抗上,或者说,治安主要在治盗。

北宋苏辙说:"今国家设捕盗之吏,有巡检,有县尉。"①宋代既有因灾难贫困而起的一般盗贼,也有因走私盐、茶等的特殊之盗,因而,宋太祖就多次颁布"捕盗令"②。而监司、州县地方官吏以及提举茶、盐的官吏都有地方治安之责,并且治安之责是考课的重要内容,是要追究相应责任的。如考课监司七事中有一条:"七曰盗贼多寡",考核守令的"四善三最"的三最之一:"屏除奸盗、人获安处、振恤困穷、不致流移为抚养之最",同时,结合其他方面的考核,"通善、最分三等:五事为上,二事为中,余为下"③。考课结果处于中、下者,官职升迁就会受到限制,或被降黜。这种定期考课,包括了官吏的地方治安责任。此外,更多的是给限捕盗的诏令,规定了相应的责任。宋初太祖建隆三年(962年)十二月就规定了县令、县尉捕盗的时限和奖惩:"给以三限,限各二十日。第一限内获者,令尉各减一选,获逾半者,减两选。第二限内获者,各超一资,逾半,超两资。第三限内获者,令尉各加一阶,逾半,加两阶。过三限不获,尉罚一月俸,令半之。尉三罚,令四罚,皆殿一选;三殿,停官。令尉与贼斗而尽获者,并赐绯,尉除令,仍超两资,令别加升擢。"④这要求县令、县尉在盗发后三限内捕获盗贼,限内捕获可以获得不等的减选、超资、加阶等奖励;在限内不能捕获,就会被追究责任,受到罚俸、殿选、停官等相应的处罚。其中,选、资、阶固然可以即时记录在案,但要到考课、磨勘时才真正实施奖惩。这种奖惩捕盗的时限原则,也奠定了宋代追究地方治安责任的基础。此后,有所调整和补充,尤其是对限外捕获的处理,开宝四年(971年)二月,诏:"自今虽限外获贼者,令有司备书于籍,以除其罚,但不得叙为勤绩。"⑤限外捕获贼盗,可以免予处罚,但不得书为劳绩,也就是

---

① (宋)苏辙:《苏辙集》卷35《制置三司条例司论事状奏》,陈宏天等点校,中华书局1990年版,第609页。
② (元)脱脱等:《宋史》卷1《太祖本纪》、卷2《太祖本纪》,中华书局1977年版,第13、27页。
③ (元)脱脱等:《宋史》卷163《职官志》,中华书局1977年版,第3839页。
④ (宋)李焘:《续资治通鉴长编》卷3,上海师范大学古籍整理研究所、华东师范大学古籍整理研究所点校,中华书局2004年版,第76、77页。
⑤ (宋)李焘:《续资治通鉴长编》卷12,上海师范大学古籍整理研究所、华东师范大学古籍整理研究所点校,中华书局2004年版,第261页。

第十一章　宋代司法行政相关责任的追究　441

不能作为以后考课、磨勘的升迁依据,仍属于惩戒性的规定。天禧二年(1018年)二月,还进一步修订法规,法官参详:"捕盗官承前有捕捉稽时不闻州者,咸以违制论。"①这无疑强化了捕盗的责任。

  天禧五年(1021年)八月,洺州团练使、驸马都尉王贻贞还指出了地方之吏或衙役——典吏、弓手、三大户的捕盗责任,"诸州捕盗限内不获,其三大户、弓手、典吏并行决罚。伏缘典吏止行遣文书,与弓手、三大户情或不等,望自今三限不获,从杖八十区断"②。朝廷认可了这个建议,三限不获,施以杖八十的刑罚。元祐六年(1091年)六月,尚书省建议:"诸司提点刑狱每半年具贼盗火数,欲上半年于秋季内,下半年于次年春季内奏闻。违限不奏者,杖一百。"③这指出了提点刑狱奏报贼盗的责任,违限不奏,处以杖一百的刑罚。八月,刑部又强调监官、捕盗官的觉察责任,要求监司加强举劾,并根据失察火数,予以降名次、展磨勘等行政处罚:"强盗发,而所临官司不觉察,致事发他处,或监司举劾者,候得替,以任内曾觉察,功过相除外,每火降名次一月至三季止。捕盗官降名次外,五火杖六十,十火或凶恶五火者,仍奏裁。其非吏部差注官,依所降月数展磨勘,并不依赦原。"④元祐时提点刑狱定期奏报州县官吏的捕盗火数,以及举劾捕盗官的失察,都表明了宋代追究治盗责任制度的完善。其实,监司奏报盗贼火数和举劾捕盗不力是元丰时的旧制,"诸路提刑每半年奏诸州盗贼已未获火数,委刑部案籍审覆,其未获数多,并具劾闻奏,盖责及于监司,则捕监官不待绳而自励"。只是元祐后有所变化,故元符二年(1099年)三月,权刑部侍郎周之道等"乞依元丰旧制,更不用元祐比折之法,但未获数及五分,并许本部劾奏"⑤。这得到了朝廷的认可。为此,宋代

---

① (宋)李焘:《续资治通鉴长编》卷91,上海师范大学古籍整理研究所、华东师范大学古籍整理研究所点校,中华书局2004年版,第2105页。
② (宋)李焘:《续资治通鉴长编》卷97,上海师范大学古籍整理研究所、华东师范大学古籍整理研究所点校,中华书局2004年版,第2252页。
③ (宋)李焘:《续资治通鉴长编》卷460,上海师范大学古籍整理研究所、华东师范大学古籍整理研究所点校,中华书局2004年版,第10995页。
④ (宋)李焘:《续资治通鉴长编》卷465,上海师范大学古籍整理研究所、华东师范大学古籍整理研究所点校,中华书局2004年版,第11097页。
⑤ (宋)李焘:《续资治通鉴长编》卷507,上海师范大学古籍整理研究所、华东师范大学古籍整理研究所点校,中华书局2004年版,第12089、12090页。

一般规定,根据未获火数,分上下半年劾奏和责罚官吏,这是宋代追究地方官吏治安责任的基本方法。

但是,实际追究治安责任的状况,较诏令和法律的规定要复杂得多。熙宁十年(1077年)九月,"降权发遣福建路转运副使、屯田郎中李竦一官、冲替,以本路盗发,不即赴任也"①。尽管李竦尚未就任,但已有治盗之职。他惧怕"盗发",不及时赴任,而被降官、冲替,这实际上是对逃避治安责任的责罚。至于上任之后,更是责无旁贷,最为典型的是,元丰年间广东廖恩起事后,一批官吏措置乖失或没有袭捕,因而受到处罚,如元丰元年(1078年)七月,诏:"前福建转运副使、职方郎中徐亿追一官,免勒停,令致仕。前知福建、司封郎中、直龙图阁元积中落职。驻泊陈德用、巡检张永等八人并追一官,冲替,免勒停。"八月,"权发遣广南东路转运副使、屯田员外郎沈叔通追一官,仍勒停"②。至于未能及时觉察发现,或讨捕无功,同样也会受到责罚,次年二月,"诏知南剑州万公仪追一官,免勒停。通判黄子春、知邵武军周约、签判李上侯,各罚铜二十斤,差替。其余巡检、巡茶盐、县令、尉,追官、勒停、罚铜、冲替者凡二十九人"。五月,"诏权发遣江南西路提点刑狱李莘冲替,展磨勘二年;知建昌军蔡若水等罚铜差替"③。甚至连失察民间传习妖教也予重罚,七月,"诏前知青州、龙图阁直学士陈荐,礼部侍郎滕甫,右谏议大夫李肃之,权知青州、转运使、祠部郎中王居卿,通判、比部员外郎张求等十一人,各罚铜三十斤。恩州清阳县尉成象罚铜二十斤。坐失察青州民杨和真自熙宁六年传习妖教,荐等迭为州守及通判、都监也"④。南宋也是如此,绍兴七年(1137年)七月,"右朝奉大夫、直徽猷阁孙佑夺职,降二官,坐守虔州不捕盗,且奏事失实也"⑤。

如果捕盗措置不当,也会受到处罚,建炎二年(1128年)七月,"中

---

① (宋)李焘:《续资治通鉴长编》卷284,上海师范大学古籍整理研究所、华东师范大学古籍整理研究所点校,中华书局2004年版,第6966页。
② (宋)李焘:《续资治通鉴长编》卷290、卷291,上海师范大学古籍整理研究所、华东师范大学古籍整理研究所点校,中华书局2004年版,第7098、7126页。
③ (宋)李焘:《续资治通鉴长编》卷296、卷298,上海师范大学古籍整理研究所、华东师范大学古籍整理研究所点校,中华书局2004年版,第7205、7206、7240页。
④ (宋)李焘:《续资治通鉴长编》卷299,上海师范大学古籍整理研究所、华东师范大学古籍整理研究所点校,中华书局2004年版,第7271页。
⑤ (宋)李心传:《建炎以来系要录》卷112,胡坤点校,中华书局2013年版,第2093页。

奉大夫、福建路提点刑狱公事李芘勒停。时言者论芘拥兵数万,费官钱二百余万缗,专务招安,不能平寇"①。李芘招安费钱巨大,却未能平寇,终被勒停。有时为了捕盗的效果,对有关官吏还以军法处之,熙宁十年(1077年)六月,诏曰:"捕盗官有逗漏不进,情涉怯惧者,以军法从事。"②建炎二年(1128年)七月,"诏诸路应兵将捕盗等官,合应援地里内逗遛不进,许安抚司从军法"③。

此外,还追究相关官吏的间接治安责任,如绍定六年(1233年),陈铧"进宝章阁待制、知隆兴府。赣寇陈三枪据松梓山砦,出没江西、广东,所至屠残。铧遣官吏谕降,贼辄杀之。乃谓盗贼起于贪吏,劾其尤者二人"④。他因捕盗得以升迁,又奏劾引起盗贼的贪官污吏。为了防止盗起,宋代要求地方官轻徭薄赋,绍兴二十九年(1159年),宋高宗听闻江西盗贼之事,谓辅臣曰:"轻徭薄赋,所以息盗。岁之水旱,所不能免,傥不宽恤而惟务科督,岂使民不为盗之意哉?"⑤这又涉及了地方官吏的减税和救济责任,在"农桑责任"中有所论述,在此不赘述。

当然,如果招抚平定盗贼得力,也会获得晋升奖掖,如:仁宗时,甘昭吉"初以内侍殿头为英、韶州巡检,捕盗有功,再迁内殿崇班、京东路都巡检"⑥。高宗绍兴三年(1133年)五月,"忠训郎、阁门祗候刘轸为左奉议郎,与通判差遣。轸政和初中进士第,为郾城尉,以捕盗之劳换右职,至是请复文阶,而有此命"⑦。有时获得平盗奖励的官吏是比较多的,淳熙四年(1177年),"引见改官八十二员,捕盗十二员;五年,引见八十八员,捕盗十二员;六年,引见五十七员,捕盗十一员"⑧。宁宗

---

① (宋)李心传:《建炎以来系要录》卷16,胡坤点校,中华书局2013年版,第395页。
② (宋)李焘:《续资治通鉴长编》卷283,上海师范大学古籍整理研究所、华东师范大学古籍整理研究所点校,中华书局2004年版,第6923页。
③ (宋)李心传:《建炎以来系要录》卷16,胡坤点校,中华书局2013年版,第400页。
④ (元)脱脱等:《宋史》卷419《陈铧传》,中华书局1977年版,第12562页。
⑤ (元)脱脱等:《宋史》卷174《食货志》,中华书局1977年版,第4216页。
⑥ (元)脱脱等:《宋史》卷467《甘昭吉传》,中华书局1977年版,第13636页。
⑦ (宋)李心传:《建炎以来系年要录》卷65,胡坤点校,中华书局2013年版,第1283页。
⑧ (宋)李心传:《建炎杂记》乙集卷16《隆兴至嘉泰积考改官沿革》,文渊阁四库全书本第608册,台湾商务印书馆股份有限公司1986年版,第583—585页。而李心传:《建炎以来朝野杂记》,徐规点校,中华书局2000年版,将《隆兴至嘉泰积考改官沿革》载于乙集卷14,无此内容,且多减少。

"开禧间,薛叔似、邓友龙、吴猎皆因饥荒盗贼及平逆乱后,往敷德意,亦并以从官行"①。这种奖励,"推赏尤厚"②,是与惩罚相配合的,有利于追究机制的发挥。

第四节 行政监察

古代的监察主要是行政监察,目的是制约行政,或直接一点说,就是监督官吏的行政。而监察官既是行政监察主体,又是客体;他们在行使监察权时,也会受到监督,故也要承担相应的监察责任。就其性质而言,一般是行政责任,具有行政执法的性质。当然,在行政、司法合一的体制下,其也具有司法的权力和责任,这已超出了本选题的研究范围,此当别论。以往对宋代监察制度研究非常深入,成果很多③,但是,对监察官吏的监督以及监察责任追究,缺乏专门系统的探讨。

宋代追究监察官吏的责任,实际上是对监察官和监察权的制约,这是由宋代制约性的政治体制决定的。宋人对此有过高度的概括。北宋范祖禹说:"上下相维,轻重相制,建置之道,最为合宜。"④神宗时详定官制所亦云:"上下相继,各有职守。"⑤南宋汪应辰说:"参酌古义,并建官师,上下相维,内外相制。"⑥陈亮奏称,"一切用祖宗上下相维之法"⑦。因此,宋代对监察官吏的责任追究,应该是宋代政治制

---

① (元)脱脱等:《宋史》卷167《职官志》,中华书局1977年版,第3956页。
② (宋)欧阳修:《欧阳修全集》卷81外制集《内殿崇班李允恭可内殿承制制》,李逸安点校,中华书局2001年版,第1170页。
③ 如贾玉英:《宋朝监察制度》,河南大学出版社1996年版;刁忠民:《宋代台谏制度研究》,巴蜀书社1999年版;虞云国:《宋代台谏制度研究》,上海社会科学院出版社2001年版,等等。
④ (元)脱脱等:《宋史》卷337《范祖禹传》,中华书局1977年版,第10796页。
⑤ (宋)李焘:《续资治通鉴长编》卷330,上海师范大学古籍整理研究所、华东师范大学古籍整理研究所点校,中华书局2004年版,第7953页。
⑥ 《宋会要辑稿》职官15之20,刘琳等校点,上海古籍出版社2014年版,第3418页。
⑦ (宋)陈亮著:《陈亮集》卷2《论执要之道》,邓广铭点校,中华书局2003年版,第22页。

约体制的组成部分,同时,也是一种制约性的责任追究。或者说,宋代监察责任追究最大的特色在于制约性。

宋代监察机构或职官自从设立之初,即已处在监督制约的体制之中。如:景德时复置提点刑狱使,除规定"敢有庇匿,并当加罪"外,还规定了,"内出御前印纸为历,书其绩效,中书、枢密院籍其姓名,代还考课,议功行赏。如刑狱枉滥,不能摘举,官吏旷弛,不能弹奏,务从畏避者,置以深罪"①。提点刑狱受到中书、枢密院的考课监督,并承担相应的法律责任。宋代法律《庆元条法事类》也规定,"诸监司按察官,每岁终具发摘过赃吏姓名置簿,申尚书省"②。这要求监司岁终上报按察结果,接受尚书省的监督。台谏也受到中书、枢密院等的监督,仁宗至和二年(1055年)八月,"诏中书置台谏官言事簿,令以时检句销注之,仍录与枢密院"③。正如知谏院范镇奏云:"臣伏见先朝以御宝印历给言事官,令以时奏上,所以课得失而殿最之也……臣欲乞据今御史、谏官见员,于禁中及中书、枢密院人置一簿,每一章奏,即簿上之。在禁中者,陛下时时观览,以备遗忘,以观言者得失,有可施行,即敕大臣施行。"④这种置簿记录章奏,不仅能够备遗忘、观得失,而且能根据台谏官的言奏,进行考核赏罚。元丰六年(1083年),尚书省都司置御史房,"主行弹纠御史案察失职"。七年,置簿"以书御史、六曹官纠察之多寡当否为殿最,岁终取旨升黜"。绍圣二年(1095年),"诏御史台察六曹稽缓违失者,送左司籍记"⑤。可见,置簿记录台谏章奏的最终目的,是根据纠察的多寡确定殿最和升黜。宋代在加强行政监察的同时,也加强了对监察官吏的监督和责任追究,甚至不惜牺牲监察主体的独立性,由行政主体也即监察对象追究监察主体的责任,最为典型的是,元丰五年(1082年)六月,"诏尚书

---

① (宋)李焘:《续资治通鉴长编》卷66,上海师范大学古籍整理研究所、华东师范大学古籍整理研究所点校,中华书局2004年版,第1477页。

② (宋)谢深甫:《庆元条法事类》卷7《职制门》,戴建国点校,黑龙江人民出版社2002年版,第129页。

③ (宋)李焘:《续资治通鉴长编》卷180,上海师范大学古籍整理研究所、华东师范大学古籍整理研究所点校,中华书局2004年版,第4365页。

④ (宋)赵汝愚:《宋朝诸臣奏议》卷51范镇《上仁宗乞簿上台谏章奏》,邓广铭等校点整理,上海古籍出版社1999年版,第564页。

⑤ (元)脱脱等:《宋史》卷161《职官志》,中华书局1977年版,第3790页。

省得弹奏六察御史失职"①。

除了上述中枢机构外,监察主体还受到监察系统内部的监察和问责。

台谏监察监司。在监察系统的内部,对监司的监察主要由御史台六察中的户案和刑案来承担,六察本来监察尚书六部等,故有吏、户、礼、兵、刑、工六案,也就是六察。元丰时根据御史中丞李定的建议,将六察的范围发展至监司,"以户按察转运提举官,以刑按察提点刑狱,如此则内外官司各勤职事,朝廷法令不至隳废"②。虽然六察经历了兴废且其组成结构有所变化,但是监司为御史台监督弹奏已成基本格局,绍兴十一年(1141)九月,臣僚奏:"乞凡监司容纵赃吏,并不按勘,而为台谏弹奏,勘鞫(鞠)有实者,其监司亦坐之,轻从降秩,重或免所居官。"③孝宗时六察仍然存在,淳熙十六年(1189年)八月,"上曰:'祖宗前后典故甚明,宜且遵守,不可轻易更变。'留正等奏:'六察《台格》具在,条目详备,若能举职事,亦尽有可言者。'"④宁宗开禧元年(1205年)六月,臣僚也言:"如监司不纠察,或自为淹延者,从台谏论奏。"⑤这样,台谏特别是户、刑案成为追究监司责任的一支重要力量。

监司间察,互为监察的主体。早在监司设置之初,太宗曾对转运使不放心,"疑其权太重,复置朝臣于诸路为承受公事,是机察漕司也。真宗即位,省罢承受之官。景德间,遂建提点刑狱一司,实分转运使之权,又以武臣带阁职者副之,熙宁中,议罢武臣提刑。或谓真宗时以武臣提刑,令机察漕司也"⑥。为了便于互察,景祐元年(1034年)五月又诏,"诸路提点刑狱廨舍与转运使副同在一州者,并徙他州"⑦。所以,宋朝监司内部的提点刑狱司与转运使等之间是相互监督和制约

---

① 《宋会要辑稿》职官 17 之 11,刘琳等校点,上海古籍出版社 2014 年版,第 3454 页。
② (宋)李焘:《续资治通鉴长编》卷 303,上海师范大学古籍整理研究所、华东师范大学古籍整理研究所点校,中华书局 2004 年版,第 7387 页。
③ 《宋会要辑稿》职官 45 之 20,刘琳等校点,上海古籍出版社 2014 年版,第 4243 页。
④ 《宋会要辑稿》职官 55 之 26,刘琳等校点,上海古籍出版社 2014 年版,第 4511 页。
⑤ 《宋会要辑稿》刑法 3 之 39,刘琳等校点,上海古籍出版社 2014 年版,第 8413 页。
⑥ (宋)马端临:《文献通考》卷 61《职官考》,上海师范大学古籍研究所、华东师范大学古籍研究所点校,中华书局 2011 年版,第 1849 页。
⑦ (宋)李焘:《续资治通鉴长编》卷 114,上海师范大学古籍整理研究所、华东师范大学古籍整理研究所点校,中华书局 2004 年版,第 2676 页。

的,并且"法有监司互察之文"①,也就是说宋代有了专门的互察法规。事实也是如此,元丰元年(1078年)八月,"诏三司令诸路转运司勘会所辖州军,熙宁十年以前三年收支,应见在钱物……限半年攒结成都状,送提点刑狱司驱磨保明,上中书点检。有不实,科徒二年罪,不理去官,仍并治保明官吏"②。徽宗崇宁五年(1106年)二月,"诏监司条奏民间疾苦",并行互察之法,"州县不尊奉者监司按劾,监司推行不尽者诸司互察之"③。高宗绍兴二十八年(1158年)十一月,南郊赦:"诸路监司、州县抛买应用物色,多不以时支给价钱,虽已降指挥立限支还,尚虑视为文具,狃习前弊。仰漕臣常切约束,觉察按治。监司违戾,令诸司互察,御史台弹劾。仍许人户越诉。"④这种互察规定在《庆元条法事类》中多次出现,如"应监司、郡守,不得以宽剩为名,划刷州县非正额钱物……在外许监司互相觉察,在内委台谏按劾以闻"⑤。"诸官司无按察官而有违法及不公事者,发运、监司互相觉察(逐重禄公人因职事受乞财物,准此),其经略按抚、发运、监司属官,听逐互行按举。"⑥"诸监司籴买粮草……守令奉行及监司不互察者,与同罪,许被科抑人户越诉。"⑦由此可见,自监司设立之后,诸司已被置于相互监察的体制和机制之中,互相追究监察的责任。

此外,台谏之间、台院之间、给舍之间都相互监察制约,如哲宗绍圣四年(1097年),叶祖洽说:"两省置给、舍,使之互察。"⑧由此可见,宋代形成了多种主体、多个层面的互察。即使具体到一些具有管理和监督性的机构,也相互制约,受到反察,如徽宗宣和元年(1119

---

① 《宋会要辑稿》职官45之5,刘琳等校点,上海古籍出版社2014年版,第4235页。
② (宋)李焘:《续资治通鉴长编》卷291,上海师范大学古籍整理研究所、华东师范大学古籍整理研究所点校,中华书局2004年版,第7126页。
③ (元)脱脱等:《宋史》卷20《徽宗本纪》,中华书局1977年版,第376页。
④ 《宋会要辑稿》食货37之35—36,刘琳等校点,上海古籍出版社2014年版,第6825页。
⑤ (宋)谢深甫:《庆元条法事类》卷48《赋役门》,戴建国点校,黑龙江人民出版社2002年版,第671页。
⑥ (宋)谢深甫:《庆元条法事类》卷7《职制门》,戴建国点校,黑龙江人民出版社2002年版,第129页。
⑦ (宋)谢深甫:《庆元条法事类》卷37《库务门》,戴建国点校,黑龙江人民出版社2002年版,第570页。
⑧ (元)脱脱等:《宋史》卷161《职官志》,中华书局1977年版,第3779页。

年),"以左藏库亏没一百七十万有奇,及别造都籍,催辖司、太府寺、左藏库互相钩考,以绝奸弊"①。可见,宋代在监察中把一个机构置于另一个机构的监察之中,并追究该机构的监察责任。

由上可知,宋代的互察或反察,实质上是对监察主体的监察,并形成一个相互制约的体系,以此为基础追究监察主体的责任。这种制约性极强的监察责任追究,在我国监察史上是非常突出的。

因此,尽管宋代很优待监察官,但没有放纵而是追究监察官的责任。如:乾德元年(963年)二月,"御史中丞刘温叟等并坐失于弹劾,夺两月俸"②。太平兴国六年(981年)七月,"诏免两浙东北路转运使王德裔,仍削两任,追先所赐白金千两,坐简慢不亲事,部内不治也"③。天禧元年(1017年)二月,"诏别置谏官、御史各六员,增其月俸,不兼他职,每月须一员奏事,或有急务,听非时入对,及三年则黜其不胜任者"④。景祐三年(1036年)十月,"降提点广西路刑狱、金部员外郎牛昭俭知婺州,以知桂州于大城言昭俭在所部按劾不公也"⑤。政和二年(1112年)正月,诏:"户部上诸县灾伤应被诉受状而过时不收接若抑遏徒二年、州及监司不觉察各减三等法。"⑥靖康元年(1126年)七月,"侍御史李光坐言事贬监当"⑦。绍兴十一年(1141年)九月,"坐监司不按赃吏罪"⑧。只有这种追究,才能保障监察机制的运行,并且凸显出宋代监察制度的作用和地位。这正是宋代监察制度发展的重要时代标志。

在政治上,宋代的行政、司法虽有分离,但基本上仍是我国古代行

---

① (元)脱脱等:《宋史》卷179《食货志》,中华书局1977年版,第4360页。
② (宋)李焘:《续资治通鉴长编》卷4,上海师范大学古籍整理研究所、华东师范大学古籍整理研究所点校,中华书局2004年版,第83页。
③ (宋)李焘:《续资治通鉴长编》卷22,上海师范大学古籍整理研究所、华东师范大学古籍整理研究所点校,中华书局2004年版,第494页。
④ (宋)李焘:《续资治通鉴长编》卷89,上海师范大学古籍整理研究所、华东师范大学古籍整理研究所点校,中华书局2004年版,第2040页。
⑤ (宋)李焘:《续资治通鉴长编》卷119,上海师范大学古籍整理研究所、华东师范大学古籍整理研究所点校,中华书局2004年版,第2808页。
⑥ 《宋会要辑稿》食货59之9,刘琳等校点,上海古籍出版社2014年版,第7382页。
⑦ (元)脱脱等:《宋史》卷23《钦宗本纪》,中华书局1977年版,第429页。
⑧ (元)脱脱等:《宋史》卷29《高宗本纪》,中华书局1977年版,第550页。

政、司法合一的体制。为此,行政具有司法性,司法又依靠行政,二者难分难解,司法行政、狱政管理、社会治安和行政监察的责任追究具有行政责任和司法责任的二重性,不过,更接近广义的司法行政责任,但与现代法学的界定又有较大的差异。无论是行政、司法责任的兼容性,还是与现代司法行政责任的差异性,都正好体现了古代司法行政责任的时代性。而这些责任追究又有其特殊之处,司法与行政合一性,决定了司法的特殊性,司法责任也就以行政处罚为主,或考核时直接追究行政责任;狱政管理,主要为监狱的羁押功能服务,以满足候审、候刑的需要,因此主要围绕监狱的保障,追究狱政责任;社会治安,主要目的在于治盗,除县尉、巡检之外,还有监司、知州、知县以及被派遣的使臣都要承担责任,责任性质兼有行政性、司法性、军事性;行政监察,在制约性体制下运作并为之服务,通过追究监察责任,实现对监察权的制约,也就决定这是一种制约性的责任追究。为适应国家机器运行时各方面的需要,尽管这些责任追究各有侧重,但都有明显的司法性、强制性,直接为宋代的政治制度,尤其是为专制主义中央集权制度服务的。

结　语

宋代行政责任追究制度是我国政治史、法制史上的一项重要内容,也是一个历史学与政治、行政、管理学交叉研究的课题。尽管政治史、法制史是我国学术研究的重要领域,历史悠久,成果丰硕,且与行政责任追究制度有一定的关联,但是,关于宋代行政责任追究制度的研究极为薄弱,迄今几乎没有系统性的成果。自20世纪80年代以来,宋史、法制史、制度史的研究与本选题的关系密切,相关成果主要在宋代官吏制度、法律制度的相关论著中有所反映,近年也渐见少量专题论文,再加上现代行政责任追究制度研究和建设都较为初步,可供借鉴的专门理论和方法不多。因此,总体来说,宋代行政责任及其追究制度是一个有待深入系统研究的课题。

宋代行政责任追究制度的发展,给后人留下了较为丰富的文化遗产和文献资料,包括法律法规、典章制度、纪传编年以及其他相关史料,尤其是法律、政典等方面的史料具有基础性的意义,从而使本选题研究成为可能。事实上,我国古代行政责任追究制度经过长期的历史演变,至宋代发生了前所未有的变化,并取得很大的发展,如:责任和追究在行政中被广泛运用,行政责任追究的相关法律法规日益丰富,敕的责任追究功能不断增强,行政责任追究方法逐步成熟并有体系等,特别是在行政责任追究的基本内容和方法上,无论是行政责任追究主体、程序、类型的日益清晰,还是行政责任追究的形式、方法的系统完整,都标志着宋代行政责任追究制度的新进展。当然,宋代行政责任追究制度仍然处在以责任追究方法表达责任追究制度的水平,但在分权行政、制约权力基础上追究行政官吏的主体责任。这是以官治民、官民对立社会的必然产物,属于专制集权下的行政责任追究,与现代分权制衡和民主法制基础上的行政责任追究制度有着很大的差别。即使如此,宋代行政责任追究的方式、方法,还是自成一体、很有特色的,形成以限制人身自由为特征、以剥夺或黜降官职爵位和经济处罚为主要内容的责任形式和方法。同时,其又与行政性的刑事处罚方法结合起来,构成了一个层次分明、相互关联、补充的方法体系,通过剥夺或减降官吏的爵位利禄,进行惩罚性的责任追究,以保证政权机器的正常运行。另外,还通过"官当"减免的原则和方法,来庇护官吏的特权、利益,但也因此影响了行政责任追究的功能和作用。

基于宋代行政及其法制的发展,在官吏选任、农桑水利、财政税收、财物管理、军事、教育、宗教、外交以及司法行政等方面形成了各种类型的行政责任追究。其中,官吏选任的科举和举官责任具有基础性的意义,科举责任追究涉及科举的全程且具有举士责任、举官责任二重性,举官责任追究的根本原则或方法则是连坐同罪。这在以官为本位和设官而治的古代社会,官吏始终居于极其重要的地位,官吏的选任既是一种具体的行政过程、行政类型,又是一个涉及诸多行政领域的问题;选任责任既是一种专门责任,又是一种普遍责任,因而,官吏选任责任尤其是科举、举官责任处在行政责任追究制度的基础性地位,也是行政责任追究制度研究中的基本问题。至于农桑水利、财政税收、财物管理、军事、教育、宗教、外交以及司法行政等行政责任,则有专门的功能和作用。农桑水利、财政税收、财物管理是宋朝行政运作和政权功能发挥的经济和物质基础,同时其也能反映出当时的社会发展和民生状况,并由此破解宋代多种社会现象和问题。军事行政责任揭示了宋代军费负担重和军事能力弱的根源,教育、宗教、外交、司法行政等行政责任则反映宋代文化和外交的特色以及法律制度运作的实态。

以上的宏观概括及本书各章节的论述,都是在考察古代行政制度的基础上,借鉴现代政治学、行政学、管理学的理论和方法,从而对宋代行政责任追究制度进行分析和研究。这种研究的思路和范式,应该符合现代史学专题研究、专门史研究的发展趋势。但也会带来新的问题,比如在研究中如何沟通与协调传统职官制度与现代行政制度的关系,或者说,如何以现代行政学理论和视野分析传统行政制度。从传统职官制度分类考察,有可能就事论事,且有许多交叉和粘连之处,缺乏现代学术气息;而从现代行政制度视角考察,一些现代概念或概括未必能够完全规范古代的行政,并有可能挂一漏万,甚至遗漏某些重要内容。为此,有必要对一些前文未提及的问题以及总括性问题作扼要的补充论证。

一、宋代行政责任追究的范围

宋哲宗时候侍御史贾易,曾指出天下大势有五种可畏情形:"一曰上下相蒙,而毁誉不以其真;二曰政事苟且,而官人不任其责;三曰经费不充,而生财不得其道;四曰人才废阙,而教养不以其方;五曰刑赏失中,而人心不知所向。"①其中第二条"政事苟且"固然是官吏的行政责任,其他四条又何尝不是呢,涉及官吏的行政、财政、人事、司法等方面。可见,"可畏情形"落脚于行政责任,而行政责任的范围又是极为广泛的。尽管本文对宋代官吏选任、农桑水利、财政税收、财物管理、财政支出、军事、教育、宗教、外交以及司法行政等各类行政责任追究,都作了概括和论述,这些应该是最为基本而重要的内容,但并非是宋代行政责任追究的全部,其实际涉及的范围还要广泛得多。这是由行政的广泛性所决定的,何况古代的政治,以行政为中心,以权力为至上,更加拓展了行政的空间,扩大了责任的范围。只要有行政,就有责任;只要有责任,就应当追究。为此,除了本书所述行政责任追究外,宋代还有其他方面的责任追究,比如医官的医疗责任。

宋代就对医官医术、医德的要求较高,早在宋太祖乾德元年(963年)十二月,"校医官,黜其艺不精者二十二人"②。仁宗嘉祐八年(1063年)三月,"上初不豫,医官宋安道等进药,久未效",前郓州观察推官孙兆、邠州司户参军单骧"以医术知名",应诏诊御脉。次月,"责降医官"时,"兆编管池州,骧峡州,同时责降者十二人,独骧、兆得远地云"。在此事上,孙、单二人有些冤枉,当时就有人为他们鸣不平,"先帝初进兆等药,皆有验,不幸至此,乃天命也,非医官所能及"③。这正

---

① (宋)李焘:《续资治通鉴长编》卷451,上海师范大学古籍整理研究所、华东师范大学古籍整理研究所点校,中华书局2004年版,第11015页。
② (元)脱脱等:《宋史》卷1《太祖本纪》,中华书局1977年版,第16页。
③ (宋)李焘:《续资治通鉴长编》卷198,上海师范大学古籍整理研究所、华东师范大学古籍整理研究所点校,中华书局2004年版,第4790、4795页。

说明医官是有责任的。若真是治疗失误,则要负的责任更重,熙宁十年(1077年)十月,"永国公俊卒,年五岁"。"于是翰林医官副使李永昌、张昭文以用药谬误,除名编管,永昌随州,昭文唐州,余各降夺有差。"①绍兴十九年(1149年)六月,"和安大夫、高州防御使、诊御脉樊和彦,令临安府差人管押出门,于处州居住,坐用药纰缪也"②。而有时因疗效不好,无法治愈,也会受到严厉的处罚。元丰六年(1083年)十二月,"诏:'翰林医官副使能中复、尚药奉御张介臣并除名编管,中复滁州,介臣郴州。翰林医官副使姚元善、翰林医官秦玠各追一官勒停。皇城使、康州团练使陈易简,西绫锦副使沈士安,各罚铜三十斤。皇城使朱有章、翰林医官使(奏)[秦]迪、直翰林医官局王永和、郭震、翰林医官曹应之、高务本,各罚铜二十斤。'以治鲁国大长公主疾无状也"③。元符三年(1100年)正月,"责诊视大行皇帝医官秦玠、孔元、耿愚等,并除名、勒停、编管、夺官,罚金有差"④。

医官不仅有诊治的责任,还要看验请病假的官吏。哲宗元符初,权刑部言:"请诸赴朝参宗室,如有疾病请朝假,申阁门,令阁门报入内侍省,差使臣押医官看验……若月内请过三日者,亦报所属,差使臣押医看验……诸差使臣押医官看验宗室请假而看验不实者,医官徒一年,使臣知情与同罪,不知情减二等。"⑤可见,医官看验不实,同样要承担责任。

宋代官吏的行政责任,无论是从行政主体,还是从行政范围;无论从传统的职官类型,还是从现代的行政分类来考察,都是极其广泛的,只要有行政,就应该有责任追究。上述补论的医官行政责任,也只是从现代行政的视角,对正文中专题研究作一点补充而已,不可能穷尽责任的所有形式和对象。无论古代,还是现代,行政的内容和范围

---

① (宋)李焘:《续资治通鉴长编》卷285,上海师范大学古籍整理研究所、华东师范大学古籍整理研究所点校,中华书局2004年版,第6982页。
② (宋)李心传:《建炎以来系年要录》卷159,胡坤点校,中华书局2013年版,第3022页。
③ 《宋会要辑稿》职官36之99,刘琳等校点,上海古籍出版社2014年版,第3943页。
④ (宋)李焘:《续资治通鉴长编》卷520,上海师范大学古籍整理研究所、华东师范大学古籍整理研究所点校,中华书局2004年版,第12374页。
⑤ (宋)李焘:《续资治通鉴长编》卷498,上海师范大学古籍整理研究所、华东师范大学古籍整理研究所点校,中华书局2004年版,第11860、11861页。

都是极为丰富、广泛的,多以专门法条约束之。何况古今的行政分类又有很大的区别,古代是以职官制度为基础的,现代是以行政属性为基础的。从现代行政管理学切入,可以获得新思路和新认识,但也会挂一漏万。

如文书簿籍的管理,直接影响行政信息的保存和传递,责任追究涉及许多机构和官吏。真宗景德二年(1005年)八月,"诏:'诸州县案帐、要切文书、钞榜等,委官吏上籍收锁,无得货鬻毁弃。仍命转运使察举,违者重置其罪。'时卫州判官王象坐鬻案籍文钞,除名为民,配隶唐州,因著条约"①。可见,王象鬻卖文籍,违反了保存文簿的基本要求,受到除名、配隶的严惩。神宗熙宁七年(1074年)十二月,"诏入内祗候、高班内品黎庆之除名勒停,梁恭礼、入内高班吴立、张德恭各勒停,免除名,入内副部知、左骐骥使王昭明追两官,特免除名勒停。庆之坐误发内降文字,恭礼报昭明,令立、德恭入求于内夫人庞氏重封印,从盗御宝法应除名,以尝会赦故也"②。黎庆之等误发的是内降,可见,文字内容十分重要,性质严重的,处罚也很严厉。哲宗绍圣四年(1097年)九月,诏:"当职官吏辄费用架阁库文书及专管官吏散失架阁文书者,并依元丰法断罪。"③这是要求做好文书的架阁,即档案馆藏工作,否则,依法追究责任。又如文书的点检、销簿,应及时并结绝。神宗元丰三年(1080年)五月,"御史台言,点检三司自熙宁八年尽去年,官物文簿不结绝百九十事。诏大理寺劾官吏失销簿罪"④。六月,"权御史中丞李定等言军器监文簿稽滞及失举催千三十一事。诏丞罚铜八斤,主簿十斤,吏杖罚有差,主判官释之"⑤。哲宗元符二年(1099年)九月,御史中丞安惇言:"元丰法,每半年轮台官

---

① (宋)李焘:《续资治通鉴长编》卷61,上海师范大学古籍整理研究所、华东师范大学古籍整理研究所点校,中华书局2004年版,第1357页。
② (宋)李焘:《续资治通鉴长编》卷258,上海师范大学古籍整理研究所、华东师范大学古籍整理研究所点校,中华书局2004年版,第6302—6303页。
③ (宋)李焘:《续资治通鉴长编》卷491,上海师范大学古籍整理研究所、华东师范大学古籍整理研究所点校,中华书局2004年版,第11654页。
④ (宋)李焘:《续资治通鉴长编》卷304,上海师范大学古籍整理研究所、华东师范大学古籍整理研究所点校,中华书局2004年版,第7411页。
⑤ (宋)李焘:《续资治通鉴长编》卷305,上海师范大学古籍整理研究所、华东师范大学古籍整理研究所点校,中华书局2004年版,第7417页。

就三省点检,各有日限。又恐文簿未明,须呼吏指说,难于限内详究,诏许展日。""诏并依元丰法。"①闰九月,"陕州司理吕瀋为匿税亡失官文书",受到"特依冲替人例"的处罚。② 可见,只要深入下去,每种具体的行政责任和追究仍有一定的研究空间,如对相关官吏在科举明法考试、官吏法律考试以及张布文告、督促乡规民约制定等方面的责任,都值得进一步研究。

二、宋代行政责任追究制度与政治环境

据上所论,宋代行政责任追究从制度层面讲应是比较全面、系统的,从机制和机理上看有其合理、科学之处,即有利于行政机构的有效运作和行政目标的顺利实现。前述对各类行政责任追究,从制度层面和从运作角度作了详略不等的阐述,其中运作的情况十分复杂,考察的难度很大,涉及权臣、党争、战争、家法等方面的政治环境因素。

宋代的君权与相权孰强孰弱本就是一个极为复杂的问题,而且长期以来纷争不已。实际上,宋代的君权与相权有其自身的发展轨迹,在各个时期的表现不尽相同,既有发展,又有削弱。宋代是一个加强集权和君权的时代,也是一个大臣,尤其是宰相权力扩张的时代,甚至出现一批权相。宋人早已指出,"余谓国初相权之重,自艺祖鼎铛有耳之说始"③。太宗就认为,"太祖朝,赵普在中书,其堂帖势重于敕命"④。正因如此,也就发生了所谓宰相"专权"之现象,"兵权所在,人臣最难言,而赵普罢符彦卿成命于已行之后,贷重赟之死于将戮之时,任相犹谓之不专乎?"⑤神宗即位初年,侍御史张纪言:"政府不当侵有司之职。"⑥这种"侵职",也即"侵权",是相权加强的表现。赵普

---

① (宋)李焘:《续资治通鉴长编》卷515,上海师范大学古籍整理研究所、华东师范大学古籍整理研究所点校,中华书局2004年版,第12237页。
② 参见(宋)李焘:《续资治通鉴长编》卷516,上海师范大学古籍整理研究所、华东师范大学古籍整理研究所点校,中华书局2004年版,第12277页。
③ (宋)罗大经:《鹤林玉露》丙编卷2《论事任事》,王瑞来点校,中华书局1983年版,第259页。
④ (宋)李焘:《续资治通鉴长编》卷40,上海师范大学古籍整理研究所、华东师范大学古籍整理研究所点校,中华书局2004年版,第847页。
⑤ (宋)徐自明撰:《宋宰辅编年录校补》卷1,王瑞来校补,中华书局1986年版,第14页。
⑥ 《宋会要辑稿》职官1之17,刘琳等校点,上海古籍出版社2014年版,第2947页。

的权势显赫,炙手可热,虽得益于天子的赏识和恩宠,具有一定的特殊性,然拥有此等权力的宰相在宋代又绝非赵普一人,故具有典型性和代表性。而宋代分宰相之权正说明了宋朝相权并不弱小,只是分权使宰相权力的结构、形式发生了一些变化。为此,宋朝既是一个削弱相权措施丰富的朝代,又是一个相臣实际权力强大的朝代,在权倾一朝相臣的人数、霸政的时间、专横的程度等方面都是历史上罕见的,如文彦博、吕公著、秦桧、郑清之、贾似道、赵汝愚、韩侂胄等都是宋代著名的权相。为此,在权臣当政时期,行政监察受到阻碍,对权臣及其成员的监察就非常困难,很难追究他们的责任,甚至出现奏劾者受到责罚的现象。如宣和三年(1121年)五月,"陈过庭、张汝霖以乞罢御前使唤及岁进花果,为王黼所劾,并窜贬"①。乾道元年(1165年)八月,"吏部侍郎章服以论虞允文阿附罢,谪居汀州"②。而虞允文当时拜参知政事兼知枢密院事,"会钱端礼受李宏玉带,事连允文,为御史章服所论,罢政,奉祠西归"③。虞允文是以他事而罢官的。此外,也有因勾结权臣而受到追究的,哲宗时,"三省言元丰末、元祐中,王巩累上书议论朝政,表里奸臣,欲尽变更先朝法度;张保源累上书议论朝政,附会奸臣。诏朝散郎王巩特追毁出身以来告敕文字,除名勒停,送全州编管;通直郎张保源特勒停,仍展三期叙,于峡州居住"④。这说明权臣专权现象严重,监察、追责都难以发挥积极作用。

而权臣或重臣的执政,又往往与党争,也即不同政治势力之争,交织在一起,这更加影响了责任追究的性质和效果。早在太宗太平兴国七年(982年)四月,"左卫将军、枢密承旨陈从信罢为左卫将军……皆坐交通秦王廷美及受其私犒故也"⑤。他们皆因与秦王往来密切而被降职。真宗乾兴元年(1022年)二月,"户部侍郎、知青州周起责授太常少卿、知光州,给事中、知杭州王随授秘书少监、知通州,知海州王曙

---

① (元)脱脱等:《宋史》卷22《徽宗本纪》,中华书局1977年版,第408页。
② (元)脱脱等:《宋史》卷33《孝宗本纪》,中华书局1977年版,第632页。
③ (元)脱脱等:《宋史》卷383《虞允文传》,中华书局1977年版,第11796页。
④ (宋)李焘:《续资治通鉴长编》卷504,上海师范大学古籍整理研究所、华东师范大学古籍整理研究所点校,中华书局2004年版,第12001页。
⑤ (宋)李焘:《续资治通鉴长编》卷23,上海师范大学古籍整理研究所、华东师范大学古籍整理研究所点校,中华书局2004年版,第516页。

授郓州团练副使,兵部郎中、知光州盛度授和州团练副使。凡前附寇准者,并再加贬黜"①。可见,陈从信、周起等,先后因站错政治队伍而被追究责任。而七月,淮南、江浙、荆湖制置发运使黄震为李溥所诉而免官,但他"以溥丁谓之党,不敢自直"。一个错误的追究,却因党别而不敢自救,得不到纠正,"中外皆称其枉"。②神宗熙宁变法时期,党争对责任追究的影响更大。熙宁七年(1074年)六月,光州司法参军郑侠狂言反对新法,而被勒停,编管汀州,可谓咎由自取,而他讲的一段话,反映了当时党争与责任追究的关系,"安石作新法为民害,惠卿朋党奸邪,壅蔽聪明。独冯京立异,敢与安石校。请黜惠卿,用京为相"③。所云责罚的依据,竟然主要是对变法的态度,以及所谓"朋党"。熙宁变法之后,党争更趋激烈,持不同政见的官吏往往被冠以附会某人某党而受到行政处罚。宋代常把结党、附会作为行政责任的依据。哲宗元符元年(1098年)七月,"三省言,翰林学士承旨蔡京第三奏:'臣昨论奏文及甫所发刘挚有司马昭之心,及其党附之人,废其子孙。伏闻刘挚、梁焘已有处分,其余显著之人,未有指挥'"。三省又说:"刘挚等党人王岩叟,前后论事,包藏奸心,最为凶悖。"④九月,"追官勒停横州编管秦观特除名,永不收叙,移送雷州编管。以附会司马光等同恶相济也"⑤。次年五月,"诏朝奉大夫新知韶州孔平仲责授惠州别驾,英州安置;左骐骥使、英州刺史、权发遣梓夔路钤辖、管勾泸南沿边安抚司公事王献可降一官,落遥郡刺史,罢见任差遣。平仲以元丰末上书诋讪先朝政事;献可以元丰末及元祐中上书议论朝政,附会

---

① (宋)李焘:《续资治通鉴长编》卷98,上海师范大学古籍整理研究所、华东师范大学古籍整理研究所点校,中华书局2004年版,第2276页。
② 参见(宋)李焘:《续资治通鉴长编》卷99,上海师范大学古籍整理研究所、华东师范大学古籍整理研究所点校,中华书局2004年版,第2292页。
③ (宋)李焘:《续资治通鉴长编》卷254,上海师范大学古籍整理研究所、华东师范大学古籍整理研究所点校,中华书局2004年版,第6207页。
④ (宋)李焘:《续资治通鉴长编》卷500,上海师范大学古籍整理研究所、华东师范大学古籍整理研究所点校,中华书局2004年版,第11917、11923页。
⑤ (宋)李焘:《续资治通鉴长编》卷502,上海师范大学古籍整理研究所、华东师范大学古籍整理研究所点校,中华书局2004年版,第11952页。

奸党,故有是责"①。北宋末年,为了挽救朝代灭亡,惩处蔡京、王黼等奸臣,而臣僚在批评朝廷处罚不公时,也指出他们内外勾结,同恶相济,为一丘之貉,"窃惟国家承祖宗积累之盛,比年以来国用匮乏,海内空虚,细民愁苦,盗贼纵横,金人乘中国无备,辄以数万骑直入京阙者。盖将相大臣,同恶相济二十余年,所以至此。蔡京窃弄威柄于前,王黼窃弄威柄于后,蔡京、王黼败坏法度于内,童贯败坏法度于外,争权竞利。其初虽相为矛盾,至于包藏贼心,害民蠹国,则若合符节"②。南宋的党争较多,因朋党受责的官吏也很多。如高宗绍兴十二年(1142年)三月,"以士儁尝营护岳飞为朋比,责建州居住"。十一月,"左承事郎张戒坐党赵鼎、岳飞停官"③。当然,宋代所谓的朋党与前述有根本区别,主要涉及战和的态度,在此所谓朋比为党是别有用心的。因此,宋代行政责任追究与朋党关系甚为复杂,而朋党和党争的性质使责任追究更加迷雾重重,需要具体情况具体分析。

宋代与周边民族政权并存,对外往来频繁,战争较多,官吏的战和态度直接影响行政责任追究。如前述所谓附寇准、岳飞党的责罚,实际上是由其对辽、金的战和态度决定的。北宋末年,在金兵压境的形势下,有的因反对和议,受到处罚。徽宗宣和四年(1122年)九月,"朝散郎宋昭上书谏北伐,王黼大恶之,诏除名、勒停、广南编管"。可见,宋昭反对和议,为权臣王黼深恶痛绝,而被除名、勒停、编管。④ 甚至直接处罚主战的官吏,钦宗靖康元年(1126年)十月,"贬李纲为保静军节度副使、安置建昌军"⑤。同时,也有正直的官吏认为应追究主和官吏的责任,"臣伏睹陛下以大臣误国,悉行罢黜,如李邦彦主和议,李棁、李邺、郑望之奉使许地是也。有索金银于民间,而措置乖方,为国敛怨,莫如王孝迪,今犹以秘殿峻职出守巨藩,臣所未喻也。"显然,这些"奉使许地""索金银于民间"以议和的官吏,应该罢黜或降

---

① (宋)李焘:《续资治通鉴长编》卷510,上海师范大学古籍整理研究所、华东师范大学古籍整理研究所点校,中华书局2004年版,第12141页。
② (宋)徐梦莘:《三朝北盟会编》卷46,上海古籍出版社2008年版,第344页。
③ (元)脱脱等:《宋史》卷30《高宗本纪》,中华书局1977年版,第555、557页。
④ 参见(元)脱脱等:《宋史》卷22《徽宗本纪》,中华书局1977年版,第410页。
⑤ (元)脱脱等:《宋史》卷23《徽宗本纪》,中华书局1977年版,第431页。

职,如"出守巨藩"的王孝迪落职宫祠。①

宋代还是一个重视祖宗之法或家法的朝代。家法的内容极为丰富,范祖禹说:"恭惟本朝祖宗家法,自三代以还盖未之有,由汉以下皆不及也。"②如哲宗时丁度说:"臣事陛下二十年,每奉德音,未尝不本于忧勤,此盖祖家法耳。"吕大防曰:"祖宗所列家法最善。"③光宗亦曰:"祖宗家法最善,汉、唐所不及。"④现代学者认为:宋代家法"实际上就是宋代帝王累代相承的正家治国方略与规则"⑤。尽管家法应该具有传承性、稳固性、基础性,但又不全是政治法律制度的传承,也不是所有家法都直接影响官吏责任的追究,诸如"不妄杀""招聚四方无赖不逞之人以为兵""京师之兵足以制诸道……内外相制"等。⑥ 只有在考核政绩时,当家法与责任发生关系,官吏需承担相应的责任,家法才影响责任的追究。如"不妄杀"而"妄杀",当然承担直接责任;同时,衍生出来的"不杀士大夫"以及对"妄杀"的加重处罚,则对责任追究产生明显的作用。宋人一般将此归于国祚长远的重要原因:"国朝典宪,比汉、唐极宽,不杀士大夫。盖祖宗家法,所以享国长久,用此道也。"⑦实际上,这对责任追究的影响很大,王夫之说:"自太祖勒不杀士大夫之誓以诏子孙,终宋之世,文臣无欧刀之辟。"⑧同时,这一家法又使得宋代士大夫勇于承担责任,"宋时忠厚立国,不杀士大夫。当时士大夫毅然以气节名义为重,一遇国家有事,辄明目张胆别白言之,不少顾忌,往往以此得美名、跻显位。不幸触讳遭迁谪以去,及其事久论

---

① 参见(宋)徐梦莘:《三朝北盟会编》卷46,上海古籍出版社2008年版,第344页。
② 赵汝愚:《宋朝诸臣奏议》卷27范祖禹《上哲宗进家人卦解义》,邓广铭等校点整理,上海古籍出版社1989年版,第266页。
③ (元)脱脱等:《宋史》卷340《吕大防传》,中华书局1977年版,第10842—10843页。
④ (宋)马端临:《文献通考》卷201《纪籍考》,上海师范大学古籍研究所、华东师范大学古籍研究所点校,中华书局2011年版,第5781页。
⑤ 邓小南:《"正家之法"与赵宋的"祖宗家法"》,载《北京大学学报》2000年第4期。
⑥ 参见(宋)李焘:《续资治通鉴长编》卷327,上海师范大学古籍整理研究所、华东师范大学古籍整理研究所点校,中华书局2004年版,第7883页。
⑦ (宋)倪思:《经鉏堂杂志》卷4《君子赢得做》,载《续修四库全书》第1122册,上海古籍出版社2002年版,第211页。
⑧ (清)王夫之:《宋论》卷1《太祖四》,舒士彦点校,中华书局1964年版,第6页。

定,直声劲节亦从此益大以著"①。"不杀士大夫"尚属于消极的家法,而积极的家法则是"优待士大夫"。如在取士上,苏轼指出,"自近世以来,取人之多,得官之易,未有如本朝者也……至嘉祐末年,始尽赐出身,虽文理纰谬,亦玷科举。而近岁流弊之极,至于杂犯亦免黜落,皆非祖宗本意"。一方面,放宽取士标准,扩大录取名额,固然是士子的福音,但这一方面导致冗官待阙的问题,"今吏部一官阙,率常五七人守之,争夺纷纭,廉耻道尽"②。另一方面,又必然宽大了士子的"纰谬"以及削弱了科举官吏的责任。其实,这已经违反了家法,即所谓"非祖宗本意"。可见,对家法的认知和继承不同,会影响行政责任追究的取向和程度。又如"人吏无俸禄"的家法或传统,直接导致吏贫而贪,宋代又不得不改变家法,增加俸禄以养廉,同时提高官吏的责任要求,增加处罚的力度。吏禄的变化,自然影响责罚的程度,如御史中丞李常言:"先帝以人吏无禄,为不足以责其廉,遂重其罚而禄之。"③家法对责任追究的影响,既有积极作用,也有消极影响,可谓是把双刃剑,需要具体分析。

三、宋代行政责任追究制度的作用

据上所论,宋代行政责任追究制度在规定与实施、政治环境与追究效果、追究责任与庇护官吏、法制建构和法律体系等方面都存在一些问题,并且,这种行政责任追究制度只是治官的手段,维护专制集权的利器,难以真正解决官民对立的问题,更不可能从根本上维护社会发展和民众权利,也就注定这种制度只是专制集权制度的组成部分,无法与现代责任制度或问责制度比拟。尽管如此,还应看到宋代行政责任追究制度的作用,具体作用在前文各类责任追究的论述中已有分析,在此不赘。下文从总体上做一些概括:

首先,宋代行政责任追究制度获得了前所未有的发展,并在行政

---

① (清)陈梦雷编撰:《古今图书集成》第66册,蒋廷锡校订,中华书局、巴蜀书社1985年版,第79854页。
② (宋)李焘:《续资治通鉴长编》卷410,上海师范大学古籍整理研究所、华东师范大学古籍整理研究所点校,中华书局2004年版,第9982、9983页。
③ (宋)李焘:《续资治通鉴长编》卷419,上海师范大学古籍整理研究所、华东师范大学古籍整理研究所点校,中华书局2004年版,第10151页。

过程中发挥了越来越重要的作用。行政责任追究制度是行政法律和制度的组成部分,也是关键的内容,能保障行政机制的运作。而某种法律和制度能否贯彻,是否成功,依赖于有无责任追究制度及其实施。宋代皇帝很重视官吏的履职,多有劝谕,告诫百官,"太平兴国八年五月,太宗作《戒谕百官辞》二通,以付阁门。一戒京朝官受任于外者,一戒幕职、州县官,朝辞对别日,令舍人宣示之,各缮写归所治,奉以为训焉。大中祥符元年,真宗以祥符降锡,述大中清净为治之道,申诫百官,又作《诫谕辞》二道,易旧辞,赐出使京朝官及幕职、州县官。其后,又作《文》《武七条》"。具体内容为:

> 《文》,赐京朝官任转运使、提点刑狱、知州府军监、通判、知县者:一曰清心,谓平心待物,不为喜怒爱憎之所迁,则庶事自正。二曰奉公,谓公直洁己,则民自畏服。三曰修德,谓以德化人,不必专尚威猛。四曰责实,勿竞虚誉。五曰明察,谓勤察民情,勿使赋役不均,刑罚不中。六曰劝课,谓劝谕下民,勤于孝悌之行、农桑之务。七曰革弊,谓求民疾苦而厘革之。《武条》赐牧伯泊诸司使而下任部署、钤辖、知州军县、都监、监押、驻泊巡检者:一曰修身,谓修饬其身,使士卒有所法则。二曰守职,谓不越其职,侵挠州县民政。三曰公平,谓均抚士卒,无有偏党。四曰训习,谓训教士卒,勤习武艺。五曰简阅,谓察视士卒,识其勤惰勇怯。六曰存恤,谓安抚士卒,甘苦皆同,当使齐心,无令失所。七曰威严,谓制驭士卒,无使越禁。①

而有些官吏也作官箴劝诫自律,《四库全书》所收宋代官箴最多,主要有《州县提纲》《官箴》《百官箴》《昼帘绪论》等,这些多从职责、责任角度阐述为官之道,否则,就会受到责任追究。这些劝谕和规诫都为行政责任和责任追究奠定了理论基础,创造了良好的舆论氛围,但本身还不是具有法律性质的责任追究制度。而真正的宋代行政责任追究制度是通过《宋刑统》的职制律,尤其是《吏部条法》《庆元条法事类》等行政法律来规定的。这些法律规定了行政责任追究的主体、程序、方法,无论从形式上,还是内容上,都反映了宋代行政责任追

---

① (元)脱脱等:《宋史》卷168《职官志》,中华书局1977年版,第4008页。

究法制的发展和进步。这些内容在本书的第二、三章已有具体的论述,在此不赘。

其次,宋代行政责任追究制度本质上是使用黜降官吏的权力,控制官僚队伍,以此加强君主专制的中央集权实现天下大治。宋代吸取唐代中期以后"地方割据、尾大不掉"的教训,竭力加强中央集权。宋初赵普向太祖建议,"今所以治之,亦无他奇巧,惟稍夺其权,制其钱谷,收其精兵,则天下自安矣"①。南宋朱熹、叶适分别总结说:"本朝鉴五代藩镇之弊,遂尽夺藩镇之权,兵也收了,财也收了,赏罚刑政一切收了,州郡遂日就困弱。靖康之祸,金骑所过,莫不溃散。"②"国家因唐五代之极弊,收敛藩镇权归于上,一兵之籍,一财之源,一地之守,皆人主自为之也。"③可见,中央集权也就是集地方权力于中央,而集权则需要使用军事、经济、行政的手段,其中对官吏的奖罚和黜陟是非常有效的手段,直接影响着国家治乱。在太平兴国八年(983年)十一月,太宗与参知政事宋琪的一段对话很有意思,"上谓曰:'世之治乱,在赏罚当否,赏罚当其功罪,无不治,或以为饰喜怒之具,即无不乱,与卿等戒之。'琪曰:'赏罚二柄,乃御世之衔勒。若马无衔勒,何以控御?治天下者,苟赏罚至公,未有不致太平也。'"④在宋代这种观点是比较流行的,靖康元年(1126年)九月,臣僚亦言:"臣闻国之威柄,唯赏与罚。赏罚者,是非之所以分,而政事之所以立也。若为善者不赏,有罪者不罚,则是非倒置,无所观效。"⑤因此,奖罚官吏既是中央集权的需要,又是中央集权的结果,更是治世的手段。

之所以如此,是因为行政的实质是行政目标和任务的实现。在古代专制体制下,这种实现主要依靠官而不是民;控制了官吏的任免或黜陟,尤其黜降即行政责任的追究,也就牢牢掌控了官吏和政权,直接

---

① (宋)李焘:《续资治通鉴长编》卷2,上海师范大学古籍整理研究所、华东师范大学古籍整理研究所点校,中华书局2004年版,第49页。
② (宋)黎靖德:《朱子语类》卷128《法制》,王星贤点校,中华书局1986年版,第3070页。
③ (宋)叶适:《水心集》卷4《始论二》,文渊阁四库全书本第1164册,台湾商务印书馆股份有限公司1986年版,第91页。
④ (宋)李焘:《续资治通鉴长编》卷24,上海师范大学古籍整理研究所、华东师范大学古籍整理研究所点校,中华书局2004年版,第556页。
⑤ (宋)徐梦莘:《三朝北盟会编》卷54,上海古籍出版社2008年版,第402页。

为中央集权和君主专制服务。故《宋史·职官志》云:"黜陟进退之际,权归于上,而有司若不得预。"①宋人也认为:"用吏之权归于上,而察吏之法行于下,祖宗之制至尽且公,不可易也。"②至于如何用吏、如何察吏,是通过铨选实施的;而实施又离不开奖惩、黜降,但其最终目标则是一致的,也就是通过追究官吏责任将用人之权集中于中央乃至君主。

再次,宋代的行政责任追究制度,不仅强调君主专制主义的中央集权,而且重视行政的结果和效率,二者是有机的统一。宋代转运使考案诸州官吏,遣使廉察官吏,并分别优劣,主要内容和依据都是政绩和效率,如果不能尽职尽责,敷衍懒散,则会受到处罚。太平兴国二年(977年)五月,"河南府法曹参军高丕、伊阙县主簿翟嶙、郑州荥泽县令申廷温皆坐罢软不胜任,惰慢不亲事,免官"③。罢软、惰慢的官吏,是无法胜任其职的,其政绩和效率也就无从谈起,他们最终也会被免去官职。因此,能否称职决定是否受到责任追究,大中祥符六年(1013年)四月,利州路承受张仲文上言新知彭州皇甫载不能称职,但皇甫载"颇勤所任",明显与事实不符,结果受到处罚的是张仲文"降一资,出巡外州驿递",而不是皇甫载。④ 可见,追究责任的依据是行政的实绩和效果。

总之,宋代的行政责任追究制度,能够为我们提供一个新视角,重新认识宋代的政治和社会,并从中汲取传统的文化营养和政治智慧。这对当代行政责任及问责制度的构建和完善,应该都是有所裨益的。

---

① (元)脱脱等:《宋史》卷161《职官志》,中华书局1977年版,第3768页。
② (宋)韩元吉:《南涧甲乙稿》卷10《看详文武格法劄子》,商务印书馆1936年版,第186页。
③ (宋)李焘:《续资治通鉴长编》卷18,上海师范大学古籍整理研究所、华东师范大学古籍整理研究所点校,中华书局2004年版,第404页。
④ 参见(宋)李焘:《续资治通鉴长编》卷80,上海师范大学古籍整理研究所、华东师范大学古籍整理研究所点校,中华书局2004年版,第1822页。

后 记

该课题 2013 年在国家社科基金办理结项后,很想做全面的修改,但因工作变动,承担新的研究课题,多次捡起,数次放下,没有多大起色。在完成另一个国家社科项目之后,又想重操修订旧业,可时间、精力有限,不得不调整思路,总体上保留原作面貌,多作文献核对和文字订正,使之面世,为学界提供探讨的参考,或批评的材料。为此,期待学界同人指正,以推进历史研究的深入,尤其新领域的开拓。

肖建新

2020 年 9 月 20 日于北江锦城